STAATSORGANISATIONSRECHT

2014

Hans-Gerd Pieper
Rechtsanwalt in Münster
Lehrbeauftragter an der FHöV NRW

ALPMANN UND SCHMIDT Juristische Lehrgänge Verlagsges. mbH & Co. KG
48143 Münster, Alter Fischmarkt 8, 48001 Postfach 1169, Telefon (0251) 98109-0
AS-Online: www.alpmann-schmidt.de

Liebe Leserin, lieber Leser,

wir sind stets bemüht, unsere Produkte zu verbessern. Fehler lassen sich aber nie ganz ausschließen. Sie helfen uns, wenn Sie uns über Druckfehler in diesem Skript oder anderen Printprodukten unseres Hauses informieren.

E-Mail genügt an „druckfehlerteufel@alpmann-schmidt.de"

Danke
Ihr AS-Autorenteam

Pieper, Hans-Gerd
Staatsorganisationsrecht
15. neu bearbeitete Auflage 2014
ISBN: 978-3-86752-316-5

Verlag Alpmann und Schmidt Juristische Lehrgänge
Verlagsgesellschaft mbH & Co. KG, Münster

Die Vervielfältigung, insbesondere das Fotokopieren,
ist nicht gestattet (§§ 53, 54 UrhG) und strafbar (§ 106 UrhG).
Im Fall der Zuwiderhandlung wird Strafantrag gestellt.

INHALTSVERZEICHNIS

1. Teil: Vorbemerkung – Grundbegriffe – Verfassungsgeschichte 1

1. Abschnitt: Gegenstand und Einordnung des Verfassungsrechts 1
   A. Das Staatsrecht 1
   B. Das Verfassungsrecht der Bundesrepublik Deutschland 1

2. Abschnitt: Die verfassungsgeschichtliche Entwicklung des GG 3

3. Abschnitt: Der Begriff des Staates – Die Drei-Elemente-Lehre 10
   A. Staatsgewalt 10
      I.   Völkerrechtliche Anforderungen 10
      II. Aussagen des Grundgesetzes 11
   B. Staatsgebiet – Gebietshoheit 11
      I.   Völkerrechtliche Anforderungen 11
      II. Staatsgebiet der Bundesrepublik Deutschland 11
   C. Staatsvolk – Personalhoheit 11
      I.   Völkerrechtliche Anforderungen 11
      II. Staatsangehörigkeit nach dem Staatsangehörigkeitsgesetz –
          „Deutscher i.S.d. Grundgesetzes" 12
          1. Erwerbs- und Verlustgründe der deutschen Staatsangehörigkeit 12
          2. „Deutscher i.S.d. Grundgesetzes" 12
          3. Rechte und Pflichten von deutschen Staatsangehörigen 12

■ Zusammenfassende Übersicht: Staat (Drei-Elemente-Lehre) 13

2. Teil: Staatsformmerkmale und Staatszielbestimmungen 14

1. Abschnitt: Vorbemerkung 14
   A. Überblick 14
   B. Bedeutung 14
   C. Begriffsbestimmung 15
   D. Staatsformmerkmale bzw. Staatsstrukturprinzipien in der Klausur-
      bearbeitung 15

2. Abschnitt: Demokratie 16
   A. Vorbemerkung und Überblick 16
      I.   Herleitung des Demokratieprinzips 16
      II. Geltungsbereich des Demokratieprinzips 17
      III. Überblick 17

■ Zusammenfassende Übersicht: Staatsorganisationsformen – Fallgruppen des
Demokratieprinzips 18

   B. Art. 20 Abs. 2 S. 1 GG: Alle Staatsgewalt geht vom Volk aus 19
      I.   Volk als Träger der Staatsgewalt 19
      II. Volk 19
      III. Staatsgewalt 19
   C. Art. 20 Abs. 2 S. 2 GG: Ausübung der Staatsgewalt durch Wahlen,
      Abstimmungen und besondere Organe der drei Gewalten 20

I

Inhalt

I. „Wahlen" – Mehrheitsprinzip – Art. 39 GG 20
    Fall 1: Verschiebung der Bundestagswahl 20
II. „Abstimmungen" 22
    1. Abstimmungen auf Bundesebene 22
    2. Abstimmungen auf Länderebene 24
III. „Besondere Organe"; demokratische Legitimation 25
    1. Formen der demokratischen Legitimation 26
    2. Geltungsbereich und Einschränkungen der demokratischen
       Legitimation 26
D. Weitere Fallgruppen 27
    I. Politische Willensbildung „von unten nach oben" 27
       1. Keine Wahlwerbung auf Staatskosten 27
          Fall 2: Wahlwerbung 27
       2. (Verbot der vollständigen oder verdeckten) Parteienfinanzierung 31
    II. Selbstverwaltungsgarantie 33
    III. Wahlrecht – Beachtung von Wahlgrundsätzen entsprechend
       Art. 38 Abs. 1 S. 1 und 28 Abs. 1 S. 2 GG 33
    IV. Mehrparteiensystem 34
    V. Möglichkeit der Bildung und Ausübung von Opposition 34
    VI. Mehrheitsprinzip, ergänzt durch angemessenen Minderheitenschutz 34
       1. Zweck des Mehrheitsprinzips 34
       2. Ausgestaltung des Mehrheitsprinzips 34
       3. Grenzen des Mehrheitsprinzips 35
       4. Absicherung des Mehrheitsprinzips 35
    VII. Parlamentsvorbehalt 35
    VIII. Bestehen demokratischer Grundrechte 36
    IX. Öffentlichkeitsgrundsatz, Transparenzgebot 36

3. Abschnitt: Republik 37

4. Abschnitt: Rechtsstaatsprinzip 37

A. Ableitung des Rechtsstaatsprinzips 37
B. Elemente des Rechtsstaatsprinzips (Überblick) 38
C. Das Prinzip der Gewaltenteilung (Funktionentrennung) 40
    I. Rechtsgrundlagen und Aufgabe der (horizontalen) Gewaltenteilung 40
    II. Einzelheiten der horizontalen Gewaltenteilung 40
    III. Personelle Gewaltenteilung (Inkompatibilität) 41
    IV. Abweichungen vom Gewaltenteilungsprinzip 42
D. Die Anforderungen des Rechtsstaatsprinzips an die Gesetzgebung
   (Legislative) 43
    I. Bindung an die „verfassungsmäßige Ordnung" 44
    II. Bestimmtheit 44
    III. Vertrauensschutz – Keine unzulässige Rückwirkung von Gesetzen 45
       Fall 3: Enttäuschte Steuersparer 46
    IV. Kein unzulässiges oder verdecktes Einzelfallgesetz 55
E. Anforderungen des Rechtsstaatsprinzips an die vollziehende Gewalt
   (Exekutive) 55
    I. Bindung an „Gesetz und Recht" bezieht sich auf 56
    II. Grundsatz der Gesetzmäßigkeit der Verwaltung 56

1. Vorrang des Gesetzes („kein Handeln gegen das Gesetz") 56
2. Vorbehalt des Gesetzes („kein Handeln ohne Gesetz") 57
   a) Überblick 57
   b) Ableitung 58
   c) Anwendbarkeit 58
   d) Rechtsfolgen bei Anwendbarkeit des Prinzips vom Vorbehalt
      des Gesetzes 59
3. Abgrenzung zum Verwaltungsvorbehalt 60
F. Exkurs: Funktions- bzw. Staatsvorbehalt und Privatisierung von staatlichen
   Aufgaben 61
G. Anforderungen des Rechtsstaatsprinzips an die Rechtsprechung
   (Judikative) 61
H. Anforderungen des Rechtsstaatsprinzips an alle drei Gewalten 61
I. Widerstandsrecht gemäß Art. 20 Abs. 4 GG und ziviler Ungehorsam 63

5. Abschnitt: Sozialstaatsprinzip 63
A. (Allgemeine) Herleitung; Spezialregelungen 63
B. Inhalt und Gegenbegriff 63
C. Adressaten 64
D. Anwendungsbereich bzw. Konkretisierungen 64

6. Abschnitt: Das Bundesstaatsprinzip 65
A. Herleitung – Funktion – Absicherung 65
B. Der Begriff des Bundesstaates – Bund und Länder 66
   Fall 4: Regionalverband Unterelbe 66
C. Aufgabenverteilung zwischen Bund und Ländern 72
D. Bundesrecht und Landesrecht 72
E. Das Gebot zu bundesfreundlichem Verhalten (Bundestreue) 73
F. Der kooperative Föderalismus 75

■ Zusammenfassende Übersicht: Bundesstaatsprinzip 76

7. Abschnitt: Umweltschutz als Staatsziel, Art. 20 a, 1. Fall GG 77
A. „Schutz der natürlichen Lebensgrundlagen" 77
B. Konkretisierung durch den Gesetzgeber 77
C. Verwirklichung des Umweltschutzes durch den Rechtsanwender 78

8. Abschnitt: Tierschutz als Staatsziel, Art. 20 a, 2. Fall GG 80

**9. Abschnitt: Die freiheitliche demokratische Grundordnung und
   verwandte Begriffe** 80

3. Teil: Wahlen – Bundestag – Parteien 82

1. Abschnitt: Die Wahl des Bundestages 82
A. Wahlsystem 82
B. Wahlrechtsgrundsätze (Art. 38 Abs. 1 S. 1 GG) 84
   I.   Allgemeinheit der Wahl 85
   II. Gleichheit der Wahl 86

	1. Aktive Wahlrechtsgleichheit	87
	2. Passive Wahlrechtsgleichheit	90
	3. Aktive und passive Wahlrechtsgleichheit; Nachwahlen	91
III.	Unmittelbarkeit der Wahl; Höchstpersönlichkeit des Wahlrechts	92
IV.	Freiheit der Wahl	93
V.	Geheimheit der Wahl	94
VI.	Öffentlichkeit der Wahl	95
	1. Herleitung	95
	2. Inhalt und Anwendungsbereich	95
	3. Anwendungsbeispiele	96
VII.	Verfassungsprozessuale Bedeutung von Art. 38 Abs. 1 S. 1 GG	96
VIII.	Rechtsnatur und Prüfungsaufbau der Wahlrechtsgrundsätze	97
	Fall 5: Verfehlte Bundestagswahl	97

C. Wahlprüfung 99

D. Nichtanerkennungsbeschwerde 101

E. Ausländerwahlrecht 101

2. Abschnitt: Der Bundestag 103

A. Der Bundestag als oberstes Verfassungsorgan des Bundes 103

B. Zuständigkeiten und Aufgaben 103

Fall 6: Außenpolitischer Bundestagsbeschluss 104

C. Rechtmäßigkeit eines (schlichten) Bundestagsbeschlusses 107

D. Mehrheiten 108

E. Der Bundestag als Staatsorgan – Personelle und sachliche Diskontinuität –
GO BT 109

Fall 7: Alternative Geschäftsordnung 109

3. Abschnitt: Untergliederungen des Parlaments 111

A. Fraktion, Gruppe 111

I.	Bildung der Fraktion	111
II.	Abgrenzung zur Gruppe	111
III.	Aufgaben bzw. Funktion	111
IV.	Rechtsnatur	112
V.	Rechte der Fraktion (im Plenum)	112

B. Ausschüsse und sonstige Gremien 113

C. Untersuchungsausschuss (UA) 114

Fall 8: Verhängnisvolle Protokolle 116

D. Leitungsorgane des Bundestags und Bundestagsverwaltung 124

4. Abschnitt: Die Rechtsstellung der Bundestagsabgeordneten 125

A. Das freie Mandat; Art. 38 Abs. 1 S. 2 GG 125

I.	Rechte des Abgeordneten aus Art. 38 Abs. 1 S. 2 GG	125
II.	Rechtsnatur und prozessualer Rechtsschutz	126
III.	Grenzen bzw. Einschränkungsmöglichkeiten der Rechte aus Art. 38 Abs. 1 S. 2 GG	127
IV.	Fraktionsdisziplin, Fraktionsausschluss, Parteiausschluss	128
	Fall 9: Der Fraktions-Linksaußen	128

B. Rechte des Abgeordneten aus Art. 46–48 GG 131
  I. Indemnität 131
  II. Immunität 131
  III. Rede-, Antrags- und Informationsrecht bzw. Fragerecht 132
  IV. Rechte aus Art. 47, 48 GG 133
C. Fraktionslose Abgeordnete 134
D. Mandatsverlust und Mandatsprüfung 134

5. Abschnitt: Die politischen Parteien 135
A. Begriff und Aufgaben der politischen Parteien 135
B. Gründung und Organisation 137
C. Demokratische Binnenstruktur 137
D. Parteienfinanzierung 137
E. Das Parteienverbot; Parteienprivileg 138
F. Anspruch auf Nutzung öffentlicher Einrichtungen;
  (abgestufte) Chancengleichheit der Parteien 140
  Fall 10: Wahlwerbung 140

4. Teil: Der Bundesrat 146

1. Abschnitt: Stellung des Bundesrats im Verfassungsgefüge 146

2. Abschnitt: Zusammensetzung des Bundesrats 146

3. Abschnitt: Beschlussfassung im Bundesrat 147

4. Abschnitt: Die Zuständigkeiten des Bundesrats 148

5. Teil: Die Bundesregierung und der Bundeskanzler 149

1. Abschnitt: Zusammensetzung der Bundesregierung und verfassungs-
rechtliche Stellung 149

2. Abschnitt: Bildung der Bundesregierung; Koalitionsvereinbarungen 149
A. Wahl des Bundeskanzlers 149
B. Personalentscheidungen und Organisationsgewalt 150
  Fall 11: Koalitionsvereinbarungen 150
C. Sonstige Minister und Staatssekretäre 153

3. Abschnitt: Zuständigkeiten und Aufgabenverteilung 153
A. Zuständigkeiten der Bundesregierung 153
B. Kanzler-, Ressort- und Kollegialprinzip 154

4. Abschnitt: Regierungskrise 155
A. Das konstruktive Misstrauensvotum gemäß Art. 67 GG 155
B. Die Vertrauensfrage, Art. 68 GG 156

6. Teil: Mitwirkung der Staatsorgane im Bereich der EU; Art. 23 GG
(Überblick) 157

V

7. Teil: Der Bundespräsident ... 159

1. Abschnitt: Aufgaben und Funktion ... 159

2. Abschnitt: Wahl und Amtsdauer ... 159

3. Abschnitt: Die Zuständigkeiten des Bundespräsidenten ... 160

4. Abschnitt: Das Erfordernis der Gegenzeichnung (Art. 58 GG) ... 161

5. Abschnitt: Das Prüfungsrecht des Bundespräsidenten ... 161
A. Prüfungsbefugnis bei der Ausfertigung der Bundesgesetze, Art. 82 GG ... 161
    Fall 12: Der Staatsnotar ... 161
B. Rechtslage bei Weigerung der Ausfertigung ... 164
C. Prüfungsbefugnis bei der Ernennung und Entlassung von Bundes-
ministern ... 164
D. Politisches Ermessen ... 165

8. Teil: Verteilung der Gesetzgebungskompetenzen ... 166

1. Abschnitt: Überblick ... 166

2. Abschnitt: Ausschließliche Zuständigkeit der Länder ... 167

3. Abschnitt: Ausschließliche Zuständigkeit des Bundes ... 168
A. Kompetenztitel ... 168
    I.   Art. 73 Abs. 1 GG ... 168
    II. Sonstige Kompetenztitel ... 169
B. Rechtsfolgenorm ... 169

4. Abschnitt: Konkurrierende Gesetzgebung ... 169
A. Kompetenztitel: Art. 74 Abs. 1 GG ... 169
B. Rechtsfolgenorm: Art. 72 GG ... 170
    I.   Rechtsfolgenorm zugunsten des Bundes ... 171
        1. „Bedarfskompetenz"gemäß Art. 72 Abs. 2 GG ... 171
          a) „Gerichtlicher Prüfungsumfang" ... 171
          b) „Herstellung gleichwertiger Lebensverhältnisse im Bundes-
gebiet" ... 172
          c) „Wahrung der Rechtseinheit" ... 172
          d) „Wahrung der Wirtschaftseinheit im gesamtstaatlichen
Interesse" ... 172
          e) „Erforderlichkeit einer bundesgesetzlichen Regelung" ... 173
        2. Sonstige Gebiete des Art. 74 Abs. 1 GG ... 173
          a) Bundeskompetenz mit Abweichrecht der Länder
(„Abweichungskompetenz") ... 174
          b) Konkurrierende Bundeszuständigkeiten ohne Abweichungs-
möglichkeiten der Länder („Kernkompetenzen") ... 175
    II. Rechtsfolgenormen zugunsten der Länder ... 175
        1. Art. 72 Abs. 1 GG ... 175
        2. Abänderungskompetenz der Länder gemäß Art. 72 Abs. 3 S. 1 GG ... 177
        3. Art. 72 Abs. 4 GG i.V.m. Bundesgesetz ... 178

C. Sonderfall: Art. 84 Abs. 1, 85 Abs. 1. S. 1 GG 179
    I.   Kompetenztitel 179
    II. Rechtsfolgenorm 180

5. Abschnitt: Ungeschriebene Gesetzgebungskompetenzen des Bundes 182
  A. Zuständigkeit kraft Sachzusammenhangs 182
  B. Annexkompetenz 182
  C. Zuständigkeit kraft Natur der Sache 183

■ Zusammenfassende Übersicht: Gesetzgebungszuständigkeiten 185

9. Teil: Das Gesetzgebungsverfahren 186

1. Abschnitt: Überblick 186

2. Abschnitt: Die Einleitung des Gesetzgebungsverfahrens 186

3. Abschnitt: Das Hauptverfahren 187
  A. Ordnungsgemäßer Beschluss des BT 187
  B. Ordnungsgemäße Mitwirkung des Bundesrates;
    Einspruchs- und ZustimmungsG 188
  C. Das Verfahren vor dem Vermittlungsausschuss 191
  D. Art. 78 GG 193

4. Abschnitt: Das Abschlussverfahren 193

5. Abschnitt: Folgen eines Verstoßes gegen Verfahrensvorschriften 193

■ Zusammenfassende Übersicht: Gesetzgebungsverfahren des Bundes 195

6. Abschnitt: Verfassungsändernde Gesetze; Art. 79 GG 196

7. Abschnitt: Gesetzgebungsnotstand, Art. 81 GG (Überblick) 199

10. Teil: Der Erlass von Rechtsverordnungen (RVO) 200

1. Abschnitt: Zweck des Art. 80 GG 200

2. Abschnitt: Begriff der RVO 200

3. Abschnitt: Voraussetzungen und Rechtsfolgen des Art. 80 GG 200
  Fall 13: Landesrechtliche FerienverkehrsVO 200

4. Abschnitt: Formelle Rechtmäßigkeitsanforderungen an VOen 205

**5. Abschnitt: Materielle Rechtmäßigkeitsanforderungen an VOen;
    Gestaltungsfreiheit** 206

6. Abschnitt: Ausfertigung und Verkündung 206

7. Abschnitt: Rechtsschutz gegen VOen 206
  A. VO von BReg oder BMin 206
    I.   (Direkte) Normenkontrolle 206
    II. Inzidentkontrolle 207

VII

B. VO der Landesregierung 207

■ Zusammenfassende Übersicht: „Dreistufiger Aufbau".................................208

11. Teil: Die Ausführung der Bundesgesetze und die Bundesverwaltung 209

1. Abschnitt: Überblick 209
A. Verwaltungskompetenz; gesetzesakzessorische und nichtgesetzes-
akzessorische Verwaltung 209
B. Gesetzgebungskompetenz und Verwaltungskompetenz 209
C. Die Verwaltungstypen nach dem GG (Überblick) 209

2. Abschnitt: Ausführung von Bundesgesetzen durch die Länder als eigene
Angelegenheit (Bundesaufsichtsverwaltung) 210

3. Abschnitt: Ausführung von Bundesgesetzen durch die Länder im Auftrage
des Bundes (Bundesauftragsverwaltung) 211
A. Weisungsrecht und Fachaufsicht; Art. 85 Abs. 3, 4 GG 212
Fall 14: Der Widerspenstigen Zähmung 212
B. Rechtsweg und Klagebefugnis bei „inhaltlich rechtswidriger Weisung" 217
C. Rechtsfolgen einer (rechtmäßigen) Weisung 218
D. Einrichtung der Behörden – Regelung des Verwaltungsverfahrens –
Erlass von Verwaltungsvorschriften; Art. 85 Abs. 1, Abs. 2 GG 218

4. Abschnitt: Ausführung von Bundesgesetzen durch den Bund
(bundeseigene Verwaltung) 219
A. Nur ausnahmsweise bundeseigene Verwaltung 219
B. Obligatorische bundeseigene Verwaltung 221
C. Fakultative bundeseigene Verwaltung 222
D. Erweiterungsmöglichkeiten der Bundesverwaltung (Art. 87 Abs. 3 GG) 223
Fall 15: Errichtung eines Energiespar-Bundesamtes 223
E. Ungeschriebene Verwaltungszuständigkeiten des Bundes 225
Fall 16: Die Einbürgerung von Auslands-Ausländern 225

5. Abschnitt: „Ministerialfreie Räume" 228

6. Abschnitt: Mischverwaltung – Gemeinschaftsaufgaben –
Verwaltungszusammenarbeit 229

■ Zusammenfassende Übersicht: Verwaltungskompetenzen...........................231

12. Teil: Einsatz der Bundeswehr 232

1. Abschnitt: Einleitung und Überblick 232
A. Zu welchem Zweck soll die Bundeswehr eingesetzt werden? 232
B. Wer entscheidet über den Einsatz und wer hat die Kommandogewalt? 233

2. Abschnitt: Einsatz der Bundeswehr zur Verteidigung;
Art. 87 a Abs. 2, 1. Halbs. GG 233
A. Landesverteidigung 233
B. Bündnisverteidigung 234

I.	Vereinte Nationen (UNO)	234
II.	NATO	234
III.	Westeuropäische Union (WEU)	234
IV.	Europäische Union (EU)	234

3. Abschnitt: Einsatz der Bundeswehr im Ausland gemäß Art. 24 Abs. 2 GG 235

**4. Abschnitt: Einsatz der Bundeswehr im Ausland nach Regeln der EU
gemäß Art. 23 Abs. 1 GG** 236

**5. Abschnitt: Einsatz der Bundeswehr im Inland; Art. 87 a Abs. 2,
2. Halbs. GG i.V.m. Art. 35 Abs. 2, 3; 87 a Abs. 3, 4 GG** 237

6. Abschnitt: Entsendebefugnis und Kommandogewalt 239
A. Entsendebefugnis 239
B. Kommandogewalt 241

13. Teil: Die Rechtsprechung 242

1. Abschnitt: Die Dritte Gewalt 242

2. Abschnitt: Der Gerichtsaufbau in der Bundesrepublik 242

3. Abschnitt: Das Bundesverfassungsgericht 243
A. Stellung, Gerichtsverfassung und allgemeine Verfahrensgrundsätze 243
B. Die Zuständigkeiten des BVerfG 243

4. Abschnitt: Organstreitverfahren 244
A. Zulässigkeit 244
    I. Zuständigkeit des BVerfG 244
    II. Beteiligtenfähigkeit von Antragsteller und Antragsgegner 245
    III. Richtiger Antragsgegenstand 246
    IV. Antragsbefugnis 247
    V. Antragsfrist 247
    VI. Nur bei Anlass zu prüfen 248
B. Begründetheit 248
C. Tenor (nur bei Anlass prüfen) 249

5. Abschnitt: Bund-Länder-Streitigkeit 249
A. Zulässigkeit gemäß Art. 93 Abs. 1 Nr. 3 GG, §§ 13 Nr. 7, 68 ff. BVerfGG 249
    I. Zuständigkeit 249
    II. Beteiligtenfähigkeit als Antragsteller und Antragsgegner 250
    III. Antragsbefugnis 250
    IV. Antragsfrist 251
    V. Nur bei Anlass folgende Punkte prüfen 251
B. Begründetheit 251

6. Abschnitt: Abstrakte Normenkontrolle 252
A. Normprüfungs- bzw. Normverwerfungsverfahren 252
    I. Zulässigkeit gemäß Art. 93 Abs. 1 Nr. 2 GG;
       §§ 13 Nr. 6, 76 Abs. 1 Nr. 1, 77 ff. BVerfGG 252
       1. Zuständigkeit 252

IX

	2. Beteiligtenfähigkeit als Antragsteller	252
	3. Richtiger Antragsgegenstand	252
	4. Antragsbefugnis	253
	5. Nur bei Anlass zu prüfen sind	253
II.	Begründetheit, Prüfungsmaßstab	254
III.	Tenor (nur bei Anlass prüfen!)	255
IV.	Wirkung der Entscheidung; §§ 79, 31 BVerfGG	255
V.	Vollstreckung, § 35 BVerfGG	256

B. Normbestätigungsverfahren 256
    I. Zulässigkeit gemäß Art. 93 Abs. 1 Nr. 2 GG; §§ 13 Nr. 6,
       76 Abs. 1 Nr. 2, 77 ff. BVerfGG 256
       1. Zuständigkeit des BVerfG 256
       2. Beteiligtenfähigkeit als Antragsteller 256
       3. Richtiger Antragsgegenstand 256
       4. Antragsbefugnis 257
    II. Begründetheit 257
    III. Bindungswirkung, Gesetzeskraft 257

C. Kompetenzkontrollverfahren wegen Art. 72 Abs. 2 GG 257
    I. Zulässigkeit gemäß Art. 93 Abs. 1 Nr. 2 a GG; §§ 13 Nr. 6 a,
       76 Abs. 2, 1. Halbs.; 77 ff. BVerfGG 257
       1. Zuständigkeit des BVerfG 257
       2. Beteiligtenfähigkeit als Antragsteller 258
       3. Richtiger Antragsgegenstand 258
       4. Antragsbefugnis bzw. Antragsgrund 258
    II. Begründetheit 258
    III. Tenor, Vollstreckbarkeit, Bindungswirkung, Gesetzeskraft 258
    IV. Verhältnis zum Normprüfungsverfahren 258

D. Kompetenzkontrollverfahren wegen Art. 72 Abs. 4 oder
   125 a Abs. 2 S. 1 GG; Art. 93 Abs. 2 GG 259
    I. Zulässigkeit gemäß Art. 93 Abs. 2 GG, §§ 13 Nr. 6 b, 97 BVerfGG 259
       1. Zuständigkeit des BVerfG 259
       2. Beteiligtenfähigkeit als Antragsteller 259
       3. Antrags-/Verfahrens-/Prüfungsgegenstand 259
       4. Antragsbefugnis bzw. Antragsgrund 259
       5. Objektives Klarstellungsinteresse bzw. Rechtsschutzbedürfnis 259
    II. Begründetheit 260
    III. Tenor, Vollstreckbarkeit 260

7. Abschnitt: Konkrete Normenkontrolle oder Richtervorlage 260
  A. Zulässigkeit gemäß Art. 100 Abs. 1 GG; §§ 13 Nr. 11, 80 ff. BVerfGG 260
    I. Zuständigkeit 260
    II. Richtiger Vorlagegegenstand 261
    III. Vorlageberechtigung 261
    IV. Vorlagevoraussetzungen bzw. Vorlagegrund; Art. 100 Abs. 1 GG 261
    V. Nur bei Anlass zu prüfen 263
       1. Formgerechter Antrag, § 23 BVerfGG 263
       2. Ordnungsgemäße Begründung gemäß § 80 Abs. 2 BVerfGG 263
  B. Begründetheit 263
  C. Sonstige Richtervorlagen 264

8. Abschnitt: Einstweilige Anordnungen, Art. 93 Abs. 3 GG, § 32 BVerfGG 264

   A. Zulässigkeit und Begründetheit des Antrags 264

      I.   Zulässigkeit gemäß Art. 93 Abs. 3 GG i.V.m. § 32 BVerfGG 264

         1. Zuständigkeit des BVerfG gemäß § 32 BVerfGG 264

         2. Antragsberechtigung 264

         3. Antragsbefugnis 265

         4. Keine Vorwegnahme der Hauptsache 265

         5. Rechtsschutzbedürfnis 265

      II. Begründetheit 265

   B. Widerspruch, Außerkrafttreten 266

14. Teil: Finanzverfassung (ausgewählte Teilbereiche) 267

1. Abschnitt: Gesetzgebungskompetenzen 267

   A. Zölle, Finanzmonopole 267

   B. Steuern – Gebühren – Beiträge – Sonderabgaben 267

   Fall 17: Zwangsanleihe 267

2. Abschnitt: Begrenzungs- und Schutzfunktion der Finanzverfassung 272

15. Teil: Völkerrechtliche Verträge 273

1. Abschnitt: Völkerrechtssubjekte und Rechtsquellen des Völkerrechts 273

   A. Völkerrechtssubjekte 273

   B. Rechtsquellen des Völkerrechts 273

   C. Allgemeines/partikulares Völkerrecht 274

2. Abschnitt: Das Verhältnis des Völkerrechts zum nationalen Recht; Abschluss völkerrechtlicher Verträge 274

   Fall 18: Kostenlose Kultur 275

■ Zusammenfassende Übersicht: Abschluss völkerrechtlicher Staatsverträge 282

Stichwortverzeichnis 283

Literatur

LITERATURVERZEICHNIS

Augsberg, u.a.	Klausurtraining Verfassungsrecht Baden-Baden 2012
Badura	Staatsrecht, 5. Aufl., München 2012
Battis/Gusy	Einführung in das Staatsrecht 5. Aufl., Berlin 2011
Berg	Staatsrecht, 6. Aufl., Stuttgart 2011
B/S*	Brinktrine/Sarcevic, Fallsammlung zum Staatsrecht, 2. Aufl., Berlin 2011
Bumke/Voßkuhle	Casebook Verfassungsrecht, Tübingen 2013
Degenhart	Staatsrecht I, 29. Aufl., Heidelberg 2013
Degenhart/K	Klausurenkurs im Staatsrecht, Heidelberg B. I, 3. Aufl. 2013 B. II, 6. Aufl. 2012
Dietlein	Examinatorium Staatsrecht, 2. Aufl., Köln 2005
E/S (-Bearbeiter)	Ehlers/Schoch, Rechtsschutz im Öffentlichen Recht, Berlin 2009
Frotscher/Pieroth	Verfassungsgeschichte 11. Aufl., München 2012
G/W/C	Gröpl/Windthorst/von Coelln, Grundgesetz München 2013
Geis	Examens-Rep. Staatsrecht, Heidelberg 2010
Gersdorf	Verfassungsprozessrecht, 3. Aufl., Heidelberg 2010
Gröpl	Staatsrecht I, 5. Aufl., München 2013
Haug	Fallbearbeitung im Staats- und Verwaltungsrecht 8. Aufl., Stuttgart 2013
Hebeler	40 Probleme aus dem Staatsrecht 3. Aufl., München 2011
Heckmann	Die Zwischenprüfung im Öffentlichen Recht, München 2006
Hendler	Staatsorganisationsrecht, 2. Aufl., Stuttgart 2003
Hesse	Grundzüge des Verfassungsrechts der Bundesrepublik Deutschland, 20. Aufl., Heidelberg 1995, 1999

XIII

Literatur

H/G*	Hillgruber/Goos, Verfassungsprozessrecht, 3. Aufl., Heidelberg 2011
H/K/W	Heimann/Kirchhoff/Waldhoff, Verfassungsrecht, 2. Aufl., München 2010
Höfling	Fälle zum Staatsorganisationsrecht 4. Aufl., München 2009
Hölscheidt	Das Recht der Parlamentsfraktionen, Rheinbreitbach 2001
Hömig	Grundgesetz 10. Aufl., Baden-Baden 2013
Ipsen	Staatsrecht I (Staatsorgansiationsrecht), 25. Aufl., München 2013
Ipsen/V	Völkerrecht, 6. Aufl., München 2013
Jarass/Pieroth*	Grundgesetz für die Bundesrepublik Deutschland, 12. Aufl., München 2012
Jura EKK (-Bearbeiter)	Jura Examensklausurenkurs, 4. Aufl., Berlin 2011
Kämmerer	Staatsorganisationsrecht, 2. Aufl., München 2012
K/E	Kilian/Eiselstein, Grundfälle im Staatsrecht 5. Aufl., Heidelberg 2011
Kloepfer	Staatsrecht kompakt Baden-Baden 2012
Korioth	Staatsrecht I, 2. Aufl., Stuttgard 2014
Korte	Wahlen in Deutschland 8. Aufl., Bonn 2013
Krieger/Martinez	Die Anfängerklausur im öffentlichen Recht, Berlin 2011
Lindner	Öffentliches Recht Stuttgart 2012
Maurer	Staatsrecht I, 7. Aufl., München 2013
M/D	Maunz/Düring, Grundgesetz (Loseblatt) München 2013
M/M	von Münch/Mager, Staatsrecht I, 7. Aufl., Stuttgart 2009

XIV

Mo/Mi	Morlok/Michael, Staatsorganisationsrecht, Baden-Baden 2013
Otto	Die Anfängerklausur im Staatsorganisationsrecht Berlin 2012
P/K	Papier/Krönke, Grundkurs Öffentliches Recht München 2013
Paulus	Staatsrecht III, München 2010
Peucker	Staatsorganisationsrecht, 3. Aufl., Heidelberg 2013
Pieroth/H(-Bearb.)	Hausarbeit im Staatsrecht 2. Aufl., Heidelberg 2011
Robbers	Verfassungsprozessuale Probleme in der öffentl.-rechtl. Arbeit, 2. Aufl., München 2005
Sachs(-Bearb.)	GG, 6. Aufl., München 2011
Sachs/E	In: Preis u.a., Die Examensklausur, 5. Aufl., Köln 2013
Sachs/V	Verfassungsprozessrecht, 3. Aufl., Stuttgart 2010
Sauer	Staatsrecht III 2. Aufl., München 2013
Schlaich/Korioth	Das Bundesverfassungsgericht, 9. Aufl., München 2012
Schmidt	Staatsrecht, 3. Aufl., München 2013
Schmidt/V	Verfassungsprozessrecht, München 2010
S/N/S (-Autor)	Schlüter/Niehaus/Schröder, Examensklausurenkurs, Heidelberg 2009
Schoch	Übungen im Öffentlichen Recht I, Verfassungsrecht und Verfassungsprozessrecht, Berlin 2000
Schweitzer	Staatsrecht III, 10. Aufl., Heidelberg 2010
Sodan (Bearbeiter)	Grundgesetz, 2. Aufl., München 2011
Sodan/Ziekow	Grundkurs Öffentliches Recht, 5. Aufl., München 2012
Stein/Frank	Staatsrecht, 21. Aufl., Tübingen 2010

Literatur

Wilms	Staatsrecht I, Stuttgart 2006
Winkler	Staatsrecht I, 2. Aufl., München 2013
Z/W	Zippelius/Würtenberger, Deutsches Staatsrecht, 32. Aufl., München 2008

---

* Der Bearbeiter ist durch Unterstreichung kenntlich gemacht, wenn dieser mit dem Herausgeber identisch ist; z.B. Jarass/Pieroth = Bearbeiter Pieroth.

1. Teil: Vorbemerkung – Grundbegriffe – Verfassungsgeschichte

1. Abschnitt: Gegenstand und Einordnung des Verfassungsrechts

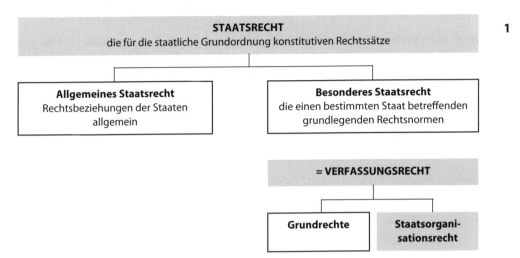

Das vorliegende Skript behandelt das **Staatsorganisationsrecht** und damit einen Teil des Verfassungsrechts. Die Begriffe Verfassungsrecht und Staatsrecht werden häufig synonym verwendet, obwohl sie nicht deckungsgleich sind:

A. Das Staatsrecht

Das **Staatsrecht** ist ein Teilbereich des Öffentlichen Rechts. Es befasst sich mit den Rechtssätzen, die konstitutiv für die allgemeine staatliche Grundordnung sind (Aufbau und Organisation des Staates, grundlegende Bestimmungen über das Verhältnis des Bürgers zum Staat).

- Das **allgemeine Staatsrecht** behandelt dabei **abstrakt** die Rechtsbeziehungen der Staaten, d.h. Begriff, Entstehen und Untergang eines Staates, sein Handeln und die grundsätzlichen Beziehungen zwischen dem Staat und den seiner Macht unterworfenen Personen.

- Das **besondere Staatsrecht** betrachtet demgegenüber die sich auf einen bestimmten Staat beziehenden Rechtsnormen und ist daher praktisch mit dem **Verfassungsrecht identisch**.[1]

B. Das Verfassungsrecht der Bundesrepublik Deutschland

Das Verfassungsrecht der **Bundesrepublik Deutschland** ist weitgehend, aber nicht ausschließlich, im Grundgesetz (GG) geregelt. Es umfasst das Staatsorganisationsrecht und die Grundrechte.

---

[1] Zu weiteren, teilweise abweichenden Definitionen und Abgrenzungsversuchen vgl. Ipsen Rdnr. 17 ff.; Maurer § 1 Rdnr. 29 ff.; Z/W § 5; M/M Rdnr. 1 ff.; Gröpl Rdnr. 113 ff.

1. Teil — Vorbemerkung – Grundbegriffe – Verfassungsgeschichte

Die Vorschriften des Grundgesetzes bilden das sog. **formelle Verfassungsrecht**, d.h. die Regelungen, die in einer **Verfassungsurkunde** enthalten sind.

Die meisten Staaten haben eine geschriebene Verfassungsurkunde (wichtigste Ausnahme ist Großbritannien, wo sich verschiedene Verfassungsgesetze finden, z.B. die Magna Charta Libertatum, die Habeas-Corpus-Akte und die Bill of Rights).

Unter dem **materiellen Verfassungsrecht** versteht man demgegenüber alle für die staatliche Ordnung grundlegenden Regelungen. Es umfasst sämtliche dem (besonderen) Staatsrecht zugehörigen Rechtssätze, gleich auf welche Weise und an welcher Stelle diese kodifiziert sind.[2]

Allerdings gibt es im GG auch Vorschriften, die **nur formelles**, nicht aber materielles Verfassungsrecht darstellen, da sie für die staatliche Grundordnung irrelevant sind, z.B. Art. 27 GG: „Alle deutschen Kauffahrteischiffe bilden eine einheitliche Handelsflotte" und Art. 48 Abs. 3 S. 2 GG: Die Abgeordneten „haben das Recht der freien Benutzung aller staatlichen Verkehrsmittel."

Zum materiellen Verfassungsrecht der Bundesrepublik zählen deshalb – neben den grundgesetzlichen Vorschriften –

4
- die grundlegenden Vorschriften des **Einigungsvertrages** (EV) zwischen der Bundesrepublik Deutschland und der ehemaligen DDR:[3]

  „Der EV regelt den Beitritt der DDR zur Bundesrepublik Deutschland und dessen Rechtsfolgen. Insbesondere setzt er das GG im Beitrittsgebiet in Kraft und trifft die Regelungen zur Überleitung der Rechtsordnung der Bundesrepublik Deutschland im Zuge der Herstellung der staatlichen Einheit. Die DDR hört mit dem Wirksamwerden des Beitritts auf zu bestehen, die Hoheitsgewalt der Bundesrepublik Deutschland wird auf das Beitrittsgebiet erstreckt. Insoweit ist der EV dem Verfassungsrecht zuzuordnen."

5
- **einfache Gesetze**, soweit sie die **staatliche Grundordnung** betreffen,

  z.B. Staatsangehörigkeitsgesetz (StAG), PUAG, Bundeswahlgesetz (BWG), Bundesverfassungsgerichtsgesetz (BVerfGG);

6
- **Geschäftsordnungen der Verfassungsorgane**,

  z.B. GO Bundestag, GO Bundesrat, GO Bundesregierung.[4]

---

2 Berg Rdnr. 61 ff.; M/Z § 5 II 2.
3 BVerfG DVBl. 1996, 1365.
4 Vgl. Sartorius (Sa.) Nr. 35 ff.

Die verfassungsgeschichtliche Entwicklung des GG | **2. Abschnitt**

2. Abschnitt: Die verfassungsgeschichtliche Entwicklung des GG[5]

Entstehung und Entwicklung des GG

7

■ **Vorläufer:**   Paulskirchen-Verfassung 1848
Reichsverfassung 1871
Weimarer Reichsverfassung 1919

■ **Vorarbeiten:**   Herrenchiemseer Verfassungskonvent 1948
Parlamentarischer Rat 1948/49

■ nach Annahme durch die Länderparlamente (Art. 144 Abs. 1 GG – außer Bayern), Zustimmung der Alliierten, **Inkrafttreten** mit Ablauf des **23.05.1949**

■ seit dem 03.10.1990 Geltung für das gesamte Deutsche Volk

■ bisher 57 Änderungsgesetze mit ca. 185 Einzeländerungen, insbes.

  ■ Wehrverfassung (1956)

  ■ Notstandsverfassung (1968)

  ■ Beitritt DDR (1990)

  ■ Europäische Integration (1993)

  ■ Kleine Verfassungsreform (1994)

  ■ Föderalismusreform I (2006)

  ■ Vertrag von Lissabon (2008/2009)

  ■ Föderalismusreform II (2009)

■ **1848/49**

Nach der Märzrevolution von 1848 trat in der **Frankfurter Paulskirche** eine verfassunggebende Nationalversammlung zusammen. Dabei wurden ein Grundrechtskatalog und eine **Deutsche Reichsverfassung** verabschiedet. Sie sah einen Bundesstaat mit dem preußischen König als Erbkaiser und eine gewählte Volksvertretung vor. Weil sie durch den preußischen König und andere Einzelstaaten abgelehnt wurde, ist sie nie in Kraft getreten.[6]

8

■ **1871**

Nach dem Deutsch-Französischen Krieg 1870/71 wurde das Deutsche Reich gegründet und die **Reichsverfassung vom 16.04.1871** erlassen. Das Deutsche Reich bestand aus 25 Einzelstaaten. Staatsoberhaupt des Gesamtstaates war der Deutsche Kaiser als konstitutioneller Monarch. Die Regierungsgeschäfte wurden vom Reichskanzler geführt, der vom Kaiser ernannt wurde. Der Reichskanzler war Vorsitzender

9

---

5 Schmidt S. 1 ff.; zur Entwicklung des Grundgesetzes seit 1949 vgl. den Kurzüberblick bei Wittreck, ad legendum 2011, S. 1.

6 Zu den Einzelheiten der Paulskirchen-Verfassung vgl. Frotscher/Pieroth § 11; Maurer § 2 Rdnr. 48 ff.; M/M Rdnr. 23 ff.

3

| 1. Teil | Vorbemerkung – Grundbegriffe – Verfassungsgeschichte |

des Bundesrates, der sich aus Vertretern der Einzelstaaten zusammensetzte. Dem Reichstag als gewählter Volksvertretung stand zwar das Recht zur Gesetzgebung zu, die **Gesetze bedurften aber stets der Zustimmung des Bundesrates ("Zwei-Kammer-System")**. Der Reichstag hatte keinen Einfluss auf die Regierungsbildung und vermochte (bis 1918) auch den Reichskanzler nicht zu stürzen, der lediglich vom Vertrauen des Kaisers abhängig war. Einen Grundrechtskatalog enthielt die Reichsverfassung von 1871 nicht.[7]

■ **1919**

10   Nach dem Ende des Kaiserreiches trat 1919 in Weimar eine Nationalversammlung zusammen und erließ eine neue Verfassung **(Weimarer Reichsverfassung)**. Deutschland wurde zum republikanischen Bundesstaat. Wichtigstes Organ der parlamentarischen Demokratie wurde der Reichstag als Legislativorgan; geringere Bedeutung hatte der Reichsrat als Vertretung der Länder. Die Reichsregierung unter Führung des Reichskanzlers war abhängig vom Vertrauen des Parlaments. Repräsentatives Staatsoberhaupt war der unmittelbar vom Volk für sieben Jahre gewählte Reichspräsident, dem einige wichtige Befugnisse zustanden, z.B. Auflösung des Reichstages (Art. 25 WRV), Oberbefehl über die Reichswehr (Art. 47 WRV) und das sog. Notverordnungsrecht nach Art. 48 WRV. Die WRV enthielt zwar einen Grundrechtsteil (Art. 109 ff.), jedoch wurden die Grundrechte nur als Programmsätze verstanden, die keine unmittelbare Bindung der Staatsgewalt bewirkten.[8]

Im Anschluss an die Machtübernahme durch die Nationalsozialisten **1933** wurde die Weimarer Reichsverfassung zwar nicht offiziell, aber durch Übergang zur diktatorischen Staatsform doch **praktisch außer Kraft** gesetzt.

Vgl. insbesondere das sog. Ermächtigungsgesetz vom 24.03.1933[9], wonach Reichsgesetze außer durch den Reichstag, auch durch die Reichsregierung beschlossen werden konnten.[10]

■ **1945–1949**[11]

11   Nach der Kapitulation Deutschlands im Mai 1945 wurde die Staatsgewalt durch die vier Siegermächte übernommen, eine Annexion erfolgte jedoch ausdrücklich nicht. Im Juli 1948 ermächtigten die drei **westlichen Militärgouverneure** die Ministerpräsidenten in den neu geschaffenen Ländern, statt einer Verfassung zunächst ein "vorläufiges Grundgesetz" zu erarbeiten (**"Frankfurter Dokumente"**).[12] Anlässlich des **Herrenchiemseer Verfassungskonvents** im August 1948 erstellten Sachverstän-

---

7   Zu den Einzelheiten vgl. Frotscher/Pieroth § 13; Maurer § 2 Rdnr. 54 ff.; M/M Rdnr. 26 ff.

8   Vgl. Katz Rdnr. 551: "Unter der WRV galten die Grundrechte im Rahmen der Gesetze, während nach dem GG die Gesetze im Rahmen der Grundrechte gelten."
    Zur Entstehung der Weimarer Reichsverfassung vgl. i.E. Frotscher/Pieroth § 16; Berg Rdnr. 98 ff.; Maurer § 2 Rdnr. 65 ff.; Gusy JZ 1994, 753 ff.; Hammer Jura 2000, 57 – Die Unterschiede zwischen der Weimarer Verfassung und dem GG verdeutlicht Wehr JuS 1998, 411 ff.; allgemein zur Verfassungsentwicklung vUnruh JA 1992, 299 ff.; Leisner JA 1999, 952; AS-Skript Rechtsgeschichte (2013), Rdnr. 656 ff.

9   RGBl. I 1933, 141.

10 Vgl. dazu BVerfGE 6, 132, 198 u. 309, 311; VG Bremen NVwZ 1997, 604, 606.
    Allgemein zur Verfassungsentwicklung im sog. Dritten Reich vgl. Frotscher/Pieroth §§ 18, 19; Maurer § 2 Rdnr. 72 ff.; Hattenhauer Jura 1984, 281 ff.

11 Vgl. i.E. M/M Rdnr. 29 ff.

12 Z/W S. 18.

Die verfassungsgeschichtliche Entwicklung des GG | 2. Abschnitt

dige einen ersten Entwurf als Diskussionsgrundlage. 1948/49 tagte dann in Bonn der **Parlamentarische Rat** (dessen Mitglieder von den Landtagen gewählt wurden) und erarbeitete die endgültige Fassung des Grundgesetzes, auf die die Alliierten jedoch durch wiederholte Intervention nicht unerheblich Einfluss nahmen. Der Parlamentarische Rat nahm das Grundgesetz am 08.05.1949 an (vgl. Art. 145 Abs. 1 GG). Anschließend erklärten die Alliierten unter Anbringung gewisser Vorbehalte ihre Zustimmung. Nach Billigung durch die Länderparlamente (Art. 144 Abs. 1 GG) – ausgenommen Bayern, das aber seine Zugehörigkeit zur Bundesrepublik Deutschland ausdrücklich bestätigte – trat das Grundgesetz mit Ablauf des 23.05.1949 in Kraft (Art. 145 Abs. 2 GG).[13]

12 Die Nachkriegsentwicklung in der **sowjetisch besetzten Zone** war geprägt durch grundlegende Änderungen in den Bereichen Industrie und Landwirtschaft. Wichtigstes Mittel war die sog. **Bodenreform**, in deren Vollzug umfangreiche Enteignungen erfolgten.

Vgl. Art. 143 Abs. 3 GG, wonach entschädigungslose **Enteignungen** aus der Zeit der „Demokratischen Bodenreform" (1945–1949), die auf besatzungsrechtlicher Grundlage erfolgten, für irreversibel erklärt werden (vgl. Art. 41 Einigungsvertrag). Das BVerfG[14] hat hierin keinen Verstoß gegen den – Verfassungsänderungen allein einschränkenden – Art. 79 Abs. 3 GG gesehen: Art. 143 Abs. 3 GG greife nicht in den Menschenwürdegehalt des Art. 1 GG ein. Es handele sich um Akte fremder Staatsgewalt, die zwar entschädigungsloser Eigentumsentzug, aber keine menschenunwürdigen Verfolgungsmaßnahmen seien.[15]

Art. 3 Abs. 1 GG fordert jedoch auch nach Auffassung des BVerfG für diese Enteignungen gewisse Wiedergutmachungszahlungen, wenn auch keine Enteignungsentschädigung i.S.d. Art. 14 Abs. 3 GG.[16]

Die **Verfassungsgebung** in Ostdeutschland wurde geprägt durch die Arbeiten der sog. Volkskongresse in den Jahren 1948/49. Auf dieser Grundlage trat am 07.10.1949 die (erste) Verfassung der DDR in Kraft.

Die Verfassung der DDR wurde 1968 grundlegend novelliert (zweite Verfassung) und diese wiederum im Jahre 1974 neu gefasst (dritte Verfassung).

■ 1949–1989

13 Sowohl das Grundgesetz als auch die Verfassung der DDR gingen 1949 von dem Fortbestand eines einheitlichen deutschen Staates aus.[17]

---

13 Zur Entstehung des Grundgesetzes vgl. Frotscher/Pieroth §§ 20, 21; Berg Rdnr. 84 ff.; Maurer § 3; M I Rdnr. 41 ff.; Ipsen Rdnr. 22 ff. – Zur Verbindlichkeit des Grundgesetzes für Bayern vgl. Bay VerfGH NVwZ 1991, 1073.

14 BVerfGE 84, 90; 94, 12.

15 Zustimmend Sendler DÖV 1994, 401 ff.; Uechtritz DVBl. 1996, 1218 ff.; vgl. auch EGMR NJW 1996, 2291: Restitutionsausschluss kein Verstoß gegen die Europäische Menschenrechtskonvention. Kritisch Leisner NJW 1991, 1569 ff.; NJW 1995, 1513 ff.; Wasmuth NJW 1993, 2476 ff.; DÖV 1994, 986 ff.; vSchlieffen NJW 1998, 1688 ff., die Art. 143 Abs. 3 GG teilweise als verfassungswidrige Verfassungsnorm qualifizieren.

16 Vgl. das Entschädigungs- und Ausgleichsleistungsgesetz (BGBl. I 1994, 2640), dessen Verfassungsmäßigkeit – im Hinblick auf Art. 3 Abs. 1 GG – umstritten ist; vgl. Motsch NJW 1995, 2249 ff.; Uechtritz DVBl. 1995, 1158 ff.; jeweils m.w.N. Zur Sonderproblematik der sog. Mauergrundstücke vgl. BVerwG DtZ 1996, 155; Wassermann NJW 1996, 3134 ff.; Blumenwitz NJW 1996, 3118 ff.; vgl. auch BVerfG NJW 1998, 1697: kein Anspruch auf Rückgängigmachung der Enteignung (sog. Rückenteignung) bei fehlgeschlagener DDR-Enteignung.

17 Vgl. Art. 1 Abs. 1 Verf DDR (1949): „Deutschland ist eine unteilbare demokratische Republik".

1. Teil — Vorbemerkung – Grundbegriffe – Verfassungsgeschichte

Daher entsprach es der h.M., dass durch die Kapitulation Deutschlands im Mai 1945 das Deutsche Reich **nicht untergegangen** sei. Mit der Errichtung der Bundesrepublik wurde nicht etwa ein neuer Staat gegründet, sondern nur ein Teil Deutschlands neu organisiert. Die Bundesrepublik Deutschland war nicht „Rechtsnachfolger" des Deutschen Reiches, sondern als Staat identisch mit dem Staat „Deutsches Reich", in Bezug auf seine räumliche Ausdehnung allerdings nur teilweise.[18]

In der Folgezeit entwickelten sich die Bundesrepublik und die DDR jedoch praktisch zu selbstständigen Staaten, sodass der **Grundlagenvertrag 1972** erstmals von den „beiden deutschen Staaten" sprach.[19] Nach westlicher Auffassung bestand jedoch weiterhin ein einheitliches deutsches Staatsgebiet mit einem einheitlichen deutschen Staatsvolk, insbes. war die DDR im Verhältnis zur Bundesrepublik **kein Ausland**. Es bestanden sog. **inter-se-Beziehungen**.

Demgegenüber vertrat die DDR seit 1952 die sog. Zwei-Staaten-Lehre: Das Deutsche Reich sei durch Aufspaltung in zwei selbstständige Staaten untergegangen.[20] Deswegen wurde z.B. 1967 rückwirkend eine eigene DDR-Staatsbürgerschaft eingeführt.

14 ■ **1956: Wehrverfassung**[21]

u.a. Einfügung von Art. 17 a, 87 a GG

15 ■ **1968: Notstandsverfassung**[22]

u.a. Einfügung von Art. 10 Abs. 2 S. 2, 20 Abs. 4, 53 a, 80 a, 115 a ff. GG

■ **1989/90: Einigungsvertrag**

16 Eine friedliche Revolution führte im November 1989 zur Beseitigung des kommunistischen Systems in der DDR. Schon bald traten die Aspekte der Wiederherstellung der staatlichen Einheit in den Mittelpunkt der politischen Diskussion. Nachdem die Alliierten ihre Bedenken und Vorbehalte aufgegeben hatten, wurde aufgrund des **Einigungsvertrages** vom 31.08.1990 (im Folgenden: EV) durch den Beitritt der DDR zur Bundesrepublik nach Art. 23 GG a.F. die **staatliche Einheit** Deutschlands vollendet. Seit dem 03.10.1990 gilt das Grundgesetz damit für das gesamte Deutsche Volk (Satz 3 der Präambel und Art. 146 GG).[23]

Mit dem Beitritt ist die **DDR** Teil des Staates „Bundesrepublik Deutschland" geworden und damit als **Völkerrechtssubjekt untergegangen**.

---

18 So die zuletzt herrschende Theorie von der Teilidentität; vgl. BVerfGE 36, 1, 15 (zum Grundlagenvertrag von 1972); BVerfGE 77, 137, 155; BVerfG DVBl. 1995, 286, 288; BayVerfGH NVwZ 1991, 1073; anders die in den 50er-Jahren entwickelte Identitätstheorie, wonach allein die Bundesrepublik mit dem Deutschen Reich identisch sei und die DDR als „lokales de facto Regime" qualifiziert wurde (sog. Alleinvertretungsanspruch).

19 BVerfG NJW 1995, 1811; NJW 1997, 929: „Die DDR war im Sinne des Völkerrechts – unabhängig von ihrer völkerrechtlichen Anerkennung durch die Bundesrepublik (vgl. dazu BVerfGE 36, 1, 22) – ein Staat und als solcher Völkerrechtssubjekt".

20 Vgl. Rauschning JuS 1991, 977, 978.

21 Zu Einzelheiten der sog. Wehrverfassung (4. Gesetz zur Ergänzung des GG v. 26.03.1954 und 7. Gesetz zur Ergänzung des GG v. 19.03.1956) vgl. Z/W § 5; M/Z § 43; Maurer § 5 Rdnr. 14 ff.; M/M Rdnr. 39.

22 Zur sog. Notstandsverfassung (17. Gesetz zur Ergänzung des GG v. 24.06.1968) vgl. i.E. Maurer § 5 Rdnr. 17 f.; M/Z § 44; Z/W §§ 52, 53; M/M Rdnr. 40 f.

23 Zum Beitritt der DDR vgl. Pestalozza Jura 1994, 561 ff.; chronologischer Überblick bei Zippelius BayVBl. 1992, 289 ff.; M/M Rdnr. 44 ff.

Die Rechte aus dem EV stehen gemäß Art. 44 EV nunmehr den neuen Ländern zu.[24] Die nicht verfassungsändernden Vorschriften des Einigungsvertrages haben allerdings – auch soweit sie zum materiellen Verfassungsrecht zählen (oben S. 2) – nur den Rang einfachen Bundesrechts (Art. 45 Abs. 2 EV) und können daher jederzeit vom Bundesgesetzgeber geändert und aufgehoben werden.[25]

Die rechtliche Identität der Bundesrepublik ist durch den Beitritt unberührt geblieben. Sie ist nach wie vor **dasselbe Völkerrechtssubjekt** und ist nach h.M. mit dem Völkerrechtssubjekt „Deutsches Reich" identisch. Verträge und Rechtsbeziehungen, die durch die Bundesrepublik vor dem Beitritt begründet wurden, gelten unverändert fort und erstrecken sich nunmehr auch auf das neue Staatsgebiet (vgl. auch Art. 11 EV).[26]

Wesentlich für die Rechtsstellung des vereinten Deutschlands ist vor allem der mit den ehemaligen Alliierten am 12.09.1990 geschlossene „Vertrag über die abschließende Regelung in Bezug auf Deutschland" (sog. **Souveränitätsvertrag, „Zwei-plus-Vier-Vertrag"**), der die Wiedervereinigung ermöglichte und die Außengrenzen Deutschlands endgültig festlegte (insbesondere die Oder-Neiße-Grenze). Nach Art. 7 des Vertrages hat das vereinte Deutschland **volle Souveränität** über seine inneren und äußeren Angelegenheiten.

Zuvor bestand lediglich eine eingeschränkte Souveränität unter dem Vorbehalt der Verantwortlichkeit der Siegermächte für „Deutschland als Ganzes".[27]

Die förmliche Festlegung der deutschen Ostgrenze erfolgte schließlich durch den deutsch-polnischen Grenzvertrag vom 14.11.1990.[28]

■ 1994: (Kleine) Verfassungsreform

Art. 5 EV empfahl den gesetzgebenden Körperschaften des vereinten Deutschlands, sich innerhalb von zwei Jahren mit den im Zusammenhang mit der deutschen Einigung aufgeworfenen Fragen zur Änderung oder Ergänzung des Grundgesetzes zu befassen. Dabei sollte vor allem geprüft werden, ob und inwieweit Verfassungsänderungen in Bezug auf die Stärkung föderaler Strukturen und auf Staatszielbestimmungen erforderlich sind. Ferner sollte die Bedeutung und Handhabung des Art. 146 GG geklärt werden.

Aufgrund der Empfehlung des Art. 5 EV wurde 1992 eine **Gemeinsame Verfassungskommission** von Bundestag und Bundesrat gebildet, die ihren Abschlussbericht Ende Oktober 1993 vorlegte. Im Verlauf der Beratungen wurden ca. 80 Änderungs- und Ergänzungsanträge beraten, aber nur wenige grundlegende Empfehlungen beschlossen.[29]

Ein wichtiger Bereich betraf die **Europäische Integration** und dabei die Voraussetzungen für das Inkrafttreten der sog. Maastrichter Verträge. Insoweit ist in das Grundgesetz vor allem ein neuer Art. 23 eingefügt und Art. 24 ergänzt worden. Außerdem wurde durch Art. 28 Abs. 1 S. 3 GG die Grundlage eines Kommunalwahl-

---

24 Vgl. dazu BVerfG DVBl. 1996, 1365.

25 Vgl. Klein DÖV 1991, 569, 571; vMünch NJW 1991, 865, 868.

26 vMünch NJW 1991, 865, 868; Schnappauf DVBl. 1990, 1249, 1254: völkerrechtlicher Grundsatz der „beweglichen Vertragsgrenzen". So gilt z.B. nach Art. 10 EV das EG-Recht unmittelbar auch in den neuen Bundesländern (Rengeling DVBl. 1990, 1307 ff.). Zur Weitergeltung von völkerrechtlichen Verträgen der DDR vgl. Art. 12 EV und vMünch 1991, 865, 869; Blumenwitz NJW 1990, 3041, 3048.

27 Zum Souveränitätsvertrag vgl. Blumenwitz NJW 1990, 3041 ff.; Rauschning DVBl. 1990, 1275 ff.

28 Dazu BVerfG NJW 1992, 3222, wonach das Zustimmungsgesetz zu diesem Vertrag mangels entsprechender Regelung keine Grundrechte (insbesondere Art. 14 GG) der aus den ehemaligen Ostgebieten vertriebenen Deutschen verletzt.

29 Vgl. BT-Drucks. 12/6000; Maurer § 5 Rdnr. 27 ff.; M/M Rdnr. 54 f.; Rubel JA 1993, 12 u. 296.

1. Teil Vorbemerkung – Grundbegriffe – Verfassungsgeschichte

rechts für EU-Bürger geschaffen.[30] Während diese Änderungen bereits Ende 1992 vorab in Kraft traten, verzögerte sich die übrige Verfassungsreform bis zum November 1994, die sich – mangels Konsensfähigkeit im Übrigen – auf einige wenige Punkte beschränkte, u.a.:

18
- Verpflichtung des Staates zur Förderung der tatsächlichen Durchsetzung der **Gleichberechtigung** von Frauen und Männern (Art. 3 Abs. 2 S. 2 GG),

- Einführung des **Umweltschutzes** als Staatsziel (Art. 20 a GG),

- Stärkung der **Gesetzgebungskompetenz der Länder** durch Änderung der Art. 72 ff. GG,

- Straffung des **Gesetzgebungsverfahrens** (Art. 76, 77 GG).

Nicht aufgegriffen wurden insbesondere die Vorschläge zur Einführung einer unmittelbaren Bürgerbeteiligung (insbesondere durch Volksentscheid; dazu unten Rdnr. 48 und Rdnr. 59).

Ebenso wurde auf die Bedeutung und Handhabung des Art. 146 GG nicht näher eingegangen. Art. 146 GG ermöglicht nach h.M. keine Verfassungsablösung, sondern – abweichend von Art. 79 GG – die Möglichkeit einer Beschlussfassung des Volkes über eine Verfassungsreform, die aber ihrerseits in vollem Umfang an die Vorgaben des Art. 79 Abs. 2 und 3 GG gebunden ist. Da Art. 146 GG das Verfahren selbst nicht regelt, muss es mit den erforderlichen **2/3-Mehrheiten** beschlossen werden (also z.B. die Einführung eines Referendums oder die Einberufung einer verfassunggebenden Nationalversammlung).[31]

■ **2006: Föderalismusreform I**

19
Allgemeines Ziel dieser Reform ist eine Modernisierung der bundesstaatlichen Ordnung. Umgesetzt werden soll die Reform durch umfangreiche **Grundgesetzänderungen** sowie **Änderungen von Begleitgesetzen** (z.B. BVerfGG), die im Wesentlichen zum 01.09. bzw. 12.09.2006 in Kraft getreten sind.

Im Wesentlichen werden konkret folgende Ziele verfolgt:[32]

- **Reform der Mitwirkungsrechte des Bundesrates** durch Abbau der Zustimmungsrechte (Art. 84 Abs. 1 GG n.F.) und Einführung neuer Fälle der Zustimmungsbedürftigkeit bei Bundesgesetzen mit erheblichen Kostenfolgen für die Länder (Art. 104 a Abs. 4 GG n.F.);

- **Reform und Straffung der Gesetzgebungskompetenzen** durch Abschaffung der Rahmengesetzgebung (Art. 75 GG a.F.) und Neuordnung des Kataloges der konkurrierenden Gesetzgebung (Art. 74 Abs. 1 GG n.F.), verbunden mit einer Reduzierung des Anwendungsbereichs der Erforderlichkeitsklausel (Art. 72 Abs. 2, 93 Abs. 2 GG n.F.) und der Einführung einer Abweichungsgesetzgebung in bestimmten Gesetzgebungsbereichen (Art. 72 Abs. 3 GG n.F.);

---

30 Maurer § 4 Rdnr. 1 ff., 23 ff.; M/M Rdnr. 56 f.
Zur Geltung von Art. 23, 79 ff. beim ZustimmungsG zur Europäischen Verfassung vgl. Degenhart Rdnr. 11 a, 21 f.; Degenhart/K Rdnr. 442 ff.

31 Erichsen Jura 1992, 52, 55; Jarass/Pieroth Art. 146 Rdnr. 4; Ipsen Rdnr. 33, 36 f.; Maurer § 22 Rdnr. 23 f.; Degenhart Rdnr. 44 f.

32 Vgl. auch die detaillierte Darstellung der Ziele der Föderalismusreform mit umfangreichen Literaturnachweisen unten bei den Gesetzgebungskompetenzen, Rdnr. 290 ff. sowie M/M Rdnr. 59 ff.

8

Die verfassungsgeschichtliche Entwicklung des GG | **2. Abschnitt**

- **Stärkung der Europatauglichkeit des Grundgesetzes** u.a. durch eine Neuregelung der Außenvertretung (Art. 23 Abs. 6 S. 1 GG n.F. i.V.m. §§ 6 Abs. 2 n.F.; 7 Abs. 4 – neu – Gesetz über die Zusammenarbeit von Bund und Ländern in Angelegenheiten der EU) und Regelungen zu einem nationalen Stabilitätspakt (Art. 109 Abs. 5 GG n.F. i.V.m. **SanktionsaufteilungsG**) sowie zur Verantwortlichkeit für die Einhaltung von supra-nationalem Recht (Art. 104 a Abs. 6 GG n.F. i.V.m. LastentragungsG);

- **Entflechtung der Finanzverantwortung** von Bund und Ländern (Art. 91 a, b; 143 c GG i.V.m. **EntflechtungsG**);

- **Verbot des Bundesdurchgriffs** auf die kommunale Ebene (Art. 84 Abs. 1 S. 7, 85 Abs. 1 S. 2 GG).

■ 2007/2008: Vertrag von Lissabon

20

Der Vertrag von Lissabon vom 13.12.2007, der durch den Vertrag der über die Europäische Union und der Vertrag zur Gründung der Europäischen Gemeinschaft geändert wird, erweitert u.a. die Zuständigkeiten der EU, die Möglichkeiten im Rat mit qualifizierter Mehrheit abzustimmen und verstärkt die Beteiligung des Europäischen Parlaments im Rechtssetzungsverfahren. Er löst die bisherige Säulenstruktur auf und verleiht der EU eine eigene Rechtspersönlichkeit.[33]

Insbesondere zum Schutz der Rechte und zum besseren Schutz der Rechte des Bundestages und des Bundesrates wurden zeitgleich mit dem Zustimmungsgesetz auch sog. **Begleitgesetze** erlassen, u.a. das Gesetz zur Umsetzung der Grundgesetzänderungen für die Ratifizierung des Vertrages von Lissabon.[34] Eingefügt wurde ein neuer Art. 23 Abs. 1 a GG, neugefasst wurden Art. 45 und Art. 93 Abs. 1 Nr. 2 GG.[35] Die Grundgesetzänderungen sind am 01.12.2009, gleichzeitig mit dem Vertrag von Lissabon, in Kraft getreten.[36]

■ 2009: Föderalismusreform II

21

Die Föderalismusreform II betrifft in erster Linie die Finanzbeziehungen von Bund und Ländern und führt mit Wirkung zum 01.08.2009 u.a. eine sog. Schuldenbremse in Art. 109 Abs. 3 GG n.F. sowie die Möglichkeit eines sog. Stabilitätsrates in Art. 109 a GG ein.[37] Weitere Einzelheiten sind in einem Begleitgesetz geregelt.[38]

---

33 Vgl. Altevers RÜ 2009, 519; Ipsen Rdnr. 57 a f.; Schweitzer Rdnr. 773 f.; Degenhart Rdnr. 115 f.
34 BGBl. I 2008 I, 1926.
35 Vgl. ausführlich zu den Begleitgesetzen Wüstenbecker RÜ 2009, 668, 669 f.
36 Vgl. Art. 6 EUV-Lissabon.
37 BGBl. I 2009, 2248.
38 BGBl. I 2009, 2702; zu weiteren Einzelheiten dieses nicht examensrelevanten Bereiches vgl. Wüstenbecker RÜ 2009, 668 f.; Waldhoff/Dietrich ZG 2009, 97; Degenhart Rdnr. 552 a f.

1. Teil Vorbemerkung – Grundbegriffe – Verfassungsgeschichte

3. Abschnitt: Der Begriff des Staates – Die Drei-Elementen-Lehre

> **Zusammenfassende Übersicht** unten Rdnr. 31.

22 Nach der von Jellinek[39] begründeten Drei-Elementen-Lehre ist der Staat ein soziales Gebilde, dessen konstituierende Merkmale ein bestimmtes Territorium **(Staatsgebiet)**, eine darauf ansässige Gruppe von Menschen **(Staatsvolk)** und eine faktisch wirksame **Staatsgewalt** sind.[40]

Beachte: Gemäß Art. 4 UN-Charta (Sartorius II Nr. 1) können nur Staaten Mitglieder der Vereinten Nationen werden.

A. Staatsgewalt

I. Völkerrechtliche Anforderungen

23 Staatsgewalt ist die originäre, effektive und selbstorganisationsfähige Herrschaftsmacht über das Staatsgebiet und das Staatsvolk.[41]

1. Staatsgewalt setzt **Herrschaftsmacht** voraus. Diese erstreckt sich vor allem darauf, eine rechtliche Ordnung (Verfassung) für das Zusammenleben zu geben. Deshalb muss die Macht zumindest mit dem Anspruch auftreten, dass ihre Anordnungen von Rechts wegen verbindlich und zu beachten sind. „Macht" bedeutet dabei die Möglichkeit, die auf dem eigenen Willen beruhenden Anordnungen durchzusetzen. Das braucht nicht durch Zwang zu erfolgen, sondern geschieht ganz überwiegend dadurch, dass Anordnungen erlassen und von dem Betroffenen aufgrund der Einsicht in ihre Richtigkeit und Notwendigkeit freiwillig befolgt werden. Die Möglichkeit, Zwang anzuwenden, ist beim Staat aber unverzichtbar.

Kehrseite dieser Macht des Staates ist, dass andere Gruppen im Staat bzw. der einzelne Bürger kein Recht zur Gewaltanwendung haben **(Gewaltmonopol des Staates)**.[42]

2. Die Staatsgewalt muss **effektiv** ausgeübt werden, d.h. dass der Staat in der Lage sein muss, sowohl innerstaatlich sein Recht durchzusetzen,[43] als auch auf internationaler Ebene seinen völkerrechtlichen Verpflichtungen nachzukommen.

3. Die Staatsgewalt muss **originär**, d.h. unabgeleitet von fremder Macht oder Staatsgewalt sein. Das ist nicht der Fall, wenn sie ihre Befugnisse von einer anderen Stelle im Staat (z.B. einer Partei oder einer ständischen Gruppe) oder außerhalb des Staates (z.B. von einem anderen Staat, wie bei einer Kolonie oder einem Protektorat) ableitet.[44]

---

39 Allgemeine Staatslehre, 3. Aufl., S. 394 f.

40 Ipsen Rdnr. 5; M/Z S. 2; Maurer § 1 Rdnr. 6; Schweitzer Rdnr. 540 f.; Degenhart Rdnr. 1 ff.; Hölscheidt u.a. Jura 2005, 83, 85 ff.; BVerwG DVBl. 1994, 519 f.

41 Maurer § 1 Rdnr. 7; Berg Rdnr. 56; BVerwG a.a.O.

42 Maurer § 1 Rdnr. 14.

43 BVerfG, Urt. v. 30.06.2009 – 2 BvE 2/08 –, u.a. – „Lissabon" Rdnr. 331 f.: Der Fortbestand souveräner Staatsgewalt wird durch den Anwendungsvorrang des supranationalen Unionsrechts nicht in unzulässiger Weise eingeschränkt.

44 Problematisch ist insofern immer noch die Staatsqualität von „Palästina"; vgl. Ipsen Rdnr. 6 FN 9.

Der Begriff des Staates – Die Drei-Elementen-Lehre **3. Abschnitt**

II. Aussagen des Grundgesetzes

Gemäß Art. 20 Abs. 2 S. 1 GG geht alle Staatsgewalt vom Volke aus (einheitliche Träger-   **24**
schaft beim Volk; Volkssouveränität).

Die Ausübung der Staatsgewalt erfolgt gemäß Art. 20 Abs. 2 GG (naturgemäß) nicht
durch das Volk, sondern durch besondere Organe der Gesetzgebung, der vollziehenden
Gewalt und der Rspr. (Grundsatz der Gewaltenteilung); repräsentative Demokratie.[45]

B. Staatsgebiet – Gebietshoheit

I. Völkerrechtliche Anforderungen

Staatsgebiet ist die durch Grenzen gekennzeichnete Zusammenfassung von geo-   **25**
grafischen Räumen und einer gemeinsamen Rechtsordnung. Es ist der Bereich, in dem
ein Staat grds. gegenüber allen Personen oder Sachen Zwangsgewalt ausüben und die
hoheitliche Einwirkung eines anderen Staates abwehren darf (sog. **Gebietshoheit**).[46]

Die Grenzen des Staatsgebiets bestimmen sich nach völkerrechtlichen Grundsätzen
und Verträgen.[47]

II. Staatsgebiet der Bundesrepublik Deutschland

Das Gebiet der Bundesrepublik Deutschland (Bundesgebiet) besteht aus den Gebieten   **26**
der 16 deutschen Bundesländer (vgl. auch S. 2 der Präambel zum GG!). Dabei ist jedes
Landesgebiet gleichzeitig Bundesgebiet und andererseits gibt es kein Bundesgebiet,
das nicht gleichzeitig Landesgebiet wäre, also kein bundesunmittelbares Gebiet (wie
z.B. der Hauptstadtdistrikt Washington D.C.).[48]

C. Staatsvolk – Personalhoheit

I. Völkerrechtliche Anforderungen

Staatsvolk ist die Gesamtheit aller Staatsangehörigen in umfassender Lebensgemein-   **27**
schaft. Die Ausgestaltung des Staatsangehörigkeitsrechts überlässt das Völkerrecht den
einzelnen Staaten, soweit bestimmte Anknüpfungspunkte beachtet werden. Anerkannt
sind insoweit das Geburtsort- bzw. **Territorialprinzip**, wonach alle Personen, die auf
dem Staatsgebiet geboren werden, automatisch die Staatsangehörigkeit erlangen und
das **Abstammungsprinzip**, wonach die Abstammung über die Staatsangehörigkeit
entscheidet; eine dritte Möglichkeit ist die Einbürgerung.[49]

Staatsvolk ist des Weiteren der Personenkreis, der einer bestimmten Staatsgewalt auch
außerhalb des Staatsgebiets auf Dauer rechtlich unterworfen ist (sog. **Personalhoheit**).[50]

---

45 Berg Rdnr. 56 f.
46 Berg Rdnr. 45.
47 Zu Einzelheiten vgl. M/Z § 3 I 2; Berg Rdnr. 49 f.; Maurer § 1 Rdnr. 7.
48 Z/W § 3; M/Z § 3 I 1; Berg Rdnr. 46 ff.
49 M/Z § 4 I 2; Maurer § 1 Rdnr. 7; Schnapp/Neupert Jura 2004, 167, 168 f.
50 Berg Rdnr. 51.

11

| 1. Teil | Vorbemerkung – Grundbegriffe – Verfassungsgeschichte |

Die Zugehörigkeit zu einem bestimmten Staatsvolk begründet für die Staatsangehörigen Rechte und Pflichten, mit denen entsprechende Rechte und Pflichten des jeweiligen Staates korrespondieren.

II. Staatsangehörigkeit nach dem Staatsangehörigkeitsgesetz[51] – „Deutscher i.S.d. Grundgesetzes"

1. Erwerbs- und Verlustgründe der deutschen Staatsangehörigkeit

28   Das deutsche Staatsangehörigkeitsrecht war bis Ende 1999 geregelt im Reichs- und Staatsangehörigkeitsgesetz vom 22.07.1913. Mit Wirkung zum 01.01.2000 ist dieses Gesetz erheblich geändert worden und mit einer neuen Gesetzesüberschrift versehen worden (Staatsangehörigkeitsgesetz – StAG).

Eine abschließende Aufzählung der Erwerbsgründe findet sich in § 3 StAG, eine Aufzählung der Verlustgründe in § 17 StAG.

Für den praktisch häufigsten Fall (vgl. § 4 Abs. 1 StAG) gilt das Abstammungsprinzip, während das Territorialprinzip im Wesentlichen nur im Rahmen des neu eingeführten § 4 Abs. 3 StAG für Kinder von Ausländern gilt.[52]

2. „Deutscher i.S.d. Grundgesetzes"

29   Deutscher i.S.d. Grundgesetzes ist, wer die deutsche Staatsangehörigkeit besitzt (Art. 116 Abs. 1, 1. Fall GG) oder als Flüchtling oder Vertriebener deutscher Volkszugehörigkeit oder als dessen Ehegatte oder Abkömmling in dem Gebiet des Deutschen Reiches nach dem Stand vom 31.12.1937 Aufnahme gefunden hat (2. Fall; sog. Statusdeutsche).

Aufgrund der Neuregelung in § 40 a StAG haben die meisten Statusdeutschen zum 01.08.1999 kraft Gesetzes die deutsche Staatsangehörigkeit erworben, sodass heute grds. davon auszugehen ist, dass Deutsche i.S.d. Grundgesetzes die deutsche Staatsangehörigkeit besitzen.

Der Begriff des Deutschen i.S.d. Grundgesetzes erlangt insbesondere Bedeutung bei verschiedenen Grundrechten (z.B. Art. 12, Art. 33 GG), die als sog. Bürgerrechte nur deutschen Staatsangehörigen zustehen und nicht, wie die sog. Menschenrechte (z.B. Art. 2 Abs. 1 GG), auch Ausländern oder Staatenlosen.[53]

3. Rechte und Pflichten von deutschen Staatsangehörigen

30   Die deutsche Staatsangehörigkeit löst zahlreiche staatsbürgerliche Rechte und Pflichten aus. Zu den Pflichten gehörten z.B. die Steuerpflicht und die Wehrpflicht gemäß § 1 WehrpflichtG (Sa. Nr. 620), zu den Rechten die oben bereits genannten Bürgerrechte sowie das aktive und passive Wahlrecht (vgl. §§ 12, 15 BWG).[54]

---

51   Gute Kurzdarstellung bei Schnapp/Neupert a.a.O., S. 169 ff.; Z/W § 4; Leopold JuS 2006, 126.

52   Zu den verfassungsrechtlichen Bedenken gegen das sog. Optionsmodell gemäß § 29 StAG und zu weiteren Einzelheiten des StAG vgl. Bönning JA 2000, 257; Maurer § 7 Rdnr. 22; Berg Rdnr. 52 ff.; Fallbearbeitung zu §§ 10 f. StAG bei Wagner JA 2008, 39.

53   Vgl. im Einzelnen Jarass/Pieroth Art. 116 Rdnr. 1 ff.; Berg Rdnr. 55, 428.

54   Berg Rdnr. 55.

Zusammenfassende Übersicht — 3. Abschnitt

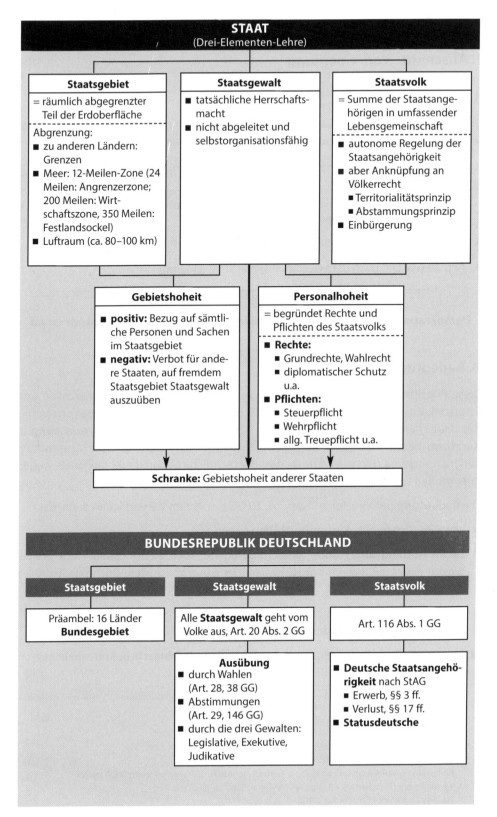

2. Teil: Staatsformmerkmale und Staatszielbestimmungen

1. Abschnitt: Vorbemerkung

A. Überblick

32 Die grundlegenden normativen Festlegungen für die Verfassungsordnung der Bundesrepublik Deutschland (**„Grundentscheidungen"**)[55] finden sich in

- der **Präambel:** Friedenssicherung und europäische Einigung

    Die Präambel ist nicht nur eine unverbindliche Einleitung, sondern weist im Hinblick auf die europäische Integration („in einem vereinten Europa") und die Friedenspolitik („dem Frieden der Welt zu dienen") selbstständigen normativen Gehalt auf.[56]

- **Art. 1 GG:** Achtung der Würde des Menschen und Bindung an die Grundrechte

- **Art. 20 GG:** Der nach dem GG organisierte Staat ist (eine)

Demokratie   Republik   Rechtsstaat   Sozialstaat   Bundesstaat

B. Bedeutung

33 Diese Prinzipien sind unmittelbar geltendes Recht und als Staatsformmerkmale und Staatszielbestimmungen von außerordentlicher Bedeutung für das richtige Verständnis des deutschen Staates. Nicht zu Unrecht wird Art. 20 GG deshalb als **Verfassung in Kurzform** bezeichnet („Staatsfundamentalnorm").[57] Für die praktische Anwendung darf man allerdings nicht verkennen, dass der rechtliche Gehalt dieser Merkmale wegen ihrer großen Weite nur schwer zu bestimmen ist.

Die **Bedeutung** der Prinzipien[58] des Art. 20 GG besteht im Wesentlichen darin, dass

- sie in Zweifelsfragen **Auslegungshilfen** geben,[59]

- sie als **Auffangtatbestände** für nicht geregelte, aber regelungsbedürftige Fragen wirken (so ist z.B. das Verbot rückwirkender Gesetze aus dem Rechtsstaatsprinzip entwickelt worden),

- durch Art. 79 Abs. 3 GG die wichtigsten Grundlagen unseres Verfassungsrechts gegenüber **Verfassungsänderungen** abgesichert sind[60] und

- als „Werte mit Verfassungsrang" **immanente Grundrechtsschranken** sein können.[61]

---

[55] Berg Rdnr. 114 f.; Maurer § 6; zu weiteren Bezeichnungen vgl. Gröpl Rdnr. 230 ff.; Kämmerer S. 25; M/M Rdnr. 68; Kloepfer Rdnr. 47; Schmidt S. 36; Mo/Mi Rdnr. 46 ff.
[56] Vgl. Zuleeg DVBl. 1983, 486; Wilhelm ZRP 1986, 267; Maurer § 5 Rdnr. 1–9.
[57] Gröpl Rdnr. 235.
[58] Zur Bedeutung der Strukturprinzipien in der Klausurbearbeitung vgl. Kees JA 2008, 795.
[59] Kees JA 2008, 795 mit Beispiel in FN 2.
Ausführlich zur Verfassungsauslegung Z/W § 7 I m.w.N.; M/M Rdnr. 10 ff.; Jarass/Pieroth Einl. Rdnr. 5 ff.
[60] Vgl. Maurer § 6; Degenhart Rdnr. 1–3 sowie unten Rdnr. 339 ff.
[61] Vgl. dazu i.E. AS-Skript Grundrechte (2012).

C. Begriffsbestimmung

Staatsformmerkmale oder Staatsstrukturprinzipien sind staatsorganisatorische, formelle Grundprinzipien der Verfassung, die den Aufbau des Staates und die Modalitäten der Staatstätigkeit festlegen.[62]

34

Staatszielbestimmungen sind materielle Verfassungsprinzipien, die den Staat auf die Verfolgung eines bestimmten, inhaltlich näher benannten Ziels verpflichten.[63]

Zu den Staatsformmerkmalen gehören damit die Prinzipien Republik, Demokratie, Bundesstaat sowie die formellen Elemente des Rechtsstaatsprinzips (z.B. Gewaltenteilungsgrundsatz).

Staatszielbestimmungen sind neben Präambel und Sozialstaatsprinzip[64] die materiellen Elemente des Rechtsstaatsprinzips (z.B. Rückwirkungsverbot, Verhältnismäßigkeitsgrundsatz) sowie Art. 1 Abs. 1, 3 Abs. 2 S. 2, 20 a,[65] 23 Abs. 1, 87 e Abs. 4, 87 f Abs. 1 S. 1, 109 Abs. 2 GG.[66]

D. Staatsformmerkmale bzw. Staatsstrukturprinzipien in der Klausurbearbeitung[67]

Der Inhalt der Staatsformmerkmale bzw. Staatsstrukturprinzipien (im Wesentlichen aus dem Jahr 1949) ist abstrakt und kurz im GG formuliert, weil es nur so möglich ist, eine Grundlage bzw. Lösung für eine Vielzahl, (noch) nicht überschaubarer verfassungsrechtlicher Fragestellungen zu schaffen. Insbesondere durch die Rspr. des BVerfG ist jedoch der knappe und abstrakte Text des GG in vielfacher Weise durch die Bildung von **Fallgruppen** konkretisiert und strukturiert worden.[68]

35

In Anlehnung an diese Rspr. sowie die dreiteilige Grundrechtsprüfung (Schutzbereich betroffen – Eingriff – Eingriffsrechtfertigung) empfiehlt sich deshalb folgender Prüfungsgang/-aufbau:[69]

---

62 Z. S. 11 FN 62.

63 Maurer § 6 Rdnr. 9 ff.; Berg Rdnr. 179; andere Einteilung und Bezeichnung z.B. bei Z/W S. 42 m.w.N.; Sodan-Leisner Art. 20 GG Rdnr. 1; Ipsen Rdnr. 751, 783; Hömig/Antoni Art. 20 GG Rdnr. 1; Jarass/Pieroth Art. 20 Rdnr. 1, 28; Art. 20 a Rdnr. 1; Pieroth JuS 2010, 473, 474; Voßkuhle/Kaufhold JuS 2010, 116.

64 Degenhart Rdnr. 25.

65 Dazu noch ausführlich unten Rdnr. 148 ff.

66 Vgl. a. Gröpl Rdnr. 254 ff.

67 Vgl. dazu instruktiv Kees JA 2008, 795.

68 Kees a.a.O.

69 Vgl. auch Kees a.a.O.

| 2. Teil | Staatsformmerkmale und Staatszielbestimmungen |

Prüfungsgang

1. Bezeichnung des einschlägigen Staatsstrukturprinzips bzw. Staatsformmerkmals, Angabe seiner verfassungsrechtlichen Verankerung sowie die Nennung einer konkreten den allgemeinen Grundsatz spezifizierenden Ausprägung bzw. Fallgruppe

   Beispiel: Die hoheitliche Maßnahme könnte verstoßen gegen Art. 20 Abs. 3 GG, Bestimmtheitsgebot.

2. Darstellung der konkreten Anforderungen der jeweils in Bezug genommenen Fallgruppe

   Beispiel: Das Bestimmtheitsgebot verlangt, abgestuft nach der Intensität des jeweiligen Grundrechtseingriffs, dass der Normadressat hinreichend deutlich erkennen kann, unter welchen Voraussetzungen er welche Rechtsfolgen zu erwarten hat.

3. Subsumtion der konkret zu prüfenden hoheitlichen Maßnahme, Abwägung mit möglicherweise gegenläufigen Vorgaben des GG und Festlegen der konkreten Rechtsfolgen

---

2. Abschnitt: Demokratie[70]

A. Vorbemerkung und Überblick

Grundfälle bei Pieroth JuS 2010, 473.

I. Herleitung des Demokratieprinzips

36 Dass die Bundesrepublik Deutschland eine Demokratie ist, ergibt sich nicht nur aus der ausdrücklichen Normierung in Art. 20 Abs. 1 GG („**demokratischer** ... Bundesstaat"), sondern vor allem aus der Festlegung in Art. 20 Abs. 2 S. 1 GG: **Alle Staatsgewalt geht vom Volke aus.**

Die Ausgestaltung der Demokratie ist in den Ländern der westlichen, östlichen und dritten Welt unterschiedlich. Bei der in der Bundesrepublik Deutschland praktizierten Form handelt es sich um die „klassische" bzw. „bürgerlich-westliche" Demokratie. Diese ist Demokratie mit Gewaltenteilung, im Unterschied etwa zur Volksdemokratie oder Rätedemokratie, wo das Parlament oder gewählte Räte allzuständig sind.

Mittelbar ergibt sich die Geltung des Demokratieprinzips aus Art. 23 Abs. 1 S. 1 GG („**demokratische** ... Grundsätze") und Art. 28 Abs. 1 S. 1 GG („Grundsätze des **demokratischen** ... Rechtsstaates").[71]

---

70 Vgl. ergänzend Maurer § 7 Rdnr. 18 ff.; Degenhart § 2; Berg Rdnr. 117 ff.; Kloepfer Rdnr. 105 ff.; Mo/Mi Rdnr. 120 ff.; Schmidt S. 40 ff.; M/M Rdnr. 70, 667 ff.; Gröpl § 6.

71 Zur Vertiefung vgl. Stein/Frank § 8.

II. Geltungsbereich des Demokratieprinzips

Das Demokratieprinzip gilt nach Art. 28 Abs. 1 S. 1 GG auch für die **Länder**[72] und gemäß Art. 28 Abs. 1 S. 2 GG für die **Kommunen**.

37

Für **andere Selbstverwaltungsträger** (z.B. Hochschulen,[73] Rechtsanwalts- und Ärztekammern) ist das demokratische Prinzip zwar nicht ausdrücklich vorgeschrieben, da sie aber auch öffentliche Aufgaben wahrnehmen, also an der Ausübung der Staatsgewalt beteiligt sind, gelten auch für sie demokratische Grundsätze.[74]

Auch die politischen **Parteien** sind dem Demokratieprinzip unterworfen wegen Art. 21 Abs. 1 S. 3 GG: „Ihre Ordnung muss demokratischen Grundsätzen entsprechen."[75]

Entsprechendes gilt nach § 48 Abs. 1 AbgeordnetenG für die **Fraktionen** als „Parteien im Parlament".

III. Überblick

Die folgende Darstellung des Demokratieprinzips orientiert sich im Wesentlichen am Wortlaut des Art. 20 Abs. 2 GG und den dazu (insbesondere vom BVerfG) entwickelten **Fallgruppen**.[76]

38

---

72 Vgl. etwa VerfGH NRW JuS 2009, 854: „Es entspricht einem demokratischen Grundsatz, dass zwischen Wahl und Konstituierung neugewählter Volksvertretungen äußerstenfalls drei Monate liegen dürfen. Dieser Grundsatz gilt auch für Kommunalwahlen".

73 VG Trier, Beschl. v. 14.06.2006 – 2 L 440/06; TR: Abwahl eines AStA-Mitglieds durch STUPA.

74 BVerfGE 11, 310, 320; VGH NRW DÖV 1987, 108 für öffentliche Sparkassen; zum Geltungsbereich im Bereich der Medien vgl. Geier Jura 2004, 182.

75 Pieroth a.a.O., S. 475.

76 Vgl. insofern Kees JA 2008, 795, 798 f.; Degenhart Rdnr. 36.

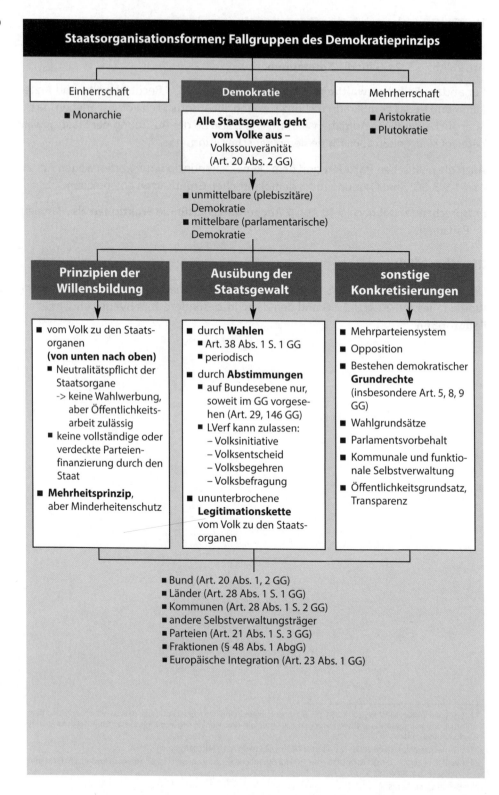

Demokratie **2. Abschnitt**

B. Art. 20 Abs. 2 S. 1 GG: Alle Staatsgewalt geht vom Volk aus

Fallbearbeitung von Hellermann/Steinbeck Jura 2006, 213, 216 ff.

I. Volk als Träger der Staatsgewalt

Die Verfassung muss darüber entscheiden, wer Träger der **Staatsgewalt** ist und wer die Herrschaftsbefugnisse gegenüber dem Staatsvolk (Personalhoheit) und anderen Personen, die sich auf dem Staatsgebiet aufhalten (Gebietshoheit), ausüben darf. In der Demokratie ist Träger der Staatsgewalt das Volk (sog. **Volkssouveränität**).[77]

40

- In der **Monarchie** ist eine **einzelne** Person (Kaiser, König etc.) Träger der Staatsgewalt.

- Ist eine **begrenzte Zahl** von Personen (als Oberschicht) Träger der Staatsgewalt, liegt eine **Aristokratie** (Adelsherrschaft) bzw. **Plutokratie** (Besitzherrschaft) vor.

II. Volk

Volk i.S.v. Art. 20 Abs. 2 und Art. 28 Abs. 1 S. 2 GG ist das deutsche Staatsvolk, d.h. die Gesamtheit der Personen, die die deutsche Staatsangehörigkeit besitzen oder Status-Deutsche i.S.v. Art. 116 Abs. 1, 2. Halbs. GG sind (h.M.). Nach teilweise vertretener Literaturauffassung ist nicht allein auf die Staatsangehörigkeit abzustellen, sondern vielmehr auf das jeweilige Betroffensein oder das Unterworfensein.

41

Für die h.M.[78] spricht insbesondere, dass der Staat auch ein Personenverband ist und – wie jeder Personenverband – die Mitgliedschaftsrechte, insbesondere das Wahlrecht, den Mitgliedern (also den Staatsangehörigen) vorbehält. Damit besteht insbesondere für **Ausländer kein Wahlrecht** auf Bundes-, Landes- oder Gemeindeebene (Ausnahme: EU-Ausländer bei Kommunalwahlen wegen Art. 28 Abs. 1 S. 3 GG und Art. 22 Abs. 1 AEUV).[79]

III. Staatsgewalt

Staatsgewalt ist jedenfalls alles amtliche Handeln mit Entscheidungscharakter, also Entscheidungen, die unmittelbar nach außen wirken sowie solche, die nur behördenintern die Voraussetzungen für die Wahrnehmung der Amtsaufgaben schaffen sowie die Wahrnehmung von Vorschlagsrechten.[80]

42

---

77 BVerfGE 89, 155, 182; Hillgruber JZ 2002, 1072.

78 BVerfGE 83, 37, 51; DVBl. 2003, 923 f.; Degenhart Rdnr. 68 ff.; M/M Rdnr. 89 mit Hinweisen auf Fallbearbeitungen; Gröpl Rdnr. 271, 367 f.; Maurer § 7 Rdnr. 22 f. mit Nachweisen auch zur Gegenmeinung.

79 Ausführlich zum Ausländerwahlrecht noch unten Rdnr. 195 ff.

80 BVerfG DVBl. 2003, 923 f.; Maurer a.a.O. Rdnr. 25.

2. Teil — Staatsformmerkmale und Staatszielbestimmungen

C. Art. 20 Abs. 2 S. 2 GG: Ausübung der Staatsgewalt durch Wahlen, Abstimmungen und besondere Organe der drei Gewalten

I. „Wahlen" – Mehrheitsprinzip – Art. 39 GG

Fall 1: Verschiebung der Bundestagswahl

Im Jahre X stehen im Herbst Bundestagswahlen bevor. Derzeit hat eine Koalition aus der A- und der B-Partei eine deutliche Mehrheit, während die C-Partei in Opposition steht. Im Frühjahr des Jahres geriet die Bundesrepublik in eine schwere wirtschaftliche Krise, weil zahlreiche Staaten wegen Devisenmangels und zum Schutze ihrer eigenen Wirtschaft Beschränkungen für Waren aus Deutschland einführten und dadurch der Absatz der deutschen Exportindustrie drastisch zurückging. In wenigen Monaten erhöhte sich die Arbeitslosenzahl um mehr als 1 Mio. Als im Sommer auch noch ein akuter außenpolitischer Konflikt hinzukam, erklärten sich führende Politiker der Regierungsparteien außerstande, ihre Zeit und Kraft einem Wahlkampf zu opfern. Absolut vordringlich sei zunächst, die wirtschaftliche und politische Krise zu bewältigen, und nicht, sich in Parteienstreitereien zu verzetteln. Aus diesem Grunde sollten die Bundestagswahlen um ein Jahr verschoben werden. Da diesem Vorschlag auch einige Politiker der C-Partei zustimmen, kann mit einer 2/3-Mehrheit im Bundestag und Bundesrat gerechnet werden.

Wäre eine Verschiebung der Bundestagswahl um ein Jahr rechtlich möglich? Könnte statt dessen bestimmt werden, dass die derzeitige Bundesregierung trotz Neuwahlen des Bundestags noch bis zur Bewältigung der Krise, längstens für ein Jahr, im Amt bleibt?

---

43   A. Nach Art. 39 Abs. 1 S. 1 GG wird der Bundestag auf vier Jahre gewählt. Für eine **Verlängerung der Wahlperiode** ist daher eine Abänderung dieser Vorschrift erforderlich. Nach Art. 69 Abs. 2 GG enden die Ämter der Mitglieder der Bundesregierung „in jedem Falle mit dem Zusammentritt eines neuen Bundestages". Eine Verlängerung der Amtszeit der Bundesregierung bedürfte daher ebenfalls einer Änderung des GG. Ob eine Verfassungsänderung zulässig ist und welche Voraussetzungen gelten, richtet sich nach Art. 79 GG.

I.   Die nach Art. 79 Abs. 1 und 2 GG erforderlichen **formellen** Voraussetzungen, insbesondere die 2/3 Mehrheit im Bundestag und Bundesrat, können nach dem Sachverhalt voraussichtlich herbeigeführt werden.

44   II. In **materieller** Hinsicht könnte aber die **Sperre des Art. 79 Abs. 3 GG** eingreifen (sog. **Ewigkeitsgarantie** oder **Verfassungsidentität**). Danach ist u.a. eine Änderung der in Art. 20 Abs. 1 und Abs. 2 S. 1 GG niedergelegten Grundsätze des **Demokratieprinzips** unzulässig.[81]

1. Für die Bildung des politischen Willens gilt in der Demokratie das Mehrheitsprinzip.[82] Deshalb wird Demokratie auch als **Herrschaft der Mehrheit** be-

---

81   Vgl. auch Pieroth a.a.O., S. 474 f.
82   Maurer § 7 Rdnr. 55; Berg Rdnr. 120.

zeichnet. Die Mehrheit darf die Minderheit aber nicht unterdrücken; erforderlich ist daher ein **effektiver Minderheitenschutz**.[83] Zwar ist die Minderheit Sachentscheidungen der Mehrheit ausgesetzt, das Demokratieprinzip verlangt jedoch, dass die Minderheit die Möglichkeit besitzt, ihren Standpunkt in den Willensbildungsprozess einzubringen. Gleichzeitig ist auch die Herrschaftsbefugnis der Mehrheit zeitlich begrenzt. In einer Demokratie gibt es **nur Herrschaft auf Zeit**.[84] Die Minderheitsmeinung muss jederzeit zur Mehrheit werden können. Deshalb müssen **Wahlen** in einer Demokratie **periodisch** stattfinden.[85] Das Hinausschieben fälliger Wahlen verstößt daher grds. gegen das Demokratieprinzip.[86]

Nach Auffassung des VerfG MV kann ein Wahlberechtigter eine Verletzung der Wahlgrundsätze aus Art. 20 Abs. 2 S. 2 Verf MV = Art. 38 Abs. 1 S. 1 GG im Wege der Verfassungsbeschwerde auch mit dem Vorbringen geltend machen, sein Wahlrecht verliere durch eine Verlängerung der Wahlperiode an politischem Gewicht. Der Bürger werde insofern auch vor einer Aushöhlung seines Wahlrechts geschützt, welche die Wahlgrundsätze als solche nicht antastet, deren Bedeutung aber grundlegend verändert. Hierzu gehöre auch der Grundsatz der Periodizität der Wahlen.[87]

Somit ist eine Verschiebung von Wahlen **verfassungsrechtlich unzulässig**. Auch das Bestehen einer schwerwiegenden Krise ist keine Rechtfertigung. Gerade in einer Krise kann es erforderlich sein, dass die Opposition die Chance erhält, alternative politische Vorschläge anzubieten. Der Belastung kann durch eine Verkürzung des Wahlkampfes Rechnung getragen werden.

2. Einer Verfassungsänderung steht dieser Gedanke aber nur entgegen, wenn **45** die Verlängerung der Legislaturperiode einen Eingriff in den **unantastbaren Kernbereich** der Demokratie (Art. 79 Abs. 3 GG) darstellt. Dafür spricht, dass dem Volk für die Zeit der Verlängerung praktisch jede Einflussnahme auf die Politik entzogen würde. Das Demokratieprinzip verlangt, dass das Parlament seine Legitimation – auch in zeitlicher Hinsicht – vom Volk herleitet. Könnte das Parlament seine nur auf Zeit eingeräumte Herrschaftsbefugnis aus eigener Macht verlängern, entfiele für diese Zeit eine Legitimation durch das Volk. Zwar mag in besonders gelagerten Ausnahmefällen eine Verlängerung der eigenen Wahlzeit zulässig sein, jedoch dürfte insoweit die Regelung des Art. 115 h GG abschließend sein. Die **Verlängerung einer laufenden Legislaturperiode** stellt daher einen Eingriff in den Kernbereich des demokratischen Grundgedankens dar, sodass Art. 79 Abs. 3 GG einer entsprechenden Verfassungsänderung entgegensteht.[88]

Eine allgemeine Verlängerung für **künftige Wahlperioden** ist dagegen mit Art. 79 Abs. 3 GG vereinbar, wobei jedoch überwiegend von einer Obergrenze von fünf Jahren ausgegangen wird.[89]

---

83 Maurer § 7 Rdnr. 62 f.; M/M Rdnr. 667.
84 Gröpl Rdnr. 355 ff.
85 Degenhart Rdnr. 67.
86 BVerfGE 1, 14, 33; 18, 151, 154; NVwZ 1994, 893; Jarass/Pieroth Art. 39 Rdnr. 1.
87 NVwZ 2008, 1343 f.; krit. Anm. Erbguth JZ 2008, 1038.
88 Jarass/Pieroth Art. 39 Rdnr. 1; Degenhart Rdnr. 31; Gröpl Rdnr. 360; vgl. auch BVerfGE 1, 14, 33; 18, 151, 154.
89 Vgl. Sachs/Magiera Art. 39 Rdnr. 5; Maurer § 13 Rdnr. 51; LVerfG MV RÜ 2009, 114; Gröpl Rdnr. 358 f.

| 2. Teil | Staatsformmerkmale und Staatszielbestimmungen |

> *Beachte: Unzulässig wegen Verstoßes gegen Art. 39 GG und das Demokratieprinzip ist auch eine **Verkürzung der Wahlperiode** durch Vorziehung von Wahlen, insbesondere besteht kein (vorzeitiges) **Selbstauflösungsrecht** des Bundestags.[90]*

46   B.   Die Verlängerung der **Amtsdauer der Bundesregierung**

I.   Insoweit könnte ein Verstoß gegen das Prinzip der **parlamentarischen Demokratie** vorliegen (Art. 20 Abs. 1 u. 2 GG). Die Regierung muss in ihrem personalen Bestand vom **Vertrauen der Parlamentsmehrheit** abhängig sein, d.h. das Parlament muss berechtigt sein, die Regierungsmitglieder oder zumindest den Regierungschef zu wählen und wieder abzuwählen (vgl. Art. 63, 67 GG). Da es sich hier im Wesentlichen um das Verhältnis Parlament – Regierung handelt, spricht man auch vom parlamentarischen Regierungssystem.

Gegensatz dazu ist die **Präsidialdemokratie** (wie in Frankreich oder den USA), bei der neben dem Parlament ein zweites, vom Volk gewähltes Staatsorgan existiert, das entweder der Regierung vorsteht oder diese von ihm abhängig ist.

Wird die Amtsdauer einer Bundesregierung durch den bisherigen Bundestag verlängert, so kann die Bundesregierung ihre Befugnisse nicht auf den danach gewählten Bundestag zurückführen. Dieser darf sie für eine bestimmte Zeit – hier ein Jahr – auch nicht abwählen. Damit ist die Regierung in dieser Zeit vom Parlament unabhängig, wodurch das parlamentarische Regierungssystem durchbrochen wird.

II.   Jedoch kann diese Ausprägung nicht zum **Kernbereich** der Demokratie i.S.d. Art. 79 Abs. 3 i.V.m. Art. 20 GG gerechnet werden. Das Volk wird nach wie vor ausreichend durch das Parlament repräsentiert. Diesem bleiben auch wesentliche Befugnisse, insbesondere der Erlass von Gesetzen und die Bewilligung der finanziellen Mittel durch Haushaltsgesetz und Haushaltsplanung. Die Verlängerung der Amtsdauer der Bundesregierung würde daher nicht an Art. 79 Abs. 3 GG scheitern, wäre also durch verfassungsänderndes Gesetz möglich.

II. „Abstimmungen"

1. Abstimmungen auf Bundesebene

Fallbearbeitungen bei B/S Fall 8; Degenhart/K Fall 9; Kielmannsegg JuS 2006, 323.

47   **a)** Nach Art. 20 Abs. 2 S. 1 GG geht die Staatsgewalt vom Volke aus. Damit ist aber noch nicht entschieden, inwieweit das Volk an der Ausübung der Staatsgewalt beteiligt werden soll. Dabei gibt es zwei Möglichkeiten:

---

90   Ausführliche Fallbearbeitung bei Augsberg u.a., Fall 4 = S. 161, 164 ff.

Demokratie **2. Abschnitt**

aa) Mittelbare oder repräsentative Demokratie, d.h., das Volk entscheidet grds. nur über die Zusammensetzung der Repräsentationsorgane (insbesondere Parlament), die dann ihrerseits die Staatsgewalt im Namen des Volkes ausüben.

bb) Unmittelbare, direkte oder plebiszitäre Demokratie, d.h., grds. entscheidet das gesamte Staatsvolk durch Abstimmungen im Einzelfall über anstehende politische Entscheidungen, insbesondere über Gesetze.

b) Überwiegend wird dabei die **Volksabstimmung** oder das **Plebiszit** als Oberbegriff   **48** angesehen für die Unterfälle Volksbefragung – Volksentscheid – Volksbegehren.[91]

aa) Volksbefragung ist eine durch den Staat vorgenommene Erhebung zur Meinung des Volkes zu einer genau formulierten Frage, die in einem förmlichen Verfahren durchgeführt wird. Das Ergebnis ist (außer im Fall von Art. 29 Abs. 5 GG) für die Staatsorganisation nicht bindend, sondern nur konsultativ.[92]

bb) Volksentscheid oder Referendum (z.B. gemäß Art. 29 Abs. 2, 3, 7 GG) ist die bindende Entscheidung des Volkes über eine ihm vorgelegte Frage oder einen Gesetzentwurf.[93]

cc) Volksbegehren oder Volksinitiative (z.B. gemäß Art. 29 Abs. 4 GG) ist die vom Volk ausgehende Initiative zur Erreichung eines Volksentscheides, ggf. auch einer Parlamentsentscheidung.[94]

c) Dem **Grundgesetz** wird nach ganz herrschender Auffassung in Rspr. und Lit. das Prin-   **49** zip der repräsentativen Demokratie entnommen und deshalb **Volksabstimmungen** grds. für **unzulässig** gehalten.

Zur Begründung wird zunächst der Wortlaut von Art. 20 Abs. 2 S. 2 GG herangezogen, wonach die Möglichkeit von Abstimmungen erst nach der Möglichkeit von Wahlen vorgesehen ist und außerdem angeordnet wird, dass die Staatsgewalt vom Volke durch besondere Organe der Gesetzgebung, der vollziehenden Gewalt und der Rechtsprechung ausgeübt werden soll. Des Weiteren wird ein Gegenschluss aus Art. 29 und Art. 118 S. 2 GG herangezogen, wo ausdrücklich in bestimmten Fällen Volksabstimmungen vorgesehen sind und damit in übrigen Fällen Volksabstimmungen unzulässig sein sollen. Weiterhin wird geltend gemacht, dass die Entscheidungsfähigkeit der Staatsorgane geschwächt werde und die bei Plebisziten notwendige Reduzierung auf eine Ja- oder Nein-Alternative nicht geeignet sei, sachgerechte Entscheidungen von teilweise hoch komplexen Sachfragen herbeizuführen, die in der Praxis häufig gerade auf einem Kompromiss beruhten. Schließlich wird auch auf die angeblich schlechten Erfahrungen mit Volksabstimmungen zur Weimarer Zeit hingewiesen (sog. historisches Argument) sowie auf die Weisungsfreiheit des Abgeordneten aus Art. 38 Abs. 1 S. 2 GG und die ausführliche und abschließende Regelung über das Gesetzgebungsverfahren in Art. 76 und

---

91 Gröpl Rdnr. 299; Paus/Schmidt JA 2012, 48; Schmidt S. 296 ff.

92 Vgl. Ipsen Rdnr. 125.

93 Vgl. Ipsen a.a.O.

94 Vgl. Ipsen a.a.O.
    Zu weiteren Einzelheiten und teilweise weiteren Untergliederungen vgl. Hendler Rdnr. 40–43; Maurer § 7 Rdnr. 31; Degenhart Rdnr. 104; Kloepfer DVBl. 2008, 1333.

| 2. Teil | Staatsformmerkmale und Staatszielbestimmungen |

77 GG.[95] Nach h.M. können thematisch eng umgrenzte Volksabstimmungen durch Verfassungsänderung in das Grundgesetz aufgenommen werden, ohne dass Art. 79 Abs. 3 i.V.m. Art. 20 Abs. 2 GG entgegenstehen würde.[96]

50 **d)** Heftig umstritten ist allerdings die Zulässigkeit sog. **konsultativer Volksbefragungen**.

aa) Teilweise werden sie ebenfalls für verfassungswidrig gehalten, da selbst eine unverbindliche Volksbefragung einen derart starken faktischen politischen Druck ausübe, dass die Staatsorgane davon kaum werden abweichen können.[97]

bb) Die Gegenmeinung verweist demgegenüber darauf, dass es bei Volksbefragungen nicht um direkte Teilhabe und Ausübung von Staatsgewalt gehe, sodass Volksbefragungen durch den Bund im Rahmen seiner Gesetzgebungskompetenz durch einfaches Gesetz eingeführt werden könnten.[98]

2. Abstimmungen auf Länderebene

Fallbearbeitung bei Escher/Tappe NWVBl. 2005, 117.

51 **a)** In den Verfassungen der Länder gibt es, anders als auf Bundesebene, überwiegend Regelungen über die Durchführung obligatorischer bzw. fakultativer **Volksabstimmungen**.[99]

Dies ist grundsätzlich mit dem **Homogenitätsprinzip** des Art. 28 Abs. 1 GG vereinbar, da die Durchführung von Volksabstimmungen – wie Art. 20 Abs. 2 S. 2 GG („Abstimmungen") zeigt – nicht schlechthin der mittelbar repräsentativen Demokratie widerspricht.[100]

b) Für Volksabstimmungen auf Landesebene gelten aber folgende **Einschränkungen**:

- Sie sind nur zulässig im Rahmen der **Gesetzgebungskompetenz** des **Landes**,

    also z.B. kein Volksbegehren bei ausschließlicher Bundeskompetenz, wie im Verteidigungswesen, bei der Atomkraft[101] oder bei Planfeststellungsverfahren durch Bundesbehörden (z.B. AEG), wie im Fall von **Stuttgart 21**.[102]

- Die Abstimmung muss materiell mit **höherrangigem Recht vereinbar** sein (Bundesrecht, Landesverfassung), andernfalls ist sie unzulässig.

    Beispiele:

    - Art. 20 Abs. 1 GG, Bundesstaatsprinzip: Einflussnahme des Volkes auf Bundesratsmitglieder des Landes ist unzulässig, da das Landesvolk ansonsten Bundesangelegenheiten beeinflussen würde.[103]

---

95 M/M Rdnr. 70 f.; Gröpl Rdnr. 299; Degenhart Rdnr. 111 f.; Maurer § 7 Rdnr. 35 f.; Dreier Jura 1997, 251 f.; Karpen JA 1993, 110; a.A. Bleckmann Rdnr. 347 f.; Stein/Frank § 14 IV; Frotscher/Faber JuS 1998, 820, 822.

96 Maurer § 7 Rdnr. 35, 37 f.; Degenhart Rdnr. 111 f.; Kühling JuS 2009, 777.

97 Maurer § 7 Rdnr. 35; Degenhart Rdnr. 112.

98 Jarass/Pieroth Art. 20 Rdnr. 5; Frotscher/Faber a.a.O. S. 822; Pieroth a.a.O., S. 477.

99 Vgl. Degenhart Rdnr. 103 ff.; M/M Rdnr. 71 FN 12; Kloepfer DVBl. 2008, 1333.

100 Vgl. BVerfGE 60, 175, 208; Degenhart Rdnr. 103; M/M Rdnr. 71 FN 13; ThürVerfGH ThürVBl. 2002, 83; BremStGH BayVBl. 2000, 915; Nord ÖR 2000, 186; Pestalozza Jura 1994, 561, 576; Karpen JA 1993, 110 ff.

101 BVerfGE 8, 104, 117 f.; vgl. auch HessStGH NJW 1982, 1142; BW StGH NVwZ 1987, 574, 575; VerfGH NRW NWVBl. 1987, 13, 14; Bay VerfGH BayVBl. 1987, 652, 654; Ipsen Rdnr. 122, 131.

102 Vgl. dazu Ewer NJW 2011, 1328.

103 BVerfGE 8, 104, 120; BW StGH NVwZ 1987, 574, 575.

- Art. 20 Abs. 2 S. 2, Art. 20 Abs. 3 GG, Gewaltenteilungsgrundsatz: Kein Volksbegehren auf Erlass eines Gesetzes, das eine bestimmte Verpflichtung der Landesregierung enthält.[104]

- Haushaltsvorbehalt bzw. Budgetrecht in der jeweiligen Landesverfassung.[105]

c) Volkswillensbildung und parlamentarische Willensbildung sind gleichrangig. Daraus folgt nach h.M. insbesondere, dass ein Volksentscheid **keine Sperrwirkung** i.S.e. inhaltlichen oder zeitlichen Bindungswirkung für den parlamentarischen Gesetzgeber entfalten kann.[106]

III. „Besondere Organe"; demokratische Legitimation

Fallbearbeitung bei Geis Fall 1; Otto/Sauer JuS 2011, 235, 237 f.

Gemäß Art. 20 Abs. 2 S. 1 GG liegt die Staatsgewalt zwar beim Volk (einheitliche Trägerschaft), die Ausübung erfolgt jedoch nur bei Wahlen und Abstimmungen **unmittelbar** durch das Volk, während im Übrigen das Volk **mittelbar** Staatsgewalt ausübt durch „besondere Organe der Gesetzgebung, der vollziehenden Gewalt und der Rechtsprechung" (Art. 20 Abs. 2 S. 2, 3. Fall GG). Dabei bedürfen die Organe der drei Gewalten bei jeglichem hoheitlichen Handeln einer Legitimation, die sich auf die Gesamtheit der Bürger als Staatsvolk zurückführen lässt.[107]

52

Ununterbrochene Legitimationskette (Beispiel)
Strafurteil von Richtern am LG
⇩
werden ernannt von
⇩
Justizminister
⇩
wird ernannt von der
⇩
Ministerpräsidentin
⇩
wird gewählt vom
⇩
Landtag
⇩
wird gewählt vom
⇩
(Landes-)Volk

---

104 Brem StGH DÖV 1986, 792.

105 BVerfGE 102, 176; VerfGH NRW NVwZ 1982, 188; BBG VerfG LKV 2002, 77; Thür VerfGH LKV 2002, 83; Sächs VerfGH LKV 2003, 327.
    Zu den strengen Anforderungen (insbesondere Unterstützungs-, Beteiligungs-, Zustimmungsquorum) an Volksbegehren zur Änderung der Landesverfassung vgl. BayVerfGH BayVBl. 1999, 719; 2000, 397; StGH Brem BayVBl. 2000, 342; Mann NWVBl. 2000, 445; ausführlich Isensee, Heidelberg 1999.

106 VerfG HH DVBl. 2005, 439.

107 BVerfG DVBl. 2003, 923 f., Anm. Haußermann JA 2004, 22; Jestaedt JuS 2004, 649; Pieroth a.a.O., S. 481.

2. Teil Staatsformmerkmale und Staatszielbestimmungen

1. Formen der demokratischen Legitimation[108]

53 Nach Auffassung des BVerfG und der Literatur sind vier verschiedene Formen der demokratischen Legitimation zu unterscheiden, wobei nach Auffassung des BVerfG nicht die Form der demokratischen Legitimation entscheidend ist, sondern deren Effektivität; notwendig sei ein bestimmtes **Legitimationsniveau**.[109]

a) Organisatorisch-personelle Legitimation erfordert eine ununterbrochene Legitimationskette vom Volk zu den mit staatlichen Aufgaben betrauten Organen und Amtswaltern hin,[110] d.h. jeder Amtsträger muss sein Amt im Wege einer Wahl durch das Volk oder Parlament oder dadurch erhalten haben, dass er durch einen seinerseits personell legitimierten, in Verantwortung gegenüber dem Parlament handelnden Amtsträger oder mit dessen Zustimmung bestellt worden ist.[111]

b) Sachlich-inhaltliche Legitimation wird gewährleistet durch die Gesetzesbindung aller drei Gewalten (vgl. Art. 20 Abs. 3 GG), durch Weisungsabhängigkeit der Amtswalter in der Exekutive sowie durch administrative Aufsichts- und Kontrollrechte.[112]

c) Für die **institutionelle Legitimation** wird darauf abgestellt, dass die Errichtung oder der Bestand einer staatlichen Institution durch die Verfassung oder Parlamentsgesetz angeordnet wird.[113]

d) Funktionelle Legitimation liegt immer dann vor, wenn einer staatlichen Institution durch die Verfassung oder durch Parlamentsgesetz staatliche Aufgaben zugewiesen werden.[114]

*Zusammenfassender **Merksatz:***[115] *„Die vollständige demokratische Legitimation der Staatsgewalt setzt voraus, dass die Staatsorgane durch die Verfassung begründet werden, die für sie handelnden Personen durch eine ununterbrochene Legitimationskette vom Volk berufen werden, und dass inhaltlich der im Gesetz manifestierte Wille des Volkes ausgeführt wird."*

2. Geltungsbereich und Einschränkungen der demokratischen Legitimation

54 Die Ausübung von Staatsgewalt ist jedenfalls dann unzweifelhaft demokratisch legitimiert, wenn sich die Bestellung der Amtsträger – personelle Legitimation vermittelnd – auf das Staatsvolk zurückführen lässt und das Handeln der Amtsträger selbst eine ausreichende sachlich-inhaltliche Legitimation erfährt.[116] Diese Anforderungen gelten uneingeschränkt im Bereich der unmittelbaren Staatsverwaltung (z.B. Finanzamt) und im Bereich der kommunalen Selbstverwaltung (z.B. Bauamt).[117] Im Bereich der sog. funktionalen Selbstverwaltung, also den Bereichen der mittelbaren Staatsverwaltung, die

---

108 Gröpl Rdnr. 273 ff.; M/M Rdnr. 668; Degenhart Rdnr. 24 ff.; Voßkuhle/Kaiser JuS 2009, 803.
109 BVerfG a.a.O.; Voßkuhle/Kaiser a.a.O. S. 804.
110 BVerfG a.a.O.
111 Gröpl Rdnr. 281 ff. mit Beispiel.
112 BVerfG a.a.O. S. 925; Z. S. 21 FN 131; Gröpl Rdnr. 284 ff.
113 Gröpl Rdnr. 278 ff.; BVerfGE 49; 89, 125.
114 Gröpl Rdnr. 278 ff.; BVerfGE 49; 89, 125.
115 Gröpl Rdnr. 287.
116 BVerfG a.a.O. S. 924; NVwZ 1996, 574 f.; Maurer § 7 Rdnr. 28 f.
117 Zum Begriff der unmittelbaren und mittelbaren Staatsverwaltung vgl. noch ausführlich unten Rdnr. 379 ff.

Demokratie **2. Abschnitt**

nicht gemeindliche Selbstverwaltung ist,[118] wird jedoch überwiegend davon ausgegangen, dass abgestufte Einschränkungen in der Verantwortungskette, d.h. bei der personellen Legitimation, zulässig seien. Wird in diesem Zusammenhang ein Amtsträger von einem Gremium mit nur zum Teil personell legitimierten Amtsträgern bestellt, erfordert die volle demokratische Legitimation lediglich, dass die die Entscheidung tragende Mehrheit (erstes Element) aus einer Mehrheit unbeschränkt demokratisch legitimierter Mitglieder des Kreationsorgans besteht (zweites Element); sog. Prinzip der doppelten Mehrheit.[119]

Beispiel:[120] Wahl des Verbandsrates eines Wasserverbandes durch die Verbandsversammlung.

Von den 15 Mitgliedern des Verbandsrates waren nur fünf Arbeitnehmervertreter, sodass die Wahl nicht gegen das Demokratieprinzip aus Art. 20 Abs. 2 GG verstieß.

Problematisch und umstritten ist die Legitimation von unabhängigen Regulierungsbehörden[121] und von beliehenen Privatpersonen.[122]

D. Weitere Fallgruppen

I. Politische Willensbildung „von unten nach oben"

Nach Art. 20 Abs. 1 GG soll die Staatsgewalt (maßgeblich) vom Volk ausgehen. Daraus ergibt sich u.a., dass die politische Willensbildung grds. vom Volk zu den Staatsorganen („von unten nach oben") erfolgen muss und nicht umgekehrt.

55

Problematisch in diesem Zusammenhang sind insbesondere die sog. „Wahlwerbung auf Staatskosten" bei Öffentlichkeitsarbeit der Regierung sowie die vollständige oder verdeckte Parteienfinanzierung.

1. Keine Wahlwerbung auf Staatskosten

Fall 2: Wahlwerbung

Im Land L finden im November Landtagswahlen statt. Seit August veröffentlicht der Umweltminister des Landes in einer Reihe von Tageszeitungen eine Anzeigenserie, die aus 12 Folgen besteht und in der bis unmittelbar vor der Wahl unter Hinweis auf die Umweltpolitik der Landesregierung Ratschläge an die Bürger zur Müllvermeidung und Wiederverwertung von Abfall gegeben werden („Müllspartipps"). Die Anzeigen enden jeweils mit der Formulierung: „ ... rät der Umweltminister des Landes L." Die Gesamtausgaben der Werbekampagne belaufen sich auf fast 2,5 Mio. €, die aus hierfür bereitgestellten Haushaltsmitteln stammen. Die Oppositionspartei X hält die Anzeigenserie für verfassungswidrig, da es sich um Wahlwerbung zugunsten der Regierungspartei auf Kosten der Steuerzahler handele. Zu Recht?

---

118 BVerfG DVBl. 2003, 923, 925 m.w.N.
119 BVerfG DVBl. 2003, 923, 924 f.; BVerwG NVwZ 1999, 870, 872 f.; a.A. Ehlers Jura 1997, 180, 183 f. FN 102; ders. JK 10/03, GG Art. 20 Abs. 2/3.
      Allg. zur Kompensation defizitärer Legitimationsketten Pieroth a.a.O., S. 239 FN 23.
120 Nach BVerfG DVBl. 2003, 923.
121 Holznagel/Schuhmacher Jura 2012, 501.
122 BVerfG, Urt. v. 18.01.2012 – 2 BvR 133/10 zu § 5 III HessMVollzG.

27

| 2. Teil | Staatsformmerkmale und Staatszielbestimmungen |

A. In Betracht kommt zunächst ein Verstoß gegen Art. 20 Abs. 2 S. 1 GG.

56   I. Gemäß Art. 20 Abs. 2 S. 1 GG geht alle Staatsgewalt vom Volke aus. Dementsprechend findet die politische Willensbildung **vom Volk zu den Staatsorganen** statt („von unten nach oben"). Daraus folgt für die Staatsorgane, zu denen auch die Regierung und die ihr angehörenden Minister gehören, die **Pflicht zur parteipolitischen Neutralität**. Aus diesem Grunde ist es jedem Staatsorgan (gemäß Art. 28 Abs. 1 GG auch der Länder) verwehrt, im Vorfeld von Wahlen in seiner amtlichen Funktion offen oder verdeckt für eine bestimmte Partei einzutreten.[123]

Ergänzend wird das Neutralitätsgebot aus den Grundsätzen der Wahlfreiheit und Wahlgleichheit gemäß Art. 38 Abs. 1 GG sowie aus dem verfassungsrechtlichen Status der politischen Parteien (Art. 21 GG) und dem hieraus folgenden Recht auf Chancengleichheit abgeleitet.[124] Da die Neutralitätspflicht aber auch auf dem Demokratieprinzip beruht, gilt sie auch außerhalb von Wahlkampfzeiten,[125] aber nicht bei Volksabstimmungen.

57   II. Allerdings sind die Staatsorgane befugt, **Öffentlichkeitsarbeit** zu betreiben, d.h. sich selbst und die eigene Arbeit der Bevölkerung vorzustellen. Öffentlichkeitsarbeit ist nicht nur zulässig, sondern auch notwendig, um Staatsbewusstsein und Identifikation der Bürger mit dem Staat im demokratischen Gemeinwesen lebendig zu erhalten. In den Rahmen zulässiger Öffentlichkeitsarbeit fällt auch, die Politik der Regierung und ihre Maßnahmen darzulegen.[126]

58   III. Die Öffentlichkeitsarbeit der Regierung findet dort ihre **Grenze**, wo die **Wahlwerbung** beginnt. Den Staatsorganen ist es von Verfassungs wegen untersagt, sich in amtlicher Funktion im Hinblick auf Wahlen mit politischen Parteien oder Wahlbewerbern zu identifizieren und sie unter Einsatz staatlicher Mittel zu unterstützen oder zu bekämpfen und dadurch die Entscheidung des Wählers zu beeinflussen. Das Recht der politischen Parteien auf **Chancengleichheit** wird verletzt, wenn Staatsorgane einseitig zugunsten oder zulasten einer politischen Partei oder einzelner Wahlbewerber auf den Wahlkampf Einfluss nehmen. Ein parteiergreifendes Einwirken ist auch in Form von Öffentlichkeitsarbeit nicht zulässig.[127]

1. Ob die Grenze zur unzulässigen Wahlwerbung überschritten ist, hängt von den Umständen des Einzelfalles ab. Abgrenzungskriterien sind insbesondere **Inhalt, Aufmachung** und **Anlass** der Publikation, **Menge** und **Adressatenkreis**.

Beispiel: Die Grenze zur unzulässigen Wahlwerbung ist überschritten, wenn die Regierung den politischen Gegner angreift oder der informative Gehalt der Publikation eindeutig hinter der reklamehaften Aufmachung zurücktritt.

---

123 Grundlegend BVerfGE 20, 56; vgl. auch BVerfGE 44, 125, 141; 63, 230, 243; 66, 369, 380; 73, 40, 85; Berl VerfGH DVBl. 1996, 560; VerfGH NRW DÖV 1992, 215; Hess StGH NVwZ 1992, 465. – Gleiches gilt für Bürgermeister bei Kommunalwahlen (BVerwG DVBl. 1997, 1276; BayVGH BayVBl. 1996, 145) oder für Beamte bei Nutzung des Diensttelefons für Wahlwerbung (BVerwG NVwZ 1999, 424).

124 Vgl. BayVerfGH NVwZ 1994, 993, 994; VGH BW NVwZ 1992, 504, 505; Sachs JuS 1995, 262, 263 m.w.N.

125 LVerfG Sachsen-Anhalt JZ 1996, 723, 724 f.

126 VerfGH NRW DÖV 1992, 215; Schürmann NJW 1992, 1072; Engelbert/Kutscha NJW 1993, 1233, 1237: Versorgung mit Information als Basis zur Ausübung der Volkssouveränität; umfassend Hill JZ 1993, 330 ff.
Zur Zulässigkeit von sog. Warnerklärungen der BReg vgl. BVerfGE 105, 252 – „Glykol" – und E 105, 279 – Osko.

127 RhPf VerfGH NVwZ 2007, 200.

2. Auch wenn sich regierungsamtliche Veröffentlichungen weder durch ihren Inhalt noch durch ihre Aufmachung als Werbemaßnahmen zu erkennen geben, können sie unzulässig sein, wenn sie im nahen **Vorfeld der Wahl** ohne akuten Anlass in so großer Zahl erscheinen und in solchem Umfang verbreitet werden, dass Auswirkungen auf das Wahlergebnis nicht mehr ausgeschlossen werden können.

Beispiele: Großformatige Anzeigenserien in der Presse, Herausgabe eines amtlichen Umweltberichtes, Veranstaltung eines Informationstages.

All diesen Aktivitäten ist gemeinsam, dass sie nicht von vornherein unzulässig sind; entscheidend ist vielmehr der **Zeitpunkt** ihres Einsatzes. Eine an sich zulässige Information der Öffentlichkeit überschreitet umso eher die Grenze zur unzulässigen Wahlwerbung, je näher der Wahltermin rückt. In der „heißen Phase" des Wahlkampfes gilt das **„Gebot äußerster Zurückhaltung"**.[128] Während dieses Zeitraums, der spätestens 6 Wochen vor dem Wahltermin beginnt,[129] hat die amtliche Öffentlichkeitsarbeit auf jegliche Arbeits-, Leistungs- und Erfolgsberichte zu verzichten.[130] Ausgenommen sind lediglich Veröffentlichungen, die aus **akutem Anlass** geboten sind (z.B. Veröffentlichungen, die sich im Wesentlichen auf die Wiedergabe des Textes kürzlich verabschiedeter oder in naher Zukunft in Kraft tretender Gesetze beschränken).[131]

Hier könnte durch die Anzeigenserie beim Wähler der Eindruck entstehen, die die Landesregierung tragende Partei trete in besonderem Maße für den Umweltschutz ein. Da die Anzeigen ohne akuten Anlass, in ganz erheblichem Umfang (Aufwand 2,5 Mio. €) und dazu noch im unmittelbaren Vorfeld der Wahl veröffentlicht wurden, könnte dies für eine unzulässige Wahlwerbung sprechen.

IV. Etwas anderes könnte sich jedoch daraus ergeben, dass es sich bei der Anzeigenserie nicht um typische Leistungs- oder Erfolgsberichte handelte, sondern um eine sachbezogene **Öffentlichkeitsaufklärung**.   59

1. Der VerfGH NRW[132] geht davon aus, dass von Maßnahmen der Öffentlichkeitsaufklärung nicht im gleichen Ausmaß ein werbender Effekt ausgehe wie von der Öffentlichkeitsarbeit, da die Regierung in diesem Bereich nicht nur ihre Arbeit präsentiert und erläutert, sondern **unmittelbar gesetzlich zugewiesene Aufgaben** erfüllt. Würde man derartige sachbezogene Maßnahmen im gleichen Umfang beschränken wie die Veröffentlichung von Leistungsberichten u.Ä., so würde dies dazu führen, dass zum Ende der Legislaturperiode politische Sachziele nach außen nicht mehr verfolgt werden könnten. Eine derartige Beschränkung wäre aber mit der bis zum Ende der Amtszeit fortdauernden Regierungsverantwortung nicht vereinbar.

---

128 VerfGH NRW, Beschl. v. 16.07.2013 – VerfGH 17/12.

129 Saarl VerfGH NVwZ-RR 2010, 785: 4 Monate.

130 Mandelartz DÖV 2009, 509.

131 BVerfGE 44, 125, 156; 63, 230, 241; BVerwG NVwZ-RR 1989, 262; DVBl. 1993, 207; BayVerfGH NVwZ 1994, 993, 994; BayVerfGH NVwZ 1992, 287; NVwZ 1991, 699; a.A. VerfGH Berlin DVBl. 1996, 560, 561; kritisch Schürmann NVwZ 1992, 852, 855.

132 DÖV 1992, 215, 216.

Anders als bei Wahlen unterliegen die staatlichen Organe bei **Volksentscheiden** keiner strikten Neutralitätspflicht. Da es hier um Sachfragen geht, tritt an die Stelle des Neutralitätsgebotes ein (weniger strenges) **Sachlichkeitsgebot**.

So darf z.B. die Landesregierung in objektiver Weise auf die Vor- und Nachteile der einen oder anderen Lösung hinweisen. Unzulässig ist es dagegen auch hier, wenn Staatsorgane die eigenverantwortliche Entscheidung des Abstimmenden beeinträchtigen oder eine Partei in der Öffentlichkeit diffamieren.[133]

2. Das BVerfG hat in seiner Rspr.[134] eine solche Differenzierung bislang nicht vorgenommen und daher auch objektive **Sachinformationen** grds. nur dann für unbedenklich erklärt, wenn sie nicht in unmittelbarer Beziehung zu einer bevorstehenden Wahl stehen oder durch einen akuten Anlass geboten sind.

3. Folgt man dem VerfGH NRW so sind die verfassungsrechtlichen Grenzen weiter zu ziehen, wenn die Regierung **unmittelbar zur Erfüllung einer Sachaufgabe** tätig wird. Allein die zeitliche Nähe zu einer Wahl macht die Maßnahme nicht per se unzulässig; es müssen vielmehr weitere Elemente hinzutreten, die in der Gesamtschau die Schlussfolgerung aufdrängen, dass die Qualität sachbestimmter Regierungstätigkeit gegenüber dem wahlwerbenden Effekt praktisch vollständig in den Hintergrund tritt.[135]

Unzulässig wäre es z.B., wenn das angeblich verfolgte Sachziel nur Vorwand wäre, um zugunsten der die Regierung tragenden Parteien wahlwerbenden Einfluss auf die Willensbildung der Bürger zu nehmen.

4. Hier diente die Anzeigenkampagne des Umweltministers der Verwirklichung des in § 1 KrW-/AbfG statuierten Zieles der Abfallvermeidung. Damit handelte es sich nicht um eine bloße Erfolgsmeldung der Regierung, sondern um die Umsetzung normativ vorgegebener Sachziele. Da nicht ersichtlich ist, dass die Anzeigenserie nach Form und Inhalt besonders aufdringlich aufgemacht war, kann aus der bloßen zeitlichen Nähe zur Wahl nicht geschlossen werden, dass die Grenze zur unzulässigen Wahlwerbung überschritten ist. Die Maßnahme des Umweltministers verstößt daher nicht gegen Art. 20 Abs. 2 S. 1 GG.[136]

60 B. Verstoß gegen die **Chancengleichheit der Parteien** im Wahlkampf aus Art. 21 i.V.m. 38 Abs. 1 S. 1 GG[137]

I. Ungleichbehandlung

Gemäß Art. 21 GG wirken auch die Parteien an der politischen Willensbildung, insbesondere durch Wahlen, mit. Aus der passiven Wahlrechtsgleichheit aus Art. 38 Abs. 1 S. 1 GG folgt weiterhin, dass sie im Wahlkampf von allen staatlichen Stellen gleichbehandelt werden müssen.

Diese Vorgaben sind im vorliegenden Fall nicht eingehalten, weil die Regierungspartei durch die Anzeigenkampagne aus Steuermitteln auch Wahlwerbung für sich betreiben kann, während die Oppositionspartei ausschließlich aus eigenen Parteimitteln den Wahlkampf betreiben muss.

---

133 Brem StGH NVwZ 1997, 264, 266; Berl VerfGH LKV 1996, 133 u. 335; BayVerfGH NVwZ-RR 1994, 529; vgl. auch BVerfG NJW 1998, 293; LKV 1996, 333.

134 Vgl. BVerfGE 44, 125, 151.

135 Vgl. VerfGH NRW DÖV 1992, 215, 217; Schürmann NVwZ 1992, 852, 853; kritisch Goerlich NWVBl. 1992, 159 ff.; Burgi JA-Übbl. 1993, 220, 225; vgl. auch Rottmann in BVerfGE 44, 125, 181, 189.

136 Kritisch Görlich NWVBl. 1992, 159; Fallbearbeitung von Burgi JA 1993, 120, 225.

137 BVerfGE 85, 264, 312; Degenhart Rdnr. 83; a.A. P/S Rdnr. 469: Schutz nur über Art. 3 Abs. 1 GG.

Demokratie **2. Abschnitt**

II. Sachliche Rechtfertigung

Sofern man mit dem VGH NRW die Anzeigenkampagne nicht als Wahlwerbung, sondern als sachbezogene Öffentlichkeitsaufklärung bezeichnet, besteht jedoch ein sachlicher Grund für die Ungleichbehandlung, sodass auch ein Verstoß gegen Art. 21 i.V.m. 38 Abs. 1 S. 1 GG ausscheidet.

C. Verstoß gegen Art. 38 Abs. 1 S. 1 GG, **passive Wahlrechtsgleichheit** zugunsten der Wahlkandidaten der Oppositionspartei?   **61**

I. Eine Ungleichbehandlung von Wahlkandidaten der Oppositionspartei im Vergleich zu den Kandidaten der Regierungspartei ergibt sich aus den gleichen Gründen wie die Ungleichbehandlung der Parteien (siehe oben B I).

II. Ungleichbehandlungen im Rahmen von Art. 38 Abs. 1 S. 1 GG sind grds. unzulässig und nur ausnahmsweise aus zwingenden staatspolitischen Gründen zulässig (sog. formaler oder absoluter Gleichbehandlungsgrundsatz).[138]

Ein solcher zwingender staatspolitischer Grund ist im vorliegenden Fall nur dann gegeben, wenn man die Anzeigenkampagne des Umweltministers als sachbezogene Öffentlichkeitsaufklärung einstuft, wie der VGH NRW, und nicht als Wahlwerbung. Sofern man das tut, liegt kein Verstoß gegen Art. 38 Abs. 1 S. 1 GG vor.

D. Verstoß gegen Art. 38 Abs. 1 S. 1 GG, **Freiheit der Wahl**?   **62**

I. Eingriff in den Schutzbereich

Freiheit der Wahl verlangt, dass kein öffentlicher oder privater Zwang auf den Inhalt der Wahlentscheidung ausgeübt werden darf. Weiterhin dienen die Wahlrechtsgrundsätze dazu, die demokratische Legitimation des Bundestags als Volksvertretung und durch diesen vermittelt auch der gesamten Staatsgewalt zu garantieren. Die Staatsgewalt geht aber nur dann tatsächlich vom Volk aus, wenn die Besetzung der Volksvertretung dem Wählervotum entspricht und nicht durch Einflussnahme von oben manipuliert wird.

Die oben genannten Garantien der Freiheit der Wahl sind bei der Wahlwerbung auf Staatskosten beeinträchtigt, weil dem Wahlbürger unter dem Deckmantel einer objektiven Öffentlichkeitsarbeit der Anschein vermittelt wird, dass nur die Entscheidung für die Regierungspartei die richtige sei.

II. Sofern man mit dem VGH NRW von einer sachbezogenen Öffentlichkeitsaufklärung ausgeht, die auch ohne ausdrückliche Ermächtigung zulässig ist, liegt kein Verstoß gegen Art. 38 Abs. 1 S. 1 GG vor.

Ergebnis zu Fall 1: Die Anzeigenkampagne des Umweltministers ist verfassungsgemäß. Die Oppositionspartei hat Unrecht.

---

2. (Verbot der vollständigen oder verdeckten) Parteienfinanzierung

Fallbearbeitung bei S/N/S-Tappe S. 123.

Ein Verstoß gegen das Demokratieprinzip ist nicht nur gegeben bei unzulässiger Wahlwerbung auf Staatskosten (Willensbildung von „oben nach unten"), sondern auch bei **vollständiger** oder verdeckter **Parteienfinanzierung** durch den Staat.[139]   **63**

---

138 Vgl. Burgi a.a.O.
139 Außerdem liegt auch ein Verstoß gegen die Chancengleichheit der Parteien und die passive Wahlrechtsgleichheit vor; s.o. Rdnr. 60 ff.

31

Dies ergibt sich einerseits aus dem Grundsatz der **Staatsfreiheit der Parteien** aus Art. 21 Abs. 1 GG, § 2 Abs. 1 S. 2 PartG („Vereinigung von **Bürgern**")[140] andererseits aus folgenden Überlegungen:

64

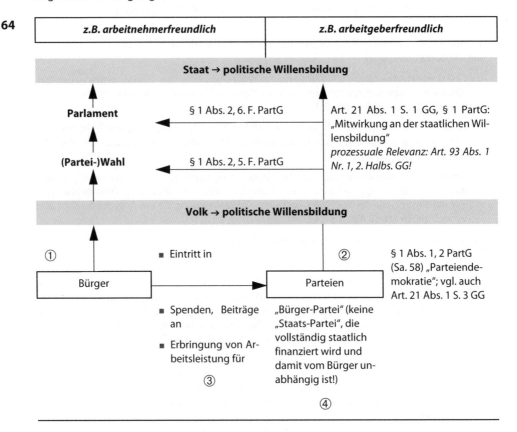

① Politische **Willensbildung von unten nach oben** bedeutet, dass grds. allein der Bürger durch Wahlen zum jeweiligen Parlament entscheidet, in welcher Weise die staatlichen Organe die politische Willensbildung ausrichten (z.B. arbeitnehmerfreundlich, unternehmerfreundlich, umweltfreundlich).

② Neben dem Bürger sollen aber auch, durch Art. 21 Abs. 1 GG verfassungsrechtlich garantiert, die Parteien an der politischen Willensbildung im Staate mitwirken, indem sie sich insbesondere durch Aufstellung von Bewerbern an den Wahlen in Bund, Ländern und Gemeinden beteiligen und auf die politische Entwicklung im Parlament und Regierung Einfluss nehmen (vgl. § 1 Abs. 2 PartG); sog. **Parteiendemokratie**.

③ Der Bürger kann die ihm nahe stehende Partei fördern durch Spendenbeiträge oder Erbringung von Arbeitsleistungen und damit eine gewisse Abhängigkeit der Parteien vom Wohlwollen der Wahlbürger begründen; sog. **Bürgerpartei**.

④ Sofern der Staat die Parteien **vollständig** finanzieren würde, würde aus der Bürgerpartei letztlich eine Staatspartei wegen der Abhängigkeit der Parteien vom Staat, sodass keine politische Willensbildung von unten nach oben stattfindet, sondern umgekehrt.

Zulässig und damit vereinbar mit dem Demokratieprinzip ist deshalb nur eine teilweise staatliche Parteienfinanzierung (so ausdrücklich § 18 Abs. 1 S. 1 PartG) im Rahmen von absoluten bzw. relativen Obergrenzen (vgl. § 18 Abs. 2, Abs. 5 PartG).

---

140 Gröpl Rdnr. 391; S/N/S-Tappe S. 123, 130 f., unter Hinweis auf BVerfGE 73, 40, 88; 85, 264, 287.

Unzulässig ist eine **verdeckte Parteienfinanzierung**, wie z.B. die staatlichen Globalzuschüsse an die parteinahen Stiftungen oder Jugendorganisationen, weil in diesen Fällen nicht festgestellt werden kann, in welcher Höhe die Parteien tatsächlich vom Staat unterstützt werden und ob nicht die staatliche Unterstützung letztlich zu einer vollständigen Parteienfinanzierung führt.[141]

II. Selbstverwaltungsgarantie

Den Interessen des Volkes wird in der Regel am besten gedient, wenn der Bürger nicht nur verwaltet wird, sondern selbst mitverwalten kann. Deshalb ist auch die garantiefreie Selbstverwaltung (insbesondere durch Art. 28 Abs. 2 S. 1 GG) Ausdruck und zugleich Voraussetzung einer freiheitlichen Demokratie, die das Grundgesetz normiert.[142] Kommunale Selbstverwaltung erfolgt in den kommunalen Gebietskörperschaften, wie Gemeinden und Kreise, funktionale Selbstverwaltung in Personalkörperschaften (z.B. berufsständische Kammern, Hochschulen) und in sog. Zweckverbänden (z.B. Wasserverbänden). **65**

III. Wahlrecht – Beachtung von Wahlgrundsätzen entsprechend Art. 38 Abs. 1 S. 1 und 28 Abs. 1 S. 2 GG

Instruktiv insofern Degenhart:[143] „In der demokratischen Ordnung des Grundgesetzes äußert sich die Volkssouveränität unmittelbar, also nur in Wahlen, ... zum Bundestag. Dieser wird durch die Wahlen unmittelbar demokratisch legitimiert. ... Damit jedoch die Wahlen zum Bundestag diesem tatsächlich demokratische Legitimation als den Repräsentanten des Volks Willen verleihen können, müssen sie bestimmten verfassungsrechtlichen Anforderungen genügen. Diese enthält Art. 38 Abs. 1 S. 1 GG."[144] **66**

Auch nach Auffassung des BVerfG ist das Wahlrecht elementarer Bestandteil des Demokratieprinzips, welches für den Bürger einen (im Wege der Verfassungsbeschwerde einklagbaren) Anspruch auf demokratische Selbstbestimmung, auf freie und gleiche Teilhabe an der Staatsgewalt sowie auf die Einhaltung des Demokratiegebotes, einschließlich der verfassungsgebenden Gewalt des Volkes begründet.[145]

Zur materiellen Komponente des Wahlrechts vgl. instruktiv Burkiczak:[146] „Das Wahlrecht darf nicht entleert (bzw. ausgehöhlt) werden; vielmehr müssen dem Bundestag Aufgaben und Befugnisse von substanziellem Gewicht verbleiben. Dies setzt der Übertragbarkeit von Befugnissen ... namentlich auf die europäische Union, Grenzen, deren

---

141 OVG BB RÜ 2012, 798 Anm. Ehlers, JK 3/13, GG Art. 20 III/46; von Arnim JA 1985, 207, 209; Günther ZRP 1994, 289; Ockermann ZRP 1992, 323: außerdem Verstoß gegen Vorbehalt des Gesetzes; a.A. mit zweifelhafter Begründung BVerfG NJW 1986, 2497.
   Zu Einzelheiten der Parteienfinanzierung vgl. noch unten Rdnr. 252 sowie Gröpl Rdnr. 416 ff.; Maurer § 11 Rdnr. 48 f.; Ipsen Rdnr. 172 ff.; Degenhart Rdnr. 89 ff.

142 M/M Rdnr. 496, 500; Gröpl Rdnr. 733; Berg Rdnr. 132 f. unter Hinweis auf Art. 11 Abs. 4 Bayerische Verfassung: „Die Selbstverwaltung der Gemeinden dient dem Aufbau der Demokratie in Bayern von unten nach oben." und auf die Rastede-Entscheidung in BVerfGE 79, 127, 149: Gemeinden als „Keimzelle der Demokratie".

143 Degenhart Rdnr. 43; ähnlich Gröpl Rdnr. 352.

144 Ausführlich zu den Wahlrechtsgrundsätzen gemäß Art. 38 Abs. 1 S. 1 GG noch unten Rdnr. 161 ff. und 188 ff.

145 BVerfG, Urt. v. 30.06.2009 – 2 BvE 2/08 u.a. (Lissabon Ziff. 172 f., 208 f.); Anm. Schübel-Fister/Kaiser JuS 2009, 767, 768.

146 Burkiczak JuS 2009, 805, 806 unter Hinweis auf BVerfG NJW 1993, 3074, 3050 f. (Maastricht); NJW 1998, 1934, 1936 (Euro).

| 2. Teil | Staatsformmerkmale und Staatszielbestimmungen |

Überschreitung vom Wahlberechtigten unter Berufung auf Art. 38 Abs. 1, Abs. 2 GG im Wege der Verfassungsbeschwerde gerügt werden kann."[147]

IV. Mehrparteiensystem

67 Das Mehrparteienprinzip ist in Art. 21 GG, insbesondere durch die Gründungsfreiheit der Parteien nach Art. 21 Abs. 1 S. 2 GG, (mit-)gewährleistet. Es ist als Konkretisierung des Demokratieprinzips praktische Voraussetzung für die Durchführung freier Wahlen und eine wesentliche Ergänzung des Schutzes politischer Minderheiten.[148] Es wird abgesichert durch das Prinzip der Chancengleichheit der Parteien[149] und das Gebot der Gleichheit des rechtlichen Status der politischen Parteien. Das Mehrparteienprinzip ist ebenso wie die Chancengleichheit der Parteien Bestandteil der sog. **freiheitlich demokratischen Grundordnung**.[150]

V. Möglichkeit der Bildung und Ausübung von Opposition

68 Effektiver Schutz politischer Minderheiten sowie ein tatsächliches Mehrparteiensystem ist nur dann gewährleistet, wenn sich die derzeitige Minderheitspartei im Parlament als Opposition formieren und angemessen betätigen kann. Auch dieser Schutz wird durch das Demokratieprinzip garantiert und ist als Ausprägung des Mehrparteiensystems ebenfalls Teil der sog. **freiheitlich demokratischen Grundordnung**.[151]

VI. Mehrheitsprinzip, ergänzt durch angemessenen Minderheitenschutz[152]

1. Zweck des Mehrheitsprinzips

69 „Auch in der Demokratie müssen Entscheidungen getroffen werden. Je größer aber die Zahl der an der Entscheidung beteiligten Personen und je komplexer der Entscheidungsgegenstand sind, desto schwieriger wird es, eine allseits befriedigende Lösung zu finden. In diesem Fall greift das Mehrheitsprinzip ein. Eine Mehrheitsentscheidung ist immer noch besser als ein Verzicht auf Tätigwerden oder ein fauler Kompromiss."[153]

2. Ausgestaltung des Mehrheitsprinzips

70 Gemäß Art. 42 Abs. 2 GG ist zu einem **Beschluss des Bundestags** grds. die Mehrheit der abgegebenen Stimmen erforderlich. Ausnahmen zu diesem Grundsatz müssen immer ausdrücklich im Grundgesetz bestimmt sein, wobei die Anforderungen an die jeweils erforderliche Mehrheit mit der Bedeutung der jeweiligen Entscheidung ansteigen.[154]

---

147 Vgl. insofern auch BVerfG, Urt. v. 30.06.2009 – 2 BvE 2/08 u.a. (Lissabon) Ziff. 173 f., 208 f., 249 f.

148 Berg Rdnr. 123; M/M Rdnr. 129 f.

149 BVerfGE 82, 322, 337; Maurer § 11 Rdnr. 42 f.; Berg Rdnr. 124; ausführlich zur Chancengleichheit d. Parteien innerhalb und außerhalb d. Wahlkampfes noch unten Rdnr. 257 ff.

150 Vgl. dazu im Einzelnen noch unten Rdnr. 155 f.

151 Berg Rdnr. 121 f.

152 M/M Rdnr. 667; Gröpl Rdnr. 338.

153 Maurer § 7 Rdnr. 55; ähnlich Gröpl Rdnr. 315 f.

154 Maurer a.a.O. Rdnr. 61; ausführlich zu den verschiedenen Mehrheiten für die Beschlüsse des Bundestags noch unten Rdnr. 205 ff.

Demokratie **2. Abschnitt**

Gleiches gilt auch für die angemessene Höhe des Unterstützungs-, Beteiligungs- oder Zustimmungs**quorums** für **Volksbegehren**.[155]

3. Grenzen des Mehrheitsprinzips

■ Angemessener **Minderheitenschutz** **71**

Aus dem Mehrparteiensystem des Grundgesetzes (siehe oben) und dem Recht aller Parteien auf Chancengleichheit ergibt sich immanent die Pflicht zur angemessenen Berücksichtigung der Minderheitsparteien, also der Opposition.[156]

■ Herrschaft der Mehrheit nur **auf Zeit**

Da Mehrheiten sich mit der Zeit ändern können und auch die Minderheit von Zeit zu Zeit die Möglichkeit haben muss, eventuell Mehrheiten im Volke zu erreichen, lässt das Demokratieprinzip nur eine Herrschaft der Mehrheit auf Zeit zu. Art. 39 Abs. 1 GG in der derzeitigen Fassung ordnet deshalb an, dass der Bundestag grundsätzlich auf vier Jahre gewählt wird und dass spätestens 48 Monate nach der Wahlperiode Neuwahlen stattfinden müssen. Als noch vereinbar mit dem Demokratieprinzip (Herrschaft der Mehrheit nur auf Zeit) wird auch noch eine Wahlperiode von bis zu sechs Jahren angesehen.[157]

4. Absicherung des Mehrheitsprinzips

Das Mehrheitsprinzip, einschließlich angemessenen Minderheitenschutzes, ist zum einen Teil der sog. **freiheitlich demokratischen Grundordnung**[158] und zum anderen in seinen Grundzügen unabänderlicher Teil des Grundgesetzes i.S.v. Art. 79 Abs. 3 GG.[159] **72**

VII. Parlamentsvorbehalt[160]

Der Parlamentsvorbehalt begründet – vereinfacht gesagt – sowohl Rechte als auch Pflichten des Parlaments (der Volksvertretung). Zum einen soll das Parlament seine Gesetzgebungsaufgabe nicht vernachlässigen und sich nicht aus seiner politischen Verantwortung stehlen; auf der anderen Seite hat das Parlament auch das Recht, bestimmte Entscheidungen ganz oder teilweise selbst zu treffen. Weiterhin dürfen bestimmte Entscheidungen nicht am Parlament vorbei allein durch die Regierung getroffen werden. Allerdings besteht nach heute h.M. kein Totalvorbehalt, d.h. es müssen nicht alle ei- **73**

---

155 Kielmannsegg JuS 2006, 323, 326.

156 Degenhart Rdnr. 604, 626, 733; Maurer a.a.O. Rdnr. 62 f.; Einzelheiten zu den Minderheitenrechten des Grundgesetzes und der Geschäftsordnung des Bundestags sowie zu sog. Sperrminoritäten bei Berg Rdnr. 121 f.; M/M Rdnr. 217 ff.
Beachte auch § 6 Abs. 6 S. 2 BWG, wonach die 5%-Sperrklausel von S. 1 keine Anwendung findet auf die von Parteien nationaler Minderheiten eingereichten Listen.
Zum Minderheitsschutz im allg. gesellschaftlichen Bereich durch das Sozialstaatsprinzip (Schutz der Schwachen gegen die Starken) vgl. noch im Einzelnen unten Rdnr. 120.

157 Pieroth a.a.O., S. 479 f.; M/M Rdnr. 167; Gröpl Rdnr. 355 ff.; Berg Rdnr. 120; Degenhart Rdnr. 67: „Periodizität der Wahlen ist unabdingbare Voraussetzung repräsentativer Demokratie."; Maurer § 13 Rdnr. 51: „Bundestag muss sich aus Gründen der demokratischen Legitimität immer wieder dem Votum der Wähler stellen (sog. demokratische Rückkopplung).".
Zu den rechtsstaatlichen Grenzen des Mehrheitsprinzips vgl. Maurer § 7 Rdnr. 64.

158 Vgl. dazu noch im Einzelnen unten Rdnr. 155.

159 Degenhart Rdnr. 222.

160 Vgl. auch Pieroth a.a.O., S. 477.

| 2. Teil | Staatsformmerkmale und Staatszielbestimmungen |

nigermaßen relevanten politischen Entscheidungen abschließend vom Parlament getroffen werden, sondern nur noch wesentliche Entscheidungen für das Gemeinwesen, insbesondere grundrechtsrelevante Maßnahmen (sog. **Wesentlichkeitstheorie**).[161]

VIII. Bestehen demokratischer Grundrechte

74 Ein wirkliches Wahlrecht kann das Volk nur dann ausüben, wenn hinreichende Informationen über die Alternativen bestehen. Auch im Vorfeld staatlicher Entscheidungen (Erlass von Gesetzen durch den Bundestag, Maßnahmen der Bundesregierung) muss das Volk die Möglichkeit haben, seine Vorstellungen und Interessen geltend zu machen und für sie zu werben, um auf diese Weise auf die öffentliche Meinung und staatliche Meinungsbildung einzuwirken.

Aus diesem Grunde werden auch durch das Demokratieprinzip insbesondere die Meinungs-, Informations- und Pressefreiheit (Art. 5 Abs. 1 GG) sowie die Versammlungsfreiheit (Art. 8 GG) gefordert.[162] Damit auch in diesen Fällen die Willensbildung „von unten nach oben" erfolgt, muss der politische Willensbildungsprozess frei von staatlicher Einflussnahme bleiben.[163]

IX. Öffentlichkeitsgrundsatz, Transparenzgebot[164]

75 In einer Demokratie muss das Volk in die Entscheidungen, die in seinem Namen erfolgen, angemessen Einblick nehmen können. Deshalb müssen Verhandlungen des BTages („Volksvertretung") und seiner Ausschüsse grds. öffentlich stattfinden; vgl. z.B. Art. 42 Abs. 1 GG, § 13 Abs. 1 PUAG.[165]

Gleiches gilt auch für die Wahlen zum Bundestag.

„Der Grundsatz der Öffentlichkeit der Wahl aus Art. 38 i.V.m. Art. 20 Abs. 1 und Abs. 2 gebietet, dass alle wesentlichen Schritte der Wahl öffentlicher Überprüfbarkeit unterliegen, soweit nicht andere verfassungsrechtliche Belange eine Ausnahme rechtfertigen."[166]

Des Weiteren müssen auch Verhandlungen der Gerichte („im Namen des Volkes") grds. öffentlich erfolgen; vgl. § 169 GVG.

Zum Öffentlichkeitsgrundsatz bei Sitzungen des **Bundesrates** vgl. Art. 52 Abs. 3 S. 3 GG.

---

161 M/M Rdnr. 212 ff.; Gröpl Rdnr. 296 ff.; Degenhart Rdnr. 30 ff.; Berg Rdnr. 232, 579; Z. S. 123 f.: „Funktionssicherungs- und Begrenzungsfunktion von Art. 80 Abs. 1 GG verwirklicht das Demokratieprinzip".
Zu Einzelheiten der Wesentlichkeitstheorie sowie zur Unterscheidung Parlamentsvorbehalt/Gesetzesvorbehalt vgl. im Einzelnen unten beim Rechtsstaatsprinzip, Rdnr. 77 ff.

162 Berg Rdnr. 129: „Freie Meinungsbildung ist eine Grundvoraussetzung freier Wahlen".

163 BVerfGE 80, 124, 134: Unzulässigkeit von Pressesubventionen; Berg a.a.O.: „Bestand und Gewährleistung einer freien Presse sind geradezu Wesensmerkmale der Demokratie".

164 Vgl. auch Pieroth a.a.O., S. 479.M/M Rdnr. 669 FN 10; Gröpl Rdnr. 344, 1000, 1589; BVerfGE 70, 324, 355; Gusy DVBl. 2013, 941.

165 Gröpl Rdnr. 344, 1206; M/M Rdnr. 228.
Zu den Transparenzregeln für Abgeordnete vgl. BVerwG RÜ 2010, 182.

166 BVerfG NVwZ 2009, 708 (Wahlcomputer); Degenhart Rdnr. 48 a.

Republik **3. Abschnitt**

3. Abschnitt: Republik[167]

Fallbearbeitung bei Pieroth JuS 2010, 473, 475 f. = Fall 1.

Art. 20 Abs. 1 GG legt im Staatsnamen („Bundesrepublik") auch die Staatsform der Repu- **76**
blik fest. Der Begriff der Republik hat praktisch nur Bedeutung in Abgrenzung zur **Monarchie**.[168] Da Art. 20 Abs. 2 S. 1 GG ohnehin vorschreibt, dass alle Staatsgewalt vom Volke ausgeht (Demokratie), bezieht sich die Abgrenzung dabei nicht auf die Frage der
Staatsträgerschaft, sondern auf die Person des Staatsoberhaupts. In einer Monarchie
gelangt das Staatsoberhaupt aufgrund familien- und erbrechtlicher Umstände oder
durch Wahl **auf Lebenszeit** in sein Amt. Die Bundesrepublik Deutschland ist eine Republik, weil der Bundespräsident von der Bundesversammlung auf Zeit (fünf Jahre) gewählt wird (Art. 54 GG).

Die republikanische Staatsform ist durch **Art. 79 Abs. 3 GG** abgesichert, d.h. auch durch
Verfassungsänderung könnte das Staatsoberhaupt nicht auf dynastischer Grundlage
oder auf Lebenszeit berufen werden. Dies gilt nach h.M. auch für eine entsprechende
Änderung von Art. 28 Abs. 1 S. 1 GG.[169]

4. Abschnitt: Rechtsstaatsprinzip[170]

A. Ableitung des Rechtsstaatsprinzips

Obwohl das Rechtsstaatsprinzip – anders als Demokratie, Republik, Sozialstaat und Bun- **77**
desstaat – in Art. 20 GG **nicht ausdrücklich** erwähnt wird, wird es allgemein den in
Art. 20 Abs. 1 GG genannten Staatsformmerkmalen hinzugerechnet und ihm sogar ein
besonders hoher Stellenwert eingeräumt.

- ■ Mittelbar ergibt sich die Geltung des Rechtsstaatsprinzips aus Art. 28 Abs. 1 S. 1 GG,
  wenn dort für die Länder das Prinzip des „sozialen **Rechtsstaats** im Sinne dieses
  Grundgesetzes" vorgeschrieben wird. Gleiches folgt aus Art. 23 Abs. 1 S. 1 GG, der
  den Rechtsstaat als Strukturprinzip der Europäischen Union beschreibt.

- ■ Die wichtigsten Ausprägungen des Rechtsstaatsprinzips sind in Art. 1 Abs. 3 GG **(Bindung an die Grundrechte)**, Art. 20 Abs. 2 S. 2, 3. Fall GG **(Gewaltenteilung)** und
  Art. 20 Abs. 3 GG **(Bindung an Recht und Gesetz)** geregelt. Hinzu kommen zahlreiche
  andere, für das Rechtsstaatsprinzip grundlegende Vorschriften, wie z.B. die Gewährleistung eines umfassenden Rechtsschutzes (Art. 19 Abs. 4 GG) durch unabhängige
  Richter (Art. 92, 97 Abs. 1 GG) in einem fairen Verfahren (insbes. Art. 101, 103 GG).

  Nach dem BVerfG[171] ergibt sich das Rechtsstaatsprinzip „aus einer Gesamtschau der Bestimmungen des Art. 20 Abs. 3 GG über die Bindung der Einzelgewalten und der Art. 1 Abs. 3, 19 Abs. 4, 28
  Abs. 1 S. 1 GG sowie aus der Gesamtkonzeption des Grundgesetzes".[172]

---

167 Gröpl Rdnr. 546 ff.; Mo/Mi Rdnr. 287 ff.; Schmidt S. 37 ff.
168 Zur Gemeinwohlverpflichtung als materielle Seite des republikanischen Prinzips vgl. Gröpl Rdnr. 555 ff.; M/M Rdnr. 69 FN 4.
169 Ipsen Rdnr. 714; M I Rdnr. 109 f.; Maurer § 7 Rdnr. 2, 16 f.; a.A.: Berg Rdnr. 116.
170 Gröpl § 7; Schmidt S. 44 ff.; Mo/Mi Rdnr. 304 ff.; Kloepfer Rdnr. 148 ff.
   Kurzüberblick mit Beispielsfällen bei Fischer JuS 2001, 861; Voßkuhle/Kaufhold JuS 2010, 116.
   Zum Rechtsstaatsprinzip in der Klausurbearbeitung vgl. Kees JA 2008, 795, 796 f.
171 BVerfGE 2, 380, 403.
172 Vgl. auch Berg Rdnr. 136; Maurer § 8 Rdnr. 1 ff.; Degenhart Rdnr. 255 ff.

| 2. Teil | Staatsformmerkmale und Staatszielbestimmungen |

B. Elemente des Rechtsstaatsprinzips (Überblick)

78 **Rechtsstaat** ist ein Staat, dessen Ziel die **Gewährleistung von Freiheit und Gerechtigkeit** im staatlichen und staatlich beeinflussbaren Bereich ist und dessen Machtausübung durch Recht und Gesetz geregelt und begrenzt wird.

Gegenbegriff ist der Willkürstaat, etwa in der Ausprägung von faschistischen oder kommunistischen Diktaturen.

Im Einzelnen gibt es zahlreiche Definitionen des Rechtsstaats(-prinzips) sowie die Unterscheidung eines formellen und materiellen Rechtsstaatsbegriffs.[173]

■ Die wichtigste Vorsorge gegen eine zum Missbrauch neigende Machtkonzentration trifft das Prinzip der **Gewaltenteilung** (Art. 20 Abs. 2 S. 2, 3. Fall GG). Danach werden die wichtigsten Staatsfunktionen auf die drei Organgruppen – Gesetzgebung, vollziehende Gewalt und Rechtsprechung – verteilt (dazu unten Rdnr. 80 ff.).

■ Die Gewaltenteilung ist nur sinnvoll, wenn die Legislative die beiden anderen Gewalten durch Gesetze binden kann (vgl. Art. 20 Abs. 3 GG). Auch Rechtssicherheit lässt sich nur durch Gesetze (Rechtsnormen) herbeiführen. Daher bestimmt das **Vorhandensein von Rechtsnormen** und die Bindung der drei Gewalten an diese das Wesen des Rechtsstaates (vgl. dazu unten Rdnr. 86, 106 und Rdnr. 115).

■ Die Gesetzesbindung muss vom Bürger durchgesetzt werden können. Deshalb gehört die **Gewährleistung eines effektiven Rechtsschutzes** gegenüber Hoheitsakten zum Rechtsstaatsprinzip (Art. 19 Abs. 4 GG) wie auch die Existenz von Justizgrundrechten.[174] Auch im Verhältnis der Bürger untereinander muss ein ausreichender Rechtsschutz durch staatliche Gerichte gewährleistet sein.[175]

■ Zur Rechtssicherheit gehört ein Mindestmaß an **Vertrauensschutz**. Es beschränkt beispielsweise die **Rückwirkung von Gesetzen** (unten Rdnr. 89 ff.), die Rücknahme von Verwaltungsakten (vgl. §§ 48, 49 VwVfG) und die Änderung bzw. Aufhebung von Planfeststellungsbeschlüssen, insbesondere Bebauungsplänen (vgl. z.B. § 39 BauGB und sonstige Plangewährleistungsansprüche).[176]

Zum **Bestimmtheitsgrundsatz** als weiterer Aspekt der Rechtssicherheit, siehe unten Rdnr. 87 f.

■ Ein weiteres bedeutsames Element ist das Bestehen von **Grundrechten** des Bürgers, die das staatliche Handeln begrenzen und dem Bürger eine gesicherte Freiheitssphäre einräumen.[177] Hierzu zählt auch die Aktivierung des Staates gegen Eingriffe Dritter in grundrechtlich geschützte Werte **(Schutzpflicht des Staates)**.

---

173 Vgl. dazu i.E. die Ausführungen bzw. Nachweise bei Ipsen Rdnr. 750.; Maurer § 8 Rdnr. 5 ff.; Degenhart a.a.O.; Gröpl Rdnr. 447 ff.; M/M Rdnr. 649 f.

174 Gröpl Rdnr. 491 ff.; Maurer § 8 Rdnr. 46 ff.

175 Vgl. BVerfG NJW 1991, 417, 418: Für das Gerichtsverfahren ergeben sich – unabhängig von Art. 19 Abs. 4 GG – unmittelbar aus dem Rechtsstaatsprinzip verfassungsrechtliche Anforderungen an die Verfahrensgestaltung: Zugang zu den Gerichten in möglichst gleichmäßiger Weise für alle Bürger, Gebot der Fairness des Gerichts, kein unübersehbares Kostenrisiko für den Bürger. – Vgl. auch AS-Skript Grundrechte (2012) sowie M/M Rdnr. 534 ff., 658; Degenhart Rdnr. 416 ff.; Maurer § 8 Rdnr. 23 ff.; Ipsen Rdnr. 809 ff.

176 Vgl. auch Gröpl Rdnr. 513; Maurer § 8 Rdnr. 46 ff.

177 Degenhart Rdnr. 258; Gröpl Rdnr. 528 ff.

Vgl. insofern Art. 1 Abs. 1 GG („Die Menschenwürde ist unantastbar. Sie zu achten und zu schützen, ist Verpflichtung aller staatlichen Gewalt."), dessen Verpflichtung nicht nur für die Menschenwürde, sondern auch für alle anderen Grundrechte gilt.

- Eine wichtige Begrenzung staatlicher Macht ergibt sich aus dem Grundsatz der **Verhältnismäßigkeit**. Sämtliche belastenden staatlichen Maßnahmen müssen geeignet, erforderlich und angemessen sein und dürfen nicht gegen das **Übermaßverbot** verstoßen.[178]

Im Grundrechtsbereich ergibt sich der Grundsatz der Verhältnismäßigkeit in erster Linie aus dem betroffenen Grundrecht selbst.[179]

- Schließlich gehört zum Rechtsstaatsprinzip, dass für rechtswidrige staatliche Maßnahmen, zumindest wenn sie schuldhaft erfolgen, ein **Ausgleich** geleistet wird („Existenz eines **Staatshaftungsrechts**").[180]

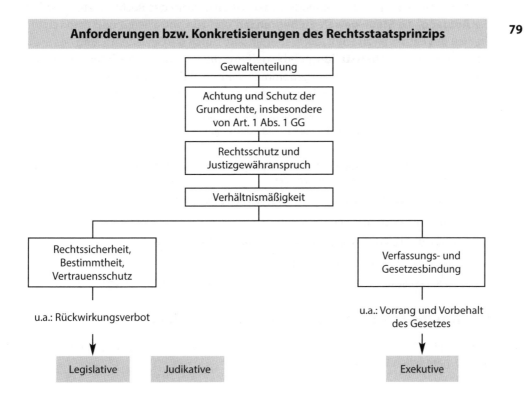

79

---

178 BVerfG NJW 2006, 3628.
179 Zu Einzelheiten, auch zum sog. Untermaßverbot vgl. AS-Skript Grundrechte (2012) sowie Maurer § 8 Rdnr. 55 ff.; Degenhart Rdnr. 396 ff.; Gröpl Rdnr. 533 ff.; M/M Rdnr. 666.
180 Vgl. Gröpl Rdnr. 1569 ff.; M/M Rdnr. 72; Sachs Art. 20 Rdnr. 49 ff.; Jarass/Pieroth Art. 20 Rdnr. 20 ff.; Maurer § 8 Rdnr. 36; zusammenfassend Görisch JuS 1997, 988 ff.

C. Das Prinzip der Gewaltenteilung (Funktionentrennung)[181]

Fallbearbeitung bei Rozek JuS 2008, 250; Geis Fall 4.

I. Rechtsgrundlagen und Aufgabe der (horizontalen) Gewaltenteilung

80 **Rechtsgrundlage** des Gewaltenteilungsprinzips ist Art. 20 Abs. 2 S. 2 GG. Danach wird die Staatsgewalt vom Volk „durch besondere Organe der Gesetzgebung, der vollziehenden Gewalt und der Rechtsprechung ausgeübt". Daran anknüpfend sind in speziellen Vorschriften die besonderen Organe und ihre Zuständigkeiten geregelt: Die Gesetzgebung in Art. 70 ff. GG; Regierung und Verwaltung in Art. 62 ff., 83 ff. GG; die Rechtsprechung in Art. 92 ff. GG.

Die Gewaltenteilung ist das tragende Organisationsprinzip des Rechtsstaates und hat die **Aufgabe**, die **Staatsgewalt zu begrenzen** und zu kontrollieren und dadurch die Freiheit des Einzelnen zu schützen. Weiterhin wird durch die Gewaltenteilung des Staates eine sinnvolle **Arbeitsteilung** herbeigeführt. Die verschiedenen Staatsfunktionen sollen von solchen Organen wahrgenommen werden, die ihrer Struktur nach auf diese Aufgaben zugeschnitten sind (Prinzip der funktionsgerechten Organstruktur).

Der Gedanke der Gewaltenteilung als Instrument der Kontrolle der Staatsgewalt wurde zuerst von dem englischen Rechtsphilosophen John Locke (1632–1704) entwickelt und später von Montesquieu (1689–1755) aufgegriffen.

Das hier angesprochene Prinzip der Gewaltenteilung betrifft lediglich die funktionelle **horizontale Gliederung**. Zu unterscheiden ist diese von der

- **organisatorischen** Gewaltenteilung, z.B. zwischen Bundestag und Bundesrat,
- der **vertikalen** Gewaltenteilung
  - zwischen Bund und Ländern (vgl. unten Rdnr. 124 ff.: Bundesstaat) sowie
  - Bund/Ländern einerseits und Gemeinden andererseits
- und der **persönlichen** Gewaltenteilung (Inkompatibilität), z.B. gemäß Art. 137 GG.[182]

II. Einzelheiten der horizontalen Gewaltenteilung

81 Grundlegend für die Gewaltenteilungslehre ist die Unterscheidung zwischen verschiedenen materiellen **Staatsfunktionen**.

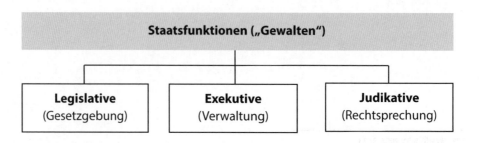

---

[181] Vosskuhle/Kaufhold JuS 2012, 314.
[182] Vgl. ergänzend Maurer § 12; Degenhart Rdnr. 265 ff.; Ipsen Rdnr. 753 ff.; M/M Rdnr. 654 ff.; Gröpl Rdnr. 916 ff.

Das Wesen der Gewaltenteilung besteht zunächst in der Trennung der verschiedenen Organe und ihrer Aufgabenerfüllung. Vor allem aber ist Sinn der Gewaltenteilung gerade auch die **wechselseitige Begrenzung und Kontrolle der Machtausübung** der verschiedenen Organe. Deshalb wird das Trennungsprinzip ergänzt durch gegenseitige Einflussnahmemöglichkeiten und Abhängigkeiten (sog. System der **„checks and balances"**). Dadurch wird verhindert, dass eine der drei Funktionen eine übergeordnete Stellung erlangt. Die wichtigsten Ausprägungen der Gewaltenkontrolle und Gewaltenhemmung sind:

- Die **Regierung** als die Spitze der Verwaltung ist **vom Parlament abhängig** (Art. 63, 67 GG; parlamentarisches Regierungssystem).

- Verwaltung und Rechtsprechung sind an die vom Parlament erlassenen **Gesetze gebunden** (Art. 20 Abs. 3 GG).

- Die Regierung hat mannigfache **Einflussmöglichkeiten** auf das Parlament, insbesondere durch das Recht der Gesetzesinitiative (Art. 76 GG) und durch den Zustimmungsvorbehalt der Bundesregierung gegenüber ausgabewirksamen Gesetzen (Art. 113 GG; vgl. ferner Art. 112 GG).

- Die **Gerichte kontrollieren** die Verfassungsmäßigkeit der vom Parlament erlassenen Gesetze vor allem aber die Rechtmäßigkeit einzelner Exekutivakte (Art. 93, 19 Abs. 4 GG i.V.m. den jeweiligen Prozessgesetzen, z.B. VwGO).

III. Personelle Gewaltenteilung (Inkompatibilität)[183]

Ausfluss der Gewaltenteilung ist auch die sog. **Inkompatibilität** (Verbot der Ämterhäufung, personelle Gewaltenteilung). Die Gewaltenteilung würde nicht funktionieren, wenn dieselben Personen, die als Abgeordnete im Parlament ein Gesetz beschließen, dieses Gesetz als Verwaltungsbeamte später anwenden und schließlich als Richter darüber entscheiden würden, ob sie die Gesetze richtig erlassen und zutreffend angewandt haben.

82

BVerfG:[184] „Mit dem Grundsatz der Gewaltenteilung ist es nicht vereinbar, wenn dieselbe Person in einem bestimmten Gemeinwesen ein Amt innehat und gleichzeitig der Vertretungskörperschaft desselben Gemeinwesens als Mitglied angehört: Ein Bundesbeamter kann nicht gleichzeitig dem Bundestag, ein Landesbeamter nicht dem Landtag und ein Gemeindebeamter nicht dem Rat der Gemeinde angehören."[185]

Vgl. beispielhaft Art. 55 Abs. 1 GG (Bundespräsident);[186] Art. 66 GG (Regierungsmitglieder); Art. 94 Abs. 1 S. 3 GG (Bundesverfassungsrichter); Art. 137 GG (Beamte), z.B. i.V.m. § 5 AbgG; § 4 BMinG.

BVerfG:[187] „Die Anwendung einer Inkompatibilität ist von der Ermächtigung des Art. 137 Abs. 1 GG nur gedeckt, soweit sie gewählte Bewerber betrifft, deren berufliche Stellung die Möglichkeit von Interessen- und Entscheidungskonflikten nahe legt." (im entschiedenen Fall bejaht bei Landtagsmandat und Mitgliedschaft im Vorstand einer vom Land beherrschten AG).[188]

---

183 VGH BW DÖV 2013, 528.

184 BVerfGE 18, 172, 183.

185 Vgl. auch BVerwG NVwZ 2003, 90; Ipsen Rdnr. 760 ff.; Berg Rdnr. 199, 642; Gröpl Rdnr. 955 ff.

186 BVerfG JuS 2012, 191 Anm. Sachs.

187 BVerfG NJW 1999, 1095 mit. Anm. Sachs JuS 2000, 84.

188 Vgl. auch Sachs Anh. VerfG NVwZ-RR 1998, 149; Sendler NJW 1997, 918.

Weiteres Beispiel: Die Mitglieder des **Bundestags** dürfen nicht gleichzeitig Mitglieder des Bundesrates sein, da sich beide Gremien hemmen und kontrollieren sollen.[189] Damit ergibt sich auch eine Inkompatibilität zwischen der Stellung als Landesminister und Bundestagsabgeordnetem. Denn alle Mitglieder der Landesregierung sind kraft ihrer Amtsstellung berufen, das Land im Bundesrat zu vertreten.

Zulässig ist es dagegen und entspricht geradezu dem Prinzip der parlamentarischen Demokratie, wenn die Mitglieder der **Regierung** (Minister) gleichzeitig Abgeordnete sind.[190]

Hierin liegt zugleich eine erhebliche Durchbrechung der Gewaltenteilung. Denn die aus Abgeordneten bestehende Regierung wird vom Parlament kontrolliert, das wiederum von den regierungstragenden Mehrheitsfraktionen beherrscht wird. Echte Kontrolle übt daher nur die Opposition aus (sog. **„Neue Gewaltentrennung"**). Diesen Umstand hat das GG aber bewusst hingenommen.[191]

Problematisch ist hierbei vor allem auch der erhebliche Einfluss der Parteien auf Regierung und Parlament. Hinzu kommt, dass die Parteien maßgeblich die Besetzung der Ämter in allen drei Gewalten beeinflussen. Das GG hat sich jedoch bewusst für eine **Parteiendemokratie** entschieden (vgl. insbesondere Art. 21 GG), sodass diese Auswirkungen noch als grundgesetzlich gewolltes Spannungsverhältnis hinzunehmen sind.[192]

83

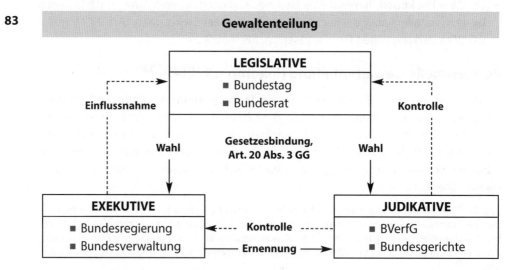

IV. Abweichungen vom Gewaltenteilungsprinzip

84 Der Grundsatz der Gewaltenteilung wird auf vielfältige Weise **durchbrochen** (vgl. z.B. Art. 80 GG, wonach die Exekutive Rechtsverordnungen erlässt und damit Aufgaben der Legislative wahrnimmt). Durchbrechungen sind jedoch nur **eingeschränkt zulässig**.

---

189 Jarass/Pieroth Art. 51 Rdnr. 3.
190 Jarass/Pieroth Art. 38 Rdnr. 25.
191 Vogel NJW 1996, 1505, 1507.
192 Wrege Jura 1996, 436, 438.

BVerfG:[193] „Kann somit der Sinn der Gewaltenteilung zwar nicht in einer scharfen Trennung der Funktionen der Staatsgewalt gesehen werden, so muss doch andererseits die in der Verfassung vorgenommene Verteilung der Gewichte zwischen den drei Gewalten bestehen bleiben. Keine Gewalt darf ein von der Verfassung nicht vorgesehenes Übergewicht über eine andere Gewalt erhalten. Keine Gewalt darf der für die Erfüllung ihrer verfassungsgemäßen Aufgaben erforderlichen Zuständigkeiten beraubt werden."[194]

Ein Verstoß gegen das Gewaltenteilungsprinzip liegt dann vor, wenn ein Eingriff in den **Kernbereich** einer anderen Gewalt vorliegt oder eine Gewalt ein deutliches Übergewicht erhält. Entscheidend sind dabei

- **Intention** (es darf nicht beabsichtigt sein, eine Gewalt zu entmachten),

- **Intensität** (der Eingriff darf nicht besonders schwerwiegend sein) und

- **Quantität** des Eingriffs (es darf nicht in einer Vielzahl von Fällen in einen Funktionsbereich eingegriffen werden).[195]

Beispiel: Ein Gesetz, das detaillierte Regelungen eines Einzelfalls enthält, kann (ausnahmsweise) in den Kernbereich der der Exekutive vorbehaltenen Befugnisse eingreifen.[196]

Einengende oder erweiternde Auslegung einer Norm ist grundsätzlich zulässige Rechtsfortbildung und damit kein Übergriff in den Bereich der Legislative.[197]

Gegenbeispiel: Auflösung des BayObLG. Dazu BayVerfGH:[198] „In die Eigenständigkeit und Unabhängigkeit der rechtsprechenden Gewalt, vor allem in deren Kernbereich, nämlich die konkrete Ausübung der Rechtsprechung durch den einzelnen unabhängigen Richter, wird durch das Gerichtsauflösungsgesetz nicht eingegriffen."

Beachte: *Die Zuweisung der Rechtsprechungsaufgaben an die Gerichte genießt durch Art. 92 GG einen besonderen Schutz, der sich nicht nur auf den Kernbereich beschränkt.*[199]

D. Die Anforderungen des Rechtsstaatsprinzips an die Gesetzgebung (Legislative)

„Gesetzgebung" i.S.v. Art. 20 Abs. 3, 1. Fall GG ist Normsetzung in Form der parlamentarischen Gesetzgebung durch Bundestag oder Landtage, nicht der Erlass allgemein verbindlicher Anordnungen durch die Verwaltung als Rechtsverordnung oder Satzung.[200]

Allerdings gelten bestimmte Anforderungen des Rechtsstaatsprinzips an die Gesetzgebung über Art. 20 Abs. 3, 2. Fall GG auch für die vollziehende Gewalt, weil zum „Gesetz" i.S.d. Norm auch das Rechtsstaatsprinzip als Teil der verfassungsmäßigen Ordnung zählt, also etwa der Bestimmtheitsgrundsatz oder das Verbot der unzulässigen Rückwirkung.

---

193 BVerfGE 34, 52, 59.

194 BVerfGE 9, 268, 279 f.; 22, 106, 111: Der Kernbereich der verschiedenen Gewalten ist unveränderbar.

195 BVerfGE 68, 87; 76, 100; Degenhart Rdnr. 265; Ipsen Rdnr. 767; Gröpl Rdnr. 964 ff.; M/M Rdnr. 656.

196 BVerfGE 25, 371, 398; zu diesem „Verwaltungsvorbehalt durch Gewaltenteilung" vgl. Ronellenfitsch DÖV 1991, 771, 779; Kunig Jura 1993, 308, 310.

197 BVerfG NJW 2012, 669 zur § 5 Abs. 2 HWiG.

198 NJW 2005, 3699.

199 Dazu Gröpl Rdnr. 964 ff. sowie unten Rdnr. 115.

200 Sodan/Leisner Art. 20 GG Rdnr. 37.

| 2. Teil | Staatsformmerkmale und Staatszielbestimmungen |

I. Bindung an die „verfassungsmäßige Ordnung"

86 Die verfassungsmäßige Ordnung i.S.d. Art. 20 Abs. 3 GG beinhaltet alle Normen des Grundgesetzes[201] in dem durch das BVerfG ausgelegten und ggf. für verbindlich (§ 31 BVerfGG) erklärten Verständnis.[202]

> **Beachte** den davon abweichenden Begriff der „verfassungsmäßigen Ordnung" in Art. 2 Abs. 1 bzw. 9 Abs. 2 GG.

§ 31 Abs. 1 BVerfGG begründet jedoch kein striktes Normwiederholungsverbot für die Legislative (so früher h.M.), sondern nur die **Pflicht zur Verfassungsorgantreue**, d.h. eine vom Bundesverfassungsgericht für verfassungswidrig erklärte Norm darf vom Gesetzgeber nur dann mit dem gleichen Inhalt erneut erlassen werden, wenn sich die Anwendungsumstände der betreffenden Norm ganz erheblich geändert haben.[203]

Unklar ist, ob über Art. 24 und 25 GG auch sämtliche Bestimmungen des Völkerrechts (z.B. EMRK) sowie über Art. 23 GG sämtliche Bestimmungen des EU-Rechts zur verfassungsmäßigen Ordnung i.S.v. Art. 20 Abs. 3 GG gehören.[204]

II. Bestimmtheit[205]

87 Jedes Gesetz muss hinreichend **bestimmt** gefasst (Grundsatz der **Normenklarheit**) und in sich widerspruchsfrei sein **(Widerspruchsfreiheit der Rechtsordnung)**.[206] Andernfalls kann es seine Funktion, das Verhalten der Bürger sowie der beiden anderen Gewalten (Verwaltung und Rechtsprechung) zu steuern, nicht erfüllen.[207] Wegen Art. 103 Abs. 2 GG werden besonders strenge Anforderungen an Straf- und Bußgeldtatbestände gestellt (sog. absoluter Bestimmtheitsgrundsatz).[208] Im Übrigen hängen die Anforderungen an die Bestimmtheit davon ab, wie intensiv gesetzliche Regelungen die Normadressaten belasten (sog. relativer Bestimmtheitsgrundsatz).[209] Für bundesrechtliche Verordnungsermächtigungen (z.B. § 6 Abs. 1 StVG) gilt der spezielle Bestimmtheitsgrundsatz aus Art. 80 Abs. 1 S. 2 GG.[210]

Andererseits darf das Bestimmtheitserfordernis nicht übersteigert werden. Daher darf der Gesetzgeber **unbestimmte Rechtsbegriffe** und **Generalklauseln** verwenden, soweit sie durch die Rechtsprechung konkretisiert werden (können),[211] z.B. Begriffe wie „Gefahr für die öffentliche Sicherheit und Ordnung", „Ungeeignetheit" (vgl. § 3 StVG), „Unzuverlässigkeit" (z.B. § 35 GewO, §§ 4, 15 GastG).

---

201 Sodan a.a.O. Rdnr. 38.

202 Jarass/Pieroth Art. 20 GG Rdnr. 32.
Zur verfassungskonformen Auslegung vgl. unten Rdnr. 464 sowie zuletzt BVerfG RÜ 2011, 650, 655 (Euro-Rettungsschirm).

203 Vgl. Jarass/Pieroth Art. 20 GG Rdnr. 32 sowie unten Rdnr. 440.

204 In diesem Sinne etwa Sodan a.a.O. Rdnr. 38.
Zur völkerrechtsfreundlichen Auslegung des GG wegen EMRK und Entscheidungen des EGMR vgl. BVerfG RÜ 2011, 383, 385 (Sicherungsverwahrung); Hofmann Jura 2013, 326.

205 Vgl. ergänzend M/M Rdnr. 659; Gröpl Rdnr. 501 ff.; Degenhart Rdnr. 355 ff.

206 BVerfG NJW 1998, 2341; 2326.

207 Vgl. BVerfGE 8, 274, 325; BFH DVBl. 2006, 1581; Berg Rdnr. 150; Degenhart Rdnr. 346 ff.

208 BVerfG NJW 2007, 1669; NJW 1995, 3051; 3050, 3051; NVwZ 1993, 55; NJW 1993, 1911; DVBl. 1992, 1598, 1599.

209 Vgl. etwa die unterschiedlich bestimmte Formulierung von Tatbestand und Rechtsfolgen in der polizei- und ordnungsrechtlichen Generalklausel einerseits und den Standardermächtigungen andererseits.

210 Vgl. dazu i.E. noch unten Rdnr. 353

211 Vgl. BVerfGE 8, 274, 325 f.; RÜ 2011, 41, 45 (GentechnikG); Maurer § 8 Rdnr. 47; Görisch JuS 1997, 988, 989 f.

Bei hinreichender Notwendigkeit darf der Gesetzgeber der Verwaltung auch einen **Beurteilungsspielraum** bzw. auf der Rechtsfolgenseite **Ermessen** einräumen. Effektivität und Flexibilität des Verwaltungshandelns erfordern es, dass die Behörde in gewissen Fällen einen Entscheidungsspielraum hat.

Sind mehrere rechtmäßige Entscheidungen denkbar, so verlangt das Rechtsstaatsprinzip nicht, dass die Auswahl unter ihnen letztverbindlich vom Gericht getroffen wird.[212]

Die Forderung nach Vorhersehbarkeit und Berechenbarkeit stößt dort auf Schwierigkeiten, wo eine **Gesetzeslücke** besteht. Hier kann der Bürger gerade nicht durch einen „Blick ins Gesetz" die aktuelle Rechtslage feststellen. Gleichwohl ist die **Analogie** ein verfassungsrechtlich zulässiges und u.U. sogar gebotenes Mittel der Rechtsfindung. Denn Gesetze unterliegen in einer sich ständig verändernden sozialen Umwelt einem „Alterungsprozess". Die Gerichte sind daher befugt und verpflichtet zu prüfen, was unter den veränderten Umständen „Recht" i.S.d. Art. 20 Abs. 3 GG ist.

88

Grundlegend das BVerfG:[213] Die Grenzen richterlicher Rechtsanwendung werden überschritten, wenn „der erkennbare Wille des Gesetzgebers beiseite geschoben *(außerdem Verstoß gegen Gewaltenteilungsgrundsatz)* und durch eine autark getroffene richterliche Abwägung der Interessen ersetzt wird". Bei einer Analogie ist dies nicht der Fall, weil sich aus den Wertungen des Gesetzes (und nicht des Gerichts) ergibt, ob eine Lücke besteht und in welcher Weise sie geschlossen werden soll.[214]

Problematisch in diesem Zusammenhang sowie im Hinblick auf Bundesstaats- und Demokratieprinzip („Parlamentsvorbehalt") sind sog. **dynamische Verweisungen**, d.h. ein Gesetz verweist auf einzelne Vorschriften eines anderen Gesetzes (in der jeweils geltenden Fassung), auf eine EU-Richtlinie oder auf einen Tarifvertrag.[215]

III. Vertrauensschutz – Keine unzulässige Rückwirkung von Gesetzen[216]

(Weitere) **Fallbearbeitungen** bei BVerfG RÜ 2011, 383, 387 f. (Sicherungsverwahrung); Degenhart/K I Fall 13; Heckmann Fall 1; Degenhart/K II Fall 4; Geis Fall 3; Durner/Paus BRJ 2012 (H.1); BVerfG RÜ 2013, 649 (ThUG).

Das Gesetz ist das wichtigste rechtsstaatliche Element, auf das der Bürger sein Verhalten ausrichten muss und darf. Es schafft einen **Vertrauenstatbestand** und gewährt **Rechtssicherheit**.[217] Das Vertrauen auf das Gesetz wird enttäuscht und die Rechtssicherheit beeinträchtigt, wenn der Gesetzgeber durch rückwirkende Änderung oder Erlass von Gesetzen die Rechtslage nachträglich anders gestaltet, als der Bürger bei seinem Verhalten zugrunde legen durfte.

89

BVerfG: „Vor dem Rechtsstaatsprinzip des GG bedarf es besonderer Rechtfertigung, wenn der Gesetzgeber die Rechtsfolge eines der Vergangenheit zugehörigen Verhaltens nachträglich belastend ändert.

---

212 BVerfG DVBl. 1992, 145, 147; NJW 1991, 2005, 2006; vMutius Jura 1987, 92, 98 m.w.N.; vgl. auch BVerwG DVBl. 1982, 29, 31.

213 BVerfG NJW 1990, 1593.

214 Kritisch Hillgruber JZ 1996, 118, 121; Rennert NJW 1991, 12, 17; einschränkend BVerfG NJW 1996, 3146: Analogieverbot bei hoheitlichen Eingriffen in Grundrechte; ausführlich zum Richterrecht M I Rdnr. 363 ff. FN 58 ff.

215 Vgl. i.E. Gröpl Rdnr. 507 ff.; M/M Rdnr. 401 f. FN 54 ff.; BVerwG RÜ 2013, 807.

216 Vgl. ergänzend M/M Rdnr. 660 ff.; Gröpl Rdnr. 513 ff.; Degenhart Rdnr. 374 ff.; Schwarz JA 2013, 683; Schröder NVwZ 2013, 105 (Atomausstieg); Leisner NVwZ 2012, 985 (Subventionsabbau).
Zur Geltung des Rückwirkungsverbotes zugunsten von Gemeinden und Gemeindeverbänden vgl. VerfGH RP DVBl. 2007, 1176.

217 BVerfG, Beschl. v. 05.03.2013 – 1 BvR 2457/08: Ausprägung ist auch das Gebot der Belastungsklarheit und -vorhersehbarkeit.

2. Teil	Staatsformmerkmale und Staatszielbestimmungen

Die Verlässlichkeit ist eine Grundbedingung freiheitlicher Verfassungen. Es würde den Einzelnen in seiner Freiheit erheblich gefährden, dürfte die öffentliche Gewalt an sein Verhalten oder an ihn betreffende Umstände im Nachhinein belastendere Rechtsfolgen knüpfen, als sie zum Zeitpunkt seines rechtserheblichen Verhaltens galten."[218]

Fall 3: Enttäuschte Steuersparer

A hat im Jahre 2011 einen Lebensversicherungsvertrag abgeschlossen, für den er in den folgenden Jahren Beiträge gezahlt hat und noch zahlen wird. Nach dem Einkommensteuergesetz konnten diese Beiträge bisher zum Teil als Sonderausgaben geltend gemacht werden, was zu einer Verminderung der Einkommensteuer führte. Angesichts der angespannten Haushaltslage erlässt der Bund im Januar 2014 ein „Gesetz zum Abbau steuerlicher Subventionen", das in § 15 Einkommens-Höchstgrenzen für die steuerliche Absetzbarkeit einführt. Danach können Personen, deren Jahreseinkommen einen bestimmten Betrag überschreitet, Versicherungsbeiträge nicht mehr steuerlich geltend machen. Die Neuregelung wird damit begründet, dass die steuerliche Begünstigung von Besserverdienern angesichts der Finanzlage der öffentlichen Haushalte nicht mehr vertretbar sei. Außerdem verstoße die bisherige Regelung gegen Art. 3 Abs. 1 GG i.V.m. dem Sozialstaatsprinzip, weil wegen der Steuerprogression die Vergünstigung umso höher sei, je mehr der Steuerpflichtige verdiene. Damit wurde auch begründet, dass das Gesetz nach § 20 rückwirkend bereits zum 01.01.2013 in Kraft treten soll. Hierfür wird zusätzlich geltend gemacht, die dahingehenden Pläne des Bundesfinanzministeriums seien bereits im November 2012 bekannt geworden, auch erfolge die steuerliche Veranlagung für 2013 frühestens im Laufe des Jahres 2014.

Das Einkommen des A übersteigt die Höchstgrenzen des § 15. Er macht geltend, er habe die Steuervergünstigungen für 2013 und für die folgenden Jahre fest eingeplant und halte ihre Beseitigung für verfassungswidrig. Ist diese Auffassung zutreffend?

---

90 Verfassungsrechtliche Bedenken gegen das Gesetz ergeben sich unter dem Gesichtspunkt einer möglicherweise **unzulässigen Rückwirkung**.

A. Herkömmlicherweise wird die Beschränkung für rückwirkende Gesetze aus dem **Rechtsstaatsprinzip** (Art. 20 Abs. 3 GG) hergeleitet und hierbei zwischen echter und unechter Rückwirkung unterschieden:[219]

   I. Echte Rückwirkung liegt vor, wenn ein Gesetz nachträglich ändernd in abgeschlossene, der Vergangenheit angehörende Tatbestände eingreift, wenn also die Rechtsfolgen für einen vor der Verkündung liegenden Zeitpunkt eintreten sollen.[220]

   II. Unechte Rückwirkung entfaltet eine Rechtsnorm, wenn sie zwar nicht auf vergangene, sondern auf gegenwärtige, noch nicht abgeschlossene Sachverhalte oder Rechtsbeziehungen für die Zukunft einwirkt, damit aber zugleich eine Rechtsposition nachträglich entwertet.[221]

---

218 BVerfG DVBl. 1998, 465.

219 Vgl. etwa BVerfG RÜ 2010, 742 Anm. Selmer JuS 2011, 189.

220 BVerfG NJW 2000, 413, 415; BVerfGE 30, 367, 386; Sachs Art. 20 Rdnr. 86; Jarass/Pieroth Art. 20 Rdnr. 48; Berg Rdnr. 154.

221 BVerfGE 51, 356, 362; 103, 392, 403; BVerwG NVwZ 1991, 166; Sachs Art. 20 Rdnr. 87; Jarass/Pieroth Art. 20 Rdnr. 49 m.w.N.

Entscheidendes Kriterium für die Abgrenzung zwischen retroaktiver (echter) und retrospektiver (unechter) Rückwirkung ist danach die rechtliche Abgeschlossenheit des zugrundeliegenden Sachverhalts.

B. Diese Unterscheidung wird zunehmend infrage gestellt, da sie nicht geeignet sei, Gesetze sicher einer der beiden Fallgruppen zuzuordnen. Letztlich nehme auch die Rspr. die Zuordnung anhand von Fallgruppen einzelner Normarten vor und entferne sich damit von der eigenen Definition. Vorgeschlagen wird deshalb eine Aufgabe der bisherigen Unterscheidung. Als Rückwirkung soll nur noch die **echte Rückwirkung** verstanden werden, während die sog. unechte Rückwirkung nach Maßstäben der Rechtssicherheit und des Vertrauensschutzes im Rahmen der Grundrechte behandelt werden soll.[222]

91

I. Dieser Auffassung hat sich auch der **2. Senat des BVerfG** angenähert, indem er die „unechte Rückwirkung" nicht mehr als Rückwirkungsproblem ansieht und sich ausdrücklich gegen einen einheitlichen Oberbegriff der Rückwirkung wendet.[223] Vielmehr differenziert das Gericht zwischen dem sachlichen und dem zeitlichen Anwendungsbereich einer Norm und unterscheidet zwischen

92

- der **Rückbewirkung von Rechtsfolgen**, bei der die Rechtsfolgen einer Norm bereits für einen vor ihrer Verkündung liegenden Zeitraum gelten, und

- der **tatbestandlichen Rückanknüpfung**, wenn eine Norm zwar nur Rechtsfolgen für die Zukunft anordnet, in ihrem Tatbestand aber an Gegebenheiten aus der Zeit vor ihrer Verkündung anknüpft.

BVerfG:[224] „Eine Rechtsnorm entfaltet **Rückwirkung**, wenn der Beginn ihres **zeitlichen Anwendungsbereichs** auf einen Zeitpunkt festgelegt ist, der vor dem Zeitpunkt liegt, zu dem die Norm gültig geworden ist.[225] Der zeitliche Anwendungsbereich einer Norm bestimmt, in welchem Zeitpunkt die Rechtsfolgen einer gesetzlichen Regelung eintreten sollen. ... Demgegenüber betrifft die **tatbestandliche Rückanknüpfung** („unechte" Rückwirkung) nicht den zeitlichen, sondern den sachlichen Anwendungsbereich einer Norm. Die Rechtsfolgen eines Gesetzes treten erst nach Verkündung der Norm ein, deren Tatbestand erfasst aber Sachverhalte, die bereits vor Verkündung ‚ins Werk' gesetzt worden sind."[226]

Allerdings ist auch nach Auffassung des BVerfG die **Abgrenzung nicht starr**. So können rückanknüpfende Gesetze als (echt) rückwirkend angesehen werden, wenn sie den Bürger in gleicher Weise belasten wie rückwirkend in Kraft tretende Gesetze.[227]

Dabei handelt es sich nicht nur um eine begriffliche Unterscheidung, sondern es ergeben sich auch **unterschiedliche Prüfungsansätze in der Falllösung:**

- Die Zulässigkeit einer **Rückbewirkung von Rechtsfolgen** ist vorrangig an den allgemeinen **rechtsstaatlichen Grundsätzen**, insbesondere des Vertrauensschutzes und der Rechtssicherheit, zu messen. Dabei sind die **Grundrechte,**

---

222 Vgl. Pieroth JZ 1990, 279; Jura 1983, 122, 130; Pieroth/Muckel JA 1994, 13 ff.
223 Anders jedoch BVerfG/K NJW 2011, 986 (Wohnmobilsteuer).
224 BVerfG DVBl. 1998, 465.
225 Vgl. BVerfGE 72, 200, 241.
226 Ebenso BVerfGE 63, 343, 353; NJW 2002, 3009; NJW 2010, 3629, 3630 und BVerwG NVwZ 1992, 778, 779.
227 BVerfG DVBl. 1998, 465, 466 für die Änderung von Steuergesetzen während des Veranlagungszeitraums.

deren Schutzbereich von der nachträglich geänderten Rechtsfolge in belastender Weise betroffen wird, nur **mittelbar** zu berücksichtigen.

■ Die **tatbestandliche Rückanknüpfung** ist keine Frage der Rückwirkung im eigentlichen Sinne. Ihre Zulässigkeit beurteilt sich daher nicht primär nach dem Rechtsstaatsprinzip, sondern ist **unmittelbar** an den **Grundrechten** zu überprüfen, wobei jedoch die allgemeinen rechtsstaatlichen Grundsätze des Vertrauensschutzes, der Rechtssicherheit und der Verhältnismäßigkeit (mittelbar) zu beachten sind.

„In die grundrechtliche Bewertung fließen die allgemeinen rechtsstaatlichen Grundsätze des Vertrauensschutzes, der Rechtssicherheit, aber auch der Verhältnismäßigkeit (unter dem Gesichtspunkt der Vergangenheitsanknüpfung) ein."[228]

93 II. Der **1. Senat** des BVerfG hält dagegen an der begrifflichen Unterscheidung zwischen echter und unechter Rückwirkung fest, ohne auf die abweichende Rechtsprechung des 2. Senats einzugehen.[229]

Der BFH verwendet beide Begriffspaare nebeneinander[230] und versucht in neueren Entscheidungen einen stärkeren Schutz von Dispositionen der betroffenen Normadressaten.[231]

III. Da die neuere Auffassung zahlreiche sachliche und sprachliche Parallelen zur früheren Rspr. in Bezug auf die unechte Rückwirkung aufweist, dürften im Ergebnis kaum Unterschiede auftreten.[232]

C. **Zum Fall:** Das rückwirkende Inkrafttreten der Gesetzesänderung zum **01.01.2013** könnte eine gegen Art. 20 Abs. 3 GG verstoßende und damit unzulässige **echte Rückwirkung** (Rückbewirkung von Rechtsfolgen) darstellen.

94 I. Im Steuerrecht liegt ein der Vergangenheit angehörender, **abgeschlossener Sachverhalt** vor, wenn der für die Entstehung der Steueransprüche maßgebliche Zeitraum abgelaufen ist.[233] Zeitraum ist im Steuerrecht regelmäßig das Kalenderjahr (§ 2 Abs. 7 EStG). Wann die Steuererklärung abgegeben wird und die Veranlagung erfolgt bzw. der Steuerbescheid ergeht, ist unerheblich, weil es sich hierbei nur um das Verfahren handelt, in dem die bereits feststehenden steuerlichen Pflichten ermittelt werden. Somit war der einkommensteuerliche Sachverhalt für

---

228 Vgl. BVerfGE 72, 200, 242; ebenso BVerfG NJW 1988, 2529, 2533; NJW 1992, 2877, 2878; DVBl. 1998, 465; zustimmend Möller/Rührmair NJW 1999, 908 und Maurer § 17 Rdnr. 107 (der allerdings dann selbst zwischen Einwirkung und Rückwirkung unterscheidet; vgl. Rdnr. 108 f.).

229 BVerfG DVBl. 2002, 1403; ebenso BVerwG NVwZ 2000, 929; BGH NJW 1993, 3147, 3149; BSG NJW 1987, 463; Schoch S. 281.

230 Ähnlich z.B. OVG NRW DVBl. 2005, 518.

231 Vgl. BFH NJW 2001, 1671 Anm. Pleyer S. 1985 („dispositionsbezogener Rückwirkungsbegriff"); anders NJW 2003, 382 mit Anm. Hey BB 2002, 2312 („Dispositionsschutz nach Kassenlage"); vgl. auch BFH NJW 2004, 877 mit Anm. Jochum NJW 2004, 1427.
Umfassende Darstellung der Entwicklung bei M I Rdnr. 441 ff.; Z. S. 38 ff. (mit Nachweisen auf Fallbearbeitungen); Maurer § 17 Rdnr. 101 ff.; Pieroth JZ 1990, 279 f.; Muckel JA 1994, 13; Stüsser Jura 1999, 545; Wernsmann JuS 1999, 1177; 2000, 39 (mit Grundfällen unter besonderer Beachtung des Steuerrechts); Fischer JuS 2001, 861.

232 Schwarz JA 2013, 683, 685 FN 29; Maurer § 17 Rdnr. 106; Arndt/Schumacher NJW 1998, 1538; Pieroth JZ 1990, 279, 281 („Umetikettierung"); Brüning NJW 1998, 1525, 1526: „ ... handelt es sich primär um ein terminologisches Problem ohne Auswirkungen auf die Falllösung"; generell kritisch und allein darauf abstellend, ob der Bürger sich auf einen schützenswerten Vertrauenstatbestand berufen kann; ähnlich Muckel a.a.O. S. 14; Arndt JuS 1996, L 12, 15; Wernsmann JuS 1999, 1171, 1177; Schoch JK 10/05, GG Art. 12 I/78; a.A. Stüsser Jura 1999, 545, 551.

233 Zu Zweifeln an der sog. Veranlagungszeitraum-Rspr. vgl. BFH JuS 2007, 271 mit Anm. Hey NJW 2007, 408; Selmer JuS 2011, 189 FN 9 ff.

2013 mit Ende des Jahres 2013 abgeschlossen. Die §§ 15, 20 bedeuten für diesen Zeitraum eine nachträgliche Änderung, mithin eine (echte) Rückwirkung.[234]

II. Für die Beurteilung der echten Rückwirkung gelten folgende Grundsätze:

95

1. Eine spezielle Regelung findet sich in Art. 103 Abs. 2 GG. Danach sind **rückwirkende Strafgesetze** schlechthin unzulässig („bevor die Tat begangen wurde"), sog. **absolutes Rückwirkungsverbot.**

   Die Vorschrift gilt auch für Ordnungswidrigkeiten, aber nicht für Maßregeln der Sicherung und Besserung,[235] ferner auch nicht für die Art und Weise der Strafverfolgung. Daher können z.B. Verjährungsfristen ohne Verstoß gegen Art. 103 Abs. 2 GG verlängert werden.[236]

   Kontrovers diskutiert wurde die Frage, ob die Bestrafung von **DDR-Agenten** nach der Wiedervereinigung gegen Art. 103 Abs. 2 GG verstößt. Die Rspr. verneint dies, da die Strafnorm des § 94 StGB schon zur Tatzeit auch für die ausschließlich in der DDR tätigen Agenten gegolten habe. Dass erst durch den Beitritt der DDR die Zugriffsmöglichkeit für die Strafverfolgungsorgane der Bundesrepublik eröffnet worden sei, werde vom Rückwirkungsverbot des Art. 103 Abs. 2 GG nicht erfasst.[237] Das BVerfG[238] hat allerdings für DDR-Staatsbürger, die ihre Agententätigkeit allein vom Boden der DDR aus begangen haben und dort ihren Lebensmittelpunkt hatten, aus dem Grundsatz der Verhältnismäßigkeit ein verfassungsrechtliches Verfolgungshindernis hergeleitet.[239]

   Die Strafverfolgung sog. **Mauerschützen** und von Mitgliedern des **Nationalen Verteidigungsrates** der DDR verstößt ebenfalls nicht gegen Art. 103 Abs. 2 GG. Auch wenn die Taten an sich nach dem GrenzG der DDR und deren Staatspraxis als gerechtfertigt angesehen wurden, tritt der strikte Schutz des Art. 103 Abs. 2 GG zurück, wenn es wie hier um „extremes staatliches Unrecht" geht.[240]

2. Unproblematisch zulässig ist die Rückwirkung bei begünstigenden Gesetzen, da hier der Vertrauensschutz nicht berührt wird.[241]

3. Für **belastende** Gesetze wird dagegen ein **grundsätzliches Verbot** der echten Rückwirkung angenommen. Das ergibt sich letztlich aus dem Rechtsstaatsprinzip, konkretisiert durch die Prinzipien von Rechtssicherheit und Vertrauensschutz. Da Rechtssicherheit und Vertrauensschutz aber weder die einzigen vom Gesetzgeber zu berücksichtigenden Werte sind, noch in ihrem Rang über anderen Werten stehen, sind von dem grundsätzlichen Rückwirkungsverbot **Ausnahmen** möglich. Dabei sind insbesondere folgende Fälle anerkannt (nicht abschließend!):

---

234 BVerfG DVBl. 1998, 645, 646; BVerfGE 72, 200, 253; Jarass/Pieroth Art. 20 Rdnr. 48.

235 BVerfG NJW 2006, 3493 (nachträgliche Anordnung der Sicherungsverwahrung); Sachs Art. 103 GG Rdnr. 53 f.

236 BVerfGE 25, 269, 286; BGH NJW 1994, 267, 268.

237 BGH NJW 1993, 3147, 3149; a.A. Rittstieg NJW 1994, 912, 913 m.w.N.

238 NJW 1995, 1811, 1813.

239 Dazu Arndt NJW 1995, 1803; a.A. das Sondervotum von drei Verfassungsrichtern, da dies einer bei der Wiedervereinigung ausdrücklich abgelehnten Amnestie gleichkomme.
Vgl. auch BVerfG NJW 1995, 2706; BayObLG NJW 1996, 669.

240 BVerfG NJW 1997, 929, 931; BGHSt 39, 1 u. 183; 40, 218 u. 241; Amelung JuS 1993, 637, 641; Werle NJW 2001, 3001, 3003 ff.; a.A. Kuhlen/Gramminger JuS 1993, 32, 37; Dannecker Jura 1994, 585, 590 m.w.N.
Vgl. auch BVerfG NJW 1993, 2524; BGH NJW 1993, 1019 zur Strafbarkeit von Wahlfälschungen in der DDR.

241 BVerfGE 50, 177, 193; NJW 2011, 986 (Wohnmobilsteuer); Maurer § 17 Rdnr. 113.

2. Teil — Staatsformmerkmale und Staatszielbestimmungen

■ Das Vertrauen ist nicht schutzwürdig, wenn der Bürger schon im Zeitpunkt, auf den die Rückwirkung bezogen wird, mit der (Neu-)Regelung **rechnen musste**.[242]

■ Der Staatsbürger kann auf das geltende Recht dann nicht vertrauen, wenn es **unklar** und **verworren** ist.[243]

■ Bei einer unwirksamen Norm kann sich der Bürger i.d.R. nicht auf einen dadurch erzeugten Rechtsschein verlassen. Der Gesetzgeber kann daher eine **nichtige Vorschrift** rückwirkend durch eine rechtlich nicht zu beanstandende Norm ersetzen.[244]

■ Schließlich können **zwingende Gründe des gemeinen Wohls**, die dem Gebot der Rechtssicherheit übergeordnet sind, eine echte Rückwirkung rechtfertigen.[245]

Verfassungsrechtlich unbedenklich ist im Übrigen die echte Rückwirkung auch in Bagatellfällen.[246]

96   a) **Mit einer Regelung** zu **rechnen** braucht der Bürger grds. erst ab dem Zeitpunkt, in dem der Vermittlungsausschuss einen entsprechenden Vorschlag gemacht[247] oder der Bundestag ein Gesetz beschlossen hat. Ausreichend ist weder ein Regierungsentwurf noch eine Verweisung des Gesetzentwurfs durch den Bundestag an die Ausschüsse, erst recht nicht – wie vorliegend – eine bloße Ankündigung durch ein Ministerium.

„Ab der Beschlussfassung mussten die Betroffenen mit der Verkündung und dem In-Kraft-Treten rechnen. Es war ihnen daher zuzumuten, ihr Verhalten seither auf deren Inhalt einzurichten. Unter diesen Umständen durfte der Gesetzgeber den zeitlichen Anwendungsbereich der in Rede stehenden Regelung auch auf den Zeitraum vom Gesetzesbeschluss bis zur Verkündung – nicht jedoch für die Zeit vor dem Gesetzesbeschluss – erstrecken."[248]

Weiter das BVerfG[249] für nach der Ankündigung der Gesetzesänderung neu abgeschlossene Verträge: „Dem Steuerpflichtigen darf nach Ankündigung des Wegfalls einer für verfehlt erachteten Subvention (sog. **Ankündigungspflicht**) verwehrt werden, die Gestaltungskompetenz und den Gestaltungswillen des Gesetzgebers zu unterlaufen, wenn dieser die Steuervergünstigung für Verträge entfallen lassen will, die zwischen dem Bekanntwerden der beabsichtigten Gesetzesänderung und deren Beschluss durch den Gesetzgeber geschlossen worden sind".[250]

---

242 BVerfGE 13, 261, 272; Beschl. v. 20.07.2011 – 1 BvR 2624/05; BVerwG RÜ 2011, 593 (Filmförderungsabgabe).

243 BVerfGE 72, 200, 259; Beschl. v. 02.05.2012 – 2 BvL 5/10; VGH BW VBlBW 2005, 388 (§ 4 III BBodSchG).

244 BVerfGE 19, 187, 196.

245 BVerfGE 72, 200, 260; Beschl. v. 06.02.2013 – 2 BvR 2122/11 u.a. zur nachträglichen Sicherungsverwahrung gem. § 66 b StGB: „Nur bei konkreter hochgradiger Gefahr schwerster Gewalt- und Sexualstraftaten und psychischer Störung i.S.v. § 1 Abs. 1 Nr. 1 ThUG; RÜ 2013, 649, 652 (ThUG); vgl. auch BVerwG NVwZ 1992, 778, 779; Sachs Art. 20 Rdnr. 86; Jarass/Pieroth Art. 20 Rdnr. 51; Muckel JA 1994, 13; Brüning NJW 1998, 1526, 1528.

246 BVerfG DVBl. 1997, 420, 421; BVerfGE 88, 384, 404; 30, 367, 389.

247 BVerfG NJW 2013 Anm. Selmer JuS 2013, 477.

248 BVerfGE 30, 272, 287; 72, 200, 260; vgl. auch BVerfG NJW 1993, 2432; NVwZ 1992, 1182, 1183; BVerwG NVwZ 1992, 778, 779; Maurer § 17 Rdnr. 120; abweichend Fiedler NJW 1988, 1624, 1628 (u.U. auch früher, z.B. Kabinettsbeschluss über Gesetzesinitiative); für einen späteren Zeitpunkt Jekewitz NJW 1990, 3114 wegen der noch ausstehenden Mitwirkung des Bundesrats.

249 BVerfG DVBl. 1998, 465.

250 Zustimmend Maurer und Degenhart a.a.O.; Selmer JuS 1998, 1156, 1157; ablehnend Arndt/Schumacher NJW 1998, 1538, 1539.

b) **Unklar ist das Recht**, wenn es möglicherweise verfassungswidrig ist. Der- 97
artige Bedenken bestanden bzgl. der bisherigen Regelung jedoch nicht,
insbesondere verstieß die Möglichkeit steuerlicher Absetzung von Lebens-
versicherungsprämien nach dem EStG nicht gegen Art. 3 Abs. 1 GG oder das
Sozialstaatsprinzip. Denn die stärkere Begünstigung Höherverdienender ist
die Kehrseite davon, dass diese durch die Steuerprogression zunächst einmal stärker belastet werden. Praktisch wird also nur eine höhere Belastung
(teilweise) wieder rückgängig gemacht. Also war das geltende Recht weder
möglicherweise verfassungswidrig noch sonst unklar und verworren.

c) Ebenso liegt die **Ersetzung einer nichtigen Vorschrift** durch eine (gleich- 98
lautende oder ähnliche) gültige Vorschrift hier nicht vor.

d) Auch zwingende Gründe des **gemeinen Wohls** sind jedenfalls insoweit
nicht feststellbar, als es um das Jahr 2013 geht. Somit bleibt es beim grundsätzlichen Rückwirkungsverbot. §§ 15, 20 des Gesetzes sind wegen Verstoßes gegen das Rechtsstaatsprinzip verfassungswidrig, soweit sie sich auf
das Jahr 2013 beziehen.

*Beachte: Das Rückwirkungsverbot bezieht sich nur auf **Gesetzesänderun-*** 99
*gen**, nicht aber auf die richterliche **Gesetzesauslegung**. Es ergeben sich daher
keine Einschränkungen, wenn von den Gerichten z.B. eine bestimmte Rspr. aufgegeben wird, da eine Änderung der Rspr. stets damit begründet wird, die frühere Rspr. habe sich als rechtsirrig erwiesen und der Bürger könne nicht auf den
Fortbestand einer als unrichtig erwiesenen Rspr. vertrauen. **Ausnahmsweise**
kann Rechtsprechungsänderungen aber auch der Grundsatz des Vertrauensschutzes entgegenstehen.*[251]

Beispiel: Änderung der Rspr. zur absoluten Fahruntüchtigkeit von 1,3 auf 1,1 Promille:
Das Vertrauen der Kraftfahrer auf die zum Tatzeitpunkt noch praktizierte 1,3 Promil-
le-Grenze war nicht schutzwürdig, denn das strafrechtliche Unwerturteil – wonach Trun-
kenheit im Verkehr ein strafbares Vergehen ist – ist gleich geblieben. Geändert haben
sich lediglich die Erkenntnisgrundlagen der Gerichte. Darauf aber ist das Rückwirkungsverbot des Art. 103 Abs. 2 GG nicht anwendbar.[252]

D. Für die Zeit **ab 01.01.2014** könnte eine **unechte Rückwirkung** (tatbestandliche 100
Rückanknüpfung) vorliegen, soweit **bestehende Verträge** betroffen sind.

I. Die künftige steuerliche Behandlung zuvor abgeschlossener Lebensversicherungsverträge knüpft an Gegebenheiten aus der Zeit vor der Verkündung der Gesetzesänderung an, nämlich die im Vertragsschluss liegende Vermögensdisposi-
tion. Einschränkungen ergeben sich hier, wenn durch die Rechtsänderung eine
Rechtsposition nachträglich **entwertet** wird. Vorliegend hat sich der Entschluss,
einen aus damaliger Sicht steuerbegünstigten Lebensversicherungsvertrag abzu-
schließen, nachträglich als falsch herausgestellt. Die Rechtsposition des Bürgers
ist damit entwertet, da sich Steuervorteile nach der gesetzlichen Neuregelung
nicht mehr erzielen lassen.

---

251 BVerfGE 74, 129, 155 f.; BGH NJW 1996, 1469; 1993, 3147, 3149; Jarass/Pieroth Art. 20 Rdnr. 55 m.w.N.

252 BVerfG NJW 1990, 3140; BayObLG NJW 1990, 2833; Krahl NJW 1991, 808; zur nachträglichen Verfolgung von Straftaten
in der DDR s.o. Rdnr. 95.

2. Teil | Staatsformmerkmale und Staatszielbestimmungen

II. Eine solche „unechte Rückwirkung" (tatbestandliche Rückanknüpfung) ist nach h.M. zwar **grds. zulässig**. Jedoch kann der Gesichtspunkt des Vertrauensschutzes im Einzelfall der Regelungsbefugnis des Gesetzgebers Schranken setzen. Es hat also eine Abwägung zwischen dem Vertrauensschutz des Einzelnen und der Bedeutung des gesetzlichen Anliegens für das Wohl der Allgemeinheit zu erfolgen. Erst wenn diese **Abwägung** ein Überwiegen des Vertrauensinteresses ergibt, folgt daraus ein Verstoß gegen das Rechtsstaatsprinzip, der zur Verfassungswidrigkeit führt.[253] Besondere Anforderungen gelten dabei wegen der Nähe zur echten Rückwirkung bei rückwirkenden Änderungen des **Steuerrechts** für eine noch laufenden Veranlagungs- oder Erhebungszeitraum.[254] Im **Beamtenrecht** ist Art. 33 Abs. 5 GG zu beachten.[255]

1. Zum Fall: Enttäuscht ist das **Vertrauen** Höherverdienender darauf, dass sie durch Versicherungsbeiträge steuerliche Vorteile erlangen. Der Zweck des EStG ging ersichtlich aber nicht dahin, Steuervorteile um ihrer selbst willen zu gewähren, sondern die Schaffung einer Altersversorgung durch Lebensversicherungen zu erleichtern. Dieses Interesse ist bei Höherverdienenden von nicht so großem Gewicht, weil diese eher in der Lage sind, das nötige Kapital ohne staatliche Hilfen zu bilden.

BVerfG: „Der Bürger kann grundsätzlich nicht darauf vertrauen, dass der Gesetzgeber steuerliche Vergünstigungen, die er bisher mit Rücksicht auf bestimmte Tatsachen oder Umstände, etwa aus konjunkturpolitischen Erwägungen, gewährt hat, immer und uneingeschränkt auch für die Zukunft aufrechterhalten werde."[256]

2. Dem steht das Interesse des **Staates** gegenüber, weniger dringende Subventionen abzubauen.[257] Dieses Interesse ist erheblich, da zur Vermeidung einer weiteren Staatsverschuldung die zur Verfügung stehenden Finanzmittel begrenzt und Einsparungen unvermeidbar sind. Es lässt sich somit nicht feststellen, dass die Personengruppe, zu der A gehört, in einem überwiegenden Vertrauensinteresse betroffen ist. Vielmehr ist ihnen der Wegfall der steuerlichen Vergünstigungen zuzumuten. Somit verstößt die gesetzliche Neuregelung nicht gegen das Rechtsstaatsprinzip, soweit sie laufende Lebensversicherungsverträge ab 2014 betrifft.

III. Sieht man mit der neueren Auffassung die tatbestandliche Rückanknüpfung nicht als Rückwirkungsproblem i.S.d. Art. 20 Abs. 3 GG, ist Anknüpfungspunkt die Vereinbarkeit mit **Grundrechten**.

101   1. Hier kommt ein Verstoß gegen die **Eigentumsgarantie** des Art. 14 Abs. 1 GG in Betracht. Bei steuerlichen Vergünstigungen handelt es sich jedoch um eine öffentlich-rechtliche Leistung, die nur eingeschränkt vom Eigentumsschutz er-

---

253 Vgl. BVerfG RÜ 2011, 383, 387 f. (Sicherungsverwahrung); DVBl. 1993, 831; BFH NJW 1992, 2654, 2655; BSG NJW 1987, 463; OVG NRW DVBl. 2005, 518 (Studiengebühren); Jarass/Pieroth Art. 20 Rdnr. 52; Sachs Art. 20 Rdnr. 87; Z. S. 40 FN 275 ff.; Maurer § 17 Rdnr. 122 ff.; kritisch Pieroth JZ 1990, 279, 284.

254 BVerfG NJW 2013, 145 Anm. Selmer JuS 2013, 145.

255 BVerfG JA 2012, 714 Anm. Muckel.

256 Vgl. BVerfGE 48, 403, 416.

257 BFH NJW 2003, 382 f.: „Dies gilt insbesondere, wenn aufgrund veränderter Verhältnisse ein ursprünglich mit der Steuervergünstigung verfolgter Zweck wegfällt oder ein seit dem In-Kraft-Treten des Gesetzes eingetretener Missstand aus Gründen der verfassungsrechtlich gebotenen steuerlichen Belastungsgleichheit (Art. 3 Abs. 1 GG) beseitigt werden soll".

fasst wird. Denn öffentlich-rechtliche Positionen fallen nur dann unter Art. 14 Abs. 1 GG, wenn sie mit dem privatrechtlichen Eigentum vergleichbar, also **eigentumsähnlich** sind. Das ist der Fall, wenn sie auf nicht unerheblichen Eigenleistungen beruhen, also überwiegend Äquivalent eigener Leistungen sind. Keinen Eigentumsschutz genießen solche Positionen, die vorwiegend auf staatlicher Gewährung beruhen (insbesondere Subventionen).[258]

Die steuerliche Absetzbarkeit setzt zwar die Zahlung von Versicherungsbeiträgen voraus, ist aber nicht deren Gegenleistung. Vielmehr beruhen steuerliche Vergünstigungen ausschließlich auf staatlicher Gewährung. Ihr Entzug stellt daher keinen Eingriff in Art. 14 Abs. 1 GG dar.

Vgl. BVerfG[259] zum Entzug der Wohnungsbauprämie: „Sie stellt ersichtlich kein Äquivalent für eine eigene Leistung des Einzelnen dar; sie wird vielmehr lediglich aus sozial- und wirtschaftspolitischen Gründen gewährt. Dass sie – notwendigerweise – im Zusammenhang mit eigenen Leistungen des Bausparers im Rahmen eines Bausparvertrages steht, ändert hieran nichts. Auch die Festlegung von Bausparleistungen zu einem niedrigen Zinssatz über mehrere Jahre hinweg kann nicht als Leistung im vorstehenden Sinne angesehen werden."

2. Denkbar ist daher allenfalls ein Eingriff in Art. 2 Abs. 1 GG. Dieses Grundrecht schützt grds. auch vor der Auferlegung von Steuern, sofern nicht ein unmittelbarer Bezug zu Schutzgütern von Art. 14 GG besteht (z.B. Erbschaftsteuer).[260]

Da der Entzug der steuerlichen Absetzbarkeit eine mittelbare Steuerbelastung darstellt, wird die allgemeine Handlungsfreiheit beeinträchtigt. Der Eingriff ist jedoch im Rahmen der „verfassungsmäßigen Ordnung" insbesondere rechtmäßig, wenn er verhältnismäßig ist. Hierbei sind die allgemeinen rechtsstaatlichen Grundsätze zu berücksichten. Aufgrund der oben vorgenommenen Abwägung stellt der Entzug der steuerlichen Vergünstigung ab 2014 eine verhältnismäßige Einschränkung des Art. 2 Abs. 1 GG dar und ist deshalb verfassungsgemäß.

Beachte: *Auch wenn eine Abänderung unter Vertrauensschutzgesichtspunkten* **102** *zulässig ist, kann der Verhältnismäßigkeitsgrundsatz **Übergangsregeln** erforderlich machen, um die Nachteile für die Betroffenen in Grenzen zu halten.[261]*

Ob und in welchem Umfang Übergangsregelungen notwendig sind, ist aufgrund einer Abwägung des gesetzlichen Zwecks mit der Beeinträchtigung des Betroffenen festzustellen. Je gewichtiger die Beeinträchtigung ist, desto eher ist eine Übergangsregelung erforderlich. Allerdings steht dem Gesetzgeber hierbei ein erheblicher Spielraum zur Verfügung.[262]

---

258 BVerfGE 18, 392, 397; 53, 257, 289; 69, 272, 300; 72, 175, 195; BVerfG NJW 1988, 2529, 2533; DVBl. 1993, 831.

259 BVerfGE 48, 403, 413.

260 BVerfGE 48, 102, 114; BVerfG DVBl. 1998, 465, 467; BVerfG, Beschl. v. 25.07.2007 – 1 BvR 1031/07 (Besteuerung von Biokraftstoffen); Beschl. v. 31.03.2006 – 1 BvR 1750/01 (Studiengebühren für Langzeitstudierende); Hess VGH NVwZ 2006, 1314 (Zweitstudiengebühr); OVG NRW, Urt. v. 09.10.2007 – 15 A 1596/07; Jarass/Pieroth Art. 2 Rdnr. 22; a.A. Sachs/Wendt Art. 14 Rdnr. 38 u. 143 m.w.N.: Art. 14 GG als Maßstab für Steuern.

261 Maurer § 17 Rdnr. 124; BVerfG NJW 1988, 2529, 2534; BVerfGE 67, 1, 15; 43, 242, 288: „Der Gesetzgeber muss bei der Aufhebung oder Modifizierung geschützter Rechtspositionen – auch dann, wenn der Eingriff an sich verfassungsrechtlich zulässig ist – aufgrund des rechtsstaatlichen Grundsatzes der Verhältnismäßigkeit eine angemessene Übergangsregelung treffen".

262 Jarass/Pieroth Art. 20 Rdnr. 54.

E. Keine Bedenken bestehen, soweit es um Lebensversicherungsverträge geht, die erst **nach dem 01.01.2014 abgeschlossen** werden. Gegenüber gesetzlichen Änderungen, die für künftige Tatbestände gelten, wird grds. kein Vertrauensschutz gewährt.[263]

Etwas anderes gilt nur dann, wenn der Gesetzgeber einen besonderen Vertrauenstatbestand begründet hat.[264] Nach dem BVerfG[265] kann der Vertrauensschutz für neue Verträge bereits ab Ankündigung einer beabsichtigten Gesetzesänderung entfallen (s.o.).

Ergebnis: § 20 des Gesetzes über den Abbau von steuerlichen Subventionen ist verfassungswidrig, soweit es den Veranlagungszeitraum 1998 betrifft. Im Übrigen ist das Gesetz verfassungsgemäß.

103

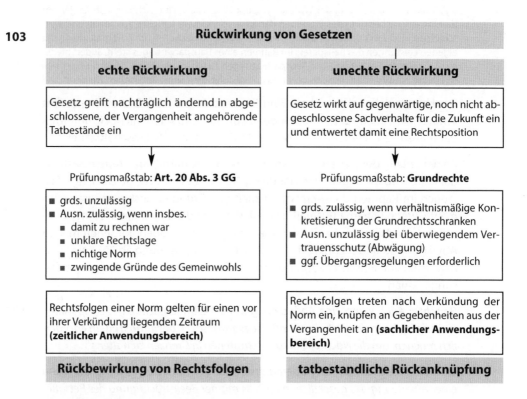

Hinweis für Klausuren und Hausarbeiten:
Bei **Klausuren** mit Rückwirkungsproblemen sollte ohne nähere Begründung ausschließlich das Begriffspaar „echte/unechte Rückwirkung" geprüft werden, ohne auf die neue Begrifflichkeit des zweiten Senats einzugehen.

Bei **Hausarbeiten** gilt grds. das Gleiche. Allerdings sollte man in einer Fußnote kurz auf die Begrifflichkeit des zweiten Senats eingehen und darauf verweisen, dass beide „Meinungen" i.d.R. zu gleichen Ergebnissen gelangen (Zitate s.o. Rdnr. 92 ff.).

---

263 BVerfGE 38, 61, 83; 68, 193, 222.
264 Sachs Art. 20 Rdnr. 87 m.w.N.
265 DVBl. 1998, 465.

IV. Kein unzulässiges oder verdecktes Einzelfallgesetz

Fallbearbeitung bei Degenhart/K Fall 16.

1. Gesetze im Sinne dieses Grundgesetzes sind auch die in Gesetzesform erlassenen Regelungen, die konkrete Maßnahmen treffen, also nur für einen Einzelfall gelten. Zu nennen sind in diesem Zusammenhang etwa das Energieeinsparungsgesetz, das Gesetz zur Bekämpfung der Arbeitslosigkeit, die Legalenteignung, die Planfeststellung durch Gesetz **(Plangesetz)**, das jährliche Haushaltsgesetz von Bund und Ländern, Gesetze zur Errichtung von Bundesbehörden i.S.v. Art. 87 Abs. 3 S. 1 GG oder Landesgesetze zur Errichtung juristischer Personen des öffentlichen Rechts (sog. **Organisationsgesetze**).[266]

104

Einzelfall- oder Maßnahmegesetze sind nicht grds. unzulässig, jedoch können bei einem solchen Gesetz folgende Vorschriften des Grundgesetzes leicht verletzt sein:

- **Art. 3 Abs. 1 GG**

- **Gewaltenteilungsgrundsatz**

   Einzelfälle werden grds. von der Exekutive durch Verwaltungsakt oder Allgemeinverfügung geregelt. Da jedoch Einzelfallregelungen durch die Legislative bisher die Ausnahme geblieben sind, ist der Kernbereich[267] der Exekutive insofern nicht verletzt.

- **Art. 19 Abs. 4 S. 1 GG:** „Keine Rechtsschutzerschwerung durch Formmissbrauch"

   Wegen des erheblich erschwerten Rechtsschutzes gegen Gesetze (nur Feststellungsklage, Verfassungsbeschwerde, ergänzt durch vorläufigen Rechtsschutz gemäß § 32 BVerfGG) im Vergleich zu Verwaltungsakten (Widerspruch- und Anfechtungsklage mit grds. aufschiebender Wirkung), sind Einzelfallgesetze nur aus zwingenden öffentlichen Interessen, insbesondere bei großer Eilbedürftigkeit, zulässig.

- **Art. 19 Abs. 1 S. 1 GG:** Verbot des Grundrechtseingriffs durch Einzelfallgesetz[268]

   Auch diese Norm ist bei Einzelfallgesetzen mit Grundrechtsbezug regelmäßig nicht verletzt, weil sie überwiegend nur auf Grundrechte unter Schrankenvorbehalt bezogen wird oder nur bei final unmittelbaren Beeinträchtigungen gelten soll.[269]

2. Generell gilt: „Die Anforderung, dass das Gesetz allgemein zu sein hat, ist erfüllt, wenn sich wegen der abstrakten Fassung des gesetzlichen Tatbestandes nicht absehen lässt, auf wie viele und welche Fälle das Gesetz Anwendung findet. Das schließt die Regelung eines Einzellfalls nicht aus, wenn der Sachverhalt so beschaffen ist, dass es nur einen Fall dieser Art gibt und die Regelung dieses singulären Sachverhalts von sachlichen Gründen getragen wird."[270]

E. Anforderungen des Rechtsstaatsprinzips an die vollziehende Gewalt (Exekutive)

„Vollziehende Gewalt" i.S.v. Art. 20 Abs. 3, 2. Fall GG ist jede Tätigkeit des Staates oder eines sonstigen Trägers öffentlicher Gewalt außerhalb von Gesetzgebung und Rspr.

105

---

266 Zur eingeschränkten Geltung des Rückwirkungsverbots vgl. Maurer § 8 Rdnr. 51.

267 S. dazu oben Rdnr. 84.

268 Dazu zuletzt BVerfG RÜ 2013, 649 (ThUG); Grundfälle bei Krausnick JuS 2007, 991.

269 Vgl. im Einzelnen AS-Skript Grundrechte (2012); zum Ganzen BVerfGE 10, 234, 244; 13, 225; 25, 371, 398; NJW 1997, 383; NVwZ 1998, 1060; Kunig Jura 1993, 308; Jarass/Pieroth Art. 19 GG Rdnr. 1; Berg Rdnr. 471 f.; Maurer § 17 Rdnr. 11; Degenhart Rdnr. 127 f., 275; Gröpl Rdnr. 1360 f.; anders M/M Rdnr. 442.

270 BVerfG RÜ 2013, 649, 654.

| 2. Teil | Staatsformmerkmale und Staatszielbestimmungen |

(sog. Negativdefinition der Exekutive).[271] Dabei wird teilweise noch unterschieden zwischen Regierung („Gubernative") und Verwaltung i.e.S. („Administration").[272]

I. Bindung an „Gesetz und Recht"[273] bezieht sich auf

106   ■ das **Grundgesetz**, insbesondere die Grundrechte wegen Art. 1 Abs. 3 GG,

Einfach-rechtliche Normen (z.B. § 15 Abs. 3 VersG) müssen ggf. **verfassungskonform** (z.B. „im Lichte des Art. 8 Abs. 1 GG") **ausgelegt** werden.[274]

■ alle sonstigen **einfachrechtlichen Normen** des Bundes- und Landesrechts, **Gewohnheitsrecht**[275] **und Richterrecht** (§ 31 BVerfGG),

■ **Völkerrecht** (z.B. EMRK),[276]

■ **Unionsrecht** (Anwendungsvorrang wegen Art. 23 Abs. 1 S. 2 GG bzw. Art. 4 Abs. 3 EUV-Lissabon, Art. 288 Abs. 2–4 AEUV – Sa. I Nr. 1001).[277]

II. Grundsatz der Gesetzmäßigkeit der Verwaltung

107   Der Grundsatz umfasst Vorrang und Vorbehalt des Gesetzes.[278]

1. Vorrang des Gesetzes („kein Handeln gegen das Gesetz")

108   Dieser Grundsatz verpflichtet die Verwaltung, bei jeder Handlung die jeweils einschlägigen gesetzlichen Normen anzuwenden und nicht davon abzuweichen.[279]

Dies wird besonders deutlich bei dem Erlass von Verwaltungsakten, gestützt auf eine Rechtsverordnung oder Satzung („materielle Gesetze der Exekutive"). In diesen Fällen ist nämlich der

VA nur dann materiell **rechtmäßig**,

■ wenn die **Verordnungs- bzw. Satzungsermächtigung rechtmäßig** ist und

■ wenn die **Verordnung bzw. Satzung selber rechtmäßig** ist

(sog. **dreistufiger Prüfungsaufbau** bei VA, gestützt auf ordnungsbehördliche Verordnungen oder Satzungen).[280]

---

271 Degenhart Rdnr. 267.
272 Hesse Rdnr. 531 ff.; Gröpl Rdnr. 1363 ff.
273 Vgl. dazu m.w.N. Jarass/Pieroth Art. 20 Rdnr. 38; M I Rdnr. 342 FN 18; Maurer § 8 Rdnr. 16; Sodan/Leisner Art. 20 GG Rdnr. 44; Pieroth Jura 2013, 248.
274 Vgl. auch BVerfG RÜ 2011, 650 (Euro-Rettungsschirm) zu § 1 Abs. 4 ESMG.
275 Zu Entstehung und Abänderbarkeit vgl. Kubs/Becker JuS 2013, 97.
276 Degenhart Rdnr. 252 ff.; BVerfG RÜ 2011, 383, 385 (Sicherungsverwahrung).
277 Vgl. Gröple Rdnr. 875 ff.; Degenhart Rdnr. 244 ff.; AS-Skript Europarecht (2013) Rdnr. 433 ff.; Jarass/Pieroth Art. 23 GG Rdnr. 18; Maurer § 17 Rdnr. 19; Ipsen Rdnr. 53.
278 Hölscheidt JA 2001, 409.
279 Gröpl Rdnr. 469.
280 Vgl. zum Ganzen AS-Skript POR NRW (2013); M/M Rdnr. 441; Gröpl Rdnr. 1336 ff., 1359; Detterbeck Jura 2002, 235 f.; Gusy JA 2002, 610 f. FN 3; Maurer § 8 Rdnr. 18; § 17 Rdnr. 17 ff.; Berg Rdnr. 146; zum Erlass von Rechtsverordnungen vgl. noch unten Rdnr. 348 ff.

2. Vorbehalt des Gesetzes („kein Handeln ohne Gesetz")

Fallbearbeitung bei Degenhart/K II Fall 10.

a) Überblick

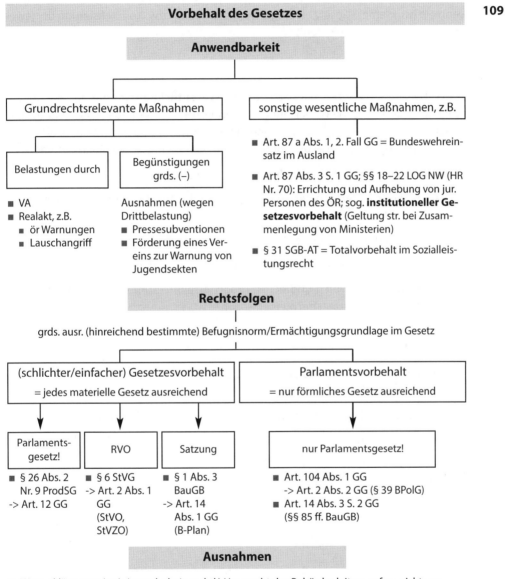

b) Ableitung

110 Dieser Grundsatz wird abgeleitet aus dem Rechtsstaatsprinzip, aus dem Demokratie-prinzip sowie aus dem möglicherweise betroffenen Grundrecht.[281]

Bei jedem Grundrecht ist der Eingriff in den Schutzbereich bereits dann rechtswidrig, wenn ein (wirksames) Gesetz als Eingriffsermächtigung bzw. Konkretisierung der jeweiligen Grundrechtsschranke fehlt.[282]

c) Anwendbarkeit

111 Der Vorbehalt des Gesetzes gilt nach der sog. **Wesentlichkeitstheorie** für alle Angelegenheiten, die für die Verwirklichung der Grundrechte von Bedeutung sind (grundrechtsrelevante, insbes. belastende Maßnahmen) sowie für Angelegenheiten, die erhebliche Auswirkungen für die Allgemeinheit haben oder kontroverse Fragen betreffen.[283]

- **Grundrechtsrelevante Maßnahmen** sind insbesondere

  - alle Eingriffe in den Schutzbereich eines Grundrechts durch Realakte oder Rechtsakte (VA, Urteil),[284]

  - Besoldung und Versorgung von Beamten (wegen Art. 33 Abs. 5 GG),[285]

  - Regelung grundrechtlicher Gemengelagen, insbesondere im Schulrecht,[286]

  - Beeinträchtigung von grundrechtsbezogenen Einrichtungsgarantien bzw. von Bereichen, die grds. staatsfrei bleiben sollen.[287]

- **Sonstige wesentliche Maßnahmen** (die weder belastend noch grundrechtsrelevant sind):

  - Übertragung von Hoheitsrechten, z.B. gemäß Art. 23 Abs. 1 S. 1 GG oder gemäß Art. 24 Abs. 1 GG,

  - Abschluss von Staatsverträgen i.S.v. Art. 59 Abs. 2 S. 1, 1. Fall GG,

  - bewaffneter Einsatz der Bundeswehr im Ausland gemäß Art. 87 a Abs. 1 i.V.m. 24 Abs. 2 GG (sog. wehrverfassungsrechtlicher Parlamentsvorbehalt)[288]

  - Einrichtung neuer Bundesbehörden bzw. neuer Anstalten und Körperschaften des öffentlichen Rechts auf der Ebene von Bund, Ländern und Gemeinden (z.B. gemäß

---

281 Zu den teilweise str. Einzelheiten vgl. M/M Rdnr. 212; Voßkuhle JuS 2007, 118; Maurer § 8 Rdnr. 20; Detterbeck Jura 2002, 235 f.; BVerfGE 49, 89, 126; 78, 179, 197.

282 Degenhart Rdnr. 289.

283 BVerfGE 49, 89, 126 – Kalkar – Anm. Beaucamp JA 2002, 854; 77, 170, 230; 78, 179, 197; Maurer § 8 Rdnr. 21, 22; Detterbeck Jura 2002, 235, 236 f.; Berg Rdnr. 147; krit. Gusy JA 2002, 610, 614 f.; zahlreiche Beispielsfälle bei Wehr JuS 1997, 231, 419; vgl. auch AS-Skript VerwR AT 1 (2013).

284 Degenhart Rdnr. 290 ff.; BVerfG NJW 2006, 2093 (Jugendstrafvollzug); Beschl. v. 20.02.2013 – 2 BvR 228/12 (Zwangsbehandlung).

285 BVerwG NWVBl. 2005, 21: Gesetzesvorbehalt aus Art. 33 Abs. 5 GG.

286 Vgl. BVerfGE 47, 46 (Sexualkundeunterricht); 89, 218 (keine Geltung des Gesetzesvorbehalts für die Einführung der Rechtschreibreform); ähnlich OVG NRW NJW 1998, 1243 und Menzel NJW 1998, 1177 sowie Degenhart Rdnr. 304 ff.; a.A. etwa OVG Niedersachsen in NJW 1997, 3456 und OVG Sachsen SächsVBl. 1997, 298.

287 Vgl. OVG Berlin DVBl. 1975, 905 (Pressesubventionen); BVerwG DVBl. 1992, 1038 (Förderung eines Sektenwarnvereins).

288 Vgl. Degenhart Rdnr. 32 ff.; BVerfGE 90, 286; Axer ZRP 2007, 82; Voß ZRP 2007, 78; zu weiteren Einzelheiten noch unten beim „Bundeswehreinsatz", Rdnr. 391 ff.

Art. 87 Abs. 3 S. 1 GG; §§ 18, 21 LandesorganisationsG NRW; § 114 a GemeindeO NRW); sog. **institutioneller Gesetzesvorbehalt**,

- sonstige grundlegende organisatorische Entscheidungen der Exekutive, sofern die Rechtsstellung des Bürgers betroffen wird oder bei Änderung von Verwaltungseinrichtungen mit hoheitlichen Entscheidungsbefugnissen.

  Nach umstr. Auffassung des VerfGH NRW ist die **Zusammenlegung des Innen- und des Justizministeriums** deshalb wesentlich, weil diese Frage kontrovers diskutiert worden ist und weil dadurch der Grundsatz der Gewaltenteilung, die Unabhängigkeit der Gerichte und die Rechtsschutzgarantie berührt seien.[289]

  Diese Entscheidung wird von der Lit. überwiegend abgelehnt, weil sie Organisationsgewalt der Regierung bzw. den Verwaltungsvorbehalt zugunsten der Exekutive unzulässig einschränke und der Grundsatz der Gewaltenteilung, die Unabhängigkeit der Gerichte und die Rechtsschutzgarantie nicht angetastet seien.[290]

d) Rechtsfolgen bei Anwendbarkeit des Prinzips vom Vorbehalt des Gesetzes:

Die Maßnahme der Exekutive bedarf grds. einer **hinreichend bestimmten**[291] **Befugnisnorm oder Ermächtigungsgrundlage** in einem materiellen Gesetz (grds. nicht ausreichend sind Zuständigkeitsnormen bzw. Aufgabenzuweisungen).[292]   112

- **Verschärfte Anforderungen** ergeben sich bei ganz wesentlichen Eingriffen (sog. **Parlamentsvorbehalt**).[293]

  Dies wird insbesondere bejaht bei Eingriffen in besonders hochwertige Grundrechte, wie z.B. Art. 2 Abs. 2 S. 2 GG; vgl. insofern den ausdrücklichen Parlamentsvorbehalt in Art. 104 Abs. 1 S. 1 GG („nur aufgrund eines **förmlichen** Gesetzes").

- **Verminderte Anforderungen** gelten in den folgenden (überwiegend streitig diskutierten) Fällen:

  - Staatliche **Informationstätigkeit**, insbesondere **Warnerklärungen** vor schädlichen Lebensmitteln oder unseriösen Jugendsekten; hier sollen nach der Rspr. auch Zuständigkeitsnormen, wie z.B. Art. 65 S. 2 GG i.V.m. grundrechtlichen Schutzpflichten und der Gemeinwohlverpflichtung von Ministern entspr. Art. 64 Abs. 2 i.V.m. Art. 56 GG, ausreichend sein, weil die jeweiligen Grundrechtsbeeinträchtigungen nicht final unmittelbar erfolgten, sondern faktisch mittelbar;[294]

  - **informales Verwaltungshandeln**;[295]

  - Ausübung des **Hausrechts** in **gesetzlich nicht geregelten** Fällen kraft Gewohnheitsrecht bzw. Organisationsgewalt des Behördenleiters;

---

289 Vgl. VerfGH NRW NJW 1999, 1243.

290 Vgl. Brinktrine Jura 2000 S. 128; Sachs JuS 1999, 1122; Erbguth NWVBl. 1999, 365; Isensee JZ 1999, 1113; Böckenförde NJW 1999, 1235.

291 Wehr JuS 1997, 419, 423; Detterbeck a.a.O. S. 238.

292 Zu den – zwischen Lit. und Rechtsprechung – streitigen Einzelheiten vgl. Sachs-Kokott Art. 4 Rdnr. 100 ff.; Schoch DVBl. 1991, 667; Lege DVBl. 1999, 569; Gusy NJW 2000, 980 f.

293 Vgl. M/M Rdnr. 213, 422; Maurer § 8 Rdnr. 21; Detterbeck a.a.O. S. 237; M I Rdnr. 352 f.; Gusy a.a.O. S. 615 f.

294 BVerfGE 105, 252, 273 – Glykol –; 105, 279, 303 ff.; Detterbeck a.a.O. S. 240; Ruge ThürVBl. 2003, 49; Degenhart Rdnr. 294 ff.

295 Vgl. dazu ausführlich Bethge Jura 2003, 327.

Ausdrücklich geregelt ist das Hausrecht z.B. des Bundestagspräsidenten in Art. 40 Abs. 2 S. 1 GG, des Gerichtes in § 176 GVG, des Bürgermeisters in Ratssitzungen in § 50 Abs. 1 GemeindeO NRW, des Anstaltsleiters von öffentlichen Einrichtungen der Gemeinde in § 8 Abs. 2 GemeindeO NRW.

- Ausschluss eines Anwaltes durch das Gericht wegen Verstoßes gegen das **kommunalrechtliche Vertretungsverbot** analog § 67 Abs. 3 S. 31 VwGO, z.B. i.V.m. §§ 43 Abs. 2, 31 Abs. 1 S. 2 GemeindeO NRW;[296]

- **Leistungsverwaltung**, insbesondere Gewährung von **Subventionen**;

  Hier reicht nach h.M. grundsätzlich aus, dass die Frage des „Ob" in einem Haushaltsgesetz (Gesetz im nur formellen Sinne) oder in der Haushaltssatzung geregelt ist, während die Frage des „Wie", also die Modalitäten der Gewährung der Subvention, auch in Verwaltungsvorschriften, z.B. Ermessensrichtlinien, geregelt werden könnten.[297] Etwas anderes soll gelten bei der Subventionierung der Jugendorganisationen der politischen Parteien.[298]

- für **Übergangszeit** bei drohendem Rechtsvakuum, d.h. zur Vermeidung einer sonst eintretenden Funktionsunfähigkeit staatlicher Einrichtungen, die der verfassungsmäßigen Ordnung noch ferner stünde als der bisherige Zustand (sog. **Chaosgedanke**).

  Allerdings dürfen während der Übergangszeit Maßnahmen nur insoweit getroffen werden, als dies für die Sicherung der Verwaltung unerlässlich ist. Im Hinblick auf den Grundsatz der Verhältnismäßigkeit ist stets zu prüfen, ob sich die Funktionsfähigkeit nicht durch schonendere Maßnahmen sicherstellen lässt.[299]

  Beispiele: Erhebung personenbezogener Daten durch die Polizei ohne bereichsspezifische Ermächtigungsgrundlage bis zum Erlass entsprechender landesrechtlicher Regelungen.[300]

  Postkontrolle bei Strafgefangenen (Art. 10 GG) bis zum Erlass des Strafvollzugsgesetzes.[301]

3. Abgrenzung zum Verwaltungsvorbehalt

113 Aus Gründen der Gewaltenteilung ist das Prinzip vom Vorbehalt des Gesetzes im Einzelfall abzugrenzen vom **Verwaltungsvorbehalt** bzw. von der **Organisationsgewalt** von Bundes- und Landesministern, also dem Bereich, den die Exekutive völlig eigenverantwortlich ohne Beteiligung des Parlaments bzw. der Legislative regeln kann.[302]

---

296 Vgl. BVerfG NJW 1988, 694; BayVerfGH NJW 1980, 1870; OVG NRW NJW 1975, 2086; Kopp/Schenke § 67 VwGO Rdnr. 18; a.A. Schoch JuS 1989, 531; Ehlers NVwZ 1990, 44, 49.

297 BVerwG DVBl. 1978, 212; M/M Rdnr. 214; Degenhart Rdnr. 300; Detterbeck a.a.O. S. 238 f.; a.A. Maurer § 8 Rdnr. 22; Oldiges NJW 1984, 1927, 1929.

298 OVG BB RÜ 2012, 798.

299 Vgl. BVerfG NJW 2006, 2093, 2097 f.; NJW 1992, 1875; BVerwG DVBl. 1996, 570; OVG NRW DVBl. 1993, 1321, 1323; Hess-VGH NVwZ-RR 1996, 654.

300 BVerfGE 65, 1 f. – Volkszählungsurteil.

301 BVerfGE 33, 1, 13 – Strafgefangenenurteil; seit dieser Entscheidung gilt unstreitig der Vorbehalt des Gesetzes auch im besonderen Gewaltverhältnis, heute bezeichnet als Sonderstatus – oder verwaltungsrechtliches Sonderrechtsverhältnis.
  Zu weiteren Nachweisen und Beispielen vgl. Degenhart Rdnr. 310 f.; Detterbeck a.a.O. S. 239 ff.

302 Vgl. dazu i.E. BVerfGE 49, 89, 125 – Kalkar; Maurer § 18 Rdnr. 25 f.; § 14 Rdnr. 33; Jarass/Pieroth Art. 86 Rdnr. 2; Degenhart Rdnr. 34 f.; Dreier II/Hermes Art. 65 GG Rdnr. 16; Dreier II/Schulze/Fietz Art. 20 GG (Rechtsstaat) Rdnr. 112, 113 (dort auch zur häufig schwierigen Grenzziehung zu den staatsorganisationsrechtlichen oder institutionellen Gesetzesvorbehalten); Jarass/Pieroth Art. 20 GG Rdnr. 2, 35 a; Brinktrine Jura 2000, 128; Schoch S. 327, 336 f. („Gewaltenteilende Kompetenzordnung").

Wohl nicht mehr von der Organisationsgewalt der Bundesregierung gedeckt ist die Einrichtung des **Nationalen Ethikrates** ohne Beteiligung und Information des Bundestags.[303]

F. Exkurs: Funktions- bzw. Staatsvorbehalt und Privatisierung von staatlichen Aufgaben

Fallbearbeitung bei Singer JuS 2007, 1111 (Hausarbeit).

Abzugrenzen von Parlaments- und Verwaltungsvorbehalt ist der sog. **Funktions- oder Staatsvorbehalt aus Art. 33 Abs. 4 GG**, der allerdings keinen direkten Bezug zum Rechtsstaatsprinzip aufweist. Art. 33 Abs. 4 GG ist soweit ersichtlich derzeit nicht sehr ausbildungsrelevant, aber von großer praktischer Bedeutung für die **Privatisierung** öffentlicher Unternehmen bzw. von Tätigkeiten die bisher von Staatsbeamten vorgenommen wurden.[304]   **114**

G. Anforderungen des Rechtsstaatsprinzips an die Rechtsprechung (Judikative)

„Rechtsprechung" wird durch das BVerfG, durch die im GG vorgesehenen Bundesgerichte (Art. 95 f. GG) sowie die Gerichte der Länder ausgeübt und ist ausschließlich Richtern anvertraut.[305]   **115**

I. Gemäß Art. 20 Abs. 3, 3. Fall GG ist auch die Rechtsprechung an **Gesetz und Recht** gebunden wie die Exekutive.[306]

II. Weitere Ausprägungen einer rechtsstaatlichen Rechtsprechung ergeben sich aus Art. 19 Abs. 4 (Rechtsschutzgarantie gegen Maßnahmen der öffentlichen Gewalt), Art. 92 GG (Richtervorbehalt),[307] Art. 97 GG (sachliche und persönliche Unabhängigkeit der Richter),[308] Art. 101–104 GG (Justizgrundrechte).[309]

III. Aus Art. 20 Abs. 3 i.V.m. Art. 2 Abs. 1 GG ergibt sich das **Gebot des fairen Verfahrens**[310] und die **Rechtschutzgarantie im Privatrecht**.[311]

H. Anforderungen des Rechtsstaatsprinzips an alle drei Gewalten

Rechtssicherheit bedeutet, dass hoheitliche Maßnahmen aller **drei Gewalten** möglichst messbar voraussehbar sind und dass ein schutzwürdiges Vertrauen in ihre Beständigkeit nicht oder nicht ohne zwingenden Grund enttäuscht werden darf.   **116**

---

303 M. Schröder NJW 2001, 2144 m.w.N.

304 Vertiefend zum Funktionsvorbehalt und zur Privatisierung staatlichen Aufgaben vgl. Schoch Jura 2008, 672; Maurer § 5 Rdnr. 37 (zur Weigerung des BPräs, ein Gesetz wegen Verstoßes gegen Art. 33 Abs. 4 GG auszufertigen); Jarass/Pieroth Art. 33 GG Rdnr. 9, 10; BVerwG NVwZ 2006, 829 Anm. Amadeus JA 2006, 749; (Abfallbeseitigung); OVG LSA DVBl. 2011, 583; BVerfG RÜ 2012, 178 (Maßregelvollzug); Gunther DÖV 2012, 678.

305 Vgl. Art. 92 GG und Degenhart Rdnr. 268 ff.; Gröpl Rdnr. 1581 ff.

306 Vgl. dazu oben Rdnr. 106 und vgl. Jarass/Pieroth Art. 20 GG Rdnr. 25 f., 28; Dreier II/Schulze-Fielitz Art. 20 GG (Rechtsstaat) Rdnr. 83 f., 166, 197 f.
Zur Bindung der Judikative an die EMRK und die Rechtsprechung des EGMR vgl. BVerfG RÜ 11, 383, 385.

307 M/M Rdnr. 517 ff. FN 2 ff.

308 BVerfG JuS 2007, 378 Anm. Sachs.; Gröpl Rdnr. 1588 ff.

309 Ipsen § 16; Maurer § 8 Rdnr. 23 ff., 37 ff.; AS-Skript Grundrechte (2012).

310 Degenhart Rdnr. 447 ff.; Gröpl Rdnr. 1598.

311 Vgl. dazu ausführlich AS-Skript Grundrechte (2012).

| 2. Teil | Staatsformmerkmale und Staatszielbestimmungen |

- Ausprägung ist zunächst der oben bereits ausführlich dargestellte **Bestimmtheitsgrundsatz**, der nicht nur für den parlamentarischen Gesetzgeber gilt, sondern auch für die Verwaltung als Ordnungs- oder Satzungsgeber bzw. als Behörde beim Erlass von Verwaltungsakten (vgl. § 37 Abs. 1 VwVfG). Zu beachten ist, dass Art. 80 Abs. 1 S. 2 sowie Art. 103 Abs. 2 GG insoweit als lex specialis das Rechtsstaatsprinzip verdrängen.[312]

- Auch das **Verbot der unzulässigen Rückwirkung** gilt nicht nur für den parlamentarischen Gesetzgeber, sondern auch für die Verwaltung beim Erlass von Rechtsverordnungen, Satzungen oder für die Gerichte, z.B. durch Verhängung der **nachträglichen Sicherungsverwahrung**[313] oder durch Anordnung der **Unterbringung nach dem ThUG**.[314]

  Auch hier ist auf Art. 103 Abs. 2 GG als lex specialis zu Art. 20 Abs. 3 GG hinzuweisen.

- Aus dem Gebot der Rechtssicherheit folgt weiterhin, dass rechtskräftige gerichtliche Entscheidungen sowie bestandskräftige Verwaltungsakte grds. **Rechtsbeständigkeit** haben müssen.[315]

  Bei Urteilen von Gerichten können jedoch das Prinzip der Rechtssicherheit und das **Prinzip der materiellen Gerechtigkeit** widerstreiten, d.h. dass gerichtliche Urteile auch der wahren materiellen Rechtslage entsprechen müssen. Grds. hat auch in diesen Fällen die Rechtssicherheit den Vorrang wie sich beispielhaft aus § 79 Abs. 2 BVerfGG oder auch aus der Existenz von Widerspruchs- oder Klagefristvorschriften ergibt; ein Vorrang der materiellen Gerechtigkeit ergibt sich nur ausnahmsweise und nur in den Fällen, wo ausdrückliche gesetzliche Vorschriften existieren, wie z.B. § 7 Abs. 1 BVerfGG oder §§ 579, 580 ZPO.[316]

- Auch der **Vertrauensschutz** ist zu beachten, z.B. bei der Aufhebung von begünstigenden Verwaltungsakten (vgl. insofern §§ 48 und 49 VwVfG) oder beim Widerruf von Gnadenentscheidungen.[317]

  Gerichte können ohne Verstoß gegen Art. 20 Abs. 3 GG von ihrer früheren Rspr. abweichen, selbst wenn eine wesentliche Änderung der Verhältnisse oder der allgemeinen Anschauungen nicht eingetreten ist.[318]

  Beispiel: Heranziehung von Art. 20 a, 1. Fall GG beim kommunalrechtlich geregelten Anschluss- und Benutzungszwang für Fernwärme.[319]

  Grundsätzlich zulässig ist auch eine erweiternde oder einengende Auslegung von Normen zulasten der Normadressaten.[320]

- Schließlich ist von allen drei Gewalten der **Verhältnismäßigkeitsgrundsatz** zu beachten.[321]

---

312 Berg Rdnr. 149 f.
313 BVerfG NJW 2011, 1931, 1941 ff. = RÜ 2011, 383, 387 f.; Beschl. v. 06.02.2013 – 2 BvR 2122/11 u.a.
314 BVerfG, Beschl. v. 11.07.2013 – 2 BvR 2302/11.
315 Berg Rdnr. 151.
316 Zu vergleichbaren Konstellationen im VerwaltungsR vgl. §§ 50 und 51 VwVfG.
317 BVerfG NJW 2013, 2414.
318 BVerfG NVwZ 2005, 81.
319 Vgl. dazu BVerwG NVwZ 2004, 1131 und VGH BW VBlBW 2004, 337.
320 Zu den Grenzen vgl. BVerfG NJW 2012, 669.
321 Vgl. dazu ausführlich AS-Skript Grundrechte (2012) und Berg Rdnr. 158 f.; Maurer § 8 Rdnr. 55 f.; Kluth JA 1999, 606; Krebs Jura 2001, 228; Michael JuS 2001, 654 f. (Grundfälle; mehrere Teile); Voßkuhle JuS 2007, 429.

I. Widerstandsrecht gemäß Art. 20 Abs. 4 GG und ziviler Ungehorsam[322]

Die Verletzung des Widerstandsrechts kann nicht in einem Verfahren gerügt werden, in dem gegen die behauptete Beseitigung der verfassungsmäßigen Ordnung gerade gerichtliche Abhilfe gesucht wird.[323] **117**

5. Abschnitt: Sozialstaatsprinzip[324]

Fallbearbeitung bei Degenhart/K II Fall 5; Windthorst/Sattler JuS 2012, 826.

A. (Allgemeine) Herleitung; Spezialregelungen

Das Sozialstaatsprinzip wird im Wesentlichen abgeleitet aus Art. 20 Abs. 1 GG („**sozialer** **118** Bundesstaat"), aus Art. 23 Abs. 1 S. 1 GG („soziale Grundsätze")[325] sowie aus Art. 28 Abs. 1 S. 1 GG („sozialer Rechtsstaat").

Spezielle Ausprägungen für bestimmte Sachbereiche enthalten insbesondere Art. 3 Abs. 3 S. 2, 6 Abs. 4, 9 Abs. 3 S. 1 GG (Tarifautonomie, Streikrecht) sowie Art. 14 Abs. 2 GG (Sozialbindung des Eigentums);[326] einfach-rechtliche Konkretisierungen finden sich insbesondere in §§ 1 und 2 SGB I = SGB AT.

B. Inhalt und Gegenbegriff

Gegensatz des Sozialstaats ist der liberale Rechtsstaat, der grds. von jeder staatlichen **119** Beeinflussung des Zusammenlebens der Staatsbürger absieht und lediglich für **rechtliche** Chancengleichheit sorgt.

Der Sozialstaat hingegen ist zur Herstellung und Erhaltung von **tatsächlicher** Chancengleichheit und sozialer Gerechtigkeit verpflichtet sowie zur Herstellung und Erhaltung sozialer Sicherheit (vgl. insofern auch § 1 Abs. 1 SGB I).[327]

I. Soziale Gerechtigkeit bedeutet zum einen Herstellung von tatsächlicher Chancen- **120** gleichheit sowie Schutz der Schwachen gegen die Starken.[328]

- **Beispiele** für die Fallgruppe: Herstellung **tatsächlicher Chancengleichheit** sind etwa
  - BAföG,
  - Prozesskostenhilfe,[329]
  - Art. 3 Abs. 2 S. 2 GG

- **Beispiele** für die Fallgruppe: **Schutz der Schwachen gegen die Starken** sind z.B.
  - das Arbeitsrecht,
  - soziales Mietrecht,[330]

---

322 Zu Art. 20 Abs. 4 GG als „letzter Sicherung des Rechtsstaats" und zur streitigen Zulässigkeit von zivilem Ungehorsam vgl. Degenhart Rdnr. 453 f.; M/M Rdnr. 40; Berg Rdnr. 161 f.

323 BVerfG, Urt. v. 30.06.2009 – 2 BvE 2/08 u.a. (Lissabon Ziff. 185 f.); Anm. Schübel-Pfister/Kaiser JuS 2009, 767, 768.

324 Ergänzend und vertiefend zum Sozialstaatsprinzip Mo/Mi Rdnr. 383 ff.; Kloepfer Rdnr. 175 ff.; M/M Rdnr. 73, 670 ff.; Hobe JA 1994, 563; Gröpl § 9; Ipsen § 19; Degenhart Rdnr. 566 ff.; Z/W S. 117 ff.; Maurer § 8 Rdnr. 59 ff.; Voßkuhle SGB 2011, 181; Kese apf 2006, 6, 50 (Kurzdarstellung in AS-aktuell 2006, 63) mit Beispielsfällen.

325 Keine Verletzung des Sozialstaatsprinzips nach Art. 23 Abs. 1 S. 3 i.V.m. Art. 79 Abs. 3 GG durch übermäßige Beschränkung der sozialpolitischen Gestaltungsmöglichkeiten des BTages im Verfahren gemäß Art. 48 Abs. 2 AEUV; vgl. BVerfG, Urt. v. 30.06.2009 – 2 BvE 2/08 u.a. (Lissabon Ziff. 392 f.); Anm. Schübel-Pfister/Kaiser JuS 2009, 767, 772.

326 Gröpl Rdnr. 587 ff.

327 Degenhart Rdnr. 566 f.; Maurer a.a.O. Rdnr. 59.

328 Berg Rdnr. 163; M I Rdnr. 291; Maurer § 8 Rdnr. 76.

329 BVerfGE 78, 104, 117 f.

330 BVerfGE 93, 1.

2. Teil	Staatsformmerkmale und Staatszielbestimmungen

- Verbraucherschutz im Zivilrecht,
- Resozialisierung,[331]
- Art. 6 Abs. 4, 5; 9 Abs. 3 S. 1 GG

121 **II. Soziale Sicherheit** bedeutet Schaffung oder Erhaltung von Einrichtungen, die für den Fall des Fehlens eigener Daseinsreserven in Krisen die notwendige Daseinshilfe gewähren.[332]

- **Beispiele:**[333]
  - Sozialversicherungssystem nach dem Sozialgesetzbuch (SGB I–XI)[334]
  - Sozialhilfe nach dem SGB XII
  - Berufsständische Versorgungseinrichtungen, wie z.B. das Rechtsanwaltsversorgungswerk NRW

C. Adressaten

122 Vorrangiger Adressat ist der **Gesetzgeber**, der allerdings auch wegen der Vielfalt von widerstreitenden Interessen (Finanzen des Staates, Arbeitgeber) einen weiten Spielraum bei der Umsetzung und Beachtung des Sozialstaatsprinzips hat.[335]

Für **Verwaltung** und **Gerichte** erlangt das Sozialstaatsprinzip im Einzelfall Bedeutung bei der Auslegung unbestimmter Rechtsbegriffe, bei der Verwaltung außerdem auch im Rahmen der Ermessensausübung.[336]

D. Anwendungsbereich bzw. Konkretisierungen

123 **I.** Das Sozialstaatsprinzip kann in eng umgrenzten Einzelfällen zusammen mit Grundrechten **Anspruchsgrundlage** sein.[337]

- **Beispiele:**
  - Anspruch auf das Existenzminimum (i.V.m. Art. 1 Abs. 1 und Art. 2 Abs. 2 S. 1 GG)[338]
  - Anspruch auf bestimmte Kassenleistungen, z.B. von Heilpraktikern (i.V.m. Art. 2 Abs. 2 S. 1 GG)[339]
  - Anspruch auf chancengleiche Grundrechtsbetätigung (z.B. Art. 12 Abs. 1 i.V.m. Art. 3 Abs. 1 GG **(„Grundrechte als Teilhaberrechte")**[340]

II. Des Weiteren kann das Sozialstaatsprinzip in bestimmten Fällen **Eingriffslegitimation** sein, also Eingriffe in Freiheits- oder Gleichheitsrechte des Bürgers rechtfertigen.[341]

- **Beispiele:**
  - betriebliche Mitbestimmung (Art. 12, 14 Abs. 1 GG)[342]
  - Zwangsmitgliedschaft in Sozialversicherungen oder in berufsständischen Versorgungseinrichtungen (Art. 2 Abs. 1, 12 Abs. 1 GG)[343]

---

331 BVerfGE 97, 100, 115.

332 M I Rdnr. 304; Z. S. 45 FN 330 f.

333 Weitere Beispiele bei Gröpl Rdnr. 600.

334 Zur Gewährung des sog. sozio-kulturellen Existenzminimums im Rahmen des SGB II vgl. BSG AuR 2006, 448.

335 BVerfGE 97, 169, 185; Ipsen Rdnr. 1004 f.; Maurer § 8 Rdnr. 69; Hebeler Jura 2005, 17, 20 f. m.w.N.

336 BVerfGE 1, 97, 105; Maurer § 8 Rdnr. 70; M I Rdnr. 297 ff. (mit Beispielen).

337 Degenhart Rdnr. 573 ff.; M I Rdnr. 294, 319 f. FN 60; Maurer § 8 Rdnr. 78; Z. S. 45 FN 338 f., 342; zu Einzelheiten vgl. AS-Skript Grundrechte (2012).

338 BVerfG, Urt. v. 09.02.2010 – 1 BvL 1/09 u.a. (Harth IV); M/M Rdnr. 673 FN 9; Gröpl Rdnr. 569, 581 f.

339 BVerfG NJW 2013, 1664.

340 BVerfGE 33, 303 – Numerus clausus-Urteil.

341 M/M Rdnr. 674, 676; Degenhart Rdnr. 577 f.; a.A.: Schmidt S. 49.

342 BVerfGE 50, 290.

343 M I Rdnr. 326 FN 68 f.

- Maßnahmen zur Bekämpfung der Arbeitslosigkeit durch Einschränkungen der Tarifautonomie (Art. 9 Abs. 3 S. 1 GG)[344]
- Maßnahmen zur Kostendämpfung im Gesundheitswesen zum Schutz der Funktionsfähigkeit der Sozialversicherung[345]
- Ungleichbehandlung durch Staffelung von Gebühren und Beiträgen nach Einkommen (Art. 3 Abs. 1 GG)[346]

III. Schließlich kann das Sozialstaatsprinzip in Einzelfällen auch in einem Kernbereich sozialer Sicherung als Bestandsgarantie (vergleichbar der Wesensgehaltsgarantie aus Art. 19 Abs. 3 GG) gesetzgeberischen Eingriffen entgegenstehen (sog. **Schranken-Schranke**).[347]

6. Abschnitt: Das Bundesstaatsprinzip[348]

Fallbearbeitung bei Palm JuS 2007, 751; K/E Fall 6; Degenhart/K II Fall 4; Geis Fall 5 (Rdnr. 145 ff.); Pieroth-Görisch Fall 9.

Zusammenfassende Übersicht unten Rdnr. 147.

A. Herleitung – Funktion – Absicherung

I. Die Geltung des Bundesstaatsprinzips ergibt sich aus der in Art. 20 Abs. 1 GG getroffenen Feststellung, dass die **Bundes**republik Deutschland ein **Bundesstaat** ist, aus Art. 28 Abs. 1 S. 1 GG („ ... in den Ländern") und aus der (amtlichen) Überschrift des II. Abschnitts des GG („Der Bund und die Länder"); ferner aus den zahlreichen Vorschriften, die vom Vorhandensein der Länder ausgehen, insbesondere indem Zuständigkeiten auf Bund und Länder verteilt werden (z.B. Art. 30, 70 ff., 83 ff., 92 ff., 104 a ff. GG).[349]

124

In Deutschland hat sich das Bundesstaatsprinzip geschichtlich entwickelt: Das 1871 gegründete Deutsche Reich war als Bundesstaat konstituiert und nur in dieser Form möglich. Auch die Weimarer Republik war Bundesstaat. Nur in der NS-Zeit, von 1934 bis 1945, wurde Deutschland in einen zentralisierten Einheitsstaat umgewandelt. Das GG knüpfte 1949, auch auf Druck der Westalliierten („Frankfurter Dokumente"), an die staatsrechtliche Tradition aus der Zeit vor 1933 an.

In der ehemaligen DDR wurde das föderalistische Prinzip von Anfang an zugunsten des Einheitsstaates zurückgedrängt, bis schließlich 1952 die Länder durch Gesetz aufgelöst und durch 14 Bezirke ersetzt wurden. Durch das Ländereinführungsgesetz vom 22.07.1990 (GBl. I 955) wurden die Länder Brandenburg, Mecklenburg-Vorpommern, Sachsen-Anhalt, Sachsen und Thüringen mit Wirkung zum 03.10.1990 wieder gebildet.

---

344 BVerfG NJW 1999, 3033.

345 Z.B. Altersgrenzen für Kassenärzte; grundsätzliches Verbot der gewerblichen Arbeitnehmerüberlassung im Baugewerbe.

346 BVerfGE 97, 332, 347.

347 Maurer § 8 Rdnr. 71; Degenhart Rdnr. 572, 576, 580.

348 Vertiefend und ergänzend zum Bundesstaatsprinzip vgl. Kloepfer Rdnr. 50 ff.; Mo/Mi Rdnr. 423 ff., 517 ff.; Degenhart Rdnr. 455 ff.; Ipsen § 13; Gröple § 10; M/M Rdnr. 74, 677 ff.; Berg Rdnr. 172; Maurer § 10 Rdnr. 73 ff.; Schubert Jura 2003, 607, 611; Stüber Jura 2002, 749; Kurzüberblick bei Voßkuhle/Kaufhold JuS 2010, 873.
Zum Bundesstaatsprinzip in der Klausurbearbeitung vgl. Kees JA 2008, 795, 799.

349 Maurer § 10 Rdnr. 12.

| 2. Teil | Staatsformmerkmale und Staatszielbestimmungen |

125 **II. Funktion** des Bundesstaatsprinzips ist insbesondere

- die sog. **vertikale Gewaltenteilung**[350] (z.B. Kontrolle bzw. Hemmung der Bundesstaatsgewalt durch BRat; Verteilung der Zuständigkeiten auf Organe von Bund und Ländern) sowie

- **Dezentralisierung der Staatsgewalt** mit der dadurch eröffneten Möglichkeit stärkerer Beachtung regionaler bzw. landesspezifischer Besonderheiten.[351]

126 **III.** Die **Absicherung** des Bundesstaatsprinzips erfolgt durch Art. 79 Abs. 3 GG in mehrfacher Weise: Zunächst generell und allumfassend in Art. 79 Abs. 3, 3. Fall GG („ ... die in Art. 20 niedergelegten Grundsätze"), auf wichtige Teilbereiche bezogen in Art. 79 Abs. 3, 1. Fall GG („Gliederung des Bundes in Länder") und Art. 79 Abs. 3, 2. Fall GG („grundsätzliche Mitwirkung der Länder bei der Gesetzgebung").[352]

Beachte: Art. 79 Abs. 3, 1. Fall GG garantiert nicht den jetzigen Bestand von sechzehn Bundesländern, sondern verlangt nur, dass mindestens zwei Länder oder mehr neben dem Bund bestehen bleiben.

B. Der Begriff des Bundesstaates – Bund und Länder

Fall 4: Regionalverband Unterelbe

Die Länder Hamburg, Schleswig-Holstein und Niedersachsen wollen verschiedene Missstände im Bereich der Region Unterelbe beseitigen. Diese ergeben sich im ökologischen Bereich daraus, dass Natur und Landschaft in den betroffenen Ländern ganz unterschiedlich geschützt werden. Außerdem kommt es im Rahmen der öffentlichen Wirtschaftsförderung zu einem Ansiedlungswettbewerb zwischen den betroffenen Ländern, der zulasten der öffentlichen Kassen geht und wirtschaftlich unsinnige Strukturen schafft.

Die Landesregierungen planen daher den „Regionalverband Unterelbe". Der Verband soll als Körperschaft des öffentlichen Rechts durch paritätisch besetzte Entscheidungsgremien in der Region Unterelbe länderübergreifend die Belange des Umweltschutzes (Wasser, Boden, Luft) und der Wirtschaftsförderung regeln. Die Referenten der Justizministerien warnen vor einem Verstoß gegen das Bundesstaatsprinzip. Zu Recht?

127 Die geplante Körperschaft des Regionalverbandes soll gleichzeitig von drei Ländern getragen werden, es handelt sich also um eine **Gemeinschaftseinrichtung** dieser Länder. Da der Verband seine Rechtsstellung von der der Länder ableitet, könnten sich Einschränkungen aus dem **Bundesstaatsprinzip** ergeben.

I. **Begriff des Bundesstaates**

1. **Bundesstaat** ist ein Gesamtstaat, bei dem die Ausübung der Staatsgewalt auf einen **Zentralstaat** und mehrere **Gliedstaaten** aufgeteilt ist.[353]

---

350 Palm a.a.O., S. 753; Degenhart Rdnr. 467.

351 M/M Rdnr. 690.

352 Degenhart Rdnr. 465 f.

353 Dreier II/ Bauer Art. 20 (Bundesstaat) Rdnr. 19; Sachs Art. 20 Rdnr. 55; zum Streit, ob das GG einen zweigliedrigen (h.M.) oder dreigliedrigen Bundesstaatsbegriff zugrunde legt, vgl. noch i.E. unten Rdnr. 132.

Das Bundesstaatsprinzip 6. Abschnitt

2. Der Bundesstaat ist abzugrenzen von den vergleichbaren Staatsformen Einheits-staat und Staatenbund.[354]

a) Beim **Einheitsstaat** hat nur der Zentralstaat Staatsqualität, nicht dagegen die **128** einzelnen Untergliederungen, selbst wenn sie – wie beim stark dezentralisier-ten Einheitsstaat – über weitgehende Zuständigkeiten verfügen. Dagegen ha-ben beim **Bundesstaat** die einzelnen Gliedstaaten Staatsqualität, verfügen also über Staatsgebiet, Staatsvolk und originäre Staatsgewalt.

Die **Staatsqualität der Länder** in der Bundesrepublik Deutschland ergibt sich in erster Linie aus Art. 30 GG, ergänzend aus dem Wesen des nach Art. 20 GG geltenden Bundesstaatsprin-zips.[355]

b) Beim **Staatenbund** handelt es sich um einen völkerrechtlichen Zusammen- **129** schluss von Staaten, bei dem zwar gemeinsame Organe gebildet werden, die aber Staatsgewalt **lediglich nach außen** hin ausüben. Nach innen bedürfen ihre Anordnungen der Umsetzung durch die Organe der im Staatenbund zu-sammengeschlossenen Staaten.[356]

Beispiel: Der Deutsche Bund (1815–1866), dessen gemeinsames Bundesorgan „Bundestag" von den Gesandten der Mitgliedstaaten gebildet wurde.

Beim **Bundesstaat** mit gemeinsamer Verfassung üben dessen Organe dage-gen **auch nach innen** unmittelbar Staatsfunktionen (Gesetzgebung, Verwal-tung, Rechtsprechung) aus.

Begrifflich in noch weiterer Entfernung vom Bundesstaat steht das **„Staatenbündnis"**, das **130** auf einem völkerrechtlichen Vertrag beruht und selbst bei intensiven Beziehungen i.d.R. nicht zu gemeinsamen Organen führt. Ist dies ausnahmsweise der Fall, so beschränken sie sich i.d.R. auf ganz spezielle Aufgaben (z.B. die NATO auf die gemeinsame Verteidigung).

Problematisch ist die Einordnung der **Europäischen Union** mit den ihr zugehörigen Ge-meinschaften. Zwar stehen der EU eigene Hoheitsbefugnisse, insbesondere im Bereich der Rechtsetzung, gegenüber den Mitgliedstaaten und ihren Staatsangehörigen zu. Jedoch ist diese Kompetenz – anders als bei einem Staat – nicht umfassend, sondern beruht auf einer beschränkten Übertragung durch die Mitgliedstaaten (vgl. Art. 23 GG). Diese sind nach wie vor „Herren der Verträge". Die EU ist zwar eine sog. **supranationale Organisation**, aber mangels umfassender Hoheitsbefugnisse noch kein Bundesstaat, sondern nur ein **„Staaten-verbund"**.[357]

Nach Auffassung des BVerfG a.a.O. (Leitsatz 1) erfasst der Begriff des Verbundes eine enge, auf Dauer angelegte Verbindung souverän bleibender Staaten, die auf vertraglicher Grund-lage öffentliche Gewalt ausübt, deren Grundordnung jedoch allein der Verfügung der Mit-gliedstaaten unterliegt und in der die Völker – d.h. die staatsangehörigen Bürger – der Mit-gliedstaaten die Subjekte demokratischer Legitimation bleiben.

c) Da der Bundesstaat eine staatsrechtliche Staatenverbindung ist, ergibt sich die **131** **Rechtsstellung von Bund und Ländern** aus der Verfassung. Insbesondere er-geben sich die Befugnisse der Länder in erster Linie aus dem GG und nur, so-weit das GG keine Regelung trifft, aus dem Wesen des Bundesstaates. Das GG

---

354 Vgl. auch Maurer § 10 Rdnr. 6 ff.; Gröpl Rdnr. 606 f.
355 M/M Rdnr. 681 ff.; Haratsch DVBl. 1993, 1338, 1339; Heintzen DVBl. 1997, 689, 692; vgl. auch BVerfGE 1, 14, 34; 36, 342, 360; 60, 175, 207.
356 Zu Einzelheiten vgl. M/M Rdnr. 679.
357 BVerfG NJW 1993, 3047, 3052; NJW 2009, 2267; RÜ 2009, 519 (Lissabon).

| 2. Teil | Staatsformmerkmale und Staatszielbestimmungen |

gestattet den Schluss, dass die Länder **nicht** (völlig) **souverän** sind, sondern in wesentlichen Bereichen durch die Befugnisse des Bundes beschränkt werden:

■ In erster Linie gilt dies für die Gestaltung ihrer Verfassung. Nach dem in Art. 28 Abs. 1 S. 1 GG niedergelegten **Homogenitätsprinzip** müssen die Länderverfassungen „den Grundsätzen des republikanischen, demokratischen und sozialen Rechtsstaates im Sinne dieses Grundgesetzes entsprechen". Gefordert wird jedoch nur ein „Mindestmaß an Homogenität", keine Gleichförmigkeit.[358]

■ Im Bundesstaat haben – anders als beim Staatenbund – die einzelnen Länder kein **Recht zum Austritt** (Separation, Sezession) wegen der teilweisen Identität von Staatsgebiet und Staatsvolk.[359]

Ein Ausscheiden ist lediglich durch Änderung der Verfassung des Gesamtstaates möglich.

■ Die Länder haben grds. **keine Befugnisse nach außen**, insbesondere kein Recht zum völkerrechtlichen Verkehr und zum Abschluss von völkerrechtlichen Verträgen (vgl. Art. 24 Abs. 1 a u. Art. 32 Abs. 3 GG, wonach entsprechende Verträge nur mit Zustimmung der Bundesregierung zulässig sind).

■ Der **Bund** kann seine Zuständigkeiten – unter Beachtung des Art. 79 Abs. 3 GG – erweitern (hat also die sog. **Kompetenz-Kompetenz**) und dadurch die grundsätzlichen Zuständigkeiten der Länder (z.B. aus Art. 70 GG) verringern.

■ Durch Bundesgesetz können die **Länder neu gegliedert** werden (Art. 29 GG). Dabei kann ein einzelnes Land auch ganz beseitigt werden. Gewährleistet ist nur „die Gliederung des Bundes in Länder" (Art. 79 Abs. 3 GG), nicht aber die Existenz eines einzelnen Landes.[360]

■ Dem Bund stehen verschiedene **Aufsichtsbefugnisse** und Einwirkungsrechte gegenüber den Ländern zu (z.B. Art. 84 Abs. 3, 85 Abs. 3 GG), insbesondere hat er das Recht zum Bundeszwang gemäß Art. 37 GG.[361]

132 II. **Zum Fall:** Das GG enthält keine Vorschriften speziell über **gemeinsame Einrichtungen der Länder**. Die in Art. 91 a und 91 b GG geregelten Gemeinschaftsaufgaben betreffen lediglich das Zusammenwirken von Bund und Ländern. Die konstruktive Aufgliederung des Bundesstaates verlangt jedoch, dass die Ausübung von **Staatsgewalt** jeweils konkret dem Bund oder den Ländern zugeordnet wird.

1. Dabei werden die im GG den Ländern zugewiesenen Befugnisse nicht den Ländern gemeinsam, sondern **jedem Land einzeln** zur Wahrnehmung für den Bereich des Landes zugewiesen. Durch die Schaffung von Gemeinschaftseinrichtungen der Länder könnte daher eine nach dem Bundesstaatsprinzip unzulässige **dritte Ebene der Staatlichkeit** entstehen („die Gesamtheit der Länder").

---

358 BVerfGE 36, 342, 360 ff.; zu Einzelheiten und Beispielen vgl. i.E. Gröpl Rdnr. 630 ff.; Ipsen Rdnr. 710 ff.

359 Degenhart Rdnr. 461; M/M Rdnr. 686.

360 Zu Einzelheiten vgl. Maurer § 10 Rdnr. 18 f.; Karpen/Becker JZ 2001, 966.

361 Vgl. i.E. Maurer § 10 Rdnr. 45, 48 f.; Ipsen Rdnr. 728 ff.; Gröpl Rdnr. 668 ff.; M/M Rdnr. 485 FN 73 ff.

Das Bundesstaatsprinzip 6. Abschnitt

a) Nach ganz h.M. ist die Bundesrepublik Deutschland ein **zweigliedriger Bundesstaat** (Art. 20 Abs. 1 GG). Es gibt lediglich zwei staatliche Ebenen: den Bund und die Länder (wobei die Gemeinden und andere kommunale Verwaltungsträger zu den Ländern gehören und nicht etwa eine dritte Ebene der Staatlichkeit bilden).[362]

A.A. die **Lehre vom dreigliedrigen Bundesstaat**, wonach zu unterscheiden ist zwischen dem Gesamtstaat (Bundesrepublik Deutschland), dem Zentralstaat (Bund) und den einzelnen Ländern.[363] Dagegen ausdrücklich BVerfG:[364] Es kann nicht unterschieden werden „zwischen einem Zentralstaat und einem Gesamtstaat als zwei verschiedenen Rechtsträgern und Subjekten gegenseitiger verfassungsrechtlicher Rechte und Pflichten."

Noch anders die **Teil-Staatenlehre**, wonach Bund und Länder gleichgeordnete Teilstaaten eines Gesamtgefüges Bundesrepublik sind, das selbst keine Staatsqualität besitzt.[365]

b) **Zum Fall:** Daran ändert sich durch den geplanten Regionalverband nichts. Denn die Gemeinschaftseinrichtung soll keine eigene (originäre) Staatsgewalt ausüben, sondern nur von den beteiligten Ländern **abgeleitete** Befugnisse. Die vom Regionalverband auszuübende Hoheitsgewalt ist damit der Länderebene zuzuordnen und keine selbstständige dritte Ebene.

2. Eine Verletzung des Bundesstaatsprinzips aus Art. 20 Abs. 1 GG könnte jedoch dann vorliegen, wenn der geplante Verband dazu führt, dass die **Staatsgewalt der beteiligten Länder infrage gestellt** wird.

a) Grundsätzlich ist anerkannt, dass die Länder **gemeinsame Einrichtungen** **133** schaffen dürfen und dabei auch auf Hoheitsrechte verzichten können. Dies wird teils unter Hinweis auf Art. 24 Abs. 1 GG (der allerdings nur für den Bund gilt), teils mit einer entsprechenden Anwendung des Art. 32 Abs. 3 GG (der unmittelbar nur auf völkerrechtliche Verträge der Länder mit auswärtigen Staaten anwendbar ist) und teils mit einer Gesamtanalogie zu beiden Verfassungsvorschriften begründet.[366]

Solche Gemeinschaftseinrichtungen sind z.B. das **ZDF** und die **Stiftung für Hochschulzulassung (SfH)**.[367]

b) Bejaht man die grundsätzliche Zulässigkeit gemeinsamer Ländereinrichtun- **134** gen, stellt sich allerdings die Frage, wo die Grenze der zulässigen **Übertragung von Hoheitsrechten** verläuft.

aa) In jedem Fall **unzulässig** sind **echte Gemeinschaftsbehörden**, wie z.B. eine gemeinsame Polizeibehörde aller Länder für die Bekämpfung der Schwerstkriminalität. Denn bei der Polizei handelt es sich um einen ganz wesentlichen Bestandteil der Länderverwaltung.

---

362 Maurer § 10 Rdnr. 1 f.; Schubert a.a.O. S. 608; M/M Rdnr. 680.

363 Kelsen, Allg. Staatslehre (1925, Neudruck 1966), S. 199 f.; Nawiasky, Allg. Staatslehre, Teil 3 (1956), S. 151 ff.

364 BVerfGE 13, 54, 77.

365 Schmidt AöR 87 (1962), S. 253, 297 ff.; Hempel, Der demokratische Bundesstaat (1969), S. 177 ff.

366 BVerwGE 22, 299, 307, 309; Kisker, Kooperation im Bundesstaat, S. 180.

367 OVG NRW RÜ 2011, 315 unter Hinweis auf Art. 130 Abs. 3 GG; Gröpl Rdnr. 710; Ipsen Rdnr. 743: „Selbstkoordination der Länder".

| 2. Teil | Staatsformmerkmale und Staatszielbestimmungen |

Die Übertragung auf eine Gemeinschaftseinrichtung würde zu einer „Preisgabe der Länderstaatlichkeit" führen.[368]

bb) Problematisch ist die Behandlung der (sonstigen) Gemeinschaftseinrichtungen, die dem Bürger gegenüber **hoheitliche Verwaltungstätigkeit** ausüben. Die Selbstständigkeit der Länder wird hier nicht berührt, wenn die dem Land verbleibenden Hoheitsrechte von erheblichem Gewicht sind und die Übertragung nicht endgültig, d.h. **widerruflich** ist.[369]

cc) **Zum Fall:** Der Regionalverband soll gewichtige Planungs- und Entscheidungskompetenzen sowohl für ökologische als auch ökonomische Aufgaben erhalten. Die relativ weitreichende Kompetenzübertragung würde vor allem die Bereiche Naturschutz, Abfall- und Abwasserbeseitigung, Gewässerschutz, Luftreinhaltung und Wirtschaftsförderung erfassen. Auf der anderen Seite verbleiben den Ländern sämtliche anderen Aufgaben (Polizei, Justiz, Kultur, Bildung, Wissenschaft, Arbeit und Soziales, Städtebau, Verkehr). Diese Bereiche sind gegenüber den übertragenen Kompetenzen von ungleich größerem Gewicht. Die Souveränität der Länder ist durch die Gemeinschaftseinrichtung noch nicht tangiert, soweit die Vertragsstaaten die Rückholbarkeit der Kompetenzen durch ein **Kündigungsrecht** oder eine **zeitliche Begrenzung** im Staatsvertrag sicherstellen.

135　　3. Ein Verstoß gegen das Bundesstaatsprinzip bzw. gegen das Rechtsstaats- und Demokratieprinzip könnte sich jedoch daraus ergeben, dass die **Zuordnung der Gemeinschaftseinrichtung** unklar bleibt, insbesondere bei der Frage des anwendbaren Rechts, der Aufsicht und der parlamentarischen Verantwortung[370] („ununterbrochene Legitimationskette").[371] Nach dem Bundesstaatsprinzip gibt es nur Bundesrecht sowie das Recht eines Landes, wobei das **Landesrecht unterschiedlich** ausgestaltet sein kann. Für Gemeinschaftseinrichtungen kann es daher an einem einheitlichen Recht fehlen. Welche Gestaltungen hier bei Gemeinschaftseinrichtungen möglich sind, sollen die folgenden Beispiele zeigen.

136　　a) Was die **SfH** betrifft, so hat bezüglich des anwendbaren Rechts und der Aufsicht der Staatsvertrag[372] in Art. 1 Abs. 1 S. 2 insoweit Klarheit geschaffen, als auf das Recht „des Sitzlandes" verwiesen wird. Da der Sitz in Dortmund ist, gilt also das Recht des Landes Nordrhein-Westfalen. Die Willensbildung, die Organe und der Einfluss der Länder sind in Art. 3 ff. des Staatsvertrages im Einzelnen geregelt.

Nimmt man hinzu, dass eine bundeseinheitliche Vergabe der Studienplätze unbedingt geboten ist, dass der Bund hierfür aber nicht zuständig ist und eine GG-Änderung vermeidbar

---

368　BVerfGE 42, 103 ff.; BVerwGE 22, 299 ff.; Degenhart Rdnr. 183.

369　Kisker, Kooperation im Bundesstaat, S. 194 ff.; Damkowski NVwZ 1988, 297, 300; vgl. auch BVerwGE 22, 299, 308; 23, 194, 198.

370　„Grundsatz der Verantwortungsklarheit"; vgl. BVerfG, Urt. v. 20.12.2007 – 2 BvR 2433/04 u.a. – (Hartz IV – Arbeitsgemeinschaften); NVwZ 2008, 183; RÜ 2008, 112; abweichendes Votum unter Zi. 211 ff.
　　　Zum Problem der unzulässigen Mischverwaltung vgl. noch unten Rdnr. 389.

371　BVerfG a.a.O., Zi. 158.

372　Vom 05.06.2008.

erscheint, ergibt sich, dass von einer Preisgabe der Länderstaatlichkeit nicht die Rede sein kann und die Einrichtung der SfH somit nicht gegen das Bundesstaatsprinzip verstößt.

b) Nicht so eindeutig ist dies beim **ZDF**. Der ZDF-Staatsvertrag enthält keine klare Verweisung auf das Recht des Sitzlandes, sondern regelt in § 30 Abs. 3 nur die Haushaltsführung und bestimmt in § 31, dass die Rechtsaufsicht durch die Landesregierungen im Wechsel ausgeübt wird. Die h.M. bejaht gleichwohl die Verfassungsmäßigkeit.

137

Vgl. grundlegend BVerwG[373]: Es handele sich um eine Aufgabe, die im ganzen Bundesgebiet erfüllt werden müsse. Da der Bund hierfür nicht zuständig ist,[374] „nötigt dies zu einer Auslegung und Handhabung des GG, die den Ländern sowohl übereinstimmende einheitliche Regelungen wie die Einrichtung sozialer Stellen für die Erfüllung einer solchen Aufgabe ermöglicht. Denn es kann nicht als Absicht des Verfassungsgebers angesehen werden, dass die Erfüllung einer dringenden staatlichen Aufgabe nur wegen der Aufgabenverteilung zwischen Bund und Ländern unterbleiben soll."

Heute ist die Verfassungsmäßigkeit des ZDF unbestritten und wird als selbstverständlich vorausgesetzt.[375]

c) Als unzulässig angesehen wurden gemeinschaftliche Verwaltungseinrichtungen der Bundesagentur für Arbeit und der Kommunalen Träger gemäß § 44 b SGB II (sog. **Hartz IV-Arbeitsgemeinschaften**).[376]

138

d) **Zum Fall:** Danach empfiehlt es sich, hier genau festzulegen, welches Landesrecht für den geplanten Regionalverband einschlägig ist, wer die Aufsicht führt und wie die parlamentarische Kontrolle sichergestellt wird.[377]

4. Ein Verstoß gegen das Bundesstaatsprinzip könnte schließlich noch darin liegen, dass ein oder mehrere Länder unzulässig Staatsgewalt auf dem Gebiet eines anderen Landes ausüben. Dies könnte vorliegend der Fall sein, weil die Vertreter der drei Länder in den Entscheidungsgremien jeweils Hoheitsgewalt auf den Gebieten der beiden anderen Staaten ausüben würden. Das Bundesstaatsprinzip fordert jedoch nicht, dass die Staatsgewalt eines Landes nur in seinem Staatsgebiet ausgeübt werden könnte und bei einer Ausdehnung auf das gesamte Bundesgebiet nur der Bund zuständig wäre.[378]

Ergebnis: Ein Verstoß gegen das Bundesstaatsprinzip lässt sich dadurch vermeiden, dass die Kompetenzen dem Regionalverband nur widerruflich übertragen werden und die Zuordnung der Einrichtung, was anzuwendendes Recht, Aufsicht und parlamentarische Verantwortung betrifft, nicht unklar bleibt.

---

373 BVerfGE 22, 299, 308.

374 Vgl. BVerfGE 12, 205, 225.

375 Vgl. z.B. BayVerfGH NJW 1990, 311.

376 Vgl. i.E. BVerfG, Urt. v. 20.12.2007 – 2 BvR 2433/04 u.a. – Zi. 187 ff.; a.A.: abw. Votum von 3 Richtern, vgl. Zi. 212 ff.

377 Vertiefend zu den Problemen von gemeinsamen Einrichtungen der Länder Maurer § 10 Rdnr. 64 ff.; Degenhart Rdnr. 181 ff.; Pautsch apf 2008, 161, 163 FN 39.

378 BVerwGE 22, 299, 307.

C. Aufgabenverteilung zwischen Bund und Ländern

139 Die Verteilung der staatlichen Aufgaben im Bundesstaat soll an dieser Stelle nur in den Grundzügen dargestellt werden, da die Zuständigkeitsverteilung im Einzelnen bei der Behandlung der Organe des Bundes (z.B. Bundestag und Bundesrat) und den Staatsfunktionen (Gesetzgebung, Verwaltung, Rechtsprechung) zu erörtern ist. Auszugehen ist von der organisatorischen Trennung von Bund und Ländern. Da Bund und Länder Staaten i.S.d. Völkerrechts sind, verfügen sie jeweils über eigene Gesetzgebungs-, Regierungs- und Verwaltungsorgane sowie Gerichte **(Trennungsprinzip)**.

Die Zuweisung staatlicher Aufgaben erfolgt entweder:

■ hinsichtlich **konkret bezeichneter Aufgaben**, z.B. Bundeszuständigkeit für auswärtige Angelegenheiten (Art. 32 GG), Länderzuständigkeit für die Errichtung der Behörden und das Verwaltungsverfahren (Art. 84 Abs. 1 S. 1 GG) oder

■ durch **Generalklauseln** für bestimmte Aufgabenbereiche: Art. 70 GG für die Gesetzgebung; Art. 83 GG für die Ausführung von Bundesgesetzen; Art. 92 GG für die Rechtsprechung.

Auffangtatbestand ist **Art. 30 GG:** Danach ist die Ausübung der staatlichen Befugnisse und die Erfüllung der staatlichen Aufgaben **Sache der Länder**, soweit das Grundgesetz keine andere Regelung trifft oder zulässt.[379]

D. Bundesrecht und Landesrecht

140 Aufgrund der bundesstaatlichen Ordnung gibt es in der Bundesrepublik **Bundesrecht** und **Landesrecht**. Formal sind beide Rechtsordnungen streng getrennt: Jede Rechtsnorm des innerstaatlichen Rechts ist entweder Bestandteil des Bundesrechts (einschließlich der allgemeinen Regeln des Völkerrechts, Art. 25 GG) oder des Landesrechts. Die Zuordnung erfolgt danach, ob die Rechtsnorm von einem Bundesorgan oder einem Landesorgan erlassen worden ist.[380]

Danach sind z.B. Rechtsverordnungen der Landesregierung gemäß Art. 80 GG auch dann Landesrecht, wenn sie auf einer bundesgesetzlichen Ermächtigung beruhen.

Allerdings bestimmt Art. 31 GG: **„Bundesrecht bricht Landesrecht."** Dabei wird innerhalb des Bundesrechts nicht differenziert. Auch **einfaches Bundesrecht** bricht Landesrecht, selbst Landesverfassungsrecht muss zurücktreten.

Beispiel: Eine RechtsVO des Bundes ist höherrangig gegenüber der Landesverfassung.[381]

Art. 31 GG ist aber nur **Kollisionsnorm** und keine Zuständigkeitsnorm. Da die Rechtsetzungszuständigkeiten im Grundgesetz im Wesentlichen lückenlos auf Bund und Länder aufgeteilt sind, ist die praktische Bedeutung der Bestimmung gering.

---

379 Maurer § 10 Rdnr. 20 ff.; Degenhart Rdnr. 463; Schubert a.a.O. S. 609; Heintzen DVBl. 1997, 689.

380 BVerfGE 18, 407, 414.

381 Vgl. BVerfG NJW 1998, 1296, 1298: „... so bricht Bundesrecht jeder Rangordnung eine landesrechtliche Regelung auch dann, wenn sie Bestandteil des Landesverfassungsrechts ist.".

Das Bundesstaatsprinzip **6. Abschnitt**

Beispiel: Wird im Bereich der konkurrierenden Gesetzgebung (Art. 72 GG) eine bundesrechtliche Regelung erlassen, so wird eine frühere landesrechtliche Regelung gemäß Art. 31 GG „gebrochen".[382]

Trifft der Landesgesetzgeber dagegen eine Regelung, obwohl der Bund bereits zuvor von seinem Gesetzgebungsrecht Gebrauch gemacht hat, fehlt es schon an der Zuständigkeit des Landes; auf Art. 31 GG kommt es in diesem Fall daher gar nicht mehr an.[383]

Früher war die Frage umstritten, ob Bundesrecht auch **inhaltsgleiches Landesrecht** **141** verdrängt. Teilweise wurde dies bejaht, da sonst die Regelung des Art. 142 GG überflüssig wäre. Nach heute h.M. bleibt dagegen gleichlautendes Landesrecht in Kraft; Art. 31 GG greift nur bei einem **Widerspruch** ein. Zur Begründung wird auf den Charakter des Art. 31 GG als Kollisionsnorm verwiesen. Art. 142 GG gilt dann als Bestätigung dieses Grundsatzes und hat nur klarstellende Bedeutung.[384]

„Ein nach Art. 142 GG prinzipiell geltendes Landesgrundrecht wird gem. Art. 31 GG von einfachem Bundesrecht jedenfalls insoweit nicht verdrängt, als Bundes- und Landesgrundrecht einen bestimmten Gegenstand in gleichem Sinn und mit gleichem Inhalt regeln und in diesem Sinne inhaltsgleich sind."[385]

E. Das Gebot zu bundesfreundlichem Verhalten (Bundestreue)

Das Gebot bundesfreundlichen Verhaltens ist eine Konsequenz aus dem Bundesstaats- **142** prinzip. Es verpflichtet Bund und Länder zum Zusammenwirken, um die bundesstaatliche Ordnung zu erhalten und zu fördern. Es kann sowohl die Länder gegenüber dem Bund wie den Bund gegenüber den Ländern verpflichten, als auch die Länder untereinander.

Grundlegend dazu das BVerfG:[386] „Dem bundesstaatlichen Prinzip entspricht ... die verfassungsrechtliche Pflicht, dass die Glieder des Bundes sowohl einander als auch dem größeren Ganzen und der Bund den Gliedern die Treue halten und sich verständigen. Der im Bundesstaat geltende verfassungsrechtliche Grundsatz des Föderalismus enthält deshalb die Rechtspflicht des Bundes und aller seiner Glieder zu ‚bundesfreundlichem Verhalten'; d.h. alle an dem verfassungsrechtlichen ‚Bündnis' Beteiligten sind gehalten, dem Wesen dieses Bündnisses entsprechend zusammenzuwirken und zu seiner Festigung und zur Wahrung seiner und der wohlverstandenen Belange seiner Glieder beizutragen."[387]

Bundesfreundliches Verhalten bedeutet dabei vor allem **gegenseitige Rücksichtnahme** bei der Ausübung der eigenen Kompetenzen: Selbst wenn eine Maßnahme an sich von einer Kompetenznorm gedeckt ist, darf sie nicht ohne Rücksicht auf die Interessen des Gesamtstaates getroffen werden **(„Kompetenzausübungsschranken")**.[388] Die Bundestreue begründet aber **keine selbstständigen Rechte** und Pflichten zwischen Bund und Ländern bzw. im Verhältnis der Länder zueinander, sondern setzt ein beste-

---

382 BVerwG NVwZ 1993, 1197; a.A. Degenhart Rdnr. 184; unklar Ipsen Rdnr. 726.

383 Degenhart Rdnr. 184; Sacksofsky NVwZ 1993, 235, 239 FN 46; Jachmann JuS 1994, L 81, 82.

384 Zum Ganzen vgl. Maurer § 10 Rdnr. 32 ff.; Degenhart Rdnr. 185; M/M Rdnr. 698, 700; Gröpl Rdnr. 652 ff.; Schubert a.a.O. S. 609.
Zur Widerspruchsfreiheit landesrechtlicher Normen im Verhältnis zu bundesrechtlichen Vorgaben vgl. auch Karpen/Becker a.a.O. S. 968 FN 64 ff.; Kunig NJW 1994, 687; Erichsen Jura 1993, 385, 386; Hain JZ 1998, 620, 622; Jarass NVwZ 1996, 1041, 1042. Vgl. auch BVerfGE 36, 342, 366: „Bundesverfassungsrecht bricht inhaltsgleiches Landesverfassungsrecht nicht".

385 BVerfG NJW 1998, 1296.

386 BVerfGE 1, 299, 315.

387 Vgl. ergänzend zur Bundestreue M/M Rdnr. 693 ff.; Gröpl Rdnr. 658 ff.; Berg Rdnr. 175 ff.; Maurer § 10 Rdnr. 50 ff.; Ipsen Rdnr. 716 ff.; Degenhart Rdnr. 481 ff.; Karpen/Becker a.a.O. S. 973; Schubert a.a.O. S. 610; BVerwG NVwZ 2002, 988 – Prüfungen des Bundesrechnungshofs bei Landesfinanzbehörden.

388 Gröpl Rdnr. 661; Degenhart Rdnr. 483; M/M Rdnr. 693; BVerfG, Beschl. v. 30.03.2013 – 2 BvF 1/05: Keine missbräuchliche Inanspruchnahme von Kompetenzen.

hendes Rechtsverhältnis voraus. Sie wirkt nur innerhalb anderweitig **durch das GG** begründeter Rechte oder Pflichten, indem sie diese modifiziert oder ergänzt.[389]

Das Gebot zu bundesfreundlichem Verhalten kann in drei Richtungen Geltung erlangen:

143   **I.** Bei Handlungen des Bundes zulasten der Länder **(Gebot des länderfreundlichen Verhaltens)**

Beispiele:

- Erlass eines Bundesgesetzes unter Verstoß gegen Art. 70 Abs. 1 GG oder gegen Art. 72 Abs. 2 GG (vgl. dazu unten Rdnr. 290 ff.)
- Gründung der Fernseh-GmbH durch Bund[390]
- Vor Erlass einer **Weisung** gemäß Art. 85 Abs. 3 S. 1 GG muss der Bund das jeweilige Bundesland anhören; außerdem muss die Weisung verhältnismäßig sein und nicht missbräuchlich erfolgen und muss eine schriftliche Begründung mit Abwägung der Landesinteressen enthalten.[391]
- Unterstützung finanzschwacher Länder durch Ausgleichsmaßnahmen des Bundes nur bei **„bundesstaatlichem Notstand"**[392]
- Der Erlass eines sog. Freigabegesetzes gemäß Art. 125 a Abs. 2 S. 2 GG steht grds. im freien Ermessen des Bundes. Eine Ermessensreduzierung auf Null zugunsten der Länder wird vom BVerfG jedoch dann angenommen, wenn der Bund aus sachlichen oder politischen Gründen die Neukonzeption einer Gesetzgebungsmaterie in diesem Bereich für erforderlich hält.[393]

144   **II.** Bei Handlungen der Länder zulasten des Bundes **(Gebot des bundesfreundlichen Verhaltens i.e.S.)**

- Erlass von Landesgesetzen unter Verstoß gegen Art. 71 oder 72 Abs. 1 GG (vgl. dazu i.E. unten Rdnr. 290 ff.)
- Überschreiten die Gemeinden oder Länder ihre Verbandskompetenz durch Eingriffe in Bundeszuständigkeiten (z.B. durch Volksabstimmungen), sind die Länder zu kommunalaufsichtlichem Einschreiten verpflichtet[394] bzw. zur Unterlassung der Volksabstimmung.[395]
- Ist der Bund aus einem völkerrechtlichen Vertrag verpflichtet und kann er diese Pflicht nicht allein, sondern nur mithilfe der Länder erfüllen (so insbesondere bei ausschließlichen Zuständigkeiten der Länder), so kann die Länder im Verhältnis zum Bund eine Pflicht zum Handeln treffen.[396] Gleiches gilt auch im Bereich von EG-Richtlinien; vgl. in diesem Zusammenhang auch Art. 23 Abs. 6 S. 2 GG.

---

389 BVerfG DVBl. 2007, 39 – Berlin; NVwZ 2001, 667 – Pofalla; NVwZ 2002, 591; Degenhart Rdnr. 488; Doerfert JuS 1996, L 89, 91 ff. m.w.N.

390 BVerfGE 12, 205, 255 ff.

391 Gröpl Rdnr. 664; BVerfGE 81, 310, 337; 84, 25, 33; DVBl. 2002, 549, 551; vgl. noch i.E. unten Rdnr. 366 ff.

392 BVerfG DVBl. 2007, 39 – Berlin; DVBl. 1992, 965; Arndt JuS 1993, 360; Henneke Jura 1993, 129.

393 BVerfG NJW 2004, 2363 – LadenschlussG – Anm. Winkler JA 2005, 177 f.

394 BVerfGE 8, 122, 138.

395 Z.B. bei Stuttgart 21; vgl. Ewer NJW 2011, 1328.

396 Gröpl Rdnr. 663; BVerfGE 6, 309, 328, 361; 32, 199, 219.

III. Bei Handlungen eines Landes zulasten eines anderen Landes **(interföderales Rück-** 145
sichtnahmegebot)

- Errichtung eines Kohle- oder Atomkraftwerkes nahe der Grenze zu einem anderen Bundesland
- Raumplanung ohne Berücksichtigung der Interessen von benachbarten Ländern[397]

F. Der kooperative Föderalismus

Der föderalistische Aufbau der Bundesrepublik, die Unterteilung in Bund und Länder, 146
hindert häufig die rasche und effiziente Wahrnehmung wichtiger Aufgaben. Um diese
Schwierigkeiten zu verringern, hat sich das Prinzip des **kooperativen Föderalismus**
entwickelt. Mit diesem Begriff werden die Formen des durch Vereinbarung aufeinander
abgestimmten Verhaltens von Bund und Ländern zusammengefasst.[398]

Im GG sind Vereinbarungen ausdrücklich vorgesehen u.a. bei der wissenschaftlichen
Forschung (Art. 91 b GG), bei informationstechnischen Systemen (Art. 91 c GG) und Ver-
waltungsvereinbarungen über Finanzhilfen (Art. 104 b Abs. 2 S. 1 GG).

Im Übrigen sind Vereinbarungen, vor allem Staatsverträge, zwischen den Ländern zulässig, soweit sie nicht gegen die bundesstaatliche Ordnung oder die Landesverfassung
verstoßen. Insbesondere dürfen keine gemeinsamen Einrichtungen geschaffen werden, deren Zuordnung unklar ist oder bei denen eine **„Preisgabe der Länderstaatlichkeit"** erfolgt (dazu oben Rdnr. 127 ff.).

Zulässig ist vor allem die Abstimmung des Staatshandelns, z.B. gemeinsame Konferenzen (z.B. Kultus-
ministerkonferenz), Koordination der Gesetzgebung und Verwaltung (z.B. Musterentwürfe für Gesetze),
Einrichtungen, die für mehrere Bundesländer tätig werden, gemeinsame Einrichtungen aller Länder
wie SfH und ZDF.

---

397 Palm JuS 2007, 751, 755 f.
398 Maurer § 10 Rdnr. 55 ff.; Degenhart Rdnr. 472 ff.; Gröpl Rdnr. 682 ff.; M/M Rdnr. 691 ff.

2. Teil Zusammenfassende Übersicht

147

BUNDESSTAATSPRINZIP

I. Begriff: ein Gesamtstaat, bei dem die Ausübung der Staatsgewalt auf einen **Zentralstaat** (Bund) und mehrere **Gliedstaaten** (Länder) aufgeteilt ist

→ **Selbstständigkeit** der Länder
- eigene Staatsqualität (arg. e. Art. 30, 70, 83 GG)
- Ewigkeitsgarantie, Art. 79 Abs. 3 GG

→ aber gewisse **Unterordnung** unter den Gesamtstaat
- vgl. Art. 28 Abs. 1 und 3, 31, 37, 84, 85 GG u.a.
- Kompetenz-Kompetenz des Bundes, Art. 79 GG
- kein Austrittsrecht der Länder

II. Konstruktive Aufgliederung nach h.M. **zweigliedrig:**
nur Bund und Länder als staatliche Ebenen auf identischem Staatsgebiet

- keine selbstständige Bedeutung des Gesamtstaates Bundesrepublik
- „Gesamtheit der Länder" kein eigenständiges Rechtssubjekt

III. Regelung der Aufgabenverteilung

> **Trennungsprinzip** Art. 30 GG:
> - grds. Länder zuständig, wenn nicht Zuständigkeit des Bundes bestimmt

> **Zuständigkeitszuweisungen**
> - durch Spezialregeln, z.B. Art. 32 Abs. 1, 104 a GG
> - nach Funktionen
>   - Art. 70 ff.: Gesetzgebung
>   - Art. 83 ff.: Verwaltung
>   - Art. 92 ff.: Rechtsprechung

→ Unterscheidung Bundesrecht – Landesrecht
Art. 31 GG: Bundesrecht bricht Landesrecht
(i.d.R. ohne Bedeutung, da im Kollisionsfall meist schon Zuständigkeit fehlt)

IV. Rechtsbeziehungen zwischen Bund und Ländern

> **1. Einwirkungsmöglichkeiten**
> - des Bundes auf die Länder
>   (z.B. Art. 28 Abs. 3, 37, 83 ff., 104 a Abs. 4, 107, 109 GG)
> - der Länder auf den Bund, insbes. Art. 50 GG
>
> **2.** Gebot zum **bundesfreundlichen Verhalten** (Bundestreue)
> - verfassungsrechtliches Gewohnheitsrecht
> - Inhalt: Zusammenwirkungspflicht, um bundesstaatliche Ordnung zu erhalten
> - **Rechtsfolgen:**
>   - keine selbstständigen Rechte und Pflichten
>   - nur Hilfs-, Mitwirkungs-, Rücksichtnahmepflichten
>
> **3. Kooperativer Föderalismus**
> - Zusammenwirken von Bund und Ländern
>   - Art. 91 a–e GG
>   - sonstige Vereinbarungen und (beratende) Gremien
> - Vereinbarungen zwischen den Ländern, insbes. Staatsverträge
>   - keine Preisgabe der Staatlichkeit
>   - Gemeinschaftseinrichtungen nur, wenn keine dritte Ebene der Staatlichkeit

7. Abschnitt: Umweltschutz als Staatsziel, Art. 20 a, 1. Fall GG[399]

> **Zusammenfassende Übersicht** unten Rdnr. 153.

Lange Zeit umstritten war die Ergänzung des Grundgesetzes um eine Staatszielbestimmung **„Umweltschutz"**. Im Rahmen der Verfassungsreform wurde 1994 in **Art. 20 a GG** die Regelung aufgenommen, dass der Staat auch in Verantwortung für die künftigen Generationen die natürlichen Lebensgrundlagen schützt. Der Umweltschutz ist damit als **objektive Staatszielbestimmung** abgesichert, ohne allerdings dem Bürger insoweit einklagbare subjektive Rechte einzuräumen, insbesondere enthält die Vorschrift **kein Grundrecht**.[400]

148

Als Staatszielbestimmung begründet Art. 20 a GG anders als ein unverbindlicher Programmsatz jedoch eine unmittelbare (objektive) **Verpflichtung des Staates**.

Staatszielbestimmungen sind „Verfassungsnormen mit rechtlich bindender Wirkung, die der Staatstätigkeit die fortdauernde Beachtung oder Erfüllung bestimmter Aufgaben – sachlich umschriebener Ziele – vorschreiben. Sie umreißen ein bestimmtes Programm der Staatstätigkeit und sind dadurch eine Richtlinie oder Direktive für das staatliche Handeln, auch für die Auslegung von Gesetzen und sonstigen Rechtsvorschriften."[401]

A. „Schutz der natürlichen Lebensgrundlagen"

Die **natürlichen Lebensgrundlagen** i.S.d. Art. 20 a GG umfassen die gesamte natürliche **Umwelt** des Menschen, also Luft, Wasser, Boden, Klima sowie Pflanzen, Tiere und Mikroorganismen in ihren Lebensräumen.[402]

149

Art. 20 a GG verpflichtet den Staat,

- **Eingriffe** in die Umwelt zu **unterlassen**,

- Maßnahmen zur **Erhaltung und Wiederherstellung** der natürlichen Lebensgrundlagen zu ergreifen sowie

- **Vorsorgemaßnahmen** zu treffen („in Verantwortung für die künftigen Generationen").[403]

B. Konkretisierung durch den Gesetzgeber

I. Hinsichtlich des bis zuletzt umstrittenen **Ausgestaltungsvorbehaltes** lehnt sich die Neuregelung an den Wortlaut des Art. 20 Abs. 3 GG an. Aufgrund der Weite und Unbestimmtheit des Staatsziels, das der gesetzlichen Konkretisierung bedarf, wird der Schutz

150

---

399 Mo/Mi Rdnr. 544 ff.

400 Kese apf 2007, 1, 47 mit Beispielsfällen; M/M Rdnr. 707 ff.; Gröpl Rdnr. 821 ff.; Degenhart Rdnr. 581 ff.; Sachs/Murswiek Art. 20 a Rdnr. 12; Jarass/Pieroth Art. 20 a Rdnr. 1.
   Graf Vitzthum/Geddert-Steinacher Jura 1996, 42, 43 – Klagen einzelner Bürger gegen das Unterlassen von nach Art. 20 a GG gebotenen Maßnahmen sind deshalb grds. unzulässig.
   Zur Herleitung eines Anspruchs auf umweltschützende Maßnahmen aus Art. 2 Abs. 2 GG und Art. 14 GG vgl. Steinberg NJW 1996, 1985, 1987; Uhle JuS 1996, 96, 100.

401 So die Definition im Bericht der Sachverständigenkommission „Staatszielbestimmungen/Gesetzgebungsaufträge" (1983) Rdnr. 7.

402 Jarass/Pieroth Art. 20 a Rdnr. 2; Sachs/Murswiek Art. 20 a Rdnr. 29.

403 Jarass/Pieroth Art. 20 a Rdnr. 3; Sachs/Murswiek Art. 20 a Rdnr. 33 ff.; Ekardt NVwZ 2013, 1105 („Schutzpflichten").

| 2. Teil | Staatsformmerkmale und Staatszielbestimmungen |

der natürlichen Lebensgrundlagen zunächst der Legislative zugewiesen („durch die Gesetzgebung") und enthält damit einen **Gestaltungsauftrag** an den **Gesetzgeber** (weswegen teilweise auch von einem „Gesetzgebungsvorbehalt" gesprochen wird). Der Gesetzgeber muss sich hierbei „im Rahmen der verfassungsmäßigen Ordnung" halten, wodurch klargestellt wird, dass der Umweltschutz nur ein Ziel unter anderen Verfassungszielen ist. Der Umweltschutz genießt daher **keine Vorrangstellung**, sondern aufgrund der Einordnung in die „verfassungsmäßige Ordnung" hat jeweils eine **Abwägung** mit den anderen Verfassungsprinzipien und Verfassungsrechtsgütern zu erfolgen (Prinzip der praktischen Konkordanz, „schonender Ausgleich"). Hierbei steht dem Gesetzgeber ein **weiter Ermessensspielraum** zu.[404]

Beachte: Der Begriff der „verfassungsmäßigen Ordnung" entspricht dem des Art. 20 Abs. 3 GG, dagegen nicht dem des Art. 2 Abs. 1 GG (gesamte Rechtsordnung). Die Staatszielverpflichtung Umweltschutz kann daher nur durch andere Verfassungsgüter eingeschränkt werden, einfach-gesetzliche Schutzgüter reichen nicht.

151 **II.** Art. 20 a GG kann auch gesetzliche **Beschränkungen von Grundrechten** legitimieren, z.B. der Eigentumsgarantie[405] oder der allgemeinen Handlungsfreiheit und als **verfassungsimmanente Schranke** auch Eingriffe des Gesetzgebers in solche Grundrechte rechtfertigen, die an sich schrankenlos gewährleistet werden.

Beispiele: Glaubensfreiheit (Art. 4 GG) sowie die Wissenschafts- und Kunstfreiheit (Art. 5 Abs. 3 GG).[406]

C. Verwirklichung des Umweltschutzes durch den Rechtsanwender

152 Auch die **Exekutive** und die **Rechtsprechung** wirken bei der Verwirklichung des Staatsziels Umweltschutz mit. Sie sind allerdings an die Entscheidungen des Gesetzgebers gebunden („nach Maßgabe von Gesetz und Recht").

Die Bindung an Gesetz und Recht ergibt sich bereits aus Art. 20 Abs. 3 GG, sodass die Wiederholung in Art. 20 a GG lediglich klarstellende Bedeutung hat.[407]

Verwaltung und Gerichte können daher **keine eigenen Umweltmaßstäbe** setzen, sondern nur im Rahmen der durch den Gesetzgeber eröffneten Möglichkeiten. Insoweit kommt Art. 20 a GG vor allem Bedeutung zu bei der Auslegung unbestimmter Rechtsbegriffe sowie bei Planungs- und Ermessensentscheidungen. Art. 20 a GG begründet aber unmittelbar **keine Ermächtigungsgrundlage** für die Verwaltung, in Grundrechte des Bürgers einzugreifen. Hierfür bedarf es auch im Umweltrecht stets einer Entscheidung des Gesetzgebers.[408]

---

404 BVerfG DVBl. 2007, 821, 831; Jarass/Pieroth Art. 20 a Rdnr. 4 u. 7; Sachs/Murswiek Art. 20 a Rdnr. 60; Murswiek NVwZ 1996, 222: „Der Gesetzgeber soll im Rahmen der verfassungsmäßigen Ordnung verpflichtet sein, die Umwelt zu schützen, aber innerhalb dieses Rahmens soll er selber über Art und Umfang des Schutzes bestimmen".

405 BVerfG DVBl. 2007, 248 – Jagdgenossenschaften.

406 Kese apf 2007, 47, 51 ff.; BVerfG NVwZ 1997, 159.
   Vgl. auch BVerwG NJW 1995, 2648: Beschränkung der Kunstfreiheit durch Art. 20 a GG bei Bauvorhaben im Außenbereich (§ 35 BauGB): „Das bedeutet nicht, dass Art. 5 Abs. 3 GG über die Staatszielbestimmung des Art. 20 a GG einem Gesetzesvorbehalt unterworfen wird. Die dem Schutz des Außenbereichs dienenden Vorschriften des BauGB, mit denen der Gesetzgeber dem ihm erteilten verfassungsrechtlichen Gestaltungsauftrag nachkommt, müssen ihrerseits im Lichte des Art. 5 Abs. 3 S. 1 GG ausgelegt werden, damit ein den Wertvorstellungen des Grundgesetzes entsprechender Ausgleich der widerstreitenden, verfassungsrechtlich geschützten Interessen gefunden werden kann".

407 Kloepfer DVBl. 1996, 73, 75; Becker DVBl. 1995, 713, 717.

408 Sachs/Murswiek Art. 20 a Rdnr. 61; Graf Vitzthum/Geddert-Steinacher Jura 1996, 42, 45.

Soweit Interpretations- und Entscheidungsspielräume eine Beachtung des Art. 20 a GG ermöglichen und fordern, müssen Verwaltung und Gerichte dies bei der Rechtsanwendung berücksichtigen. **Umweltrelevante Maßnahmen** sind daher rechtswidrig, wenn die Staatszielbestimmung bei der Ausfüllung von gesetzlichen Interpretations- und Entscheidungsspielräumen nicht oder nicht ausreichend berücksichtigt worden ist.[409]

Allerdings gilt auch für die rechtsanwendenden Organe, wie für die Legislative, dass das Staatsziel Umweltschutz nur **im Rahmen der verfassungsmäßigen Ordnung** zu beachten ist. Auch bei Einzelfallentscheidungen hat der Umweltschutz, ebenso wie bei gesetzlichen Regelungen, nicht generell Vorrang, sondern es hat eine Abwägung zu erfolgen mit anderen verfassungsrechtlichen Prinzipien und Rechten, insbes. den Grundrechten sowie den Leitprinzipien der Demokratie und des Rechts- und Sozialstaates.[410]

Beispiel: Im Bebauungsplanverfahren ist über die Vermeidung, den Ausgleich und den Ersatz für Eingriffe in Natur und Landschaft im Rahmen der planerischen Abwägung (§ 1 Abs. 6, § 1 a Abs. 2 Nr. 2 BauGB) zu entscheiden.

„Das Gewicht, das Belangen von Natur und Landschaft zukommt, zeigt sich auch in der verfassungsrechtlichen Wertung, die Art. 20 a GG zugrunde liegt. ... Die Verfassung normiert einen Gestaltungsauftrag an den Gesetzgeber. Es ist allgemein anerkannt, dass bei der planerischen Abwägung den Belangen, die den Schutz des Grundgesetzes genießen, ein dementsprechendes erhebliches Gewicht zukommt."[411]

Umweltschutz als Staatsziel gemäß Art. 20 a GG   153

- objektive Staatszielbestimmung
- nicht nur unverbindlicher Programmsatz, sondern unmittelbare Verpflichtung des Staates
- aber kein subjektiv öffentliches Recht, insbes. kein Grundrecht

natürliche Lebensgrundlagen	Schutz
■ gesamte Umwelt des Menschen (Luft, Wasser, Boden, Pflanzen, Tiere, Mikroorganismen)	■ Unterlassen von Eingriffen ■ Erhaltung, Wiederherstellung ■ Vorsorgemaßnahmen

Ausgestaltungsvorbehalt

durch den Gesetzgeber	durch Exekutive/Rechtsprechung
■ im Rahmen d. verfassungsmäßigen Ordnung ■ kein Vorrang des Umweltschutzes Abwägung mit anderen Verfassungsprinzipien und Verfassungsrechtsgütern	■ nach Maßgabe von Gesetz und Recht ■ Abwägung im Einzelfall, kein Vorrang des Umweltschutzes ■ Art. 20 a GG keine selbstständige Ermächtigungsgrundlage

immanente Grundrechtsschranken

---

409 BVerfG RÜ 2011, 41 (GentechnikG); Berg Rdnr. 179; Kloepfer DVBl. 1996, 73, 76 m.w.N.

410 Vgl. z.B. OVG Rh-Pf, Beschl. v. 16.08.2011 – 8 A 10590/11, OVG: Fotovoltaik; Denkmalschutz wiegt im konkreten Fall höher als Art. 20 a GG.

411 Vgl. BVerwG DVBl. 1997, 1112, 1114.

| 2. Teil | Staatsformmerkmale und Staatszielbestimmungen |

8. Abschnitt: Tierschutz als Staatsziel, Art. 20 a, 2. Fall GG

154 Zur Bedeutung dieses Staatsziels gelten grundsätzlich die gleichen Ausführungen wie beim Staatsziel Umweltschutz (siehe dazu oben Rdnr. 148 ff.). Von großer praktischer Bedeutung ist dabei die Funktion als **verfassungsimmanente Schranke** zur Rechtfertigung von Eingriffen in Grundrechten[412] sowie als Verfahrensgarantie im Tierschutzrecht.[413]

Beispiele:

- Verbot des Schächtens: Art. 4 Abs. 1, 2 GG; Art. 12 GG[414]

- Verbot von bestimmten Tierversuchen: Art. 5 Abs. 3 S. 1, 2. Fall GG[415]

9. Abschnitt: Die freiheitliche demokratische Grundordnung und verwandte Begriffe

155 **A.** In zahlreichen Vorschriften verwendet das Grundgesetz den Begriff der **„freiheitlich demokratischen Grundordnung"** (FDGO).

Art. 18 S. 1, 21 Abs. 2 S. 1 und 91 Abs. 1 GG, ferner in Art. 10 Abs. 2 S. 2, 11 Abs. 2, 73 Nr. 10 b, 87 a Abs. 4 S. 1 GG. Auch der in Art. 9 Abs. 2 GG und Art. 98 Abs. 2 S. 1 GG verwandte Begriff der verfassungsmäßigen Ordnung hat die gleiche Bedeutung; anders aber in Art. 2 Abs. 1 GG, wo die „verfassungsmäßige Ordnung" nach der Rspr. des BVerfG die gesamte Rechtsordnung umfasst.

I. Dem Begriff der freiheitlichen demokratischen Grundordnung wird allerhöchster Rang eingeräumt. Sein **Inhalt** wurde vom BVerfG aus den wesentlichen Merkmalen der Demokratie sowie des Rechtsstaates entwickelt: „Die freiheitliche demokratische Grundordnung ist eine Ordnung, die unter **Ausschluss jeglicher Gewalt- und Willkürherrschaft eine rechtsstaatliche Herrschaftsordnung** auf der Grundlage der **Selbstbestimmung des Volkes** nach dem Willen der jeweiligen Mehrheit und der **Freiheit und Gleichheit** darstellt."[416]

II. Zu den **grundlegenden Prinzipien** dieser Ordnung sind insbesondere zu rechnen:

- die Achtung vor den im GG konkretisierten Menschenrechten, vor allem des Rechts der Persönlichkeit auf Leben und freie Entfaltung,

- die Volkssouveränität,

- die Gewaltenteilung,

- die Verantwortlichkeit der Regierung,

- die Gesetzmäßigkeit der Verwaltung,

- die Unabhängigkeit der Gerichte,

---

412 Vgl. i.E. BVerwGE 129, 183; Holste JA 2002, 907; Rossi JA 2004, 500, 502 ff.; M/M Rdnr. 707 ff.; Gröpl Rdnr. 821 ff.; Degenhart Rdnr. 587; Maurer § 5 Rdnr. 41 b; Kese apf 2007, 1, 47.

413 BVerfG DVBl. 2011, 92 Anm. Durner S. 97; Anm. Hillgruber JA 2011, 318.

414 Hess VGH NJOZ 2006, 953, Anm. Kluge NVwZ 2006, 650; Dietz DÖV 2008, 489.

415 Degenhart a.a.O.

416 BVerfGE 2, 1, 12 – SRP-Urteil; BVerfGE 5, 85, 140 – KPD-Urteil; BVerwG DVBl. 1995, 37, 38; HessVGH NVwZ 1999, 904; NJW 2000, 232; Maurer § 23 Rdnr. 5; Z/W S. 503 ff.; Degenhart Rdnr. 85; M/M Rdnr. 146; Gröpl Rdnr. 251 ff.; Mo/Mi Rdnr. 283.

| Die freiheitliche demokratische Grundordnung und verwandte Begriffe | **9. Abschnitt** |

- das Mehrparteienprinzip,

- die Chancengleichheit für alle politischen Parteien, mit dem Recht auf verfassungsmäßige Bildung und Ausübung einer Opposition,

- das sozialstaatliche Bemühen, schädliche Auswirkungen schrankenloser Freiheit zu verhindern und soziale Gerechtigkeit zu verwirklichen.

Es liegt nahe, die freiheitliche demokratische Grundordnung den in Art. 79 Abs. 3 GG gewährleisteten Prinzipien gegenüber zu stellen. Teilweise wird angenommen, dass beide Bereiche sich decken. Nach h.M. ist der Begriff der freiheitlichen demokratischen Grundordnung aber insofern enger, als er die Republik und das Bundesstaatsprinzip nicht umfasst,[417] sich also nur auf den Kernbestand des Demokratie- und Rechtsstaatsprinzips bezieht. – Vgl. auch die Aufzählung in § 4 Abs. 2 BVerfSchG und § 92 Abs. 2 Nr. 1–5 StGB.

III. Ein Verstoß gegen die „FDGO" liegt noch nicht bei Ablehnung einzelner Aspekte vor (wegen Art. 5 Abs. 1 S. 1 GG), sondern erst bei **aggressiver Grundhaltung und Bekämpfung.**[418]

B. Verwandte Begriffe, die wie die „FDGO" Verfassungsrang haben, sind:

- **Verfassungsmäßige Ordnung** (Art. 9 Abs. 2, 21 Abs. 2 GG);   **156**

- **Verfassungstreue** (Art. 5 Abs. 3 S. 2 GG);[419]

- **Gebot der Rechtstreue** (ungeschriebene Voraussetzung von Art. 140 GG, 137 Abs. 5 S. 2 WRV);[420]

- **Gemeinwohl** (§ 80 BGB, z.B. i.V.m. § 4 Abs. 1 a StiftungsG NRW);

- **Bestand des Bundes** bzw. der BRD (§ 92 Abs. 1 StGB; Art. 10 Abs. 2 S. 2, 11 Abs. 2, 21 Abs. 2 GG);

- **demokratische Grundsätze** (Art. 21 Abs. 1 S. 2 GG).[421]

---

417 Degenhart Rdnr. 222; Gröpl Rdnr. 253; Ipsen Rdnr. 187.

418 BVerfGE 5, 85; BVerwG RÜ 2010, 795 = NVwZ 2011, 161.

419 Zur Bedeutung im Rahmen des Ermessens gemäß § 8 Abs. 1 StAG vgl. BW NVwZ 2001, 1434.

420 BVerfG NJW 2001, 429 – Zeugen Jehovas.

421 Zum Ganzen vgl. ausführlich Maurer § 23.

3. Teil: Wahlen – Bundestag – Parteien

1. Abschnitt: Die Wahl des Bundestages

A. Wahlsystem[422]

157   **I.** Beim **Wahlsystem** gibt es grds. zwei Möglichkeiten für die Verknüpfung der abgegebenen Stimmen mit den zu besetzenden Abgeordnetensitzen:

Bei der **Mehrheitswahl** wird das Wahlgebiet in so viele Wahlkreise eingeteilt, wie Sitze im Parlament zu vergeben sind. In jedem Wahlkreis wird ein Kandidat gewählt.

Bei der **absoluten** Mehrheitswahl siegt, wer mehr als 50% der abgegebenen Stimmen in seinem Wahlkreis auf sich vereinigt. Gelingt dies keinem Kandidaten, muss eine Stichwahl erfolgen (so z.B. in Frankreich). Bei der relativen Mehrheitswahl (so in Großbritannien) ist gewählt, wer mehr Stimmen als jeder andere Mitbewerber in seinem Wahlkreis erhält.

158   **II.** Beim **Verhältniswahlrecht** werden von den Parteien aufgestellte Listen gewählt. Jede Partei erhält soviel Sitze, wie es ihrem Prozentanteil an Stimmen entspricht. Hierbei sind weitere Unterscheidungen möglich: Systeme mit starrer[423] oder mit freier Liste (d.h. Auswahlmöglichkeit der Wähler), mit unbeweglicher (so beim Bundestag) oder beweglicher Mitgliederzahl der zu wählenden Körperschaft.

Die Mehrheitswahl führt zwar regelmäßig zu stabilen Regierungsverhältnissen, benachteiligt aber Minderheiten. Beim Verhältniswahlrecht ist der Erfolgswert der abgegebenen Stimmen dagegen weitgehend gleich. Aber es droht eine Zersplitterung des Parlaments in zahlreiche kleine politische Gruppen, die nur schwer eine regierungsfähige Mehrheit bilden können. Der Gesetzgeber kann zwischen beiden Systemen grds. frei wählen.[424]

159   **III.** Das Wahlsystem für die **Bundestagswahlen** ist nicht im GG niedergelegt, sondern hat nur die weiten Schranken des Art. 38 Abs. 1 S. 1 GG einzuhalten. Es findet sich im BWG und besteht aus einer Verbindung der beiden o.g. Systeme **(personalisierte Verhältniswahl):**

---

422   § 6 BWG in der ab 09.05.2013 gültigen Fassung (BGBl. I 2013, 1082); BT-Drs. 11/11819, 17/12417; Lang NJW-aktuell 2013, 14; Behnke RÜP 2013, 1; Degenhardt Rdnr. 91 ff.; Ipsen Rdnr. 106 ff.; Gröpl Rdnr. 370 ff.

423   Zur Verfassungsmäßigkeit vgl. BVerfG, Urt. v. 09.11.2011 – 2 BvC 4/10 u.a. (§ 2 Abs. 7 EuWG).

424   BVerfG NJW 1998, 2892, 2893; NJW 1997, 1553; RÜ 2012, 587.

Die Wahl des Bundestages — 1. Abschnitt

160

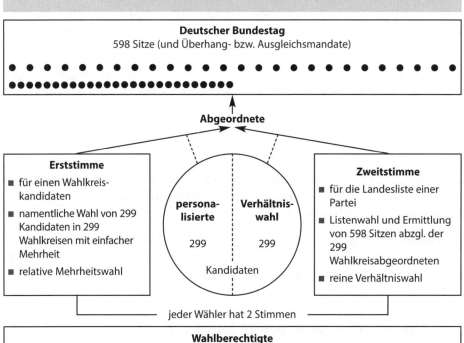

1. Der Bundestag hat grds. 598 Abgeordnete (§ 1 Abs. 1 BWG), wovon eine Hälfte (299) durch Mehrheitswahl (Direktmandate) und die andere (Listenmandate) nach den Grundsätzen der Verhältniswahl gewählt wird (§ 1 Abs. 2 BWG).

2. Jeder Wähler hat **zwei Stimmen:** eine Erststimme für die Wahl eines Wahlkreisabgeordneten, eine Zweitstimme für die Wahl einer Landesliste (§ 4 BWG).[425]

3. Die **Verteilung der Sitze** richtet sich nach § 6 BWG:[426]

a) **1. Stufe/„1. Verteilung":** Verteilung auf die Landeslisten der Parteien – Sitzkontingente nach Bevölkerungszahl

- Zusammenzählung der für jede Landesliste abgegebenen Zweitstimmen; § 6 Abs. 1 S. 1 BWG.

- Die Gesamtzahl der Sitze gemäß § 1 Abs. 1 S. 1 BWG (598) wird den Ländern nach deren Bevölkerungsanteil (§ 3 Abs. 1 BWG) zugeordnet; § 6 Abs. 2 S. 1, 1. Halbs. BWG.

- Die so ermittelte Sitzzahl wird auf der Grundlage der zu berücksichtigenden Zweitstimmen den Landeslisten zugeordnet; § 6 Abs. 2 S. 1, 2. Halbs. BWG.

Gemäß § 6 Abs. 3 S. 1, 1. Halbs. BWG bleiben Parteien, die weniger als 5% der gültigen Zweitstimmen auf sich vereinigen konnten, bei der Sitzverteilung grds. unberücksichtigt (sog. **Sperrklausel**), sofern

---

[425] Zur Verfassungsmäßigkeit des dadurch möglichen Stimmensplittings BVerfG NJW 1989, 1347; 1997, 1553, 1558.
[426] Robbe WD Nr. 16/13; Lang NJW-aktuell 2013, 14.

| 3. Teil | Wahlen – Bundestag – Parteien |

nicht mindestens drei Direktmandate errungen worden sind (sog. **Grundmandatsklausel** gemäß § 6 Abs. 3 S. 1, 2. Halbs. BWG) oder eine **Partei nationaler Minderheiten** vorliegt; § 6 Abs. 3 S. 2 BWG.[427]

■ Von der für jede Landesliste ermittelten Sitzzahl wird die Zahl der von der Partei in den Wahlkreisen des Landes erhobenen Direktmandate abgerechnet; § 6 Abs. 4 S. 1 BWG. Die restlichen Sitze werden streng nach Reihenfolge der jeweiligen Landesliste besetzt.

■ Erringt eine Partei mehr Direktmandate als ihr nach der Sitzzahl gemäß § 6 Abs. 2 BWG zustehen, so verbleiben ihr auch diese Sitze als sog. **Überhangmandate**; § 6 Abs. 4 S. 2 BWG.

b) 2. Stufe/„2. Verteilung": Ausgleichverfahren bei Überhangmandaten

Gemäß § 6 Abs. 5, Abs. 6 BWG erfolgt ein vollständiger Ausgleich für die anderen Parteien, die kein Überhangmandat errungen haben (sog. **Ausgleichsmandate**). Damit entspricht die endgültige Sitzverteilung im Bundestag exakt dem Zweitstimmenanteil aller Parteien bei der jeweiligen Bundestagswahl.

Hinweis: Die Summe aus der Mindestsitzzahl des BT (598) sowie aus den Überhangmandaten (bei der Wahl 2013: 4) und den Ausgleichsmandaten (bei der Wahl 2013: 29[428]) ergibt die **„Zahl der Mitglieder des Bundestages" = 631** *(z.B. i.S.v. Art. 42 Abs. 1, 79 Abs. 2, 93 Abs. 1 Nr. 2 GG).*

B. Wahlrechtsgrundsätze (Art. 38 Abs. 1 S. 1 GG)[429]

Fallbearbeitung von Schoch Fall 5; Degenhart/K Fall 6; Shirvani/Schröder Jura 2007, 143; Szczekalla JuS 2006, 901; Stumpf JuS 2010 (H.1); Geis Fall 2; Hornung/Kammermeier JuS 2012, 931; Stumpf JA 2012, 923.

161　Die für die Bundestagswahl maßgebenden Rechtsvorschriften finden sich

■ in den Wahlrechtsgrundsätzen des Art. 38 Abs. 1 S. 1 GG und der Vorschrift über die Wahlberechtigung (Art. 38 Abs. 2 GG) und

■ im Bundeswahlgesetz (BWG)[430] als Konkretisierung des Gesetzesvorbehaltes in Art. 38 Abs. 3 GG.

Art. 38 Abs. 1 S. 1 GG normiert die fünf grundlegenden **Wahlrechtsgrundsätze:**

Die Abgeordneten des Deutschen Bundestages werden in

■ **allgemeiner,**

■ **unmittelbarer,**

■ **freier,**

■ **gleicher** und

427　Zur Verfassungsmäßigkeit vgl. BVerfG NVwZ 2005, 568; VerfG S-H NVwZ 2013, 1546.

428　Krit. zu den Ausgleichsmandaten Hettlage in: Publicus 10/2013, 22.

429　Guter Kurzüberblick bei Vosskuhle/Kaufhold JuS 2013, 1078; Lampert JuS 2011, 884 (nur Gleichheitsrechte); vgl. auch Degenhart Rdnr. 43 ff.; Maurer § 13 Rdnr. 1–42; Ipsen Rdnr. 71 ff.; Pieroth/Schlinck Rdnr. 460 ff., 1037 ff.; Berg Rdnr. 198 ff.; Mo/Mi Rdnr. 195 ff.; Kloepfer Rdnr. 121 ff.; Schmidt S. 222 ff.; Gröpl Rdnr. 361 ff.; Morlok JuS 2012, 913.

430　Zur Entwicklung und zu Reformbestrebungen vgl. ausführlich Schreiber DVBl. 2006, 529.

> ■ **geheimer** Wahl gewählt.[431]

Als ungeschriebener Grundsatz kommt hinzu die **Öffentlichkeit** der Wahl.

I. Allgemeinheit der Wahl[432]

Fallbearbeitung bei Stumpf/Hillgruber JuS 2010, 35, 41.

1. Die **Allgemeinheit** der Wahl betrifft die Teilnahme an der Wahl in den beiden Beteiligungsformen: wählen und gewählt werden **(aktives und passives Wahlrecht)**. Im Hinblick auf diese beiden Formen ist Gleichbehandlung erforderlich. Der Grundsatz der Allgemeinheit der Wahl ist ein Spezialfall des allgemeinen Gleichheitssatzes. Allgemeinheit der Wahl bedeutet, dass das **aktive und passive Wahlrecht** grds. **allen Bevölkerungsgruppen in gleicher Weise offen stehen muss**; erfasst wird auch das Recht des Bürgers oder Parteimitgliedes, Wahlvorschläge zu machen sowie das Recht des Bürgers, auch ohne Glaubhaftmachung von Antragsgründen die Briefwahl durchführen zu können.[433] Unzulässig ist es daher, bestimmte Bevölkerungsgruppen aus politischen, wirtschaftlichen oder sozialen Gründen von der Ausübung des Wahlrechts auszuschließen. Zulässig sind **Einschränkungen** der Allgemeinheit der Wahl nur, wenn sie ihrerseits allgemein gehalten sind und für sie ein **zwingender Grund** besteht,[434] also ein Wert mit Verfassungsrang, der nach Einzelfallabwägung höher wiegt, als die Allgemeinheit der Wahl.

„Zwingender Grund" für die Ungleichbehandlung von Wahlbewerbern können z.B. Inkompatibilitätsvorschriften sein i.S.v. Art. 137 Abs. 1 GG z.B. i.V.m. § 28 Nr. 2 BWG (wegen Art. 20 Abs. 3 GG, Rechtsstaatsprinzip, Grundsatz der persönlichen Gewaltenteilung), soweit sie nicht faktisch zur Unwählbarkeit **(Ineligibilität)** führen.[435]

2. Wahlberechtigt sind insbesondere nur **Deutsche** und nicht Ausländer (§§ 1, 12 BWG). Dies entspricht dem Wesen der Wahlen zu den Staatsorganen, die durch das **Staatsvolk** erfolgen (Art. 20 Abs. 2 GG). Der Ausschluss von Ausländern verletzt nicht den Grundsatz der allgemeinen Wahl.

Eine andere Frage ist, ob Ausländern, die sich schon länger in der Bundesrepublik aufhalten, das Wahlrecht **eingeräumt** werden soll, mit dem Ziel ihrer besseren Integration; vgl. dazu unten Rdnr. 195 ff.

Die Allgemeinheit der Wahl kann nicht dadurch verletzt werden, dass Ausländern (unzulässigerweise) die Teilnahme an der Wahl gestattet wird. Art. 38 GG gewährt kein subjektives Recht i.S. einer wahlrechtlichen „Konkurrentenklage".[436]

3. Eine weitere Einschränkung ergab sich bisher aus dem Erfordernis der **Sesshaftigkeit** im **Wahlgebiet** wegen § 12 Abs. 2 S. 1 BWG a.F. Diese Vorschrift wurde vom BVerfG[437] für unvereinbar mit dem Grundsatz der Allgemeinheit der Wahl aus Art. 38 Abs. 1 S. 1 GG gehalten und vom Bundesgesetzgeber mit Wirkung ab 03.05.2013 durch eine Neuregelung ersetzt.[438]

162

163

164

---

431 Merkformel „auf GG"; ausführlich Degenhart Rdnr. 23 ff.; Schoch S. 243 ff.; Maurer § 13 Rdnr. 1–42; Ipsen Rdnr. 71 ff.; Hendler Rdnr. 124–158; Pieroth/Schlink Rdnr. 1037–1056, 460 ff.; Berg Rdnr. 198 ff.

432 Vgl. Maurer § 13 Rdnr. 1–42; Berg Rdnr. 198 ff.; Gröpl Rdnr. 361 ff., 372 ff.; M/M Rdnr. 97 ff.; Degenhart Rdnr. 46; Ipsen Rdnr. 75 ff.

433 BVerfG, Beschl. v. 09.07.2013 – 2 BvC 7/10.

434 BVerfGE 36, 139, 141; 58, 202, 205; Jarass/Pieroth Art. 38 Rdnr. 5; Kunig Jura 1994, 554, 556.

435 Vgl. BVerwG NVwZ 2003, 90, Anm. Schliesky JA 2003, 379; M I Rdnr. 153 ff.; Menzel DÖV 1996, 1037.

436 BVerfG NVwZ 1998, 52 zum Kommunalwahlrecht für EU-Bürger nach Art. 28 Abs. 1 S. 3 GG.

437 Beschl. v. 04.07.2012 – 2 BvC 1/11 u.a.; abweichendes Votum Lübbe-Wolff.

438 BGBl. I 2013, 962.

| 3. Teil | Wahlen – Bundestag – Parteien |

165 4. Weitere zulässige Einschränkungen der Allgemeinheit der Wahl ergeben sich z.B. im Hinblick auf das **Wahlalter** (§ 12 Abs. 1 Nr. 1 BWG) sowie geistig-körperliche und staatsbürgerliche Mängel (vgl. §§ 13, 15 BWG).[439]

Diskutiert wird in neuerer Zeit vor allem die **Senkung des Wahlalters** für das aktive Wahlrecht. Während die Reichsverfassung von 1871 noch an die Vollendung des 25. Lebensjahres anknüpfte, differenzierte das GG ursprünglich zwischen dem aktiven (21. Lebensjahr) und dem passiven Wahlrecht (25. Lebensjahr). 1970 erfolgte die Senkung auf das 18. Lebensjahr für das aktive Wahlrecht und 1975 mit der Neuregelung der Volljährigkeit auch für das passive Wahlrecht. Die Forderung, das Wahlalter weiter zu senken (vorgeschlagen wird insbesondere das 16. Lebensjahr), wird vor allem damit begründet, die Beteiligung Jugendlicher am politischen Geschehen zu fördern. Umstritten ist allerdings, ob hier bereits allgemein die erforderliche **politische Einsichtsfähigkeit** bejaht werden kann.[440]

166 In den Ländern ist das aktive **Kommunalwahlrecht** teilweise auf das 16. Lebensjahr gesenkt worden (so z.B. in Niedersachsen und NRW). Auf Bundesebene ist wegen Art. 38 Abs. 2 GG in jedem Fall eine **Verfassungsänderung** erforderlich.

Weitergehend wird teilweise sogar ein **Wahlrecht ab Geburt**[441] propagiert, das zunächst von den Eltern ausgeübt werden soll.[442] Das alternativ vorgeschlagene **Familienwahlrecht**, wonach die Eltern zusätzliche Stimmen erhalten sollen, würde u.a. gegen den Grundsatz der Gleichheit der Wahl verstoßen.[443]

II. Gleichheit der Wahl[444]

167 Grundsätzlich sollen alle Wähler mit ihren Stimmen den gleichen Einfluss auf das Wahlergebnis haben (**aktive Wahlrechtsgleichheit**, grds. **gleicher Erfolgswert** jeder Wählerstimme) und alle Wahlkandidaten sollen bei Wahlen die gleichen Chancen haben (**passive Wahlrechtsgleichheit**).

Erfasst wird der gesamte Wahlvorgang von der Aufstellung der Bewerber über die Stimmabgabe (auch bei einer eventuell erforderlichen Nachwahl gemäß § 43 Abs. 1 Nr. 2 BWG)[445] und Auswertung der abgegebenen Stimmen bis zur Zuteilung der Abgeordnetensitze im Bundestag. Wie bei der Allgemeinheit der Wahl wird auch das Recht des Bürgers oder Parteimitgliedes, Wahlvorschläge zu machen,[446] erfasst.

---

439 Vgl. dazu Schreiber BWahlG §§ 13, 15; M I Rdnr. 147; Kunig Jura 1994, 554, 556 m.w.N.; OVG RhPf NJW 2006, 3658; BVerfG NVwZ 1997, 1207.
Fallbearbeitung von Kelm Jura 2001, 611: Höchstaltersgrenze für die Wahl zum Bürgermeister ist mit dem Grundsatz der Allgemeinheit der Wahl vereinbar, da hierdurch die Effektivität der Amtsführung gesichert werden soll.

440 Grds. bejahend Oebbecke JZ 2004, 987; ablehnend Schreiber DVBl. 2004, 1341; vMünch NJW 1995, 3165 f.; wohl auch BVerfG NVwZ 2002, 69 f.; vgl. auch den (erfolglosen) Gesetzesentwurf von Bündnis 90/Die Grünen in BT-Drs. 17/13257, 17/13999.

441 Zum Kinderwahlrecht vgl. die Fallbearbeitung von Melleck/Sabellek NdsVBl. 2010, 26 (Hausarbeit).

442 Peschel-Gutzeit NJW 1997, 2861 ff.; dagegen Roellecke NJW 1996, 2773; vMünch NJW 1995, 3165, der zutreffend auf einen Verstoß gegen die Höchstpersönlichkeit der Wahlrechtsausübung hinweist.

443 Otto JuS 2009, 925 mit Fallbearbeitung; Burkiczak JuS 2009, 805, 809 FN 83 ff.

444 Vgl. Gröpl Rdnr. 379 ff.; M/M Rdnr. 106 ff.; Degenhart Rdnr. 53 ff., 58 ff.; Ipsen Rdnr. 95 ff.

445 Sofern die Nachwahl nach Bekanntgabe des Bundeswahlergebnisses erfolgt, ist umstr., ob damit ein Verstoß gegen die aktive Wahlrechtsgleichheit, gleicher Erfolgswert der Stimme vorliegt; vgl. dazu Ipsen DVBl. 2005, 1465; Sodan/Kluckert NJW 2005, 3241; BVerfG JuS 2009, 953 Anm. Sachs.

446 BVerfG NJW 1990, 3001 f.; NJW 1994, 922 f.; DVBl. 1995, 284 f.; Hbg. VerfG NVwZ 1993, 1083 (zur Ungültigerklärung der Wahl zur hamburgischen Bürgerschaft von 1991).

Die Wahl des Bundestages | **1. Abschnitt**

1. Aktive Wahlrechtsgleichheit

Fallbearbeitung bei Degenhart/K II Fall 6.

a) Die aktive Wahlrechtsgleichheit (zugunsten des Wählers) gewährleistet zunächst, dass jede abgegebene Stimme bei der Bundestagswahl gleich zählt **(gleicher Zählwert)**. Eine unterschiedliche Gewichtung der Wählerstimmen, wie z.B. bis 1918 im Preußischen Klassenwahlrecht, ist damit absolut unzulässig.[447]

168

b) In der Praxis erheblich wichtiger ist der Grundsatz des **gleichen Erfolgswertes**, d.h. dass jede Wählerstimme grds. auch den gleichen Einfluss auf das Wahlergebnis, insbesondere auf die Verteilung der Sitze im Bundestag, haben muss.[448]

Problematisch und teilweise hoch streitig sind in diesem Zusammenhang folgende Fallgruppen:

- **Überhangmandate ohne/mit beschränkter Ausgleichspflicht** (s.u. Rdnr. 169),

- **5% Sperrklausel** in § 6 Abs. 3 S. 1, 1. Halbs. BWG (s.u. Rdnr. 170 f.),

- **Grundmandatsklausel** in § 6 Abs. 3 S. 1, 2. Halbs. BWG (s.u. Rdnr. 172 ff.),

- **Negatives Stimmgewicht** wegen §§ 6 Abs. 5; 7 Abs. 3 S. 2 BWG a. F. (s.u. Rdnr. 175 f.),

aa) Überhangmandate ohne/mit beschränkter Ausgleichspflicht

In der Gewährung von Überhangmandaten ohne Ausgleichspflicht in § 6 Abs. 5 BWG a.F. konnte eine dem Grundsatz der Gleichheit der Wahl widersprechende Bevorzugung der „großen" Parteien liegen, die anders als kleinere Parteien typischerweise Direktmandate erzielen. Denn durch Überhangmandate wird der Erfolgswert der Stimmen beeinträchtigt, da eine Partei mit Überhangmandaten relativ gesehen weniger Zweitstimmen pro Mandat benötigt als eine Partei ohne Überhangmandate.

169

So brauchte z.B. die SPD (mit 13 Überhangmandaten) bei der Bundestagswahl 1998 für einen Abgeordnetensitz im Durchschnitt ca. 3000 Zweitstimmen weniger als die anderen Parteien. Ursachen für die hohe Zahl an Überhangmandaten (1994: 16; 1998: 13; 2005: 16) sind vor allem ein starkes **Stimmensplitting** und eine große Zahl relativ kleiner Wahlkreise in den neuen Bundesländern.[449] Durch die für die Bundestagswahl 2002 erfolgte Neueinteilung der Wahlkreise sollte dieser Entwicklung entgegen gewirkt werden.

Die bisherigen Streitfragen[450] haben sich jedenfalls auf Bundesebene erledigt durch die Neufassung von § 6 Abs. 5 u. 6 BWG, in dem eine vollständige Ausgleichspflicht vorgesehen ist.

bb) 5% Sperrklausel; Grundmandatsklausel

170

Fallbearbeitung bei Degenhart/K I Fall 1.

Gemäß § 6 Abs. 3 S. 1 BWG werden bei der Verteilung der Sitze auf die Landeslisten nur Parteien berücksichtigt, die

---

447 BVerfG NJW 1997, 1553 f.

448 BVerfGE 85, 148, 157; BVerfG, Urt. v. 09.11.2011 – 2 BvC 4/10 u.a. (§ 2 Abs. 7 EuWG).

449 Vgl. Lege Jura 1998, 462, 465.

450 Vgl. zuletzt BVerfG RÜ 2012, 587.

| | 3. Teil | Wahlen – Bundestag – Parteien |

- mindestens fünf von Hundert der im Wahlgebiet abgegebenen gültigen Zweitstimmen erhalten haben **(Sperrklausel)** oder

- in mindestens drei Wahlkreisen einen Sitz (Direktmandat) errungen haben **(Grundmandatsklausel)**.[451]

171 **(1) Sperrklausel:**[452]

Der **Erfolgswert** der Zweitstimmen, die auf eine diese Bedingung nicht erfüllende Partei entfallen, ist stets Null, selbst wenn es sich hierbei um Parteien handelt, die mehr als 2 Mio. Stimmen auf sich vereinigen konnten, eine Stimmenzahl, mit der eine der größeren Parteien ca. 30 Abgeordnete erhält. Grds. fordert der Grundsatz der Gleichheit der Wahl auch die Gleichheit des Erfolgswertes (s.o.). Differenzierungen sind nur ausnahmsweise zulässig, wenn der Zweck des Wahlverfahrens es **zwingend** erfordert.[453] Dies wird vom BVerfG und der h.L. bejaht.

Zur Begründung wird vor allem darauf verwiesen, dass eine strikt durchgeführte Wahlrechtsgleichheit es auch kleinen Gruppen mit zerstreuter Wählerschaft oder reinen Interessenorganisationen ermöglichen würde, in das Parlament zu gelangen. Dadurch würde die Gefahr einer übermäßigen Parteienzersplitterung heraufbeschworen und – wie die Erfahrungen in der Weimarer Republik gezeigt haben – eine Regierungsbildung erschwert, wenn nicht gar unmöglich gemacht. In diesen staatspolitischen Gefahren sieht das BVerfG besonders wichtige Gründe, die ausnahmsweise den Gesetzgeber berechtigen, in gewissen, eng umschriebenen Grenzen vom Grundsatz der formalen Wahlrechtsgleichheit abzuweichen. Eine Sperrklausel ist daher grds. verfassungsgemäß; nach h.M. allerdings nur, wenn sie 5% nicht übersteigt.[454]

Sperrklauseln bei Wahlen zum Europäischen Parlament[455] sowie im Kommunalwahlrecht[456] sind nach Auffassung des BVerfG dagegen grds. verfassungswidrig und nichtig. Eine Beeinträchtigung der Funktionsfähigkeit der Vertretungsorgane durch den Einzug von kleinen Parteien („Splitterparteien") sei hier nicht zu erwarten.[457]

(2) Grundmandatsklausel[458]

172 Ein gewisser Ausgleich für kleinere Parteien wird zudem durch die sog. **Grundmandatsklausel** (§ 6 Abs. 3 S. 1, 2. Fall BWG) erreicht, wonach auch Parteien, die keinen Stimmenanteil von 5% erreicht haben, bei der Sitzverteilung berücksichtigt werden, wenn sie in mindestens drei Wahlkreisen ein **Direktmandat** errungen haben. Erfüllt eine Partei diese Voraussetzung, so bleiben ihr nicht nur die Direktmandate erhalten, sondern sie nimmt in **vollem Umfang** an der Verteilung der Listensitze entsprechend ihrem Stimmenanteil teil.

---

451 Zu den Besonderheiten bei Parteien nationaler Minderheiten vgl. § 6 Abs. 6 S. 2 BWG und BVerfG NVwZ 2005, 568; OVG SH NVwZ-RR 2003, 161, Anm. Sachs JuS 2003, 606; Zimmermann JZ 2003, 522.

452 Vgl. auch Gröpl Rdnr. 1051 ff.; Ipsen Rdnr. 103; M/M Rdnr. 107 FN 45; Degenhart Rdnr. 61; Morlok/Kühr JuS 2012, 385.

453 Zuletzt BVerfG, Urt. v. 09.11.2011 – 2 BvC 4/10 u.a. (§ 2 Abs. 7 EuWG) Anm. Roßner LTO v. 26.11.2011.

454 BVerfG NJW 1997, 1568, 1569; ablehnend Dreier Jura 1997, 249, 254.

455 BVerfG, Urt. v. 09.11.2011 – 2 BvC 4/10 zur 5 %-Klausel in § 2 Abs. 7 EuWG a.F., ebenso BVerfG, Urt. v. 26.02.2014 – 2 BvE 2/13 u.a. zur 3 % in § 2 Abs. 7 EuWG n.F.

456 BVerfG NVwZ 2008, 407 Anm. Sachs JuS 2008, 730; anders z.B. VerfGH Berlin, Urt. v. 13.05.2013 – VerfGH 155/11zur 3%-Klausel bei Wahlen zur Bezirksverordnetenversammlung.

457 BVerfG, Urt. v. 26.02.2014 – 2 BvE 2/13 zur Europawahl „unter den gegenwärtigen tatsächlichen und rechtlichen Verhältnissen.

458 Vgl. auch Gröpl Rdnr. 1055 ff.; Ipsen Rdnr. 100 f.; M/M Rdnr. 108; Degenhart Rdnr. 59 f.

(a) Die **h.Lit.** hält deshalb die Grundmandatsklausel für **verfassungswidrig**. Es sei nicht 173
nachvollziehbar, warum Schwerpunktparteien parlamentswürdiger seien als sonstige
Splitterparteien. Die Differenzierung führe im Übrigen zu einer nicht zu rechtfertigen-
den systembedingten Ungleichbehandlung, wenn z.B. eine Partei mit 4,9% der Stimmen und nur zwei Direktmandaten auch nur mit diesen beiden im Parlament vertreten
sei, eine Partei mit 4,0%, aber drei Direktmandaten, dagegen mit über 20 Abgeordneten. Die Besonderheiten der personalisierten Verhältniswahl rechtfertigten es allenfalls,
dass die aufgrund der Erststimmen errungenen Direktmandate erhalten bleiben, auch
wenn die Partei insgesamt weniger als 5% der Stimmen erhalte. Insoweit sei dann dem
Gesichtspunkt der lokalen Präsenz ausreichend Rechnung getragen. Die Teilnahme am
Verhältnisausgleich könnte dagegen dazu führen, dass, aufgrund der über das ganze
Wahlgebiet zerstreuten Zweitstimmen, Abgeordnete in das Parlament einziehen, die
nicht den geringsten Bezug zum lokalen Schwerpunkt der Partei aufweisen. Schließlich
eröffne die Grundmandatsklausel die Möglichkeit der Manipulation, wenn z.B. eine größere Partei in drei Wahlkreisen auf eigene Direktkandidaten zugunsten einer kleineren
Partei verzichte, damit deren Zweitstimmen im Interesse der gemeinsamen Sache nicht
verloren gehen (sog. Huckepackverfahren).[459]

(b) Das **BVerfG** verweist demgegenüber darauf, dass „zwingende Gründe" den Eingriff 174
in die Erfolgswertgleichheit auch hier rechtfertigen. Dafür sei nicht ein verfassungsrechtliches Gebotensein (etwa wegen kollidierender Verfassungswerte) erforderlich,
sondern es genügt bereits ein verfassungsrechtliches Legitimiertsein. **Verfassungsle-
gitim** sei insbesondere das Ziel, den Charakter der Wahl als Integrationsvorgang zu sichern. **Integration** bedeute in diesem Zusammenhang, dass alle bedeutsamen politischen Kräfte im Parlament repräsentiert sein sollen. Auf welche Weise die gegenläufigen Belange der Funktionsfähigkeit des Parlaments, der integrativen Repräsentanz und
der Wahlrechtsgleichheit zum Ausgleich gebracht werden, bleibe dem Gesetzgeber
überlassen, solange er sich in dem engen verfassungsrechtlichen Spielraum bewegt.
Der Gesetzgeber dürfe im Erwerb von drei Direktmandaten ein Indiz dafür sehen, dass
die hinter den erfolgreichen Kandidaten stehende Partei besondere Anliegen aufgegriffen hat, die eine Repräsentanz im Parlament rechtfertigen.[460]

cc) Negatives Stimmgewicht[461]

Fallbearbeitung bei BVerfG RÜ 2008, 521; Pauland/Rolfsen Jura 2010, 677, 680 = Fall 2.

(1) Unter dem Begriff des negativen Stimmgewichts werden unterschiedliche Paradoxi- 175
en im Verfahren der Mandatszuteilung zusammengefasst, denen gemeinsam ist, dass
der Gewinn von Zweitstimmen einer Partei bei genau dieser Partei zu einem Mandatsverlust führen kann. Der Effekt kann auch in umgekehrte Richtung derart auftreten, dass
der Verlust von Zweitstimmen zu einem Mandatsgewinn führt.

---

459 Jarass/Pieroth Art. 38 Rdnr. 22; Meyer in Isensee/Kirchhof II, § 38 Rdnr. 30; Erichsen Jura 1984, 22, 32; Linck Jura 1986,
     460, 464; Hobe JA 1998, 50, 51 m.w.N.; Palm Jura 2002, 700.

460 BVerfG NJW 1997, 1568; NJW 1998, 3037, 3038; Degenhart Rdnr. 61; Hendler Rdnr. 156; Maurer § 13 Rdnr. 34; teilweise
     kritisch Lege Jura 1998, 462, 469, der darauf hinweist, dass das BVerfG für Differenzierungen im Rahmen der Wahlrechts-
     gleichheit damit keinen „zwingenden", sondern (nur noch) einen „zureichenden" bzw. „staatspolitisch legitimen"
     Grund fordert.

461 Vgl. dazu BVerfG RÜ 2008, 521 = NVwZ 2008, 991 (Negatives Stimmgewicht); Anm. Sachs JuS 2008, 1112; Degenhart
     Rdnr. 58 ff.; Ipsen Rdnr. 121 a; M/M Rdnr. 119 FN 77.

Gefördert wurde dieser Effekt insbesondere dadurch, dass nach dem alten BWahlG die Landeslisten derselben Partei zu einer Liste verbunden wurden (§ 7 BWahlG a.F.) und alle 598 Abgeordnetensitze zunächst auf diese verbundenen Landeslisten verteilt wurden ("Oberverteilung"). Erst in einem zweiten Schritt wurde dieses so errechnete "Bundesergebnis" auf die einzelnen Landeslisten der Partei verteilt ("Unterverteilung").[462]

Der Effekt des negativen Stimmgewichts konnte nicht nur in seltenen Ausnahmefällen entstehen. Er konnte vielmehr immer dann auftreten, wenn in einem Land, in dem Überhangmandate entstanden sind, in der "Unterverteilung" ein so hoher Reststimmenanteil bestand, dass mit nur wenigen Stimmen mehr, ein weiteres Mandat in diesem Land zulasten einer anderen Landesliste derselben Partei entstand. Das Zusammentreffen der verschiedenen Faktoren, die den Effekt des negativen Stimmgewichts verursachten, war so wahrscheinlich, dass damit regelmäßig zu rechnen war, wenn bei einer Wahl Überhangmandate entstanden.[463]

176 **(2) Erfolgswertgleichheit** fordert, dass der Erfolgswert jeder Stimme, für welche Partei sie auch immer abgegeben wurde, gleich ist. Dies bedeutet auch, dass sie für die Partei, für die sie abgegeben wurde, positive Wirkung entfalten können muss. Ein Wahlsystem, das nicht nur in atypischen Einzelfällen den Effekt des negativen Stimmgewichts zulässt, führt zu willkürlichen Ergebnissen und lässt den demokratischen Wettbewerb um Zustimmung bei den Wahlberechtigten widersinnig erscheinen. Außerdem wird durch den Effekt des negativen Stimmgewichts auch die **Erfolgschancengleichheit** der Stimmen beeinträchtigt. Diese erlaubt zwar, dass – wie z.B. im Mehrheitswahlrecht – Stimmen nicht gewertet werden (keinen Erfolgswert haben), nicht aber, dass einer Wahlstimme neben der Chance zum beabsichtigten Erfolg beizutragen, auch die Gefahr innewohnt, dem eigenen Wahlziel zu schaden.[464]

(3) Der Bundesgesetzgeber hat zunächst versucht, den Effekt des negativen Stimmengewichts durch Änderung von §§ 6 u. 7 BWG zumindest abzuschwächen. Nachdem das BVerfG auch diese Änderung als verfassungswidrig verworfen hatte,[465] hat der Bundesgesetzgeber nunmehr versucht, durch Neufassung von § 6 BWG mit Wirkung ab 09.05. 2013 die möglichen Ursachen für die Entstehung des negativen Stimmengewichts zu beseitigen.[466]

2. Passive Wahlrechtsgleichheit

177 Der Grundsatz der Gleichheit der Wahl gilt ferner für diejenigen, die sich um ein Mandat bewerben, sowie für die sie unterstützenden **Parteien ("Chancengleichheit")**.[467] Eine Differenzierung bedarf daher auch hier stets eines **zwingenden** Grundes.

BVerfG: "Ein Verbot gleichzeitiger Mitgliedschaft früherer Ehegatten im Gemeinderat ist wegen eines Verstoßes gegen die passive Wahlrechtsgleichheit unzulässig, da jedenfalls bei geschiedenen Eheleuten nicht die Gefahr einer ,Vettern- und Cliquenwirtschaft' besteht."[468]

---

462 Zum Wahlsystem nach der alten Rechtslage vgl. die Vorauflage.
463 BVerfG RÜ 2008, 521.
464 Vgl. BVerfG Pressemitteilung Nr. 68/2008 vom 03.07.2008 unter II. 1.
465 BVerG RÜ 2012, 587.
466 BT-Drs. 17/11819, 17/12417.
467 Vgl. zuletzt BVerfG, Urt. v. 09.11.2011 – 2 BvC 4/10 u.a. (§ 2 Abs. 7 EuWG).
468 BVerfG DVBl. 1996, 362.

Die Wahl des Bundestages **1. Abschnitt**

Weitere Beispiele:

- Negatives Stimmgewicht (s.o. Rdnr. 175)

- Sperrklauseln (s.o. Rdnr. 171)

- Überhangmandate ohne Ausgleichspflicht (s.o. Rdnr. 173)

- **„Wahlwerbung auf Staatskosten"**[469]

- Umstritten ist, inwieweit **Frauenquoten bei der Aufstellung der Landeslisten** durch die Parteien die Wahlrechtsgleichheit zuungunsten der männlichen Kandidaten verletzen. Überwiegend wird eine solche Quotierung als zulässig erachtet, wenn die Quote den entsprechenden Bevölkerungsanteil nicht übersteigt.[470] Zwar unterliegen die Parteien mittelbar über Art. 21 Abs. 1 S. 3 GG auch den Grundsätzen des Art. 38 GG. Unter Berücksichtigung der Parteienfreiheit lässt sich jedoch eine gegen die passive Wahlrechtsgleichheit verstoßende Zugangsbeschränkung für Wahlbewerber nicht annehmen. Es erscheint geboten, dass die Parteien die Ziele, mit denen sie werben und für die sie eintreten (z.B. Gleichstellung der Frau), auch entsprechend in ihrer Partei verwirklichen, um auf diese Weise glaubwürdig sein zu können.[471]

  Nach der Gegenansicht stellt die Frauenquote eine unzulässige Beeinflussung der Wahl dar. Demokratischen Wahlen sei jede Ungleichbehandlung wesensfremd, auch wenn diese zur Kompensation angeblicher Nachteile erfolge.[472]

a) Für die Wahlbewerber kann allerdings kein gleicher Wahlerfolg gewährleistet werden, vielmehr wirkt sich die **Wahlgleichheit** für sie als **Chancengleichheit** aus.[473]

Nach dem BVerfG[474] gilt der Grundsatz der Gleichheit der Wahl auch für die Annahme und Ausübung eines errungenen Mandats.

Vgl. auch VGH BW:[475] „Die Zusammenlegung einer Kommunalwahl mit der Bundestagswahl kann die Chancengleichheit insbes. der freien Wählervereinigungen und der unabhängigen Kandidaten beeinträchtigen."[476]

b) Der Grundsatz der Chancengleichheit verlangt nicht, dass die sich aus der verschiedenen Größe, Leistungsfähigkeit und politischen Zielsetzung der Parteien ergebenden Unterschiede durch hoheitlichen Eingriff ausgeglichen werden **(Prinzip der abgestuften Chancengleichheit)**.[477] Erforderlich ist nur, dass die Rechtsordnung jeder Partei und jedem Wahlbewerber grds. die gleichen Möglichkeiten im Wahlkampf und Wahlverfahren und damit die gleiche Chance im Wettbewerb um die Wählerstimmen gewährleistet.

3. Aktive und passive Wahlrechtsgleichheit; Nachwahlen

Fallbearbeitung bei Pauland/Rolfsen Jura 2010, 677, 681 = Fall 1.

a) Sowohl die aktive als auch die passive Wahlrechtsgleichheit können berührt sein, **178** wenn Nachwahlen gemäß § 43 BWG, § 82 BWO in Kenntnis des bundesweiten Wahler-

---

469 Vgl. dazu im Einzelnen bereits oben Rdnr. 56 ff.

470 Lange NJW 1988, 1174, 1181; Oebbecke JZ 1988, 176, 179.

471 Vgl. auch HessStGH NVwZ 1994, 1197, 1200.

472 Nieding NVwZ 1994, 1171, 1775; Heyen DÖV 1989, 649.

473 BVerfGE 82, 322, 337; BVerfG NJW 1997, 1553, 1555; DVBl. 1996, 362; DVBl. 1995, 462, 463; VerfGH NRW DVBl. 1995, 153, 154; Sachs/Magiera Art. 38 Rdnr. 90; vgl. noch unten Rdnr. 256 ff.

474 DVBl. 1996, 362.

475 VGH BW NVwZ 1994, 1231, 1232.

476 Dazu auch BVerfG NVwZ 1994, 893.

477 Vgl. dazu noch unten Rdnr. 256 ff.

gebnisses durchgeführt werden. Denn in diesem Fall besteht die Möglichkeit, dass die Wähler bestimmter Parteien sich aus taktischen Gründen anders verhalten als bei der ursprünglich durchgeführten Wahl, um für ihre Partei ein möglichst günstiges Ergebnis zu erreichen (so im Wahlkreis 160 Dresden 1 bei der Bundestagswahl 2005).

Zur Rechtfertigung führt das BVerfG zunächst die Chancengleichheit der Parteien an; denn die Nachwahl stelle sicher, dass die betroffene Partei einen anderen Bewerber für ihren verstorbenen Wahlkreisbewerber benennen könne. Auch die **Bekanntgabe des bundesweiten Wahlergebnisses vor Durchführung der Nachwahl** sei durch den Grundsatz der Öffentlichkeit der Wahl gerechtfertigt, weil bei einer verzögerten Bekanntgabe der Ergebnisse der Hauptwahl die demokratische Kontrolle der Wahlen erschwert wäre.[478]

b) Nicht anwendbar ist der Grundsatz der aktiven und passiven Wahlrechtsgleichheit **bei den Wahlen zum europäischen Parlament**, weil dieses kein Repräsentationsorgan eines souveränen europäischen Volkes ist, sondern ein supranationales Vertretungsorgan der Völker der Mitgliedstaaten.[479]

III. Unmittelbarkeit der Wahl;[480] Höchstpersönlichkeit des Wahlrechts

Fallbearbeitung bei Wernsmann/Bruns Jura 2011, 384, 388.

179 **1. Unmittelbarkeit der Wahl** bedeutet, dass zwischen Stimmabgabe des Wählers und Ermittlung der gewählten Abgeordneten keine weitere Instanz mit Entscheidungsbefugnissen eingeschaltet werden darf.[481]

2. Unzulässig wäre also z.B. ein Wahlmännergremium, wie bei der Wahl des US-Präsidenten.[482] **Unzulässig** ist ferner, wenn Parteien oder Fraktionen berechtigt sind, nach der Wahl Kandidaten auszuwechseln, die Reihenfolge auf den Listen zu ändern oder Ersatzleute für ausgeschiedene Kandidaten zu bestimmen.

Beispiel: Ruhendes Mandat bei Abgeordneten, die zu Regierungsmitgliedern ernannt werden und (auflösend bedingte) Tätigkeit des nächstfolgenden Listenbewerbers als Abgeordneter. Entsprechende gesetzliche Regelungen verstoßen gegen die Unmittelbarkeit der Wahl (sowie gegen die Abgeordnetengleichheit und das freie Mandat des „Ersatzabgeordneten" aus Art. 38 Abs. 1 S. 2 GG).[483]

180 **3.** Überwiegend als Unterfall des Unmittelbarkeitsgrundsatzes wird die **Höchstpersönlichkeit des Wahlrechts**[484] angesehen. Dies bedeutet insbesondere, dass das Wahlrecht weder veräußert noch übertragen werden kann.[485]

---

478 BVerfG, Beschl. v. 21.04.2009 – 2 BvC 2/06, Anm. Sachs JuS 2009, 953 m.w.N.
    Beachte: Zur Klarstellung dieser Rechtslage ist § 43 BWG durch ÄnderungsG vom 17.03.2008 entsprechend geändert bzw. ergänzt worden.

479 BVerfG, Urt. v. 30.06.2009 – 2 BvE 2/08 u.a. (Lissabon) Ziff. 279 f.

480 Vgl. auch M/M Rdnr. 101 f.; Ipsen 79 ff.

481 BVerfG NJW 1998, 2892, 2894; BVerfGE 7, 63, 68; 47, 277, 279; Kunig Jura 1994, 554, 556; generell krit. zur Unmittelbarkeit der Wahlen zum Bundestag von Arnim JZ 2002, 578.

482 Vgl. auch Ipsen Rdnr. 81 FN 16.

483 Hess StGH NJW 1977, 2065; M I Rdnr. 673 f. FN 70; Fallbearbeitung Mückl Jura 2001, 704.

484 Dreier II – Morlok Art. 38 Rdnr. 75.

485 Burkiczak JuS 2009, 805, 806 FN 8.

Die Wahl des Bundestages **1. Abschnitt**

Beispiel: Übertragung des Wahlrechts der minderjährigen Kinder auf die Eltern im Rahmen des (unzulässigen) **Familienwahlrechts**.[486]

4. Zulässig ist es hingegen, dass gemäß § 6 BWG die Verteilung der Abgeordnetensitze im Bundestag grds. entsprechend den Anteilen der Landesliste der Parteien erfolgt, die mit der Zweitstimme gewählt wird und deren inhaltliche Ausgestaltung vom Wahlbewerber unmittelbar nicht beeinflusst werden kann, sondern ausschließlich von der jeweiligen Partei aufgrund des Listenprivilegs in **§ 27 Abs. 1 BWG**. Die Vereinbarkeit mit dem Grundsatz der Unmittelbarkeit der Wahl wird insbesondere damit begründet, dass gemäß Art. 21 GG, konkretisiert durch § 1 ParteienG, auch die Parteien von Verfassungs wegen berechtigt sind an der politischen Willensbildung des Volkes mitzuwirken, insbesondere durch Beteiligung an den Wahlen in Bund, Ländern und Gemeinden durch Aufstellung von Bewerbern. Außerdem wird darauf hingewiesen, dass die parteiinterne Auswahl der Bewerber und die Aufstellung der Landeslisten gemäß Art. 21 Abs. 2 GG nach demokratischen Grundsätzen zu erfolgen hat und dass nach Aufstellung der Liste durch eine Partei die Reihenfolge der Bewerber nicht mehr verändert werden darf.[487]

Aus ähnlichen Gründen ist auch die Regelung in **§ 48 Abs. 1 S. 3 BWG zulässig**, wonach bei der Listennachfolge diejenigen Listenbewerber unberücksichtigt bleiben, die seit dem Zeitpunkt der Aufstellung der Landesliste aus dieser Partei ausgeschieden (durch Austritt oder Ausschluss) oder Mitglied einer anderen Partei geworden sind.[488]

5. Nach Auffassung des BVerfG erfordert der Grundsatz der Unmittelbarkeit der Wahl auch ein Wahlverfahren, in dem der Wähler vor dem Wahlakt erkennen kann, welche Personen sich um ein Abgeordnetenmandat bewerben und wie sich die eigene Stimmabgabe auf Erfolg oder Misserfolg der Wahlbewerber auswirken kann und dass jede Stimme einem bestimmten oder bestimmbaren Wahlbewerber zugerechnet werden kann. Für den Grundsatz der Unmittelbarkeit der Wahl sei zwar nicht entscheidend, dass die Stimme tatsächlich die vom Wähler beabsichtigte Wirkung entfaltet; ausreichend ist die Möglichkeit einer positiven Beeinflussung des Wahlergebnisses. **181**

Diese Voraussetzungen sind in den Fällen des **negativen Stimmgewichts** (vgl. dazu i.E. oben Rdnr. 175 f.) nicht erfüllt. Der Wähler kann wegen dieses Effekts schon nicht erkennen, ob sich eine Stimme stets für die zu wählende Partei und deren Wahlbewerber positiv auswirkt oder ob er durch seine Stimme den Misserfolg eines Kandidaten seiner eigenen Partei verursacht.[489]

IV. Freiheit der Wahl[490]

1. Freiheit der Wahl verlangt, dass kein öffentlicher oder privater Zwang auf den Inhalt der Wahlentscheidung ausgeübt werden darf.[491] **182**

---

486 Vgl. dazu Fallbearbeitung von Otto JuS 2009, 925, 926 FN 13; 928 f.; Degenhart Rdnr. 41, 73.

487 Ipsen Rdnr. 82; Gröpl Rdnr. 377.

488 Ipsen Rdnr. 79 f. FN 18; M/M Rdnr. 102; BVerfGE 7, 63, 82.

489 BVerfG RÜ 2008, 521, 524 f.

490 Vgl. auch BVerfG, Beschl. v. 09.07.2013 – 2 BvC 7/10 (Briefwahl); Degenhart Rdnr. 48 ff.; M/M Rdnr. 103 ff.; Ipsen Rdnr. 90 ff.

491 BVerfG DVBl. 1995, 462; BVerwG DVBl. 2003, 943; Kunig Jura 1994, 554, 557; vgl. auch die Regelung über unzulässige Wahlbeeinflussung in § 32 BWG; dazu OVG Lüneburg NVwZ 1994, 589, 590.

Zur Freiheit der Wahl (und zur passiven Wahlrechtsgleichheit) bei den Landtagswahlen in Hessen („Hessen-Wahl") vgl. BVerfG NJW 2001, 1048, Anm. Winkler JA 2001, 839; Degenhart Rdnr. 26 f.

| 3. Teil | Wahlen – Bundestag – Parteien |

2. Unzulässig ist danach selbstverständlich eine Wahlbeeinflussung durch staatliche Stellen (Neutralitätspflicht, s.o. Rdnr. 56). Aber auch Einwirkungen Privater sind unzulässig, wenn sie die Entscheidungsfreiheit der Wähler **ernstlich beeinträchtigen** können.

HbgVerfG:[492] „Zur Wahlfreiheit gehört auch ein grds. freies Wahlvorschlagsrecht für alle Wahlberechtigten. Dieses setzt seinerseits eine freie Kandidatenaufstellung unter Beteiligung der Mitglieder der Partei voraus. Die Auswahl der Kandidaten darf weder rechtlich noch tatsächlich deren Führungsgremien zur alleinigen Entscheidung überlassen bleiben. Da danach das Gebot einer freien Kandidatenaufstellung zu den unabdingbaren Voraussetzungen einer freien Wahl gehört, stellt ein Verstoß gegen dieses Gebot zwangsläufig auch einen Wahlrechtsverstoß dar."

3. Diskutiert wird in diesem Zusammenhang die Beschränkung der Veröffentlichung von **Wahlumfragen** in den letzten Wochen vor der Wahl, da hierdurch die Wahlentscheidung möglicherweise beeinflusst werden könnte. Ob hierin überwiegende Gründe des Gemeinwohls zu sehen sind, die eine Einschränkung der Berufsfreiheit der Meinungsforschungsinstitute (Art. 12 GG) rechtfertigen könnten, ist noch ungeklärt.[493]

4. Da auch die Entscheidung über Teilnahme oder Nichtteilnahme selbst eine politische Stellungnahme ist, hält die Lit. überwiegend auch die Einführung einer **Wahlpflicht** für **unzulässig**.[494]

V. Geheimheit der Wahl[495]

183 **1.** Der Grundsatz der **geheimen Wahl** dient der Absicherung der Wahlfreiheit, da bei Offenbarung der Wahl leicht Druck ausgeübt werden kann. Er gibt dem Wähler das Recht, den Inhalt seiner Wahlentscheidung für sich zu behalten und gebietet Vorkehrungen organisatorischer Art beim Wahlvorgang (z.B. Wahlkabinen). Unzulässig ist auch die Ausforschung des Wählerwillens vor oder nach der Wahl. Zulässig ist dagegen eine freiwillige Offenbarung.

2. Gefährdet ist das Wahlgeheimnis – und auch die Freiheit der Wahl – bei der **Briefwahl**, weil u.U. die Stimmabgabe von Dritten kontrolliert oder manipuliert werden kann. Gleichwohl wird die Briefwahl mit der Begründung für verfassungsgemäß qualifiziert, sie sei nur bei wichtigem Grund zulässig und verwirkliche gerade die Allgemeinheit der Wahl für die Wähler, die sonst aus gesundheitlichen oder sonstigen Gründen an der Stimmabgabe gehindert wären. Der Briefwähler habe die Möglichkeit, geheim und frei zu wählen und müsse überdies eidesstattlich versichern, dass er den Stimmzettel persönlich gekennzeichnet hat.[496]

Um ein weiteres Ansteigen der Briefwahl und die damit verbundenen Gefahren zu verhindern, werden in neuerer Zeit z.B. für Krankenhäuser, Altenheime u.Ä. verstärkt Sonderwahlbezirke (§§ 13, 61 BWO) und bewegliche Wahlvorstände (§§ 8, 62 ff. BWO) eingerichtet. Gleichwohl nimmt die Zahl der Briefwähler ständig zu.

---

492 HbgVerfG NVwZ 1993, 1083, 1085.

493 Vgl. M/M Rdnr. 105; Schreiber, BWahlG § 32 Rdnr. 7 zur bisherigen Regelung in § 32 Abs. 2 BWahlG.

494 M/M Rdnr. 104 FN 28; Kunig Jura 1994, 554, 557; a.A. Dreier Jura 1997, 249, 254; Fallbearbeitung Silberhorn JA 2000, 858. Zur Beeinträchtigung der Wahlbeteiligungsfreiheit durch das Wahlverbot der Zeugen Jehovas vgl. BVerfG NJW 2001, 429; Sendler NJW 2002, 2611.

495 Vgl. auch BVerfG, Beschl. v. 09.07.2013 – 2 BvC 7/10 (Briefwahl); Degenhart Rdnr. 48 f.; M/M Rdnr. 110 f.; Ipsen Rdnr. 85 ff.

496 BVerfGE 21, 200, 204; 59, 119, 123; Beschl. v. 09.07.2013 – 2 BvC 7/10 (Briefwahl); VerfGH NRW NVwZ-RR 1996, 679.

| | Die Wahl des Bundestages | **1. Abschnitt** |

3. Die Geheimheit der Wahl ist nicht nur bei der Stimmabgabe, sondern auch bei der **Wahlvorbereitung** zu beachten. Nach Auffassung des BVerfG darf das Wahlgeheimnis auch bei der Wahlvorbereitung nicht in weiterem Umfang preisgegeben werden, als zur ordnungsgemäßen Durchführung der Wahl notwendig ist.[497] Dies wurde bejaht bei §§ 20 Abs. 2 S. 2, Abs. 3; 27 Abs. 1 S. 2 BWG, wonach Parteien gemäß § 18 Abs. 2 BWG in bestimmten Fällen Unterschriftenlisten vorlegen müssen, aus denen sich die mutmaßliche Wahlentscheidung der Unterzeichner mehr oder weniger eindeutig ersehen lässt.[498]

VI. Öffentlichkeit der Wahl[499]

1. Herleitung

Der Grundsatz der Öffentlichkeit der Wahl ist **nicht ausdrücklich** geregelt. Er wurde vom BVerfG zunächst nur aus dem Demokratieprinzip hergeleitet („Grundvoraussetzung für demokratische Willensbildung"),[500] während später auch andere Verfassungsprinzipien i.V.m. Art. 38 Abs. 1 S. 1 GG herangezogen wurden.   **184**

„Grundlagen ... bilden die verfassungsrechtlichen Grundentscheidungen für Demokratie, Republik und Rechtsstaat (Art. 38 Abs. 1 S. 1 i.V.m. Art. 20 Abs. 1, Abs. 2 GG)."[501] Unklar ist, ob die Öffentlichkeit der Wahl als zusätzlicher ungeschriebener Wahlrechtsgrundsatz zu beachten ist[502] oder ob dieser Grundsatz lediglich Konkretisierung bereits bestehender grundgesetzlicher Prinzipien ist[503]

2. Inhalt und Anwendungsbereich

Die Öffentlichkeit der Wahl soll die Ordnungsgemäßheit und **Nachvollziehbarkeit** der Wahlvorgänge sichern und damit eine wesentliche Voraussetzung für das begründete Vertrauen der Bürger in den korrekten Ablauf der Wahl schaffen. Die Staatsform der parlamentarischen Demokratie verlangt, dass der Akt der Übertragung der staatlichen Verantwortung auf die Parlamentarier einer **besonderen öffentlichen Kontrolle** unterliegt, insbesondere in Bezug auf den Wahlvorgang, damit Manipulationen ausgeschlossen oder korrigiert und unberechtigter Verdacht widerlegt werden kann.[504]   **185**

Die danach gebotene Öffentlichkeit im Wahlverfahren umfasst das Wahlvorschlagsverfahren, die Wahlhandlung (in Bezug auf die Stimmabgabe durchbrochen durch das Wahlgeheimnis) und die Ermittlung des Wahlergebnisses.[505] Der Grundsatz der Öffentlichkeit der Wahl gilt **für alle demokratischen Wahlen**, also nicht nur für die Bundestagswahl nach Art. 38 Abs. 1 GG, sondern wegen Art. 28 Abs. 1 S. 2 GG auch bei Wahlen in den Ländern und in den Gemeinden.[506]

---

497 M/M Rdnr. 111 FN 65.

498 M/M a.a.O. FN 67; Ipsen Rdnr. 85, 89 FN 25 f.

499 Vgl. auch Degenhart Rdnr. 43, 48 a; Burkiczak JuS 2009, 805, 806 f.; OVG RhPf NVwZ 2011, 511.

500 BVerfG, Urt. v. 03.07.2008 – 2 BvC 1/07 u.a. (negatives Stimmgewicht) Ziff. 82.

501 BVerfG, Urt. v. 03.03.2009 – 2 BvC 3/07 u.a. (Wahlcomputer) Ziff. 107 f.; Beschl. v. 09.07.2013 – 2 BvC 7/10 (Briefwahl); Sachs JuS 2009, 746, 747.

502 So wohl BVerfG a.a.O.; Degenhart Rdnr. 43 f., 48 a; Burkiczak JuS 2009, 805, 806; wohl auch Schiedermair JZ 2009, 572, 573 f.; einschränkend Sachs JuS 2009, 746, 748: „Jedenfalls in objektiv rechtlicher Hinsicht sind die fünf Wahlrechtsgrundsätze des Art. 38 Abs. 1 S. 1 GG durch den Grundsatz der Öffentlichkeit der Wahl zu ergänzen".

503 Patella Jura 2009, 776, 779.

504 BVerfG RÜ 2009, 243, 245 (Wahlcomputer).

505 BVerfG a.a.O.

506 Degenhart Rdnr. 43.

3. Teil | Wahlen – Bundestag – Parteien

3. Anwendungsbeispiele

186 Besondere Bedeutung hat der Grundsatz der Öffentlichkeit der Wahl beim Einsatz von **Wahlcomputern** gem. § 35 BWG i.V.m. BundeswahlgeräteVO (BWGV)[507] erlangt.

„Beim Einsatz von elektronischen Wahlgeräten müssen die wesentlichen Schritte von Wahlhandlung und Ergebnisermittlung zuverlässig und ohne besondere Sachkenntnis überprüft werden können. Die Notwendigkeit einer solchen Kontrolle ergibt sich nicht zuletzt im Hinblick auf die Manipulierbarkeit und Fehleranfälligkeit elektronischer Wahlgeräte. ... Der Wähler selbst muss auch ohne nähere computertechnische Kenntnisse nachvollziehen können, ob seine abgegebene Stimme als Grundlage für die Auszählung oder – wenn die Stimmen zunächst technisch unterstützt ausgezählt werden – jedenfalls als Grundlage einer späteren Nachzählung unverfälscht erfasst wird. ... Daraus folgt, dass die Stimmen nach der Stimmabgabe nicht ausschließlich auf einem elektronischen Speicher abgelegt werden dürfen. ... Denkbar sind insbesondere Wahlgeräte, in denen die Stimmen neben der elektronischen Speicherung anderweitig erfasst werden."[508]

Deshalb hat das BVerfG die Regelungen der BWGV für verfassungswidrig erklärt, da sie keine dem verfassungsrechtlichen Grundsatz der Öffentlichkeit der Wahl entsprechende Kontrolle sicherstellten.[509]

Die im Rahmen des § 76 Abs. 1 BWO mögliche nicht öffentliche Neuauszählung der Stimmen verstößt dagegen nicht gegen den Grundsatz der Öffentlichkeit der Wahl. Es handele sich lediglich um eine vorbereitende Handlung des Kreiswahlleiters, die der Prüfung durch den Kreiswahlausschuss unterliegen (§ 76 Abs. 2 BWO), der nach § 10 Abs. 1 BWG grds. in öffentlicher Sitzung entscheide.[510]

VII. Verfassungsprozessuale Bedeutung von Art. 38 Abs. 1 S. 1 GG

187 Insbesondere in seinen beiden Urteilen zur europäischen Integration (Maastricht, Vertrag von Lissabon) hat das BVerfG zur Zulässigkeit und Begründetheit der erhobenen Verfassungsbeschwerden ausgeführt, dass über Art. 38 Abs. 1 S. 1 GG als sog. grundrechtsgleiches Recht auch mögliche **Verstöße gegen das Demokratieprinzip** geltend gemacht werden können.[511]

Im Urteil des BVerfG zum Lissabonvertrag heißt es dazu: „Das Wahlrecht begründet einen Anspruch auf demokratische Selbstbestimmung, auf freie und gleiche Teilhabe an der in Deutschland ausgeübten Staatsgewalt sowie auf die Einhaltung des Demokratiegebots einschließlich der Achtung der verfassungsgebenden Gewalt des Volkes. Die Prüfung einer Verletzung des Wahlrechts umfasst in der hier gegebenen prozessualen Konstellation auch Eingriffe in die Grundsätze, die Art. 79 Abs. 3 als Identität der Verfassung festschreibt. ... Der Bürger kann deshalb unter Berufung auf das Wahlrecht die Verletzung demokratischer Grundsätze mit der Verfassungsbeschwerde rügen (Art. 38 Abs. 1 S. 1, 20 Abs. 1 und Abs. 2 GG)."[512]

Im Urteil des BVerfG zum Euro-Rettungsschirm heißt es: „Vom Wahlrecht mitumfasst ist auch der grundlegende demokratische Gehalt des Wahlrechts, mithin die Gewährleistung wirksamer Volksherrschaft. Art. 38 GG schützt die wahlberechtigten Bürger insoweit vor einem Substanzverlust ihrer im verfassungsstaatlichen Gefüge maßgeblichen Herrschaftsgewalt durch weitreichende oder gar umfassende

---

507 BundeswahlgeräteVO vp, 03.09.1975 (BGBl. I S. 2495), zuletzt geändert durch VO vom 20.04.199 (

508 BVerfG RÜ 2009, 243, 245 f. (Wahlcomputer).

509 BVerfG a.a.O.

510 BVerfG NVwZ 2008, 991, 992 f.; Sachs JuS 2008, 112, 114.

511 Gärditz/Hillgruber JuS 2009, 872: „Das subjektive grundrechtsgleiche Recht auf Wahl des deutschen Bundestages ... kondensiert i.S.e. schutzverstärkenden status activus prozessualis zum individuellen Recht auf demokratische Selbstbestimmung. Anders gewendet: Dem objektiven Demokratieprinzip korrespondiert ein subjektives Recht auf Demokratie".

512 BVerfG, Urt. v. 30.06.2009 – 2 BvE 2/08 u.a. (Lissabon) Rdnr. 208, 210; Anm. Cremer Jura 2010, 296; Murswiek JZ 2010, 702, 1164 mit Erwiderung Schönberger JZ 2010, 1160.

Übertragung von Aufgaben und Befugnissen des Bundestags vor allem auf supranationalen Einrichtungen... Die abwehrrechtliche Dimension des Art. 38 Abs. 1 GG kommt daher in Konstellationen zum Tragen, in denen offensichtlich die Gefahr besteht, dass die Kompetenzen des gegenwärtigen oder künftigen Bundestags auf eine Art und Weise ausgehöhlt werden, die eine parlamentarische Repräsentation des Volkswillens, gerichtet auf die Verwirklichung des politischen Willens der Bürger, rechtlich oder praktisch unmöglich macht."[513]

VIII. Rechtsnatur und Prüfungsaufbau der Wahlrechtsgrundsätze

- Unmittelbarkeit, Freiheit und Geheimheit der Wahl sind besondere **Freiheitsgrundrechte**, sodass sich folgender Prüfungsaufbau empfiehlt: **188**

  - Eingriff in Schutzbereich des Grundrechts,

  - Eingriffsrechtfertigung durch (höherwertigen) zwingenden staatspolitischen Grund = Wert mit Verfassungsrang.

- Allgemeinheit und Gleichheit der Wahl sind besondere **Gleichheitsrechte**, sodass sich folgende Prüfung empfiehlt:[514]   **189**

  - Ungleichbehandlung von zwei Vergleichsgruppen,

  - Rechtfertigung der Ungleichbehandlung durch einen (höherwertigen) zwingenden staatspolitischen Grund = Wert mit Verfassungsrang.

Fall 5: Verfehlte Bundestagswahl

Bei der Bundestagswahl beteiligte sich zum ersten Mal die neu gegründete A-Partei und errang 4,7% der Stimmen. Mitglied V ist sehr verärgert, dass trotz des guten Abschneidens seiner Partei keiner ihrer Vertreter in den Bundestag gekommen ist.

1. Für verfassungswidrig hält V zunächst die 5% Sperrklausel. Seine Partei habe über 2,3 Mio. Stimmen erhalten. Wenn diese Wähler nicht im Bundestag repräsentiert würden, sei die Demokratie in Wahrheit eine geschlossene Gesellschaft der etablierten Parteien.

2. Außerdem sei die P-Partei, die mit 4,4% ebenfalls an der 5%-Hürde gescheitert war, aufgrund von drei Direktmandaten letztlich doch mit 30 Abgeordneten in den Bundestag eingezogen.

Sind die Einwendungen des V gegen die Rechtmäßigkeit der Wahl im Hinblick auf die Wahlrechtsgrundsätze des Art. 38 Abs. 1 S. 1 GG berechtigt?

A. Vereinbarkeit der 5% **Sperrklausel** mit Art. 38 Abs. 1 S. 1 GG.   **190**

Die 5% Sperrklausel aus § 6 Abs. 3 S. 1, 1. Halbs. BWG und die darauf basierende konkrete Sitzverteilung nach der Bundestagswahl könnte mit der aktiven **Wahlrechtsgleichheit** aus Art. 38 Abs. 1 S. 1 GG unvereinbar sein, wonach insbesondere ein grds. **gleicher Erfolgswert** jeder Stimme garantiert ist.

---

513 BVerfG RÜ 2011, 650, 652 f.; RÜ 2012, 723 (ESM-Vertrag, Fiskalpakt).
514 Vgl. auch Degenhart Rdnr. 64 a.

3. Teil — Wahlen – Bundestag – Parteien

I. Ungleichbehandlung verschiedener Wählerstimmen

Zweitstimmen für Parteien, die über 5% bundesweit erhalten, haben vollen Erfolgswert, während Zweitstimmen für Parteien, die unter 5% bleiben, **keinen Erfolgswert** haben.

II. Verfassungsrechtliche Rechtfertigung der Ungleichbehandlung

Eine Ungleichbehandlung von Wählerstimmen ist nur **ausnahmsweise zulässig** aus im Einzelfall **höherwertigen zwingenden staatspolitischen Gründen**.

Grund für die 5% Sperrklausel ist im Wesentlichen die **Funktionsfähigkeit des Bundestages**, abgeleitet aus Art. 20 Abs. 1 und 2 GG, **Demokratieprinzip**. Diese ist nach ganz h.M. höherwertig als das Recht des Wählers, auch kleineren Parteien, die unter 5% der Zweitstimmen bundesweit erreichen, in den Bundestag zu verhelfen (vgl. im Einzelnen oben Rdnr. 170 f.).

Damit verstoßen die 5% Sperrklausel und die darauf basierende Sitzverteilung im Bundestag und der daraus resultierende Ausschluss der A-Partei nicht gegen Art. 38 Abs. 1 S. 1 GG, Gleichheit der Wahl.

191 B. Vereinbarkeit der **Grundmandatsklausel** und der darauf basierenden **Sitzzuteilung** an die P-Partei mit Art. 38 Abs. 1 S. 1 GG.

Gemäß § 6 Abs. 3 S. 1, 2. Halbs. BWG können bei der Verteilung der Sitze auf die Landeslisten auch Parteien berücksichtigt werden, die unabhängig vom Erreichen der 5% Klausel in **mindestens drei Wahlkreisen** einen Sitz errungen haben, also mindestens **drei Direktmandate** (sog. **Grundmandatsklausel**). In diesem Fall nehmen die Parteien in vollem Umfang entsprechend ihrem Zweitstimmenanteil an der Sitzverteilung im Bundestag teil.

Fraglich ist, ob die **Grundmandatsklausel** selbst und die darauf basierende **Sitzverteilung** an die P-Partei mit der **aktiven Wahlrechtsgleichheit** aus Art. 38 Abs. 1 S. 1 GG vereinbar ist.

192 I. Ungleichbehandlung von Wählerstimmen

Vergleichbar sind in diesem Zusammenhang Zweitstimmen für die Parteien, die weniger als 5% der bundesweit abgegebenen Zweitstimmen erreicht haben. Sofern die mit der **Zweitstimme** gewählte Partei **mindestens drei Direktmandate** erreicht hat, haben Zweitstimmen für diese Partei **vollen Erfolgswert** (so bei der P-Partei), sofern die jeweilige Partei **weniger als drei Direktmandate** oder überhaupt **keine Direktmandate** erhalten hat, haben die **Zweitstimmen** für diese Partei überhaupt **keinen Erfolgswert** (so bei der A-Partei).

II. Verfassungsrechtliche Rechtfertigung der Ungleichbehandlung

Eine Ungleichbehandlung von Wählerstimmen für verschiedene Parteien ist nur **ausnahmsweise** aus **zwingenden staatspolitischen Gründen zulässig**.

1. Sofern man mit der h.Lit. die Grundmandatsklausel und die darauf basierende Sitzzuteilung für verfassungswidrig hält, ist ein zwingender staatspolitischer

Grund nicht ersichtlich; es liegt ein Verstoß gegen Art. 38 Abs. 1 GG vor, aktive Wahlrechtsgleichheit, gleicher Erfolgswert (vgl. im Einzelnen oben Rdnr. 171).

2. Sofern man mit dem Bundesverfassungsgericht von einem zwingenden staatspolitischen Grund ausgeht, liegt insofern kein Verstoß gegen Art. 38 Abs. 1 S. 1 GG vor (vgl. im Einzelnen oben Rdnr. 174).

Klausurhinweis: Bei weiter gefasster Fallfrage (z.B. „Sind die Normen des Bundeswahlgesetzes und die darauf basierende Sitzverteilung verfassungsgemäß?") wäre außerdem in jedem Fall die Chancengleichheit der Parteien während des Wahlkampfes zu prüfen, geschützt durch Art. 38 Abs. 1 S. 1 GG i.V.m. Art. 21 GG (vgl. dazu im Einzelnen unten Rdnr. 255 ff.).

C. Wahlprüfung[515]

Fallbearbeitung bei Sieler JuS 2005, 1107; H/K/W Fall 4; Shirvani/Schröder Jura 2007, 143; M/M Fall 2; Degenhart/K I Fall 2; BVerfG RÜ 2009 (Negatives Stimmgewicht); Pauland/Rolfsen Jura 2010, 677.

I. Über die Rechtmäßigkeit der Bundestagswahl wird im **Wahlprüfungsverfahren** entschieden (Art. 41 GG i.V.m. WahlprüfG).[516]

193

Das Wahlprüfungsverfahren wird eingeleitet durch **Einspruch**, den jeder Wahlberechtigte schriftlich **innerhalb von zwei Monaten** nach dem Wahltag erheben kann (§ 2 WahlprüfG).

Der Einspruch richtet sich an den **Bundestag** (Art. 41 Abs. 1 S. 1 GG). Die Entscheidung des Bundestages (§ 13 WahlprüfG) wird durch den Wahlprüfungsausschuss vorbereitet (§ 3 WahlprüfG).

Der Bundestag prüft nur, ob das geltende Wahlrecht korrekt angewendet worden ist, nicht ob es verfassungsgemäß ist. Diese Frage wird erst vom BVerfG im nachfolgenden Verfahren entschieden.[517]

II. Gegen die Entscheidung des Bundestages kann binnen einer Frist von zwei Monaten **Beschwerde beim BVerfG** erhoben werden (Art. 41 Abs. 2 GG i.V.m. §§ 13 Nr. 3, 48 BVerfGG).[518]

1. Beschwerdeberechtigt ist ein Wahlberechtigter oder eine Gruppe von wahlberechtigten Personen, deren Einspruch vom Bundestag verworfen worden ist. Außerdem sind

---

515 Vgl. auch Degenhart Rdnr. 65 f., 787 ff.; Gröpl Rdnr. 1060 ff.; Ipsen Rdnr. 122 f.; M/M Rdnr. 124 ff.; Sachs/V Rdnr. 407 ff.; Robbers S. 99 ff.; Lackner JuS 2010, 307; Schreiber DVBl. 2010, 609.

516 Vgl. auch BVerfG NVwZ 2009, 1367 („Partei") Anm. Frenzel S. 1349.

517 Dazu kritisch Hoppe DVBl. 1996, 344, 347.

518 Zum Prüfungsumfang vgl. etwa BVerfG RÜ 2009, 243; NJW 2009, 2190 (Wahlcomputer); VerfGH NRW NVwZ 1991, 1175; HessStGH NJW 2007, 328; VerfGH Berlin DVBl. 2007, 502 (dort auch zum Gebot der Folgerichtigkeit innerhalb jedes Abschnitts der Wahl).

Zum öffentlichen Sachentscheidungsinteresse bzw. Rechtsschutzbedürfnis nach Ablauf der Wahlperiode vgl. i.E. BVerfG DVBl. 2009, 307 Anm. Sachs JuS 2009, 748.

| 3. Teil | Wahlen – Bundestag – Parteien |

beschwerdeberechtigt Fraktionen des Bundestages und ein Quorum von mindestes 1/10 der gesetzlichen Mitgliederzahl des Bundestages (§ 1 Abs. 1 BWG); § 48 Abs. 1 BVerfGG.

2. Im Rahmen der **Begründetheit** prüft das BVerfG zum einen, ob die Behandlung des Wahleinspruchs durch den Bundestag in formeller Hinsicht ordnungsgemäß erfolgt ist. Dabei können Mängel im Verfahren des deutschen Bundestages nach Auffassung des BVerfG für die Beschwerde nur dann beachtlich sein, wenn sie wesentlich sind und dessen Entscheidung die Grundlage entziehen.[519]

In materieller Hinsicht sind maßgeblich die Grundsätze des Art. 38 GG, des BWG und ggf. des ParteiG (bzgl. der Kandidatenaufstellung). Dabei wird vom BVerfG – anders als vom BTag – auch die Verfassungsmäßigkeit der Wahlgesetze überprüft.

3. Wahlrechtsverstöße führen aber nur dann zur Ungültigkeit der Wahl, wenn sie **erheblich** sind, d.h. wenn sie auf die **Sitzverteilung** im Parlament von **entscheidendem Einfluss** gewesen sein können. Erforderlich ist, dass eine nicht nur theoretische, sondern zumindest nach der allgemeinen Lebenserfahrung konkrete und **nicht ganz fernliegende Möglichkeit** besteht. Unbeachtlich sind Wahlfehler daher, wenn die Möglichkeit der Mandatsrelevanz ernsthaft nicht in Betracht zu ziehen ist.[520]

4. Außerdem sind **abzuwägen** der **Bestandsschutz** der gewählten Volksvertretung (in der Zeit zwischen Wahl und Urteil des BVerfG sind bereits eine Vielzahl von Gesetzen erlassen) und das **Gebot der rechtmäßigen Wahl**.[521]

194 **III.** Bei Verletzung der Wahlrechtsgrundsätze aus Art. 38 Abs. 1 GG kommt außerdem die **Verfassungsbeschwerde** (Art. 93 Abs. 1 Nr. 4 a GG) in Betracht. Allerdings ist diese Möglichkeit dadurch eingeschränkt, dass Entscheidungen und Maßnahmen, die sich **unmittelbar** auf das Wahlverfahren beziehen, nur im Wahlprüfungsverfahren (Art. 41 GG i.V.m. WahlPrüfG) angefochten werden können.[522]

Beispiele: Die Verfassungsbeschwerde ist ausgeschlossen gegen Einzelmaßnahmen vor der Wahl (z.B. Nichtzulassung eines Wahlvorschlages, Festlegung des Wahltermins,[523] gegen Maßnahmen im Zusammenhang mit der Wahlhandlung als solche (z.B. Verletzung des Wahlgeheimnisses) oder Entscheidungen der Wahlorgane nach der Wahl (Ermittlung und Feststellung des Wahlergebnisses oder der Sitzverteilung).

Beachte: *Bislang hatte die Verfassungsbeschwerde vor dem BVerfG vor allem Bedeutung bei Wahlen in den Ländern. Das BVerfG ließ bei einem möglichen Verstoß gegen die Wahlrechtsgleichheit, die nach Art. 28 Abs. 1 S. 2 GG auch für Wahlen in den Ländern gilt, einen Rückgriff auf den allgemeinen Gleichheitssatz des Art. 3 Abs. 1 GG zu.*

*Diese Rspr. hat das BVerfG nunmehr ausdrücklich aufgegeben. Damit ist die **Überprüfung der Einhaltung der Wahlrechtsgrundsätze bei Wahlen in den Ländern ausschließlich Aufgabe der Landesgerichte**, ggf. des LVerfG.[524]*

---

519 BVerfG RÜ 2009, 243, 244 (Wahlcomputer).

520 BVerfG RÜ 2009, 243; NJW 2009, 2190 (Wahlcomputer); RÜ 2008, 521; NVwZ 2008, 991 (negatives Stimmgewicht); VerfGH NRW NVwZ-RR 1996, 679; HbgVerfG NVwZ 1993, 1083, 1088.

Zur fehlenden Gerichtsqualität des hessischen Wahlprüfungsgerichts und zur Auslegung des Begriffs „sittenwidrig" i.S.v. Art. 78 II HessVerf vgl. BVerfG NJW 2001, 1048 („Hessenwahl"); Hess StGH NJW 2000, 2891; Anm. Sachs JuS 2001, 76 ff.; Schmidt JuS 2001, 545.

521 BVerfG RÜ 2008, 521, 525; NVwZ 2008, 991 (negatives Stimmgewicht); Urt. v. 09.11.2011 – 2 BvC 4/10 u.a. (§ 2 Abs. 7 EuWG).

522 Sachs/Magiera Art. 38 Rdnr. 105; Jarass/Pieroth GG Art. 41 Rdnr. 5; Robbers JuS 1996, 116, 119; Roth DVBl. 1998, 214 ff.

523 Dazu BVerfG NVwZ 1994, 893.

524 BVerfG NJW 1999, 43, Anm. Sachs JuS 2000, 79; Tietje JuS 1999, 957; Degenhart Rdnr. 45; BVerfG, Beschl. v. 08.08.2012 – 2 BvR 1672/12.

Die Wahl des Bundestages **1. Abschnitt**

Denkbar bleibt die Verfassungsbeschwerde vor dem BVerfG damit praktisch nur, soweit sie sich unmittelbar gegen Normen des BWG oder der BWO richtet, die erst die Grundlage für die im Wahlverfahren zu treffenden Maßnahmen und Entscheidungen schaffen,[525] allerdings nur unter Beachtung der Frist des § 93 Abs. 3 BVerfGG.

D. Nichtanerkennungsbeschwerde[526]

Gemäß § 18 Abs. 4 S. 1 Nr. 2 BWG stellt der Bundeswahlausschuss verbindlich fest, welche Vereinigungen für die Wahl als Parteien anzuerkennen sind.

Gegen diese Feststellung kann die Vereinigung binnen vier Wochen nach Bekanntgabe Beschwerde zum BVerfG erheben gemäß Art. 93 Abs. 1 Nr. 4 c GG i.V.m. §§ 13 Nr. 3 a, 6 a ff. BVerfGG i.V.m. § 18 Abs. 4 a S. 1 BWG.

In diesem Fall ist die Vereinigung von den Wahlorganen bis zur Entscheidung des BVerfG, längstens bis zum Ablauf des 59. Tages vor der Wahl, wie eine wahlvorschlagsberechtigte Partei zu behandeln; § 18 Abs. 4 a S. 2 BWG.

E. Ausländerwahlrecht[527]

I. Nach Art. 20 Abs. 2 S. 2 GG wird die Staatsgewalt vom „Volk" insbesondere durch Wahlen ausgeübt. Wahlberechtigt in diesem Sinne ist nach h.M. nur das **Staatsvolk**, d.h. die Deutschen i.S.d. Art. 116 Abs. 1 GG. Begründet wird dies damit, dass das Grundgesetz auch in anderen Vorschriften nur das deutsche Volk meint (vgl. Präambel und Art. 146 GG). Jede Ausübung der Staatsgewalt aufgrund der Verfassung müsse auf das deutsche Volk rückführbar sein. Dementsprechend ist überwiegend anerkannt, dass die Beteiligung von Ausländern an **Bundestagswahlen** nur durch **Verfassungsänderung** möglich wäre.[528]

195

Teilweise wird sogar angenommen, dass wegen Art. 79 Abs. 3 GG auch eine entsprechende Verfassungsänderung unzulässig wäre.[529]

Nach der Gegenansicht hat sich der verfassungsrechtliche Begriff „Volk" durch den wachsenden Ausländeranteil an der Bevölkerung gewandelt. Zum Volk i.S.d. Art. 20 Abs. 2 S. 2 GG gehörten auch Ausländer, die ihren dauernden Lebensmittelpunkt im Bundesgebiet hätten und damit in gleicher Weise von der Staatsgewalt betroffen seien wie die Deutschen. Die Einführung eines Ausländerwahlrechts sei daher durch **einfaches Gesetz** möglich und aus Gründen der Integration sogar verfassungsrechtlich geboten.[530]

---

525 Roth DVBl. 1998, 214, 214 f.

526 BVerfG NVwZ 2013, 1271; Anm. Sachs JuS 2013, 1148; Anm. Klein DÖV 2013, 584.

527 Vgl. auch M/M Rdnr. 89; Gröpl Rdnr. 270 f., 367 f.; Degenhart Rdnr. 68 ff.

528 BVerfG DVBl. 1990, 1397, 1398; Maurer § 13 Rdnr. 5; Degenhart Rdnr. 38, 42; Ipsen/Epping JuS 1991, 1022, 1027; Schink DVBl. 1988, 420; Karpen NJW 1989, 1012, 1014.

529 vMutius Jura 1991, 410, 414; Stern I § 10 II 8 b, S. 324; Bleckmann DÖV 1988, 442: Verstoß gegen das Prinzip der Volkssouveränität.

530 Vgl. Zuleeg JZ 1980, 425; ZAR 1988, 14; Rittstieg KritV 1987, 317; Roth ZRP 1990, 82, 85; gegen einen Verfassungswandel ausdrücklich BVerfG DVBl. 1990, 1397, 1399, das zutreffend darauf hinweist, dass der Gesetzgeber der veränderten Bevölkerungszusammensetzung nicht durch Änderung des Wahlrechts, sondern allenfalls durch Erleichterung der Einbürgerung Rechnung tragen dürfe.

196 **II.** Nach h.M. ist auch bei **Landtagswahlen** ein Ausländerwahlrecht nur auf der Grundlage eines verfassungsändernden Gesetzes zulässig. Begründet wird dies entweder mit dem Homogenitätsgebot des Art. 28 Abs. 1 S. 1 GG oder damit, dass der Begriff „Volk" in Art. 28 Abs. 1 S. 2 GG, ebenso wie in Art. 20 Abs. 2 S. 2 GG, als „Deutsches Volk" auszulegen ist. Die Landesangehörigkeit sei Grundlage der nur Deutschen zukommenden Teilhabe an der Landesstaatsgewalt. Außerdem wirken die Landesangehörigen – mittelbar durch Landtage und Landesregierungen – über den Bundesrat bei der Gesetzgebung und Verwaltung des Bundes mit.[531]

197 **III.** Überaus streitig war bislang die Zulässigkeit eines **Kommunalwahlrechts** für Ausländer.

1. Nach teilweise vertretener Ansicht steht der Volksbegriff des Art. 20 Abs. 2 S. 2 GG hier nicht entgegen, da Art. 28 Abs. 1 S. 2 GG ein abweichendes Verständnis zulasse. Begründet wird dies damit, dass Art. 28 Abs. 1 S. 2 GG nur ein Mindestmaß an Homogenität verlange. Die Kommunen seien sich selbst verwaltende, nichtstaatliche Körperschaften, die ihre Legitimation aus dem vom Staatsvolk zu unterscheidenden „Gemeindevolk" ableiten. Hierbei müsse die Gesamtheit der dauernd anwesenden Bevölkerung (also auch Ausländer) in die politische Gestaltung der örtlichen Angelegenheiten einbezogen werden.[532]

2. Demgegenüber ist nach h.M. auch die Einführung eines allgemeinen Kommunalwahlrechts für Ausländer nicht ohne Verfassungsänderung möglich. Der Begriff des Volkes in Art. 28 Abs. 1 S. 2 GG sei, ebenso wie in Art. 20 Abs. 2 GG, als „Deutsches Volk" zu verstehen. Der Grundsatz der **Volkssouveränität** fordere, dass das Volk einen effektiven Einfluss auf die Ausübung der Staatsgewalt durch die Staatsorgane hat. Das demokratische Prinzip lasse es nicht beliebig zu, anstelle des Gesamtstaatsvolkes einer durch örtlichen Bezug verbundenen „Einwohnerschaft" Legitimationskraft zuzuerkennen. Die Gemeinden verkörpern kein staatsfremdes, gesellschaftliches Prinzip, sondern sie üben sowohl im Rahmen der Selbstverwaltung als auch bei Erfüllung von staatlich übertragenen Aufgaben **Staatsgewalt** aus. Die Ausübung von Staatsgewalt sei aber dem deutschen Volk vorbehalten.[533]

3. Etwas anderes gilt nach Art. 28 Abs. 1 S. 3 GG, wonach **EU-Ausländer** das aktive und passive Wahlrecht in den Kreisen und Gemeinden nach Maßgabe des EG-Rechts haben.

Vgl. die entsprechenden Regelungen in den Kommunalwahlgesetzen der Länder.

Damit ist auch klargestellt, dass Nicht-EU-Bürgern ein solches Wahlrecht **nicht ohne Verfassungsänderung** zugesprochen werden kann. Die o.g. Gegenansicht, wonach Ausländern das kommunale Wahlrecht durch einfaches Gesetz eingeräumt werden könnte, dürfte sich damit erledigt haben.[534]

---

531 BVerfG DVBl. 1990, 1397, 1398; Karpen NJW 1989, 1012, 1014 m.w.N.; a.A. diejenigen, die auch bei Bundestagswahlen eine Beteiligung von Ausländern für zulässig erachten (s.o. Rdnr. 195 f.).

532 Rittstieg NJW 1989, 1018, 1019; Bryde JZ 1989, 257; Zuleeg, Ausländerrecht und Ausländerpolitik (1987), S. 153 ff. m.w.N.; ebenso OVG Lüneburg DÖV 1985, 1067, 1068; vgl. auch BVerwG NJW 1985, 1300.

533 BVerfG DVBl. 1990, 1397 u. 1401; StGH Bremen DVBl. 1991, 1074; vMutius Jura 1991, 410; Erichsen Jura 1988, 550; vgl. auch Spies JuS 1992, 1036, 1039.

534 Kunig Jura 1994, 554, 555 m.w.N.; zur Einbeziehung der Unionsbürger bei kommunalen Abstimmungen vgl. Engelken NVwZ 1995, 432; ablehnend Meyer-Teschendorf/Hofmann ZRP 1995, 290, 291; offen gelassen von BVerfG NVwZ 1998, 52, 53.

Der Bundestag **2. Abschnitt**

Beachte: *Art. 28 Abs. 1 S. 3 GG bezieht sich nur auf die Teilnahme von Unionsbürgern an Kommunalwahlen als Entscheidung über Personen, nicht dagegen auf Abstimmungen über Sachfragen, wie z.B. Bürgerbegehren oder Bürgerentscheid.[535] Zulässig und mit Art. 28 Abs. 1, 20 Abs. 2 GG vereinbar sollen jedoch landesgesetzliche Regelungen sein, die Unionsbürgern ausdrücklich das Recht zur Teilnahme an kommunalen Bürgerbegehren und Bürgerentscheiden einräumen (so z.B. Art. 1, 15 Abs. 2, 18 a BayGO).[536]*

2. Abschnitt: Der Bundestag

A. Der Bundestag als oberstes Verfassungsorgan des Bundes

Nach dem Demokratieprinzip ist das **Volk Träger der Staatsgewalt** (Art. 20 Abs. 2 S. 1 GG) und damit letztlich Quelle aller staatlichen Willensbildung. Das Volk handelt auf Bundesebene im Wesentlichen nur durch die Wahlentscheidung bei der Bundestagswahl (Art. 20 Abs. 2 S. 2 GG). Der gewählte Bundestag repräsentiert in seinen Entscheidungen, insbesondere Gesetzesbeschlüssen, das Volk **(Prinzip der repräsentativen Demokratie)**.[537]

198

Der Bundestag wählt den Bundeskanzler und damit praktisch die Bundesregierung. Die Bundesminister entscheiden über die Ernennung der leitenden Beamten, diese wiederum, unmittelbar oder mittelbar über die Ernennung der übrigen Beamten. Auf diese Weise wird, wie vom Demokratieprinzip gefordert, das gesamte staatliche Handeln letztlich auf eine Entscheidung des Volkes zurückgeführt. Es besteht eine **ununterbrochene Legitimationskette** vom Volk zu den mit staatlichen Aufgaben betrauten Organen und Amtswaltern (vgl. auch oben Rdnr. 36 ff.).

Der vom Volk gewählte Bundestag ist damit das einzige unmittelbar demokratisch legitimierte Staatsorgan des Bundes und lässt sich deshalb als **oberstes Verfassungsorgan** bezeichnen.[538]

Zu den Zuständigkeiten und Aufgaben des Bundestages vgl. i.E. unten Rdnr. 200 ff.

Weitere Verfassungsorgane sind:[539]

199

- **Bundesrat** (Art. 50 ff. GG),
- Gemeinsamer Ausschuss als Notparlament (Art. 53 a, 115 e GG),
- **Bundespräsident** (Art. 54 ff. GG),
- Bundesversammlung (Art. 54 GG),
- **Bundesregierung und Bundeskanzler** (Art. 62 ff. GG),
- **Bundesverfassungsgericht** (Art. 93, 94 GG).

B. Zuständigkeiten und Aufgaben

Fallbearbeitungen bei (ohne Autor) SächsVBl. 2001, 180, 202 (**Ex.Klausur** Sachsen); (ohne Autor) BayVBl. 2002, 30, 57 (**Ex.Klausur** Bayern); Staufer JA 2013, 124.

---

535 Bay VerfGH RÜ 2013, 587; Zöllner BayVBl. 2013, 129, 131.
536 Bay VerfGH a.a.O. m.w.N. zur Gegenauffassung.
537 Morlok/Hientzsch JuS 2011, 1 f.
538 Gleichzeitig ist der Bundestag auch oberstes Bundesorgan i.S.v. Art. 93 Abs. 1 Nr. 1 GG i.V.m. § 63 BVerfGG.
539 Kloepfer Rdnr. 206 ff.; Mo/Mi Rdnr. 601 ff.

103

| 3. Teil | Wahlen – Bundestag – Parteien |

Fall 6: Außenpolitischer Bundestagsbeschluss

Im Staat S ist die alte Regierung gestürzt und durch eine neue, sich als Revolutionsregierung bezeichnende Regierung R ersetzt worden. Die alte Regierung hat eng mit den USA zusammengearbeitet; deshalb lehnt die US-Regierung eine Anerkennung von R als neue Regierung des Staates S ab und verlangt ein entsprechendes Verhalten auch von ihren Verbündeten. Die Bundesregierung hält es zumindest während der nächsten Zeit für politisch geboten, sich diesem Wunsche nicht zu widersetzen und verweigert der neuen Regierung R gegenüber die formelle Anerkennung. Die Mehrheit der Abgeordneten des Bundestages sympathisiert dagegen stark mit der Regierung R. Deshalb beraten die außenpolitischen Arbeitskreise der Fraktionen über Schritte, die die Bundesregierung zu einer Änderung ihrer Haltung veranlassen könnten. Für folgende Möglichkeiten ist anzunehmen, dass sie eine Mehrheit im Bundestag finden:

1. Der Bundestag appelliert in einer Entschließung an die Bundesregierung, ihre Haltung gegenüber R zu überdenken und möglichst zu ändern.
2. Der Bundestag fasst einen Beschluss, wonach die Bundesregierung verpflichtet wird, innerhalb einer Frist von drei Monaten die Regierung R als rechtmäßige Regierung des Staates S anzuerkennen.

Die Bundesregierung vertritt die Auffassung, beide Beschlüsse würden die von ihr für richtig gehaltene Außenpolitik schwerwiegend stören und stünden mit der Verfassung nicht in Einklang. Welche Auffassung ist zutreffend?

---

200 I. Die Zuständigkeit des Bundestages ist an keiner Stelle im GG grundsätzlich geregelt. Sie wird überwiegend dahin umschrieben, dass der Bundestag als das oberste, das Volk repräsentierende Verfassungsorgan über **umfassende Zuständigkeiten** verfügt, die aber **durch die Zuständigkeiten der anderen Staatsorgane eingeschränkt** werden.

Der Bundestag (BT) hat folgende **Hauptaufgaben:**[540]

- Wahl bestimmter Staatsorgane (z.B. Art. 63, 94 Abs. 1 S. 2 GG); sog. **Wahl- oder Kreationsfunktion**;

- **Kontrollfunktion** gegenüber der Exekutive, z.B.

  - Art. 41 Abs. 1 GG: **Zitierrecht; Frage- bzw. Interpellationsrecht** (i.V.m. §§ 100–106 GO BT i.V.m. Anlage 4, 7),[541]

  - Einsatz der Bundeswehr im Ausland,[542]

---

540 Vgl. auch (mit teilweise anderen Bezeichnungen) Mo/Mi Rdnr. 606 ff.; M/M Rdnr. 210 ff.; Ipsen Rdnr. 200 ff.; Berg Rdnr. 216 ff.; Maurer § 13 Rdnr. 119 ff.; Morlok/Hientzsch JuS 2011, 1, 2.

541 Ipsen Rdnr. 204 ff.; M/M Rdnr. 218 FN 91; Schwarz BayVBl. 2012, 161; Daiber RuP 2012, 97 (EU-Angelegenheiten).
Zum Umfang der Beantwortungspflicht der Regierung bei parlamentarischen Anfragen vgl. BVerfG NVwZ 2004, 1105, Anm. Kotzur Jura 2007, 52; Gusy JA 2005, 395; BVerfG NVwZ 2009, 1092 (Überwachung von Abgeordneten durch Nachrichtendienste); Anm. Sachs JuS 2010, 840; NVwZ 2009, 1353; VerfGH NRW RÜ 2008, 651; BVerfG NVwZ 2009, 1092; VerfGH Bremen DVBl. 2009, 1129 ff.; 1132 f.; Gusy ZRP 2008, 36; HambVerfG NVwZ-RR 2011, 267 Anm. Schnabel NVwZ 2011, 604.
Fallbearbeitung bei (ohne Autor) Sächs VBl. 2001, 180, 202 (Ex. Klausur Sachsen); (ohne Autor) BayVBl. 2002, 30, 57 (Ex. Klausur Bayern); Frenzel/Masing Jura 2010, 220, 223 f.

542 Vgl. dazu i.E. unten Rdnr. 400 ff.

Der Bundestag **2. Abschnitt**

- Die Verweigerung von Auskünften, insbesondere wegen Geheimhaltungsbedürftigkeit ist von der Bundesregierung angemessen ausführlich zu begründen.[543]

- Art. 13 Abs. 6, 44, 45 b, 59 Abs. 2 S. 1, 144 GG,

- Mitwirkung an der **europäischen Integration**

  - Art. 23 Abs. 2, 3 i.V.m. ZusammenarbeitsG[544] und IntegrationsverantwortungsG[545]

- **Legislativ- und Etatfunktion** (vgl. Art. 77, 110 GG);

  Zur Bedeutung des Budgetrechts für den Bundestag führt das BVerfG in seinem Urteil zum Euro-Rettungsschirm aus: „Danach läge eine das Demokratieprinzip und das Wahlrecht zum Deutschen Bundestag verletzende Übertragung wesentlicher Bestandteile des Budgetrechts des Bundestags jedenfalls dann vor, wenn die Festlegung über Art und Höhe der den Bürger treffenden Abgaben im wesentlichem Umfang supranationalisiert und damit der Dispositionsbefugnis des Bundestags entzogen würde."[546]

  Die haushaltspolitische Gesamtverantwortung des Bundestags darf bei wichtigen Entscheidungen auch nicht auf ein Sondergremium (z.B. **9er-Sondergremium** gemäß § 3 Abs. 3 StabilisierungsmechanismusG) übertragen werden.[547]

- **Repräsentationsfunktion**; Art. 20 Abs. 2, 38 Abs. 1 S. 2 GG.

  Art. 20 Abs. 2 GG: „Demokratie als Herrschaft über das Volk durch gewählte Repräsentanten"

  Art. 38 Abs. 1 S. 2 GG: „Repräsentation des Volkes durch die Gesamtheit seiner Abgeordneten"[548]

II. Für den praktischen Fall empfiehlt sich folgende Prüfung:

201

1. Die Zuständigkeit des BT kann sich aus **Spezialvorschriften** ergeben.

   Beispiele: Wahl des Bundeskanzlers (Art. 63, 67, 68 GG); Gesetzesinitiative, Beratung und Beschlussfassung bei Bundesgesetzen (Art. 76 ff. GG); das Zitierrecht nach Art. 43 Abs. 1 GG, das Enqueterecht nach Art. 44 GG und das Recht zu Anfragen (Interpellationsrecht) nach §§ 100 ff. GO BT; das Recht zur Anklage des Bundespräsidenten (Art. 61 GG) sowie Feststellung des Verteidigungsfalles (Art. 115 a GG).

2. Falls eine Spezialvorschrift nicht eingreift, so ist grds. von einer **umfassenden Zuständigkeit** des Bundestages auszugehen, die jedoch in zweifacher Hinsicht **eingeschränkt** wird:

   - durch das **Bundesstaatsprinzip** und

   - durch das **Gewaltenteilungsprinzip**.

   a) Der Bundestag kann nur zuständig sein, wenn die Sachfrage in die **Kompetenz des Bundes** fällt. Um eine Befassung des Bundestages mit einem be-

---

543 BVerfG NVwZ 2009, 1092.
544 Sa. 96.
545 Sa. I Nr. 98
   Zur Integrationsverantwortung von BT und BReg vgl. BVerfG RÜ 2009, 519 – Lissabon –; Daiber ZParl 2012, 293; Engels JuS 2012, 210.
546 BVerfG RÜ 2011, 650, 654; RÜ 2012, 723 (ESM-Vertrag, Fiskalpakt).
547 BVerfG, Beschl. v. 27.10.2011 – 2 BvE 8/11 (einstweilige Anordnung in Sachen „Euro-Rettungsschirm").
548 BVerfG NVwZ 2012, 967 (§ 6 BVerfGG); NVwZ 2012, 495 (Sondergremium EFSF).

stimmten Thema zu rechtfertigen, ist es ausreichend, dass ein Sachzusammenhang mit einer Bundeszuständigkeit besteht. Beispielsweise darf der Bundestag über alle Fragen diskutieren, die im Bereich der Bundesgesetzgebung oder der Bundesverwaltung bedeutsam werden.

b) Es darf kein **anderes (Bundes-)Organ zuständig** sein. In erster Linie wird der Bundestag durch die Befugnisse der Exekutive (Regierung und Verwaltung) beschränkt. Hierbei ist aber zu beachten, dass der Bundestag bezüglich der Exekutive über eine Kontrollfunktion verfügt.

Kaum Schwierigkeiten bereitet die Abgrenzung der Befugnisse des Bundestages zur **Rechtsprechung**: Selbstverständlich darf der Bundestag nicht in gerichtliche Verfahren eingreifen. Im Übrigen ist es aber wegen der jederzeit gegebenen Möglichkeit, Missstände durch Gesetz zu regeln, grds. zulässig, dass der Bundestag sich auch mit Fragen befasst, die Gegenstand der Rspr. sind.

202 III. Danach gilt **für den vorliegenden Fall:**

1. Eine **spezielle Zuständigkeit** des Bundestages greift nicht, insbesondere weist Art. 32 Abs. 1 GG die auswärtigen Angelegenheiten allgemein dem Bund und nicht dem Bundestag zu.

2. Im Übrigen verfügt der Bundestag grds. über eine **umfassende Zuständigkeit**, soweit der Bund zuständig ist und die Aufgabe nicht in den Kompetenzbereich eines anderen Organs fällt.

a) Dass der Bund die **Verbandskompetenz** für die auswärtigen Angelegenheiten hat, ergibt sich aus Art. 32 Abs. 1, 73 Nr. 1 GG.

b) Die Zuständigkeit des Bundestages könnte durch Zuständigkeiten eines (Bundes-)Organs der Exekutive beschränkt sein. Die Entscheidung, ob eine diplomatische Anerkennung erfolgt, obliegt zunächst der Bundesregierung. Bundesregierung und Bundeskanzler haben aber **kein außenpolitisches Monopol**. Es geht daher darum, die Kompetenzen von Bundestag und Bundesregierung sachgemäß abzugrenzen.

aa) Ohne Weiteres zulässig ist, dass der Bundestag eine derartige Frage erörtert. Denn ohne **Willensbildung** könnte er sein Kontrollrecht gegenüber der Bundesregierung, soweit diese – wie hier – außenpolitisch tätig wird, nicht ausüben. Diese Erörterung darf auch durch einen Beschluss abgeschlossen werden, so wie er unter 1. formuliert ist. Es handelt sich hierbei um einen schlichten **Bundestagsbeschluss**. Er hat politische Bedeutung, ist aber für die Bundesregierung **nicht verbindlich**. Daher wäre der Beschluss verfassungsrechtlich zulässig.

bb) Im Fall 2 soll dagegen ein verbindlicher Beschluss gefasst werden. Derartige, sog. **echte Beschlüsse**, die nicht in Gesetzesform gefasst sind, sind nach h.M. nur zulässig und wirksam, wenn es hierfür eine **besondere Rechtsgrundlage** gibt.[549]

---

549 Hufen NJW 1991, 1321, 1323; Hölscheidt DÖV 1993, 593, 599.

Der Bundestag **2. Abschnitt**

Z.B. ergibt sich aus Art. 43 Abs. 1 GG und den Vorschriften über Große und Kleine Anfragen in §§ 100 ff. GO BT die Befugnis des Bundestages, von der Bundesregierung in einer bestimmten Frage eine Berichterstattung zu verlangen.[550]

Im Übrigen gilt der Grundsatz, dass das Gesetz die Handlungsform des Parlaments für verbindlich gewollte Regelungen ist. Der Beschluss zu 2. ist kein Gesetzesbeschluss. Für ihn gibt es auch keine sonstige Rechtsgrundlage. Er ist daher verfassungsrechtlich nicht zulässig.

C. Rechtmäßigkeit eines (schlichten) Bundestagsbeschlusses[551]

Rechtmäßigkeit eines (schlichten) Bundestagsbeschlusses	203

A. Formelle Verfassungsmäßigkeit

I. Zuständigkeit

1. Verbandskompetenz des Bundes

wenn Sachzusammenhang mit Bundeszuständigkeit (insbes. Gesetzgebung, Verwaltung)

2. Organkompetenz des Bundestages

a) aus Spezialvorschriften (Art. 43, 44, 63 GG u.a.)

b) grds. umfassende Zuständigkeit als oberstes Verfassungsorgan

c) aber Einschränkung: kein anderes (Bundes-)Organ zuständig

II. Verfahrensvorschriften

1. spezielle Verfahrensgrundsätze (z.B. Art. 44 GG)

2. allgemeine Voraussetzungen

z.B. Beschlussfähigkeit (§ 45 GO BT), Abstimmung, Feststellung der Mehrheit

B. Materielle Verfassungsmäßigkeit

I. Anforderungen aus Spezialvorschriften

II. Prinzipien der Art. 20, 28 GG

insbes. Gewaltenteilung: kein Eingriff in Kernbereich einer anderen Staatsfunktion, aber Kontrolle der anderen Gewalten möglich

III. kein Verstoß gegen Grundrechte

---

550 Vgl. auch Hultzsch JuS 1992, 583, 585, der zwischen Verbindlichkeit im Verhältnis zu anderen Staatsorganen und Verbindlichkeit im Verhältnis zum Bürger unterscheidet.

551 Ipsen Rdnr. 217 ff.

D. Mehrheiten[552]

204 ■ Der Bundestag fasst seine Beschlüsse grds. mit **einfacher Mehrheit** der abgegebenen Stimmen (Art. 42 Abs. 2 GG). Stimmenthaltungen und ungültige Stimmen zählen für die Mehrheitsfeststellung nicht mit. Sie sind keine „abgegebenen" Stimmen. Angenommen ist der Antrag, wenn die Zahl der Ja-Stimmen die der Nein-Stimmen um mindestens eine übersteigt; auf die Zahl der anwesenden Abgeordneten kommt es grds. nicht an (vgl. noch unten Rdnr. 324 f.). Bei Stimmengleichheit ist ein Antrag abgelehnt (vgl. § 48 Abs. 2 S. 2 GO BT).[553]

205 ■ In bestimmten Fällen fordert das GG die Mehrheit der Mitglieder des Bundestages (sog. **absolute Mehrheit**, Kanzlermehrheit). Sie bezieht sich gemäß Art. 121 GG auf die gesetzliche Mitgliederzahl des Bundestages (unabhängig von den jeweils anwesenden Abgeordneten) unter Einbeziehung der Überhangmandate; vgl. § 1 Abs. 1 BWG. Diese beträgt im Normalfall 598, sodass die absolute Mehrheit 300 Stimmen beträgt (zur Zeit 316 wegen 4 Überhangmandaten und 29 Ausgleichsmandaten).

Die absolute Mehrheit ist erforderlich z.B. bei der Kanzlerwahl (Art. 63 GG), beim konstruktiven Misstrauensvotum (Art. 67 GG), der Vertrauensfrage des Bundeskanzlers (Art. 68 GG), der Überstimmung eines Einspruchs des Bundesrates (Art. 77 Abs. 4 S. 1 GG).

206 ■ Eine **qualifizierte Mehrheit** von 2/3 der Mitglieder des Bundestages (zur Zeit 415 Ja-Stimmen) verlangt z.B. Art. 79 Abs. 2 GG für verfassungsändernde Gesetze und für die Präsidentenanklage (Art. 61 Abs. 1 S. 3 GG). In anderen Fällen begnügt sich das GG mit einer **2/3-Mehrheit der Abstimmenden**.

Z.B. bei der Zurückweisung eines mit 2/3 Mehrheit gefassten Einspruchs des Bundesrates (Art. 77 Abs. 4 S. 2 GG), Feststellung des Verteidigungsfalles (Art. 115 a Abs. 1 S. 2 GG).

207

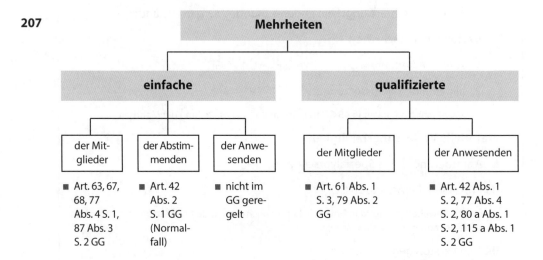

---

[552] Vgl. auch Morlok/Hientzsch JuS 2011, 1, 3.
[553] Vgl. allg. zu den verschiedenen Mehrheiten Maurer § 7 Rdnr. 56 ff.

Der Bundestag **2. Abschnitt**

E. Der Bundestag als Staatsorgan – Personelle und sachliche Diskontinuität[554] – GO BT[555]

Fallbearbeitung Freytag Jura 2002, 130, 132.

Fall 7: Alternative Geschäftsordnung

Bei einer Neuwahl des Bundestages sind auch 33 Abgeordnete einer sog. Alternativen Liste (AL) gewählt worden. Bei der ersten Sitzung beantragt die AL, die in der bisherigen Geschäftsordnung enthaltenen Grundsätze über die Fraktionen, das Rederecht, die Zusammensetzung der Ausschüsse u.a. zu ändern und zu diesem Zweck eine neue Geschäftsordnung zu erlassen. Die anderen Fraktionen verweisen darauf, die AL könne einen Antrag auf Änderung der bisherigen Geschäftsordnung stellen; ein Neuerlass scheide angesichts der Fortgeltung der alten Geschäftsordnung aus. Nach den Vorstellungen der AL sollen in die neue Geschäftsordnung auch Vorschriften aufgenommen werden, durch die die Bundesregierung vor der öffentlichen Verkündung wichtiger politischer Grundsatzentscheidungen zur Unterrichtung des Bundestages verpflichtet wird. Damit soll verhindert werden, dass die Bundestagsabgeordneten von wichtigen Entscheidungen erst aus dem Fernsehen und der Presse erfahren und dass in diesen Fällen eine vorzeitige Festlegung in der Öffentlichkeit ohne Mitwirkung der Volksvertreter erfolgt. Wie sind die Vorschläge verfassungsrechtlich zu beurteilen?

I. **Neuerlass einer Geschäftsordnung des Bundestags (GO BT)**

1. Nach Art. 40 Abs. 1 S. 2 GG gibt der Bundestag sich eine GO. Fraglich ist, was „Bundestag" im Sinne dieser Vorschrift bedeutet. **208**

   - Der Bundestag als **Organ** (Institution) besteht ständig und ist unabhängig von den Wahlen. Insoweit besteht Organ-**Kontinuität**.

   - Andererseits hat der Bundestag politische Grundsatzentscheidungen zu treffen, deren Inhalt von der personellen und damit parteipolitischen Zusammensetzung des Bundestages abhängt. Daher kommt es beim Bundestag auch auf dessen konkret-personelle Zusammensetzung an. Insoweit gilt der Grundsatz der **personellen Diskontinuität**.[556] Deshalb spricht man vom derzeitigen Bundestag z.B. als dem „18. Bundestag", während die Legislaturperiode des „17. Bundestages" 2013 endete.

   - Aus der personellen Diskontinuität ergibt sich auch eine **sachliche Diskontinuität** (vgl. § 125 GO BT).

     Das hat Bedeutung vor allem für **Gesetzesvorlagen**. Soweit das Gesetzgebungsverfahren nicht abgeschlossen werden kann, **„verfallen"** sie mit Ablauf der Wahlperiode. Sie müssen dann ggf. im neuen Bundestag erneut eingebracht werden, wobei alle Förmlichkeiten (z.B. Zuleitung an den Bundesrat nach Art. 76 Abs. 2 GG) zu beachten sind.

---

554 Mo/Mi Rdnr. 739 ff.

555 Mo/Mi Rdnr. 726 ff.

556 Zur Geltung für Fraktionen des BT vgl. § 54 Abs. 1 Nr. 3 AbgG (Sa. Nr. 48) und Binder/Hoffmann Jura 2006, 387, 388.

109

| 3. Teil | Wahlen – Bundestag – Parteien |

"Der neue Bundestag soll nicht mit Anträgen belastet werden, die noch vom alten Bundestag stammen, der möglicherweise parteipolitisch eine ganz andere Zusammensetzung hatte."

Vgl. auch StGH BW:[557] „Aufgrund der personellen und sachlichen Diskontinuität ist es unzulässig, Berichte eines Untersuchungsausschusses des alten Parlaments in der neuen Wahlperiode zu ergänzen."

209   2. Art. 40 Abs. 1 S. 2 GG ist Ausdruck der Autonomiebefugnisse des Bundestages. Danach kann der Bundestag seine eigenen Angelegenheiten selbst regeln (vgl. auch Art. 39 Abs. 3 und Art. 40 GG). Die Autonomiebefugnisse stehen dem Bundestag in seiner konkret-personellen Besetzung zu. Deshalb wird der Begriff Bundestag in Art. 40 Abs. 1 S. 2 GG so ausgelegt, dass sich der **jeweilige Bundestag** seine GO gibt. Also endet die Wirkung der GO mit dem Ende der Wahlperiode von vier Jahren (Art. 39 GG).[558]

Anders das BVerfG[559] für die GO der BReg, da diese nicht dem Grundsatz der Diskontinuität unterliege.

Der entscheidende Zeitpunkt für den Wechsel ist jeweils der **Zusammentritt des neuen BT** (Art. 39 Abs. 1 S. 2 GG). Zu diesem Zeitpunkt endet die Wahlperiode des alten und beginnt diejenige des neuen BT. Für die Bestimmung des Wahltages – durch den Bundespräsidenten (§ 16 BWG) – und den Zusammentritt des neuen BT nach der Neuwahl regelt Art. 39 GG Fristen, die einen gewissen Spielraum lassen, der durch das Gesetz zur Änderung des Art. 39 GG vom 16.07. 1998[560] erweitert wurde.

Der Standpunkt der AL ist daher verfassungsrechtlich zutreffend. Es ist aber möglich und üblich, dass die alte GO durch einfachen Mehrheitsbeschluss des neuen Bundestages übernommen wird.[561]

II. Inhalt der GO BT

210   Da der Bundestag „sich" eine GO gibt, darf diese nur die **eigenen Angelegenheiten** des Bundestages regeln. Die Wirkungen der GO beschränken sich deshalb auf das **Innenverhältnis** zwischen den Abgeordneten, den Organen (Präsidium) und Unterorganen (Ausschüssen) des Bundestages.[562] Bei der GO handelt es sich dem Rechtscharakter nach um eine **Satzung**, die sich aber inhaltlich auf **Innenrecht** beschränkt.[563]

Dabei ist eine unbestimmte und unbefristete Delegation der Geschäftsordnungsgewalt auf Ausschüsse unzulässig und verstößt gegen Art. 40 Abs. 1 S. 2 GG.[564]

Das Rechtsverhältnis zwischen dem Bundestag und den anderen **Verfassungsorganen** (Bundesregierung, Bundesrat etc.) ergibt sich ausschließlich aus dem GG und den formellen Gesetzen. Die GO kann die Bundesregierung nicht verpflichten. Die geplanten Bestimmungen sind daher verfassungsrechtlich **unzulässig**.[565]

Deshalb war z.B. für die Entscheidung über den Sitz der Bundesregierung im Rahmen der Hauptstadtdiskussion ein formelles Gesetz erforderlich.[566]

---

557 StGH BW VBlBW 1990, 92.

558 Dreier JZ 1990, 310, 315 m.w.N.

559 BVerfG DVBl. 1995, 96, 97.

560 BGBl. I 1998, 1822.

561 Vgl. allg. Maurer § 13 Rdnr. 87 ff. und Beschl. des BT vom 11.11.2009 (BGBl. I S. 3819).

562 Morlok/Hientzsch JuS 2011, 1, 3.

563 BVerfGE 1, 144, 148; abweichend Dreier/Morlok Art. 40 Rdnr. 19 m.w.N.: eigener Regelungstypus.

564 Vgl. LVerfG M-V Nord ÖR 2001, 348; Brenner DVBl. 2009, 1129, 1132.

565 Queng JuS 1998, 610, 613 m.w.N.

566 Hufen NJW 1991, 1321, 1327.

3. Abschnitt: Untergliederungen des Parlaments

A. Fraktion, Gruppe[567]

Fallbearbeitung bei Palm Jura 2002, 700.

I. Bildung der Fraktion

Die Fraktionen **(im Plenum)** sind Vereinigungen von mindestens 5% der Mitglieder des Bundestages, die derselben Partei oder solchen Parteien angehören, die aufgrund gleichgerichteter politischer Ziele **in keinem Land miteinander im Wettbewerb** stehen (§ 10 Abs. 1 S. 1 GO BT).

211

Die Fraktionsmindeststärke von 5% ist aus Gründen der Funktionsfähigkeit des Parlaments (s.o. Rdnr. 170 f.) verfassungsrechtlich nicht zu beanstanden.[568] Eine Anhebung der 5%-Klausel wird im Hinblick auf § 6 Abs. 6 BWG für unzulässig erachtet.[569]

Beachte: *Fraktionen **im Ausschuss** können, insbesondere bei kleineren Parteien, aus nur einer Person bestehen; bestimmte Mindestzahlen fordert die GO BT insofern nicht!*

II. Abgrenzung zur Gruppe

Mitglieder des Bundestages, die sich ohne Fraktionsstärke zusammenschließen wollen, können nach § 10 Abs. 4 GO als **Gruppe** anerkannt werden.[570] Gruppen haben aber nur solche Fraktionsrechte, die für die effektive Teilhabe an der parlamentarischen Arbeit unerlässlich sind (sog. **materielle Fraktionsrechte**, z.B. gemäß § 76 GO BT), nicht aber auch die formellen oder verfahrensbezogenen Fraktionsrechte (z.B. gemäß Art. 44, 53 a, 77 Abs. 2 GG).[571]

212

Beachte *auch § 4 S. 4 PUAG: „Die Berücksichtigung von Gruppen richtet sich nach den allgemeinen Beschlüssen des Bundestags."*

Das GG erwähnt die Fraktionen (eher beiläufig) in Art. 53 a Abs. 1 S. 2 GG. Nähere Regelungen finden sich seit 1995 in den §§ 45 ff. AbgG (sog. **FraktionsG**).

III. Aufgaben bzw. Funktion

Die Fraktionen wirken an der Erfüllung der Aufgaben des Deutschen Bundestages mit (§ 47 Abs. 1 AbgG). Hierbei nehmen sie im Wesentlichen zwei Funktionen wahr:

■ Die Fraktion ist die **„Partei im Parlament":** Die für die politische Arbeit im Parlament heute grundlegende Abgrenzung zwischen Mehrheit und Opposition deckt sich mit der Abgrenzung zwischen den die Fraktionen tragenden Parteien, sodass die Fraktionen dadurch zu den Trägern der wesentlichen politischen Richtungen werden.

---

567 Vgl. ergänzend Kloepfer Rdnr. 218 ff.; Mo/Mi Rdnr. 693 ff.; Ipsen Rdnr. 268 ff.; Degenhart Rdnr. 625 ff.; M/M Rdnr. 201 ff.; Gröpl Rdnr. 342 ff.,1079 ff.

568 BVerfG DVBl. 1998, 90.

569 Vgl. auch VGH Kassel NVwZ 1991, 1105: Eine Änderung der GO ist unzulässig, wenn dadurch einer Gruppierung der – zunächst eingeräumte – Fraktionsstatus entzogen wird.

570 Dazu BVerfG DVBl. 1991, 992, 994; NJW 1998, 3037.

571 Vgl. BVerfG a.a.O.; Maurer § 13 Rdnr. 110; Sachs JuS 1999, 601; Hölscheidt S. 426 ff.

| | ■ Die Fraktion ist **Mittler** zwischen Parlament und dem einzelnen Abgeordneten: In- dem in den Fraktionen die politischen Positionen zusammengefasst werden, erlangt der einzelne Abgeordnete einen nachhaltigeren Einfluss auf das parlamentarische Geschehen und kann so seine Rechte aus Art. 38 Abs. 1 S. 2 GG effektiv ausüben.[572]

IV. Rechtsnatur

213 Nach § 46 Abs. 1 AbgG sind die Fraktionen **rechtsfähige Vereinigungen**, d.h. insbeson- dere, sie können klagen und verklagt werden (§ 46 Abs. 2 AbgG). Sie sind jedoch nicht Teil der öffentlichen Verwaltung und können insbesondere keine öffentliche Gewalt ausüben (§ 46 Abs. 3 AbgG).

Eine weitergehende Festlegung des Fraktionsstatus enthält die Neuregelung im AbgG (Sa. Nr. 48) nicht, insbesondere ist der Dauerstreit um die **Rechtsnatur** nicht entschieden worden.[573]

Teilweise wird die Fraktion als nichtrechtsfähiger Verein des **BGB** qualifiziert,[574] während andere einen öffentlich-rechtlichen Verein oder eine (Teil-)Körperschaft des öffentlichen Rechts annehmen[575] bzw. die Fraktion als Staatsorgan sui generis bezeichnen[576] oder ihr rechtliche Doppelnatur beilegen.[577]

V. Rechte der Fraktion (im Plenum)

214 **1.** Auch wenn die Fraktion die Partei repräsentiert, ergeben sich ihre Rechte nicht aus Art. 21 GG, sondern werden, da die Fraktion ein Zusammenschluss von Abgeordneten ist, wie der Status der Abgeordneten aus Art. 38 Abs. 1 S. 2 GG hergeleitet.[578]

Die **Rechte der Fraktion** (Zusammensetzung des Ältestenrates, Ausschüsse, Antrags- und Vorschlagsrechte) hängen weitgehend von ihrer personellen Stärke ab (vgl. §§ 11, 12 GO BT). In der Regel stellt die stärkste Fraktion den **Parlamentspräsidenten** (arg. e. § 7 Abs. 6 GO BT).

Von den Rechten der Fraktion zu unterscheiden sind **Rechte**, die **einer Gruppe** von Abgeordneten (ggf. in Fraktionsstärke) zustehen können, z.B. Zitierrecht (Art. 43 Abs. 1 GG; § 42 GO BT), Fragerecht (§§ 105 ff. GO BT), Gesetzesinitiative[579] (Art. 76 Abs. 1 GG, § 76 GO BT). Träger dieser Rechte sind zu- nächst die einzelnen Abgeordneten, die Fraktion nur, wenn ihr als solcher ein entsprechendes Recht zu- gewiesen ist (vgl. z.B. §§ 42, 76 GO BT).

Rechte der Fraktion **im Ausschuss** ergeben sich z.B. aus §§ 60 Abs. 2, 61 Abs. 2, 64 Abs. 2 S. 3 GO BT.[580]

---

572 Ausführlich zu den Funktionen bzw. Aufgaben der Fraktionen Hölscheidt S. 246 ff.; Maurer § 13 Rdnr. 112 m.w.N.
     Zu den verfassungsrechtlichen Problemen der Fraktionszuschüsse vgl. Ipsen NVwZ 2003, 14.
     Zu den Grenzen der Verwendung staatlicher Fraktionsgelder für Öffentlichkeitsarbeit vgl. VerfGH Rh-Pf NVwZ 2003, 75.
573 Hölscheidt S. 174 f.
574 OLG Schleswig NVwZ-RR 1996, 103; OLG München VersR 1992, 312, 313.
575 Hölscheidt S. 283 ff., 326: „juristische Person des Parlamentsrechts"; dort auch ausführlich Darstellung des Meinungsstreits.
576 Schmidt DÖV 1990, 102, 105.
577 Mo/Mi Rdnr. 695 FN 189; Gröpl Rdnr. 1082; Ipsen Rdnr. 270: Teile des Organs Bundestag/juristische Personen des Zivil- rechts; ähnlich Maurer § 13 Rdnr. 108.
578 BVerfGE 70, 324, 362; Morlok DVBl. 1991, 998, 999; Jekewitz ZRP 1993, 344, 345 m.w.N.
579 Zu den Grenzen vgl. Bbg VerfG NVwZ-RR 2001, 490.
     Zum Eingriff in Fraktionsrechte durch Einsetzung eines Untersuchungsausschusses bzgl. der ordnungsgemäßen Ver- wendung von Fraktionsmitteln vgl. VerfGH RhPf NVwZ 2011, 115 Anm. Sachs JuS 2011, 379.
580 Zu den Minderheitsrechten im Untersuchungsausschuss vgl. StGH BW, Urt. v. 21.10.2002 – GR 11/02; BVerfG NJW 2002, 1936.
     Ausführlich zu den innerparlamentarischen Rechten der Fraktion Hölscheidt S. 327 ff.; dort auch zur Finanzierung (S. 500 ff.).
     Zum Recht auf Öffentlichkeitsarbeit vgl. VerfGH RhPf NVwZ 2003, 73.

Klausurhinweis: Die Frage, ob Fraktionen oder Gruppen eigene Rechte haben bzw. haben können, ist prozessual relevant für die Beteiligtenfähigkeit bzw. Antragsbefugnis im Organstreitverfahren.[581]

2. Aus dem auch für Fraktionen aus Art. 38 Abs. 1 S. 1 GG abzuleitenden Grundsatz der **215**
Chancengleichheit (s.o. Rdnr. 58 ff.) und dem Gebot des Minderheitenschutzes folgt
ein für alle Fraktionen gleiches Recht auf Zugang zu Ausschüssen und Gremien. Deshalb
muss grds. jeder Ausschuss ein **verkleinertes Abbild des Plenums** sein (sog. Grundsatz
der Spiegelbildlichkeit von Plenum und Ausschuss). Nach Auffassung des BVerfG ist es
jedoch ausnahmsweise zulässig, in sachlich begründeten Fällen (z.B. Geheimhaltung, Sicherung der Handlungsfähigkeit des Parlaments) für Ausschüsse oder ähnliche Gremi-
en eine Mitgliederzahl vorzusehen, die bei der Sitzverteilung eine Berücksichtigung aller parlamentarischen Gruppen nicht ermöglicht.[582]

Beachte § 4 S. 3 PUAG, wonach bei Untersuchungsausschüssen des BT **jede** Fraktion vertreten sein
muss.[583]

3. Soweit die Rechte der Fraktion infrage gestellt werden, kann sie als Unterorgan des **216**
Bundestages Beteiligte im **Organstreitverfahren** gemäß Art. 93 Abs. 1 Nr. 1 GG sein, da
sie durch Art. 53 a Abs. 1 S. 2 GG und die GO BT mit eigenen Rechten ausgestattet ist.
Hierbei kann sie nicht nur eigene Rechte geltend machen, sondern auch Rechte des gesamten Parlaments.[584]

Zu **Fraktionsdisziplin** und **Fraktionsausschluss** siehe noch unten Rdnr. 236 ff.

B. Ausschüsse und sonstige Gremien[585]

I. Ausschüsse dienen der Vorbereitung der Plenarverhandlungen des Bundestages **217**
(§ 54 GO BT), insbesondere der Erstellung mehrheitsfähiger Beschlussvorlagen (§ 62
Abs. 1 S. 2 GO BT).[586] Weitere Funktion der Ausschüsse ist die Wahrnehmung von Kon-
trollaufgaben gegenüber der Regierung.

Ausschüsse i.S.d. §§ 54 ff. GO BT sind grundsätzlich nur mit BT-Abgeordneten besetzt und deshalb abzugrenzen von **gemischt besetzten Gremien**, wie Vermittlungsausschuss (Art. 77 GG, § 1 GO Verw-
Aussch), gemeinsamer Ausschuss (Art. 53 a, 115 a Abs. 2, 115 e Abs. 1 GG), Bundesrichter-Wahlaus-
schuss (Art. 95 Abs. 2 GG); Wahlausschuss BVerfG (Art. 94 Abs. 1 S. 2 GG, § 6 BVerfGG).[587]

---

581 Vgl. auch Degenhart Rdnr. 629.

582 BVerfGE 70, 324, 363 (zum Kontrollgremium der Haushalte der Nachrichtendienste); NJW 1998, 3037, 3039 (Untersuchungsausschüsse); SächsVerfGH LKV 1996, 295; BayVerfGH NJW 1989, 1918; NVwZ 2002, 1372; Schröder Jura 1987,
469; a.A. Sondervoten BVerfGE 70, 366, 371; Scherer AöR 1987, 189, 210: Grundsatz der gleichberechtigten Teilnahme
stehe nicht zur Disposition der Parlamentsmehrheit; ähnlich Dreier JZ 1990, 310, 319: Geheimschutz durch, nicht gegen
das Parlament.

583 Allgemein zur Fraktionsgleichheit Birk NJW 1988, 2521; Hölscheidt S. 339 ff.; OVG NRW NWVBl. 2003, 309.

584 BVerfGE 67, 100, 125; 68, 1, 69; BVerfG NJW 1986, 907, 908; VerfGH RhPf NVwZ 2011, 115 Anm. Sachs JuS 2011, 379; abweichend BerlVerfGH NVwZ 1993, 1093; dagegen Kunig NVwZ 1993, 1096 f.
Ausführlich zu den bundes- und landesrechtlichen Rechtsschutzmöglichkeiten für Fraktionen Hölscheidt a.a.O, S. 658 ff.
mit umfangreichem Entscheidungsregister (S. 724 ff.).

585 Vgl. a. Ipsen Rdnr. 259 ff.; Gröpl Rdnr. 1093 ff.; Degenhart Rdnr. 605; Mo/Mi Rdnr. 704 ff.

586 Damit Beschlussvorlagen mehrheitsfähig im Plenum sind, muss auch der Ausschuss entsprechend den Mehrheiten im
Plenum zusammengesetzt sein. Zum sog. Grundsatz der Spiegelbildlichkeit von Plenum und Ausschuss vgl. BVerfGE 80,
188, 122 – Wüppesahl; 84, 304, 323; NVwZ 2012, 495 (Sondergremium zum EFSF); NVwZ 2012, 967 (§ 6 BVerfGG); Ipsen
Rdnr. 261; Gröpl Rdnr. 1094.

587 BVerfG NVwZ 2012, 967.

| 3. Teil | Wahlen – Bundestag – Parteien |

218 **II.** Nach Art. 45, 45 a und c GG bestehen folgende **Pflichtausschüsse:** Ausschuss für Angelegenheiten der Europäischen Union (vgl. auch § 93 a GO BT), Ausschuss für auswärtige Angelegenheiten, Ausschuss für Verteidigung und Petitionsausschuss. Pflichtausschuss kraft einfach gesetzlicher Regelung ist der Wahlprüfungsausschuss (§ 3 WahlprüfG, dazu oben Rdnr. 193 f.).

Weitere (fakultative) Ausschüsse sind üblich und praktisch unentbehrlich, z.B. Innenausschuss, Rechtsausschuss, Haushaltsausschuss; i.d.R. ist jedem Ministerium ein Ausschuss zugeordnet. Besondere Bedeutung haben in den letzten Jahren die **Enquete-Kommissionen** erlangt. Sie werden nach § 56 GO BT zur „Vorbereitung von Entscheidungen über umfangreiche und bedeutsame Sachkomplexe" eingesetzt (z.B. Gentechnologie), denen auch Sachverständige angehören können, die keine Abgeordneten sind.[588]

Von den Enquete-Kommissionen zu unterscheiden sind sog. **beratende Hilfsorgane** oder **Beratungsgremien** wie z.B. der **Nationale Ethikrat** oder der Sachverständigenrat zur Begutachtung der gesamtwirtschaftlichen Entwicklung – „Rat der Wirtschaftsweisen"[589] oder der Nationale Normenkontrollrat.[590]

Zur Überprüfung von Bundestagsabgeordneten auf frühere **Stasi-Tätigkeit** vgl. die Sonderregelung in § 44 c AbgG.[591]

Eine Sonderstellung nehmen ein das. sog. **Parlamentarische Kontrollgremium** (Art. 45 d GG i.V.m. PKGrG, § 14 G 10),[592] die sog. **G 10 Kommission** (§ 15 G 10),[593] das sog. **Sondergremium zum EFSF** (§ 3 Abs. 3 SMG).[594]

C. Untersuchungsausschuss (UA)[595]

Fallbearbeitung bei Steinmetz JuS 2013, 792; Geis Fall 8; Degenhart/K I Fall 7; Degenhart/K II Fall 7; BVerfG RÜ 2009, 586; BGH RÜ 2011, 37 (Kundus); umfangreiche Hinweise auf (weitere) Fallbearbeitungen bei M/M Rdnr. 231; Degenhart/K I Rdnr. 343.

Grundfälle bei Hebeler/Schulz JuS 2010, 969.

219 **I.** Von Art. 44 GG vorausgesetzt wird das Recht des Parlaments, sich die für seine Entscheidungen für erforderlich gehaltenen Informationen zu beschaffen und Missstände zu untersuchen **(Enqueterecht).** Der Ausübung dieses Rechts dienen die **Untersuchungsausschüsse.** Da die Mehrheitsfraktionen ihre Informationen über die von ihr getragene Bundesregierung erhalten und bei Missständen auf diese Einfluss nehmen können, handelt es sich bei dem Recht zur Einsetzung von Untersuchungsausschüssen vornehmlich um ein **Mittel der Opposition.**[596] Dem entspricht es, dass nach § 1 Abs. 1 PUAG bereits ein Viertel der Mitglieder des Bundestags (zur Zeit 156) die Einsetzung eines UA verlangen kann. Die Besetzung des Ausschusses richtet sich nach der Stärke der Fraktionen im Bundestag (§ 4 PUAG i.V.m. §§ 12, 57 GO BT).

---

588 Vgl. Hampel DÖV 1991, 670 ff.; zum Rechtsschutz BVerfG NVwZ 1998, 949.

589 M. Schröder NJW 2001, 2144 m.w.N.

590 Kleemann/Gebert ZG 2009, 151.

591 Dazu BVerfG NJW 1996, 2720; NJW 1998, 3040 ff. – Fall Gysi; M/M Rdnr. 230 FN 113 f.

592 Vgl. auch Gusy ZRP 2008, 36.

593 Vgl. i.E. Gusy NWVBl. 2007, 413.

594 BVerfG NVwZ 2012, 495.

595 Vgl. auch Schulte Jura 2003, 505; Degenhart Rdnr. 634 ff.; Gröpl Rdnr. 1098 ff.; M/M Rdnr. 219 ff.; Ipsen Rdnr. 211 ff.; Hermanns/Doreen JA 2003, 573.

596 Seidel BayVBl. 2002, 97.

Untergliederungen des Parlaments — 3. Abschnitt

Dabei werden die Mitglieder des Ausschusses nicht vom Plenum des BT gewählt, sondern von den Fraktionen im Verhältnis ihrer Stärke benannt (§ 57 Abs. 2 GO BT). Da es sich bei dem UA nicht um ein selbstständiges Organ, sondern nur um ein Hilfsorgan des BT handelt, ist ein besonderer Wahlakt nicht erforderlich. Seine erforderliche demokratische Legitimation leitet der UA unmittelbar von der Legitimation der Abgeordneten ab, die Mitglieder des UA sind.[597]

Möglich ist aber auch, dass die Abgeordneten der Regierungsmehrheit die Einsetzung eines Untersuchungsausschusses beantragen und dabei auch parlamentsinterne Vorgänge zum Gegenstand eines Untersuchungsausschusses machen (z.B. ordnungsgemäße Verwendung von Fraktionsmitteln durch die Oppositionsfraktion).[598]

II. Anders als in den meisten Ländern gab es auf Bundesebene bis 2001 keine näheren Regelungen. Es lag lediglich ein Gesetzentwurf der Interparlamentarischen Arbeitsgemeinschaft (IPA) vom 14.05.1969[599] vor, der jedoch nie das Gesetzgebungsverfahren durchlaufen hat (sog. **IPA-Regeln**) und dessen Anwendbarkeit jeweils im Einzelfall ausdrücklich beschlossen werden musste. Seit dem 26.06.2001 gibt es auch auf Bundesebene ein Untersuchungsausschussgesetz – **PUAG**.[600] **220**

III. Für das **Verfahren** und die **Befugnisse** des UA verweist Art. 44 Abs. 2 S. 1 GG auf die Vorschriften über den Strafprozess, d.h. es gelten grundsätzlich die StPO und das GVG.[601]

Über Art. 44 Abs. 2 S. 1 GG gelten auch die (geschriebenen und ungeschriebenen) **Beweiserhebungs- und Beweisverwertungsverbote** der StPO. Diese sollen z.B. der Verwendung von Stasi-Abhörprotokollen (gemäß § 22 Abs. 1 StUG) nicht entgegenstehen, sofern es um die Aufklärung von Katalogtaten i.S.v. § 23 Abs. 1 StUG geht.[602] **221**

Art. 44 Abs. 2 S. 2 GG begründet ein **Eingriffsverbot in die Grundrechte aus Art. 10 GG**, z.B. durch Maßnahmen des UA gemäß §§ 99 ff., 100 a ff. StPO.[603]

IV. Gemäß Art. 44 Abs. 3 GG sind Gerichte und Verwaltungsbehörden zur **Rechts- und Amtshilfe** verpflichtet; vgl. auch § 18 Abs. 4 S. 1 PUAG. Soweit es um die **Herausgabe beweiserheblicher Akten** durch **Verwaltungsbehörden** geht, ist wie folgt zu differenzieren:

V. Für **Bundesbehörden** gilt § 18 Abs. 1–3 PUAG.[604]

VI. Für **Landesbehörden** gilt § 18 Abs. 4 PUAG, ergänzend §§ 4–8 VwVfG.[605]

Die Versagungstatbestände des § 5 Abs. 2 VwVfG werden jedoch verdrängt von § 18 Abs. 1 PUAG („Vorlagepflicht ... vorbehaltlich verfassungsrechtlicher Grenzen") und den Geheimnisschutzvorschriften der §§ 14–16 PUAG.[606]

---

597 BVerfG DVBl. 1988, 200, 201 f.

598 VerfGH RhPf NVwZ 2011, 115 Anm. Sachs JuS 2011, 379.

599 BT-Drucks. V/4209.

600 Vgl. dazu Schneider NJW 2001, 2604; ausführlich Wiefelspütz, Das UntersuchungsausschussG – UAG – (2003); zu den prozessualen Aspekten vgl. Risch DVBl. 2003, 1418.

601 Zum anwaltlichen Beistandsrecht vgl. VerfGH Saarl DVBl. 2003, 644 und OVG Berlin NJW 2002, 313.
   Zur str. Frage des Vereidigungsrechts von UA vgl. Schaefer NJW 2002, 490; Wiefelspütz ZRP 2002, 14; Hamm ZRP 2002, 11.

602 Vgl. Lesch NJW 2000, 3035; allg. zum StUG Aulehner DÖV 1994, 853.

603 BVerfG DVBl. 2009, 1107 Anm. Sachs JuS 2009, 1039, 1040 FN 7.

604 Zu Rechtsschutzproblemen in diesem Zusammenhang vgl. Nettesheim/Vetter JuS 2004, 219 f.; Degenhart/K Rdnr. 462.

605 BVerfG NJW 84, 2271 – Flick; Jarass/Pieroth Art. 44 Rdnr. 7.

606 So schon zur alten Rechtslage OLG Frankfurt NJW 2001, 2340 f. m.w.N.

3. Teil Wahlen – Bundestag – Parteien

VII. Einsetzung und Verfahren des Untersuchungsausschusses (UA) nach dem PUAG

Fall 8: Verhängnisvolle Protokolle

Zu der im Bundestag über die Mehrheit verfügenden politischen Gruppierung gehört die A-Partei. Ihr Mitglied V ist Bundesminister der Verteidigung. In der Presse waren Berichte aufgetaucht, wonach der K-Konzern Bundeswehraufträge durch Bestechung von leitenden Beamten des Verteidigungsministeriums erhalten haben soll. V nahm zu den Vorgängen vor dem Verteidigungsausschuss und später auch im Plenum des Bundestages Stellung. Danach erklärten Sprecher der in der Opposition befindlichen B-Partei, sie hielten die Erklärungen des V für nicht ausreichend. Als V weitere Auskünfte ablehnte, forderten sie in einem von 170 Abgeordneten unterschriebenen Antrag die Einsetzung eines Untersuchungsausschusses. Der Bundestag fasste daraufhin folgenden Beschluss:

Es wird ein Untersuchungsausschuss mit 15 Mitgliedern eingesetzt. Ihm obliegt die Aufklärung der näheren Umstände bei der Vergabe von (näher bezeichneten) Aufträgen der Bundeswehr, insbesondere die Einflussnahme von Vertretern des K-Konzerns sowie die Mitwirkung bestimmter leitender Beamter des Bundesverteidigungsministeriums.

Nach Aufnahme seiner Arbeit beschließt der UA, zahlreiche Geschäftsunterlagen des K-Konzerns, insbesondere Protokolle von Vorstands- und Aufsichtsratssitzungen beizuziehen. Als der K-Konzern die Herausgabe verweigert, beantragt der Ausschuss beim Ermittlungsrichter des BGH die Beschlagnahme der Unterlagen. Zur Begründung wird ausgeführt, dass die Vorlage der näher bezeichneten Urkunden für die Erfüllung des Untersuchungsauftrags unerlässlich sei. Wie wird der Ermittlungsrichter des BGH entscheiden?

Der Ermittlungsrichter kann die Beschlagnahme gemäß § 29 Abs. 3 PUAG anordnen, wenn

- die Maßnahme auf Antrag des UA zulässig ist und

- es sich um Gegenstände handelt, die als Beweismittel für die Untersuchung von Bedeutung sein können (§ 29 Abs. 1 S. 1 PUAG).

222   A. Die vom UA beantragte **Beweiserhebungsmaßnahme** ist **zulässig**, wenn die Tätigkeit des UA auf einem ordnungsgemäßen Einsetzungsbeschluss[607] beruht, d.h.

- der Ausschuss ordnungsgemäß konstituiert wurde (dazu I.),

- der Gegenstand der Untersuchung zulässig ist (dazu II.) und

- sich der Antrag im Rahmen des Beweiserhebungsrechts des UA hält (dazu III.).[608]

Das Prüfungsrecht des BGH bzw. des Ermittlungsrichters ergibt sich (jetzt unstreitig) aus § 36 Abs. 2 PUAG. Nach dieser Vorschrift muss der BGH/Ermittlungsrichter die

---

607 Zu den Voraussetzungen und Folgen rechtswidriger Einsetzungsbeschlüsse vgl. Caspar DVBl. 2004, 845.
608 Vgl. BVerfG DVBl. 1988, 200, 201; Wilke JuS 1990, 126, 127.

3. Abschnitt — Untergliederungen des Parlaments

Entscheidung des BVerfG einholen (Art. 93 Abs. 3 GG, §§ 13 Nr. 11 a, 82 a BVerfGG), wenn er den Einsetzungsbeschluss des BT für verfassungswidrig hält und es für die Entscheidung auf dessen Gültigkeit ankommt.[609]

I. Ordnungsgemäße Einsetzung des UA

1. Gemäß § 1 Abs. 1 PUAG hat der Bundestag das Recht und auf Antrag von 1/4 seiner Mitglieder (zur Zeit mind. 156) die Pflicht, einen UA einzusetzen. Im vorliegenden Fall haben 170 Abgeordnete, also mehr als 1/4 der Bundestagsmitglieder die Einsetzung des UA beantragt, sodass das erforderliche Einsetzungsquorum erreicht ist. Es handelt sich mithin um eine sog. **Minderheitenquote**.   **223**

Das Minderheitenrecht aus § 1 Abs. 1 PUAG umfasst auch das Recht zur Festlegung des Untersuchungsgegenstandes.[610] **Änderungen oder Erweiterungen** durch die Bundestagsmehrheit über den Antrag der Minderheit hinaus sind daher grds. unzulässig (§§ 2 Abs. 2, 3 PUAG). Nur ausnahmsweise sind Zusatzfragen möglich, „wenn sie nötig sind, um ein umfassenderes – und wirklichkeitsgetreues – Bild des angeblichen Missstandes zu vermitteln. Auch dann müssen sie jedoch denselben Untersuchungsgegenstand betreffen und diesen im Kern unverändert lassen."[611]

Umgekehrt sind **Beschränkungen** des Untersuchungsauftrages nur bei (teilweiser) Verfassungswidrigkeit des Antrages zulässig.[612] Eine vollständige Ablehnungspflicht wird überwiegend dann angenommen, wenn die Beschränkungen so wesentlich sind, dass durch sie Ziel und Gegenstand des konkreten UA verändert wurden.[613] In diesem Fall können die Antragstellenden das BVerfG gemäß Art. 93 Abs. 1 Nr. 1 GG (§ 2 Abs. 3 S. 2 PUAG) anrufen.

2. Allerdings findet Art. 44 GG **keine Anwendung** auf dem Gebiet der **Verteidigung** (Art. 45 a Abs. 3 GG). Hier hat der Verteidigungsausschuss automatisch auch die Rechte eines Untersuchungsausschusses (Art. 45 a Abs. 2 S. 1 GG i.V.m. § 34 Abs. 1 S. 1 PUAG).[614] Durch Art. 45 a Abs. 2 S. 2 GG i.V.m. § 34 Abs. 1 S. 2 PUAG ist die **Minderheitsenquete** garantiert. Daraus folgt, dass der Bundestag auf dem Gebiet der Verteidigung keinen anderen UA einsetzen darf.

Umstritten ist, ob der Bundestag dem Verteidigungsausschuss Untersuchungsaufträge erteilen darf[615] und ob durch Art. 45 a Abs. 3 GG die Öffentlichkeit bei Beweisaufnahmen zwingend ausgeschlossen ist.[616]

Für das Verfahren des **Verteidigungsausschusses als UA** gelten die Vorschriften des PUAG; § 34 Abs. 4 PUAG.[617]

Der Vorrang des Verteidigungsausschusses betrifft aber nur **verteidigungspolitische Angelegenheiten** im engeren Sinne. Die Nachprüfung von Unre-

---

609 Vgl. Schulte Jura 2003, 505, 512.

610 Zu den Grenzen der Minderheitenrechte vgl. BGH DVBl. 2010, 1311; Hess StGH, Urt. v. 16.11.2011 – P. St. 2323.

611 BVerfGE 49, 70, 86 ff.; BayVerfGH DVBl. 1994, 1126, 1131; Lüdemann JA 1996, 959, 960; Ortmann Jura 2003, 847, 854 m.w.N. in FN 97 ff.

612 Lüdemann JA 1996, 959, 960; VerfGH NRW NWVBl. 2001, 12 und § 2 Abs. 3 S. 1 PUAG.

613 Zu den str. Einzelheiten vgl. VerfGH NRW a.a.O.; Schulte Jura 2003, 505, 507 m.w.N. in FN 49 ff.; Ortmann a.a.O. S. 853 f. FN 87 ff.

614 Robbe WD Nr. 24/13 („Euro-Hawk").

615 Dagegen die h.M. BK-Berg Art. 45 a Rdnr. 246 ff.; Sachs/Magiera Art. 45 a Rdnr. 8; a.A. Jarass/Pieroth Art. 45 a Rdnr. 2.

616 Robbe a.a.O.

617 Robbe, Wissenschaftliche Dienste des BT Nr. 106/09 (vom 09.12.2009) m.w.N.

3. Teil — Wahlen – Bundestag – Parteien

gelmäßigkeiten bei militärischen Beschaffungen (z.B. Bestechungen) sind allgemein-politische Fragen und können deshalb auch in UA nach Art. 44 GG untersucht werden.[618]

224   II. **Zulässigkeit des Untersuchungsgegenstandes**

1. Der Gegenstand der Untersuchung (das Untersuchungsthema) muss auf **Tatsachenfeststellung** durch Beweiserhebung sowie möglicherweise auf politische Bewertung dieser Tatsachen gerichtet sein.

Dies ist hier bzgl. der vorgesehenen „Aufklärung der näheren Umstände" der Fall.

2. Das Beweisthema muss **hinreichend bestimmt** bezeichnet sein. Dieses rechtsstaatliche Erfordernis ergibt sich letztlich aus den Eingriffsbefugnissen des Ausschusses gegenüber Dritten.[619]

Vorliegend wird das Thema durch die Bezugnahme auf bestimmte Vorgänge, eine bestimmte Firma sowie auf bestimmte leitende Ministerialbeamte konkretisiert.

3. Als Unterorgan des Bundestages muss sich der UA innerhalb des verfassungsmäßigen **Aufgabenkreises des Bundestages** halten. Er kann nicht mehr Rechte haben als das Parlament selbst (sog. Korollartheorie); vgl. § 1 Abs. 3 PUAG.[620]

a) Wegen des **Bundesstaatsprinzips** darf kein Eingriff in die Zuständigkeit der Länder erfolgen, insbesondere darf der Bund keine **ausschließlichen Länderangelegenheiten** untersuchen, es sei denn, es geht um Kontroll- und Aufsichtsrechte nach Art. 84, 85 GG.[621]

So hat der Bundestag z.B. keine Kompetenz, das Verhalten von Ministerpräsidenten der Länder und von Landesbehörden zu untersuchen.[622] Unzulässig ist auch eine Untersuchung des Bundes in Angelegenheiten der kommunalen Selbstverwaltung. Dagegen dürfen sich UAe der Landtage grds. auch mit Angelegenheiten der Gemeinden und Gemeindeverbände befassen.[623]

b) Umgekehrt darf die Untersuchung eines Landesuntersuchungsausschusses grds. auch nicht auf die **Kontrolle von Bundesbehörden** gerichtet sein.[624]

Von der **sachlichen Kompetenz** des UA zu unterscheiden ist die Frage nach dem **persönlichen Umfang** der Hoheitsgewalt eines UA, z.B. ob ein UA des Bundestages Landesbeamte oder Landespolitiker bzw. ein UA eines Landtages Angehörige eines anderen

---

618 Schmidt-Bleibtreu/Klein Art. 45 a Rdnr. 1; Troßmann, Parlamentsrecht, § 63 GeschO BT Rdnr. 10.6 m.w.N.

619 BayVerfGH DVBl. 1994, 1126, 1130; NVwZ 1986, 822, 824; Hilf NVwZ 1987, 537, 539.

620 BVerfG DVBl. 1988, 200, 202; BK-Rechenberg Art. 44 Rdnr. 7; LG Frankfurt NJW 1987, 787, 788; LG Bonn NJW 1987, 790, 791; Hilf NVwZ 1987, 537, 539; Schenke JZ 1988, 805, 808 m.w.N.

621 Kunig Jura 1993, 220, 222; Klenke NVwZ 1995, 644, 645.

622 AG Bonn NJW 1989, 1101; kritisch Kästner NJW 1990, 2649, 2655; Meyer-Bohl DVBl. 1990, 511.

623 Vgl. OVG Saarlouis NVwZ 1987, 612 f.; Böckenförde AöR 103 (1978), 38, 39.

624 BVerwG NJW 2000, 160, 163.

Bundeslandes als Zeugen vorladen kann. Vom BVerwG[625] wird wegen der Gleichstellung mit dem Strafprozess eine bundesweite Zeugenpflicht bejaht. Nach Art. 33 Abs. 1 GG habe jeder Deutsche in jedem Land die gleichen staatsbürgerlichen Pflichten.[626]

III. Beachtung der Grenzen des Beweiserhebungsrechts 225

Nach Auffassung des BVerfG[627] sind dies:

- Grundsatz der Gewaltenteilung,

- Wohl des Bundes oder eines Landes (Staatswohl),

- Überschreitung des Untersuchungsauftrags,

- Grundrechte Privater.

1. Unter dem Gesichtspunkt der **Gewaltenteilung** kann eine Untersuchung **226** durch die Befugnisse der **Regierung (Exekutive)** begrenzt sein. Zwar ergibt sich gerade aus dem Gewaltenteilungsprinzip ein Kontrollrecht des Bundestages und damit auch seiner UAe, jedoch folgt andererseits aus der Gewaltenteilung auch, dass die parlamentarische Kontrolle sich nicht auf den **Kernbereich der Exekutive** erstrecken darf ("Kernbereich exekutiver Eigenverantwortung").[628]

Dazu gehört z.B. die **Willensbildung** der Regierung sowohl hinsichtlich der Erörterungen im Kabinett als auch bei der Vorbereitung von Kabinetts- und Ressortentscheidungen. Die Kontrollkompetenz des Bundestages und damit seiner UAe erstreckt sich demnach grundsätzlich nur auf bereits **abgeschlossene Vorgänge**; eine verfahrensbegleitende oder vorbeugende Kontrolle ist unzulässig.[629]

Im **vorliegenden Fall** ist dieser Kernbereich nicht betroffen, sodass sich die Bundesregierung die Untersuchung gefallen lassen muss.

2. Als weitere (verfassungsunmittelbare) Grenze des Beweiserhebungsrechts **227** kommt das Wohl des Bundes oder eines Landes **(Staatswohl)** in Betracht. Dies gilt insbesondere für den Fall, dass eine Aussagegenehmigung für Bundesbeamte oder die Herausgabe von Akten durch die Bundesregierung unter Hinweis auf Geheimhaltungsinteressen verweigert wird.

Hierzu hat das BVerfG in einer aktuellen Entscheidung ausgeführt, dass die Berufung auf das Staatswohl gegenüber dem deutschen Bundestag in aller Regel dann nicht in Betracht kommen kann, wenn beiderseits wirksame Vorkehrungen gegen das Bekanntwerden von Dienstgeheimnissen getroffen wurden, zumal das Staatswohl nicht allein der Bundesregierung, sondern auch dem Bundestag und der Bundesregierung gemeinsam anvertraut ist. Sofern trotzdem eine Aussagegenehmigung oder die Aktenherausgabe verweigert wird,

---

625 BVerwG NJW 1988, 1924, 1925.

626 Ebenso BVerfG NVwZ 1994, 54, 55; a.A. OVG Lüneburg DÖV 1986, 210: Die Landesstaatsgewalt sei auf die Landesangehörigen und das Landesgebiet beschränkt; vgl. auch Dickert JA-Übbl. 1990, 218, 226.

627 BVerfG RÜ 2009, 586 –; Sachs JuS 2009, 1039, 1040.

628 BVerfG RÜ 2009, 586, 589: DVBl. 2009, 1107 – BND – Anm. Sachs JuS 2009, 1039 f.; Hecker DVBl. 2009, 1239; Schwarz BayVBl. 2012, 161.

629 BVerfG RÜ 2009, 586, 589 f. – BND-Untersuchungsausschuss –.

reicht der pauschale Verweis auf das Staatswohl nicht aus; vielmehr ist eine detailierte **substanziierte Begründung** erforderlich, die eine nachvollziehbare Abwägung der gegenläufigen Interessen erkennen lässt.[630]

Zum Fall: Da hier bei einer Privatperson Beweis erhoben werden soll, scheidet das Staatswohl als Grenze des Beweiserhebungsrechts aus.

3. Der Antrag des UA an den Amtsrichter auf Beschlagnahme der Unterlagen (Beweiserhebungsantrag) müsste sich **im Rahmen des Untersuchungsauftrags** halten.

Inhaltlich erfasst der Antrag den vom BTag festgelegten Untersuchungsauftrag.[631]

228

4. Des Weiteren könnte sich aus **Grundrechten** ein (ungeschriebenes) Verbot oder eine Beschränkung des Beschlagnahmerechts ergeben.[632]

a) Hier greift die beantragte Beschlagnahme in Grundrechte des K-Konzerns ein, insbesondere in das Recht am eingerichteten und ausgeübten **Gewerbebetrieb** (Art. 14 GG) und das aus Art. 2 Abs. 1 i.V.m. Art. 1 Abs. 1 GG abgeleitete Recht auf **informationelle Selbstbestimmung**, d.h. das Recht, selbst zu entscheiden, wann und in welchem Umfang persönliche Lebenssachverhalte (Daten) offenbart werden.[633]

b) Das Grundrecht des Art. 14 GG wird durch die Sozialpflichtigkeit des Eigentums eingeschränkt (Art. 14 Abs. 2 GG). Auch das Datenschutzrecht unterliegt gemäß Art. 2 Abs. 1 GG der Schranke der verfassungsmäßigen Ordnung. Der Eingriff in diese Grundrechte ist daher unter Beachtung des Grundsatzes der **Verhältnismäßigkeit** aus überwiegenden öffentlichen Interessen zulässig.

BVerfG:[634] „Bei der hiernach gebotenen Abwägung sind namentlich Art und Bedeutung des mit der beabsichtigten Beweiserhebung verfolgten Ziels im Rahmen des dem UA erteilten Auftrags und die Schutzwürdigkeit und -bedürftigkeit der betroffenen Daten angemessen zu berücksichtigen. Auf Informationen, deren Weitergabe wegen ihres streng persönlichen Charakters für den Betroffenen unzumutbar wäre, erstreckt sich das Beweiserhebungsrecht nicht."[635]

c) Vorliegend besteht ein überwiegendes **öffentliches Interesse**[636] an der Aufklärung der Umstände bei der Vergabe staatlicher Aufträge, insbesondere weil der Verdacht strafbaren Verhaltens (Bestechlichkeit) besteht. Das

---

630 BVerfG RÜ 2009, 586, 590 – BND-Untersuchungsausschuss –.

631 Vgl. Klenke NVwZ 1995, 644, 646, wonach dem UA eine Einschätzungsprärogative zusteht, ob die Beweisaufnahme zur Klärung des Untersuchungsgegenstandes erforderlich und geeignet ist.
Zu den Minderheitsrechten im Rahmen der Beweiserhebung (§ 17 Abs. 2 PUAG) und zu den Voraussetzungen der Ablehnung durch die Mehrheit vgl. BVerfG NJW 2002, 1936.

632 Vgl. BVerfGE 67, 100, 142; BVerfG DVBl. 1988, 200, 202 ff.; NVwZ 1994, 54, 55; Kirste JuS 2003, 61, 63 ff.

633 Vgl. BVerfGE 65, 1 ff. – Volkszählung.

634 BVerfG DVBl. 1988, 200, 204.

635 Vgl. auch BVerfGE 67, 100, 144; Klenke NVwZ 1995, 644, 647 m.w.N. und jetzt § 29 Abs. 1 S. 2 PUAG.

636 Vgl. zu dieser str. und ungeschriebenen Anforderung an den Untersuchungsgegenstand BVerfG NJW 1984, 2271 Anm. Weber JuS 1985, 309; Hebeler/Schulz JuS 2010, 969, 973 FN 54 ff.; Mo/Mi Rdnr. 718 FN 223 ff.; Gröpl Rdnr. 1104; Mauser § 13 Rdnr. 139 ff.

Kontrollrecht des Parlaments hat besondere Bedeutung sowohl für die parlamentarische Demokratie als auch für das Ansehen des Staates. Da es andererseits „nur" um die Weitergabe wirtschaftlicher Daten und nicht solche persönlichen Charakters geht, tritt dahinter das Interesse des K-Konzerns zurück. Diesem muss jedoch dadurch Rechnung getragen werden, dass **Vorkehrungen für den Geheimschutz** getroffen werden, damit der Grundrechtsschutz im Übrigen gewahrt bleibt. Denn zum Recht auf informationelle Selbstbestimmung gehört auch, dass der Empfänger persönlicher Daten diese vor dem Zugriff Dritter schützt.[637]

Das **PUAG** trägt auf verschiedene Weise berechtigten **Geheimschutzinteressen** Rechnung:

- Ausschluss der Öffentlichkeit bei der Beweiserhebung gemäß § 14 Abs. 1 Nr. 1, 3 i.V.m. § 31 Abs. 3;

- Geheimnisschutz gemäß §§ 16, 15 i.V.m. Geheimschutzordnung des BT (Anlage 3 zur GO BT = Sa. Nr. 35);

- Geheimnisschutz gemäß § 30 nach Vorprüfung durch UA (§ 30 Abs. 2 S. 1);

- Rechtliches Gehör von betroffenen Personen vor Veröffentlichung des Abschlussberichtes, § 32.

B. Der Ermittlungsrichter wird daher die Beschlagnahme der Unterlagen gemäß § 29 Abs. 3 S. 1 PUAG anordnen, mit der Maßgabe, dass diese zunächst gemäß § 30 PUAG dem UA zur Prüfung der Beweiserheblichkeit vorgelegt werden. Außerdem wird der Richter die erforderlichen Geheimhaltungsmaßnahmen anordnen.

VIII. Sonstige Zwangsbefugnisse nach dem PUAG; Ansprüche gegen Behörden und Amtsträger; Ermittlungsbeauftragte

1. Sofern Zeugen unentschuldigt ausbleiben, kann der UA ein **Ordnungsgeld** bis 10.000 € festsetzen und die **zwangsweise Vorführung** anordnen; § 21 PUAG.

2. Bei grundloser (§ 22 PUAG) Zeugnisverweigerung kann der UA ein **Ordnungsgeld** bis 10.000 € festsetzen (§ 27 Abs. 1 PUAG) oder beim Ermittlungsrichter des BGH Erzwingungshaft beantragen (§ 27 Abs. 2 PUAG).[638]

Auf Landesebene muss die Erzwingungshaft grds. beim Amtsgericht am Sitz des Landtags (Bürgerschaft) beantragt werden, vgl. z.B. §§ 16 Abs. 1 S. 1, 27 Abs. 1 UAG NRW.[639]

Ein **Auskunftsverweigerungsrecht** ergibt sich aus § 22 Abs. 2 PUAG, auf **Landesebene** aus der entsprechenden landesrechtlichen Vorschrift, z.B. § 17 Abs. 1 S. 1 UAG NRW.[640]

3. Gemäß § 18 Abs. 1 PUAG sind die dort genannten **Organe und juristischen Personen des öffentlichen Rechts** des Bundes grds. verpflichtet, Beweismittel, insbesondere Akten, dem UA vorzulegen.

229

---

637 Vgl. BVerfGE 67, 100, 144; 77, 1, 47; BVerfG DVBl. 1997, 481.

638 Vgl. dazu i.E. Degenhart/K Rdnr. 447 ff.

639 BVerfG NVwZ 2002, 1499.

640 Zu Umfang bzw. Grenzen vgl. OVG NRW NJW 1999, 80; Pabel NJW 2000, 788, 798 f.; Kölble/Morlok ZRP 2000, 217; Schröder NJW 2000, 1455, 1457 f.

a) Gemäß § 18 Abs. 2 PUAG kann das Ersuchen abgelehnt oder Beweismittel als Verschlusssache eingestuft werden, § 96 StPO gilt auf **Bundesebene** nicht mehr.[641]

Gemäß § 18 Abs. 2 S. 2, 2. Halbs. PUAG ist der UA über die Gründe der Ablehnung schriftlich zu unterrichten. Dabei reicht der pauschale Verweis etwa auf den Kernbereich exekutivischer Eigenverantwortung oder das Staatswohl („verfassungsrechtliche Grenzen" i.S.v. § 18 Abs. 1 PUAG) nicht aus; erforderlich ist vielmehr eine **substanziierte Begründung**, die eine nachvollziehbare Abwägung der gegenläufigen Interessen erkennen lässt.[642]

b) Einem **Landes-UA** kann die Herausgabe von Behördenakten nach § 96 StPO verweigert werden, wenn die oberste Dienstbehörde erklärt, dass das Bekanntwerden des Inhalts dem Wohl des Bundes oder eines Landes Nachteile bereiten würde.[643]

c) Ein **Herausgabeverweigerungsrecht** kann sich überdies aus Art. 1 Abs. 3 GG ergeben, wenn die Herausgabe von Akten gegen das **Grundrecht** auf informationelle Selbstbestimmung (Art. 2 Abs. 1 i.V.m. Art. 1 Abs. 1 GG) verstoßen würde („... **vorbehaltlich verfassungsrechtlicher Grenzen**"; § 18 Abs. 1 PUAG). Regelmäßig stellt die Übermittlung von Akten jedoch eine verhältnismäßige und damit zulässige Einschränkung der Grundrechte dar, wenn Vorkehrungen für den Geheimschutz getroffen werden (s.o.). Eine Ausnahme gilt lediglich für solche Informationen, deren Weitergabe wegen ihres streng persönlichen Charakters für den Betroffenen unzumutbar ist.[644]

d) Entsprechendes gilt, wenn die herausverlangten Akten u.a. vertrauliche Interna einer Partei enthalten und die (vollständige) Herausgabe damit die **Chancengleichheit** und **Staatsfreiheit der Parteien** verletzen würden.[645]

4. Die **Vernehmung von Amtsträgern** regeln §§ 23, 18 Abs. 1–3 PUAG; § 54 StPO; §§ 37 Abs. 4 BeamtStG.[646]

Gemäß § 23 Abs. 2, 1. Halbs. PUAG ist die Bundesregierung grds. verpflichtet, die erforderlichen Aussagegenehmigungen zu erteilen. Sofern die Aussagegenehmigung verweigert wird, ist der UA über die Gründe der Ablehnung gemäß §§ 23 Abs. 2, 2. Halbs. i.V.m. § 18 Abs. 2 S. 2 PUAG schriftlich zu unterrichten. Auch hier reicht, ähnlich wie bei der Verweigerung der Aktenherausgabe, ein pauschaler Verweis etwa auf den Kernbereich exekutiver Eigenverantwortung oder das Staatswohl nicht aus; vielmehr ist auch hier eine **substanziierte Begründung** erforderlich, die nachvollziehbar eine Abwägung der widerstreitenden Interessen erkennen lässt.[647]

5. Gemäß § 10 Abs. 1 PUAG hat der Untersuchungsausschuss jederzeit das Recht und, auf Antrag eines Viertels seiner Mitglieder die Pflicht, einen **Ermittlungsbeauftragten** einzusetzen. Dieser bereitet die Untersuchung durch den UA vor durch Beschaffung

---

641 Vgl. Schröder NJW 2000, 1455, 1457.

642 BVerfG RÜ 2009, 586, 589 f. – BND-Untersuchungsausschuss –.

643 BVerwG NJW 2000, 160; BVerfG RÜ 2009, 586, 590 – BND-Untersuchungsausschuss –: „Staatswohl".

644 BVerfGE 67, 100.

645 OLG Frankfurt NJW 2001, 2340 – Parteispenden –, dort auch zum Geheimnisschutz durch das „modifizierte Vorsitzendenverfahren".

646 Vgl. BVerwG NJW 2000, 160.

647 BVerfG RÜ 2009, 586, 589 f. – BND-Untersuchungsausschuss –.

und Sichtung der erforderlichen **sachlichen Beweismittel** (§ 10 Abs. 2 S. 1, 2 PUAG) und hat in diesem Zusammenhang die Rechte aus §§ 18, 19, 30 PUAG entsprechend (§ 10 Abs. 3 S. 3, 4 PUAG); Personen können informatorisch (d.h. ohne Wahrheitspflicht) angehört werden (§ 10 Abs. 3 S. 6 PUAG). Ermittlungsbeauftragte sind unabhängig, also nicht den Weisungen des UA unterworfen (§ 10 Abs. 4 S. 1 PUAG). Sie können aber jederzeit mit einer Mehrheit von zwei Dritteln der anwesenden Mitglieder abberufen werden (§ 10 Abs. 4 S. 2 PUAG), also ggf. auch gegen den Willen der Einsetzungsminderheit.[648]

IX. Rechtsschutzfragen bei Untersuchungsausschüssen[649]

1. Die Durchsetzung der in Art. 44 GG und im PUAG garantierten Minderheitenrechte erfolgt grds. im **Organstreitverfahren** (Art. 93 Abs. 1 Nr. 1 GG, § 13 Nr. 5 BVerfGG).[650]   **230**

Beispiel: Verstoß gegen die Einsetzungspflicht

Ausnahme: Anspruch der Minderheit auf Erhebung bestimmter Beweise oder die Anwendung beantragter Zwangsmittel. In diesem Fall: Entscheidung des Ermittlungsrichters beim BGH gemäß § 17 Abs. 4 PUAG; dagegen Beschwerde gemäß § 36 Abs. 3 PUAG.

2. Soweit Handlungen des UA Rechte **Dritter** berühren, gilt Folgendes: **231**

a) Grundsätzlich sind gemäß § 40 Abs. 1 VwGO die **Verwaltungsgerichte** zuständig. Die Befugnisse des UA sind öffentlich-rechtlicher Natur. Die Streitigkeiten zwischen Bürger und Ausschuss sind auch **nichtverfassungsrechtlicher** Art. Zwar ist die Tätigkeit des UA dem Bereich des Verfassungsrechts zuzuordnen. Die dem Ausschuss über Art. 44 GG ggf. zustehenden Eingriffsbefugnisse haben jedoch keinen spezifisch verfassungsrechtlichen Inhalt, sondern sind mit den Befugnissen der Staatsanwaltschaft vergleichbar.[651]

§ 23 EGGVG greift als abdrängende Sonderzuweisung **nicht** ein, da der UA keine Maßnahmen auf dem Gebiet der Strafrechtspflege wahrnimmt. Er bedient sich der strafprozessualen Eingriffsbefugnisse nur zur Unterstützung der verfassungsrechtlichen Aufklärungsfunktion.[652]

Abdrängende Zuweisung ist jedoch auf **Bundesebene § 36 Abs. 1 PUAG**, wonach grds. der BGH zuständiges Gericht für Streitigkeiten nach diesem Gesetz ist.[653]

b) Problematisch ist die richtige **Klageart**. Eine Anfechtungsklage setzt einen VA voraus. Teilweise wird die VA-Qualität generell abgelehnt, da der UA aufgrund gerichtsähnlicher Kompetenzen tätig werde und daher keine Behörde i.S.d. §§ 35, 1 Abs. 4 VwVfG sei.[654]

Demgegenüber geht die h.M. davon aus, dass dem UA Behördeneigenschaft zukommt, da er aufgrund seiner Eingriffsbefugnisse nach Art. 44 Abs. 2 S. 1 GG berufen sei, im eigenen Namen Verwaltungsentscheidungen nach außen zu treffen.[655]

---

648 Vgl. i.E. Bachmaier NJW 2002, 348; Schneider NJW 2002, 1328.

649 Vgl. dazu ausführlich Gärditz ZParl 2005, 854 m.w.N. sowie Robbers S. 104 f.

650 Vgl. Lüdemann JA 1996, 959, 963; Ehlers, JK 8/02, GG Art. 44/4; Peters ZParl 2012, 831.

651 BVerfG NVwZ 1994, 54; BVerwG NJW 1988, 1924; Schenke JZ 1988, 805, 818.

652 OVG Lüneburg NVwZ 1986, 210; Erichsen, JK 99, GG Art. 44/2.

653 Zur Abgrenzung der Zuständigkeiten des BVerfG in diesem Bereich vgl. BVerfG NJW 2005, 2537, Anm. Sachs JuS 2005, 1033.

654 OVG Lüneburg DVBl. 1986, 476; Kästner JuS 1993, 109, 112 m.w.N.

655 BVerfG NVwZ 1994, 54, 55; a.A. Kopp § 35 VwVfG Rdnr. 29 m.w.N.; offengelassen von BVerwG BayVBl. 1981, 214.

| 3. Teil | Wahlen – Bundestag – Parteien |

Danach sind VAe z.B. die Verhängung eines Zwangsgeldes oder der Vorführungsbefehl eines UA, sodass dagegen die **Anfechtungsklage** die richtige Klageart ist.[656]

Nicht als VA wird dagegen das Verlangen des UA nach Herausgabe von Beweismitteln gewertet, da es wegen der dem UA fehlenden Vollstreckungskompetenz an einer verbindlichen Regelungswirkung fehle.[657] Gleiches gilt für die Ladung eines Zeugen.[658]

Soweit die Maßnahme keinen VA darstellt, kommt – wenn es um ein Leistungsbegehren geht – die **Leistungsklage**[659] in Betracht, im Übrigen eine Klage auf **Feststellung**, dass eine bestimmte Pflicht (z.B. zur Herausgabe von Akten) nicht besteht.

c) Eine Ausnahme zu Art. 19 Abs. 4 GG und damit einen **„gerichtsfreien Raum"** schafft Art. 44 Abs. 4 S. 1 GG. **Verfahrensbeendende Beschlüsse** des UA sind der richterlichen Erörterung entzogen. Auch wenn jemand geltend macht, durch den Abschlussbericht in seinen Rechten verletzt zu sein, kann er damit vor den Gerichten nicht gehört werden.

Beispiel: Im Abschlussbericht des UA wird festgestellt, dass A den Minister M bestochen hat. Eine Klage des A gegen diese Feststellung ist wegen Art. 44 Abs. 4 S. 1 GG generell unzulässig.[660]

d) Gegen **Entscheidungen des Ermittlungsrichters** beim BGH (z.B. gemäß §§ 18 Abs. 3, 2. Halbs., 18 Abs. 4 S. 2, 27 Abs. 3, 29 Abs. 3 PUAG) ist die **Beschwerde** zum BGH statthaft; § 36 Abs. 3 PUAG.

Auf **Landesebene** ist gegen Entscheidungen grds. die Beschwerde gemäß § 304 StPO statthaft; vgl. z.B. § 27 Abs. 2 UAG NRW (H.R. 1 b).

e) Sofern Organe und juristische Personen des öffentlichen Rechts i.S.v. § 18 Abs. 1 PUAG ein Ersuchen auf Vorlage von Beweismitteln abgelehnt haben, kann auf **Bundesebene** das BVerfG angerufen werden; § 18 Abs. 3, 1. Halbs. PUAG i.V.m. Art. 93 Abs. 3 GG, §§ 13 Nr. 15, 66 a BVerfGG.

Entsprechendes gilt, wenn die Bundesregierung die Erteilung einer Aussagegenehmigung für Amtsträger verweigert; § 23 Abs. 2, 2. Halbs. PUAG.[661]

Auf **Landesebene** ist der Verwaltungsrechtsweg gemäß § 40 Abs. 1 S. 1 VwGO (evtl. i.V.m. § 50 Abs. 1 Nr. 1) eröffnet.[662]

D. Leitungsorgane des Bundestags und Bundestagsverwaltung[663]

I. Der Bundestag hat folgende **Leitungsorgane:**

- Präsident des Bundestags; Art. 40 Abs. 1 S. 1, Abs. 2 GG; §§ 2, 7 GO BT

- Präsidium des Bundestags; §§ 7 Abs. 4, 8 GO BT

- Ältestenrat; § 6 Abs. 2, Abs. 3 GO BT

---

656 OVG Berlin DVBl. 1970, 293; VG Hannover NJW 1988, 1928; Klenke NVwZ 1995, 644, 648.

657 OVG NRW NVwZ 1990, 1083; DVBl. 1987, 100, 103.

658 OVG NRW NJW 1989, 1103; Klenke NVwZ 1995, 644, 648; a.A. Kopp/Ramsauer § 35 VwVfG Rdnr. 45 m.w.N.

659 Gärditz ZParl 2005, 854, 873 f.

660 OVG Hamburg NVwZ 1987, 610, 611; LG Kiel NJW 1989, 1094, 1095 m.w.N.: abschließende Beschlüsse des UA haben für die Gerichte Tatbestandswirkung, d.h. sie müssen als feststehender Vorgang hingenommen werden; abweichend Kästner NJW 1990, 2649, 2653.

661 Robbers S. 105.

662 Vgl. BVerwG NJW 2000, 160.

663 Mo/Mi Rdnr. 732 f.

Die Rechtsstellung der Bundestagsabgeordneten **4. Abschnitt**

II. Bundestagsverwaltung

Der Bundestag verfügt über eine eigene Verwaltung, die von dem Direktor des Bundestags geleitet wird. Diese untersteht unmittelbar dem Bundestagspräsidenten.[664]

4. Abschnitt: Die Rechtsstellung der Bundestagsabgeordneten[665]

Fallbearbeitung bei M/M Fall 4, 5; Schoch Fall 2; B/<u>S</u> Fall 9; Sachs/Schroeder NWVBl. 2006, 389 (Ex.Klausur NRW 6/2004); Degenhart/K I Fall 5, 6; Degenhart/K II Fall 2; Höfling F. 13; Geis Fall 7; Frenzel/Masing Jura 2010, 220; Jura EKK-Reinhardt Fall 2; BVerwG RÜ 2010, 182; Ketterer/Sauer JuS 2012, 524; Häusle u.a. Jura 2012, 468; Haug/Schmid JuS 2013, 440; Augsberg u.a. Fall 5.

Umfangreiche Hinweise auf Fallbearbeitungen bei M/M Rdnr. 200.

A. Das freie Mandat; Art. 38 Abs. 1 S. 2 GG

Grundlage für den verfassungsrechtlichen Status des Abgeordneten ist Art. 38 Abs. 1 S. 2 GG. Danach sind die Abgeordneten „Vertreter des ganzen Volkes, an Aufträge und Weisungen nicht gebunden und nur ihrem Gewissen unterworfen" (sog. **freies Mandat**, das im Gegensatz zum **imperativen** Mandat steht). **232**

I. Rechte des Abgeordneten aus Art. 38 Abs. 1 S. 2 GG

Allgemein garantiert Art. 38 Abs. 1 S. 2 GG die ungestörte effektive und gleichberechtigte Tätigkeit des Bundestagsabgeordneten in allen parlamentarischen Gremien. Im Einzelnen sind insbesondere durch die Rspr. des BVerfG folgende Einzelrechte entwickelt worden: **233**

■ **Teilnahmerecht**

Einschränkung z.B. durch Sitzungsausschluss gemäß § 38 GO BT[666] bzw. § 44 a Abs. 5 S. 3 AbgG[667] oder durch gezielte Verkleinerung von Ausschüssen durch Mehrheitsbeschluss aus Gründen der Geheimhaltung[668] oder durch Delegation von wichtigen Entscheidungen des Bundestags auf ein Sondergremium.[669]

■ **Rederecht** (§ 37 GO BT)

Dazu näher unten Rdnr. 244.

■ Recht auf **Information**/Fragerecht

Dazu näher unten Rdnr. 244.

■ **Antragsrecht** (§ 76 GO BT)

Dazu näher unten Rdnr. 244.

---

664 Mo/Mi Rdnr. 737.

665 Vgl. auch Mo/Mi Rdnr. 664 ff.; Schmidt S. 234 ff.; M/M Rdnr. 176 ff.; Ipsen Rdnr. 289 ff.; Gröpl Rdnr. 1016 ff.; Frenz JA 2010, 126; Berg Rdnr. 206 ff.; Maurer § 13 Rdnr. 60 ff.; Degenhart Rdnr. 608 ff.; zum imperativen Mandat und sonstigen Konstruktionen der Mandatsbindung vgl. Hölscheidt S. 92 ff.

Zur möglichen Verletzung des Statusrechts von Abgeordneten durch vorzeitige Auflösung des Bundestages gemäß Art. 68 GG vgl. BVerfG NJW 2005, 2669.

666 Zu einem landesrechtlichen Fall vgl. VerfG MV RÜ 2009, 449.

667 Borowy ZParl 2012, 635; Ingold/Lenski JZ 2012, 120.

668 Degenhart Rdnr. 619; Frenz JA 2010, 126, 127 FN 15.

669 BVerfG, Beschl. v. 27.10.2011 – 2 BvE 8/11 (9er Sondergremium gemäß § 3 Abs. 3 ESMG).

3. Teil Wahlen – Bundestag – Parteien

■ **Stimmrecht** (§ 57 Abs. 2 S. 2 GO BT)

Dazu näher unten Rdnr. 246.

■ Recht zur **Bildung von Fraktionen**

Dieses Recht erlangt dadurch große Bedeutung für den Abgeordneten, weil viele Rechte bzw. Betätigungsfelder ausschließlich nur den Fraktionen eröffnet sind und von einem fraktionslosen Abgeordneten nicht wahrgenommen werden können (vgl. z.B. §§ 12, 35 Abs. 1 S. 3, 57 Abs. 2 S. 2, 76 Abs. 1 GO BT; § 50 AbgG).

■ Recht auf **Gleichbehandlung** mit anderen Abgeordneten (§ 57 Abs. 2 S. 2 GO BT)

Das freie Mandat verlangt auch, die Abgeordneten in Statusfragen formal gleich zu behandeln, damit keine Abhängigkeiten oder Hierarchien entstehen, die über das für die Arbeitsfähigkeit des Parlaments unabdingbare Maß hinaus entstehen (sog. **Statusgleichheit der Abgeordneten**).[670] Aus diesem Grund ist insbesondere die Zahl der mit **Zulagen** bedachten Funktionsstellen auf wenige politisch besonders herausgehobene parlamentarische Funktionen zu beschränken.[671]

■ **Sonstige Beeinträchtigungen** des Rechts auf freies Mandat sind z.B.

■ Sach-, Ordnungsruf gemäß § 36 Abs. 1 GO BT

■ Ordnungsgeld gemäß § 37 GO BT bzw. § 44 a Abs. 5 S. 1, 2 AbgG[672]

■ Überprüfung von Abgeordneten auf ihre Stasi-Vergangenheit,[673]

■ (sanktionsbewehrte) Pflicht zur Offenlegung von Nebeneinkünften durch sog. Transparenzregeln,[674]

■ „Mittelpunktregelung" in § 44 a Abs. 1 AbgG,[675]

■ Nachrichtendienstliche Beobachtung von Abgeordneten.[676]

II. Rechtsnatur und prozessualer Rechtsschutz

234 Die Rechte der Abgeordneten aus Art. 38 Abs. 1 S. 2 GG sind trotz Nennung dieser Vorschrift in Art. 93 Abs. 1 Nr. 4 a GG **keine grundrechtsgleichen Rechte**, weil Abgeordnete als Teil der Legislative keiner grundrechtsspezifischen Gefährdungslage ausgesetzt sind.

Verfassungsprozessual folgt daraus, dass Abgeordnete wegen möglicher Verletzung von Art. 38 Abs. 1 S. 2 GG grds. ausschließlich auf das Organstreitverfahren beim BVerfG angewiesen sind. Eine **Verfassungsbeschwerde** soll nach Auffassung des BVerfG allenfalls dann **ausnahmsweise** zulässig sein, wenn das Organstreitverfahren im konkreten

---

670 BVerwG DVBl. 2010, 114 („Transparenzregeln").

671 Vgl. BVerfG NJW 2000, 3771 – „2. Diäten-Urteil" –; VerfG S-H, Urt. v. 30.09.2013 – LVerf 13/12; Thür VerfGH, Urt. v. 14.07. 2003 – VerfGH 2/01; BremStGH NVwZ 2005, 929; anders VerfG Hbg NJW 1998, 1054.

672 Ingold/Lenski JZ 2012, 120.

673 Brenner DVBl. 2009, 1126, vgl. dazu § 44 c AbgG.

674 Zur Transparenzpflicht des Abgeordneten sowie zur sog. Mittelpunktregelung vgl. §§ 44 a, b AbgG sowie M/M Rdnr. 179 FN 28; Ipsen Rdnr. 322 ff.; Degenhart Rdnr. 610 ff.; BVerfG NVwZ 2007, 916 Anm. Wolff JA 2008, 157; Möllers Jura 2008, 937; Sachs JuS 2007, 1044; Caliskau Jura 2009, 900; BVerwG RÜ 2010, 182; DVBl. 2010, 114.

675 Vgl. die Nachweise oben zum Transparenzgebot.

676 BVerfG RÜ 2013, 794; NVwZ 2009, 1092; BVerwG RÜ 2010, 795 = NVwZ 2011, 161 krit. Anm. Klatt NVwZ 2011, 146; Schoch, JK 6/11, GG Art. 38 Abs. 1 S. 2/21.

Die Rechtsstellung der Bundestagsabgeordneten **4. Abschnitt**

Fall nicht möglich ist (z.B. bei Maßnahmen der Gerichte gemäß Art. 47 GG) und damit eine Rechtsschutzlücke entstehen würde.[677]

III. Grenzen bzw. Einschränkungsmöglichkeiten der Rechte aus Art. 38 Abs. 1 S. 2 GG

Ähnlich wie bei Grundrechten sind auch die Rechte aus dem freien Mandat gemäß Art. 38 Abs. 1 S. 2 GG nicht schrankenlos gewährleistet, sondern unterliegen aus verfassungsrechtlichen Gründen im Rahmen der Verhältnismäßigkeit verschiedenen Einschränkungen (**„Spannungsverhältnis"**).[678] In Betracht kommen insoweit insbesondere

235

- das sog. **Parteiprinzip**, abgeleitet aus Art. 21 Abs. 1 S. 1 GG, konkretisiert durch § 1 Abs. 2 ParteiG (Sa. Nr. 58);

  Beispiele für Konkretisierungen dieses Prinzips sind etwa Ordnungsmaßnahmen oder der Ausschluss aus der Partei gemäß § 10 Abs. 3 und 4 ParteiG; vgl. dazu i.E. noch unten Fall 9.

- das **Effektivitätsprinzip**, abgeleitet aus Art. 20 Abs. 2 GG, Demokratieprinzip;

  Der Bundestag (die Volksvertretung) ist ein Kollegialorgan und die Abgeordnetenrechte sind im Wesentlichen organschaftliche Mitgliedschaftsrechte, die aus Gründen der Effektivität und Handlungsfähigkeit des Kollegialorgans eingeschränkt werden müssen.[679]

  Beispiele für eine Konkretisierung dieses Prinzips sind das Transparenzgebot (s.o. Rdnr. 75 und Rdnr. 253), die „Mittelpunktregelung" in § 44 a Abs. 1 AbgG (s.o. Rdnr. 233) sowie alle Vorschriften in der GO des Bundestages, die bestimmte Rechte nur Fraktionen und nicht fraktionslosen Abgeordneten zuerkennt, wie z.B. §§ 12, 37 Abs. 1 S. 3, 76 Abs. 1 GO BT.

- das **Fraktionsprinzip**, abgeleitet aus Art. 21 Abs. 1 S. 1 GG, konkretisiert durch § 1 Abs. 2 ParteiG („Fraktion ist Partei im Parlament"), teilweise deckungsgleich mit dem Effektivitätsprinzip (s.o.);

  Konkretisierungen des Fraktionsprinzips sind u.a. die Fraktionsdisziplin und der Fraktionsausschluss; vgl. dazu noch i.E. unten Fall 9.

- das Prinzip der **Spiegelbildlichkeit von Plenum und Ausschuss** in Bezug auf das politische Kräfteverhältnis im Plenum, abgeleitet aus Art. 20 Abs. 2 S. 2 GG, Demokratieprinzip.[680]

  Konkretisierungen dieses Prinzips sind insbesondere Maßnahmen gemäß § 57 Abs. 2 S. 2 i.V.m. § 62 GO BT, wonach fraktionslose Abgeordnete kein Stimmrecht im Ausschuss haben; vgl. dazu noch i.E. unten Rdnr. 246.

- Sonstige Beeinträchtigungen des freien Mandates können sich nur durch **höherwertige Rechtsgüter von Verfassungsrang** ergeben.[681]

---

677 BVerfG RÜ 2013, 794; NJW 2003, 3401; JuS 2011, 1141 Anm. Sachs; Maurer § 13 Rdnr. 82.

678 M/M Rdnr. 177.

679 BVerfG NVwZ 2007, 916, 919 – Offenlegung von Einkünften der Bundestagsabgeordneten: „Die Freiheit des Mandats … kann durch andere Rechtsgüter von Verfassungsrang begrenzt werden. Die Repräsentations- und die Funktionsfähigkeit des Parlaments sind als solche Rechtsgüter anerkannt … das Mandat aus eigenem Entschluss nicht wahrzunehmen, ist mit dem Repräsentationsprinzip unvereinbar".

680 BVerfG NVwZ 2012, 495; NVwZ 2012, 967.

681 Borowy ZParl 2012, 635; Ingold/Lenski JZ 2012, 120.

127

| 3. Teil | Wahlen – Bundestag – Parteien |

Beispiel: Die Beobachtung von Abgeordneten durch den Bundesverfassungsschutz kann gerechtfertigt sein durch den Schutz der freiheitlich demokratischen Grundordnung, der gemäß Art. 73 Abs. 1 Nr. 10 Buchst. b) und Art. 87 Abs. 1 S. 2 GG als Rechtsgut von Verfassungsrang anzusehen ist.[682]

IV. Fraktionsdisziplin, Fraktionsausschluss, Parteiausschluss

Fall 9: Der Fraktions-Linksaußen

Die A-Partei bildet zusammen mit der B-Partei die Regierungskoalition, während die C-Partei in der Opposition ist. Der Bundestagsabgeordnete G ist Mitglied der A-Partei und der A-Fraktion. Er gilt als Außenseiter, weil er in der Verteidigungs-, Umwelt- und Sozialpolitik Positionen vertritt, die mit denen der Mehrheit in seiner Fraktion nicht übereinstimmen, allerdings noch weniger mit denen in der B- und der C-Fraktion. Bei den Haushaltsberatungen verlangte er eine wesentliche Erhöhung der Entwicklungshilfe; anderenfalls werde er dem Verteidigungsetat nicht zustimmen. Nach Diskussion in der Fraktion konnte er sich hiermit nicht durchsetzen. Die Fraktionsführung befürchtete, es könnten sich noch andere Abgeordnete dem G anschließen, sodass die Annahme des Haushalts nicht mehr gewährleistet war. Auf ihren Antrag beschloss die A-Fraktion mehrheitlich, jeder Abgeordnete sei verpflichtet, Fraktionsdisziplin zu üben und im Bundestag im Sinne der Mehrheitsmeinung abzustimmen. Auch dürfte im Plenum, um in den Medien nicht „ein Bild der Zerstrittenheit" zu bieten, nur im Sinne der Mehrheitsmeinung gesprochen werden. G fragt nach der Rechtslage. Er möchte auch wissen, ob er bei Zuwiderhandlung gegen den Fraktionsbeschluss mit einem – ihm bereits angedrohten – Ausschluss aus Partei oder Fraktion rechnen müsse.

A. Verfassungsmäßigkeit der Maßnahmen

236   I. Bei dem Beschluss der A-Fraktion, wonach jedes Mitglied zu einer positiven Abstimmung im Bundestag verpflichtet wurde, handelt es sich um den Versuch, eine **Rechtspflicht** zu einem bestimmten Verhalten im Parlament zu begründen. Darin könnte ein Verstoß gegen den Grundsatz des freien Mandats i.S.d. Art. 38 Abs. 1 S. 2 GG liegen, der es grds. verbietet, dass die Partei oder Fraktion rechtlich verbindliche Weisungen an den Abgeordneten erteilt.

Die Freiheit des Mandats ist allerdings nicht schrankenlos gewährleistet. Sie kann durch andere Rechtsgüter von Verfassungsrang begrenzt werden,[683] insbesondere stehen die Rechte aus Art. 38 Abs. 1 S. 2 GG in einem **Spannungsverhältnis** zu **Art. 21 GG.** Da die Parteien nach Art. 21 Abs. 1 S. 1 GG bei der politischen Willensbildung mitwirken, ist der Abgeordnete gleichzeitig Repräsentant der Partei, für die er gewählt worden ist. Da es sich bei der **Fraktion** um die **„Partei im Parlament"** handelt, ergibt sich auch hier ein vergleichbares Spannungsfeld zwischen der Gewährleistung des Art. 38 Abs. 1 S. 2 GG einerseits und der Einbindung des Abgeordneten in seine Fraktion andererseits. Hieraus folgt, dass nicht jede Einfluss-

---

682 Schoch, JK/11, GG Art. 38 Abs. 1 S. 2/21; BVerwG NVwZ 2011, 161; a.A. neben Schoch auch die Vorinstanzen; Klatt NVwZ 2011, 146 (mit genauen Nachweisen über die Vorinstanzen); zustimmend Cornils ZJS 2010, 667.

683 BVerfG NJW 1998, 3042, 3043 m.w.N.

nahme der Fraktion bzw. Partei auf den Abgeordneten von vornherein unzulässig ist. Vielmehr ist nach der Regelungsintensität der Maßnahme zu differenzieren:

1. **Zulässig** ist nach h.M. die sog. **Fraktionsdisziplin**, d.h. das Bestreben der Fraktion, ein einheitliches Auftreten in der parlamentarischen Arbeit zu erreichen. Dies umfasst auch die Einwirkung auf einzelne Abgeordnete, soweit die Loyalität und die gemeinsame politische Arbeit es erfordern. Ist der Abgeordnete nicht bereit, sich diesen Bindungen zu unterwerfen, so darf die Fraktion Sanktionen verhängen.[684]

   237

2. **Unzulässig** ist dagegen der sog. **Fraktionszwang**, also eine – ggf. sanktionsbewehrte – Verpflichtung des Abgeordneten, nach dem Votum seiner Fraktion abzustimmen. Da hier der Abgeordnete „an eine Weisung gebunden" wird und nicht mehr nach seinem Gewissen entscheiden kann, verstößt dies eindeutig gegen Art. 38 Abs. 1 S. 2 GG.[685]

   238

   Nach **a.A.** ist die Unterscheidung praktisch kaum durchführbar, da die Fraktionsdisziplin nur dann relevant werde, wenn der Wille der Fraktionsmehrheit und der des Abgeordneten divergieren. Dann dürfe der Abgeordnete dem Mehrheitsbeschluss der Fraktion aber nur entsprechen, wenn dieser mit seinem Gewissen übereinstimme. Ansonsten liege ohnehin ein Verstoß gegen Art. 38 Abs. 1 S. 2 GG vor.[686]

3. **Zum Fall:** Da hier der Beschluss der A-Fraktion in massiver und sanktionsbewehrter Weise auf die Abstimmung des Abgeordneten einwirken soll (Androhung des Fraktions- und Parteiausschlusses), ist von einem mit Art. 38 Abs. 1 S. 2 GG unvereinbaren Fraktionszwang auszugehen. Der Fraktionsbeschluss ist damit **verfassungswidrig** und deshalb nichtig.

II. Möglichkeit des **Parteiausschlusses** des G

Fallbearbeitung von Kotzur JuS 2001, 54.

1. Nach § 10 Abs. 4 ParteiG ist ein **Parteiausschluss** zulässig, wenn das Mitglied

   239

   ■ **vorsätzlich** gegen die Satzung oder erheblich gegen Grundsätze oder Ordnung der Partei verstößt und

   ■ ihr damit **schweren Schaden** zufügt.[687]

2. Art. 38 Abs. 1 S. 2 GG steht einem Parteiausschluss nicht generell entgegen. Denn auch durch eine politische Äußerung, die nach bestem Wissen und Gewissen gemacht worden ist, kann das Programm einer bestimmten Partei schwerwiegend verletzt und der Partei dadurch erheblicher Schaden zugefügt werden (z.B. wenn ein Mitglied der Regierungskoalition in einer grundlegenden Frage genau die Auffassung der Opposition vertritt). Das hier angespro-

---

684 Weber/Eschmann JuS 1990, 659, 661 m.w.N.

685 BVerfGE 10, 4, 15; ausführlich Hölscheidt S. 438 ff.

686 Achterberg JA 1983, 303, 304; Sendler NJW 1985, 1425, 1427.

687 Vgl. BGH NJW 1994, 2610, 2611; FDP-Bundesschiedsgericht NVwZ 1995, 519; CDU-Bundesparteigericht NVwZ 1982, 159; FDP-Landesschiedsgericht Berlin NVwZ 1983, 439, 440.
     Zum (zulässigen) Parteiausschluss wegen Mitgliedschaft in der Scientology-Bewegung OLG Köln NJW 1998, 3721; LG Bonn NJW 1997, 2958; BVerfG DVBl. 2002, 968.

| 3. Teil | Wahlen – Bundestag – Parteien |

chene Problem muss wieder in das Spannungsverhältnis zwischen Art. 21 GG und Art. 38 Abs. 1 S. 2 GG eingeordnet werden. Danach kann das freie Mandat einen Abgeordneten nicht von der politischen Verantwortung gegenüber seiner Fraktion und Partei entbinden und nicht jedes parteiwidrige Verhalten rechtfertigen. Daher ist es ohne Weiteres möglich, dass ein Abgeordneter wegen seines Verhaltens im Parlament bei der nächsten Wahl nicht mehr aufgestellt wird. Auch unterliegt jeder Abgeordnete einer gewissen **Fraktionsdiszi-plin**.

Fraktionsdisziplin darf aber nur verlangt werden, wenn die Positionen innerhalb der Fraktion zunächst in demokratischer Weise diskutiert und beschlossen worden sind.[688]

3. **Zum Fall:** Ob das Gebrauchmachen von der Freiheit des Mandats einen schwerwiegenden Verstoß gegen die Partei- und Fraktionsdisziplin bedeutet, lässt sich letztlich nur nach Maßgabe des **Einzelfalles** entscheiden: Im Fall des G ist zunächst wesentlich, dass G nicht etwa die Auffassung des politischen Gegners vertritt. Es ist auch nicht ersichtlich, dass G in der Art und Weise seines Vorgehens eine unnötige Schärfe gezeigt hätte. Daraus ergibt sich, dass auch bei Würdigung der berechtigten Interessen der Partei an der Vertretung einer konsequenten politischen Richtung ein abweichendes Verhalten des G nicht als so parteischädigend angesehen werden kann, dass er dadurch einen Ausschlussgrund verwirklichen würde.

240   III. Für den **Ausschluss aus der Fraktion** gilt Ähnliches.[689]

Fallbearbeitung bei Binder/Hofmann Jura 2006, 387.

1. Zwar ist der Fraktionsausschluss nicht gesetzlich geregelt, wird aber allgemein für zulässig gehalten, wenn die Gemeinsamkeit zwischen Abgeordnetem und Fraktion entfallen ist. Wegen der faktischen Wichtigkeit der Fraktionszugehörigkeit für die volle Ausnutzung der Abgeordnetenstellung (z.B. Rederecht, Mitgliedschaft und Stimmrecht in Ausschüssen) wird stets ein **wichtiger Grund** gefordert. Verhältnismäßig ist der Ausschluss nur bei Vorliegen besonders gravierender Gründe, etwa wenn die Zugehörigkeit des betreffenden Mitglieds für die Fraktion unzumutbar oder schädigend ist oder bei Verlust der Parteimitgliedschaft, sofern der parteirechtliche Status des Abgeordneten rechtskräftig geklärt ist.[690]

2. Angesichts der hier gegebenen besonderen Situation ist das Verhalten des G, selbst wenn er im Bundestag das Wort ergreifen würde, nicht als unzumutbar oder schädigend anzusehen. Ein Fraktionsausschluss wäre daher ebenfalls nicht zulässig.

---

688   Badura a.a.O.

689   Brenner DVBl. 2009, 1129, 1134 f.; Lenz NVwZ 2005, 364 m.w.N.; Ehlers, JK 2/07, Berl Verf, Art. 38 I, IV/1; Mo/Mi Rdnr. 700 FN 198 f.

690   VerfG M-V LKV 2003, 516, Anm. Sachs JuS 2004, 74; Maurer § 13 Rdnr. 65 (§ 10 Abs. 4 ParteiG analog); Kotzur JuS 2001, 54; teilw. a.A. Achterberg JA 1983, 303, 304, wonach der Ausschluss eines dissentierenden Abgeordneten stets unzulässig ist.

Ausführlich zu den formellen (z.B. vorherige Anhörung) und materiellen Voraussetzungen des Fraktionsausschlusses Hölscheidt S. 475 ff.; Sachs a.a.O. S. 76 FN 11; VerfG M-V a.a.O.

Die Rechtsstellung der Bundestagsabgeordneten **4. Abschnitt**

B. Prozessuale Möglichkeiten des G

I. Gegen die Entscheidung des Parteigerichts über den **Parteiausschluss** (§ 10 **241** Abs. 5 ParteiG) könnte gemäß § 40 Abs. 1 VwGO eine Klage vor dem Verwaltungsgericht zulässig sein. Dann müsste es sich um eine öffentlich-rechtliche Streitigkeit handeln. Dafür könnte sprechen, dass die Rechtsverhältnisse der politischen Partei mit Rücksicht auf ihre verfassungsrechtlich anerkannte öffentliche Aufgabe (Art. 21 GG) teilweise im Öffentlichen Recht geregelt sind. Jedoch ist die Partei ein privatrechtlicher Verein, mit der Folge, dass die Rechtsbeziehungen privatrechtlich sind. Auch soweit sie vom Parteiengesetz modifiziert werden, bleibt es bei ihrem bürgerlich-rechtlichen Charakter. Somit ist gemäß § 13 GVG der Zivilrechtsweg eröffnet. Nach §§ 23, 71 GVG ist i.d.R. das Landgericht zuständig.[691]

II. Gegen den **Ausschluss aus Fraktionen des Bundestags oder Landtags** steht dem Abgeordneten (ausschließlich) das verfassungsrechtliche Organstreitverfahren zur Verfügung.[692]

B. Rechte des Abgeordneten aus Art. 46–48 GG

I. Indemnität

Nach Art. 46 Abs. 1 GG darf ein Abgeordneter zu keiner Zeit wegen einer **Abstimmung** **242** oder wegen einer **Äußerung**, die er im **Bundestag** oder in einem seiner Ausschüsse getan hat, gerichtlich oder dienstlich verfolgt oder sonst außerhalb des Bundestages zur Verantwortung gezogen werden (Ausnahme für verleumderische Beleidigungen). Nicht geschützt sind dagegen Äußerungen auf Partei- oder Wahlveranstaltungen, in Interviews und sonstige Erklärungen in Medien oder im beruflichen Bereich.

Dagegen werden Äußerungen in den Fraktionen nach heute h.M. geschützt, da diese als – parteipolitisch ausgerichtete – Untergliederungen des Bundestages anzusehen sind.[693]

II. Immunität

Art. 46 Abs. 2 GG macht die **Strafverfolgung** eines Bundestagsabgeordneten von der **243** Zustimmung des Bundestages abhängig. Eine Ausnahme besteht, wenn der Abgeordnete „bei Begehung der Tat oder im Laufe des folgenden Tages festgenommen wird" (Art. 46 Abs. 2 GG).

---

691 Vgl. BVerfG NJW 1988, 3260; BGHZ 75, 158; 79, 265; OLG Köln NJW 1998, 3721; Maurer JuS 1992, 296, 299 m.w.N.; vgl. auch LG Bonn NJW 1997, 2958: Staatliche Gerichte haben sich wegen der grundgesetzlichen Konzeption der Parteiendemokratie bei der Überprüfung von Parteiausschlussentscheidungen der Parteigerichte auf eine Willkürkontrolle zu beschränken.

692 VerfG M-V a.a.O., Anm. Sachs a.a.O. m.w.N. (auch zu den Besonderheiten bei zwischenzeitlichem Wegfall des Abgeordnetenstatus); Hölscheidt S. 480 m.w.N. FN 651; VerfG Brandenburg DÖV 2004, 205; BlnVerfG NVwZ-RR 2005, 753; Binder/Hofmann Jura 2006, 387 f.; a.A. Ipsen NVwZ 2005, 361: Rechtsschutz vor dem Zivilgericht.

693 Maunz/Dürig Art. 46 Rdnr. 16; BK-Magiera Art. 46 Rdnr. 41.
Vertiefend vgl. Walter Jura 2000, 496, 498 f.; Maurer § 13 Rdnr. 73.

3. Teil Wahlen – Bundestag – Parteien

Umstritten ist, ob Art. 46 Abs. 2 GG auch **Ordnungswidrigkeiten** erfasst.[694] **Nicht** erfasst werden dagegen belastende **Verwaltungsakte**, wie die Entziehung der Fahrerlaubnis oder disziplinarische Maßnahmen.[695]

Das Zustimmungserfordernis gilt schon für das staatsanwaltschaftliche Ermittlungsverfahren.

In der Praxis ist es jedoch üblich, die Zustimmung zur Durchführung von Ermittlungsverfahren zu Beginn der Legislaturperiode generell zu erteilen (vgl. Anlage 6 zur GO BT).

Für die Erteilung oder Ablehnung der Zustimmung gibt es keine gesetzlichen Voraussetzungen. Vielmehr steht die Erteilung im pflichtgemäßen **Ermessen**, wobei zwischen dem Interesse des Parlaments und dem der Allgemeinheit und Dritter an der Durchführung des Verfahrens abzuwägen ist.[696]

Der Bundestag hat hierfür die **Grundsätze in Immunitätsangelegenheiten** beschlossen (Anlage 6 zur GO BT). Wird die Zustimmung nicht erteilt, ist das Verfahren einzustellen. Das Verfolgungshindernis erlischt – anders als die Indemnität –, sobald der Betroffene nicht mehr Abgeordneter ist.

Ursprünglich bezweckte die Immunität den Schutz der Abgeordneten vor tendenziöser Verfolgung durch die Exekutive. Heute wird der Zweck der Vorschrift überwiegend darin gesehen, die **Arbeits- und Funktionsfähigkeit des Parlaments** zu schützen. Der einzelne Abgeordnete hat jedoch einen Anspruch auf eine von sachfremden, willkürlichen Motiven freie Entscheidung.[697]

Private haben keinen Anspruch auf Aufhebung der Immunität.[698]

III. Rede-, Antrags- und Informationsrecht bzw. Fragerecht[699]

244 Zum Rechtsstatus des Abgeordneten zählt vor allen Dingen, dass ihm im Bundestag grundsätzlich ein **Rede- und Antragsrecht** zusteht. Es ist Aufgabe des Parlaments, Forum für Rede und Gegenrede zu sein.[700]

1. Das Antragsrecht schließt nicht aus, **Änderungsanträge** zur Abstimmung zuzulassen. Diese dürfen jedoch nicht dazu genutzt werden, einer Beschlussfassung über den Gegenstand des ursprünglichen Antrags auszuweichen. Unzulässig sind jedenfalls Änderungsanträge, die den Gegenstand des (Entschließungs-)Antrags auswechseln, ihn in ein aliud umformen.[701]

---

694 Dafür BK-Magiera Art. 46 Rdnr. 63; Maunz/Dürig Art. 46 Rdnr. 40; anders die überwiegende Praxis OLG Düsseldorf NJW 1989, 2207; Schmidt-Bleibtreu/Klein Art. 46 Rdnr. 8.

695 BVerwG NJW 1986, 2520.

696 VerfGH NRW NWVBl. 2006, 12.

697 So auch Anlage 6 zur GO BT, Nr. 4 S. 1 in der Neufassung vom 15.07.2002 als Folge von BVerfG NJW 2002, 1111 – Pofalla – Fallbearbeitung von Haug/Schmidt JuS 2013, 440; Sachs NWVBl. 2004, 81 (Ex.Klausur NRW); VerfGH NRW NWVBl. 2006, 12.
Vertiefend vgl. Witt Jura 2001, 585; Walter Jura 2000, 496, 499 ff.; Maurer § 13 Rdnr. 74 f.

698 OVG BB RÜ 2012, 243.

699 Vgl. auch Brenner DVBl. 2009, 1129 ff.; Heintz/Wendt ZjS 2013, 233; Sächs VerfGH, Urt. v. 21.02.2013 – Vf 34-I-12 u.a.

700 BVerfG NJW 1998, 3037, 3039; Weber/Eschmann JuS 1990, 659, 662 m.w.N.; vgl. auch §§ 27 ff. GO BT.

701 Vgl. VerfGH NRW DVBl. 1999, 1362, Anm. Sachs JuS 2000, 493 und Cancik ZParl 2001, 249 (dort auch genauer zur Abgrenzung und verfahrensmäßiger Behandlung von Vorlageantrag, Änderungsantrag, Entschließungsantrag – §§ 75 II c, 88 GO BT, 86 GO LT NRW).

Die Rechtsstellung der Bundestagsabgeordneten 4. Abschnitt

2. Weiterhin hat der einzelne Abgeordnete aus Art. 38 Abs. 1 GG ein Recht darauf, dass er vor Bundestag und Bundesregierung die für die Beratung erforderlichen **Informationen** erhält. Dem entspricht ein Anspruch auf Vollständigkeit und korrekte Antwort bei Anfragen an die Regierung (vgl. §§ 100 ff. GO BT).[702]

3. Diese Rechte des Abgeordneten finden jedoch ihre **Grenze**, wo es die **Funktionsfähigkeit des Parlaments** erfordert. Da ausgeschlossen ist, dass bei jeder Debatte jeder BT-Abgeordnete unbegrenzt von seinem **Rederecht** Gebrauch macht, ist eine Ordnung und Begrenzung der Wortbeiträge geboten. Das darf jedoch nicht dazu führen, einen Abgeordneten praktisch von der Beteiligung an der Debatte auszuschließen.

Folgende **Einschränkungen** sind zulässig: Die Fraktionen haben das Vorschlagsrecht, wer für sie das Wort ergreift. Die Worterteilung erfolgt durch den Bundestagspräsidenten. Dieser bestimmt auch die Reihenfolge der Redner (§§ 27, 28 GO BT). Zulässig ist es, die Gesamtredezeit zu begrenzen und dabei die Redezeit auf die Fraktionen zu verteilen, ferner auch die Redezeit des Einzelnen zu beschränken (§ 35 GO BT). Kraft seiner Autonomie kann der BT beschließen, die Debatte zu beenden. Unzulässig ist es, die Redezeit der einzelnen Abgeordneten so kurz zu bemessen, dass eine dem Thema angemessene Äußerung nicht mehr möglich wäre.[703] Wegen gröblicher Verletzung der parlamentarischen Ordnung ist gem. § 36 Abs. 2 GO BT auch eine **Wortentziehung** zulässig.[704]

Außerdem besteht die Pflicht des Parlaments, den jeweiligen **Kompetenzrahmen** (Bund, Land) zu **wahren**. Falls eingebrachte Sachanträge diesen Rahmen verletzen, kann das Parlament (Bundestag, Landtag) die Befassung verweigern; es fehlt ihm die **Befassungskompetenz**.[705]

IV. Rechte aus Art. 47, 48 GG

- **Zeugnisverweigerungsrecht** gemäß Art. 47 GG (vergleichbar § 53 StPO) und **Beschlagnahmeverbot** entsprechender Schriftstücke **245**

  Sofern sich die Schriftstücke bei einem Mitarbeiter des Abgeordneten befinden, gilt Art. 47 S. 2 GG nur in den Räumlichkeiten des Bundestags, nicht außerhalb. Gegen die Entscheidung der Gerichte, betreffend Durchsuchung und Beschlagnahme,[706] ist nach Auffassung des BVerfG die Verfassungsbeschwerde wegen Verletzung von Art. 38 Abs. 1 S. 2 i.V.m. 47 S. 2 GG möglich.[707]

- **Urlaub zur Wahlvorbereitung**, Art. 48 Abs. 1 GG[708]

- **Behinderungsverbot**, Art. 48 Abs. 2 GG[709]

  Keine Behinderung sind insbesondere die Transparenzpflicht sowie die Mittelpunktregelung (s.o. Rdnr. 75, 233 sowie Rdnr. 252).[710]

---

702 BVerfG RÜ 2009, 586; DVBl. 2009, 1107; NVwZ 2009, 1092: bei Verweigerung von Auskünften angemessen ausführliche Begründung; zur Einschränkung bei gleichzeitig laufendem Untersuchungsverfahren Gusy JuS 1995, 878, 882 f.; Fallbearbeitung zu Fragerecht und Antwortpflicht bei Frenzel/Masing Jura 2010, 220, 222 ff.; Häusle u.a. Jura 2012, 468.

703 BVerfG NJW 1998, 3037, 3039; BayVerfGH VBl. 1998, 365; Erichsen, JK 99, GG Art. 38/12.

704 VerfG MV NVwZ 2010, 958; Fallbearbeitung bei Haug/Schmidt JuS 2013, 440.

705 VerfG BB DVBl. 2001, 1146, Anm. Brink.

706 Zum Genehmigungsvorbehalt des BT-Präsidenten gemäß Art. 40 Abs. 2 S. 2 GG vgl. i.E. Schroeder Jura 2008, 95.

707 BVerfG NJW 2003, 3401, Anm. Sachs JuS 2004, 71; Maurer § 13 Rdnr. 82; Degenhart Rdnr. 623 f.; M/M Rdnr. 195; Sachs/Schroeder NWVBl. 2006, 389.

708 Vgl. dazu § 3 AbgG und Maurer § 13 Rdnr. 83; M/M Rdnr. 197 FN 52.

709 Vgl. dazu BGHZ 43, 384; BVerwGE 86, 211; StGH Bremen NJW 1975, 635, aufgehoben von BVerfGE 42, 312; Maurer § 13 Rdnr. 84.

710 M/M Rdnr. 179, 197; BVerfG NVwZ 2007, 916.

3. Teil — Wahlen – Bundestag – Parteien

■ **Angemessene Entschädigung zur Sicherung ihrer Unabhängigkeit**, Art. 48 Abs. 3 GG.[711]

C. Fraktionslose Abgeordnete

246 Besondere Probleme ergeben sich bei der Rechtsstellung **fraktionsloser Abgeordneter**. Es wurde bereits mehrfach darauf hingewiesen, dass eine Reihe von Abgeordnetenrechten effektiv nur in der Fraktion ausgeübt werden können. Dies wird besonders deutlich an der Regelung des § 12 GO BT, der bei der Zusammensetzung der Ausschüsse an die Fraktionsstärke anknüpft. Aber auch der fraktionslose Abgeordnete ist gemäß Art. 38 Abs. 1 S. 2 GG Repräsentant des ganzen Volkes. Deshalb muss auch er die Möglichkeit haben, dort mitzuwirken, wo faktisch ein wesentlicher Teil der Parlamentsarbeit geleistet wird, nämlich in den Ausschüssen. Daher hat jeder Abgeordnete – also auch der fraktionslose – einen Anspruch auf Mitarbeit in einem BT-Ausschuss (§ 57 Abs. 1 S. 2 GO BT).[712]

Dieser Anspruch umfasst aber nur das Antrags- und Rederecht in einem Ausschuss, nicht aber das **Stimmrecht**. Da die Ausschüsse ein verkleinertes Abbild des Parlaments darstellen, würde die Zuerkennung eines Stimmrechts dem fraktionslosen Abgeordneten ein überproportionales Gewicht beimessen und damit gegen das **Prinzip der Spiegelbildlichkeit von Plenum und Ausschuss**, abgeleitet aus dem Demokratieprinzip, verstoßen; vgl. auch § 57 Abs. 2 S. 2 GO BT.[713]

Ein Anspruch auf den sog. **Oppositionszuschlag** besteht, anders als bei Fraktionen oder Gruppen, nicht.[714]

D. Mandatsverlust und Mandatsprüfung

Fallbearbeitung bei Mückl Jura 2001, 704; Schoch Fall 2 = S. 140 ff.

247 **I. Mandatsverlustgründe** regelt § 46 Abs. 1 S. 1 Nr. 1–5 BWG. Der Verlust gemäß § 46 Abs. 1 S. 1 Nr. 5 BWG (Parteiverbot gemäß Art. 21 Abs. 2 S. 2 GG oder gemäß § 33 Abs. 2 ParteiG) tritt nur unter den Voraussetzungen von § 46 Abs. 4 BWG ein.

Gemäß § 46 Abs. 1 S. 2 BWG bleiben **weitere Verlustgründe** nach anderen gesetzlichen Vorschriften unberührt.[715]

Beispiel: Übernahme inkompatibler Ämter i.S.v. Art. 137 Abs. 1 GG.[716]

---

711 Vgl. auch §§ 11 ff. AbgG und BVerfGE 40, 296 („1. Diäten-Urteil"); Maurer § 13 Rdnr. 76 ff.; Ipsen Rdnr. 315 ff.; M/M Rdnr. 198 f.

712 BVerfG DVBl. 1991, 992, 993; NJW 1990, 373 – Wüppesahl; OVG Bremen NVwZ 1990, 1195; VGH Kassel NVwZ 1991, 1105; Ziekow JuS 1991, 28; Trute Jura 1990, 184; Brandner JA 1990, 151; Schulze-Fielitz DÖV 1989, 829; a.A. für das Kommunalrecht Hellermann Jura 1995, 145, 149 m.w.N.

713 BVerfG NJW 1990, 373 – Wüppesahl; Ipsen Rdnr. 313; Maurer § 13 Rdnr. 111; a.A. Degenhart Rdnr. 632; M/M Rdnr. 183; anders auch Art. 70 Bbg LVerf; dazu Sacksofsky NVwZ 1993, 235, 236.

Zur Geltung des Prinzips der Spiegelbildlichkeit für die Mitglieder des Bundestages im Vermittlungsausschuss und dem daraus resultierenden Spannungsverhältnis zum Mehrheitsprinzip vgl. BVerfG NJW 2005, 203, Anm. Sachs JuS 2005, 365 m.w.N.

Zu den verfassungsrechtlichen Problemen der Erhöhung der Fraktionsmindeststärke vgl. die Fallbearbeitung von Palm Jura 2002, 700 sowie LVerfG MV DVBl. 2005, 244 und VGH BW DÖV 2002, 912.

714 BremStGH NVwZ 2005, 929, Anm. Brocker/Messer S. 895.

715 Zum (zeitweiligen) Mandatsverlust durch das sog. ruhende Mandat und der damit verbundenen auflösend bedingten Mandatsinhaberschaft des Listennachrückens bzw. „Ersatzabgeordneten" Hess StGH NJW 1977, 2065.

716 Zur Frage, inwieweit frühere Stasitätigkeit zum Mandatsverlust führen kann, vgl. ThürVerfGH LKV 2000, 441; Grobe LKV 2000, 435; Löwer/ThürVBl. 2000, 206; Sachs JuS 2001, 77.

II. Das **Verfahren** und die verschiedenen **Zuständigkeiten** richten sich nach § 47 BWG i.V.m. Art. 41 Abs. 1 S. 2 GG, §§ 15 ff. WahlPrG.[717]

III. Gegen Entscheidungen des Bundestages in diesem Zusammenhang ist die **Mandatsprüfungsbeschwerde** gemäß Art. 41 Abs. 2 GG, §§ 13 Nr. 3, 48 BVerfGG statthaft.

IV. Verfassungswidrig wäre eine Vorschrift (als Ergänzung zu § 46 Abs. 1 BWG), die den automatischen **Mandatsverlust beim Ausschluss oder Austritt aus Partei bzw. Fraktion** vorsieht. Der Rang des freien Mandats aus Art. 38 Abs. 1 S. 2 überwiegt eindeutig die verfassungsrechtliche Bedeutung der Parteien aus Art. 21 GG (sog. **Mandatstheorie** oder **Exponentenlehre**). Dies gilt unabhängig davon, ob es sich um ein Listen- oder Direktmandat handelt.[718]

248

Zusammenfassung: Rechte des Abgeordneten aus Art. 38 Abs. 1 S. 2 GG

Konkretisierungen

- Teilnahmerecht
- Rederecht
- Stimmrecht
- Antragsrecht
- Recht auf Information
- Fraktionsbildungsrecht
- Recht auf Gleichbehandlung mit anderen Abgeordneten

Einschränkungsmöglichkeiten („Spannungsverhältnis")

- Parteiprinzip
- Effektivitätsprinzip
- Fraktionsprinzip
- Prinzip der Spiegelbildlichkeit von Plenum und Ausschuss in Bezug auf das politische Kräfteverhältnis im Plenum

---

5. Abschnitt: Die politischen Parteien[719]

Fallbearbeitung bei Seiler JuS 2005, 1107, 1110 f.; Kersten JA 2005, 360; Degenhart/K II Fall 1; Degenhart/K I Fall 3; S/N/S Fall 9; M/M Fall 3; Hornung/Kammermeier JuS 2012, 931; Pieroth-Görisch Fall 8.

A. Begriff und Aufgaben der politischen Parteien

Nach Art. 21 Abs. 1 S. 1 GG wirken die Parteien bei der **politischen Willensbildung des** **249** **Volkes** mit. Sie haben die Aufgabe, die zunächst ungeordnet vorhandene politische Meinungsvielfalt zu formen, (Partei-)Programme entsprechend den vorherrschenden

---

717 Sa. 32.

718 Vgl. i.E. Maurer § 13 Rdnr. 64 f.; VerfGH Saarl DÖV 2013, 607.

719 Vgl. auch Ipsen DVBl. 2009, 552; M/M Rdnr. 128 ff.; Degenhart Rdnr. 75 ff.; Gröpl Rdnr. 386 ff.; Ipsen Rdnr. 142 ff.; Mo/Mi Rdnr. 230 ff.

| 3. Teil | Wahlen – Bundestag – Parteien |

Strömungen aufzustellen und auf deren Grundlage Kandidaten zu den Wahlen zu präsentieren.[720] Die den Parteien obliegenden Aufgaben führen zu einer gewissen **Doppelstellung:** Einerseits sind die Parteien gesellschaftliche, nichtstaatliche Einrichtungen, andererseits wirken sie bei der Willensbildung im politisch-staatlichen Bereich mit, nähern sich also der Stellung von Staatsorganen.[721] Gemäß Art. 21 Abs. 3 GG finden sich die näheren Regelungen im Parteiengesetz (als Konkretisierung des Regelungsvorbehalts in Art. 21 Abs. 3 GG).[722]

Nach § 2 Abs. 1 ParteiG sind Parteien **Vereinigungen von Bürgern,**[723]

- die auf die **politische Willensbildung Einfluss** nehmen und zu diesem Zweck Volksvertreter in den Bundestag oder einen Landtag entsenden wollen.

  Keine Parteien sind danach **Wählervereinigungen**, die lediglich im **kommunalen Bereich** wirken wollen. Das folgt daraus, dass die Kommunen zur Verwaltung gehören und die Gemeindevertretung keine parlamentarische, politische Tätigkeit ausübt. Die Begrenzung ist daher nach h.M. mit Art. 21 GG vereinbar.[724] Die Rathausparteien werden nach h.M. aber über Art. 9 und 28 Abs. 2 GG geschützt; außerdem muss zumindest im steuerlichen Bereich (mittelbare Parteienfinanzierung) eine **Gleichbehandlung mit Parteien** erfolgen.[725]

  Zu den **Rechten von Parteien** gehört auch die **Werbung** mit Plakaten und mittels Informationsständen[726] sowie die Verteilung und Zusendung von Flugblättern und anderem Werbematerial.[727]

  Des Weiteren haben sie auch das Recht, sich in beschränktem Umfang an privaten Rundfunkveranstaltungen zu beteiligen; ein entsprechendes absolutes Verbot verstößt gegen Art. 5 Abs. 1 S. 2 i.V.m. Art. 21 Abs. 1 GG.[728]

- Aufgrund einer **ausreichenden Organisation** muss die Gewähr für die Ernsthaftigkeit dieser Zielsetzung bestehen (insbesondere nach Umfang und Festigkeit der Organisation, Zahl der Mitglieder, Hervortreten in der Öffentlichkeit).

Diese einfachgesetzliche Definition stimmt mit der vom BVerfG zu Art. 21 GG entwickelten Definition überein.[729]

---

720 Ungeklärt ist, ob Art. 21 Abs. 1 S. 1 GG Parteien auch ein Recht auf eine ausreichend lange Wahlvorbereitungszeit gewährt. Ein etwaig bestehendes Recht wird jedenfalls nicht verletzt durch die Entscheidung des Bundespräsidenten, den Bundestag gemäß Art. 68 GG aufzulösen und kurzfristig Neuwahlen anzuberaumen; vgl. BVerfG NJW 2005, 2682.

721 BVerfG NVwZ 2008, 658.

722 Vgl. auch Berg Rdnr. 123 ff., 555 ff.; Maurer § 11.

723 Aus diesem Begriffsmerkmal folgt zum einen der Ausschluss unmittelbarer Einflussnahme von Interessenverbänden, zum anderen der Grundsatz der Staatsfreiheit von Parteien; vgl. Gröpl Rdnr. 391, 437 f.

724 BVerfGE 47, 253, 272; Berg/Dragunski JuS 1995, 238, 239; a.A. Ipsen Rdnr. 144 FN 6; Jarass/Pieroth Art. 21 Rdnr. 6 m.w.N. unter Hinweis darauf, dass auch in den Kommunen staatliche Willensbildung stattfindet und auch in Gemeinden gemäß Art. 28 Abs. 1 S. 2 GG Wahlen i.S.d. Art. 20 Abs. 2 GG durchgeführt werden.

725 Vgl. BVerfG RÜ 2008, 526; NVwZ 1999, 400; wohl auch NJW 2004, 438.

726 Degenhart Rdnr. 82 FN 77; Hagmann DÖV 2006, 323.

727 BVerfG NJW 2002, 2938; KG Berlin NJW 2002, 379; Broeker NJW 2002, 2072.
   Zum Abwehrrecht des Bürgers gegen Parteiwerbung vgl. Ipsen Rdnr. 159 FN 22 ff.

728 BVerfG NVwZ 2008, 658 zu § 6 Abs. 2 Nr. 4 HPRG mit 3 abw. Voten; Degenhart Rdnr. 78 a.

729 BVerfG DVBl. 1995, 462; BVerwG NVwZ 1997, 66.
   Zur Nichtanerkennungsbeschwerde gem. Art. 93 Abs. 1 Nr. 4 c GG s.o. Rdnr. 194.

Die politischen Parteien **5. Abschnitt**

B. Gründung und Organisation

Für die **Gründung** und die **Organisation** der Parteien gilt in erster Linie das Zivilrecht **250** (BGB), modifiziert durch Art. 21 GG und das ParteienG. Die Organisationsform der Partei ist i.d.R. die eines rechtsfähigen oder nichtrechtsfähigen privaten Vereins. In jedem Fall kann sie unter ihrem Namen klagen und verklagt werden (§ 3 ParteiG); außerdem ist sie im Rahmen von Art. 19 Abs. 3 GG grundrechtsfähig.[730] Nach Art. 21 Abs. 1 S. 2 GG ist die Gründung einer Partei frei, darf also nicht von einer staatlichen Genehmigung oder Überwachung abhängig gemacht werden.[731]

Außer diesem grds. garantierten Recht der Parteien auf **Gründungsfreiheit** wird das **Mehrparteiensystem** verfassungsrechtlich zusätzlich abgesichert durch das Demokratieprinzip gemäß Art. 20 Abs. 1 und 2 GG.

C. Demokratische Binnenstruktur

Nach Art. 21 Abs. 1 S. 3 GG **muss die innere Ordnung der Parteien demokratischen** **251** **Grundsätzen entsprechen.** Das bedeutet, dass der Aufbau „von unten nach oben" zu erfolgen hat (s.o. Rdnr. 55 ff. und Rdnr. 198) und die entscheidende Willensbildung bei den Mitgliedern liegt.[732] Oberstes Willensbildungsorgan muss eine Mitgliederversammlung (Parteitag) sein.[733]

Daher müssen z.B. innerparteiliche Wahlen die Wahlrechtsgrundsätze des Art. 38 Abs. 1 S. 1 GG beachten.[734] Das Demokratiegebot betrifft aber nur die Innenbeziehungen der Partei, nicht dagegen die **Außenbeziehungen** zu Dritten, sodass sich daraus **kein Anspruch auf Aufnahme in die Partei** herleiten lässt.[735] Nach § 10 Abs. 1 S. 1 ParteiG entscheiden die zuständigen Organe der Partei vielmehr frei über die Aufnahme.[736]

Ein **Parteiausschluss** ist nur unter den strengen Voraussetzungen von § 10 Abs. 4 PartG zulässig.[737]

D. Parteienfinanzierung

Besondere Bedeutung hat die **Finanzierung** der Parteien erlangt.[738] Nach Art. 21 Abs. 1 **252** S. 4 GG müssen die Parteien nicht nur über die Herkunft ihrer Mittel, sondern auch über die Mittelverwendung sowie über das Parteivermögen öffentlich Rechenschaft abgeben (sog. **Transparenzgebot**,[739] abgeleitet aus dem Demokratieprinzip und konkreti-

---

730 Nds StGH Nord ÖR 2005, 409: Ausschluss politischer Parteien von der Veranstaltung privaten Rundfunks verstößt gegen Art. 5 Abs. 1 S. 2, 19 Abs. 3 GG.

731 Vgl. BGHZ 79, 265, 267; Kunig Jura 1991, 247, 251 m.w.N.; vgl. auch BVerfG DVBl. 1991, 991, 992: Zwar garantiert Art. 21 GG den Parteien, frei von staatlicher Kontrolle über ihr Vermögen zu verfügen. Das PDS-Vermögen steht jedoch außerhalb der Gewährleistung des Art. 21 GG, da es nicht nach materiell-rechtsstaatlichen Grundsätzen erworben worden sei.

732 Zu den Grenzen der Meinungsfreiheit innerhalb politischer Parteien vgl. Sander Jura 2011, 355.

733 BGH NJW 1989, 1212, 1214; Ipsen Rdnr. 150 f.; Degenhart Rdnr. 93 ff.; M/M Rdnr. 137 ff.; beachte insofern auch §§ 6–16 PartG; Kunig Jura 1991, 247, 253.

734 Zur Zulässigkeit von Mitgliederentscheid und Mitgliederbefragung vgl. Morlok/Streit ZRP 1996, 447 ff.

735 M/M Rdnr. 140; BGH DVBl. 1987, 1068, 1069; Maurer JuS 1991, 881, 885; a.A. Magiera DÖV 1973, 761.

736 Bei Ablehnung der Aufnahme soll nach teilweise vertretener Auffassung die Verfassungsbeschwerde wegen möglicher Verletzung von Art. 9 Abs. 1 i.V.m. Art. 21 GG zulässig sein; vgl.BGH NJW 1987, 2503.

737 Vgl. i.E. M/M Rdnr. 141; Fallbearbeitung bei Kotzur JuS 2001, 54.

738 Vgl. auch Gröpl Rdnr. 416 ff.; Ipsen Rdnr. 172 ff.; Degenhart Rdnr. 89 ff.; M/M Rdnr. 149 ff.
   Zu den Auswirkungen der EU-Verordnung über die Parteienfinanzierung vgl. von Arnim NJW 2005, 247.

739 Ipsen JZ 2000, 685; BVerfG NJW 2005, 126, Anm. Sachs JuS 2005, 171.
   Zur Rechenschaftspflicht für kommunale Wählervereinigungen vgl. Fallbearbeitung bei Lorenz/Burgi JuS 1990, 822.

siert durch §§ 23 ff. ParteiG).[740] Wesentliche Finanzierungsquellen sind Mitgliedsbeiträge und Spenden i.S.v. § 27 Abs. 1 ParteiG (in den Grenzen von § 25)[741] sowie die **staatliche Teilfinanzierung**, § 18 ParteiG.[742]

Bei der staatlichen Teilfinanzierung der Parteien sind zunächst **Obergrenzen** zu beachten; die **relative** Obergrenze in § 18 Abs. 5 ParteiG, die **absolute** Obergrenze gemäß § 18 Abs. 2 ParteiG.[743]

Zulässig ist nur eine **offene Parteienfinanzierung**; unmittelbar z.B. gemäß § 18 Abs. 3 und 4 ParteiG, **mittelbar** z.B. durch steuerliche Begünstigungen für Spenden und Beiträge an Parteien.[744] Stets **unzulässig** ist eine **verdeckte** Parteienfinanzierung (str. bei den Globalzuschüssen an die parteinahen Stiftungen und Jugendverbände)[745] sowie eine **vollständige** Parteienfinanzierung durch den Staat; Grund: Art. 21 Abs. 1 GG, § 2 Abs. 1 ParteiG, Grundsatz der **Staatsfreiheit von Parteien**[746] sowie Art. 20 Abs. 1, Abs. 2 GG, Demokratieprinzip, Willensbildung von unten nach oben (vgl. dazu bereits oben Rdnr. 55 ff. und Rdnr. 198).

Bei Verstößen gegen das Transparenzgebot sind **Sanktionen** gemäß §§ 31 a f. ParteiG möglich.[747]

E. Das Parteienverbot;[748] Parteienprivileg

Fallbearbeitung bei Knauff VR 2003, 239.

253 **I.** Nach Art. 21 Abs. 2 GG kann eine Partei wegen **Verfassungswidrigkeit** durch das BVerfG verboten werden.[749] Materiellrechtliche **Voraussetzung** ist, dass die Partei nach ihren Zielen oder dem Verhalten ihrer Anhänger darauf ausgeht, „die freiheitliche demokratische Grundordnung zu beeinträchtigen oder zu beseitigen oder den Bestand der Bundesrepublik Deutschland zu gefährden" (Art. 21 Abs. 2 S. 1 GG).[750]

Aufgrund dieser Vorschrift sind bisher zwei Parteien für verfassungswidrig erklärt und verboten worden: Die SRP (Sozialistische Reichspartei)[751] und die KPD.[752]

Nicht zulässig ist ein Antrag einer Partei beim BVerfG auf Feststellung, dass sie nicht verfassungswidrig i.S.d. Art. 21 Abs. 2 GG ist.[753]

---

740 Zur Sicherung des Transparenzgebotes bei Abgeordneten, die regelmäßig einer bestimmten Partei angehören, vgl. ausführlich von Arnim NVwZ 2006, 249 und Kersten NWVBl. 2006, 46 sowie oben Rdnr. 75.

741 Zu den rechtlichen Problemen des Parteiensponsoring vgl. Betzinger DVBl. 2010, 1204.

742 Dazu Maurer § 11 Rdnr. 48 ff.; Heinig/Streit Jura 2000, 393.
Zur Nichtberücksichtigung ehrenamtlicher Leistungen von Parteimitgliedern vgl. BVerfG NVwZ 2002, 845, Anm. Lenz NVwZ 2003, 49.

743 Wegen dieser absoluten Obergrenze ist der VA gemäß § 19 ParteiG ein VA mit Doppelwirkung i.S.v. § 80 a VwGO!

744 Ipsen Rdnr. 182 f.; Gröpl Rdnr. 424 ff.

745 M/M Rdnr. 159 FN 87.

746 BVerfGE 85, 264; M/M Rdnr. 150, 155.

747 Vgl. etwa BVerfG, Beschl. v. 14.05.2013 – 2 BvR 547/13; BVerwG NVwZ 2007, 210; VG Berlin NVwZ 2005, 1101 (unzulässige Parteispende durch Fraktion); zu den unterschiedlichen Sanktionen bei Parteispende und Abgeordnetenspende vgl. Kersten JA 2005, 360.

748 Morlok Jura 2013, 317.

749 Dazu Ipsen Rdnr. 184 ff.; Gröpl Rdnr. 430 ff.; Degenhart Rdnr. 85 f.; M/M Rdnr. 145 ff.

750 Vgl. § 92 StGB sowie oben Rdnr. 155.

751 BVerfGE 2, 1 ff.

752 BVerfGE 5, 85 ff.

753 BVerfG RÜ 2013, 383.

Das **Verbot politischer Vereinigungen**, die nicht Parteien sind, ist dagegen Sache der Exekutive (Art. 9 Abs. 2 GG, §§ 3 ff. VereinsG); zur Abgrenzung das BVerfG:[754] „Nicht als Parteien anzusehen sind Vereinigungen, die nach ihrem Organisationsgrad und ihren Aktivitäten offensichtlich nicht imstande sind, auf die politische Willensbildung des Volkes Einfluss zu nehmen und bei denen infolgedessen die Verfolgung dieser Zielsetzung erkennbar unrealistisch und aussichtslos ist und damit nicht (mehr) als ernsthaft eingestuft werden kann."[755]

II. Art. 21 Abs. 2 GG enthält nicht nur eine Verbots- und Zuständigkeitsregelung, sondern auch eine Privilegierung der politischen Parteien gegenüber den übrigen Vereinigungen und Verbänden. Hiernach kommt den politischen Parteien wegen ihrer Sonderstellung im Verfassungsleben eine erhöhte Schutz- und Bestandsgarantie zu: Solange eine Partei nicht vom BVerfG verboten ist, darf keine staatliche Stelle geltend machen, es handele sich um eine verfassungswidrige Partei (sog. **Parteienprivileg**).[756]

254

Das Parteienprivileg hindert aber nicht die Bezeichnung einer Partei als „verfassungsfeindlich" im Verfassungsschutzbericht, da es sich hierbei nur um eine wertende Beurteilung handelt, an die keinerlei rechtliche Nachteile geknüpft sind.[757] Ebenso zulässig ist die **Beobachtung** einer Partei (z.B. Republikaner, PDS) **durch den Verfassungsschutz**, um hierdurch die Grundlage für derartige wertende Beurteilungen zu erlangen.[758]

Dies gilt auch bei **Versammlungsverboten** gegenüber der NPD,[759] bei Internetaufruf gegen NPD-Versammlung[760] sowie bei Kündigung eines NPD-Kontos durch Sparkassen.[761]

Die Gründung einer **parteinahen Stiftung** fällt nicht in den Schutzbereich des Parteienprivilegs nach Art. 21 Abs. 2 GG. Wegen der (jedenfalls formellen) Unabhängigkeit der Stiftung von der ihr nahe stehenden Partei, handelt es sich hierbei nicht um die Mitwirkung an der politischen Willensbildung des Volkes i.S.d. Art. 21 Abs. 1 GG. Aus diesem Grund sind nach Auffassung des BVerfG auch Zuwendungen des Staates keine verdeckte (und danach unzulässige) Parteifinanzierung.[762]

255

---

754 BVerfG NVwZ 1996, 54; BVerwG NVwZ 1997, 66.

755 Ergänzend und vertiefend zum Parteiverbotsverfahren H/G § 9; Schlaich/Korioth Rdnr. 340 ff.; Hölscheidt JA 2001, 734. Zur Einstellung des NPD-Verbotsverfahrens vgl. BVerfG NJW 2003, 1577, Anm. Ipsen JZ 2003, 485; Volkmann DVBl. 2003, 605.

756 BVerfGE NVwZ 2004, 1473, 1476 f.; Ipsen Rdnr. 192; Degenhart Rdnr. 87 f.

757 BVerfGE 40, 287, 292; 57, 1, 6.

758 BVerwG NJW 2000, 824, Anm. Michaelis NVwZ 2000, 399; VGH BW DÖV 1994, 917; OVG NRW NVwZ 1994, 588; NWVBl. 2001, 178.

759 BVerfG NJW 2001, 2076; a.A. OVG NRW NJW 2001, 2114.

760 OVG BB RÜ 2013, 114.

761 BGH NJW 2003, 1658: Verstoß gegen Art. 1 Abs. 3, 21 GG.

762 BVerfGE 73, 1; M I Rdnr. 272 FN 223; Sachsofsky/Arndt DÖV 2003, 561. Zu den Voraussetzungen für das Verbot einer Stiftung vgl. BVerwG NJW 1998, 2545, Anm. Sachs JuS 1999, 814; Ehlers, JK 99, Art. 21 Abs. 1 und 2/4.

3. Teil Wahlen – Bundestag – Parteien

F. Anspruch auf Nutzung öffentlicher Einrichtungen; (abgestufte) Chancengleichheit der Parteien[763]

Fallbearbeitung bei M/M Fall 3; Cremer Jura 1992, 653; Gornig/Jahn JuS 1992, 857; Peine, Klausuren-kurs Fall 11.

Fall 10: Wahlwerbung

Anlässlich einer bevorstehenden Bundestagswahl stellen die Rundfunkanstalten in der Bundesrepublik wie üblich den Parteien kostenlos Sendezeiten für ihre Wahlwer-bung zur Verfügung. Die in allen Bundesländern kandidierende X-Partei, die bei der letzten Wahl 3% der Stimmen erreicht hatte, versucht durch einen besonders aggres-siven Wahlkampf auf ihre Ziele aufmerksam zu machen. Sie hat deshalb beim ZDF vier Wahlwerbespots von je zwei Min. Dauer eingereicht.

Das ZDF hat die Ausstrahlung mit der Begründung abgelehnt, die X-Partei sei verfas-sungsfeindlich und es sei unerträglich, wenn sie ihr menschenverachtendes Gedan-kengut auch noch zum Nulltarif verbreiten könne. Die X weist demgegenüber darauf hin, dass ihr als kleiner Partei mindestens die Hälfte der den großen Parteien zuge-wiesenen Sendezeit von 8 x 2 Min. zustehe, da sie nach den Meinungsumfragen mit ca. 5% in den Bundestag einziehen werde.

Das ZDF plant darüber hinaus eine Woche vor der Wahl die Ausstrahlung eines „Wahlhearings", an dem die Spitzenkandidaten der „etablierten" Parteien teilneh-men sollen. V, Vorsitzender der X-Partei, ist hierzu nicht eingeladen worden. Die X möchte im Wege einstweiligen Rechtsschutzes vor dem Verwaltungsgericht die Aus-strahlung ihrer Wahlwerbespots und die Teilnahme am Hearing durchsetzen. Mit Er-folg?

Bearbeiterhinweis:

§ 11 ZDF-Staatsvertrag (vom 31.08.1991 i.d.F. ab 01.06.2009) lautet:

Abs. 1 S. 1: „Parteien ist während ihrer Beteiligungen an den Wahlen zum deutschen Bundestag angemessene Sendezeit einzuräumen, wenn mindestens eine Landeslis-te für sie zugelassen wurde."

Abs. 2: „Der Intendant lehnt die Ausstrahlung ab, wenn es sich inhaltlich nicht um Wahlwerbung handelt oder der Inhalt offenkundig und schwerwiegend gegen die allgemeinen Gesetze verstößt."

A. Zulässigkeit eines Eilantrags

256   I. Für den Antrag ist der **Verwaltungsrechtsweg** nach § 40 Abs. 1 VwGO eröffnet. Die X-Partei macht einen öffentlich-rechtlichen Anspruch (§ 5 ParteiG, Art. 3 GG) gegen das ZDF als Anstalt des öffentlichen Rechts (§ 1 ZDF-Staatsvertrag) gel-

---

[763] Vertiefend zur Chancengleichheit der Parteien BVerfG NVwZ 2004, 1473 („Drei-Länder-Quorum"), Anm. Morlok Jura 2006, 696; RÜ 2012, 587 (negatives Stimmgewicht, Überhangmandate ohne Ausgleich); RÜ 2012, 35 (5%-Sperrklausel); VGH BW DVBl. 2001, 1278 (Bürgerentscheid am Tag der Landtagswahl); Hess StGH NVwZ 2002, 468 (Einsatz von „Schwarzgeld" bei Hessen-Wahl); Berl VerfGH NVwZ 2002, 597 (Selbstauflösung des Berliner Abgeordnetenhauses); Maurer § 11 Rdnr. 42 ff.

Die politischen Parteien **5. Abschnitt**

tend. Damit liegt eine öffentlich-rechtliche Streitigkeit nichtverfassungsrechtlicher Art vor.[764]

Für Ansprüche gegen einen **privaten** Fernsehsender ist dagegen der Zivilrechtsweg eröffnet.[765]

II. Statthaft ist ein Antrag auf Erlass einer **einstweiligen Anordnung** (eA), da die X-Partei die Zulassung zu einer öffentlich-rechtlichen Einrichtung durch Verwaltungsakt begehrt, der in der Hauptsache mit einer Verpflichtungsklage (§ 42 Abs. 1 VwGO) und im einstweiligen Rechtsschutz mit Regelungsanordnung nach § 123 Abs. 1 S. 2 VwGO zu verfolgen ist.

III. Die X-Partei kann geltend machen, in ihrem subjektiven Recht aus § 5 ParteiG, Art. 3 GG verletzt zu sein und ist damit auch **antragsbefugt** analog § 42 Abs. 2 VwGO.

B. **Begründet** ist der Antrag auf Erlass einer eA, wenn Anordnungsanspruch und Anordnungsgrund glaubhaft gemacht sind.

I. Bezüglich der **Werbespots** könnte die X einen Anspruch auf Ausstrahlung nach **257** § 11 Abs. 1 S. 1 ZDF-Staatsvertrag haben. Danach haben Parteien während ihrer Beteiligung an Bundestagswahlen Anspruch auf angemessene Sendezeit, wenn mindestens eine Landesliste für sie zugelassen wurde.

Nach **a.A.** scheiden die rundfunkrechtlichen Vorschriften (z.B. auch § 8 Abs. 2 WDRG – H.R. 74 –) als Anspruchsgrundlage aus, da sie nur objektive Verpflichtungen, nicht aber subjektive Rechte enthalten, sodass unmittelbar auf § 5 ParteiG i.V.m. Art. 3 GG abzustellen ist.[766]

Für **private** Rundfunkanbieter gelten die folgenden Grundsätze entsprechend, vgl. z.B. § 36 Abs. 2 LMG NRW (HR Nr. 74 a);[767] § 42 Abs. 2 Rundfunkstaatsvertrag.[768]

1. Die X ist als Partei **anspruchsberechtigt**. Daran ändert auch die Behauptung nichts, dass es sich bei der X möglicherweise um eine verfassungsfeindliche Partei handelt. Soweit eine Partei vom BVerfG noch nicht verboten ist, ist dieser Einwand gemäß Art. 21 Abs. 2 GG unzulässig. Das **Entscheidungsmonopol** des BVerfG schließt es schlechthin aus, dass die Verwaltung bereits vorher die (vermeintliche) **Verfassungswidrigkeit** geltend macht, auch wenn die Partei sich gegenüber der freiheitlich demokratischen Grundordnung noch so feindlich verhält.[769]

Deshalb verbietet sich grds. auch eine inhaltliche Kontrolle (z.B. bei ausländerfeindlichen Werbespots). Nur bei evidentem Verstoß gegen Strafgesetze (z.B. §§ 130, 131 StGB) sind die Rundfunkanstalten ausnahmsweise berechtigt, die Ausstrahlung zu verweigern.[770] Gleiches gilt auch bei Inhalten, die im krassen Widerspruch zum Menschenbild des Grundgesetzes stehen.[771]

2. Dem Umfang nach gewährt § 11 Abs. 1 S. 1 ZDF-Staatsvertrag einen Anspruch auf eine **„angemessene"** Sendezeit. Da die öffentlich-rechtlichen Rundfunk-

---

764 Zusammenfassend zum Rechtsschutz von Parteien vgl. M/M Rdnr. 162 ff.; Degenhart Rdnr. 96 ff.; Ipsen Rdnr. 169 ff.

765 OLG Köln NJW 1992, 3306; OLG Celle NJW 1994, 2237; zweifelnd OLG Köln NJW 1994, 56.

766 Aulehner JA 1995, 368, 370; differenzierend Hoefer NVwZ 2002, 695 f.

767 Zu den entsprechenden Vorschriften der anderen Bundesländer vgl. Ipsen Rdnr. 166 FN 37.

768 Fundstelle bei Wikipedia „Rundfunkstaatsvertrag".

769 BVerfGE 47, 198, 228; OVG Lüneburg NVwZ 1994, 586; OVG Hamburg NJW 1994, 69, 70; Bay VGH JuS 2012, 383 Anm. Waldhoff („Art. 21 Abs. 2 GG als Differenzierungsverbot").

770 BVerfGE 47, 198, 230; 69, 257, 268; OLG Celle NJW 1994, 2237; Benda NVwZ 1994, 521, 524; Eberle NJW 1994, 905, 906; Weihrauch VerwArch 85 (1994), 399, 408; vgl. z.B. § 11 Abs. 2 ZDF-Staatsvertrag.

771 OVG Rh-Pf NJW 2005, 3593.

141

anstalten öffentliche Gewalt ausüben, wenn sie ihre Einrichtungen für Wahlwerbesendungen zur Verfügung stellen, haben sie dabei das Recht der Parteien auf **Chancengleichheit** zu beachten.[772]

Die Angemessenheit der eingeräumten Sendezeit bestimmt sich dabei nicht nur nach der Zahl der Sendetermine, entscheidend ist auch die Tageszeit, zu der die Wahlwerbung ausgestrahlt wird.[773]

258

a) In Konkretisierung der Art. 21, 3 Abs. 1 GG sind nach § 5 ParteiG i.V.m. Art. 3 GG alle Parteien **gleich zu behandeln**, wenn ein Träger öffentlicher Gewalt den Parteien Einrichtungen zur Verfügung stellt oder andere öffentliche Leistungen gewährt. Dabei regelt § 5 ParteiG die Anwendung des Gleichheitssatzes in der Weise, dass zwar grds. alle Parteien gleich behandelt werden sollen (§ 5 Abs. 1 S. 1 ParteiG), der Umfang der Gewährung aber nach der Bedeutung der Parteien bis zu dem für die Erreichung ihres Zweckes erforderlichen Mindestmaß abgestuft werden kann (**Prinzip der abgestuften Chancengleichheit**, § 5 Abs. 1 S. 2 ParteiG).

Diese Regelung ist sowohl mit Art. 3 GG als auch mit Art. 21 GG vereinbar, da die Berücksichtigung der Bedeutung der Partei ein sachlicher Grund ist und sich auf ihre Teilnahme an der politischen Willensbildung (Art. 21 Abs. 1 S. 1 GG) bezieht. Es würde gerade gegen Art. 3 und Art. 21 GG verstoßen, wenn auch eine gänzlich unbedeutende Splitterpartei in demselben Umfang zu Worte käme wie beispielsweise die größte Oppositionspartei im Bundestag.[774]

b) Danach ist es grds. zulässig, der X-Partei weniger Sendezeit einzuräumen als den großen Parteien. Nach § 5 Abs. 1 S. 2 ParteiG darf aber das für die Erreichung des Wahlkampfzweckes erforderliche Mindestmaß nicht unterschritten werden. Dabei muss der Umfang der Gewährung für eine Partei, die in Fraktionsstärke im Bundestag vertreten ist, mindestens halb so groß wie für jede andere Partei sein (§ 5 Abs. 1 S. 4 ParteiG). Bei den sonstigen kleinen und neuen Parteien wird die zur Verfügung zu stellende Mindestwerbezeit in der Rspr. i.d.R. auf ein Viertel der Zeit festgelegt, die der größten Partei zugebilligt wird.[775]

c) Im Übrigen bemisst sich die Bedeutung einer Partei **insbesondere** nach den Ergebnissen vorausgegangener Wahlen zu Volksvertretungen (§ 5 Abs. 1 S. 3 ParteiG). Allerdings verbietet der Grundsatz der Chancengleichheit der Parteien, allein auf den Erfolg bei früheren Wahlen abzustellen.

OVG Hamburg:[776] „Als weitere Kriterien kommen in Betracht die Dauer des Bestehens einer Partei, ihre Mitgliederzahl, Umfang und Ausbau ihres Organisationsnetzes und bei kleineren Parteien ihre politischen Aktivitäten etwa in Bürgerinitiativen, Sprechstunden und dergleichen. Repräsentative Umfragen (Wahlprognosen) können ebenfalls Rückschlüsse auf die Bedeutung einer politischen Partei erlauben."[777]

---

772 BVerfGE 47, 198, 225; Gröpl Rdnr. 406 ff.; Ipsen Rdnr. 160 ff.
773 OVG Hamburg NJW 1994, 68; dazu BVerfG NJW 1994, 40.
774 Vgl. BVerfGE 24, 300, 354; BVerwG NVwZ 1987, 270, 272 m.w.N.; a.A.: Ipsen Rdnr. 167 FN 38 f.; M/M Rdnr. 143.
775 Vgl. BVerwGE 47, 280.
776 OVG Hamburg NJW 1994, 71, 72.
777 Ähnlich OVG RhPf NVwZ 2006, 109.

Daher hat die X nur einen Anspruch auf zwei Wahlwerbesendungen (= 1/4 der den großen Parteien zuerkannten acht Spots).

Diskutiert wird in neuerer Zeit eine Abschaffung der kostenlosen Wahlwerbung. Fehlt es an einer einfach-gesetzlichen Regelung (z.B. § 19 Abs. 5 LRG NRW) und wird auch anderen Parteien keine Sendezeit zur Verfügung gestellt, so greift § 5 ParteiG nicht ein. Auch aus Art. 21 GG lässt sich weder i.V.m. Art. 3 GG noch i.V.m. Art. 5 GG ein unmittelbarer Leistungsanspruch herleiten.[778] Die Gewährung von Sendezeiten steht dann jedoch im Ermessen der Rundfunkanstalt.

Beispiel: Haben die „großen" Parteien in einem Wahlkampfabkommen auf Wahlwerbesendungen verzichtet, so ist es ermessensfehlerhaft, wenn die Rundfunkanstalt unter Berufung auf das Neutralitätsgebot auch kleineren Parteien keine Sendezeiten einräumt. Denn sonst hinge die Zuteilung allein von dem Verhalten der großen Parteien ab.[779]

II. Fraglich ist, ob der Anspruch auf Chancengleichheit auch ein Teilnahmerecht an einer politischen **Diskussionssendung** während des Wahlkampfs („Wahlhearing") begründet. Denn bei **redaktionellen Sendungen** kann sich die Rundfunkanstalt auf die von Art. 5 Abs. 1 S. 2 GG mitumfasste **Programmfreiheit** berufen. Dazu gehört auch das Recht, die Teilnehmer an einer Diskussion zu bestimmen.[780] Die Rundfunkfreiheit findet jedoch ihre Schranke in den allgemeinen Gesetzen (Art. 5 Abs. 2 GG) und den anderen Vorschriften der Verfassung. Zu diesen **Schranken** gehört auch die durch Art. 3 Abs. 1 i.V.m. Art. 21 Abs. 1 GG geschützte Chancengleichheit der Parteien. Stehen sich damit das Recht auf Chancengleichheit einerseits und die Rundfunkfreiheit andererseits gegenüber, muss zwischen beiden ein Ausgleich im Wege der **praktischen Konkordanz** gefunden werden. Je stärker die Sendung daher auf die Wahl bezogen ist, desto mehr wird die Freiheit der Programmgestaltung durch den Grundsatz der Chancengleichheit der Parteien eingeschränkt. Da Sendungen wie ein Hearing erhebliche wahlwerbende Wirkung haben, kann nur durch die Teilnahme aller (wesentlichen) Parteien die Neutralität des öffentlich-rechtlichen Rundfunks gewahrt werden.[781]

Allerdings kann der Sender durch die Bestimmung des Themas den Teilnehmerkreis sachlich einschränken.[782]

Ob die X-Partei an dem Wahlhearing zu beteiligen ist, richtet sich somit nach ihrer Bedeutung (§ 5 Abs. 1 S. 2–4 ParteiG). Neben den bei vorangegangenen Wahlen erzielten Ergebnissen (§ 5 Abs. 1 S. 3 ParteiG) ist hierfür auch maßgebend, welche realistischen Aussichten die X bei der bevorstehenden Wahl auf einen Einzug in den Bundestag hat. Da nach der Wahlprognose (5%) nicht ausgeschlossen ist, dass sie künftig im Bundestag vertreten sein wird, hat sie daher auch insoweit einen Anspruch auf Gleichbehandlung im Verhältnis zu den übrigen Parteien.

III. Ein **Anordnungsgrund** besteht, wenn eine vorläufige Regelung zur Abwendung wesentlicher Nachteile oder zur Verhinderung drohender Gewalt oder aus ande-

---

778 BVerwG NJW 1991, 938; ebenso BVerfG NJW 1994, 40: „Einen originären, nicht durch den Gleichheitssatz vermittelten verfassungsrechtlichen Anspruch auf Einräumung von Sendezeiten gibt es nicht".

779 BVerwG NJW 1991, 938, 939; zur Ermessensbetätigung VG Bremen NJW 1996, 140, 141; dazu Dörr JuS 1996, 549, 550.

780 BVerfGE 82, 54, 58.

781 Vgl. BVerfG NVwZ 1991, 560, 561; BVerfGE 82, 54, 58.

782 Vgl. OVG Hamburg NJW 1994, 70, 71; OVG NRW NVwZ 1992, 68, 69.
    Zum „TV-Duell der Kanzlerkandidaten" vor der Bundestagswahl 2002 vgl. BVerfG NJW 2002, 2939, Anm. Lyra JA 2003, 194; OVG NRW NJW 2002, 3417, Anm. Volkmann JZ 2003, 366.

| 3. Teil | Wahlen – Bundestag – Parteien |

ren Gründen nötig erscheint. Dies ergibt sich hier daraus, dass der nach der Wahl gewährte Rechtsschutz im Hauptsacheverfahren für X keine Bedeutung mehr hat.

IV. Da die einstweilige Anordnung ein Mittel bloß vorläufigen Rechtsschutzes ist, ist eine **Vorwegnahme der Hauptsache** grds. **unzulässig**. Wegen des Gebots effektiver Rechtsschutzgewährung (Art. 19 Abs. 4 GG) gilt dies jedoch dann nicht, wenn, wie hier, das Recht des Antragstellers ansonsten vereitelt würde. In diesen Fällen ist ausnahmsweise auch eine endgültige Befriedigung des geltend gemachten Anspruchs möglich.[783]

Der Antrag auf Erlass einer einstweiligen Anordnung ist daher bzgl. zwei Wahlwerbespots und der Teilnahme am Wahlhearing begründet.

---

260 Ein weiterer wichtiger Anwendungsfall des § 5 ParteiG ist das Zur-Verfügung-Stellen von **Versammlungsgelegenheiten**, wie gemeindlichen Sälen und Veranstaltungsplätzen. § 5 ParteiG führt hierbei vor allem zu einer Erweiterung und Konkretisierung des in den Gemeindeordnungen geregelten Benutzungsanspruchs, der i.d.R. auf örtliche Vereinigungen beschränkt ist (z.B. gemäß § 8 Abs. 2, 3, 4 GO NRW). Wegen § 5 ParteiG können daher auch ortsfremde Parteiverbände an jedem beliebigen Ort den Benutzungsanspruch geltend machen.[784]

Im Übrigen gelten die o.g. Grundsätze, insbesondere darf auch hier die Nutzung nicht wegen vermeintlicher Verfassungsfeindlichkeit abgelehnt werden.[785]

---

783 BVerfG DVBl. 1989, 36, 37; OVG Koblenz NVwZ 1990, 1087, 1088; Kopp/Schenke VwGO § 123 Rdnr. 14.
784 M/M Rdnr. 144 FN 52.
785 BVerwG NJW 1990, 134, 135.

Die politischen Parteien **5. Abschnitt**

Zusammenfassung: Parteien; Art. 21 GG

261

Rechtsnatur

- Teilrechtsfähige Vereinigung des Privatrechts; vgl. §§ 2, 3 ParteiG

Rechte

- Recht auf freie und dauernde Mitwirkung an der politischen Willensbildung des Volkes; Art. 21 Abs. 1 S. 1 GG, konkretisiert durch § 1 Abs. 2 ParteiG

- Recht auf Gründungsfreiheit; Art. 21 Abs. 1 S. 2 GG

- Parteienprivileg; Art. 21 Abs. 2 S. 2 GG

- Recht auf (abgestufte) Chancengleichheit

- Recht auf Ausschluss von Mitgliedern unter den Voraussetzungen von § 10 Abs. 4 ParteiG

- Recht auf staatliche Teilfinanzierung gemäß §§ 18–22 ParteiG

Pflichten

- Die innere Ordnung der Partei muss demokratischen Grundsätzen entsprechen; Art. 21 Abs. 1 S. 3 GG

- Rechenschaftspflicht und Transparenzgebot; Art. 21 Abs. 1 S. 4 GG, konkretisiert durch §§ 23–31 ParteiG

  Bei Verletzung dieser Pflicht Sanktionen gemäß §§ 31 a–d ParteiG

Recht und Pflicht

- Grundsatz der Staatsfreiheit; Art. 21 Abs. 1 GG, § 2 Abs. 1 ParteiG

4. Teil: Der Bundesrat[786]

Fallbearbeitung bei Degenhart/K II Fall 8; Palm Jura 2003, 272; Heckmann Fall 3; Höfling Fall 3, 5.

1. Abschnitt: Stellung des Bundesrats im Verfassungsgefüge

262 Durch den Bundesrat wirken die Länder bei der Gesetzgebung und Verwaltung des Bundes sowie in Angelegenheiten der Europäischen Union mit (Art. 50 GG). Die Mitwirkung begründet nur ein **Beteiligungsrecht**, der Bundesrat ist daher **keine selbstständige zweite Gesetzgebungskammer**.[787]

Anders in einem echten Zweikammersystem, bei dem für die parlamentarische Willensbildung ein übereinstimmender Mehrheitsbeschluss zweier selbstständiger, voneinander unabhängiger Gremien erforderlich ist. Dem Bundesrat kommt eine solche Stellung nur bei Zustimmungsgesetzen zu, bei denen er das Zustandekommen eines Gesetzes verhindern kann (vgl. unten Rdnr. 327 ff.).

2. Abschnitt: Zusammensetzung des Bundesrats

263 Der Bundesrat besteht aus Mitgliedern der Landesregierungen, die sie bestellen und abberufen (Art. 51 Abs. 1 GG).

Auch wenn sich der Bundesrat aus Vertretern der Länder zusammensetzt, handelt es sich gleichwohl um ein **Bundesorgan**. Er wird ausschließlich im Zuständigkeitsbereich des Bundes tätig und nicht in dem der Länder.[788]

Der Bundesrat ist nicht unmittelbar demokratisch legitimiert (anders z.B. der Senat in den USA, der unmittelbar vom Volk gewählt wird). Die **Legitimation** des Bundesrates folgt daraus, dass die Länderparlamente gewählt werden, diese die Zusammensetzung der Landesregierungen zumindest über die Wahl des Ministerpräsidenten bestimmen und die Landesregierungen die Bundesratsmitglieder entsenden. Anders als der Bundestag ist der Bundesrat ein **permanentes (ewiges) Organ**. Es besteht daher weder eine personelle noch eine sachliche Diskontinuität.

Der Bundesrat kann sich deshalb auch nach dem Ende einer Legislaturperiode des Bundestages noch mit den vom alten Bundestag beschlossenen Gesetzen befassen.[789]

Der Bundesrat setzt sich aus **69 stimmberechtigten Mitgliedern** zusammen, wobei die Länder je nach Größe drei bis sechs Stimmen haben (Art. 51 Abs. 2 GG).[790] Jedes Land kann so viele Mitglieder entsenden, wie es Stimmen hat, ist aber bereits ausreichend vertreten, wenn ein Mitglied der Landesregierung anwesend ist, das die anderen vertritt.

Zwischen den Mitgliedschaften im Bundestag und im Bundesrat besteht eine **Inkompatibilität**. Der Bundesrat hat gegenüber dem Bundestag **Hemmungs- und Kontrollbefugnisse**. Da niemand sich in diesem Sinne selbst kontrollieren kann, können diese Befugnisse nur dann wirksam ausgeübt werden, wenn die Mitglieder der beiden Gremi-

---

786 Vgl. auch Mo/Mi § 13; Schmidt S. 238 ff.; M/M Rdnr. 238 ff.; Degenhart Rdnr. 649 ff.; Gröpl Rdnr. 1110 ff.; Ipsen Rdnr. 337 ff.; Berg Rdnr. 240 ff.; Maurer § 16; Blanke Jura 1995, 57; Hebeler JA 2003, 522.

787 BVerfGE 37, 363, 380; Wrege Jura 1996, 436, 437 m.w.N.

788 Zu den tatsächlichen Auswirkungen vgl. Gusy DVBl. 1998, 917, 927.

789 Kloepfer Jura 1991, 169, 175 m.w.N.

790 Zur Verteilung vgl. auch Ipsen Rdnr. 339 FN 2; Gröpl Rdnr. 1124; M/M Rdnr. 244.

en personenverschieden sind. Die Inkompatibilität ist daher Ausfluss einer **"organisatorischen Gewaltenteilung"** zwischen zwei sich gegenseitig kontrollierenden Organen,[791] auch bezeichnet als vertikale Gewaltenteilung des Bundes durch die Länder (des Zentralstaates durch die Gliedstaaten).

Das folgt auch aus Art. 77 Abs. 2 GG, da andernfalls die Gefahr bestünde, dass im Vermittlungsausschuss jemand als Mitglied des Bundestages mit sich selbst als Mitglied des Bundesrates zu verhandeln hätte. Vgl. auch ausdrücklich § 2 GO BRat.[792]

Die Zusammensetzung des Bundesrats

3. Abschnitt: Beschlussfassung im Bundesrat[793]

Alle Entscheidungen des Bundesrats müssen mit der Mehrheit seiner Stimmen (also mindestens 35) gefasst werden (Art. 52 Abs. 3 GG). Die Stimmen eines Landes müssen **einheitlich** abgegeben werden (Art. 51 Abs. 3 S. 2 GG). Ein Verstoß gegen das Gebot der einheitlichen Votierung macht alle Stimmen des Landes ungültig.[794]

264

Um die einheitliche Stimmabgabe zu gewährleisten, ist anerkannt, dass die Vertreter des Landes grds. **weisungsabhängig** sind (Ausn. im Fall des Art. 77 Abs. 2 S. 3 GG). Die Stimmabgabe ist aber auch dann gültig, wenn sie von einer Weisung abweicht oder ihr zuwiderläuft.[795]

Bei Unklarheiten im Abstimmungsverlauf ist der Bundesratspräsident grundsätzlich berechtigt, mit geeigneten Maßnahmen eine Klärung herbeizuführen und auf eine wirksame Abstimmung des Landes hinzuwirken. Das insoweit bestehende **Recht zur Nachfra-**

---

791 Fastenrath JuS 1986, 194, 197.
792 Sa. 37.
793 Vgl. auch Ipsen Rdnr. 340 ff.; Gröpl Rdnr. 1136 ff.; Degenhart Rdnr. 654 ff.; M/M Rdnr. 251 ff.
794 Jarass/Pieroth Art. 51 Rdnr. 6; a.A. BVerfG NJW 2003, 339 – „ZuwanderungsG" – Anm. Sachs JuS 2003, 399; Kramer JuS 2003, 645; Burkiczak JA 2003, 463; Pünder Jura 2003, 339.
795 Ipsen Rdnr. 339.

4. Teil · Der Bundesrat

ge entfällt allerdings, wenn ein erkennbarer Landeswille nicht besteht und nach den gesamten Umständen nicht zu erwarten ist, dass ein solcher noch während der Abstimmung zustande kommen werde.[796]

Weisungsbefugt ist nur die Landesregierung, nicht aber das Parlament.[797]

4. Abschnitt: Die Zuständigkeiten des Bundesrats

265 Art. 50 GG selbst ist keine Zuständigkeitsvorschrift. Für eine Zuständigkeit des Bundesrates bedarf es vielmehr einer **besonderen Regelung im GG**, insbesondere

- Mitwirkung im förmlichen Gesetzgebungsverfahren, Art. 76 u. 77 Abs. 2–4 GG (dazu noch unten Rdnr. 327 ff.);

- Beteiligung in Angelegenheiten der Europäischen Union, Art. 23 Abs. 2, 4–6 und Art. 52 Abs. 3 a GG[798] i.V.m. IntegrationsverantwortungsG und Gesetz über Zusammenarbeit von Bund und Ländern in Angelegenheiten der EU (Sa. Nr. 97; dazu noch unten Rdnr. 279 und Rdnr. 329);

- Zustimmung zu RVOen nach Maßgabe des Art. 80 Abs. 2 GG;[799]

- Zustimmung zu Verwaltungsvorschriften gemäß Art. 84 Abs. 2, 85 Abs. 2 S. 1 GG;[800]

- Zustimmung bei Aufsichtsmaßnahmen des Bundes (Art. 84 Abs. 3 u. 4 GG) sowie beim Bundeszwang (Art. 37 GG);

- Zustimmung bei der Organisation neuer Bundesmittel- und -unterbehörden (Art. 87 Abs. 3 S. 2 GG).

Die sich hierbei ergebenden rechtlichen Probleme werden im jeweiligen Sachzusammenhang dargestellt, insbesondere unten Rdnr. 324 ff. zur Mitwirkung im Gesetzgebungsverfahren.

---

796 BVerfG a.a.O. Leitsatz 5; a.A. insoweit das abw. Votum der Richterinnen Osterloh, Lübbe-Wolff S. 341 ff.: „Verstoß gegen das Recht des Landes BB zur Korrektur der uneinheitlichen Stimmabgabe des ersten Durchgangs".

797 Palm JuS 2007, 751, 753.

798 Zur Europakammer des BR vgl. §§ 45 b ff. GO BR sowie Ipsen Rdnr. 347; Gröpl Rdnr. 1127; Maurer § 4 Rdnr. 33 f.; Heimlich BayVBl. 2000, 321; Fischer/Koggel DVBl. 2000, 1742.

799 Vgl. i.E. Ipsen Rdnr. 396 ff.; Gröpl Rdnr. 1153 ff.; M/M Rdnr. 264.

800 Vgl. i.E. Ipsen Rdnr. 402 ff.; Gröpl Rdnr. 1158 ff.; M/M Rdnr. 265.

5. Teil: Die Bundesregierung und der Bundeskanzler[801]

Fallbearbeitung bei Höfling Fall 10; Degenhart/K I Fall 8; von Lewinski JA 2006, 439.

1. Abschnitt: Zusammensetzung der Bundesregierung und verfassungsrechtliche Stellung

Die Bundesregierung besteht aus dem Bundeskanzler und aus den Bundesministern **266** (Art. 62 GG). Die verfassungsrechtliche Stellung der Bundesregierung ergibt sich aus dem Gewaltenteilungsprinzip als Teil der zweiten, der vollziehenden Gewalt (Art. 20 Abs. 2 S. 2 und Abs. 3 GG). Ihr obliegen alle Aufgaben, die nicht in den Zuständigkeitsbereich der gesetzgebenden Organe und der Rechtsprechung fallen. Da die Regierung die Spitze der Exekutive bildet, ist sie von der (übrigen) Verwaltung abzugrenzen. Üblicherweise wird die Aufgabe der Regierung mit **Leitung und Führung des Staatsganzen (Gubernative)** umschrieben, während der (übrigen) Verwaltung im Wesentlichen die Aufgabe des Gesetzesvollzuges zugewiesen wird (Exekutive i.e.S.).[802]

Die Problematik der Abgrenzung zwischen Regierung und sonstiger Verwaltung wird deutlich beim einzelnen Bundesminister. Dieser ist einerseits Mitglied der Bundesregierung, andererseits Leiter eines Ministeriums, das zur (übrigen) Verwaltung gehört.

2. Abschnitt: Bildung der Bundesregierung; Koalitionsvereinbarungen

A. Wahl des Bundeskanzlers[803]

Die **Wahl des Bundeskanzlers** durch den Bundestag regelt Art. 63 GG in verschiedenen **267** Phasen:

- **1. Wahlphase:** Der Bundespräsident schlägt dem Bundestag einen Kanzlerkandidaten vor (Art. 63 Abs. 1 GG). Erhält dieser „die Stimmen der Mehrheit der Mitglieder des Bundestages", so muss der Bundespräsident ihn ernennen (Art. 63 Abs. 2 GG).

- **2. Wahlphase:** Erreicht der Vorgeschlagene nicht die erforderliche Mehrheit, so kann der Bundestag binnen 14 Tagen mit absoluter Mehrheit einen Bundeskanzler wählen, ohne dass ein Vorschlag des Bundespräsidenten vorliegt (Art. 63 Abs. 3 GG).

- **3. Wahlphase:** Kommt innerhalb dieser Frist eine Wahl nicht zustande, so findet unverzüglich ein neuer Wahlgang statt, in dem gewählt ist, wer die (einfache) Mehrheit der Stimmen erhält. Erreicht der Gewählte die absolute Mehrheit, so muss ihn der Bundespräsident ernennen. Bei einfacher Mehrheit hat der Bundespräsident ein Wahlrecht: Er kann binnen sieben Tagen entweder den Gewählten ernennen oder den Bundestag auflösen (Art. 63 Abs. 4 GG).

---

801 Vgl. a. Schmidt S. 251 ff.; Mo/Mi § 12; Kloepfer Rdnr. 240 ff.; M/M Rdnr. 328 ff.; Degenhart Rdnr. 671 ff.; Gröpl Rdnr. 1360 ff.; Ipsen Rdnr. 417 ff.; Maurer § 14; Berg Rdnr. 264 ff.; Burkiczak Jura 2002, 465.

802 Vgl. BVerfGE 11, 77, 85; 26, 338, 395; Gröpl Rdnr. 1360 ff.

803 Vgl. a. Ipsen Rdnr. 419 ff.; M/M Rdnr. 333 ff.; Degenhart Rdnr. 678 ff.; Gröpl Rdnr. 1375 ff.

| 5. Teil | Die Bundesregierung und der Bundeskanzler |

B. Personalentscheidungen und Organisationsgewalt[804]

268 Die **Ernennung der Bundesminister** und damit die Bildung der Bundesregierung ist in Art. 64 GG geregelt. Die formelle Ernennung obliegt dem **Bundespräsidenten** (Aushändigung einer Ernennungsurkunde gemäß § 2 BMinG). Sie darf nur auf Vorschlag des Bundeskanzlers erfolgen (sog. **Kabinettsbildungsrecht** gemäß Art. 64 Abs. 1 GG). In diesem Vorschlagsrecht liegt der für die Ernennung der Minister und die Bildung der Bundesregierung entscheidende Akt.

Ob der Bundespräsident verpflichtet ist, den Vorgeschlagenen zu ernennen, ist eine Frage der Befugnisse des Staatsoberhauptes (dazu unten Rdnr. 285 ff.).

Welche Ministerien es gibt und welche Aufgaben von ihnen wahrgenommen werden, ist im GG nicht festgelegt, sondern der – u.a. bereits in Koalitionsvereinbarungen festgelegten – **Organisationsgewalt des Bundeskanzlers** überlassen.[805] Allerdings sind einige Ministerien zwingend vorgeschrieben (Finanzen in Art. 112, 114 GG; Verteidigung in Art. 65 a GG; Justiz in Art. 96 GG).[806]

Den vorgenannten rechtlich einfachen Vorgängen liegen komplizierte politische Verhandlungen und Absprachen zugrunde, bei denen wiederum rechtliche Probleme auftauchen können.

Fall 11: Koalitionsvereinbarungen

Bei der Bundestagswahl haben die X-Partei 45 %, die Y-Partei 40% und die Z-Partei 15% der Bundestagssitze erlangt. Parteien und Fraktionen von X und Z bestimmen Delegationen, die über eine künftige gemeinsam getragene Koalitionsregierung verhandeln sollen. Nach mehrtägigen Verhandlungen kommt es zum Abschluss einer schriftlichen Koalitionsvereinbarung, die u.a. folgenden Inhalt hat:

1. Die Z-Fraktion wird den von der X-Fraktion vorgeschlagenen Kandidaten K zum Bundeskanzler wählen.

2. In die neu zu bildende Regierung werden 4 Mitglieder der Z-Fraktion aufgenommen. Sie erhalten folgende Ministerien: ...

3. Die Politik der neuen Regierung wird folgenden Grundsätzen entsprechen: ... Ausgabensenkungen haben absoluten Vorrang vor Steuererhöhungen.

4. Auf jederzeit mögliches Verlangen der Z-Fraktion hat der Bundeskanzler jedes der Z-Partei angehörende Mitglied der Bundesregierung dem Bundespräsidenten zur Entlassung vorzuschlagen.

Wie ist die Vereinbarung verfassungsrechtlich zu beurteilen?

---

269 I. Inhaltlich handelt es sich um den typischen Fall einer **Koalitionsvereinbarung** in Form einer Einigung zwischen zwei oder mehreren im Parlament vertretenen Parteien über die Bildung einer gemeinsam getragenen Regierung (personelle Komponente) und deren politisches Aktionsprogramm (sachliche Komponente).

---

804 Vgl. a. Ipsen Rdnr. 434 ff.; Gröpl Rdnr. 1384 ff.
805 Vgl. i.E. M/M Rdnr. 345 ff.
806 Vgl. Schoch a.a.O. S. 339 ff.

150

2. Abschnitt
Bildung der Bundesregierung; Koalitionsvereinbarungen

II. Die grundsätzliche **Zulässigkeit** von Koalitionsvereinbarungen ist heute unstreitig. Sie ergibt sich aus Art. 21 GG, da die Mitwirkung einer Partei an der politischen Willensbildung auf der Ebene der Regierung nur sinnvoll ist, wenn zuvor Klarheit über die politische Richtung der Regierung besteht. Ferner lässt Art. 63 Abs. 1 GG einen gewissen Schluss zu: Wenn der Bundeskanzler „ohne Aussprache" gewählt wird, so muss die politische Entscheidung über den zu wählenden Bundeskanzler und die von ihm zu bildende Regierung im Vorfeld der Wahl fallen, d.h. innerhalb von Koalitionsverhandlungen festgelegt werden.[807]

Unzulässig wären Koalitionsvereinbarungen allerdings, wenn dadurch der verfassungsrechtlich gewährleistete Spielraum der **Staatsorgane** eingeengt würde. Dies kann jedoch schon deswegen nicht geschehen, weil Vertragsschließende allein die Parteien bzw. Fraktionen sind, nicht die Staatsorgane (Bundeskanzler, Bundesminister). Auch wenn durch die Koalitionsvereinbarung die Richtlinienkompetenz (Art. 65 GG) und die Personalhoheit des Bundeskanzlers (Art. 64 GG) faktisch ausgestaltet werden, werden diese Kompetenzen nicht beschränkt. Der Bundeskanzler bleibt **rechtlich** in seiner Entscheidung frei, mag er sich auch politisch gebunden fühlen.[808]

III. Rechtsnatur und Verbindlichkeit

1. Unstreitig entfalten Koalitionsvereinbarungen eine **Bindungswirkung** zwischen den Vertragspartnern. Umstritten ist nur, ob diese verbindliche Kraft rechtlicher oder nur politischer Natur ist.

   a) Überwiegend wird angenommen, es handele sich nicht um rechtsverbindliche Verträge, sondern um **Absprachen mit bloß politischer Bedeutung**. Aber auch diese Bindungswirkung ist beschränkt auf die Zeit der politischen Harmonie. Sie ist die unerlässliche Geschäftsgrundlage für den Bestand der Vereinbarung; entfällt sie, so kann auch die Vereinbarung gekündigt werden.[809]

   b) Nach anderer Ansicht handelt es sich dagegen um rechtlich bindende **verfassungsrechtliche Verträge**.[810]

   Dagegen spricht jedoch, dass es regelmäßig am Rechtsbindungswillen der Parteien fehlen wird. Für den Fall von „Vertragsverletzungen" werden gerade keine rechtlichen Sanktionen vereinbart, sondern es besteht nur die Möglichkeit, politischen Druck auf den Koalitionspartner auszuüben.

2. Damit steht im Ergebnis auch fest, dass Koalitionsvereinbarungen nicht einklagbar sind. Unproblematisch ergibt sich dies für diejenigen (oben 1 a), die den Vertragscharakter ablehnen. Davon unabhängig folgt die **Nichteinklagbarkeit** aber auch daraus, dass hierfür kein Rechtsweg zur Verfügung steht:

270

---

807 Grundsätzlich zu Koalitionsvereinbarungen Maurer § 14 Rdnr. 23 ff.; Schulze-Fielitz JA 1992, 332 ff.

808 Jarass/Pieroth Art. 65 Rdnr. 3; Schulze-Fielitz JA 1992, 332, 333.

809 Hönig Art. 63 GG Rdnr. 2; Degenhart Rdnr. 678; Schenke Jura 1982, 57, 58; Schulze-Fielitz Jura 1992, 332, 334; Maurer § 14 Rdnr. 29.

810 Schulze-Fielitz JA 1992, 332, 334 FN 25; der BGH (BGHZ 29, 187 ff.) hat einen verwaltungsrechtlichen Vertrag angenommen.

a) Das **BVerfG** ist nicht zuständig, weil keine der in Art. 93 GG, § 13 BVerfGG – abschließend – geregelten Zuständigkeiten eingreift (Enumerationsprinzip).

b) Die Verwaltungsgerichte sind nicht zuständig, weil es sich um verfassungsrechtliche Streitigkeiten handelt (§ 40 Abs. 1 VwGO). Zwar sind die Parteien keine Verfassungsorgane, wegen Art. 21 GG aber unmittelbar am Verfassungsleben teilnehmende Rechtssubjekte. Damit stehen Koalitionsvereinbarungen im engen Zusammenhang mit dem Verfassungsrecht.

c) Die subsidiäre Zuständigkeit der **Zivilgerichte** nach Art. 19 Abs. 4 GG greift nicht ein, weil im Zusammenhang mit den Koalitionsvereinbarungen niemand, der außerhalb des Staates steht, in seinen Rechten verletzt sein kann. Die politischen Parteien stehen insoweit, da sie ähnlich wie Verfassungsorgane tätig werden, aufseiten des Staates und sind insoweit nicht Träger subjektiver Rechte i.S.d. Art. 19 Abs. 4 GG.[811]

Das Fehlen der für verbindliche Verträge im Rechtsstaat selbstverständlichen Einklagbarkeit dürfte das entscheidende Argument gegen die Annahme einer rechtlichen Bindungswirkung sein.

IV. Unabhängig von der rechtlichen Durchsetzbarkeit besteht auch kein faktisch politischer Zwang zur Einhaltung der Absprachen, wenn etwas vereinbart wird, was verfassungsrechtlich von den Parteien nicht verwirklicht werden darf. Es stellt sich also die Frage nach der **inhaltlichen Zulässigkeit** derartiger Vereinbarungen.

1. Vorliegend sind die Abreden (1)–(3) typischer und zulässiger Inhalt von Koalitionsvereinbarungen. Der Z-Partei ist nicht zuzumuten, dass ihre Abgeordneten K wählen (1), wenn nicht ein hinreichender Einfluss in der Bundesregierung gesichert ist (2) und die politische Richtung der Bundesregierung nicht feststeht (3). Ein Eingriff in die Befugnisse des Kanzlers nach Art. 64, 65 GG liegt nicht vor, weil der Kanzler als Staatsorgan nicht gebunden wird. Allerdings wird man eine Verfassungswidrigkeit auch dann annehmen müssen, wenn die Absprache im Fall ihrer faktischen Durchführung gegen Verfassungsnormen verstoßen würde.

Einschränkend Schulze-Fielitz:[812] Außer bei einem offenkundigen Verstoß gegen die Verfassung wird nicht schon die Absprache selbst, sondern erst das ihr folgende Handeln verfassungswidrig sein.

Das könnte man bei Punkt (3) in Betracht ziehen, falls nach Lage der wirtschaftlich-politischen Situation Steuererhöhungen statt Ausgabensenkungen geboten erscheinen. Jedoch schließt die Abrede (3) nicht aus, sich der jeweiligen Situation anzupassen.

2. Anders ist es bei Punkt (4). Hier soll dem Bundeskanzler die Möglichkeit einer eigenen Entscheidung genommen werden, ob die politische Lage und das Wohl der Allgemeinheit ein Verbleiben des Ministers im Amt erfordern. Dadurch wird gegen die dem Kanzler durch Art. 64 Abs. 1, 65 S. 1 GG übertragene politische Ver-

---

811 Schulze-Fielitz JA 1992, 332, 336.
812 Schulze-Fielitz Jura 1992, 332, 334.

antwortlichkeit verstoßen. Zum bloßen Vollzugsorgan darf der Kanzler nicht degradiert werden. Somit ist die Abrede (4) verfassungswidrig.

Die Abrede (4) kann nur so praktiziert werden, dass im Einzelfall die Z-Fraktion auf den Bundeskanzler einwirkt, um ihn durch politische Argumente zur Entlassung eines Ministers zu bewegen. Diesen Argumenten kann der Kanzler – auch aus Koalitionsrücksicht – nachgeben. Tut er dies nicht, so wird sich die Z-Fraktion überlegen, ob sie deshalb die Koalition aufkündigt.

C. Sonstige Minister und Staatssekretäre

Regelmäßig werden dem Bundeskanzler zugeordnet der sog. **Kanzleramtsminister** und ggf. ein **Staatsminister**, den Ministerien ein oder mehrere **Staatssekretäre**.[813]

271

3. Abschnitt: Zuständigkeiten und Aufgabenverteilung[814]

A. Zuständigkeiten der Bundesregierung

Die **Zuständigkeiten** der Bundesregierung sind nicht im Einzelnen im GG aufgezählt, sondern ergeben sich aus dem Wesen einer Regierung.[815] Ausdrücklich zugewiesen sind der Bundesregierung u.a. folgende Kompetenzen:

272

- Mitwirkung beim Gesetzgebungsverfahren (Art. 76 Abs. 1, 82 Abs. 1 GG);

- Mitwirkung in Angelegenheiten der EU, insbesondere bei Rechtssetzungsakten unter angemessener Beteiligung des Bundestages,[816] des Bundesrates[817] und der Länder[818] (Art. 23 Abs. 2–6 GG);

- Erlass von Rechtsverordnungen (Art. 80 GG) und von Verwaltungsvorschriften (Art. 84 Abs. 2, 85 Abs. 2, 86 S. 1 GG);

- vorläufige Haushaltswirtschaft (Art. 111 GG); Erteilung der Zustimmung bei Haushaltsüberschreitungen und Ausgabenerhöhungen (Art. 112, 113 GG);[819]

- Oberbefehl über die Streitkräfte (Art. 65 a GG); Aufgaben im Verteidigungsfall (Art. 115 a ff. GG); Notstandsmaßnahmen (Art. 35 Abs. 3, 37, 87 a Abs. 4 GG);

- Genehmigung von Herstellung, Beförderung und Inverkehrbringen von Kriegswaffen gemäß Art. 26 Abs. 2 GG i.V.m. KriegswaffenkontrollG (Sat. I Nr. 823) i.V.m. DVO.

---

813 Vgl. dazu Maurer § 14 Rdnr. 9 ff.; M/M Rdnr. 352 ff.; Gröpl Rdnr. 1430 ff. und das ParlStG (Sa. 47); dort auch § 1 Abs. 1 S. 2 („lex Naumann").

814 Vgl. auch Gröpl Rdnr. 1414 ff.

815 Vgl. i.E. M/M Rdnr. 356 f.; Degenhart Rdnr. 698 f.; Gröpl Rdnr. 1426 ff.

816 I.V.m. dem Gesetz über die Zusammenarbeit von Bundesregierung und Deutschem Bundestag in Angelegenheiten der EU (Sa. Nr. 96) und dem IntegrationsverantwortungsG.

817 I.V.m. dem Gesetz über die Zusammenarbeit von Bund und Ländern in Angelegenheiten der EU (Sa. Nr. 97) und dem IntegrationsverantwortungsG.

818 Beachte insofern § 7 Abs. 4 Gesetz über die Zusammenarbeit von Bund und Ländern in Angelegenheiten der EU.

819 Vgl. i.E. Karehnke DVBl. 1972, 811.

| 5. Teil | Die Bundesregierung und der Bundeskanzler |

Die Genehmigung erteilt das Bundeswirtschaftsministerium; der **Bundessicherheitsrat** als Ausschuss der Bundesregierung gibt lediglich eine Empfehlung ab.[820]

Im Übrigen lassen sich die Aufgaben der Bundesregierung nicht umfassend beschreiben. Folgende Befugnisse stehen ihr traditionell zu und sind besonders wichtig:

- das Setzen bestimmter politischer Ziele (z.B. in der Außen- und Verteidigungspolitik);

- die Ausübung der Organisationsgewalt im Bundesbereich, soweit keine ausdrücklichen gesetzlichen Vorschriften eingreifen (z.B. Entscheidung, wie viele Ministerien gebildet werden und welche Aufgaben von den einzelnen Ministern wahrgenommen werden);

- die Überwachung des Gesetzesvollzugs durch Länderbehörden (vgl. insbesondere die in Art. 84 Abs. 3–5 und Art. 85 Abs. 3 u. 4 GG eingeräumten Befugnisse).

*Beachte: Gemäß Art. 15 Abs. 2 EUV ist der Bundeskanzler/die Bundeskanzlerin als Regierungschef(in) der BRD Mitglied im **Europäischen Rat**. Gemäß Art. 16 Abs. 2 EUV sind die Bundesminister/Bundesministerinnen Mitglieder im **Rat**, soweit ihr Ressort betroffen ist.*

Der Bundesregierung obliegen in diesem Zusammenhang („Angelegenheiten der EU") verschiedene Pflichten gemäß Art. 23 GG und der diesbezüglichen Begleitgesetze (vgl. dazu noch unten Rdnr. 279).

B. Kanzler-, Ressort- und Kollegialprinzip[821]

273

Richtlinienkompetenz des BKanzlers (Kanzlerprinzip)
■ generelle Anweisung
■ konkrete Einzelfallentscheidung

Vorrang

Ressortprinzip	Kollegialprinzip
innerhalb der Richtlinien für Geschäftsbereich	bei Meinungsverschiedenheiten zwischen Ministerien

- Nach Art. 65 S. 1 GG bestimmt der Bundeskanzler die **Richtlinien der Politik** und trägt dafür die Verantwortung. Was Richtlinien der Politik sind, ist naturgemäß schwer zu bestimmen. Erfasst werden die **grundlegenden** und richtungsbestimmenden politischen Entscheidungen im Bereich der Regierung, aber auch **bedeutsame Einzelfragen**.[822]

- Soweit keine Richtlinien bestehen oder vorhandene Richtlinien zu konkretisieren sind, leitet jeder Bundesminister seinen Geschäftsbereich selbstständig und unter eigener Verantwortung (Art. 65 S. 2 GG: **Ressortprinzip**).[823] Da sich das Ressortprinzip

---

820 Vgl. i.E. Zähle, Der Staat 2005, 462; Szrofner LTO vom 12.07.2011.

821 Vgl. dazu instruktiv die Kurzdarstellung mit Beispielsfällen bei Beaucamp JA 2001, 478.

822 Ipsen Rdnr. 426 ff.; M/M Rdnr. 341 FN 24 f.; Degenhart Rdnr. 688 ff.; Gröpl Rdnr. 1419 ff.; Böckenförde, Die Organisationsgewalt im Bereich der Regierung, S. 207; Windirsch JuS 1995, 527, 528 f.

823 Vgl. auch Ipsen Rdnr. 456 ff.; Degenhart Rdnr. 691; Gröpl Rdnr. 1422 f.

nur auf den jeweiligen Geschäftsbereich des betreffenden Ministers bezieht, lässt sich eine Entscheidung nach Art. 65 S. 2 GG nicht treffen, sofern der Bereich mehrerer Ministerien betroffen ist.

Das Ressortprinzip enthält u.a. auch die Befugnis zur Öffentlichkeitsarbeit des jeweiligen Ministeriums. Ob dies auch als ausreichende Legitimation für **ministerielle Warnerklärungen** angesehen werden kann, ist streitig.[824]

Die **Richtlinienkompetenz** des Bundeskanzlers ist bei Einzelmaßnahmen stets im Zusammenhang mit der **Ressortkompetenz** des einzelnen Ministers zu sehen. Sie darf daher nicht zu einem „Gängeln" in Routineangelegenheiten missbraucht werden. Die Grenze zur selbstständigen Ressortleitung ist nach h.M. dann überschritten, wenn die Richtlinienbestimmung so detailliert erfolgt, dass dem Minister kein Gestaltungsspielraum von substanziellem politischem Gewicht verbleibt.[825]

■ Kommt es in ressortübergreifenden Fragen nicht zu einer Einigung zwischen den beteiligten Ministern, so entscheidet die Bundesregierung (Art. 65 S. 3 GG: Kollegial- oder **Kabinettsprinzip**).[826]

Das GG enthält selbst keine Bestimmung darüber, wie Entscheidungen der BReg zu fällen sind. Einzelheiten finden sich vielmehr gemäß Art. 65 S. 4 GG in der GO BReg.[827] Häufig werden hierbei die Entscheidungen schriftlich im sog. **Umlaufverfahren** getroffen. So war es z.B. langjährige Praxis, dass eine RechtsVO der BReg als beschlossen galt, wenn innerhalb einer bestimmten Frist kein Regierungsmitglied Widerspruch erhob. Diese Praxis ist nicht mit Art. 80 Abs. 1 S. 1 GG vereinbar, da nicht sichergestellt ist, dass eine hinreichende Zahl von Ministern an der Beschlussfassung teilnimmt und die VO damit der BReg als Kollegium zugerechnet werden kann.[828]

4. Abschnitt: Regierungskrise

A. Das konstruktive Misstrauensvotum gemäß Art. 67 GG[829]

I. Nach dem Prinzip der parlamentarischen Demokratie bedarf die Regierung grds. des Vertrauens der Parlamentsmehrheit (vgl. oben Rdnr. 36 f. und Rdnr. 198 ff.). Diesem Prinzip trägt das Grundgesetz in Art. 67 Rechnung. Danach kann der Bundestag dem Bundeskanzler das Misstrauen nur dadurch aussprechen, dass er mit der Mehrheit seiner Mitglieder einen Nachfolger wählt und den Bundespräsidenten ersucht, den Bundeskanzler zu entlassen (sog. **konstruktives Misstrauensvotum**).

274

Die einfachste Lösung eines Konflikts zwischen Parlament und Regierung wäre die Abwahl des Regierungschefs. Eine solche Regelung enthielt Art. 54 WRV: „Der Reichskanzler und die Reichsminister bedürfen zu ihrer Amtsführung das Vertrauen des Reichstags. Jeder von ihnen muss zurücktreten, wenn ihm der Reichstag durch ausdrücklichen Beschluss sein Vertrauen entzieht." – Um die darin liegende Gefährdung stabiler Regierungsverhältnisse zu vermeiden, hat das GG das konstruktive Misstrauensvotum eingeführt.

II. Die **Abberufung eines Bundesministers** durch den Bundestag sieht das GG nicht vor. Außer der Möglichkeit, auf den Bundeskanzler politischen Druck auszuüben, bleibt nur der Weg über Art. 67 GG. Mit der Abwahl des Bundeskanzlers endet dann auch das Amt des missliebigen Bundesministers (Art. 69 Abs. 2 GG).

275

---

824 Vgl. dazu M/M Rdnr. 347 FN 29 f.; Degenhart Rdnr. 294 ff.; AS-Skript Grundrechte (2012) sowie oben Rdnr. 112.

825 Windirsch JuS 1995, 527, 529 m.N. auf diverse Gegenauffassungen.

826 Vgl. auch Ipsen Rdnr. 468 ff.; Degenhart Rdnr. 687, 692 f.

827 Sa. 38.

828 BVerfG DVBl. 1995, 96; Degenhart Rdnr. 696 f.; a.A. BVerwG DVBl. 1992, 1161; Gassner JuS 1994, 684, 689.

829 Vgl. auch Ipsen Rdnr. 451 ff.; M/M Rdnr. 360 f.; Terhechte Jura 2005, 512, 514 f.; Degenhart Rdnr. 681 f.; Gröpl Rdnr. 1393 ff.

5. Teil — Die Bundesregierung und der Bundeskanzler

276 **III.** Problematisch ist die Zulässigkeit **schlichter Missbilligungsbeschlüsse** des Bundestags.

1. Aus dem Gedanken, dass das konstruktive Misstrauensvotum die ultima ratio parlamentarischer Kontrolle darstellt, wird die Zulässigkeit solcher Beschlüsse von der h.M. bejaht, soweit es um die Missbilligung eines **konkreten Verhaltens** geht.[830]

2. Umstritten ist, ob beim **Bundeskanzler** ein sich **auf die gesamte Amtsführung** erstreckendes (allgemeines) Missbilligungsvotum zulässig ist. Gegen die Zulässigkeit solcher Beschlüsse sprechen Sinn und Zweck des Art. 67 GG, weil sie die Autorität des Kanzlers ernsthaft infrage stellen, ohne dass ein neuer Kanzler präsentiert wird. Eine allgemeine Missbilligung der Amtsführung des Bundeskanzlers fällt somit in den Regelungsbereich des Art. 67 GG und ist deshalb nur durch (konstruktive) Neuwahl möglich.[831]

3. Dagegen soll es der Regelung des Art. 67 GG nicht widersprechen, den Kanzler (oder einen Minister) aufzufordern, zurückzutreten[832] oder die Vertrauensfrage nach Art. 68 GG zu stellen. Nur die Verfassung selbst könne die parlamentarische Beschlussfassung einschränken. Art. 67 GG schließe daher Beschlüsse ohne rechtlich zwingende Abgangsfolge nicht aus.[833]

B. Die Vertrauensfrage, Art. 68 GG[834]

Fallbearbeitung bei von Lewinski JA 2006, 439.

277 Art. 67 GG kann nicht verhindern, dass eine Parlamentsmehrheit vorhanden ist, die die Regierungspolitik nicht billigt, zur Wahl eines neuen Kanzlers aber nicht in der Lage ist. Eine solche („negative") Mehrheit könnte die von der Bundesregierung für notwendig gehaltenen Gesetze, insbesondere das Haushaltsgesetz, ablehnen, was zur politischen Machtlosigkeit der Regierung führen würde. In diesem Fall der Regierungskrise ohne Kanzlerneuwahl hat der Bundeskanzler nach Art. 68 GG die Möglichkeit, die **Vertrauensfrage** zu stellen, und zwar isoliert oder in Verbindung mit einer Gesetzesvorlage (Art. 81 Abs. 1 S. 2 GG;[835] zum **Gesetzgebungsnotstand** vgl. ausführlich unten Rdnr. 347). Wird die Vertrauensfrage verneint, gibt Art. 68 GG dem Kanzler die Möglichkeit, dem Bundespräsidenten die **Auflösung** des Bundestages vorzuschlagen.[836]

Selbstverständlich können der Bundeskanzler und die gesamte Bundesregierung zurücktreten oder aber als Minderheitsregierung im Amt bleiben.

Nach Auffassung des BVerfG ergeben sich aus Art. 68 GG sowohl die Möglichkeit der echten Vertrauensfrage als auch die der unechten Vertrauensfrage.

---

830 Ipsen Rdnr. 466.

831 Sattler DÖV 1967, 767.

832 Zu den rechtlichen Voraussetzungen und Problemen des Rücktritts von Bundeskanzler oder Bundesministern vgl. Hebeler DVBl. 2011, 317, 319.

833 Jarass/Pieroth Art. 67 Rdnr. 3.

834 Vgl. auch Ipsen Rdnr. 442 ff.; Gröpl Rdnr. 1398 ff.; Degenhart Rdnr. 683 ff.; ausführlich Mager Jura 2006, 290; M/M Rdnr. 362 ff.; Reimer JuS 2005, 680.

835 Vgl. dazu Schönberger JZ 2002, 211.

836 Der Bundestag hat (anders als die meisten Landtage) ohne ausdrückliche Änderung des Grundgesetzes kein Recht zur Selbstauflösung; vgl. BVerfGE 62, 1, 41; w. Nachw. bei Hahn DVBl. 2008, 151; von Lewinski JA 2006, 439, 442 f.

I. Durch die **echte** bzw. **nicht auflösungsgerichtete Vertrauensfrage** kann eine in Zweifel stehende Handlungsfähigkeit hinsichtlich der tatsächlichen Kräfteverhältnisse im Parlament auf die Probe gestellt werden.[837]

II. Die **unechte** oder **auflösungsgerichtete Vertrauensfrage** hat das Ziel, eine handlungsfähige Regierung mit hinreichender parlamentarischer Mehrheit zu sichern oder wiederzugewinnen.[838]

Beispiel: Kanzler K stellt die Vertrauensfrage, die absprachegemäß scheitert, um Neuwahlen zu einem Zeitpunkt zu ermöglichen, der den Regierungsparteien die Chance zum Gewinn einer breiten Parlamentsmehrheit bietet.[839]

Die materiellen Voraussetzungen für eine ordnungsgemäße Vertrauensfrage und die **278** anschließende Auflösung des Bundestages durch den Bundespräsidenten werden vom Bundesverfassungsgericht aus der Entstehungsgeschichte und aus dem Normzweck von Art. 68 GG abgeleitet.[840] Danach sind die auflösungsgerichtete Vertrauensfrage des Bundeskanzlers und die darauf aufbauende Auflösung des Bundestages durch den Bundespräsidenten nur dann zulässig, wenn die **Handlungsfähigkeit** der Regierung **nicht mehr gesichert** ist. Als nicht ausreichend wird angesehen, dass eine instabile Lage nur vorgeschoben wird, um in zweckwidriger Weise zu einer Neuwahl zu gelangen.[841]

„Handlungsfähigkeit" bedeutet nach Auffassung des BVerfG, dass der Bundeskanzler mit politischem Gestaltungswillen die Richtung der Politik bestimmt und hierfür auch eine Mehrheit der Abgeordneten hinter sich weiß. Ob die Regierung politisch noch handlungsfähig ist, hänge maßgeblich davon ab, welche Ziele sie verfolge und mit welchen Widerständen sie aus dem parlamentarischen Raum zu rechnen hat. Die Einschätzung der Handlungsfähigkeit hat Prognosecharakter und ist an höchstpersönliche Wahrnehmungen und abwägende Lagebeurteilungen gebunden. Insbesondere sei es gemessen an Art. 68 GG nicht zweckwidrig, wenn ein Kanzler, dem Niederlagen im Parlament erst bei künftigen Abstimmungen drohen, bereits eine auflösungsgerichtete Vertrauensfrage stellt. Schließlich werde die Verlässlichkeit der Annahme, die Bundesregierung habe ihre parlamentarische Handlungsfähigkeit verloren, auch dadurch gesichert, dass es drei Verfassungsorgane jeweils in der Hand haben, die Auflösung des Bundestages nach ihrer freien politischen Einschätzung zu verhindern, nämlich der Bundeskanzler, der Deutsche Bundestag (der die Vertrauensfrage ablehnen muss) und der Bundespräsident.[842] Wie bereits angedeutet, hat insbesondere der Bundeskanzler einen Einschätzungsspielraum hinsichtlich der Frage, ob die Bundesregierung ihre parlamentarische Handlungsfähigkeit verloren hat.[843]

6. Teil: Mitwirkung der Staatsorgane im Bereich der EU; Art. 23 GG (Überblick)[844]

■ **Art. 23 Abs. 1 S. 1 GG:** Mitwirkungspflicht der Bundesrepublik an der Verwirklichung **279** der EU unter Berücksichtigung verschiedener Prinzipien

---

837 BVerfG a.a.O.

838 BVerfG a.a.O.

839 So auch die Ausgangslage bei den Entscheidungen BVerfGE 62, 1 und NJW 2005, 2669, Anm. Mager Jura 2006, 290; Sachs JuS 2006, 75; Ehlers, JK 3/06, GG Art. 68/2.

840 BVerfG NJW 2005, 2669, 2671 f.; a.A. abweichendes Votum Lübbe/Wolf S. 2679 f.

841 BVerfG a.a.O. S. 2672.

842 BVerfG a.a.O. S. 2673.

843 Vgl. i.E. BVerfG a.a.O. S. 2673 f.

844 Vgl. auch Gröpl Rdnr. 861 ff., 990 ff., 1165 ff.; Degenhart Rdnr. 115 ff., 664 ff.; M/M Rdnr. 232 f., 268 ff.; Ipsen Rdnr. 242 f., 407 ff.; Mo/Mi Rdnr. 589 ff.; Schweitzer Rdnr. 59 ff.; Sauer § 4 Rdnr. 39 ff.; Vosskuhle/Kaufhold JuS 2013, 309; Wienbracke DVP 2013, 227, 316.

| 6. Teil | Mitwirkung der Staatsorgane im Bereich der EU; Art. 23 GG (Überblick) |

- **Art. 23 Abs. 1 S. 2 GG:** Hoheitsrechte (des Bundes und der Länder und aller drei Gewalten) können auf die EU übertragen werden durch Bundesgesetz mit Zustimmung des Bundesrates.

  Beachte: Art. 23 Abs. 1 S. 2 GG ist lex specialis zu Art. 24 GG.[845]

  Gesetze i.S.v. Art. 23 Abs. 1 S. 2 GG können wegen der besonderen Integrationsverantwortung von BT und BR auch in weiteren Fällen erforderlich sein.[846] Diese sind im Einzelnen aufgeführt im sog. **IntegrationsverantwortungsG** (IntVG).[847]

- **Art. 23 Abs. 1 S. 3 GG:** Beachtung von Art. 79 Abs. 2, 3 GG bei Begründung der EU (z.B. Maastrichter-Vertrag von 1992) oder bei Vertragsänderungen (z.B. Vertrag von Amsterdam von 1997)

- **Art. 23 Abs. 1 a GG:** Recht (bzw. Pflicht) von BT und BR zur Erhebung der sog. Subsidiaritätsklage[848]

  Zu Einzelheiten vgl. § 12 IntVG; zur Subsidiaritätsrüge vgl. § 11 IntVG.

- **Art. 23 Abs. 2 GG:** Mitwirkungsrechte von Bundestag und Bundesrat;[849] Unterrichtungspflicht der Bundesregierung

- **Art. 23 Abs. 3 GG:** Zusammenarbeit von Bundesregierung und Bundestag nach dem ZusEUBBG (Sa. Nr. 96)[850]

- **Art. 23 Abs. 4–7 GG:** Abgestufte Beteiligungsrechte des Bundesrates gemäß EU-ZusG (Sa. Nr. 97)

  Zur effektiven, d.h. schnellen Wahrung der Rechte wurde eine eigene Europakammer des Bundesrates eingerichtet gemäß Art. 52 Abs. 3 a GG und §§ 45 b ff. GeschO BR.

  - Art. 23 Abs. 5 S. 1 GG: In den dort genannten Bereichen ist die Stellungnahme des Bundesrates zu **berücksichtigen**; daraus folgt keine Bindung der Bundesregierung, sondern nur die Pflicht zur Kenntnisnahme und sachlichen Auseinandersetzung.

  - Art. 23 Abs. 5 S. 2 GG: In den dort genannten Bereichen ist die Stellungnahme des Bundesrates **maßgeblich zu berücksichtigen**; eine Bindung der Bundesregierung wird jedenfalls dann angenommen, wenn der Bundesrat einen Beschluss gemäß § 5 Abs. 2 S. 5 EUZusG gefasst hat (sog. **Beharrungsbeschluss**).[851]

  - Art. 23 Abs. 6 S. 1 GG: Auf den dort genannten Gebieten ist der Bund verpflichtet, die Wahrnehmung seiner Mitgliedsstaatsrechte in der EU auf einen **Landesminister** zu übertragen.

---

845 Gröpl Rdnr. 869.
846 BVerfG RÜ 2009, 519 – Lissabonvertrag –.
847 Sa. I Nr. 98; vgl. dazu Daiber ZParl 2012, 293; BVerfG RÜ 2012, 519; Nettesheim NJW 2010, 177; NJW 2011, 177.
848 Vgl. i.E. Frenz Jura 2010, 641.
849 Daiber RuP 2012, 97.
850 Schröder ZParl 2012, 250.
851 Degenhart Rdnr. 665 a; Gröpl Rdnr. 1168; Kahl/Essig Jura 2007, 631, 632 ff.

7. Teil: Der Bundespräsident[852]

1. Abschnitt: Aufgaben und Funktion

A. Entsprechend der dem Bundespräsidenten (BPräs) zugewiesenen Aufgaben nimmt **280** er drei Funktionen wahr:

■ **Repräsentationsfunktion**

Als Staatsoberhaupt vertritt der BPräs den Staat nach innen und nach außen (z.B. völkerrechtlich, Art. 59 Abs. 1 GG).

■ **Integrationsfunktion**

Am Ende eines Entscheidungsprozesses hat der BPräs den staatlichen Willen nach außen hin zu bekunden und damit deutlich zu machen, dass aus der Vielfalt politischer Meinungen ein einheitlicher staatlicher Wille geworden ist. Hauptbeispiel ist die Ausfertigung von Gesetzen gemäß Art. 82 GG. Im Vorfeld gehört dazu auch das Bemühen um Beilegung von Differenzen durch Aussprachen.

■ **Reservefunktion**

Wenn andere Verfassungsorgane sich als nicht mehr funktionsfähig erweisen, hat der BPräs selbst Entscheidungen zu treffen. Hauptbeispiel ist die Auflösung des Bundestages nach Art. 68 GG.

B. Von den Ausnahmefällen der „Reservefunktion" abgesehen ist dem BPräs eine aktive **281** und gestaltende Mitwirkung an der Staatsgewalt versagt. Das ergibt sich zunächst aus den geringen ihm zugewiesenen Zuständigkeiten, ferner aus der Notwendigkeit einer Gegenzeichnung (Art. 58 GG; dazu unter Rdnr. 284).

Insoweit besteht ein wesentlicher **Unterschied zum Reichspräsidenten** der Weimarer Verfassung. Der Reichspräsident hatte die Befugnis zur Auflösung des Reichstags (Art. 25) und zur Herbeiführung eines Volksentscheids über Gesetze (Art. 73, 74); er verfügte über das Notverordnungsrecht nach Art. 48 und hatte den Oberbefehl über die Wehrmacht (Art. 47). Diesen weitgehenden Befugnissen entsprach, dass der Reichspräsident unmittelbar vom Volke gewählt wurde („plebiszitärer Präsident"), und zwar für eine Amtsperiode von sieben Jahren. Von diesem Modell rückten die Verfasser des GG ausdrücklich ab, legten die politische Macht deutlich in die Hände von Parlament und Regierung, was naturgemäß die Stellung des BPräs beträchtlich schwächte.[853]

2. Abschnitt: Wahl und Amtsdauer

Die **Wahl** des BPräs erfolgt durch die **Bundesversammlung** (Art. 54 Abs. 1 S. 1 GG). Die **282** Bundesversammlung besteht aus den Mitgliedern des Bundestages und einer gleichen Anzahl von Mitgliedern, die von den Volksvertretungen der Länder nach den Grundsätzen der Verhältniswahl gewählt werden (Art. 54 Abs. 3 GG). Art. 54 Abs. 6 GG sieht zwei Wahlgänge vor, in denen die absolute Mehrheit erforderlich ist. Wird sie nicht erreicht, so genügt im 3. Wahlgang die relative Mehrheit.[854]

---

852 Vgl. auch Mo/Mi § 14; Kloepfer Rdnr. 257 ff.; Schmidt S. 246 ff.; Gröpl Rdnr. 1433 ff.; Degenhart § 10; Ipsen § 9; M/M Rdnr. 280 ff.

853 Vgl. auch Ipsen Rdnr. 478 ff.

854 Zu Einzelheiten vgl. Burkiczak JuS 2004, 278; M/M Rdnr. 462 ff.

159

7. Teil Der Bundespräsident

Näheres regelt gemäß Art. 54 Abs. 7 GG das Gesetz über die Wahl des BPräs.[855]

Die Amtszeit des BPräs beträgt **fünf Jahre**. Anschließende Wiederwahl ist nur einmal zulässig (Art. 54 Abs. 2 GG). Bei Verhinderung des BPräs oder bei vorzeitiger Erledigung seines Amtes[856] obliegt die **Vertretung** dem Präsidenten des Bundesrates (Art. 57 GG).[857]

3. Abschnitt: Die Zuständigkeiten des Bundespräsidenten

283 Die Befugnisse des BPräs sind weder in einer Generalklausel noch in einem Zuständigkeitskatalog aufgeführt, sondern finden sich in verschiedenen Vorschriften des GG, insbesondere:

- Zuständigkeiten bei der **Regierungsbildung**: Vorschlag eines Kanzlerkandidaten und Ernennung des Kanzlers (Art. 63 GG), Ernennung (und Entlassung) der Bundesminister (Art. 64 Abs. 1 GG),

- Zuständigkeiten bei **Regierungskrisen**:[858]

  - Auflösung des Bundestags bei Ablehnung der Vertrauensfrage (Art. 68 GG),

  - Erklärung des Gesetzgebungsnotstands (Art. 81 GG),

- **Völkerrechtliche Vertretung** des Bundes (Art. 59 GG),[859]

- Ausfertigung der Gesetze (Art. 82 GG),

- Ernennung und Entlassung der Bundesbeamten und Bundesrichter, soweit diese Aufgabe nicht auf andere Behörden übertragen ist (Art. 60 Abs. 1 und 3 GG),

- Ausübung des **Begnadigungsrechts** für den Bund im Einzelfalle (Art. 60 Abs. 2 GG).[860]

Gewisse Zuständigkeiten stehen dem BPräs traditionell als **Staatsoberhaupt** zu: Repräsentation nach innen (z.B. Eröffnung von Veranstaltungen, Ansprachen aus besonderem Anlass); Übernahme der „Schirmherrschaft" über unterstützungswürdige Veranstaltungen und Einrichtungen; Stiftungen und Verleihung von Auszeichnungen; Befugnis zur Festlegung der Nationalhymne.[861]

---

855 Sa. 33.

856 Zum Rücktritt des Bundespräsidenten vgl. Hebeler DVBl. 2011, 317, 318 f.

857 Zu den Problemen bei der Gesetzesausfertigung durch den Vertreter des BPräs vgl. Guggelberger NVwZ 2007, 406; Meiertöns/Ehrhardt Jura 2011, 166; BVerwG NJOZ 2009, 3684 Anm. Sachs JuS 2010, 275.

858 Vgl. auch M/M Rdnr. 312 ff.; Ipsen Rdnr. 502 ff.

859 Dazu M/M Rdnr. 310 f.; Ipsen Rdnr. 483 ff.; Degenhart Rdnr. 717 ff.; Franzke JA 1994, 54 ff.

860 Vgl. auch M/M Rdnr. 304 ff.; Schülte JA 1999, 868; Ipsen Rdnr. 510 ff.

861 Vgl. Hultzsch JuS 1992, 593 ff.

Das Erfordernis der Gegenzeichnung (Art. 58 GG) **4. Abschnitt**

4. Abschnitt: Das Erfordernis der Gegenzeichnung (Art. 58 GG)[862]

Nach Art. 58 S. 1 GG bedürfen Anordnungen und Verfügungen des BPräs der **Gegen-** 284 **zeichnung** durch den Bundeskanzler oder durch den zuständigen Bundesminister (Ausnahmen in S. 2).[863] Durch dieses formelle Erfordernis wird klargestellt, dass die politische Verantwortung für die Maßnahme nicht beim BPräs, sondern bei dem gegenzeichnenden Mitglied der Bundesregierung liegt. Dies ist deshalb notwendig, weil der BPräs demokratisch-politisch nicht verantwortlich ist.

Umstritten ist, ob über den Wortlaut („Anordnungen und Verfügungen") hinaus auch andere **politisch bedeutsame Handlungen** der Gegenzeichnung bedürfen (z.B. Reden, Interviews, Empfänge usw.). Teilweise wird dies bejaht, da der BPräs gerade auch in diesem Bereich kraft seiner Stellung als Staatsoberhaupt politisch wirken kann und damit in den der Bundesregierung vorbehaltenen Bereich eingreift.[864]

Nach dieser Auffassung wird die „Gegenzeichnung" z.B. dadurch bewirkt, dass ein Mitglied der Bundesregierung die Maßnahme billigt. Bei Staatsbesuchen ist es üblich, dass der BPräs vom Außenminister begleitet wird, der dann die politische Verantwortung für die Erklärungen des BPräs übernimmt.

Überwiegend tendiert die Lit. jedoch dahin, nur rechtsförmliches Handeln der Gegenzeichnung zu unterwerfen. Schon der Wortlaut („Gültigkeit") spreche dafür, dass davon nur solche Maßnahmen erfasst werden, welche ihrer Rechtsnatur nach „gültig" sein können, also Rechtsfolgen herbeiführen sollen. Im Übrigen sei der BPräs aus dem Gesichtspunkt der Verfassungsorgantreue ohnehin zur Zurückhaltung verpflichtet.[865]

5. Abschnitt: Das Prüfungsrecht des Bundespräsidenten

A. Prüfungsbefugnis bei der Ausfertigung der Bundesgesetze, Art. 82 GG

Fallbearbeitung bei Kahl/Benner Jura 2005, 869; Heckmann Fall 3; B/S/W Fall M; Barthel/Janik JA 2007, 519; Sauer JuS 2007, 641; Nolte/Tams JuS 2006, 1088; Geis Fall 9; Gas ad legendum 2010, 201; Ketterer/Sauer JuS 2012, 524.

> **Fall 12: Der Staatsnotar**
>
> Angesichts der ständig steigenden Zahl von Ruhestandsbeamten und den sich daraus ergebenden erheblichen Belastungen der öffentlichen Haushalte durch Pensionszahlungen, haben Bundestag und Bundesrat in formell ordnungsgemäßer Weise ein Gesetz zur Umstrukturierung des Berufsbeamtentums beschlossen. Danach sollen künftig Aufgaben der öffentlichen Verwaltung nur noch ausnahmsweise von Beamten und grds. von Angestellten wahrgenommen werden, die selbst Beiträge für ihre Altersversorgung erbringen müssen. Der BPräs hält das Gesetz materiell für verfassungswidrig und verweigert deshalb die Ausfertigung. Zu Recht?

---

862 Vgl. auch M/M Rdnr. 316 f.; Ipsen Rdnr. 520 ff.; Degenhart Rdnr. 706 ff.; Gröpl Rdnr. 1457 ff.
863 Vgl. i.E. M/M Rdnr. 318 ff.
864 Stollmann/Brauner JA-Übbl. 1992, 104, 107 m.w.N.
865 Jarass/Pieroth Art. 58 Rdnr. 2; Kunig Jura 1994, 217, 218.

161

7. Teil Der Bundespräsident

285 I. Unstreitig steht dem BPräs ein **formelles Prüfungsrecht** zu, d.h., er hat zu prüfen, ob ein Gesetz verfahrensmäßig einwandfrei zustande gekommen ist (Gesetzgebungskompetenz, ordnungsgemäße Beteiligung des Bundesrates u.a.). Dies ergibt sich unmittelbar aus dem Wortlaut des Art. 82 Abs. 1 S. 1 GG, wonach der BPräs die „nach den Vorschriften dieses Grundgesetzes **zustande gekommenen** Gesetze" ausfertigt.[866]

286 II. Umstritten ist, ob der BPräs auch ein **materielles Prüfungsrecht** hat, ob er also bei materieller Verfassungswidrigkeit die Ausfertigung des Gesetzes verweigern darf.[867]

1. Teilweise wird ein materielles Prüfungsrecht grundsätzlich abgelehnt, da der BPräs ansonsten quasi ein Recht zur Normenkontrolle und -verwerfung hätte. Dies sei mit dem Verwerfungsmonopol des BVerfG und im Übrigen auch mit der enumerativen Aufzählung der Antragsberechtigten im Normenkontrollverfahren gemäß Art. 93 Abs. 1 Nr. 2 GG, § 76 BVerfGG nicht vereinbar.[868]

Dagegen spricht jedoch, dass der BPräs – anders als bei der Normenkontrolle – kein geltendes Gesetz verwirft, sondern dessen Inkrafttreten verhindert. Außerdem gilt das Verwerfungsmonopol des BVerfG nur im Verhältnis zu anderen Gerichten (Art. 100 GG) und sagt daher nichts über das Verhältnis zum BPräs. Im Übrigen können die Gesetzgebungsorgane im Fall der Weigerung des BPräs ein **Organstreitverfahren** anstrengen, sodass das Gesetz auch in diesem Fall der allein verbindlichen Entscheidung des BVerfG zugänglich ist.

2. Die heute h.M. hält den BPräs deshalb für berechtigt, die Verfassungsmäßigkeit des Gesetzes nicht nur in formeller, sondern **auch in materieller Hinsicht** zu prüfen (und damit bei negativem Befund die Ausfertigung zu verweigern).[869]

a) Dafür könnte zunächst die Verpflichtung des BPräs aus seinem **Amtseid** (Art. 56 GG) sprechen, „das Grundgesetz zu wahren". Diese Verpflichtung gilt aber nur im Rahmen und nach Maßgabe der dem BPräs grundgesetzlich zugewiesenen Aufgaben, sagt aber nichts über den Umfang der Kompetenzen des BPräs aus. Art. 56 GG selbst hat keine kompetenzbegründende, sondern nur eine kompetenzausfüllende Wirkung. Die Herleitung aus Art. 56 GG würde daher zu einem Zirkelschluss führen, denn der BPräs kann seine Pflichten durch die Ausfertigung eines verfassungswidrigen Gesetzes nur dann verletzen, wenn er zur Prüfung überhaupt berechtigt und verpflichtet ist.[870]

b) Teilweise wird darauf abgestellt, dass ein materiell gegen das GG verstoßendes Gesetz eigentlich ein verfassungsänderndes Gesetz sei, das die formellen Erfordernisse des Art. 79 Abs. 1 u. 2 GG einhalten müsse (sog. **Nichttrennungs-Gedanke**). Der BPräs sei daher schon aus formellen Gründen berechtigt, die Ausfertigung zu verweigern.[871]

Dagegen spricht jedoch, dass das Grundgesetz strikt zwischen verfassungsändernden Gesetzen und einfachen Gesetzen unterscheidet. Eine Verfassungsänderung ist nur möglich durch eine ausdrückliche Textänderung (Art. 79 Abs. 1 GG). Anders als in der Weimarer Zeit ist nicht jedes materiell gegen die Verfassung verstoßende Gesetz per se als verfassungsän-

---

866 Jarass/Pieroth Art. 82 Rdnr. 3; Ketterer/Sauer JuS 2012, 524, 526.
867 Kritisch zu den Begriffen formelles und materielles Prüfungsrecht Meyer JZ 2011, 601.
868 Erichsen Jura 1985, 424, 425 f.
869 Sodan Art. 82 GG Rdnr. 8; Schoch ZG 2008, 209, 222 f.
870 Degenhart Rdnr. 713; Erichsen Jura 1985, 424, 425; Ipsen/Epping JuS 1992, 305, 309.
871 M/M Rdnr. 327; Berg Rdnr. 300.

Das Prüfungsrecht des Bundespräsidenten — 5. Abschnitt

derndes Gesetz zu qualifizieren. Beschließen BTag und BRat ein einfaches Gesetz, so sind Maßstab der formellen Prüfung allein die Art. 70–78 GG; einer irgendwie gearteten materiellen Prüfung bedarf es dazu nicht.[872]

c) Das Recht zur materiellen Prüfung wird von der h.M. deshalb vor allem aus der Bindung des BPräs **an das Grundgesetz** abgeleitet, insbesondere aus Art. 1 Abs. 3 und 20 Abs. 3 GG. Der BPräs darf danach nur solche Akte vollziehen, die mit der Verfassung im Einklang stehen. Durch die Ausfertigung würde dem verfassungswidrigen Gesetz der Anschein der Rechtsgültigkeit verliehen. Auch kann ein umfassend an die Verfassung gebundenes Staatsorgan nicht verpflichtet sein, Handlungen vorzunehmen, die seiner Auffassung nach gegen das Grundgesetz verstoßen. Die materielle Prüfungskompetenz ergibt sich daher aus dem **Rechtsstaatsprinzip** nach Art. 20 Abs. 3 GG i.V.m. der Stellung des BPräs als Staatsoberhaupt.[873]

Der h.M. entspricht auch die Praxis: Die Bundespräsidenten haben die Ausfertigung bislang in insgesamt sechs Fällen verweigert, allerdings nur zweimal aus materiellen Gründen, zuletzt 1991 bei einem Gesetz zur Privatisierung der Flugsicherung wegen Verstoßes gegen Art. 33 Abs. 4, Art. 87 d GG a.F.[874]

Auch das BVerfG hat in mehreren Entscheidungen angedeutet, dass auch eine materielle Prüfungskompetenz des BPräs bestehe.[875]

d) Allerdings wird häufig das materielle Prüfungsrecht des BPräs auf eindeutige bzw. **evidente** Verfassungsverletzungen begrenzt.[876]

Für diese Einschränkung spricht vor allem, dass dem BPräs durch das GG nur eine unselbstständige Stellung im Verfassungsgefüge eingeräumt ist. Eine generelle Prüfungskompetenz würde der Gewichtung im Vergleich zu den anderen Verfassungsorganen widersprechen. Für den Inhalt eines Gesetzes ist primär der Gesetzgeber, also Bundestag und Bundesrat, verantwortlich. Deren Beurteilung der Verfassungsmäßigkeit hat deshalb die **Vermutung** der Richtigkeit für sich, die vom BPräs im formellen Gesetzgebungsverfahren nur bei offensichtlichen Verstößen widerlegt werden kann.

Evident ist ein Verfassungsverstoß insbesondere dann, wenn im Gesetzgebungsverfahren selbst bereits deutliche Zweifel an der Verfassungsmäßigkeit des Gesetzes geäußert worden sind, insbesondere auch von den „Verfassungsministerien", Justiz und Inneres.[877]

Dies entspricht auch der Staatspraxis: In den bisherigen Fällen haben die BPräsidenten ihre Weigerung stets mit einem offenkundigen Verfassungsverstoß begründet. – So auch bei der Ausfertigung des ParteiG, das der BPräs Anfang 1994 nur deshalb unterzeichnet hat, weil es seiner Meinung nach zumindest nicht offenkundig verfassungswidrig ist.[878]

---

872 Vgl. Ipsen/Epping JuS 1992, 305, 309; Ipsen Rdnr. 498 FN 30.

873 Ipsen Rdnr. 499; Sachs Art. 82 GG Rdnr. 5 f.

874 Dazu Heckmann DVBl. 1991, 847, 850; Riedel/Schmidt DÖV 1991, 371 ff.; Epping JZ 1991, 1102 ff.

875 Vgl. BVerfGE 1, 396, 413 f.; 2, 142, 169; 35, 9, 22 f.; 34, 22 f.; Beschl. v. 04.05.2012 – 1 BvR 367/12.

876 Mo/Mi Rdnr. 877; Kloepfer Rdnr. 264; Ipsen Rdnr. 499; Degenhart Rdnr. 716; Gröpl Rdnr. 1456; Jarass/Pieroth Art. 82 Rdnr. 3; wohl auch Berg Rdnr. 300.

877 Mo/Mi Rdnr. 877 FN 38.

878 Vgl. Hofmann DÖV 1994, 504, 515.

7. Teil · Der Bundespräsident

Soweit dem BPräs ein Prüfungsrecht zusteht, trifft ihn grds. auch eine **Prüfungspflicht**. Denn Kompetenzen sind den Verfassungsorganen stets zugleich als Betätigungspflichten zugewiesen.[879]

287   III. **Zum Fall:** Hier liegt ein evidenter Verstoß gegen **Art. 33 Abs. 4 GG** vor. Danach ist die Ausübung hoheitsrechtlicher Befugnisse als ständige Aufgabe „in der Regel" Beamten zu übertragen (sog. **Funktionsvorbehalt**). Dem widerspricht das hier im Gesetz vorgesehene Regel-Ausnahme-Prinzip zugunsten der Angestellten, die in keinem öffentlich-rechtlichen Dienst- und Treueverhältnis i.S.d. Art. 33 Abs. 4 GG stehen.

Aufgrund des offenkundigen Verstoßes war der Bundespräsident daher berechtigt, die Ausfertigung des Gesetzes zu verweigern.

B. Rechtslage bei Weigerung der Ausfertigung

Weigert sich der BPräs, ein Gesetz auszufertigen, so kann der Bundestag wegen möglicher Verletzung von Art. 77 Abs. 1 S. 1 GG ein **Organstreitverfahren** vor dem BVerfG anstrengen (Art. 93 Abs. 1 Nr. 1 GG, §§ 13 Nr. 5, 63 ff. BVerfGG). Gelangt das BVerfG zu dem Ergebnis, dass der BPräs seine Mitwirkung zu Unrecht verweigert, stellt es dies nach § 67 BVerfGG fest. Kommt der BPräs auch dann seiner Verpflichtung zur Ausfertigung immer noch nicht nach, bleibt nur die Möglichkeit einer Präsidentenanklage (Art. 61 GG i.V.m. §§ 49 ff. BVerfGG). In diesem Verfahren kann das BVerfG nach Art. 61 Abs. 2 S. 2 GG i.V.m. § 53 BVerfGG durch einstweilige Anordnung bestimmen, dass der BPräs an der Ausübung seines Amtes verhindert ist, mit der Folge, dass die Vertretungsregelung des Art. 57 GG eingreift und das Gesetz vom **Präsidenten des Bundesrats** ausgefertigt und verkündet werden kann.[880]

C. Prüfungsbefugnis bei der Ernennung und Entlassung von Bundesministern

288   I. Nach ganz h.M. hat der BPräs bei der Ernennung und Entlassung von Ministern ein **formelles und materielles Prüfungsrecht**, das allerdings wegen der geringen rechtlichen Anforderungen an die Ernennung und Entlassung eines Ministers nur eine unbedeutende praktische Bedeutung hat (vgl. §§ 4, 5 BMinG).[881]

Bei den für die Gegenmeinung angegebenen Stellen ist meist nicht klar zu ersehen, ob danach der BPräs wirklich verpflichtet sein soll, auch bei einem gesetzwidrigen Vorschlag die Ernennung auszusprechen.

---

879   Dfferenzierend Lehnguth DÖV 1992, 439, 445; Grupp JA 1998, 671, 678: nur bei bewusstem und gewolltem Verfassungsverstoß.

880   Vgl. Ipsen/Epping JuS 1992, 305, 310; abweichend und allgemein zur Ausfertigungspflicht des Bundespräsidenten bei verfassungsmäßigen Gesetzen Schnapp JuS 1995, 286, 291.

881   M/M Rdnr. 325 f.; Ipsen Rdnr. 490 ff.; Fallbearbeitung von Masing/Wißmann JuS 1999, 1204 und Windrisch JuS 1995, 527 sowie die Nachweise unten II.

Das Prüfungsrecht des Bundespräsidenten **5. Abschnitt**

II. Umstritten ist, ob und inwieweit der BPräs ein **politisches Ablehnungsrecht** hat.

Überwiegend wird ihm dieses Recht abgesprochen, was sowohl mit dem Wortlaut des Art. 64 Abs. 1 GG als auch allgemein mit der Stellung des BPräs und seinem Verhältnis zum Bundeskanzler begründet wird. Der Bundespräsident hat keinen Einfluss auf die Richtlinien der Politik, auch nicht mittelbar über die Zusammensetzung der Regierung. Der Bundeskanzler trägt gegenüber dem Bundestag allein die Verantwortung für „sein" Kabinett.[882]

D. Politisches Ermessen

In einigen wenigen Fällen hat der BPräs einen weitergehenden, auch **politische Ermessenserwägungen** umfassenden Entscheidungsspielraum: Auflösung des Bundestages (Art. 68 Abs. 1 S. 1 GG); Erklärung des Gesetzgebungsnotstandes (Art. 81 Abs. 1 GG); Verlangen nach Zusammentritt des Bundestages (Art. 39 Abs. 3 S. 3 GG); Ausübung des Begnadigungsrechts (Art. 60 Abs. 2 GG).

289

Ausdrücklich ausgeschlossen sind Ermessenserwägungen dagegen z.B. in Art. 63 Abs. 2 S. 2 GG („ist zu ernennen") und Art. 63 Abs. 4 S. 2 GG („muss ihn ernennen").

---

882 M/M Rdnr. 300; Kunig Jura 1994, 217, 221; Erichsen Jura 1985, 373, 377; Windirsch JuS 1995, 527, 530; ebenso Huba/Burmeister JuS 1989, 832 für die Ernennung von Bundesrichtern gemäß Art. 60 Abs. 1 GG; vgl. auch Butzer VerwArch 82 (1991), 497, 506 mit FN 39.

8. Teil: Verteilung der Gesetzgebungskompetenzen[883]

Fallbearbeitungen bei Haug Jura 2013, 959; Hebeler/Erzinger JA 2011, 921; Bowitz/Schorn Ja 2012, 597 (Ex. Kl.); Barzcak JuS 2012, 156; Windthorst/Sattler JuS 2012, 826; BVerwG RÜ 2011, 593 (Filmförderungsabgabe); Augsberg u.a. Fall 1; Geis Fall 5; Sauer Jura 2007, 543; Höfling Fall 2; Glaser Jura 2008, 949; Degenhart/K I Fall 4, 13, 19; K II Fall 3. Kleine Übungsfälle bei Stöbener Jura 2008, 326.

1. Abschnitt: Überblick

290 **A.** Wegen **Art. 70 Abs. 1 GG** als Konkretisierung des **Ländergrundsatzes** in Art. 30 GG sind grds. allein die Länder zuständig für die Gesetzgebung.

Der Bund ist nur ausnahmsweise dann zuständig, wenn ihm ausdrücklich im Grundgesetz Zuständigkeiten zugewiesen werden oder bei ungeschriebenen Zuständigkeiten.[884]

291 **I. Ausnahmen** zugunsten des Bundes kraft **ausdrücklicher** Grundgesetzvorschrift

1. Ausschließliche Zuständigkeit des Bundes

Kompetenztitel ergeben sich aus Art. 73 Abs. 1 GG und anderen Vorschriften; die Rechtsfolgen, insbesondere für ausnahmsweise Zuständigkeiten der Länder in diesem Bereich regelt Art. 71 GG (Rechtsfolgenorm).

Ein Sonderfall ist die sog. Grundsatzgesetzgebungskompetenz gem. Art. 109 Abs. 3 GG.[885]

2. Konkurrierendes Gesetzgebungsrecht

Kompetenztitel zugunsten des Bundes (und der Länder) sind in Art. 74 Abs. 1 GG und anderen Vorschriften des Grundgesetzes (z.B. Art. 84 Abs. 1 GG) enthalten; die Rechtsfolgen für die Zuständigkeiten von Bund und Ländern in den Bereichen von Art. 74 Abs. 1 GG regelt Art. 72 GG (Rechtsfolgenorm). Dabei ist zu unterscheiden nach Kernkompetenzen (Art. 72 Abs. 1 GG), Bedarfskompetenzen (Art. 72 Abs. 2 GG) und Abweichungskompetenzen (Art. 72 Abs. 3 GG).[886]

II. Ungeschriebene Zuständigkeiten des Bundes sind

1. die Zuständigkeit **kraft Natur der Sache**; Rechtsfolgenorm Art. 71 GG,

2. die **Annexkompetenz** und die Zuständigkeit **kraft Sachzusammenhangs** zu einem ausdrücklich zugewiesenen Bereich in Art. 73 Abs. 1 oder 74 Abs. 1 GG; Rechtsfolgenorm ist Art. 71 bzw. 72 GG.

B. Überleitungsrecht

292 Wegen der umfangreichen Neuordnung der Gesetzgebungskompetenzen durch die Föderalismusreform (zum 01.09.2006)[887] oder frühere GG-Änderungen kann es Fälle geben, in denen nach alter Rechtslage Bundesgesetze erlassen worden sind, für die

---

883 Vgl. auch Kloepfer Rdnr. 66 ff.; Schmidt S. 262 ff.; Mo/Mi Rdnr. 443 ff.; P/K Rdnr. 263 ff.; M/M Rdnr. 375 ff.; Gröpl Rdnr. 1170 ff.; Degenhart Rdnr. 146 ff.; Ipsen § 10; Hebeler JA 2010, 688.

884 Zum Vorgehen bei Zusammentreffen verschiedener Kompetenztitel vgl. M/M Rdnr. 389 f.; Degenhart Rdnr. 160 ff.

885 Vgl. i.E. Ipsen Rdnr. 588 f.

886 Terminologie nach Ipsen Rdnr. 555 f.; vgl. auch Degenhart Rdnr. 148 a.

887 Vgl. dazu ausführlich die Vorauflage (2008), 162–165 m.w.N.

nach aktueller Rechtslage entweder kein Kompetenztitel mehr zur Verfügung steht (z.B. der gestrichene Art. 75 Abs. 1 GG), oder in denen die einschränkenden Voraussetzungen für eine Zuständigkeit des Bundes (z.B. Art. 72 Abs. 2 GG) nicht mehr vorliegen.

Entsprechendes gilt für den umgekehrten Fall, also dass die Länder nach alter Rechtslage zuständig zum Erlass eines Gesetzes waren, zu dem sie nach der neuen Rechtslage nicht mehr zuständig sind.

Für beide Fälle enthält das Grundgesetz sog. Überleitungsvorschriften, die detailliert regeln, ob und unter welchen Voraussetzungen Bundes- bzw. Landesrecht weiter fortgilt und unter welchen Voraussetzungen und ggf. ab welchem Zeitpunkt der Bund bzw. das Land von einer ihm neu zugeordneten Gesetzgebungszuständigkeit Gebrauch machen kann; vgl. insofern **Art. 72 Abs. 4 GG, 125 a–c GG**, prozessual ergänzt durch das Verfahren gemäß **Art. 93 Abs. 2 GG**.[888]

C. Folgen bei fehlender Zuständigkeit

Sofern im Zeitpunkt des Gesetzeserlasses keine Zuständigkeit (von Bund oder Land) bestand, ist das betreffende Gesetz nichtig von Anfang an (ex tunc). Eine rückwirkende Heilung ist nicht möglich.[889]

2. Abschnitt: Ausschließliche Zuständigkeit der Länder

A. durch ausdrückliche **Ausschlussklauseln zulasten des Bundes in Art. 74 Abs. 1 GG**   **293**
(„ohne das Recht ..." oder „mit Ausnahme ..."):

- Nr. 1: Recht des Untersuchungshaftvollzugs;[890]

- Nr. 7: Heimrecht;

- Nr. 11: Recht des Ladenschlusses, der Gaststätten, der Spielhallen,[891] der Schaustellung von Personen, der Messen, der Ausstellungen und der Märkte;[892]

- Nr. 17: Recht der Flurbereinigung;

- Nr. 18: **landwirtschaftlicher** Grundstücksverkehr,

  da in Nr. 18 n.F. nur der **städtebauliche** Grundstücksverkehr in der konkurrierenden Zuständigkeit des Bundes steht;[893]

- Nr. 24: Schutz vor verhaltensbezogenem Lärm,

  also insbesondere vor Sport, Freizeit und sog. sozialem Lärm;[894]

- Nr. 27: Laufbahnrecht, Besoldung und Versorgung.[895]

---

888 Vgl. dazu i.E. Nierhaus/Rademacher LKV 2006, 385, 392; Degenhart Rdnr. 181 ff.; M/M Rdnr. 388; Fallbearbeitung bei Bowitz/Schorn JA 2012, 597.
Zum Zusammenspiel von Art. 125 a Abs. 1 S. 1 GG mit dem kommunalen Durchgriffsverbot der Art. 84 Abs. 1 S. 7, 85 Abs. 1 S. 2 GG vgl. Kallerhoff DVBl. 2011, 6.

889 BVerfG NJW 1999, 3404.

890 Kritisch dazu Nierhaus/Rademacher a.a.O. S. 390 FN 62.

891 Vgl. i.E. Schneider GewArch 2009, 265, 343.

892 Zum Ladenschlussrecht vgl. Nierhaus/Rademacher a.a.O. S. 390 f. FN 63 f. sowie die Nachweise bei Hebeler a.a.O. S. 694 FN 64.

893 BR-Drucks. 178/06 S. 18: Als Kompetenz mit besonderem Regionalbezug bezeichnet.

894 Nachweise bei Hebeler a.a.O., S. 694 FN 59 f.

895 Vgl. i.E. Förster LKV 2009, 497.

B. Sonstige Zuständigkeiten

294 **I.** Soweit ersichtlich ist eine ausschließliche Länderzuständigkeit im Grundgesetz nur in Art. 80 Abs. 4 GG geregelt (Zuständigkeit zum Erlass eines verordnungsvertretenden Gesetzes).[896]

295 **II.** Wegen **Art. 70 Abs. 1 GG** sind die Länder für alle Sachgebiete zuständig, die nicht ausdrücklich dem Bund im GG zugeordnet sind (Ausnahme: die noch zu behandelnden ungeschriebenen Bundeszuständigkeiten).

Dazu zählen insbesondere:

- das Landesverfassungsrecht;

- die Landesverwaltung (insbesondere Gliederung, Instanzenaufbau und Arbeitsweise);

- das Schul- und Ausbildungswesen, Kunst, Rundfunk, Fernsehen, neue Medien, das Hochschulrecht im oben näher beschriebenen Umfang (sog. **Kulturhoheit** der Länder);

- das Kommunalrecht;

- das Recht der Gefahrenabwehr (Polizei- bzw. Sicherheits- und Ordnungsrecht);[897]

  Unter bestimmten Voraussetzungen kann auch der Bund in einzelnen bundesrechtlichen Vorschriften gefahrenabwehrrechtliche Vorschriften kraft Sachzusammenhangs regeln (vgl. dazu noch unten bei der Bundeszuständigkeit kraft Sachzusammenhangs); vgl. in diesem Zusammenhang auch den neu eingeführten Art. 73 Abs. 1 Nr. 9 a GG.

- das Strafvollzugsrecht.[898]

3. Abschnitt: Ausschließliche Zuständigkeit des Bundes

296 ## A. Kompetenztitel

I.   Art. 73 Abs. 1 GG

Die wichtigsten Bereiche der ausschließlichen Zuständigkeit des Bundes finden sich in Art. 73 Abs. 1 GG.

Beispiele:

- Nr. 3 f „Auslieferung" (IRG)

- Nr. 6 (§§ 13–15 LuftSiG)[899]

- Nr. 8 (BBG)

- Nr. 9 (UrhRG)

- Nr. 10 a (AntiTerrorDateiG)[900]

---

896 Vgl. dazu Maurer § 17 Rdnr. 148 f. m.w.N.; Pechstein/Weber Jura 2003, 82, 87 f.

897 Vgl. auch Gröpl Rdnr. 1174: „P-K-K" = „Polizei-Kultur-Kommunales".

898 Vgl. i.E. die Nachweise bei Hebeler a.a.O. S. 694 FN 61

899 BVerfG RÜ 2012, 649: Annexkompetenz.

900 BVerfG, Urt. v. 24.04.2013 – 1 BvR 1215/07.

II. Sonstige Kompetenztitel

Eine ausschließliche Zuständigkeit des Bundes gilt auch dann, wenn das GG vorsieht, dass näheres „durch Bundesgesetz" geregelt wird.

Beispiele:

- Art. 4 Abs. 3 S. 2 GG (Ausfüllung z.B. durch das KDVNG)
- Art. 21 Abs. 3 GG (ParteiG)
- Art. 38 Abs. 3 GG (BWG, AbgG)

B. Rechtsfolgenorm

Gemäß Art. 71 GG haben die Länder im Bereich der ausschließlichen Gesetzgebung des Bundes die Befugnis zur Gesetzgebung nur, wenn und soweit sie hierzu in einem Bundesgesetz ausdrücklich ermächtigt werden. Die Ermächtigung ist nur für Einzelfragen möglich, nicht für gesamte Sachgebiete. Sie berechtigt zur Gesetzgebung, verpflichtet die Länder aber nicht.[901]

297

Beispiel: Mangels gesetzlicher Ermächtigung im ParteiG besitzen die Länder keine Gesetzgebungskompetenz für eine Erhöhung der Wahlkampfkostenpauschale.[902]

4. Abschnitt: Konkurrierende Gesetzgebung[903]

A. Kompetenztitel: Art. 74 Abs. 1 GG, z.B.

298

- Nr. 1: Bürgerliches Recht, Strafrecht, Gerichtsverfassung, gerichtliches Verfahren (ohne das Recht des Untersuchungshaftvollzugs), Rechtsanwaltschaft, Notariat und Rechtsberatung

   Zum **Strafrecht** gehört die Regelung aller staatlichen Reaktionen auf Straftaten, die an die Straftat anknüpfen, ausschließlich für Straftäter gelten und ihre sachliche Rechtfertigung auch aus der Anlasstat beziehen.[904] Dazu gehören auch spezialpräventive Reaktionen auf eine Straftat, wie die Unterbringung eines rückfallgefährdeten Straftäters nach dem ThUG.[905]

   Zum gerichtlichen (Straf-)**Verfahren** gehört auch die Vorsorge für die Verfolgung von Straftaten.[906] Die Länder können in diesem Zusammenhang nur dann tätig werden, wenn die StPO keine Sperrwirkung gemäß Art. 72 Abs. 1 GG entfaltet.[907]

- Nr. 11: Recht der Wirtschaft

   Aktuell problematisch ist, ob die Filmförderung gemäß § 66 FFG Wirtschaftsförderung ist (dann grundsätzlich Zuständigkeit des Bundes) oder Kulturförderung (dann ausschließliche Zuständigkeit der Länder).[908]

---

901 Pechstein/Weber Jura 2003, 82, 84.

902 VerfGH NRW NwVBl. 1992, 275, Anm. Sachs. JuS 1993, 334.

903 Zur Zuständigkeit des Bundes zum Erlass öffentlicher Rauchverbote, die auf verschiedene Kompetenztitel der konkurrierenden Gesetzgebung gestützt werden kann, vgl. i.E. Siekmann NJW 2006, 3382; Rossi/Lenski NJW 2006, 2657.

904 BVerfG NJW 2004, 750 – Straftäterunterbringung.

905 BVerfG RÜ 2013, 649, 651 (ThUG); a.A. abweichendes Votum Huber: Zuständigkeit des Bundes kraft Sachzusammenhang zu Art. 74 Abs. 1 Nr. 1 GG.

906 BVerfG NJW 2005, 2603 – Telekommunikationsüberwachung durch die Länder.

907 Schnabel NVwZ 2010, 1457, 1459; so wohl auch BVerwG, Urt. v. 25.01.2012 – 6 C 9/11 Anm. Schoch JK 8/12, GG Art. 2 Abs. 1, 1 Abs. 1/57.

908 Vgl. dazu BVerwG RÜ 2011, 593 und das Verfahren BVerfG 2 BvR 1561/12 u.a.

| 8. Teil | Verteilung der Gesetzgebungskompetenzen |

- **Nr. 20: Tierschutz**

  Der Begriff des Tierschutzes ist weit auszulegen und bezieht sich insbesondere auf Haltung, Pflege, Unterbringung und Beförderung von Tieren, auf Versuche an lebenden Tieren und auf das Schlachten von Tieren. Zur wirksamen Sicherung dieses Zweckes sind dem Bund auch Regelungen zur Überwachung und zur Förderung des Tierschutzes gestattet.[909]

- **Nr. 27: Statusrechte und -pflichten der Beamten der Länder, Gemeinden und anderer Körperschaften des öffentlichen Rechts sowie der Richter in den Ländern[910]**

  Statusrechte und -pflichten sind

  - Wesen, Voraussetzungen, Rechtsform der Begründung, Arten, Dauer sowie Nichtigkeits- und Rücknahmegründe des Dienstverhältnisses,

  - Abordnungen und Versetzungen der Beamten zwischen den Ländern und zwischen Bund und Ländern oder entsprechende Veränderungen des Richterdienstverhältnisses,

  - Voraussetzungen und Formen der Beendigung des Dienstverhältnisses (vor allem Tod, Entlassung, Verlust der Beamten- und Richterrechte, Entfernung aus dem Dienst nach dem Disziplinarrecht),

  - statusprägende Pflichten und Folgen der Nichterfüllung,

  - wesentliche Rechte,

  - Bestimmung der Dienstherrenfähigkeit,

  - Spannungs- und Verteidigungsfall und

  - Verwendungen im Ausland.[911]

- **Nr. 33: Hochschulzulassung und Hochschulabschlüsse[912] (Art. 75 Abs. 1 Nr. 1 a GG a.F.)**

  Ausweislich der Gesetzesbegründung werden **nicht** erfasst die Regelung von **Studiengebühren** sowie Regelungen bezüglich des **Hochschulzugangs**.[913]

B. Rechtsfolgenorm: Art. 72 GG

Klausurhinweis: *Die Anforderungen an die konkurrierende Gesetzgebung durch den Bund sind andere als die Anforderungen an entsprechende Gesetze der Länder. Aus diesem Grund ist genau darauf zu achten, ob im konkreten Fall die Verfassungsmäßigkeit eines* ***Landesgesetzes*** *zu prüfen ist (dann Rechtsfolgenorm zugunsten des Landes) oder ein* ***Bundesgesetz*** *(dann Rechtsfolgenorm zugunsten des Bundes).[914]*

---

909 BVerfG DVBl. 2004, 698, 703 – Kampfhunde.

910 Vgl. auch das BeamtStG (Sa. I Nr. 150) und Battis/Grigoleit ZBR 2008, 1.

911 BR-Drucks. 178/06, S. 32; beachte auch das BeamtenstatusG.

912 Vgl. i.E. Nolte DVBl. 10, 84, 88 ff.

913 BR-Drucks. 178/06 S. 33 (dort auch zur Bedeutung der Neuregelung für den sog. Bologna-Prozess); krit. Nierhaus/Rademacher a.a.O. S. 388 f. FN 45.

914 Degenhart Rdnr. 173.

I. Rechtsfolgenorm zugunsten des Bundes

1. „Bedarfskompetenz"[915]gemäß Art. 72 Abs. 2 GG

Fallbearbeitung bei Augsberg u.a. Fall 1.

Nur auf den Gebieten des Art. 74 Abs. 1 Nr. 4, 7, 11, 13, 15, 19 a, 20, 22, 25 und 26 GG.   **299**

Mit der Neufassung des Art. 72 Abs. 2 GG im Jahr 1994 („Kleine Verfassungsreform")[916] wurde die frühere „Bedürfnisklausel" (in Kraft bis 15.11.1994; vgl. Art. 125 a Abs. 2 S. 1 GG), die vom BVerfG sehr weit zugunsten des Bundes ausgelegt wurde, durch eine **„Erforderlichkeitsklausel"** ersetzt. Der Bund hat auf den oben genannten Gebieten der konkurrierenden Gesetzgebung das Gesetzgebungsrecht nur, wenn und soweit[917]

- die Herstellung **gleichwertiger Lebensverhältnisse** im Bundesgebiet („bundesstaatliches Sozialgefüge") oder

- die Wahrung der **Rechtseinheit** im gesamtstaatlichen Interesse („funktionsfähige Rechtsgemeinschaft") oder

- die Wahrung der **Wirtschaftseinheit im gesamtstaatlichen Interesse** („Funktionsfähigkeit des Wirtschaftsraums")

eine bundesgesetzliche Regelung **erforderlich** macht.[918]

In seinem Urteil zur Neuregelung der Altenpflege vom 24.10.2002 hat das BVerfG erstmalig Aussagen zum Inhalt der **Zielvorgaben des Art. 72 Abs. 2 GG** und deren gerichtliche Überprüfbarkeit vorgenommen.[919]

a) „Gerichtlicher Prüfungsumfang"

Zur Bedürfnisklausel in Art. 72 Abs. 2 GG a.F. (bis 15.11.1994) hatte das BVerfG in ständi-   **300** ger Rechtsprechung die Auffassung vertreten, das Vorliegen dieser Voraussetzungen setze eine politische Bewertung voraus, die das Gericht zu respektieren habe. Der Bundesgesetzgeber sei nicht darauf beschränkt, einer schon bestehenden Einheitlichkeit der Lebensverhältnisse zu folgen, sondern befugt, auf das ihm erwünscht erscheinende Maß an Einheitlichkeit im Sozialleben hinzustreben.

Diese Rechtsprechung gibt das BVerfG infolge der Änderung von Art. 72 Abs. 2 GG nunmehr ausdrücklich auf und führt dazu aus:

„Die Entstehungsgeschichte des Art. 72 Abs. 2 GG n.F. belegt, dass der verfassungsändernde Gesetzgeber mit der Neufassung des Art. 72 Abs. 2 GG sowie der Einrichtung eines speziellen verfassungsgerichtlichen Verfahrens gem. Art. 93 Abs. 1 Nr. 2 a GG das Ziel verfolgt hat, die Position der Länder zu stärken und zugleich eine effektive verfassungsgerichtliche Überprüfung sicherzustellen. ... Ein von verfas-

---

915 Ipsen NJW 2006, 2801, 2803; Gröpl Rdnr. 1187 ff.; Ipsen Rdnr. 569 ff.; Degenhart Rdnr. 174 ff.; M/M Rdnr. 382 ff.

916 Vgl. dazu Sommermann Jura 1995, 393.

917 BVerfG NJW 2003, 41 – Altenpflege: „Art. 72 Abs. 2 GG ist über den Grenzen der Kompetenztitel des Art. 74 GG zusätzliche Schranke für die Ausübung der Bundeskompetenz"; ähnlich Maurer § 17 Rdnr. 34.

918 Das BVerfG a.a.O. spricht von Zielvorgaben.

919 BVerfG NJW 2003, 41 – Altenpflege; NvWZ 2004, 597 – Kampfhunde; NJW 2004, 2363 – Ladenschlussgesetz; NJW 2004, 2803, 2805 f. – Junior-Professur; NJW 2005, 493 – Studiengebühren, Anm. Hain/Uecker Jura 2006, 48; Lechleitner Jura 2004, 746; Waldhoff in: Hennecke a.a.O. S. 55 f.; Pechstein/Weber Jura 2003, 82, 85 f.

8. Teil — Verteilung der Gesetzgebungskompetenzen

sungsgerichtlicher Kontrolle freier gesetzgeberischer Beurteilungsspielraum hinsichtlich der Voraussetzungen des Art. 72 Abs. 2 GG besteht nicht. Ihrer Stellung im System des Grundgesetzes, ihrem Sinn und dem Willen des Verfassungsgebers kann die Norm nur dann gerecht werden, wenn ihre Voraussetzungen subjektiv von demjenigen bestimmt werden dürfen, dessen Kompetenz beschränkt werden soll. ... Der Wille des verfassungsändernden Gesetzgebers ging dahin, die Erforderlichkeitsklausel des Art. 72 Abs. 2 GG justiziabel zu machen; dem Bundesgesetzgeber sollte kein Beurteilungsspielraum belassen werden."

b) „Herstellung gleichwertiger Lebensverhältnisse im Bundesgebiet"

301 „Das Erfordernis der Herstellung gleichwertiger Lebensverhältnisse ist nicht schon dann erfüllt, wenn es nur um das In-Kraft-Setzen bundeseinheitlicher Regelungen geht. Dem Bundesgesetzgeber ist ein Eingreifen auch dann nicht erlaubt, wenn lediglich eine Verbesserung der Lebensverhältnisse in Rede steht. ... Das bundesstaatliche Rechtsgut gleichwertiger Lebensverhältnisse ist vielmehr erst dann bedroht, und der Bund ist dann zum Eingreifen ermächtigt, wenn sich die Lebensverhältnisse in den Ländern der Bundesrepublik in erheblicher, das bundesstaatliche Sozialgefüge beeinträchtigender Weise auseinander entwickelt haben oder sich eine derartige Entwicklung konkret abzeichnet."[920]

c) „Wahrung der Rechtseinheit"[921]

302 „... Das Tatbestandsmerkmal Wahrung der Rechtseinheit in Art. 72 Abs. 2 GG kann nicht so verstanden werden, dass die Setzung bundeseinheitlichen Rechts stets erforderlich wäre. Unterschiedliche Rechtslagen für die Bürger sind notwendige Folge des bundesstaatlichen Aufbaus. Das Grundgesetz lässt unterschiedliche rechtliche Ordnungen in den Gliedstaaten zu und begrenzt insoweit auch eine Berufung auf Art. 3 Abs. 1 GG. Eine Unterschiedlichkeit von Regelungen in den Ländern allein kann deshalb ein gesamtstaatliches Interesse an einer bundesgesetzlichen Regelung nicht begründen. Eine Gesetzesvielfalt auf Länderebene erfüllt die Voraussetzungen des Art. 72 Abs. 2 GG erst dann, wenn sie eine Rechtszersplitterung mit problematischen Folgen darstellt, die im Interesse sowohl des Bundes als auch der Länder nicht hingenommen werden kann. Gerade die Unterschiedlichkeit des Gesetzesrechts oder der Umstand, dass die Länder eine regelungsbedürftige Materie nicht regeln, müssen das gesamtstaatliche Rechtsgut der Rechtseinheit, verstanden als Erhaltung einer funktionsfähigen Rechtsgemeinschaft, bedrohen. ... Einheitliche Rechtsregeln sind insbesondere dann erforderlich, wenn die unterschiedliche rechtliche Behandlung desselben Lebenssachverhalts unter Umständen erhebliche Rechtsunsicherheiten und damit unzumutbare Behinderungen für den länderübergreifenden Rechtsverkehr zeugen kann. Um dieser sich unmittelbar aus der Rechtslage ergebenden Bedrohung von Rechtssicherheit und Freizügigkeit im Bundesstaat entgegenzuwirken, kann der Bund eine bundesgesetzlich einheitliche Lösung wählen (eine Verpflichtung dazu enthält Art. 72 Abs. 2 GG nicht)."[922]

d) „Wahrung der Wirtschaftseinheit im gesamtstaatlichen Interesse"[923]

303 „Die Wahrung der Wirtschaftseinheit liegt im gesamtstaatlichen Interesse, wenn es um die Erhaltung der Funktionsfähigkeit des Wirtschaftsraums der Bundesrepublik durch bundeseinheitliche Rechtsetzung geht. ... Geht es in erster Linie um wirtschaftspolitisch bedrohliche oder unzumutbare Auswirkungen einer Rechtsvielfalt oder mangelnder länderrechtlicher Regelung, greift die dritte Zielvorgabe des Art. 72 Abs. 2 GG ein. ... Die Wirtschaftseinheit als Zielgröße in Art. 72 Abs. 2 GG ist nicht auf den Bereich des Rechts der Wirtschaft in Art. 74 Abs. 1 Nr. 11 GG beschränkt, denn Art. 72 Abs. 2 GG bezieht sich auf alle Materien der konkurrierenden und der Rahmengesetzgebung. Erfordernisse der Wirtschaftseinheit

---

920 BVerfG NJW 2003, 41, 52.
921 Vgl. auch BVerfG DVBl. 2010, 509.
922 BVerfG NJW 2003, 41, 52 f.
923 Vgl. auch BVerfG DVBl. 2010, 509; BVerwG RÜ 2011, 593, 596 (Filmförderungsabgabe).

i.S.d. Art. 72 Abs. 2 GG können also die Inanspruchnahme der Bundeskompetenz für alle in Art. 74 Abs. 1 GG aufgeführten Sachgebiete rechtfertigen."[924]

Ausreichend ist, dass der Bundesgesetzgeber „eine Regelung nur für einen bestimmten Wirtschaftssektor treffen will, ohne dass dieser Wirtschaftssektor für die Funktionsfähigkeit der Gesamtwirtschaft von Bedeutung sein müsste".[925]

e) „Erforderlichkeit einer bundesgesetzlichen Regelung"[926]

Nach Auffassung des BVerfG ist entsprechend dem Wortlaut von Art. 72 Abs. 2 GG in zwei Prüfungsschritten vorzugehen.

304

„Bezieht sich der erste Prüfungsschritt auf die Frage, ob eine Regelung des Bundesgesetzgebers zum Schutz der in Art. 72 Abs. 2 GG genannten Rechtsgüter zulässig ist („wenn ... erforderlich"), so ist im zweiten Schritt das Ausmaß der Eingriffsbefugnis festzustellen („soweit ... erforderlich").

Im Kompetenzgefüge des Grundgesetzes gebührt bei gleicher Eignung von Regelungen zur Erfüllung der grundgesetzlichen Zielvorgaben grundsätzlich den Ländern der Vorrang (Art. 30 und 70 GG). Art. 72 Abs. 2 GG trägt dem – mit dem Kriterium der Erforderlichkeit bundesgesetzlicher Regelung – Rechnung und verweist den Bund damit auf den geringstmöglichen Eingriff in das Gesetzgebungsrecht der Länder. Erforderlich ist die bundesgesetzliche Regelung danach nur soweit, als ohne sie die vom Gesetzgeber für sein Tätigwerden im konkret zu regelnden Bereich in Anspruch genommene Zielvorgabe des Art. 72 Abs. 2 GG ... nicht oder nicht hinlänglich erreicht werden kann. Dabei muss dem Gesetzgeber eine Prärogative für Konzept und Ausgestaltung des Gesetzes verbleiben. Wenn er ein Konzept gewählt hat, das sowohl die Hürde des Art. 74 Abs. 1 GG genommen hat als auch zum Schutz der Rechtsgüter des Art. 72 Abs. 2 GG nach Ziel und Wirkung erforderlich ist, können Teile des Konzepts nur dann als zu regelungsintensiv herausgenommen werden, wenn das Gesamtkonzept, und damit die Wirkung des Gesetzes, ohne sie nicht gefährdet wird".[927]

f) Ergänzt wird Art. 72 Abs. 2 GG durch **Art. 93 Abs. 1 Nr. 2 a GG**, wonach das BVerfG auf Antrag des Bundesrates, einer Landesregierung oder eines Landtages prüft, ob ein Gesetz den Voraussetzungen des Art. 72 Abs. 2 GG entspricht (vgl. ausführlich zum sog. – **föderativen – Kompetenzkontrollverfahren, Art. 72 Abs. 2 GG**, unten Rdnr. 447 f.). Die Bedeutung dieses Verfahrens zugunsten der Länder, das zum 16.11.1994 zusammen mit der Neufassung von Art. 72 Abs. 2 GG eingeführt wurde, wird allerdings durch die starke Einschränkung der Erforderlichkeitsklausel seit dem 01.09.2006 ganz erheblich eingeschränkt.[928]

305

2. Sonstige Gebiete des Art. 74 Abs. 1 GG

Gebiete des Art. 74 Abs. 1 GG, die in Art. 72 Abs. 2 GG nicht genannt werden, sind insgesamt von der Erforderlichkeitsprüfung ausgenommen, weil Bund und Länder insoweit übereinstimmend von der Erforderlichkeit bundesgesetzlicher Regelungen ausgehen.[929] Jedoch ist für die Frage, ob ein Bundesgesetz in diesem Bereich überhaupt in Kraft tritt oder zu welchem Zeitpunkt es in Kraft tritt danach zu unterscheiden, ob es sich

306

---

924 BVerfG NJW 2003, 41, 52 f.

925 BVerwG RÜ 2011, 593, 596.

926 Vgl. auch BVerfG DVBl. 2010, 509.

927 BVerfG NJW 2003, 41, 52 f. mit näheren Ausführungen dazu, wann möglicherweise ein nichtüberprüfbarer Prognosespielraum des Bundes besteht; Fallbearbeitung bei Augsberg u.a. Fall 1.

928 Vgl. auch Nierhaus/Rademacher LKV 2006, 385, 391.

929 BR-Drucks. 178/06, S. 20.

8. Teil — Verteilung der Gesetzgebungskompetenzen

um eine **Bundeskompetenz mit** oder **ohne Abänderungs-** bzw. **Zugriffsrecht der Länder** handelt.[930]

a) Bundeskompetenz mit Abweichungsrecht der Länder ("Abweichungskompetenz")[931]

307 Sofern der Bund von seiner Gesetzgebungszuständigkeit gemäß Art. 74 Abs. 1 GG Gebrauch gemacht hat, können die Länder auf den Gebieten des Art. 72 Abs. 3 S. 1 GG hiervon ganz oder teilweise abweichende Regelungen treffen (zu Einzelheiten vgl. noch unten bei den Rechtsfolgenormen zugunsten der Länder, Rdnr. 309 ff.). Sofern ein Bundesgesetz auf den Gebieten des Art. 72 Abs. 3 S. 1 GG erlassen worden ist, tritt dies gemäß Art. 72 Abs. 3 S. 2 GG frühestens sechs Monate nach seiner Verkündung in Kraft, soweit nicht mit Zustimmung des Bundesrates anderes bestimmt ist ("grds. aufschiebend befristete Bundeskompetenz").

Durch Art. 72 Abs. 3 S. 2 GG soll den Ländern Gelegenheit gegeben werden, durch gesetzgeberische Entscheidungen festzulegen, ob und in welchem Umfang sie vom Bundesrecht abweichendes Landesrecht beibehalten oder erlassen wollen; es sollen kurzfristig wechselnde Rechtsbefehle an den Bürger vermieden werden. Für Eilfälle (z.B. wegen europarechtlicher Umsetzungsfristen) besteht die Möglichkeit eines früheren Inkrafttretens, sofern der Bundesrat dem zustimmt.[932] Außerdem soll das Abänderungsrecht der Länder auf bestimmten Gebieten die insofern fehlende Erforderlichkeitsklausel ausgleichen.

Gemäß Art. 72 Abs. 3 S. 3 GG geht auf den Gebieten des Art. 72 Abs. 3 S. 1 GG im Verhältnis von Bundes- und Landesrecht das jeweils spätere Gesetz vor.

Hierzu heißt es in der Gesetzesbegründung:[933] „Ein vom Bundesrecht abweichendes Landesgesetz setzt das Bundesrecht für das Gebiet des betreffenden Landes nicht außer Kraft, sondern hat (lediglich) **Anwendungsvorrang** („geht vor"). Das bedeutet, dass z.B. bei Aufhebung des abweichenden Landesrechts automatisch wieder das Bundesrecht gilt. Novelliert der Bund sein Recht, z.B. um neue Vorgaben des EU-Rechts bundesweit umzusetzen, geht das neue Bundesrecht – als das spätere Gesetz – dem Landesrecht vor. Hebt der Bund sein Gesetz auf, gilt wieder das bisherige Landesrecht.

Die Länder ihrerseits können auch vom novellierten Bundesrecht erneut abweichen (im Beispielsfall aber nur unter Beachtung des auch für die Länder verbindlichen EU-Rechts). Das Landesrecht geht dann wiederum dem Bundesrecht vor."

Die Neuregelung wird insbesondere aus folgenden Gründen **kritisiert**:

Gemäß Art. 72 Abs. 1 GG haben die Länder im Bereich der konkurrierenden Gesetzgebung die Befugnis zur Gesetzgebung, solange und soweit der Bund von seiner Gesetzgebungszuständigkeit nicht durch Gesetz Gebrauch gemacht hat. Diese grundsätzliche Rechtsfolgenorm zugunsten der Länder wird, jedenfalls auf den Gebieten des Art. 72 Abs. 3 S. 1 GG (Änderungskompetenz der Länder), in das Gegenteil verkehrt, weil nunmehr Bundesrecht in diesen Gebieten nur noch soweit und solange gilt, wie die Länder von ihrer Kompetenz zur Abänderung keinen Gebrauch gemacht haben.[934]

Da die Länder aufgrund der Neuregelung von Art. 72 Abs. 3 GG die Möglichkeit haben, auch nur teilweise vom Bundesrecht abzuweichen oder kein Abänderungsgesetz zu erlassen, besteht die Gefahr einer **Rechtszersplitterung** im Bundesgebiet, weil im Land 1 möglicherweise nur Bundesrecht gilt, im Land 2

---

930 Nierhaus/Rademacher a.a.O. S. 392 f. FN 79.

931 Ipsen Rdnr. 579 ff.; Degenhart Rdnr. 179 ff.; M/M Rdnr. 385 ff.; Palm JuS 2007, 751, 754; Krause JA 2011, 768; Schmitz/Jornitz DVBl. 2013, 741.

932 BR-Drucks. 178/06, S. 26.

933 BR-Drucks. 178/06, S. 26.

934 Nierhaus/Rademacher a.a.O. S. 389 FN 48.

ausschließlich Landesrecht, im Land 3 teilweise Bundesrecht und teilweise Landesrecht. Dadurch wird insbesondere einer der Auslöser der Föderalismusreform, nämlich die Entflechtung und größere Transparenz von Bundes- und Landesgesetzgebung, konterkariert.[935]

Schließlich besteht auch die Gefahr, dass bei zwischen Bund und Ländern umstrittenen Gesetzgebungsmaterien des Art. 72 Abs. 3 S. 1 GG beide Seiten immer wieder neu Gesetze erlassen, um ihren Rechtsstandpunkt durchzusetzen (sog. **Ping-Pong-Gesetzgebung**).[936]

Art. 72 Abs. 3 S. 3 GG ist eine Ausnahme[937] vom Grundsatz des Art. 31 GG (Bundesrecht bricht Landesrecht = Geltungsvorrang) und modifiziert gleichzeitig den rechtsmethodischen Grundsatz „lex posterior derogat legi priori".[938]

b) Konkurrierende Bundeszuständigkeiten ohne Abweichungsmöglichkeiten der Länder („Kernkompetenzen") [939]

Außerhalb der Gebiete von Art. 72 Abs. 3 S. 1 GG (und außerhalb der Gebiete von Art. 72 Abs. 2 GG) kann der Bund uneingeschränkt und sofort tätig werden (insbesondere ohne Erforderlichkeitsklausel).[940]

308

Diese Gebiete sind im Wesentlichen

- Art. 74 Abs. 1 Nr. 1–3, 5, 6, 8–10, 12, 14, 16–19, 21, 23, 24 GG und

- die **abweichungsfesten Kerne** aus den Gebieten gemäß Art. 72 Abs. 3 S. 1

  - Nr. 1: Recht der Jagdscheine,

  - Nr. 2: allgemeine Grundsätze des Naturschutzes, das Recht des Artenschutzes oder des Meeresnaturschutzes,

  - Nr. 5: stoff- oder anlagebezogene Regelungen.

II. Rechtsfolgenormen zugunsten der Länder

1. Art. 72 Abs. 1 GG

Fallbearbeitung bei Pieroth/Görisch Fall 9.

Nach Art. 72 Abs. 1 GG sind die **Länder** von der konkurrierenden Gesetzgebung **ausgeschlossen**, wenn und soweit

309

- der Bund über eine konkurrierende Gesetzgebungszuständigkeit verfügt und

- der Bund von seiner Gesetzgebungsbefugnis durch Gesetz **Gebrauch gemacht** hat.

a) Das Gebrauchmachen erfolgt durch **Gesetz**, wobei nicht nur formelle Gesetze, sondern auch RechtsVOen (= Gesetze im materiellen Sinne) die **Sperrwirkung** auslösen.[941]

---

935 Nierhaus/Rademacher a.a.O.; Kesper a.a.O. S. 150; Papier a.a.O. S. 2147.

936 Nierhaus/Rademacher a.a.O. S. 389 f. FN 53 f.

937 Kesper a.a.O. S. 150 FN 48: lex specialis.

938 BR-Drucks. 178/06, S. 26.

939 Ipsen Rdnr. 557 ff.; Gröpl Rdnr. 1183 ff.

940 Krit. auch insofern Nierhaus/Rademacher a.a.O. S. 392 FN 73: „Von der konkurrierenden Gesetzgebung in ihrer durchaus sinnvollen Funktion als „Scharnier" oder beweglicher „Puffer" zwischen Bundes- und Landeskompetenzen bleibt wenig übrig".

941 Rybak/Hofmann NVwZ 1995, 230; Sannwald NJW 1994, 3313, 3315.

8. Teil — Verteilung der Gesetzgebungskompetenzen

Ein Gebrauchmachen liegt nach h.M. aber i.d.R. nicht schon in der Ermächtigung zum Erlass einer **RechtsVO**, sondern ist erst dann zu bejahen, wenn der Verordnungsgeber von der Ermächtigung selbst Gebrauch gemacht hat.[942]

In zeitlicher Hinsicht greift die Sperrwirkung nach der Neufassung des Art. 72 Abs. 1 GG erst ein, wenn der Bund von seiner Gesetzgebungsbefugnis Gebrauch gemacht „hat", also erst nach Abschluss des Gesetzgebungsverfahrens.[943]

Der Bundesgesetzgeber kann diesen Gesetzgebungsakt selbst vorgenommen haben, d.h. durch Erlass von Bundesrecht seit dem Jahre 1949. Das **Gebrauchmachen** kann aber auch in der Weise erfolgen, dass früheres Reichsrecht als Bundesrecht fortgilt. Da dies in weitestgehendem Umfang der Fall ist, sind die Länder vielfach durch die Fortgeltung früheren Reichsrechts von der Gesetzgebung ausgeschlossen.

Nach Art. 123 GG gilt **vorkonstitutionelles Recht** fort, wenn es materiell dem GG nicht widerspricht. Art. 124 und 125 GG regeln, wann das Recht als **Bundesrecht** fortgilt; greifen diese Vorschriften nicht ein, so ist es Landesrecht.[944]

Eine ähnliche Regelung findet sich in Art. 9 EV hinsichtlich der Fortgeltung von Teilen des DDR-Rechtes;[945] vgl. auch Art. 143 GG.

310 **b)** Inhaltlich ist ein Gebrauchmachen zunächst dann gegeben, wenn eine (positive) Regelung der Materie vorhanden ist. Ein Gebrauchmachen liegt aber auch dann vor – und dabei handelt es sich um die problematischeren Fälle –, wenn eine bestimmte Materie **abschließend geregelt** ist, d.h. wenn der Gesetzgeber zu erkennen gegeben hat, dass er auf diesem Gebiet nur die getroffene Regelung und keine andere für richtig hält.[946]

Vgl. auch das BVerfG (Bayerisches Schwangerenhilfeergänzungsgesetz): „Denn ein Gebrauchmachen von (konkurrierender) Gesetzgebungskompetenz liegt nicht nur dann vor, wenn der Bund eine Regelung getroffen hat. Auch in dem **absichtsvollen Unterlassen einer Regelung** kann ein Gebrauchmachen von einer Bundeszuständigkeit liegen, das dann insoweit Sperrwirkung für die Länder erzeugt."[947]

Für das **Privatrecht** wird eine abschließende Regelung des Bundes angenommen aufgrund Art. 1 Abs. 2, 55, 218 EGBGB (sog. **Kodifikationsprinzip**).[948] Der Landesgesetzgeber ist zu Regelungen nur befugt, soweit ein Vorbehalt besteht (vgl. Art. 55 ff. EGBGB).[949] Ähnliches gilt auch im **Strafrecht**.[950]

Etwas anderes gilt z.B. für das **Arbeitsrecht**, da dieses bei Erlass des BGB als grundlegendes und einheitliches Rechtsgebiet noch nicht anerkannt war. Zudem geht es hier nicht nur um privatrechtliche, sondern auch um öffentlich-rechtliche Vorschriften.[951]

311 **c)** Steht dem Land nach Art. 72 Abs. 1 GG kein Recht zur Gesetzgebung zu, sind die von ihm erlassenen konkurrierenden Gesetze mangels Zuständigkeit **nichtig**.

---

942 Jarass NVwZ 1996, 1042, 1045 ff.; a.A. Pechstein/Weber a.a.O. S. 87 FN 68.

943 Pechstein/Weber a.a.O. S. 86 f. FN 65 ff.; Rybak/Hofmann NVwZ 1995, 230; Jarass NVwZ 1996, 1042, 1043 f.

944 Dazu BVerwG DVBl. 1992, 564.

945 Dazu Grziwotz AöR 116 (1991), 588 ff.

946 BVerfGE 34, 9, 28; NJW 2004, 750, 755 – Straftäterunterbringung (§§ 63 ff. StGB); NJW 2005, 2603 – Telekommunikationsüberwachung der Länder zur Vorsorge für die Verfolgung von Straftaten (§§ 100 a f. StPO); Kunig Jura 1996, 254, 257; Pechstein/Weber a.a.O. S. 86 FN 59; M/M Rdnr. 380 f. FN 10; Schnabel NVwZ 2010, 1457, 1459; BVerwG, Urt. v. 25.01. 2012 – 6 C 9/11.

947 BVerfG NJW 1999, 841.

948 Degenhart Rdnr. 177: „Kodifikation als Kompetenzsperre".

949 BVerfG NJW 1988, 2593; NJW 1988, 2723; BVerwG NJW 1991, 713; DVBl. 1993, 114, 115; DVBl. 1997, 435, 436; Jarass NVwZ 1996, 1042, 1044.

950 Vgl. Ipsen Rdnr. 565.

951 BVerfGE 7, 342, 348; BVerfG DVBl. 1992, 759, 760; NJW 1988, 1899.

Eine **„Doppelzuständigkeit"** gibt es nach h.M. selbst dann nicht, wenn sich mehrere Kompetenzbereiche überschneiden.[952]

Beispiel: Das Zeugnisverweigerungsrecht für Journalisten (§ 53 Abs. 1 Nr. 5 StPO) berührt zum einen das strafgerichtliche Verfahren (Art. 74 Abs. 1 Nr. 1 GG), zum anderen das Presserecht, das mangels bundesrechtlicher Rahmenregelung (Art. 75 Abs. 1 Nr. 2 GG) allein in die Zuständigkeit der Länder fällt. Die Rspr. nimmt hier die Zuordnung zu dem Bereich vor, zu dem eine **vorrangige, wesensmäßige oder historische Zugehörigkeit** besteht. Deshalb gehören Vorschriften über das Zeugnisverweigerungsrecht als Bestandteil der Beweiserhebung ausschließlich zum gerichtlichen Verfahren i.S.d. Art. 74 Abs. 1 Nr. 1 GG.[953]

Der Kompetenzstreit im **Multimediarecht** wurde durch einen Kompromiss beigelegt: Der Bund erließ das Informations- und KommunikationsdiensteG (IuKD), das insbesondere das (inzwischen mehrfach geänderte) TelediensteG enthält; die Länder schlossen den (inzwischen ebenfalls geänderten) Mediendienste-Staatsvertrag (MDStV).[954]

d) Hat der Bund dagegen von seiner konkurrierenden Gesetzgebungsbefugnis keinen Gebrauch gemacht, so kann das Land (zunächst) uneingeschränkt eine gesetzliche Regelung treffen. Entsprechendes gilt, wenn der Bund eine bestimmte Materie nur partiell geregelt hat. Auch hier bleibt den Ländern Raum für ergänzende Vorschriften (vgl. „soweit"). Macht der Bund dann später von seiner Gesetzgebungskompetenz (uneingeschränkt) Gebrauch, so wird die landesrechtliche Regelung grds. unwirksam (Ausnahme seit 01.09.2006: Art. 72 Abs. 3 S. 3 GG neu; s. dazu bereits oben Rdnr. 307). Dies folgt zwar nicht schon aus Art. 72 GG, aber aus Art. 31 GG, da das zunächst gültige Landesrecht nun durch Bundesrecht „gebrochen" wird.

Beispiel: Das Land L hat im Jahre 1990 ein Gesetz erlassen. 1996 regelt der Bund die gleiche Materie bundeseinheitlich. 1999 wird die 1996 durch den Bund erlassene Vorschrift ersatzlos gestrichen. Gilt nunmehr wieder das ursprüngliche Landesgesetz? – Wird Landesrecht durch Bundesrecht gebrochen, so wird es (endgültig) unwirksam. Dadurch, dass später das Bundesrecht selbst wieder aufgehoben wird, lebt nur die Gesetzgebungsbefugnis des Landesgesetzgebers wieder auf, nicht dagegen die verdrängte landesrechtliche Bestimmung.[955]

Sofern ein Bundesgesetz aufgehoben wird, lebt die Gesetzgebungskompetenz der Länder wieder auf; verdrängte, bereits erlassene Landesgesetze bleiben jedoch grds. ungültig (Ausnahme: Art. 72 Abs. 3 S. 3; s. oben).[956]

2. Abänderungskompetenz der Länder gemäß Art. 72 Abs. 3 S. 1 GG

Wenn der Bund von seiner Gesetzgebungszuständigkeit gemäß Art. 74 Abs. 1 GG Gebrauch gemacht hat, können die Länder durch Gesetz hiervon abweichende Regelungen treffen über:

312

- Nr. 1: das Jagdwesen (ohne das Recht der Jagdscheine); vgl. Art. 74 Abs. 1 Nr. 28 GG;

- Nr. 2: Naturschutz und Landschaftspflege (ohne die allgemeinen Grundsätze des Naturschutzes, das Recht des Artenschutzes oder des Meeresnaturschutzes); vgl. Art. 74 Abs. 1 Nr. 29 GG;

Die Kompetenz für die **Grundsätze des Naturschutzes** gibt dem Bund die Möglichkeit, in allgemeiner Form bundesweite verbindliche Grundsätze für den Schutz der Natur, insbesondere die Erhaltung der biologischen Vielfalt, und zur Sicherung der Funktionsfähigkeit des Naturhaushaltes festzu-

---

952 BVerfG NJW 2003, 41, 44.

953 BVerfGE 39, 193, 203; Erichsen Jura 1993, 385, 387; Pechstein/Weber a.a.O. S. 89 FN 107 ff., 114.

954 Vgl. dazu i.E. Fechner, Medienrecht, Rdnr. 964 ff.; Germann/Seitz JA 2001, 727, 729 ff.; Fallbearbeitung bei Seitz JuS 2001 –LB– S. 76.

955 BVerwG BayVBl. 1993, 214; Erichsen Jura 1993, 385, 386.

956 Pechstein/Weber a.a.O. S. 86 FN 53.

legen.[957] **Nicht** davon **erfasst** sind beispielsweise die Landschaftsplanung, die konkreten Voraussetzungen und Inhalte für die Ausweisung von Schutzgebieten, die gute fachliche Praxis für die Land- und Forstwirtschaft und die Mitwirkung der Naturschutzverbände.[958]

- Nr. 3: Bodenverteilung; vgl. Art. 74 Abs. 1 Nr. 30 GG;

- Nr. 4: Raumordnung; vgl. Art. 74 Abs. 1 Nr. 31 GG;[959]

- Nr. 5: Wasserhaushalt (ohne stoff- oder anlagenbezogene Regelungen); vgl. Art. 74 Abs. 1 Nr. 32 GG;[960]

  Auf **Stoff und Anlagen bezogen** sind alle Regelungen, deren Gegenstand stoffliche oder von Anlagen ausgehende Einwirkungen auf den Wasserhaushalt betreffen, z.B. das Einbringen und Einleiten von Stoffen. In diesen Bereichen sind auch europarechtliche einheitliche Regelungen normiert.[961]

- Nr. 6: Hochschulzulassung und Hochschulabschlüsse; vgl. Art. 74 Abs. 1 Nr. 33 GG.

Zu den Folgen für Bundesgesetze auf den genannten Gebieten vgl. Art. 72 Abs. 3 S. 2 GG (s. oben); zum Verhältnis von Bundes- und Landesrecht auf diesen Gebieten vgl. Art. 72 Abs. 3 S. 3 GG (s. oben).

3. Art. 72 Abs. 4 GG i.V.m. Bundesgesetz

313   **a)** Gemäß Art. 72 Abs. 4 GG kann durch Bundesgesetz bestimmt werden, dass eine bundesgesetzliche Regelung, für die eine Erforderlichkeit i.S.d. Abs. 2 nicht mehr besteht, durch Landesrecht ersetzt werden kann.

Voraussetzung für eine Landeskompetenz in diesem Bereich ist danach zunächst, dass ein Bundesgesetz gemäß Art. 74 Abs. 1 GG zunächst den strengen Erforderlichkeitsanforderungen des Art. 72 Abs. 2 GG entsprochen hat, aber später diese Anforderungen nicht mehr erfüllt. Des Weiteren ist ein zusätzliches Bundesgesetz erforderlich, welches ausdrücklich erlaubt, dass ein bestimmtes Bundesgesetz nunmehr durch Landesrecht ersetzt werden kann.

b) Bis zum 01.09.2006 (Föderalismusreform I) bestand keine rechtlich durchsetzbare Verpflichtung des Bundes zum Erlass eines Bundesgesetzes gemäß Art. 72 Abs. 4 GG; vielmehr lag diese Entscheidung in seinem pflichtgemäßen Ermessen.[962]

Gemäß **Art. 93 Abs. 2 GG i.V.m. §§ 13 Nr. 6 b, 96 BVerfGG** besteht nunmehr die Möglichkeit, vor dem Bundesverfassungsgericht klären zu lassen, ob die Erforderlichkeit gemäß Art. 72 Abs. 2 GG für ein Bundesgesetz noch besteht oder nicht. Die Feststellung des Bundesverfassungsgerichts, dass die Erforderlichkeit entfallen ist, ersetzt ein Bundesgesetz nach Art. 72 Abs. 4 GG (vgl. dazu i.E. unten beim abstrakten Normenkontrollverfahren Rdnr. 432 ff.).[963]

c) Abgrenzung zu Art. 125 a Abs. 2 S. 2 GG: Art. 72 Abs. 4 GG gilt ausschließlich für **Bundesgesetze**, die **seit dem 16.11.1994** (Inkrafttreten der neuen Erforderlichkeitsklausel zugunsten der Länder) erlassen worden sind; Art. 125 a Abs. 2 S. 2 GG gilt ausschließlich für Bundesgesetze, die **vor diesem Zeit-**

---

957 Vgl. i.E. die Nachweise bei Hebeler a.a.O. S. 694 FN 57.

958 BR-Drucks. 178/06, S. 25; dort auch Erläuterungen zum Artenschutz sowie zum Recht des Meeresnaturschutzes; vgl. auch Kesper a.a.O. S. 151 FN 51; Köck/Wolf NVwZ 2008, 353.

959 Vgl. i.E. die Nachweise bei Hebeler a.a.O. S. 694 FN 62 f.

960 Vgl. i.E. die Nachweise bei Hebeler a.a.O. S. 694 FN 57.

961 BR-Drucks. a.a.O.

962 Zur Ermessensreduzierung aufgrund des Grundsatzes des länderfreundlichen Verhaltens vgl. BVerfG NJW 2004, 2363 – Ladenschluss; Nierhaus/Rademacher LKV 2006, 385, 392 m.w.N.

963 Krit. im Hinblick auf die Durchbrechung des Gewaltenteilungsgrundsatzes Nierhaus/Rademacher a.a.O.

punkt erlassen worden sind, also noch unter der Geltung der alten Bedürfnisklausel zugunsten des Bundes.[964]

C. Sonderfall: Art. 84 Abs. 1, 85 Abs. 1. S. 1 GG[965]

I. Kompetenztitel:

1. Umstritten ist zunächst, ob Art. 84 Abs. 1 S. 1, 2 GG und Art. 85 Abs. 1 S. 1 GG ausdrückliche Kompetenztitel zugunsten der Länder bzw. des Bundes sind.   **314**

a) Teilweise wird allein auf die materielle Gesetzgebungskompetenz (insbesondere nach Art. 70 ff. GG) abgestellt und die Regelungen über den Gesetzesvollzug als **Annex zur Sachkompetenz** betrachtet.[966]

Dagegen spricht jedoch, dass die in den Art. 83 ff. GG geregelten Bundeskompetenzen für das Organisations- und Verfahrensrecht (insbesondere Art. 84 Abs. 1, 2. Halbs. GG und Art. 85 Abs. 1, 2. Halbs. GG) leges speciales zu Art. 70 ff. GG sind und ausdrückliche Kompetenztitel ungeschriebene Zuständigkeiten (Annexkompetenz) verdrängen.

b) Mit der heute ganz h.M. ist deshalb davon auszugehen, dass **Art. 84 Abs. 1 S. 2, 1. Halbs. GG** (Beispiel: §§ 71 ff. AufenthG) und **Art. 85 Abs. 1 S. 1, 2. Halbs. GG** (Beispiel: §§ 24, 7 ff. AtomG) **allein Kompetenztitel** zugunsten des Bundes sind, im Anwendungsbereich von Art. 84 GG allerdings mit Abweichungsmöglichkeit der Länder.[967]

2. „Einrichtung der Behörden" umfasst die Errichtung neuer Behörden sowie die Übertragung neuer Aufgaben und Befugnisse an (bereits bestehende) Behörden der Länder.   **315**

Gemäß **Art. 84 Abs. 1 S. 7 GG, Art. 85 Abs. 1 S. 2 GG** dürfen Gemeinden und Gemeindeverbänden durch Bundesgesetz Aufgaben nicht übertragen werden.[968]

„Regelungen über das Verwaltungsverfahren" umfassen jedenfalls gesetzliche Bestimmungen, die die Tätigkeit der Verwaltungsbehörden (der Länder und Gemeinden) im Blick auf die Art und Weise der Ausführung des Gesetzes einschließlich ihrer Handlungsformen, die Form der behördlichen Willensbildung, die Art der Prüfung und Vorbereitung der Entscheidung, deren Zustandekommen und Durchsetzung sowie verwaltungsinterne Mitwirkungs- und Kontrollvorgänge in ihrem Ablauf regeln.[969]

Auch das Gebührenrecht gehört dazu.[970]

---

964 Lindner NJW 2005, 399, 400; Poschmann NVwZ 2004, 1318, 1320 m.w.N. zu Gegenauffassungen in FN 19; BVerfG NJW 2004, 2363 – Ladenschlussgesetz.

965 Nach Auffassung des BVerfG, Beschl. v. 30.03.2013 – 2 BvF 1/05 ergibt sich die Zuständigkeit des Bundes für die Vorschriften zur Rückverlagerung von Verwaltungsaufgaben auf den Bund gem. § 16 LuftSiG jedenfalls aus Art. 87 d Abs. 2 GG.

966 Hebeler Jura 2002, 164, 170 f. FN 42 ff.; Jarass NVwZ 2000, 1089, 1091; Finkelnburg/Lässig VwVfG, Einl. Rdnr. 39 ff.; jeweils m.w.N.; unklar Hömig Art. 84 Rdnr. 2; offen gelassen von BVerfGE 26, 338, 385: nur für Länder Kompetenztitel; BVerwGE 69, 1, 2.

967 Ipsen Rdnr. 619, 640; Gröpl Rdnr. 1192, 1494; Kahl NVwZ 2008, 710, 711 FN 16 f.; vgl. Jarass/Pieroth Art. 83 Rdnr. 2; Maurer § 18 Rdnr. 13; Ipsen Rdnr. 609; Tappe JuS 2003, 887; wohl auch BVerfGE 77, 288, 298 f.; RÜ 2010, 519: Konkurrierende Sachkompetenz des Bundes.

968 Vgl. dazu Nierhaus/Rademacher a.a.O. S. 393 m.w.N. in FN 82 f.; Kesper a.a.O. S. 153 f. FN 67 ff: „Verbot bundesgesetzlicher Übertragung kommunaler Aufgaben" sowie BR-Drucks. 178/06 S. 35 f.

969 Vgl. BVerfGE 55, 274, 320 f.; 75, 108, 152; Jarass/Pieroth Art. 84 Rdnr. 4 ff.; Hebeler a.a.O. S. 166.

970 BVerwG NJW 2000, 3150.

8. Teil — Verteilung der Gesetzgebungskompetenzen

Beachte: *Das „Verwaltungsverfahren" ist in* **Art. 85 Abs. 1 GG,** *anders als in Art. 84 Abs. 1 GG, nicht ausdrücklich genannt.*

Wenn der Bund aber im Rahmen der Bundesaufsichtsverwaltung (Art. 83, 84 GG), bei der er grds. nur eine weisungsfreie Rechtsaufsicht über die Landesverwaltung hat, unstreitig das Verwaltungsverfahren für Landesbehörden regeln kann, dann muss dies **erst recht** *gelten bei der Bundesauftragsverwaltung (Art. 85 GG), bei der der Bund erheblich stärkere Einflussmöglichkeiten auf die Landesbehörden hat (Weisungsrecht, Zweckmäßigkeitskontrolle).*[971]

316   3. Gemäß **Art. 85 Abs. 1 S. 1 GG** dürfen Bund oder Länder Gesetze aufgrund dieses Kompetenztitels nur erlassen, wenn es um **Bundesgesetze** geht, **welche die Länder im Auftrag des Bundes durchführen** (zur Bundesauftragsverwaltung vgl. noch i.E. unten bei den Verwaltungskompetenzen). Sofern der Bund ein Gesetz erlassen will, bedarf er der Zustimmung des Bundesrates.

4. Art. 84 Abs. 1 GG

Gemeinsame Voraussetzung für ein **Landesgesetz**, gestützt auf **Art. 84 Abs. 1 S. 1 GG**, bzw. ein **Bundesgesetz**, gestützt auf **Art. 84 Abs. 1 S. 2, 1. Halbs. GG**, ist das Vorliegen eines **Bundesgesetzes, das von den Ländern als eigene Angelegenheit ausgeführt wird** (zur Bundesaufsichtsverwaltung vgl. noch i.E. unten bei den Verwaltungskompetenzen).

5. Zusammenfassung

a) Ein **Kompetenztitel** aus **Art. 84 Abs. 1 GG** ergibt sich für Bund oder Länder unter zwei Voraussetzungen:

- Es handelt sich um ein Bundesgesetz, das von den Ländern als eigene Angelegenheit (Bundesaufsichtsverwaltung gemäß Art. 83, 84 GG) durchgeführt wird.

- Inhaltlich geht es um die Einrichtung der Behörden oder um das Verwaltungsverfahren.

b) Aus **Art. 85 Abs. 1 S. 1 GG** ergibt sich ein **Kompetenztitel** zugunsten des Bundes oder der Länder ebenfalls unter zwei Voraussetzungen:

- Es geht um ein Bundesgesetz, das die Länder im Auftrag des Bundes ausführen (Bundesauftragsverwaltung gemäß Art. 85 GG z.B. i.V.m. Art. 87 c GG).

- Es geht um die Einrichtung der Behörden (und das Verwaltungsverfahren).

II. Rechtsfolgenorm

317   1. für den Bereich von **Art. 84 Abs. 1 GG**

Aufgrund der Neufassung von Art. 84 Abs. 1 GG seit dem 01.09.2006 kann der Bundestag **ohne Zustimmung des Bundesrates** Bestimmungen über die Einrichtung der Behörden und das Verwaltungsverfahren treffen. Als Ausgleich für den Wegfall der Zu-

---

[971] H.M. vgl. BVerfGE 26, 338, 385; Jarass/Pieroth Art. 85 Rdnr. 3; a.A. BVerfG RÜ 2010, 519; w.N. zum Streitstand bei Sachs JuS 2010, 939 FN 2 und Kendzia NVwZ 2010, 1135.

stimmungspflicht des Bundesrates (der Länderkammer) ist den **Ländern** in Art. 84 Abs. 1 S. 2, 2. Halbs. GG eine **Abweichungskompetenz** bzw. ein Zugriffsrecht, **angelehnt an Art. 72 Abs. 3 GG neu**, zugestanden worden.[972]

Dementsprechend ergibt sich für die Rechtsfolgen auf den Gebieten von Art. 84 Abs. 1 GG folgende Systematik:

- Hat ein Land eine abweichende Regelung nach **Art. 84 Abs. 1 S. 2 GG** getroffen, treten in diesem Land hierauf bezogene spätere bundesgesetzliche Regelungen frühestens sechs Monate nach ihrer Verkündung in Kraft, soweit nicht mit Zustimmung des Bundesrates etwas anderes bestimmt ist; **Art. 84 Abs. 1 S. 3 GG**.

- Bei dieser Fallkonstellation ist das entsprechende Bundesgesetz also grds. aufschiebend befristet, ähnlich wie bei Art. 72 Abs. 3 S. 2 GG.

- Im Verhältnis von Bundes- und Landesrecht geht das jeweils spätere Gesetz vor; Anwendungsvorrang gemäß **Art. 84 Abs. 1 S. 4 GG** i.V.m. Art. 72 Abs. 3 S. 3 GG.

- Keine Abweichungskompetenz der Länder besteht, wenn

  - das betreffende Bundesgesetz **vor** dem 01.09.2006 erlassen worden ist (insofern gilt die speziellere Abänderungskompetenz gemäß Art. 125 b Abs. 2 S. 1 GG);

  - der Bund mit Zustimmung des Bundesrates wegen eines besonderen Bedürfnisses nach bundeseinheitlicher Regelung das **Verwaltungsverfahren** (nicht: Einrichtung der Behörden) ohne Abweichungsmöglichkeit für die Länder regelt; **Art. 84 Abs. 1 S. 5, 6 GG**.[973]
    Ein Ausnahmefall wird ausweislich der Gesetzesbegründung regelmäßig zu bejahen sein bei Regelungen des **Umweltverfahrensrechts**.[974]

2. für die Gebiete des **Art. 85 Abs. 1 S. 1 GG**

Unklar ist das Verhältnis von Bundes- und Landesrecht auf den Gebieten des Art. 85 Abs. 1 S. 1 GG, also in den Fällen, in denen der Bund bereits Regelungen erlassen hat und der Landesgesetzgeber tätig werden will oder umgekehrt, dass bereits Landesgesetze bestehen und nunmehr der Bund tätig werden will.[975]

318

Da ausdrückliche Kollisionsregeln, wie Art. 72 Abs. 1 GG (Ausschluss der Länder, soweit der Bund von seinem Gesetzgebungsrecht Gebrauch gemacht hat) und Art. 72 Abs. 3 S. 3 GG (Anwendungsvorrang des jeweils späteren Gesetzes) nicht anwendbar sind, ist auf die allgemeine Kollisionsregel aus Art. 31 GG (Bundesrecht bricht entgegenstehendes Landesrecht) zurückzugreifen.[976]

---

972 Guter Kursüberblick bei Maurer JuS 2010, 945, 948 ff.

973 Unklar ist, ob die Formulierung „besonderes Bedürfnis nach bundeseinheitlicher Regelung" die länderfeindliche Bedürfnisklausel von Art. 72 Abs. 2 GG a.F. (bis zum 15.11.1994) wieder aufgreift; krit. insoweit Nierhaus/Rademacher a.a.O. S. 393.

974 BR-Drucks. 178/06, S. 35 unter Hinweis auf den Koalitionsvertrag.

975 Nach Maurer § 18 Rdnr. 13, 16 wird im letzteren Fall das grds. geltende Vollzugsrecht der Länder durch das Bundesrecht überlagert und beschränkt.

976 Eine analoge Anwendung von Art. 72 Abs. 3 S. 3 GG (neu) verbietet sich schon deshalb im Bereich von Art. 85 Abs. 1 S. 1 GG, weil der Gesetzgeber auf eine entsprechende Anwendung dieser Norm ausdrücklich nur in Art. 84 Abs. 1 S. 4 GG verwiesen hat und nicht auch im Rahmen von Art. 85 Abs. 1 GG.

| 8. Teil | Verteilung der Gesetzgebungskompetenzen |

5. Abschnitt: Ungeschriebene Gesetzgebungskompetenzen des Bundes[977]

319 Obwohl die grundgesetzliche Kompetenzordnung **grds. abschließend** ist, bestehen nach h.M. gleichwohl gewisse ungeschriebene Gesetzgebungskompetenzen des Bundes, deren Umfang allerdings im Einzelnen umstritten ist.[978]

A. Zuständigkeit kraft Sachzusammenhangs[979]

320 Dem Bund kann ausnahmsweise trotz Fehlens einer ausdrücklichen Zuweisung im GG die Gesetzgebungszuständigkeit zustehen, wenn die Regelung mit einer der in den Art. 73 ff. GG genannten Gebiete in **notwendigem** und **untrennbarem Sachzusammenhang** steht.

Beispiel: § 81 b StPO regelt in seiner 1. Alt. Strafverfahrensrecht i.S.v. Art. 74 Abs. 1 Nr. 1 GG; in seiner 2. Alt. (Erkennungsdienst) eine polizeiliche Standardmaßnahme zur Gefahrenabwehr, die kraft Sachzusammenhangs in der StPO mitgeregelt wurde.[980] Begründet wird dies damit, dass die Regelung neben präventiven Zwecken auch unmittelbar der Strafrechtspflege dient.[981]

Damit der Gesichtspunkt des Sachzusammenhangs nicht entgegen der Grundregel des Art. 70 Abs. 1 GG zu einer zu weitgehenden Ausdehnung der Bundeszuständigkeiten führt, knüpft das BVerfG die Zuständigkeit kraft Sachzusammenhangs an **enge Voraussetzungen**: Erforderlich ist, dass „eine dem Bund ausdrücklich zugewiesene Materie verständigerweise nicht geregelt werden kann, ohne dass zugleich eine nicht ausdrücklich zugewiesene Materie mit geregelt wird, wenn also ein Übergreifen in nicht ausdrücklich zugewiesene Materien **unerlässliche Voraussetzung** ist für die Regelung einer der Bundesgesetzgebung zugewiesenen Materie."[982]

Liegt eine verfassungsgemäße bundesgesetzliche Regelung kraft Sachzusammenhangs vor, so verdrängt sie die nach dem Wortlaut der Art. 70 ff. GG an sich gegebene ausschließliche Gesetzgebungskompetenz der Länder.

Beispiel: Die dem § 10 Abs. 1 Nr. 2 ME PolG entsprechenden landesrechtlichen Regelungen (z.B. § 14 Abs. 1 Nr. 2 PolG NRW) erfassen dem Wortlaut nach auch erkennungsdienstliche Maßnahmen gegenüber „Beschuldigten" i.S.d. StPO. Wegen Art. 72 Abs. 1, 31 GG ist die Vorschrift aber verfassungskonform dahin auszulegen, dass sie nur soweit anwendbar ist, als § 81 b 2. Alt. StPO nicht eingreift, also insbesondere, wenn es an der Voraussetzung des „Beschuldigten" fehlt, z.B. bei bloß Verdächtigen oder bei rechtskräftig Verurteilten.[983]

B. Annexkompetenz

321 Anerkannt ist des Weiteren die sog. **Annexkompetenz**. Anders als bei der Kompetenz kraft Sachzusammenhangs geht es bei der Annexkompetenz nicht um die Ausdehnung

---

977 Vgl. auch Degenhart Rdnr. 166 ff.

978 Vgl. allg. Jarass NVwZ 2000, 1090; Ehlers Jura 2000, 323; Pechstein/Weber a.a.O. S. 88 f.; Ipsen Rdnr. 579 ff.

979 Vgl. auch Gröpl Rdnr. 1197 f.; M/M Rdnr. 392 ff.

980 Vgl. OVG NRW DÖV 1983, 603, 604.

981 VGH Mannheim NJW 1973, 1663, 1664; vMutius Jura 1986, 498, 500.

982 BVerfG NJW 2004, 2213, Anm. Sachs JuS 2004, 910; Frotscher/Faber JuS 1998, 820, 821.

983 OVG NRW DÖV 1983, 603 f.; Dreier JZ 1987, 1009, 1012; vgl. auch BVerfG NJW 2005, 2603; BVerwG NJW 2006, 1225; VGH BW DÖV 2004, 214, Anm. Schoch, JK 10/04, StPO § 81 b/1.

| | Ungeschriebene Gesetzgebungskompetenzen des Bundes | **5. Abschnitt** |

einer zugewiesenen Sachmaterie auf andere, nicht zugewiesene, aber verwandte **materielle** Gebiete, sondern nur um die Ausweitung einer zugeteilten Kompetenz. Insbesondere begründet die Annexkompetenz die Zuständigkeit für Fragen, die bei der **Vorbereitung** und **Durchführung** einer bestimmten Sachmaterie entstehen.[984]

Beispiele: Annex zum materiellen Recht sind z.B. Regelungen der Vollstreckung und der Kosten[985] oder die Regelung von **Sonderabgaben**.[986]

Unter die Annexkompetenz fallen außerdem Regelungen, die der Aufrechterhaltung der allgemeinen Sicherheit und Ordnung in dem betroffenen Sachbereich dienen.[987] Die **Gefahrenabwehr** ist dann dem besonderen Sachgebiet (des Bundes) zuzuordnen und nicht dem allgemeinen Polizei- und Ordnungsrecht (der Länder),[988] z.B. wird die Gefahrenabwehr im Rahmen des Luftverkehrs von Art. 73 Abs. 1 Nr. 6 GG, im Gewerberecht von Art. 74 Abs. 1 Nr. 11 GG erfasst,[989] Regelungen zur Überwachung und Förderung des Tierschutzes von Art. 74 Abs. 1 Nr. 20 GG.[990]

Umstritten ist, ob Vorschriften über das **Verwaltungsverfahren** und die Verwaltungsorganisation von der Annexkompetenz erfasst werden (näher dazu bereits oben Rdnr. 314 f.).

Da die Abgrenzung nicht immer eindeutig vorzunehmen ist,[991] wird die **Annexkompetenz** nach heute h.M. als **Unterfall der Zuständigkeit kraft Sachzusammenhangs** angesehen oder völlig abgelehnt.[992]

C. Zuständigkeit kraft Natur der Sache[993]

Schließlich gibt es bestimmte Sachgebiete, die aus der Natur der Sache heraus **begriffsnotwendig** vom Bund zu regeln sind. Dies ist dann der Fall, wenn eine sinnvolle Regelung der Frage durch die Länder zwingend ausgeschlossen ist, weil die Regelung für das Bundesgebiet nur einheitlich erfolgen kann.[994] Im Einzelnen zählen dazu:

322

■ Regelung der **Aufgaben, „die sich unmittelbar aus dem Wesen und der verfassungsmäßigen Organisation des Bundes ergeben"**,[995]

   Beispiele: Erlass des PUAG; des VwVfG-Bund; Änderung/Ergänzung des GG; Aufhebung von Rahmengesetzen (wegen Streichung von Art. 75 GG), z.B. HRG[996]

---

984 BVerfGE 3, 407, 433; 8, 143, 150; BVerwG NJW 2004, 3198 – Sonderabgaben; Maunz/Dürig Art. 70 Rdnr. 49; Schmidt-Bleibtreu/Klein Vorb. Art. 70 Rdnr. 6; Maurer § 10 Rdnr. 28 f.; M/M Rdnr. 395 ff.; Sachs/Degenhart Art. 70 Rdnr. 30 f.; Ehlers Jura 2000, 323, 325.

985 OVG Nds JuS 2013, 765 Anm. Waldhoff; Conradt JuS 2000 –LB– S. 52, 53.

986 Vgl. dazu i.E. unten 15. Teil.

987 BVerfG RÜ 2012, 649, 651 – §§ 13–15 LuftSiG.

988 Vgl. BVerfG NVwZ 1998, 495, 498; BVerwG NVwZ 1994, 1102.

989 Vgl. BVerfG NVwZ 1999, 176 f. – „Flugzeugsicherheitsgebühren".

990 BVerfG DVBl. 2004, 698, 703 – Kampfhunde.

991 Vgl. etwa OVG NRW NWVBl. 2006, 20, 22 zu Art. 73 Abs. 1 Nr. 6 a GG; BVerwG RÜ 2013, 450.

992 Vgl. BVerfG NJW 1999, 841; Ipsen Rdnr. 595; Gröpl Rdnr. 1199; M/M Rdnr. 395; Jarass/Pieroth Art. 70 Rdnr. 5 f.; Dellman in: Hömig vor Art. 70 Rdnr. 2; Pechstein/Weber a.a.O. S. 89 FN 100 f.; Mo/Mi Rdnr. 463; P/K Rdnr. 277; Degenhart Rdnr. 168 f.

993 Vgl. auch Ipsen Rdnr. 596 ff.; M/M Rdnr. 398 f.

994 Pechstein/Weber a.a.O. FN 25 ff.

995 Vgl. BVerfGE 3, 407, 422; vMünch/Kunig Art. 70 Rdnr. 27; z.B. die Schaffung von Bundessymbolen (z.B. Festlegung der Nationalhymne; dazu Hultzsch JuS 1992, 583, 585).

996 Dazu Lindner NVwZ 2007, 180: „Zuständigkeit kraft zeitlichen Annexes".

8. Teil — Verteilung der Gesetzgebungskompetenzen

- Wahrnehmung der **gesamtdeutschen Interessen**,[997]

  Beispiele: Bestimmung des 3. Oktober zum Tag der Deutschen Einheit (Art. 2 Abs. 2 EV), obwohl dies an sich den Feiertagsgesetzen der Länder vorbehalten ist

- **Raumordnung im Gesamtstaat**,[998]

  Beispiele: Die politische Bildung im überregionalen Bereich, die Förderung besonders bedeutsamer kultureller Einrichtungen, Veranstaltungen im Interesse der gesamtstaatlichen Repräsentation und die Förderung des Spitzensports

Für die Anerkennung einer Gesetzgebungskompetenz kraft Natur der Sache muss jedoch stets eine **zwingende Notwendigkeit** bestehen. Allein Gesichtspunkte, wie die besondere Finanzkraft des Bundes oder ein überregionales Bedürfnis, reichen nicht aus.

Das BVerfG[999] verneint deswegen eine Bundeskompetenz kraft Natur der Sache für die **Rechtschreibreform**: „Einer Regelungsbefugnis der Länder steht auch nicht entgegen, dass Schreibung als Kommunikationsmittel im gesamten Sprachgebrauch ein hohes Maß an Einheitlichkeit voraussetzt, wenn die grundrechtlich verbürgten Kommunikationsmöglichkeiten erhalten bleiben sollen. Den Ländern ist die Herstellung von Einheitlichkeit verfassungsrechtlich im Wege der Selbstkoordinierung, durch Abstimmung mit dem Bund und durch Absprachen mit auswärtigen Staaten, in denen Deutsch in einem ins Gewicht fallenden Umfang gesprochen und geschrieben wird, auf der Grundlage des Art. 32 Abs. 3 GG möglich."[1000]

---

997 BVerfG NJW 1991, 1667, 1668.
998 Vgl. BT-Drucks. V/2861 Nr. 76.
999 BVerfG NJW 1998, 2515, 2519.
1000 Vgl. auch Grupp JA 1998, 671, 675 f.

Ungeschriebene Gesetzgebungskompetenzen des Bundes — 5. Abschnitt

323

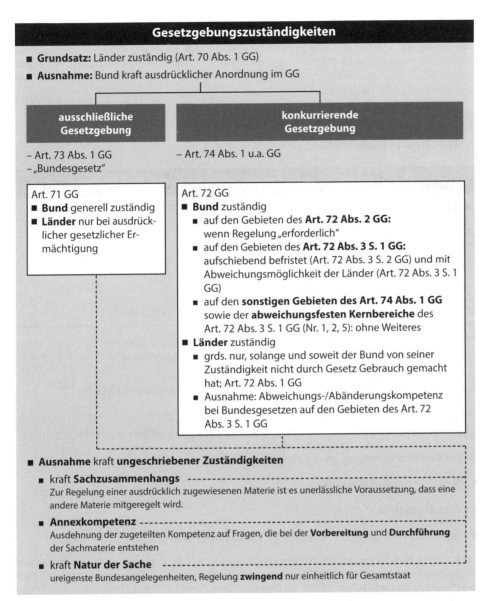

Hinweis: *In der Falllösung ist die ungeschriebene Bundeskompetenz kraft Natur der Sache im Rahmen der **ausschließlichen** Gesetzgebungszuständigkeit zu prüfen, da es sich hierbei begrifflich nur um eine ausschließliche Bundeskompetenz handeln kann.*[1001]

Die Annexkompetenz oder die Kompetenz kraft Sachzusammenhangs werden zweckmäßigerweise im Zusammenhang mit den in Betracht kommenden positiven Zuweisungen geprüft.[1002]

1001 Kunig Jura 1996, 254, 257.
1002 Degenhart a.a.O.

9. Teil: Das Gesetzgebungsverfahren[1003]

Fallbearbeitung bei M/M Fall 7; Höfling Fall 3; Degenhart/K I Fall 4; K II Fall 2, 6; Schoch, F. 5; Tappe JuS 2003, 887 (Examensklausur NRW 2/2001); Heckmann Fall 3; Geis Fall 11; Seifarth JuS 2010, 790; BVerfG RÜ 2010, 519; Bruch/Greve VR 2011, 199; Lüdemann/Hernstrüwer JuS 2012, 57; Huber JuS 2012, 140; Barczak JuS 2012, 156; Haug Jura 2013, 959.

Umfangreiche Hinweise auf Fallbearbeitungen bei M/M Rdnr. 421.

1. Abschnitt: Überblick

324

Das Gesetzgebungsverfahren unterfällt in drei Abschnitte:
■ **Einleitungsverfahren** (sog. Gesetzesinitiative), Art. 76 GG
■ Das **Hauptverfahren** (Art. 77 GG) umfasst
■ Beratungen und Gesetzesbeschluss des Bundestages (Art. 77 Abs. 1 GG)
■ Mitwirkung des Bundesrates (Art. 77 Abs. 2–3 GG)
■ **Abschlussverfahren** (Art. 82 GG): Ausfertigung und Verkündung

Dieses sog. ordentliche Gesetzgebungsverfahren ist der Normalfall. Besonderheiten gelten für verfassungsändernde Gesetze (Art. 79 GG) und für den sog. Gesetzgebungsnotstand (vgl. dazu Art. 81 GG).

2. Abschnitt: Die Einleitung des Gesetzgebungsverfahrens[1004]

325 Das Gesetzgebungsverfahren wird eingeleitet durch das Einbringen einer Gesetzesvorlage (**Gesetzesinitiative**, Art. 76 Abs. 1 GG). Die Gesetzesinitiative kann ausgehen von

■ der **Bundesregierung** (also Kollegialorgan),

■ der Mitte des **Bundestages**,

■ dem **Bundesrat**.[1005]

A. Normalfall sind Gesetzesvorlagen der **Bundesregierung**.

Das Verfahren läuft i.d.R. wie folgt ab: Referentenentwurf des zuständigen Ministeriums – Beteiligung des Bundeskanzleramts, anderer Ministerien usw. – Kabinettsvorlage – Regierungsentwurf durch Kabinettsbeschluss (in diesem liegt die für die Gesetzesinitiative entscheidende Willensbildung).[1006] Die Mitarbeit von Anwaltskanzleien bei der Erstellung von Gesetzesentwürfen (sog. **Outsourcing**) ist kein Verstoß gegen Art. 76 Abs. 1 GG.[1007]

Die so beschlossene Regierungsvorlage ist nach Art. 76 Abs. 2 S. 1 GG zunächst dem **Bundesrat** zuzuleiten (sog. **erster Durchgang beim Bundesrat**). Diese Regelung hat vor allem den Sinn, dem Bundestag bei seinen Beratungen bereits die Meinung des

---

1003 Vgl. auch Mo/Mi Rdnr. 897 ff.; Schmidt S. 275 ff.; M/M Rdnr. 257 ff., 403 ff.; Gröpl Rdnr. 1204 ff.; Degenhart Rdnr. 193 ff., 657 ff.; Frenzel JuS 2010, 31, 119; Maurer § 17 Rdnr. 51 ff.; Berg Rdnr. 317 ff.

1004 Zu examensrelevanten Problemen aus diesem Bereich vgl. Elicker JA 2005, 513.

1005 Zu den insofern bestehenden Anforderungen an die Förmlichkeit des Gesetzgebungsverfahrens vgl. BVerfG, Beschl. v. 08.12.2009 – 2 BvR 758/07.

1006 Vgl. Kloepfer Jura 1991, 169, 170.

1007 Battis ZRP 2009, 201; Fallbearbeitung bei Lüdemann/Hernstrüwer JuS 2012, 57; vgl. auch die Kleine Anfrage der Fraktion Bündnis 90/Die Grünen vom 05.04.2012 (BT-Drs. 17/9026, 17/9266); Kruper JZ 2010, 655.

Bundesrates zur Kenntnis zu bringen, sodass diese berücksichtigt werden kann und sich Konflikte vermeiden lassen.

Zur weiteren Behandlung dieser Vorlage vgl. Art. 76 Abs. 2 GG.[1008]

Wichtige Ausnahme: Die Vorlage für das Haushaltsgesetz mit dem Haushaltsplan wird gleichzeitig im Bundestag und im Bundesrat eingebracht (Art. 110 Abs. 3 GG).

B. Entwürfe aus der Mitte des **Bundestages** müssen nach § 76 GO BT von einer Fraktion oder von mindestens 5% der Mitglieder des Bundestages eingebracht werden, wobei die Abgeordneten auch verschiedenen Fraktionen angehören können.

Die Verfassungsmäßigkeit dieser Einschränkung wird im Hinblick auf die Sicherung der Funktionsfähigkeit des Bundestages allgemein bejaht.[1009]

C. Gesetzesvorlagen des **Bundesrates** (als Organ, nicht einzelner Länder) werden dem Bundestag nicht unmittelbar, sondern durch die Bundesregierung zugeleitet. Diese soll dabei ihre Auffassung darlegen (Art. 76 Abs. 3 GG).

D. Bei jeder Gesetzesvorlage sind bestimmte inhaltliche Anforderungen zu beachten, die sich im Wesentlichen aus Art. 76 Abs. 1 GG i.V.m. dem Demokratie- und Rechtsstaatsprinzip ergeben.[1010] So müssen die Abgeordneten vor allem den vollständigen Gesetzestext zur Kenntnis nehmen können und die Vorlage muss im Wortlaut wiedergeben, was letztlich durch Beschluss des Parlaments formelles Gesetz werden soll.

3. Abschnitt: Das Hauptverfahren

A. Ordnungsgemäßer Beschluss des BT

Der für die Gesetzgebung wesentliche Akt liegt in dem **Gesetzesbeschluss** des Bundestages (Art. 77 Abs. 1 S. 1 GG). Obwohl eine dahingehende Regelung in Art. 77 GG fehlt, setzt der Beschluss zweifelsohne eine vorherige Beratung voraus.

Vgl. Art. 42 GG, wonach der Bundestag „verhandelt".[1011]

Die Beratungen bzw. Lesungen sind relativ kompliziert strukturiert. Grds. werden Gesetzentwürfe in **drei Lesungen** beraten (vgl. die eingehende Regelung in §§ 78–86 GO BT).[1012]

Für den Gesetzesbeschluss ist grundsätzlich die einfache **Mehrheit** der Abstimmenden ausreichend (Art. 42 Abs. 2 GG), nur verfassungsändernde Gesetze setzen eine Mehrheit von 2/3 der gesetzlichen Mitglieder des BT voraus. Für den Beschluss gemäß Art. 77 Abs. 1 S. 1 GG ist es daher grundsätzlich ausreichend, dass die Zahl der Ja-Stimmen die der Nein-Stimmen um mindestens eine übersteigt; auf die Zahl der anwesenden Abgeordneten kommt es grundsätzlich nicht an (s.o. Rdnr. 204 ff.). Problematisch kann dies sein, wenn nur wenige Abgeordnete an der Abstimmung teilnehmen.

Beispiel: Das Ergebnis der Schlussabstimmung lautet 39 Ja-Stimmen und 38 Nein-Stimmen bei drei Enthaltungen. – Die **einfache Mehrheit** nach Art. 77 Abs. 1 S. 1 i.V.m. Art. 42 Abs. 2 S. 1 GG ist erreicht,

---

1008 I.E. vgl. Stüber Jura 2002, 749, 750 f.; Blanke Jura 1995, 57, 61; Hofmann NVwZ 1995, 134, 135.

1009 Winterhoff JA 1998, 666, 667.

1010 Sächs VerfGH, Urt. v. 19.04.2011 – V f 74 II-10.

1011 Ferner NdsStGH DVBl. 1979, 507: kein völliger Ausschluss der Aussprache im Parlament.

1012 Zu den Abänderungsbefugnissen der beteiligten Bundestagsausschüsse vgl. Brandner Jura 1999, 449.

| 9. Teil | Das Gesetzgebungsverfahren |

da die Stimmenthaltungen nicht mitzählen. Zwar war der Bundestag nach § 45 Abs. 1 GO BT beschlussunfähig, jedoch bedarf die Beschlussunfähigkeit nach § 45 Abs. 2 GO BT einer besonderen Feststellung.

Fraglich ist, ob die Anwendung dieser Regelung im vorliegenden Fall (nur 80 Anwesende) noch mit dem **Prinzip der repräsentativen Demokratie** (Art. 20 Abs. 2 S. 2 GG) in Einklang steht. Das BVerfG hat in einem ähnlichen Fall[1013] die Vereinbarkeit bejaht und dies damit begründet, dass in der parlamentarischen Praxis die maßgebende Arbeit und Willensbildung in den Fraktionen und deren Arbeitskreisen sowie in den Ausschüssen geleistet werden, sodass auch diese Arbeit geeignet sei, die Anforderungen demokratischer Repräsentation zu erfüllen.

BVerfG:[1014] „Wie viele Abgeordnete an der Schlussabstimmung im Plenum teilnehmen, hängt wesentlich vom Umfang des Konsenses ab, der über das betreffende parlamentarische Vorhaben besteht. Demgemäß wird in der Praxis regelmäßig nur dann mehr als die Hälfte der Abgeordneten einer Schlussabstimmung fern bleiben, wenn über den Inhalt der zu treffenden Entscheidung im Wesentlichen Übereinstimmung besteht. Die Schlussabstimmung bildet in einem solchen Fall einen zwar rechtlich notwendigen, in seiner politischen Bedeutung jedoch geminderten letzten Teilakt der parlamentarischen Willensbildung."

B. Ordnungsgemäße Mitwirkung des Bundesrates; Einspruchs- und ZustimmungsG

327 Nach Art. 77 Abs. 1 S. 2 GG sind **sämtliche** vom Bundestag beschlossenen Gesetze „unverzüglich dem Bundesrate zuzuleiten" (auch diejenigen, die auf einer Initiative des Bundesrates beruhen, sog. zweiter Durchgang beim Bundesrat).[1015]

Welche **Mitwirkungsbefugnisse** der Bundesrat hat, richtet sich danach, ob es sich um ein Einspruchsgesetz oder um ein Zustimmungsgesetz handelt. Einspruchsgesetze können auch gegen das Votum des Bundesrates zustande kommen, Zustimmungsgesetze bedürfen dagegen stets der Billigung durch den Bundesrat.

328 **I.** Grundsätzlich sind Gesetze nur sog. **Einspruchsgesetze**. Bei Einspruchsgesetzen kann der Bundesrat

- den **Vermittlungsausschuss** anrufen (Antrag nach Art. 77 Abs. 2 GG) und

- **nach Beendigung** des Vermittlungsverfahrens **Einspruch** gegen das Gesetz einlegen (Art. 77 Abs. 3 GG).

Der Einspruch kann gemäß Art. 77 Abs. 4 GG vom Bundestag zurückgewiesen werden.[1016] Grundsätzlich ist hierfür die Mehrheit der Mitglieder des Bundestages erforderlich und ausreichend (sog. absolute Mehrheit).

Hat der Bundesrat den Einspruch mit 2/3-Mehrheit beschlossen, so bedarf auch die Zurückweisung einer 2/3-Mehrheit der abgegebenen Stimmen, mindestens aber der Mehrheit der Mitglieder des Bundestages. Die 2/3-Mehrheit bezieht sich also nur auf die Abstimmenden, die zahlenmäßig jedoch mindestens die Hälfte der Mitglieder des Bundestages ausmachen müssen, sog. doppelt qualifizierte Mehrheit.[1017]

Wird der Einspruch des Bundesrates vom Bundestag mit der erforderlichen Mehrheit zurückgewiesen, so ist das Gesetz zustande gekommen (Art. 78, 5. Fall GG).

1013 BVerfGE 44, 308, 314 ff.
1014 BVerfGE 44, 308, 319.
1015 Stüber Jura 2002, 749, 751 f.
1016 Zur Notwendigkeit einer Frist vgl. Lang ZRP 2006, 15.
1017 Wyduckel DÖV 1989, 181, 187; Winterhoff JA 1998, 666, 668.

II. Um ein sog. **Zustimmungsgesetz** handelt es sich dagegen nur, wenn die Zustimmungsbedürftigkeit im Grundgesetz ausdrücklich angeordnet ist. Dies ergibt sich daraus, dass das GG Einspruchsgesetze als Regelfall ansieht und deshalb die Fälle der Zustimmungsbedürftigkeit **enumerativ** aufführt.[1018]

329

Wichtige **Beispiele:**

- **verfassungsändernde** Gesetze (Art. 79 Abs. 2 GG);

- Übertragung von Hoheitsrechten auf die **EU** (Art. 23 Abs. 1 S. 2 GG); beachte auch §§ 2 ff. IntVG;

- Gesetze, die in die **Verwaltungshoheit** der Länder eingreifen;

  Beispiele: Regelung des Verwaltungsverfahrens (str.) oder der Einrichtung der Behörden (Art. 85 Abs. 1 S. 2 GG)[1019]

- Übertragung von Aufgaben der Luftverkehrsverwaltung an die Länder als Auftragsverwaltung gemäß Art. 87 d Abs. 2 GG;[1020]

- Gesetze, die aufgrund des Art. 73 Abs. 1 Nr. 14 GG (wie z.B. das AtomG) bestimmen, dass sie von den Ländern im Auftrag des Bundes ausgeführt werden; Art. 87 c GG.

- Gesetze, die in die **Organisationshoheit** der Länder, z.B. in den Bereich des öffentlichen Dienstrechtes, eingreifen (Art. 74 Abs. 2, 2. Fall GG);

- Gesetze, die in die **Finanzhoheit** der Länder eingreifen

  - Staatshaftungsrecht (Art. 74 Abs. 2, 1. Fall GG);

  - Bundesgesetze begründen die Pflicht der Länder zur Erbringung und Kostentragung von Geldleistungen, geldwerten Sachleistungen oder vergleichbaren Dienstleistungen gegenüber Dritten (Art. 104 a Abs. 4 GG);[1021]

  - Bundesgesetze regeln die Haftung für eine Verletzung von supra-nationalen oder völkerrechtlichen Verpflichtungen im Verhältnis Bund-Länder (Art. 104 a Abs. 6 S. 4 GG[1022] und Art. 109 Abs. 5 S. 4 GG);[1023]

- Bundesgesetze, die die **Abänderungskompetenz der Länder** in bestimmten Bereichen (Art. 72 Abs. 3 S. 2, 84 Abs. 1 S. 3, 84 Abs. 1 S. 6 GG) beeinträchtigen.

1. Nur in seltenen Ausnahmefällen kann sich die Zustimmungsbedürftigkeit durch **Auslegung** der GG-Vorschriften ergeben.

330

Dies wird z.B. vertreten

- bei einer von Art. 80 Abs. 2 S. 1 GG abweichenden gesetzlichen Regelung (Argument: Wenn schon die RechtsVO der Zustimmung des Bundesrats bedarf, dann erst recht ein Gesetz, das hiervon eine Ausnahme macht);[1024]

- bei Vertragsgesetzen zu völkerrechtlichen Verträgen des Bundes im ausschließlichen Länderkompetenzbereich; str.[1025]

1018 Eine Zusammenstellung der zahlreichen, über das ganze GG verstreuten Fälle der Zustimmungsbedürftigkeit findet sich bei Schmidt JuS 1999, 861; Gröpl Rdnr. 1257; M/M Rdnr. 259.

1019 Zur insofern str. Zustimmungspflicht der §§ 13 ff. LuftSiG vgl. BVerfG RÜ 2010, 519 Anm. Sachs JuS 2010, 939.

1020 BVerfG RÜ 2010, 519: Grundsätzlich nicht zustimmungsbedürftig sind die Rückübertragung von Aufgaben auf den Bund oder Änderungen in der Ausgestaltung einer bereits übertragenen Aufgabe; Fallbearbeitung bei Andre/Rauber JuS 2011, 425, 428 ff.

1021 Zur Erläuterung der Begriffe „geldwerte Sachleistung oder vergleichbare Dienstleistung" vgl. die Gesetzesbegründung BR-Drucks. 178/06, S. 43 f.; Kesper NdsVBl. 2006, 145, 147 FN 21 ff.

1022 Vgl. ergänzend dazu das LastentragungsG; Kesper a.a.O. S. 155 f. FN 86 ff.

1023 Vgl. dazu ergänzend das SanktionszahlungsaufteilungsG; Nierhaus/Rademacher LKV 2006, 385, 394 m.w.N. in FN 94; Kesper a.a.O. S. 154 f. FN 79 ff.

1024 BVerfGE 28, 66, 77.

1025 Vgl. i.E. unten Rdnr. 482 ff.

9. Teil — Das Gesetzgebungsverfahren

Keinesfalls ist die Zustimmungsbedürftigkeit bereits deshalb anzunehmen, weil die **Interessen der Länder** berührt sind (obwohl dieses Prinzip den Vorschriften des GG über die Zustimmungsbedürftigkeit naturgemäß zugrunde liegt; s.o.). Es reicht auch nicht aus, dass das Gesetz die Länder oder Gemeinden finanziell belastet.

331 **2.** Ein **Zustimmungsgesetz** kommt nur zustande, wenn der Bundesrat ausdrücklich zustimmt. Zur Erteilung der Zustimmung besteht keine Verpflichtung. Sie kann auch nicht ersetzt und ihre Verweigerung kann vom Bundestag auch nicht überstimmt werden.

Nach Art. 77 Abs. 2 a GG ist der Bundesrat verpflichtet, in angemessener Frist über die Zustimmung zu beschließen. Bleibt der Bundesrat untätig, so ist sein Schweigen i.d.R. als Versagung der Zustimmung zu werten.[1026]

3. Ist auch nur eine einzige Bestimmung eines Gesetzes zustimmungsbedürftig, so bedarf das **gesamte** Gesetz der Zustimmung (sog. **Einheitslehre** oder **Einheitsthese**).[1027]

Dies folgt aus Art. 78 GG, wonach ein vom Bundestag beschlossenes „Gesetz" zustande kommt, wenn der Bundesrat zustimmt. Auch Zustimmungsvorschriften des GG beziehen sich auf das Gesetz als gesetzgebungstechnische Einheit (dagegen nicht auf das Gesetz als einzelne Norm, wie etwa bei Art. 100 GG). Daraus ergibt sich auch, dass der Bundesrat für ein Gesetz nur insgesamt die Zustimmung erteilen oder verweigern kann.

Um die Zustimmungsbedürftigkeit eines vollständigen Gesetzes zu vermeiden, kann sich der Bund auf die materielle Regelung beschränken und die organisations- und verfahrensrechtlichen Vorschriften weglassen. Möglich ist auch eine Aufspaltung in ein materiell-rechtliches (nicht zustimmungsbedürftiges) und ein verfahrensrechtliches (zustimmungsbedürftiges) Gesetz; sog. **„Rumpfgesetzgebung"**.[1028] Eine Aufspaltung dürfte aber unzulässig sein, wenn zwischen materiell-rechtlicher und verfahrensrechtlicher Regelung ein so enger Zusammenhang besteht, dass das materielle Recht für sich allein nicht anwendbar oder vollziehbar ist.

Beispiel für das Verfahren der Rumpfgesetzgebung ist das LebenspartnerschaftsG, dessen (nicht zustimmungsbedürftiger) Teil am 01.08.2001 in Kraft getreten ist und dessen zustimmungspflichtiger Teil in ein ErgänzungsG „gepackt" wurde.[1029]

4. Nicht selten wird ein Einspruchsgesetz vom Bundesrat als Zustimmungsgesetz angesehen. Nach teilweise vertretener Auffassung soll es in diesem Fall möglich sein, die Verweigerung der Zustimmung als Einspruch bzw. als Anrufung des Vermittlungsausschusses umzudeuten. Auch dies dürfte aber dem **Grundsatz der Formstrenge** widersprechen.[1030] In der Praxis verfährt der Bundesrat zweckmäßigerweise so, dass er die Zustimmung verweigert und den Vermittlungsausschuss anruft, nach dessen Tätigwerden dann außerdem „vorsorglich" Einspruch einlegt, um wenigstens die erneute Beschlussfassung des Bundestages nach Art. 77 Abs. 4 GG zu erzwingen.[1031]

1026 Sachs/Lücke Art. 77 Rdnr. 33; Grupp JA 1998, 671, 676 f.

1027 BVerfGE 55, 274, 326; 105, 313, 339; Wernsmann NVwZ 2005, 1352; Kesper a.a.O. S. 146 FN 14 ff.

1028 BVerfGE 37, 363, 382; M/M Rdnr. 260; Erichsen/Biermann Jura 1998, 494, 498; a.A. bei nachträglicher Teilung eines Gesetzentwurfes Pestalozza ZRP 1976, 153, 154 ff.

1029 Zustimmend BVerfGE 105, 313, 338.

1030 Frotscher/Störmer Jura 1991, 316, 319.

1031 BVerfGE 37, 363, 396.

5. Umstritten ist die Zustimmungsbedürftigkeit bei **Änderung eines zustimmungs-** **332** **pflichtigen Gesetzes**.

a) Die Zustimmung des Bundesrates ist jedenfalls dann erforderlich, wenn die Änderung **selbst zustimmungsbedürftig** ist, z.B. weil das Änderungsgesetz neue zustimmungsbedürftige Vorschriften enthält oder zustimmungsbedürftige Regelungen des Ursprungsgesetzes ändert.[1032]

Beispiel: Ergänzung oder Änderung von Verfahrensvorschriften i.S.d. Art. 85 Abs. 1 GG, nicht dagegen deren Aufhebung, da hierdurch die Beeinträchtigung der Verwaltungshoheit zulasten der Länder gerade wieder beseitigt wird.[1033]

b) Problematisch ist der Fall, dass die zustimmungsbedürftigen Vorschriften unverändert bleiben, im Fall des Art. 85 Abs. 1 GG z.B. lediglich die **materiell-rechtlichen Vorschriften** geändert werden und nicht die verfahrensrechtlichen. Nach h.M. ist nicht jedes Gesetz, das ein zustimmungsbedürftiges Gesetz ändert, bereits allein aus diesem Grund zustimmungsbedürftig. Es ist aber zustimmungsbedürftig, „wenn durch die Änderung materiell-rechtlicher Normen die nicht ausdrücklich geänderten Vorschriften über das Verwaltungsverfahren bei sinnorientierter Auslegung ihrerseits eine wesentlich andere Bedeutung und Tragweite erfahren", sog. **„Systemverschiebung"**.[1034]

Beispiel: Durch die materielle Änderung wird die Zahl der Verwaltungsverfahren wesentlich erhöht. Dagegen spricht jedoch, dass der Bundestag bei Aufspaltung des Gesetzes durch „Rumpfgesetzgebung" (s.o.) den materiellen Teil unstreitig ohne Zustimmung des BRats ändern könnte.[1035]

C. Das Verfahren vor dem Vermittlungsausschuss[1036]

Zur Anrufung des Vermittlungsausschusses sind berechtigt: **333**

- der **Bundesrat** sowohl bei Einspruchs- als auch bei Zustimmungsgesetzen, wobei bei Einspruchsgesetzen die fristgemäße Anrufung Voraussetzung dafür ist, noch Einfluss auf Inhalt und Zustandekommen des Gesetzes nehmen zu können;

- bei Zustimmungsgesetzen auch **Bundestag** und **Bundesregierung** (Art. 77 Abs. 2 S. 4 GG).

Der Vermittlungsausschuss besteht aus jeweils 16 Mitgliedern des Bundestages und des Bundesrates (§ 1 GO VA).[1037] Er hat die Aufgabe, in gemeinsamer Beratung einen Kompromiss zu finden, der Aussicht hat, sowohl im Bundesrat als auch im Bundestag angenommen zu werden. Zusammensetzung[1038] und Verfahren des Vermittlungsausschusses sind in der GO VA (Sa. I Nr. 36) geregelt (vgl. Art. 77 Abs. 2 S. 2 GG). Nach Art. 77 Abs. 2 S. 3 GG sind die in den Vermittlungsausschuss entsandten Mit-

---

1032 BVerfGE 37, 363, 382 f.; Blanke Jura 1995, 57, 62; Erichsen/Biermann Jura 1998, 494, 498.

1033 BVerfGE 14, 208, 219; Jarass/Pieroth Art. 77 Rdnr. 5; a.A. Erichsen/Biermann Jura 1998, 494, 498; differenzierend Schmidt JuS 1999, 861, 868 f.

1034 Vgl. BVerfGE 37, 363, 382; 48, 127, 178; RÜ 2010, 519; Burgi NJW 2011, 561, 565 ff.; Gründer RÜ 2010, 813, 814 f.; Gröpl Rdnr. 1262; M/M Rdnr. 261; Frotscher/Störmer Jura 1991, 316, 318; Blanke Jura 1995, 57, 62 m.w.N.; a.A. Wyduckel DÖV 1989, 181, 189: wegen der „Mitverantwortung" des Bundesrates für das Gesamtgesetz und der gesetzgeberischen Einheit von UrsprungsG und ÄnderungsG („Einheitsgedanke") ist jede Änderung zustimmungspflichtig.

1035 Vgl. vMutius Jura 1988, 49, 51 m.w.N.
Kritisch zum Begriff „Systemverschiebung", der aus dem „Herrenchiemsee-Entwurf" gerade nicht vom Parlamentarischen Rat übernommen wurde, Maurer § 17 Rdnr. 76; Erichsen/Biermann Jura 1998, 494, 498.

1036 Guter Kurzüberblick bei Möllers Jura 2010, 401.

1037 Zur Änderung der Sitzverteilung durch Beschluss des BT vom 30.10.2002 vgl. bestätigend BVerfGE 106, 253; ablehnend Stein NVwZ 2003, 557; Kämmerer NVwZ 2003, 1166.

1038 Vgl. dazu BVerfG DVBl. 2005, 185.

9. Teil — Das Gesetzgebungsverfahren

glieder des Bundesrates nicht an Weisungen gebunden; für die Mitglieder des Bundestages folgt dies bereits aus Art. 38 Abs. 1 S. 2 GG.

I. Das Verfahren ist bei Einspruchs- und Zustimmungsgesetzen gleich. Für beide Arten von Gesetzen gilt, dass der Vermittlungsausschuss eine Änderung vorschlagen darf. Der Einigungsvorschlag muss aber in einem (inhaltlichen) Sachzusammenhang mit dem Gesetzesbeschluss des Bundestages stehen, der überwiegend als Grenze der Vermittlungstätigkeit angesehen wird.[1039]

Verfassungsrechtlich unzulässig wäre ein Einigungsvorschlag, der auf eine dem Vermittlungsausschuss nicht zustehende Gesetzesinitiative hinausläuft.

„Zur Wahrung der bundesstaatlichen Kompetenzverteilung (Art. 76 Abs. 1 GG), der Rechte der Abgeordneten (Art. 38 Abs. 1 S. 2 GG), der Öffentlichkeit der parlamentarischen Debatte (Art. 42 Abs. 1 S. 1 GG) und der demokratischen Kontrolle der Gesetzgebung (Art. 20 Abs. 2 GG) darf der Vermittlungsausschuss lediglich solche Änderungen, Ergänzungen oder Streichungen des Gesetzesbeschlusses vorschlagen, die sich im Rahmen des Anrufungsbegehrens und des Gesetzgebungsverfahrens bewegen. Er ist deshalb durch diejenigen Regelungsgegenstände begrenzt, die bis zur letzten Lesung im Bundestag in das jeweilige Gesetzgebungsverfahren eingeführt waren."[1040]

Prozessuale Folge: Eine Verfassungsbeschwerde gegen ein Gesetz mit entsprechenden Mängeln wäre bereits wegen Verstoßes gegen Art. 2 Abs. 1 GG begründet,[1041] ein Organstreitverfahren oder ein Normenkontrollverfahren außerdem wegen Verletzung von Art. 76 Abs. 1 GG.[1042]

334 **II.** Ist das Vermittlungsverfahren abgeschlossen und hat der Vermittlungsausschuss einen **Änderungsvorschlag** gemacht, so muss der Bundestag erneut beschließen.

Art. 77 Abs. 2 S. 5 GG; man spricht von **„4. Lesung"**, jedoch findet keine Debatte statt, Sachanträge zu dem Änderungsvorschlag sind nicht zulässig (§ 90 GO BT, § 10 GO VA).[1043] Der Bundestag stimmt also **nur über den Einigungsvorschlag** ab.

Stimmt der Bundestag der Änderung zu, so wird das Gesetz in der Gestalt des Änderungsvorschlages dem Bundesrat zugeleitet. Lehnt der Bundestag ab, so bleibt der ursprüngliche Gesetzesbeschluss Gegenstand des weiteren Verfahrens. Dasselbe gilt, wenn der Vermittlungsausschuss den Gesetzesbeschluss bestätigt hat (oder keinen Einigungsvorschlag vorgelegt hat), nur findet hier keine erneute Abstimmung im Bundestag statt, sondern der Gesetzentwurf geht unmittelbar vom Vermittlungsausschuss zum Bundesrat.

III. In jedem Fall gelangt der Gesetzesbeschluss also zurück zum **Bundesrat.** Nunmehr kommt es entscheidend auf die Art des Gesetzes an: Bei einem **Zustimmungsgesetz** bleibt die Situation unverändert. Der Bundesrat kann die Zustimmung erteilen oder verweigern. Verweigert er die Zustimmung, so ist das Gesetz endgültig gescheitert. Bei **Einspruchsgesetzen** gilt die Regelung gemäß Art. 77 Abs. 3 und 4 GG: Der Bundesrat kann binnen zwei Wochen Einspruch einlegen. Der Einspruch kann vom Bundestag zurückgewiesen werden (sog. **5. Lesung**).

1039 BVerfG NJW 2000, 572, Anm. Schoch, JK 00, GG Art. 77/1; Heselhaus JA 2001, 203; BFH NJW 2007, 944; 2002, 773 Anm. Schoch, JK 8/02, GG Art. 77/2.

1040 BVerfG RÜ 2008, 244; NVwZ 2008, 665 Anm. Desens NJW 2008, 2892; ähnlich BVerfG Anm. Sachs JuS 2010, 371.

1041 Vgl. BVerfG, Beschl. v. 08.12.2009 – 2 BvR 758/07.

1042 Vgl. Fallbearbeitung von Seifarth JuS 2010, 790, 793 f.

1043 Dazu Dehm JA 1982, 53, 57.

D. Art. 78 GG

Wegen der Kompliziertheit der Regelung in Art. 77 GG stellt Art. 78 GG nochmals die **335** **fünf Fälle** zusammen, **in denen ein vom Bundestag beschlossenes Gesetz zustande kommt**: Ein vom Bundestag beschlossenes Gesetz kommt zustande, wenn der Bundesrat

- zustimmt (bei Einspruchs- oder Zustimmungsgesetzen) oder

- bei Einspruchsgesetzen den Antrag gemäß Art. 77 Abs. 2 GG auf Einberufung des Vermittlungsausschusses nicht (rechtzeitig) stellt oder

- innerhalb der Frist des Art. 77 Abs. 3 GG keinen Einspruch einlegt oder

- den Einspruch zurücknimmt oder

- wenn der Einspruch vom Bundestag überstimmt wird.

4. Abschnitt: Das Abschlussverfahren

Ist das Gesetz nach Art. 78 GG zustande gekommen, so wird es durch den **Bundesprä-** **336** **sidenten** nach Gegenzeichnung (Art. 58 GG) **ausgefertigt**[1044] und im BGBl. verkündet, Art. 82 Abs. 1 GG. Den Zeitpunkt des Inkrafttretens regelt Art. 82 Abs. 2 GG, ergänzt durch Art. 72 Abs. 3 S. 2, 84 Abs. 1 S. 3 GG.

Die **Ausfertigung** erfolgt durch Unterschrift des Bundespräsidenten auf der Originalurkunde des Gesetzes. Die ordnungsgemäße **Verkündung** von Rechtsvorschriften ist durch das Rechtsstaatsprinzip zwingend geboten. Der Bürger muss die Möglichkeit haben, von den für ihn geltenden Vorschriften sicher und ohne Behinderungen Kenntnis zu nehmen.[1045]

5. Abschnitt: Folgen eines Verstoßes gegen Verfahrensvorschriften[1046]

A. Verstöße gegen Vorschriften der **GO des Bundestages** sind grds. unerheblich und **337** haben keinen Einfluss auf die Gültigkeit von Gesetzen. Denn bei der GO i.S.d. Art. 40 Abs. 1 S. 2 GG handelt es sich um Parlamentsinnenrecht mit Satzungscharakter, das dem Gesetz in der Normenhierarchie nachrangig ist. Etwas anderes gilt nur dann, wenn zugleich gegen eine Verfahrensvorschrift des GG verstoßen wird.[1047]

Beispiel: Ein Gesetzentwurf wird von weniger als 5% der Abgeordneten eingebracht. Es liegt zwar eine Verletzung von § 76 GO BT vor, der im Verhältnis zum Bürger jedoch keine Rechtswirkungen entfaltet.[1048]

Außerdem sollen die Anforderungen an die Gesetzesinitiative verhindern, dass sich der Bundestag mit Gesetzesvorlagen befassen muss, die keine hinreichende Aussicht auf Erfolg haben. Hat sich der Bundestag aber mit dem Gesetzentwurf befasst und das Gesetz sogar beschlossen, so entfällt dieses Argument.[1049]

1044 Zur Vertretung des Bundespräsidenten bei der Ausfertigung vgl. BVerwG NJOZ 2009, 3684 Anm. Sachs JuS 2010, 275.

1045 BVerwG NVwZ 1990, 358; HessStGH DVBl. 1989, 656; ausführlich zum Abschlussverfahren Gröpl Jura 1995, 641 ff.

1046 Vgl. auch Gröpl Rdnr. 1207 ff., 1230.

1047 Hill Jura 1986, 286, 293 m.w.N.

1048 Degenhart Rdnr. 195 f.; Gröpl Rdnr. 1221; M/M Rdnr. 406 FN 63.

1049 Vgl. Adolf JuS 1985, 399, 400.

Weitere Beispiele: Entgegen § 78 Abs. 1 S. 1, 1. Fall GO BT wird ein Gesetz bereits nach zwei Lesungen verabschiedet;[1050] Verstoß gegen § 78 Abs. 5 GO BT.[1051]

338 **B.** Bei Verstößen gegen Verfahrensvorschriften des **GG** ist zu differenzieren zwischen wesentlichen (zwingenden) Vorschriften und bloßen Ordnungsvorschriften.[1052] **Wesentliche Verfahrensvorschriften** sind insbesondere solche, die Rechte eines am Gesetzgebungsverfahren beteiligten Organs gewährleisten sollen.

Beispiele: Verstöße gegen Art. 77 Abs. 2–4 GG. Auch Art. 76 Abs. 2 S. 1 GG soll die Rechte des Bundesrates wahren; ein Verstoß führt zur Nichtigkeit des Gesetzes.[1053]

In der Praxis wird das Verfahren nach Art. 76 Abs. 2 GG häufig dadurch umgangen, dass Regierungsvorlagen durch Abgeordnete der Regierungsfraktionen und damit „aus der Mitte des Bundestages" eingebracht werden, sodass der 1. Durchgang beim Bundesrat entfällt. Nach h.M. ist ein solches Verfahren zwar bedenklich, aber nicht verfassungswidrig, da die Abgeordneten initiativberechtigt sind.[1054] Im Übrigen werden die verfassungsmäßigen Rechte des Bundesrates jedenfalls im Hauptverfahren gewahrt.[1055]

Während materielle Verfassungsverstöße regelmäßig zur Nichtigkeit führen, ist dies bei **Verfahrensfehlern** aus Gründen der Rechtssicherheit nach h.M. nur der Fall, wenn sie **evident** sind.[1056]

Liegt ein wesentlicher und offensichtlicher Verfahrensmangel vor, so kann dieser nicht geheilt werden, auch nicht durch eine ordnungsgemäße Fortführung des Verfahrens oder Ausfertigung und Verkündung durch den Bundespräsidenten.

Verstöße gegen bloße **Ordnungsvorschriften** begründen dagegen generell nicht die Nichtigkeit des Gesetzes.

So führt z.B. eine Überschreitung der Frist des Art. 77 Abs. 1 S. 2 GG nicht zur Verfassungswidrigkeit, da die grundsätzliche Beteiligung des Bundesrates gewährleistet bleibt.

1050 Vgl. BVerfGE 29, 221; VerfG MV DVBl. 2005, 1578; krit. Anm. Bull DVBl. 2006, 302; Schenke JuS 199 –LB– S. 61 f.

1051 Degenhart Rdnr. 203.

1052 Schmidt S. 279/Nr. 638.

1053 Degenhart Rdnr. 199.

1054 Degenhart Rdnr. 200: „Kein Verstoß gegen das Gebot der Organtreue"; M/M Rdnr. 408; a.A. Schenke JuS 1991, L 61, 62.

1055 Wyduckel DÖV 1989, 181, 185.

1056 Mo/Mi Rdnr. 906; BVerfG DVBl. 1995, 96, 100: Mit der Klarstellung der Rechtslage durch eine Entscheidung des BVerfG ist ein verfahrensrechtlicher Mangel jedenfalls für die Zukunft stets evident; ähnlich BVerfG RÜ 2008, 244; NVwZ 2008, 665; NVwZ 2010, 634 Anm. Sachs JuS 2010, 371; Fallbearbeitung von Seifarth JuS 2010, 790, 794: Verstoß gegen Art. 76 Abs. 1 GG.

Zusammenfassende Übersicht — 5. Abschnitt

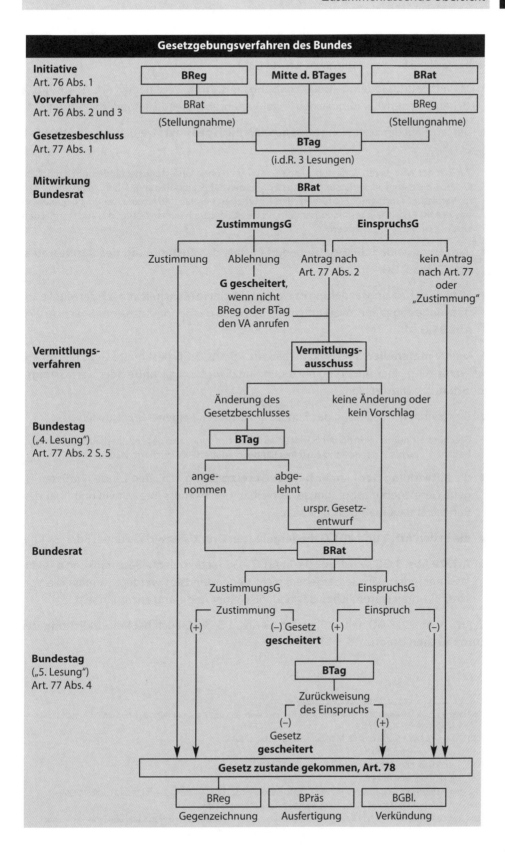

9. Teil — Das Gesetzgebungsverfahren

6. Abschnitt: Verfassungsändernde Gesetze; Art. 79 GG[1057]

Fallbearbeitung bei Wernsmann/Bruns Jura 2011, 384.

339 **A.** Das verfassungsändernde **Gesetzgebungsverfahren** weist gemäß Art. 79 Abs. 1 u. 2 GG gegenüber dem herkömmlichen Regel-Verfahren folgende Besonderheiten auf:[1058]

- Der Wortlaut der Verfassung muss **ausdrücklich geändert** werden; Art. 79 Abs. 1 S. 1 GG.[1059]

  Zur Zeit der WRV waren Verfassungsänderungen auch ohne Verfassungstextänderungen möglich. Gesetze, die gegen die Verfassung verstießen, wurden daher als gültig angesehen, wenn sie mit den für Verfassungsänderungen erforderlichen Mehrheiten beschlossen worden waren. Im Sinne von Art. 79 Abs. 1 GG ist ein verfassungsänderndes Gesetz dagegen nur ein Gesetz, das auch formal den Text des Grundgesetzes ändert.[1060]

- Verfassungsändernde Gesetze bedürfen stets der **Zustimmung des Bundesrates**; Art. 79 Abs. 2 GG.

- Für jede Verfassungsänderung ist eine **qualifizierte Mehrheit** von 2/3 der Mitglieder des Bundestages und zwei Dritteln der Stimmen des Bundesrates erforderlich; Art. 79 Abs. 2 GG.[1061]

340 **B.** Auf der **materiellen** Seite sind gemäß Art. 79 Abs. 3 GG bestimmte Grundprinzipien der Verfassung einer Änderung entzogen; sog. **Ewigkeitsgarantie** oder **Verfassungsidentität**.[1062] Dazu zählen:

- die föderative Gliederung des Bundes in **Länder** mit eigener Staatsqualität;

  Geschützt ist nur das Prinzip der bundesstaatlichen Ordnung, also dass es überhaupt Länder gibt. Dagegen wird nicht der Bestand einzelner Länder garantiert (vgl. auch Art. 29 GG).

- die **Mitwirkung der Länder bei der Gesetzgebung**, d.h., den Ländern müssen eigene Gesetzgebungsbefugnisse verbleiben und es muss ihre Mitwirkung über den Bundesrat dauerhaft gesichert sein;

- **die in den Art. 1 und 20 GG niedergelegten Grundsätze** (dazu unten Rdnr. 341 ff.);

- **Art. 79 Abs. 3 GG** selbst: Soll die in Art. 79 GG niedergelegte Beschränkung des verfassungsändernden Gesetzgebers nicht gegenstandslos werden, so muss die Vorschrift in ihren wesentlichen Bestandteilen einer Änderung entzogen sein.[1063]

341 **C.** Art. 79 Abs. 2, 3 GG gelten über Art. 23 Abs. 1 S. 3 GG auch bei **Verwirklichung der Europäischen Union**.[1064]

1057 Vgl. auch Mo/Mi Rdnr. 914 ff.; M/M Rdnr. 62 ff.; Gröpl Rdnr. 885 ff.; Degenhart Rdnr. 221 f.; Ipsen Rdnr. 1022 ff.; Maurer § 22; Pieroth JuS 2010, 473, 474 f.

1058 Zu Art. 79 Abs. 1 S. 2 GG vgl. i.E. M/M Rdnr. 64; Ipsen Rdnr. 1036.

1059 Vgl. i.E. Ipsen Rdnr. 1030 ff.

1060 BVerfG NJW 1991, 1597, 1599; Erichsen Jura 1992, 52.

1061 Vgl. i.E. Ipsen Rdnr. 1024 ff.

1062 Vgl. zu letzterem Begriff BVerfG RÜ 2009, 519 (Lissabonvertrag) und Verfahren 2 BvR 1390/12 u.a. (ESM/EZB).

1063 M/M Rdnr. 66 FN 15; Gröpl Rdnr. 900; Degenhart Rdnr. 222; Ipsen Rdnr. 1041.

1064 Vgl. i.E. BVerfG RÜ 2009, 519 (Lissabonvertrag) sowie die o.g. Fallbearbeitungen von Sauer und Stöbener/Wendel.

Verfassungsändernde Gesetze; Art. 79 GG   **6. Abschnitt**

Umstritten ist die **Reichweite** der Ewigkeitsgarantie für die **Grundsätze der Art. 1 und 20 GG**. Die Differenzen ergeben sich insbesondere aus der Definition des Begriffes **„Grundsätze"** und bei der Frage, wann diese i.S.d. Art. 79 Abs. 3 GG **„berührt"** sind.

„Grundsätze werden als ‚Grundsätze' von vornherein nicht ‚berührt', wenn ihnen im Allgemeinen Rechnung getragen wird und sie nur für eine Sonderlage entsprechend deren Eigenart aus evident sachgerechten Gründen modifiziert werden."[1065] Zumindest die Begründung des BVerfG wurde in den Sondervoten zum Abhörurteil und fast einhellig in der Rechtslehre abgelehnt, da durch die weitgehende Möglichkeit von Ausnahmen zu den „Grundsätzen" diese letztlich leerlaufen.[1066]

I. Unabänderlich ist danach der in Art. 1 GG genannte allgemeine Grundsatz der **Menschenwürde**. Damit wird auch der Menschenwürdegehalt der einzelnen Grundrechte unabänderlich. Die **Grundrechte** (außer Art. 1 Abs. 1 GG) als solche sind zwar einer Änderung nicht entzogen (vgl. Art. 1 **und** 20 GG, nicht „bis"). Ein Verstoß gegen Art. 79 Abs. 3 GG liegt aber vor, sofern der aus Art. 1 Abs. 1 GG bezogene Menschenwürdegehalt betroffen ist, der dem Menschenrechtsgehalt (Art. 1 Abs. 2 GG) entspricht.[1067]   342

II. Die unabänderlichen Grundsätze des **Art. 20 GG** sind vor allem aus dem Rechtsstaats- und dem Demokratieprinzip zu entwickeln. Sie umfassen in etwa die zur „freiheitlich-demokratischen Grundordnung" entwickelten Gesichtspunkte, also z.B. das demokratische Mehrheitsprinzip bei Minderheitenschutz und Chancengleichheit insbesondere für politische Parteien, Verantwortlichkeit der Regierung, Gesetzmäßigkeit der Verwaltung, Unabhängigkeit der Gerichte u.a.[1068]

1. Nach Auffassung des BVerfG umfasst Art. 79 Abs. 3 GG allerdings nicht alle Ausprägungen des **Rechtsstaatsprinzips**, sondern nur die ausdrücklich in Art. 20 GG enthaltenen, also z.B. die Gewaltenteilung und die Verfassungsbindung der Gesetzgebung sowie die Gesetzes- und Rechtsbindung von Exekutive und Judikative (Art. 20 Abs. 2 u. 3 GG), nicht dagegen die Rechtsweggarantie i.S.d. Art. 19 Abs. 4 GG oder das Rückwirkungsverbot.[1069]   343

2. Zu dem gemäß Art. 79 Abs. 3 GG unantastbaren Kerngehalt des **Demokratieprinzips** gehört, dass sich die Ausübung von Staatsgewalt auf das Staatsvolk zurückführen lässt und grds. ihm gegenüber verantwortlich ist.[1070]   344

Diese sei über die nationalen Parlamente gewährleistet, wobei dem Europäischen Parlament (EP) eine „stützende Funktion" zukomme. Die Rechte des EP müssten allerdings verstärkt werden, wenn Aufgaben und Befugnisse der EU vermehrt werden. Deshalb steht Art. 79 Abs. 3 GG nach h.M. auch der Schaffung eines europäischen Bundesstaates nicht entgegen.[1071]
Allerdings wäre hierfür eine Verfassungsänderung erforderlich, Art. 23 GG erlaubt einen solchen Schritt noch nicht.[1072]

1065 BVerfGE 30, 1, 24 – Abhörurteil; vgl. auch BVerfG NJW 1991, 1597, 1599; NJW 1993, 3047, 3050; M/M Rdnr. 66 ff.

1066 Stern JuS 1985, 329 m.w.N. in FN 4; w.N. bei Lepsius Jura 2005, 433, 436 FN 32; Blasche VR 2007, 188.

1067 Gröpl Rdnr. 897; Degenhart Rdnr. 222; Stern JuS 1985, 329, 336; Erichsen Jura 1992, 52, 53; BVerfG NJW 1991, 1597, 1599; NJW 2004, 999, Anm. Lepsius Jura 2005, 433, 436 ff. zur Vereinbarkeit von Art. 13 Abs. 3 GG mit Art. 79 Abs. 3 GG; a.A. abweichendes Votum! Jaeger und Hohmann-Dennhardt; ebenso Lepsius Jura 2005, 433, 439 f.

1068 Kirchner/Haase JZ 1993, 760, 764.
Zum Verstoß gegen das Willkürverbot durch Art. 12 a Abs. 4 S. 2 GG n.F. vgl. Ekardt DVBl. 2001, 1171.

1069 BVerfGE 30, 1, 24.

1070 Vgl. BVerfG NJW 1993, 3047, 3050 – „Maastricht-Entscheidung"; BVerfG, Urt. v. 30.06.2009 – 2 BvE 2/08, u.a. (Lissabon-vertrag), Zi. 216 ff., 229 f., 244 ff., 401 ff.

1071 Jarass/Pieroth Art. 23 Rdnr. 14; Magiera Jura 1994, 1, 8; a.A. Breuer NVwZ 1994, 417, 423: unzulässige Preisgabe der Eigenstaatlichkeit.

1072 Everling DVBl. 1993, 936, 943; Sommermann DÖV 1994, 596, 599; Jarass/Pieroth Art. 23 Rdnr. 14 m.w.N.

197

345 **3.** Zum unantastbaren Kerngehalt des Bundesstaatsprinzips aus Art. 20 Abs. 1 GG gehört insbesondere die Wahrung der **Eigenstaatlichkeit der Länder**. Problematisch ist insofern die Verfassungsmäßigkeit von Art. 109 GG, der im Rahmen der Föderalismusreform II erheblich geändert worden ist.[1073]

346 **4.** Durch den Vertrag von Lissabon sind die sozialpolitischen Gestaltungsmöglichkeiten des Bundestages eingeschränkt. Nach Auffassung des BVerfG liegt darin jedoch keine Verletzung von Grundsätzen des **Sozialstaatsprinzips** gemäß Art. 23 Abs. 1 S. 3 i.V.m. Art. 79 Abs. 3 GG.[1074]

D. Art. 79 Abs. 3 GG begründet die Möglichkeit einer **verfassungswidrigen Verfassungsnorm**. Das BVerfG kann daher eine Vorschrift des GG, die auf einem gegen Art. 79 Abs. 3 GG verstoßenden verfassungsändernden Gesetz beruht, für verfassungswidrig und nichtig erklären; sog. **Identitätskontrolle**.[1075]

Die überwiegende Lit. sieht z.B. in **Art. 10 Abs. 2 S. 2 GG** einen Verstoß gegen die nach Art. 79 Abs. 3 GG unabänderlichen Grundsätze des Rechtsstaates (individueller Rechtsschutz, rechtliches Gehör) und der Gewaltenteilung.[1076] Das BVerfG[1077] hält die Einschränkung dagegen für verfassungsgemäß, da die Rechtsschutzgarantie nicht in Art. 20 GG, sondern in Art. 19 Abs. 4 GG geregelt sei, der durch Art. 79 Abs. 3 GG einer Änderung nicht entzogen sei. Auch das Prinzip der Gewaltenteilung erfordere keine strikte Trennung, sondern lasse Ausnahmen zu (s.o. Rdnr. 80 ff.).

Ebenso sieht das BVerfG[1078] auch in **Art. 143 Abs. 3 GG** keine verfassungswidrige Verfassungsnorm: „Die Wiedergutmachung früheren Unrechts ist nicht Ausfluss einzelner Grundrechte, sondern hat ihre Wurzeln im Rechts- und Sozialstaatsgedanken. Selbst wenn die Eigentumsgarantie berührt wäre, ließe sich aus ihrem durch Art. 79 Abs. 3 GG verbürgten Kernbereich nicht herleiten, dass eine Wiedergutmachung in der Form einer Restitution in Natur erfolgen müsste."[1079]

1073 Vgl. i.E. Pieroth ZRP 2008, 90.
1074 BVerfG, Urt. v. 30.06.2009 – 2 BvE 2/08 u.a. (Lissabonvertrag), Ziff. 293 f.
1075 Vgl. BVerfG, Urt. v. 30.06.2009 – 2 BvE u.a. (Lissabonvertrag), Ziff. 238 ff.; Sauer ZRP 2009, 195.
1076 Hufen, Staatsrecht II, § 17 Rdnr. 14 m.w.N.
1077 E 30, 1 ff.; 57, 170, 183 f.
1078 NJW 1991, 1597 ff.
1079 Ebenso BVerfG NJW 1998, 221, 222; NJW 1997, 447.

7. Abschnitt: Gesetzgebungsnotstand, Art. 81 GG (Überblick)[1080]

Überblick	347

I. Voraussetzungen gemäß Art. 81 GG

  1. Scheitern der Vertrauensfrage gemäß Art. 68 GG (s.o. Rdnr. 277 f.)

  2. Keine Auflösung des Bundestages durch Bundespräsidenten

  3. Gesetzesvorlage abgelehnt, obwohl

    a) von Bundesregierung als dringlich bezeichnet oder

    b) vom Bundeskanzler mit Antrag nach Art. 68 GG verbunden

  4. Antrag der Bundesregierung

  5. Zustimmung des Bundesrates

  6. Kein Fall von Art. 79 GG; vgl. Art. 81 Abs. 4 GG

  7. Erklärung des Bundespräsidenten gemäß Art. 81 Abs. 1 GG

II. Rechtsfolge: Gesetz gilt als zustande gekommen wenn

  1. Bundestag Gesetzesvorlage erneut ablehnt und

  2. Bundesrat zustimmt; Art. 81 Abs. 2 S. 1 GG

Beachte Art. 81 Abs. 3 GG

1080 Vgl. i.E. Maurer § 17 Rdnr. 128 ff. m.w.N.; M/M Rdnr. 315; Mo/Mi Rdnr. 921 f.

10. Teil: Der Erlass von Rechtsverordnungen (RVO)[1081]

Fallbearbeitungen bei BVerwG RÜ 2013, 807; Degenhart/K II Fall 5; Mikesic/Schneider JA 2000, 40, 43 ff.; Müller Jura 2000, 479.

Umfangreiche Hinweise auf Fallbearbeitungen bei M/M Rdnr. 441.

1. Abschnitt: Zweck des Art. 80 GG

348 Art. 80 GG bezweckt eine Entlastung des Bundestages, indem bestimmte **Normsetzungsbefugnisse** auf die **Exekutive** übertragen werden können. Das Demokratie- und das Rechtsstaatsprinzip (Gewaltenteilung) gebieten jedoch, die Rechtsetzung grds. dem Parlament vorzubehalten. Dementsprechend fordert Art. 80 GG für den Erlass von Rechtsverordnungen durch die Exekutive das Vorliegen einer bestimmt gefassten gesetzlichen **Ermächtigung**, um eine Selbstentmachtung des Parlaments zu verhindern.

Für **landesrechtliche Ermächtigungen zu RechtsVO** gelten die Vorschriften der Landesverfassungen, die zumeist ähnlich lauten wie Art. 80 GG. Fehlen landesrechtliche Regeln, so gilt Art. 80 GG nicht, auch nicht analog, seine Voraussetzungen ergeben sich dann aber aus dem Rechtsstaats- und Demokratieprinzip.[1082]

Allerdings gelten Rechtsverordnungen auch nach **Wegfall der VO-Ermächtigung** weiter fort.[1083]

2. Abschnitt: Begriff der RVO

349 Für den **Begriff** der RechtsVO ist wesentlich, dass es sich um eine Rechtsetzung handelt, die vom formellen Gesetz, dem Normalfall der Rechtsetzung, zu unterscheiden ist. Eine RechtsVO wird nicht von der Legislative, sondern von der Exekutive erlassen und beruht auf einer gesetzlichen Ermächtigung. Sie ist materielles Gesetz und steht in der Rangordnung unter dem formellen Gesetz.

Auf **Satzungen** (z.B. der Gemeinden) ist Art. 80 GG nicht, auch nicht analog anwendbar.[1084]

3. Abschnitt: Voraussetzungen und Rechtsfolgen des Art. 80 GG

> **Fall 13: Landesrechtliche FerienverkehrsVO**
>
> Der Bundesverkehrsminister hat eine Verordnung zur Erleichterung des Ferienreiseverkehrs auf der Straße erlassen, durch die der Schwerlastverkehr auf den Autobahnen und auf bestimmten Bundesstraßen an den in der VO näher bestimmten Wochenenden untersagt wird.
>
> Angenommen, einige Bundesländer halten es für erforderlich, solche Beschränkungen auch an anderen Tagen vorzunehmen, an denen erfahrungsgemäß Spitzenbe-

---

1081 Gröpl Rdnr. 1297 ff.; P/K Rdnr. 377 ff.; Kloepfer Rdnr. 307 ff.; Schmidt S. 291 ff.; Mo/Mi Rdnr. 360 ff.; Degenhart Rdnr. 323 ff.; M/M Rdnr. 422 ff.; Maurer § 17 Rdnr. 135 ff.; Ipsen Rdnr. 788 ff.

1082 BVerfGE 55, 207, 226; a.A. wohl BVerwG – Beschl. v. 05.01.2000 – BVerwG 6 P 1.99-7 zu §§ 10 Abs. 2, 91 Abs. 2 S-H PersVG; BVerfGE 58, 257, 277.

1083 H.M. vgl. BVerfG NJW 1988, 2290; Jarass/Pieroth Art. 80 Rdnr. 15; Gröpl Rdnr. 1338; M/M Rdnr. 440 FN 122; a.A. Kotulla NVwZ 2000, 1263.

1084 BVerfGE 33, 125, 157; BVerwG NVwZ 1990, 867, 868; Maurer DÖV 1993, 184, 188.

Voraussetzungen und Rechtsfolgen des Art. 80 GG | **3. Abschnitt**

lastungen der Autobahnen zu schweren Verkehrsbeeinträchtigungen führen, bei-spielsweise wenn der dem Ferienende vorausgehende Tag ein Wochentag ist, für den in der VO des Bundesverkehrsministers ein Verkehrsverbot nicht vorgesehen ist. Daraufhin wird § 6 Abs. 1 Nr. 3 StVG wie folgt ergänzt:

„Durch RechtsVO der Landesregierungen kann mit Zustimmung des Bundesminis-ters für Verkehr der Schwerlastverkehr auf den Autobahnen an bestimmten Tagen untersagt werden, wobei das Verbot im Einzelfall die Dauer von 12 Stunden nicht überschreiten darf."

Hierauf erlässt der Verkehrsminister des Landes L nach Zustimmung des Bundesver-kehrsministers eine VO, wonach am Mittwoch, dem 11.04. – einen Tag vor dem Wie-derbeginn der Schule nach den Osterferien – Kraftfahrzeuge mit einem zulässigen Gesamtgewicht von mindestens siebeneinhalb Tonnen, die zur Beförderung von Gü-tern bestimmt sind, von morgens 9.00 Uhr bis abends 21.00 Uhr auf den Autobahnen des Landes L nicht verkehren dürfen. Die Landesregierung von L hatte die VO gebil-ligt, den Erlass aber dem Verkehrsminister überlassen, weil nach der Landesverfas-sung von L jeder Minister in seinem Geschäftsbereich für die Landesregierung han-deln darf.

Am 11.04., 10.00 Uhr, stellt die Polizei auf der im Lande L verlaufenden Autobahn den Transportunternehmer T, der mit seinem Achteinhalbtonner Schrott von X nach Y transportiert. T macht geltend, das Verkehrsverbot sei ungültig. Aufgrund des § 3 der VO des Landes L, die auf § 24 StVG verweist, erhält T einen Bußgeldbescheid über 200 €. Ist dieser Bescheid rechtmäßig?

A. Ermächtigungsgrundlage für den Bußgeldbescheid könnte § 24 StVG sein. Diese **350** Vorschrift beschreibt aber nicht selbst den Bußgeldtatbestand, sondern verweist – als Blankettvorschrift – auf eine RechtsVO. Das könnte hier die zum Schutze des Feri-enreiseverkehrs erlassene VO des Landes L sein. Dann müsste diese jedoch wirksam sein. Als untergesetzliche Vorschrift bedarf eine RechtsVO selbst einer gesetzlichen Ermächtigung, um rechtmäßig zu sein.

Das ergibt sich zunächst aus rechtsstaatlichen und demokratischen Erwägungen, da eine Bindung der Exekutive an Gesetz und Recht (Art. 20 Abs. 3 GG) wenig sinnvoll wäre, wenn die Exekutive sich ihr Recht selbst schaffen könnte. Außerdem folgt dies aus Art. 80 GG, da bei der dort getroffenen Re-gelung als selbstverständlich vorausgesetzt wird, dass eine Ermächtigung überhaupt erforderlich ist.

B. **Ermächtigungsgrundlage für die VO** könnte (der fiktive) § 6 Abs. 1 Nr. 3 StVG in der geänderten Fassung sein. Dann müsste aber auch diese Norm **wirksam** sein.

Beachte: Die Prüfung führt damit zum sog. **dreistufigen Aufbau:**

- Der **Einzelakt** ist nur rechtmäßig, wenn die Ermächtigungsgrundlage in der RechtsVO wirksam ist.

- Die Ermächtigungsgrundlage ist nur wirksam, wenn die **RechtsVO** rechtmäßig ist,

- was wiederum von der Wirksamkeit (Verfassungsmäßigkeit) des zum Erlass der RechtsVO er-mächtigenden **Gesetzes** abhängt (s.u. Übersicht Rdnr. 359).

201

10. Teil Der Erlass von Rechtsverordnungen (RVO)

I. **Formell** bestehen gegen § 6 Abs. 1 Nr. 3 StVG keine verfassungsrechtlichen Bedenken, insbesondere ergibt sich die Gesetzgebungskompetenz des Bundes aus Art. 74 Abs. 1 Nr. 22, Art. 72 Abs. 2 GG. Von einem ordnungsgemäßen Gesetzgebungsverfahren ist auszugehen.

II. **Materiell** ist die Vorschrift als VO-Ermächtigung nur wirksam, wenn sie den besonderen Anforderungen des Art. 80 GG gerecht wird.

351
1. Das Gesetz muss einen nach Art. 80 Abs. 1 S. 1 GG möglichen **Ermächtigungsadressaten** festlegen:

■ Ermächtigungsadressaten im **Bundesbereich** können sein: Die Bundesregierung als Kollegium oder ein einzelner Bundesminister.

■ Im **Landesbereich** kann sich eine Ermächtigung nur an die Landesregierungen richten, nicht dagegen an einzelne Landesminister oder (oberste) Landesbehörden.

Das ergibt sich aus dem Wortlaut des Art. 80 GG („Bundesregierung, ein Bundesminister oder die Landesregierungen") und ferner aus der Überlegung, dass der Bund die landesverfassungsrechtliche Zuständigkeitsverteilung zu respektieren hat.

Davon zu unterscheiden ist die Frage, ob eine richtigerweise der Landesregierung erteilte Ermächtigung von einem Landesminister ausgeübt werden darf, was sich nach dem Landesverfassungsrecht richtet. Art. 80 Abs. 4 GG ermöglicht außerdem dem Landesgesetzgeber, anstelle einer RechtsVO eine Regelung durch formelles Gesetz zu treffen.

Die Aufzählung in Art. 80 Abs. 1 GG ist **abschließend**. Sonstige Stellen können nicht zum Erlass einer RechtsVO ermächtigt werden.[1085]

Es handelt sich hierbei aber nur um die möglichen **Erstdelegatare**. Da nach Art. 80 Abs. 1 S. 4 GG im ermächtigenden Gesetz eine Weiterübertragung vorgesehen sein kann (an sog. **Subdelegatare**), ist im Ergebnis der Kreis derer, die zum Erlass von RechtsVOen ermächtigt sein können, weitaus größer.

Der fiktive § 6 Abs. 1 Nr. 3 StVG ermächtigt ausdrücklich die Landesregierungen, steht also im Einklang mit Art. 80 Abs. 1 S. 1 GG.

2. Fraglich ist, ob es materiell mit Art. 80 GG vereinbar ist, dass der VO-Erlass durch die Landesregierung von der Zustimmung des Bundesverkehrsministers abhängig gemacht werden darf.

352
a) Zulässig ist die **Mitwirkung** einer Stelle, die selbst **rechtsetzungsbefugt** ist oder die nach Art. 80 GG Ermächtigungsadressat sein kann. So kann der Erlass einer RechtsVO an die Zustimmung des Bundesrates gebunden sein (Art. 80 Abs. 2 GG), an die Zustimmung des Bundestages,[1086] eines (anderen) Bundesministers oder der Bundesregierung.[1087]

1085 BVerfGE 8, 155, 163.

1086 Vgl. z.B. § 48 b BImSchG sowie Degenhart Rdnr. 334; Sauer NVwZ 2003, 1176; M/M Rdnr. 439 FN 118 f.; ablehnend Kotulla/Rolfsen NVwZ 2010, 943.

1087 BVerfGE 8, 274, 321; 24, 184, 199; Vitzthum/Klink JuS 2006, 436, 439 m.w.N. in FN 19; Pieroth JuS 1994, L 89, 92.

Nicht zulässig ist dagegen z.B. die Bindung an die Zustimmung des Bundespräsidenten oder des Bundesverfassungsgerichts oder einer Bundesbehörde.

Als unzulässig wird auch die neuere Praxis angesehen, dass sich der Bundestag im Ermächtigungsgesetz vorbehält, eine ihm zuzuleitende RechtsVO durch Beschluss zu ändern, da hierdurch das förmliche Gesetzgebungsverfahren unterlaufen würde.[1088]

b) Im Verhältnis von **Bundes-** zu **Landesorganen** ist zu beachten, dass deren Befugnisse nach dem GG grundsätzlich getrennt sind. Jeder Staat, auch jedes Land, muss berechtigt sein, von den ihm eingeräumten Kompetenzen selbstständig und unabhängig Gebrauch zu machen. Wird eine gegenseitige Abhängigkeit bestimmt, entsteht ein Fall der **„Mischgesetzgebung"** (ähnlich der „Mischverwaltung"), der nur zulässig ist, wenn er im GG vorgesehen ist. Das ist beim Erlass von Rechtsverordnungen nicht der Fall, sodass es unzulässig ist, eine RechtsVO der Landesregierung an die Zustimmung der Bundesregierung oder eines Bundesministers zu binden.[1089]

Im Widerspruch hierzu ist vorliegend eine Zustimmung des Bundesverkehrsministers vorgesehen. Der fiktive § 6 Abs. 1 Nr. 3 StVG ist daher wegen Verstoßes gegen Art. 80 Abs. 1 GG (und gegen das Bundesstaatsprinzip des Art. 20 Abs. 1 GG) nichtig und kann keine wirksame Ermächtigungsgrundlage für die VO des Landes sein.

3. Ein weiterer Unwirksamkeitsgrund könnte sich daraus ergeben, dass der fiktive § 6 Abs. 1 Nr. 3 StVG dem in **Art. 80 Abs. 1 S. 2 GG** niedergelegten Bestimmtheitsgebot nicht gerecht wird. Danach müssen im Gesetz Inhalt, Zweck und Ausmaß der erteilten Ermächtigung bestimmt werden **(Bestimmtheitstrias)**.

353

a) Art. 80 Abs. 1 S. 2 GG zwingt den Gesetzgeber, die Grenze der der Exekutive übertragenen Gesetzgebungsmacht zu bedenken und diese so genau zu umreißen, dass schon aus der Ermächtigung erkennbar und **vorhersehbar** ist, was dem Bürger gegenüber zulässig sein soll. Es genügt allerdings, wenn sich Inhalt, Zweck und Ausmaß der gesetzlichen Ermächtigung mit Hilfe allgemeiner Auslegungsregeln ermitteln lassen.

„Welche Bestimmtheitsanforderungen im Einzelnen erfüllt sein müssen, ist von den Besonderheiten des jeweiligen Regelungsgegenstandes sowie der Intensität der Maßnahme abhängig. Geringere Anforderungen sind vor allem bei vielgestaltigen Sachverhalten zu stellen oder wenn zu erwarten ist, dass sich die tatsächlichen Verhältnisse alsbald ändern werden. Andererseits muss die Bestimmtheit der Ermächtigungsnorm der Grundrechtsrelevanz der Regelung entsprechen, zu der ermächtigt wird; greift die Regelung erheblich in die Rechtsstellung des Betroffenen ein, so müssen höhere Anforderungen an den Bestimmtheitsgrad gestellt werden, als wenn es sich um einen Regelungsbereich handelt, der die Grundrechtsausübung weniger tangiert."[1090]

1088 Vgl. zu dieser str. Frage i.E. M/M Rdnr. 425, 438; Degenhart Rdnr. 334; Vitzthum/Klink JuS 2006, 436, 439 m.w.N. in FN 21; Mußgnug JuS 1993, 291, 294; BVerfG NVwZ 2006, 191, Anm. Winkler JA 2006, 336; ähnlich Gass apf 2006, 1, 3 f. m.w.N. in FN 26 f.

1089 Ipsen Rdnr. 793; vgl. auch BVerfGE 11, 77, 88.

1090 BVerfG NVwZ 2006, 559, 578; BVerwG NVwZ 1995, 487 f.

Bei der Auslegung ist vor allem das Zusammenspiel der drei Elemente zu berücksichtigen: Da der Zweck Rückschlüsse auf Inhalt und Ausmaß der Regelung zulässt, ist der **Zweck das zentrale Element**, das es zu konkretisieren gilt. Schwächen in der Beschreibung von Inhalt und Ausmaß lassen sich durch exakte Definition des Zwecks kompensieren.[1091]

Fraglich und umstr. ist, ob **europarechtliche Aspekte** das Bestimmtheitsgebot aus Art. 80 Abs. 1 S. 2 GG überlagern können.[1092]

Wohl unstr. gelten geringere Anforderungen bei fortgeltenden **RVOen der DDR**.[1093]

b) Das BVerfG[1094] hat die geltende Fassung des § 6 Abs. 1 Nr. 3 StVG als offensichtlich mit Art. 80 Abs. 1 S. 2 GG vereinbar angesehen.

- **Inhalt:** Eine aufgrund des § 6 Abs. 1 Nr. 3 StVG erlassene RechtsVO muss Regelungen über den Straßenverkehr beinhalten.

- **Zweck:** Sie muss die Erhaltung der Ordnung und Sicherheit auf den öffentlichen Wegen und Plätzen oder die Sicherung von Belangen der Verteidigung oder die Verhütung einer übermäßigen Abnutzung der Straßen oder die Verhütung von Belästigungen bezwecken.

- **Ausmaß:** Von der Ermächtigung darf nur zur Regelung des Straßenverkehrs und nur Gebrauch gemacht werden, wenn und soweit schwerwiegende Gründe eine Regelung erfordern. Die in § 6 Abs. 1 Nr. 3 StVG nach dem Wort „insbesondere" unter a) bis g) beschriebenen Fälle haben beispielhaften Charakter; sie begrenzen zugleich die Ermächtigung auf vergleichbare Sachverhalte.

c) Vorliegend wird die Ermächtigung durch die zusätzlich zu beachtenden Anforderungen – Verbot des Schwerlastverkehrs auf den Autobahnen, Verbotsdauer nicht mehr als 12 Stunden – nach Inhalt und Ausmaß begrenzt. Auch ist zumindest der Entstehungsgeschichte der Vorschrift deutlich zu entnehmen, dass sie den Zweck verfolgt, dem Ferienverkehr zu bestimmten Spitzenbelastungszeiten freiere Fahrt zu verschaffen. Somit entspricht die Ermächtigung dem Art. 80 Abs. 1 S. 2 GG.

Ergebnis: Materiell verstößt die Ermächtigung gegen Art. 80 Abs. 1 GG, weil sie den VO-Erlass von der Zustimmung des Bundesverkehrsministers abhängig macht. Die Ermächtigungsnorm des § 6 Abs. 1 Nr. 3 StVG (in der fiktiven Fassung) ist daher nichtig und bildet keine wirksame Grundlage für die VO, woraus sich gleichfalls die Nichtigkeit der VO ergibt. Daraus folgt weiter, dass der Bußgeldbescheid keine ausreichende Rechtsgrundlage hat und damit rechtswidrig ist.

[1091] BVerfGE 80, 1, 20; BVerwG NVwZ 1994, 1102, 1104; Pieroth JuS 1994, L 89, 91.

[1092] Vgl. dazu Härtel JZ 2007, 431; Callies NVwZ 1998, 8; Ziekow JZ 1999, 963; Fallbearbeitung bei Vitzthum/Klink JuS 2006, 436, 440 f.

[1093] Mann DÖV 1999, 228.

[1094] BVerfGE 26, 259, 262.

4. Abschnitt: Formelle Rechtmäßigkeitsanforderungen an VOen

A. Der VO-Geber muss **zuständig** sein; beachte Art. 80 Abs. 1 S. 4 GG.   **354**

B. Ist der Verordnungsgeber ein Kollegialorgan, so ist sicherzustellen, dass sich auch die Mehrheit der Mitglieder (Minister) an dem Verordnungsgebungsverfahren beteiligt.[1095]

C. Verfahrensmäßig kann bei einer VO der BReg oder eines BMin

I. die **Zustimmung des BRats** erforderlich sein:[1096]

1. wegen bundesgesetzlicher Regelung, z.B. § 9 a BauGB;

2. wegen Art. 80 Abs. 2 GG;

- 1. Halbs.: „VerkehrsVO",

- 2. Halbs.: „FöderativVO".[1097]

Allerdings kann die Zustimmungsbedürftigkeit von VOen durch zustimmungspflichtiges BundesG ausgeschlossen werden oder wegen Gefahr im Verzug entbehrlich sein (z.B. gemäß § 79 Abs. 1 a TierSeuchG).[1098]

Beachte: *Gemäß Art. 80 Abs. 3 GG kann der* ***Bundesrat*** *der Bundesregierung Vorlagen für den Erlass von RechtsVOen zuleiten, die seiner Zustimmung bedürfen; er hat also ein sog.* ***Initiativrecht.***[1099]

II. die Anhörung oder Beteiligung von bestimmten Personengruppen (z.B. der Tierschutzkommission gemäß § 16 b Abs. 1 S. 2 TierschutzG).[1100] Die gesetzlich gebotene Anhörung und Beteiligung ist dabei ergebnisoffen durchzuführen; eine bloße Anhörung pro forma bei schon feststehendem Ergebnis reicht nicht aus.[1101]

D. Zu beachten ist das **Zitiergebot** aus Art. 80 Abs. 1 S. 3 GG. Sofern eine VO auf mehrere VO-Ermächtigungen gestützt werden kann, müssen **alle** zitiert werden; sofern auch nur eine relevante VO-Ermächtigung fehlt, ist die VO ex tunc nichtig wegen formeller Rechtswidrigkeit.[1102]

1095 Gröpl Rdnr. 1326 f.
1096 Degenhart Rdnr. 334; M/M Rdnr. 434 ff.
1097 Ipsen Rdnr. 792; Gröpl Rdnr. 1329 ff.
1098 Vgl. VGH BW NVwZ 1997, 405, „BSE-SchutzVO".
 Zur Zulässigkeit sog. Maßgabebeschlüsse des BRates vgl. Maurer § 17 Rdnr. 154; Scholz DÖV 1990, 455 ff. m.w.N.
 Zu evtl. Mitwirkungsrechten bzw. Mitwirkungsvorbehalten des Bundestages vgl. Maurer § 17 Rdnr. 155 ff.
1099 M/M Rdnr. 437 FN 115.
 Ausführlich zum Verfahren bei Bundesrechtsverordnungen Hillgruber JA 2011, 318, 319.
1100 BVerfG NVwZ 2011, 289.
1101 BVerfG a.a.O.
1102 Vgl. BVerfG NJW 1999, 3253; – „HennenhaltungsVO", Anm. Ehlers, JK 2000, GG Art. 80 Abs. 1 S. 3/4; Tillmanns NVwZ 2002, 1466; Kramer JuS 2001, 962; BVerwG DVBl. 2003, 731: Keine Geltung für Gemeinschaftsrecht, das durch die VO umgesetzt wird.

5. Abschnitt: Materielle Rechtmäßigkeitsanforderungen an VOen; Gestaltungsfreiheit

355 **A.** Die VO muss sich im Rahmen der **Tatbestandsvoraussetzungen der VO-Ermächtigung** halten bzw. diese auch ausreichend umsetzen.[1103]

B. Die VO darf nicht gegen **höherrangiges Recht** verstoßen, insbesondere nicht gegen Grundrechte, Staatsziele (z.B. Tierschutz aus Art. 20 a GG i.V.m. § 16 b Abs. 1 S. 2 TierschutzG)[1104] oder das Übermaßverbot (sofern der VO-Geber einen Ermessensspielraum hat).[1105]

C. Soweit verfassungsrechtliche Eingrenzungen oder gesetzgeberische Vorentscheidungen nicht entgegenstehen, verfügt die VO-Gebung über eine umfassende **Gestaltungsfreiheit („VO-Ermessen")**. Dementsprechend ist die gerichtliche Kontrolle (dazu sogleich) in aller Regel auf eine Vertretbarkeits- oder **Evidenzprüfung** beschränkt.[1106]

6. Abschnitt: Ausfertigung und Verkündung

356 Die Ausfertigung erfolgt gemäß Art. 82 Abs. 1 S. 2 GG von der Stelle, die die RechtsVO erlassen hat. Die Ausfertigung ist unzulässig, wenn die Verordnungsermächtigung selbst noch nicht in Kraft getreten ist.

RechtsVOen des Bundes werden regelmäßig im BGBl. I verkündet.

Das Inkrafttreten von bundesrechtlichen RechtsVOen regelt Art. 82 Abs. 2 S. 2 GG.[1107]

7. Abschnitt: Rechtsschutz gegen VOen[1108]

A. VO von BReg oder BMin

I. (Direkte) Normenkontrolle

357 Eine **Rechtssatz-Verfassungsbeschwerde** gegen eine VO, aus der sich unmittelbar und ohne weitere Vollzugsakte Pflichten der Normadressaten ergeben (selbstvollziehende VO) ist aus Gründen der Subsidiarität unzulässig, da die Fachgerichte bei RechtsVOen eine eigene Verwerfungskompetenz haben (vgl. i.E. AS-Skript Grundrechte 2012).

1103 BVerfG NJW 1999, 3253 – „HennenhaltungsVO"; BVerwG NJW 2000, 3584 – „Festlegung von An- und Abflugstrecken durch VO des Luftfahrtbundesamtes"; BVerwG, Beschl. v. 15.02.2001 – 3 C 9.00; VGH BW NVwZ 1997, 405 f. – „BSE-SchutzVO".

1104 BVerfG NVwZ 2011, 289.

1105 Vgl. Maurer AllgVerwR § 13 Rdnr. 15 m.w.N.; Schoch S. 395 ff.; von Danwitz Jura 2002, 93, 101; Fallbearbeitung von Müller Jura 2000, 479.
Zur Änderung von VOen durch den Gesetzgeber und der sog. Entsteinerungsklausel vgl. Gröpl Rdnr. 1319; BVerfGE 114, 196, 240; Külpmann NJW 2002, 34, 36; Fallbearbeitung bei Hushahn JA 2007, 276; zur Übertragung von Bundesaufgaben durch RVO des Bundes vgl. BVerfG NVwZ 2003, 595, Anm. Sachs JuS 2003, 917.

1106 von Danwitz a.a.O. S. 101 f. FN 121 ff.; Gröpl Rdnr. 1341: Offensichtliche Rechtsverletzungen liegen bei der Verletzung von Vorlagepflichten, von wesentlichen Beteiligungsvorschriften oder bei mangelhafter Ausfertigung und Verkündung vor.
Zum „Entschließungsermessen" vgl. Degenhart Rdnr. 325 f.

1107 BVerwG RÜ 2013, 807; Gröpl Rdnr. 1334 f.

1108 Gröpl Rdnr. 1343; Degenhart Rdnr. 335; M/M Rdnr. 432 FN 111; Gass apf 2006, 1, 4 f.; BVerwG RÜ 2013, 807.

Eine **konkrete Normenkontrolle** gemäß Art. 100 GG ist unzulässig, weil Prüfungsgegenstand nur formelle Gesetze sein können.[1109] Daher kommt nur die **abstrakte Normenkontrolle** gemäß Art. 93 Abs. 1 Nr. 2 GG in Betracht.[1110] Eine verwaltungsgerichtliche Normenkontrolle scheidet aus, das § 47 Abs. 1 Nr. 2 VwGO nur untergesetzliche Vorschriften des Landesrechts erfasst.

II. Inzidentkontrolle

Bei einer selbstvollziehenden VO besteht außerdem die Möglichkeit einer Inzidentkontrolle im Rahmen einer **allgemeinen Feststellungsklage** gemäß § 43 Abs. 1 VwGO. Hierdurch kann geklärt werden, ob sich aus der VO konkrete Rechte und Pflichten des Klägers ergeben. § 47 Abs. 1 Nr. 2 VwGO entfaltet insofern keine Sperrwirkung.[1111]

B. VO der Landesregierung

Grds. gilt das Gleiche wie oben bei VOen von BReg oder BMin. Bei einer selbstvollziehenden VO ist außerdem die **abstrakte Normenkontrolle gemäß § 47 Abs. 1 Nr. 2 VwGO** möglich, sofern das Landesrecht dies bestimmt.

358

Dies gilt nicht, wenn eine landesrechtliche VO durch formelles Landesgesetz geändert wird.[1112] **Beachte:** Auch eine VO der LReg aufgrund einer bundesrechtlichen VO-Ermächtigung ist nach ganz h.M. Landesrecht.[1113]

1109 Vgl. zuletzt BVerfG DVBl. 2005, 1513, Anm. Ehlers, JK 7/06, GG Art. 100/14.

1110 Zur str. Frage des Prüfungsmaßstabs vgl. BVerfG NVwZ 2011, 289 Anm. Hillgruber JA 2011, 318; Sachs JuS 2011, 572 sowie Tillmanns a.a.O. S. 1466 f.

1111 BVerwG NJW 2000, 3584.

1112 BayVGH NJW 2001, 2905.

1113 Vgl. BVerfGE 18, 407; a.A. wohl Ossenbühl a.a.O. § 6 Rdnr. 23 m.w.N. in FN 69: Bundesrecht.
Allg. zum Rechtsschutz gegen eine VO Pieroth JuS 1995 –LB– S. 1 ff.

	„Dreistufiger Aufbau":
	Rechtmäßigkeit eines VA, der auf einer VO beruht

A. Ermächtigungsgrundlage für den VA könnte § X RechtsVO sein.

Wirksamkeit des § X RechtsVO

    I. Ermächtigungsgrundlage für RechtsVO könnte § Y Gesetz sein. Wirksamkeit des § Y Gesetz

	1.	**Formelle Verfassungsmäßigkeit des Gesetzes**

        a) Zuständigkeit des Gesetzgebers, Art. 70 ff. GG

        b) ordnungsgemäßes Gesetzgebungsverfahren, Art. 76–79 GG

        c) Verkündung, Art. 82 GG

1. Stufe

	2.	**Materielle Verfassungsmäßigkeit des Gesetzes**

        a) besondere Anforderungen des Art. 80 GG

        aa) richtiger Ermächtigungsadressat für VO

        bb) Bestimmtheitstrias, Art. 80 Abs. 1 S. 2 GG

        b) kein Verstoß gegen Grundgesetz
        (insbesondere Grundrechte, Art. 20 GG)

    → Gesetz verfassungsgemäß

  → **wirksame Ermächtigungsgrundlage für RechtsVO (+)**

    II. Rechtmäßigkeit der RechtsVO

	1.	**Formelle Verfassungsmäßigkeit der VO**

        a) Zuständigkeit des VO-Gebers

        b) Verfahren (z.B. Zustimmung des Bundesrates, Art. 80 Abs. 2 GG)

        c) Zitiergebot, Art. 80 Abs. 1 S. 3 GG

        d) Verkündung, Art. 82 Abs. 1 S. 2 GG

2. Stufe

	2.	**Materielle Rechtmäßigkeit der VO**

        a) Tatbestandsvoraussetzungen des § Y Gesetz für RechtsVO

        b) kein Verstoß gegen höherrangiges Recht (GG, Gesetz)

        c) bei Anlass: ordnungsgemäße Ausübung des VO-Ermessens

    → RechtsVO rechtmäßig

  → **wirksame Ermächtigungsgrundlage für VA (+)**

B.	**Formelle Rechtmäßigkeit des VA**

    I. Zuständigkeit der Behörde

    II. ordnungsgemäßes Verfahren

    III. Form des VA

3. Stufe

C.	**Materielle Rechtmäßigkeit des VA**

    I. Tatbestandsvoraussetzungen des § X RechtsVO für VA

    II. richtiger Adressat

    III. allg. Rechtmäßigkeitsvoraussetzungen für VA
        (Bestimmtheit, Verhältnismäßigkeit)

    IV. ggf. Ermessen

→ **VA rechtmäßig, da von Ermächtigungsgrundlage in RechtsVO gedeckt**

Die Ausführung der Bundesgesetze und die Bundesverwaltung **11. Teil**

11. Teil: Die Ausführung der Bundesgesetze und die Bundesverwaltung[1114]

Fallbearbeitungen bei M/M Fall 8; Degenhart/K I Fall 9; H/K/W Fall 12; Geis Fall 6; Hebeler/Erzinger JA 2011, 921.

Umfangreiche Hinweise auf Fallbearbeitungen bei M/M Rdnr. 491; B/S Fall 11.

Grundfälle bei Frenzel JuS 2012, 1082.

1. Abschnitt: Überblick

A. Verwaltungskompetenz; gesetzesakzessorische und nichtgesetzesakzessorische Verwaltung

Verwaltungskompetenz bedeutet die Zuständigkeit, als Verwaltungsträger (z.B. Bund oder Land L) hoheitlich nach außen hin tätig werden zu können. **360**

Bei der **gesetzesakzessorischen Verwaltung** geht es um die Anwendung von Bundes- und Landesgesetzen gegenüber dem Bürger. Sofern es um sonstige hoheitliche Betätigungen geht (z.B. Tätigkeit des Auswärtigen Dienstes, Einsatz der Bundeswehr, Gewährung von Entwicklungshilfe durch das Ministerium für wirtschaftliche Zusammenarbeit), spricht man von **nichtgesetzesakzessorischer Verwaltung**.[1115]

Die Erläuterungen dieses Abschnitts beziehen sich vorwiegend auf die Ausführung von Bundesgesetzen durch Landes- bzw. Bundesbehörden, also auf gesetzesakzessorische Verwaltung und den diesbezüglichen Verwaltungskompetenzen (s. unten Rdnr. 362 ff.).[1116]

Beachte: *Auf den praktisch wichtigsten Fall der nichtgesetzesakzessorischen Verwaltung – Einsatz der Bundeswehr – wird dann im 12. Teil eingegangen (s. unten Rdnr. 391 ff.).*

B. Gesetzgebungskompetenz und Verwaltungskompetenz

Die Zuweisung der **Gesetzgebungskompetenz** für ein bestimmtes Sachgebiet an den Bund bedeutet nicht, dass der Bund auch die Kompetenz zur **Ausführung des Gesetzes** hat. Vielmehr gilt gemäß Art. 83 GG auch hier zunächst eine **Zuständigkeitsvermutung für die Länder** (wie in Art. 30, 70 GG). Nur ausnahmsweise hat der Bund neben der Gesetzgebungs- auch die Verwaltungskompetenz, soweit dies in den Art. 84 ff. GG ausdrücklich angeordnet ist. **361**

C. Die Verwaltungstypen nach dem GG (Überblick)

Das Grundgesetz regelt nur die Ausführung der **Bundesgesetze** und die Bundesverwaltung. Der Vollzug von Landesgesetzen (sog. landeseigene Verwaltung) fällt wegen Art. 30 GG selbstverständlich in die alleinige Kompetenz der Länder.[1117] Wie bei den Ge- **362**

1114 Vgl. auch Schmidt S. 298 ff.; Kloepfer Rdnr. 323 ff.; P/K Rdnr. 403 ff.; Mo/Mi Rdnr. 475 ff., 972 ff.; Funke VerwArch 2012, 290; Maurer § 18; Berg Rdnr. 333 ff.; M/M Rdnr. 442 ff.; Degenhart Rdnr. 496 ff.; Gröpl Rdnr. 1473 ff.; Ipsen § 11; Hebeler Jura 2002, 164; Maurer JuS 2010, 945.

1115 Gröpl Rdnr. 1473, 1530.

1116 Zur Verwaltungskompetenz bei der Ausführung von Europarecht vgl. BVerwGE 102, 119, 125; Hebeler Jura 2002, 164, 172 FN 53 ff.

1117 Vgl. Gröpl Rdnr. 1487 ff. sowie BVerfG NVwZ 2003, 1497 „§ 50 Abs. 4 TKG verstößt gegen Art. 30 i.V.m. Art. 86, 87 f. Abs. 2 S. 2 GG.".

11. Teil — Die Ausführung der Bundesgesetze und die Bundesverwaltung

setzgebungskompetenzen (ausschließliche, konkurrierende usw.) unterscheidet das GG auch bei der Ausführung der Bundesgesetze **verschiedene Formen**. Von der Zuordnung zu einem der **Verwaltungstypen**[1118] hängt ab, welche Befugnisse der Bund gegenüber den Ländern im Einzelnen hat (insbesondere Weisungs- und Aufsichtsrechte). Hierbei gilt ein **numerus clausus** folgender Verwaltungstypen:

- Ausführung durch die Länder als **eigene Angelegenheit** (Art. 83, 84 GG),

- Ausführung durch die Länder **im Auftrage des Bundes** (Art. 85 GG),

- **Bundeseigene Verwaltung**, Art. 86 ff. GG,[1119]

- **Gemeinschaftsaufgaben** nach Art. 91 a–c GG.[1120]

Daneben werden vereinzelt auch **ungeschriebene Verwaltungskompetenzen** anerkannt; s.u. Rdnr. 384 ff.

2. Abschnitt: Ausführung von Bundesgesetzen durch die Länder als eigene Angelegenheit (Bundesaufsichtsverwaltung)

A. Art. 84 Abs. 1 GG

363 Im Normalfall werden Bundesgesetze von den Ländern als eigene Angelegenheit ausgeführt (Art. 83 GG). Die Länder regeln dann grds. die Einrichtung der Behörden und das Verwaltungsverfahren (Art. 84 Abs. 1 S. 1 GG) und entscheiden, ob das BundesG im Wege der unmittelbaren oder mittelbaren Landesverwaltung ausgeführt wird.[1121] Ein Bundesgesetz[1122] kann etwas anderes bestimmen, wobei die Länder die Möglichkeit haben, davon abweichende Regelungen zu treffen (Art. 84 Abs. 1 S. 2 GG).[1123]

Beispiele: Für die Ausführung von Bundesgesetzen durch Länderbehörden als eigene Angelegenheit:

PassG, PersonalausweisG durch Einwohnermeldeamt
StVG, StVO, etc. durch Straßenverkehrsamt bzw. Straßenverkehrsbehörden

Gemäß **Art. 84 Abs. 1 S. 7 GG** dürfen Gemeinden und Gemeindeverbänden Aufgaben nicht übertragen werden (ähnlich **Art. 85 Abs. 1 S. 2 GG**); sog. **kommunales Durchgriffsverbot**.[1124]

Das geplante Verbraucher-InformationsG des Bundes war formell verfassungswidrig wegen Verstoßes gegen Art. 84 Abs. 1 S. 7 GG, sodass der Bundespräsident zu Recht die Ausfertigung dieses Gesetzes verweigert hat.[1125]

1118 BVerfG NVwZ 2007, 942, 944.

1119 Zu Einzelproblemen bei Art. 87 d Abs. 2 GG vgl. i.E. BVerfG RÜ 2010, 519 Anm. Sachs JuS 2010, 939.

1120 Zu Art. 91 a, 91 b, 143 c GG vgl. BR-Drucks. 178/06, S. 36 ff., 53 ff.; Nierhaus/Rademacher LKV 2006, 385, 393 f. m.w.N. in FN 87 ff.; Kesper NdsVBl. 2006, 145, 151 f.; Nolte DVBl. 2010, 84, 90 ff.
       Zum EntflechtungsG als AusführungsG zu Art. 143 c GG vgl. BT-Drucks. 16/814, S. 7 ff., 19 ff.
       Zu Art. 91 c GG vgl. i.E. Siegel NVwZ 2009, 1128.
       Zu Art. 91 e GG und dem Gesetz zur Weiterentwicklung der Organisation der Grundsicherung für Arbeitssuchende vgl. i.E. Mayen NVwZ 2011, 584.

1121 BVerwG NJW 2000, 3150.

1122 Kompetenztitel ist Art. 84 Abs. 1 S. 2 GG (str.); vgl. auch Ipsen Rdnr. 622 sowie oben Rdnr. 314.

1123 Vgl. i.E. zu den Begriffen „Einrichtung der Behörden und Verwaltungsverfahren" oben bei der konkurrierenden Gesetzgebungszuständigkeit Rdnr. 314 ff.

1124 Vgl. dazu Nierhaus/Rademacher a.a.O. S. 393 m.w.N. in FN 84; Schoch DVBl. 2007, 261.
       Zum Zusammenspiel von Art. 125 a Abs. 1 S. 1 GG mit dem kommunalen Durchgriffsverbot vgl. Kallerhoff DVBl. 2011, 6.

1125 Vgl. i.E. Schoch a.a.O. S. 265 ff.: „Verstoß gegen die (negative) Kompetenzvorschrift des Art. 84 Abs. 1 S. 7 GG".

Ausführung von Bundesgesetzen durch die Länder im Auftrage des Bundes	**3. Abschnitt**

B. Die **Befugnisse des Bundes** gegenüber den Ländern richten sich in diesem Bereich **364** nach Art. 84 Abs. 2–5 GG:

■ Nach Art. 84 Abs. 2 GG kann die Bundesregierung mit Zustimmung des Bundesrats allgemeine **Verwaltungsvorschriften** erlassen.[1126]

■ Nach Art. 84 Abs. 3 GG übt die Bundesregierung „die Aufsicht darüber aus, dass die Länder die Bundesgesetze dem geltenden Rechte gemäß ausführen" (**Rechtsaufsicht**).

Die Beurteilung der Zweckmäßigkeit ist dagegen ausschließlich Sache der Landesbehörden.

■ Die Bundesregierung kann zu diesem Zweck **Beauftragte** zu den obersten Landesbehörden entsenden und mit deren Zustimmung oder mit Zustimmung des Bundesrates auch zu den nachgeordneten Behörden (Art. 84 Abs. 3 S. 2 GG).

■ Die Bundesregierung kann den Beschluss fassen, dass bei der Ausführung der Bundesgesetze in einem Land Mängel festgestellt worden sind und dass das Land verpflichtet ist, den Mangel abzustellen (sog. **staatsrechtliche Mängelrüge**), Art. 84 Abs. 4 GG. Hilft das Land dem Mangel nicht ab, so beschließt der **Bundesrat** darüber, ob das Land das Recht verletzt hat. Gegen diesen Beschluss kann das BVerfG angerufen werden (Art. 84 Abs. 4 S. 2 i.V.m. Art. 93 Abs. 1 Nr. 3 GG).

■ Für den Fall, dass die Mängel trotz der Beschlüsse von Bundesregierung und Bundesrat nicht beseitigt werden, trifft Art. 84 GG keine weitere Regelung. Falls das BVerfG nicht bereits nach Art. 84 Abs. 4 S. 2 GG angerufen worden ist, kann nunmehr die Bundesregierung nach Art. 93 Abs. 1 Nr. 3 GG einen **Bund-Länder-Streit** durchführen. Letztlich bleibt nur die Anwendung des **Bundeszwangs** (Art. 37 GG).[1127]

  ▪ Die Erteilung von **Einzelweisungen** ist mit einer bloßen Rechtsaufsicht grds. nicht vereinbar. In Art. 84 Abs. 5 GG werden Weisungen daher nur ausnahmsweise „für besondere Fälle" zugelassen, wobei es einer besonderen Regelung durch Bundesgesetz (mit Zustimmung des Bundesrates) bedarf (z.B. § 74 Abs. 2 AufenthG).[1128]

  Die Weisungen sind grds. an die **obersten Landesbehörden**, d.h. die Landesministerien zu richten. Der Vollzug ist durch das Land sicherzustellen. Ein „Durchgriff" des Bundes auf nachgeordnete Behörden ist nur zulässig, wenn die Bundesregierung den Fall für dringlich erachtet (Art. 84 Abs. 5 S. 2 GG).

3. Abschnitt: Ausführung von Bundesgesetzen durch die Länder im Auftrage des Bundes (Bundesauftragsverwaltung)

Fallbearbeitungen bei BVerfG RÜ 2010, 519 (LuftsicherheitsG II); Bruch/Greve VR 2011, 199 (Laufzeitverlängerung).

Bei der Auftragsverwaltung (Art. 85 GG) ist es üblich, von **Bundes**auftragsverwaltung zu **365** sprechen. Es handelt sich der Sache nach aber nicht um Bundesverwaltung, sondern um

---

1126 Vgl. dazu i.E. BVerfG NVwZ 1999, 977 (unter Aufgabe von BVerfGE 26, 338, 399), Anm. Sachs JuS 2000, 601; Hobe JA 2000, 108; Hebeler a.a.O. S. 167 FN 21 ff.; Ipsen Rdnr. 623 ff.; ausführlich Koch Jura 2000, 179 und Maurer JuS 2010, 945, 950 f.
1127 Vgl. Ipsen Rdnr. 633, 728 ff.; M/M Rdnr. 485.
1128 Krit. Ipsen Rdnr. 634 FN 22.

11. Teil Die Ausführung der Bundesgesetze und die Bundesverwaltung

Landesverwaltung, die Bundesgesetze ausführt. Die handelnden Behörden sind solche der Länder, werden also nicht etwa als Bundesorgane tätig.[1129]

Jedoch sind die Einwirkungsbefugnisse des Bundes hierbei erheblich umfangreicher als im Rahmen des Art. 84 GG. Im Grunde handelt es sich um eine Ausführung von Bundesgesetzen durch landeseigene Verwaltung unter Fachaufsicht des Bundes.

Zu unterscheiden sind obligatorische und fakultative Auftragsverwaltung.

- Bei der **obligatorischen** Auftragsverwaltung schreibt die Grundgesetznorm selbst zwingend vor, dass eine bestimmte Verwaltungsaufgabe im Auftrage des Bundes wahrgenommen werden muss (Art. 90 Abs. 2, 104 a Abs. 3 S. 2, 108 Abs. 3 GG.)

- Bei der **fakultativen** Auftragsverwaltung überlässt es die Grundgesetznorm dem einfachen Gesetzgeber, ob er für eine bestimmte Verwaltungsaufgabe Auftragsverwaltung anordnet oder nicht (z.B. § 24 AtomG für Art. 87 c GG; ähnlich Art. 87 b Abs. 2 S. 1, 87 d Abs. 2, 89 Abs. 2 S. 3, 120 a Abs. 1 S. 1 GG).

A. Weisungsrecht und Fachaufsicht; Art. 85 Abs. 3, 4 GG

Fall 14: Der Widerspenstigen Zähmung

Ein im Bundesland L ansässiges Energieversorgungsunternehmen plant wesentliche Änderungen der Anlage und des Betriebs ihres Kernkraftwerks des Typs „Schneller Brüter" und hat nach Abschluss der Planungsarbeiten mit den Änderungen begonnen. Die für die einzelnen Abschnitte erforderlichen Teilgenehmigungen sind von dem Landesministerium M als zuständige oberste Landesbehörde gemäß §§ 7, 24 Abs. 2 AtomG erteilt worden. Nach einem Reaktorunfall in Osteuropa weigerte sich M, eine weitere Teilgenehmigung zu erteilen, bevor nicht das Sicherheitskonzept des Kernkraftwerks insgesamt überprüft und vor dem Hintergrund der Erfahrungen aus dem Reaktorunfall neu bewertet worden sei. Deshalb kam es in dieser Frage zu einem Meinungsstreit mit dem Bundesumweltministerium U. Nachdem auch nach längerem Hin und Her keine Einigung erzielt werden konnte, erteilte U dem M schließlich die Weisung, auf eine erneute vollständige Überprüfung des Sicherheitskonzeptes zu verzichten und von einem vorläufig positiven Gesamturteil im Sinne des Atomrechts auszugehen. Die Landesregierung L ist der Auffassung, dass die Weisung gegen Art. 2 Abs. 2, 20 Abs. 1, 30, 85 GG sowie gegen den Grundsatz des bundesfreundlichen Verhaltens verstößt. Hätte eine Anrufung des BVerfG Aussicht auf Erfolg?

366 In Betracht kommt ein Antrag im (verfassungsrechtlichen) **Bund-Länderstreitverfahren** gemäß Art. 93 Abs. 1 Nr. 3 GG, §§ 13 Nr. 7, 68 ff. BVerfGG.[1130]

A. Zulässigkeit des Antrags

I. Das BVerfG ist **zuständig** gemäß Art. 93 Abs. 1 Nr. 3 GG, § 13 Nr. 7 BVerfGG, wenn es um Meinungsverschiedenheiten über Rechte und Pflichten des Bundes und der Länder geht, insbesondere bei Ausübung der Bundesaufsicht.

1129 BVerfG DVBl. 1990, 763, 765: Das Handeln und die Verantwortlichkeit nach außen, im Verhältnis zu Dritten, bleibt stets Landesangelegenheit; ähnlich BVerfG DVBl. 2002, 549, 550; ausführlich zu Grundfragen Sommermann DVBl. 2001, 1549.

1130 Vgl. dazu auch unten Rdnr. 426 ff.

212

Die gegenseitigen Rechte (Befugnisse, Kompetenzen) und Pflichten müssen sich (in Abgrenzung zu § 50 Abs. 1 Nr. 1 VwGO) aus einem **verfassungsrechtlichen** Rechtsverhältnis ergeben.[1131] Das ist immer der Fall, wenn es, wie hier, um die Zulässigkeit einer Weisung geht (Art. 85 Abs. 3 GG) oder um deren Vereinbarkeit mit Verfassungsprinzipien (Bundesstaat, Art. 20 Abs. 1 GG) bzw. sonstigen Vorschriften des GG (Art. 30, 2 Abs. 2 GG).[1132]

Damit ist das BVerfG zuständig gem. Art. 93 Abs. 1 Nr. 3 GG, § 13 Nr. 7 BVerfGG.[1133]

II. Die Landesregierung ist nach § 68 BVerfGG **antragsberechtigt** für das Land L. Antragsgegner ist die Bundesregierung für den Bund.

III. Für die **Antragsbefugnis** (§§ 69, 64 Abs. 1 BVerfGG) ist Voraussetzung die Geltendmachung einer **möglichen Verletzung eigener Rechte** durch eine Maßnahme oder Unterlassung des Antragsgegners unter Angabe der angeblich verletzten Vorschriften des GG. Die Landesregierung behauptet, U habe sein Weisungsrecht überschritten und damit die dem Land durch Art. 30, 85 GG gewährleistete Eigenstaatlichkeit verletzt.

IV. Nach §§ 69, 64 Abs. 3 BVerfGG besteht eine **Antragsfrist** von sechs Monaten.

B. Begründetheit des Antrags

Begründet ist der Antrag, wenn die Weisung **verfassungswidrig** in Rechte des Landes eingreift, vgl. §§ 69, 67 BVerfGG.

I. **Rechtsgrundlage** für die Weisung könnte Art. 85 Abs. 3 S. 1, Abs. 4 S. 1 GG sein.

1. Dann müsste ein Fall der **Auftragsverwaltung** vorliegen. Nach Art. 87 c GG   **367** können Gesetze, die aufgrund des Art. 73 Abs. 1 Nr. 14 GG ergehen, mit Zustimmung des Bundesrates bestimmen, dass sie von den Ländern im Auftrage des Bundes ausgeführt werden. Eine solche Bestimmung findet sich für den vorliegenden Fall in § 24 Abs. 1 AtomG.

   Die wichtigsten Fälle der Bundesauftragsverwaltung sind:

   - Verwaltung der Bundesautobahnen und sonstigen **Bundesfernstraßen** (Art. 90 Abs. 2 GG),[1134]

   - Aufgaben der **Kernenergie** (Art. 87 c GG),[1135]

   - **Verteidigungswesen** und **Zivilschutz** (Art. 87 b Abs. 2 S. 1 GG).

   - Generalklauselartigen Charakter hat Art. 104 a Abs. 3 S. 2 GG für **Geldleistungsgesetze, wenn der Bund die Hälfte der Ausgaben oder mehr trägt** (vgl. z.B. §§ 39, 56 BAföG oder Art. 91 a Abs. 3 S. 1 GG).

1131 Jarass/Pieroth Art. 93 Rdnr. 25.

1132 Vgl. BVerfG NVwZ 1991, 870; BVerwG DVBl. 1997, 560; Sachs JuS 1999, 293; Maurer § 18 Rdnr. 18; Winter DVBl. 1985, 993, 997 („eigenbestimmte Rechtswidrigkeit der Weisung").

1133 Zum Verhältnis des verfassungsrechtlichen (Art. 93 Abs. 1 Nr. 3 GG) zum verwaltungsgerichtlichen (§ 50 Abs. 1 Nr. 1 VwGO) Bund-Länder-Streit und zu den Auswirkungen eines Antrags nach § 50 Abs. 3 VwGO auf das verfassungsgerichtliche Verfahren (keine Geltung von § 17 Abs. 1 S. 2 GVG); vgl. Ehlers, JK 00, GG Art. 85 Abs. 3/2 m.w.N.

1134 Vgl. dazu BVerfG DVBl. 2000, 1282.

1135 Vgl. BVerfG DVBl. 1990, 763, 766; DVBl. 2002, 549.
     Die Sperrwirkung von Art. 87 c GG hindert nach Auffassung von Burgi NVwZ 2005, 247 eine Überführung der Atomaufsicht in die bundeseigene Verwaltung; ähnlich Leidinger/Zimmer DVBl. 2004, 1005 m.w.N. auf die Gegenauffassung S. 1007 FN 15.

11. Teil — Die Ausführung der Bundesgesetze und die Bundesverwaltung

2. Bei der Auftragsverwaltung richten sich die **Aufsichtsrechte** nach Art. 85 Abs. 3 und 4 GG.

a) Nach Art. 85 Abs. 3 GG unterstehen die Landesbehörden den **Weisungen** der zuständigen obersten Bundesbehörden. Die Weisungen sind grds. an die obersten Landesbehörden zu richten (Ausn. Art. 85 Abs. 3 S. 2 GG).

b) Die Bundesaufsicht erstreckt sich gemäß Art. 85 Abs. 4 GG auf die Gesetzmäßigkeit und Zweckmäßigkeit der Ausführung **(Fachaufsicht)**.[1136]

II. **Voraussetzungen** einer Weisung nach Art. 85 Abs. 3, Abs. 4 GG[1137]

1. **Zuständig** ist nach Art. 85 Abs. 3 S. 1 GG die oberste Bundesbehörde, also vorliegend das Bundesumweltministerium U.

Adressat ist die oberste Landesbehörde und damit das zuständige Landesministerium M.

368

2. **Verfahrensrechtlich** enthält Art. 85 GG zwar keine besonderen Voraussetzungen, jedoch folgt aus dem Grundsatz des **bundesfreundlichen Verhaltens** und dem Prinzip des kooperativen Föderalismus (oben Rdnr. 142 ff.) eine Pflicht zur **gegenseitigen Rücksichtnahme**, insbesondere zur vorherigen Anhörung des Landes.[1138]

Hier ist dem Weisungserlass eine längere Erörterung vorausgegangen.

3. Auch das **Gebot der Weisungsklarheit** ist beachtet.[1139]

4. **Materielle Voraussetzungen** sind in Art. 85 Abs. 3 GG nicht genannt.

369

a) Da die Aufsicht des Bundes sich auf die **Gesetzmäßigkeit** und **Zweckmäßigkeit** der Gesetzesausführung erstreckt, untersteht das Land – anders als im Rahmen des Art. 84 GG – einem **umfassenden Weisungsrecht** des Bundes. Das Land hat in diesem Bereich nur eine eingeschränkte Verwaltungskompetenz, und zwar nur die sog. **Wahrnehmungszuständigkeit**, d.h. das Handeln und die Vertretung nach außen. Für die Beurteilung und Entscheidung in der Sache hingegen (die sog. **Sachkompetenz**) gilt das nicht.[1140] Zwar steht auch diese Kompetenz zunächst dem Land zu. Der Bund kann sie jedoch aufgrund seines Weisungsrechts jederzeit und in vollem Umfang an sich ziehen, ohne dass dies einer besonderen Rechtfertigung bedarf.

„Die Inanspruchnahme der Sachkompetenz durch den Bund ist nicht auf Ausnahmefälle begrenzt und damit nicht weiter rechtfertigungsbedürftig. Sie ist, wie Art. 85 Abs. 3 GG erkennen lässt, als reguläres Mittel gedacht, damit sich bei Meinungsverschiedenheiten das hier vom Bund zu definierende Gemeinwohlinteresse durchsetzen kann."[1141]

1136 Zum Informationsrecht gemäß Art. 85 Abs. 3 S. 2 GG vgl. Ipsen Rdnr. 644 f.

1137 Vgl. auch Gröpl Rdnr. 1512; Degenhart Rdnr. 509; M/M Rdnr. 458 ff.

1138 BVerfGE 81, 310, 337; 84, 25, 33; Kisker JuS 1995, 717, 719; Ipsen Rdnr. 629.

1139 Nach Auffassung des BVerfG eine „formelle" Rechtmäßigkeitsvoraussetzung der Weisung DVBl. 2000, 1282, ähnlich Maurer § 18 Rdnr. 18.

1140 Vgl. auch Gröpl Rdnr. 1511; Ipsen Rdnr. 643; M/M Rdnr. 447.

1141 BVerfG DVBl. 1990, 763, 766.

| | Ausführung von Bundesgesetzen durch die Länder im Auftrage des Bundes | **3. Abschnitt** |

Verwaltungsprozessuale Folge ist, dass bei Klagen des Bürgers gegen Landesbehörden im Bereich der Bundesauftragsverwaltung (z.B. Atomrecht) das Land „in einer **Art Prozessstandschaft**" auch für das die Bundesaufsicht ausübende Bundesministerium (z.B. BMU) auftritt. Ein rechtskräftiges Urteil gegen das Land erstreckt sich auch auf den Bund (§ 121 VwGO), sodass eine notwendige Beiladung gemäß § 65 Abs. 2 VwGO weder erforderlich noch zulässig ist.[1142]

b) **Gegenstand der Weisung** kann somit sowohl vorbereitendes Verwaltungshandeln als auch eine nach außen hin zu treffende verfahrensabschließende Entscheidung sein (z.B. Erlass eines VA). Die Weisungen können sich auch auf Art und Umfang der behördlichen Sachverhaltsermittlung und Beurteilung sowie auf die Gesetzesauslegung und -anwendung beziehen. Die Weisung ist Mittel zur Steuerung des Gesetzesvollzugs der Länder in allen seinen Phasen.[1143]

370

Des Weiteren kann sich eine Weisung nicht nur punktuell auf eine ganz bestimmte nach außen gerichtete Entscheidung beziehen, sondern auch insgesamt und dauerhaft alle einen bestimmten Einzelfall (z.B. eine atomrechtliche Anlage) betreffenden zukünftigen Entscheidungen erfassen. Sofern der Bund im letzten Fall durch Weisung dauerhaft die Sachentscheidungsbefugnis für alle zukünftig anstehenden Einzelfragen übernimmt, spricht das BVerfG von **Übernahme der Geschäftsleitungsbefugnis**.[1144]

In Ausübung der Geschäftsleitungsbefugnis ist der Bund berechtigt, sich in jeder von ihm für zweckmäßig gehaltenen Weise Informationen zu beschaffen ... die er zur Ausübung seiner Sachkompetenz für erforderlich erachtet. Die (unentziehbare) Wahrnehmungskompetenz des Landes verletzt der Bund erst dann, wenn er nach außen gegenüber Dritten oder gleichsam anstelle der aufgrund der Wahrnehmungskompetenz des Landes für eine Entscheidung gegenüber Dritten berufenen Landesbehörde rechtsverbindlich tätig wird (z.B. Abschluss eines öffentlich-rechtlichen Vertrags oder Erlass eines VA) oder durch Abgabe von Erklärungen, die einer rechtsverbindlichen Entscheidung gleichkommen.[1145] Jedenfalls seien eigene Wahrnehmungskompetenzen des Landes dann nicht verletzt, wenn das streitige Weisungsverhältnis von gesetzesvorbereitenden Maßnahmen der Bundesregierung (im konkreten Fall Atomkonsens und Ausstieg aus der friedlichen Nutzung der Kernenergie) überlagert werde.[1146]

371

Die vorliegende Weisung hält sich in diesem Rahmen. Sie betrifft die der Teilgenehmigung vorausgehende Ermittlung, indem eine bestimmte Sachverhaltsbeurteilung vorgegeben wird.

c) Eingeschränkt wird das Weisungsrecht allerdings durch das **Gebot bundesfreundlichen Verhaltens**. Allein die Inanspruchnahme einer durch das GG eingeräumten Kompetenz (hier Art. 85 Abs. 3 u. 4 GG) kann aber grds. nicht gegen die sich daraus ergebenden Pflichten verstoßen.

372

1142 Vgl. BVerwG NVwZ 1999, 292; krit. Anm. Winkler JA 1999, 840.

1143 Vgl. BVerfGE 81, 310, 331 ff.; 84, 25, 31; DVBl. 2000, 1282.

1144 BVerfG DVBl. 2002, 549, 550 – Biblis – Anm. Hermes JZ 2002, 1161, 1163.

1145 BVerfG a.a.O. S. 550 f.; a.A. abweichendes Votum der Richter di Fabio und Mellinghoff S. 553 f.: Von der Wahrnehmungskompetenz wird auch das unmittelbare Handeln nach außen erfasst, das darauf gerichtet ist, die Regelungsziele des Gesetzes zu verwirklichen, also alle auf einen Einzelfall bezogenen Maßnahmen, auch wenn sie sich nicht in die herkömmlichen rechtlich formalisierten Verfahren und Handlungsformen einordnen lassen.

1146 BVerfG a.a.O. S. 552; a.A. abweichendes Votum der Richter di Fabio und Mellinghoff a.a.O.

Verfassungswidrig ist es nur, wenn die **Weisung missbräuchlich** erfolgt.[1147] Das wäre z.B. anzunehmen, wenn das Land zu einem schlechthin unverantwortbaren Verwaltungshandeln veranlasst werden soll (z.B. offenkundige Verletzung von Grundrechten). Das ist hier offensichtlich nicht der Fall.

Eine Weisung ist nach Auffassung des BVerfG auch dann (materiell) verfassungswidrig, wenn in der **Begründung** der Weisung keine **Abwägung mit den Landesinteressen** stattgefunden hat.[1148] Vom Vorliegen dieser Voraussetzung kann ausgegangen werden.

Schließlich kann eine Weisung auch deshalb (materiell) verfassungswidrig sein, wenn der Bund für den Inhalt der Weisung nicht einmal die Gesetzgebungskompetenz hat.[1149]

373

d) Fraglich ist, ob die Weisung noch **aus anderen Gründen** verfassungswidrig sein kann, insbesondere ob die Rechtmäßigkeit der Weisung von der Rechtmäßigkeit des angewiesenen Verhaltens abhängt. Dies gilt hier vor allem im Hinblick auf die vom Land angeführten **Grundrechte** des Bürgers (hier Art. 2 Abs. 2 GG) und den Grundsatz der **Verhältnismäßigkeit**.[1150]

Dagegen spricht jedoch, dass mit der Weisung an das Landesministerium das Außenverhältnis zum Bürger noch gar nicht betroffen ist. Die Sachkompetenz ist im Rahmen des Weisungsrechts auf den Bund übergegangen, sodass das Land grds. verpflichtet ist, auch eine (seiner Meinung nach) rechtswidrige Weisung auszuführen. Die missliche Situation, nach außen eine Entscheidung vertreten zu müssen, die man selbst für rechtswidrig hält (und die auch durchaus rechtswidrig sein kann), ist nur die logische Konsequenz des Auseinanderfallens von Wahrnehmungs- und Sachkompetenz.[1151]

Das Land kann also nur geltend machen, dass gerade die **Inanspruchnahme** der Weisungsbefugnis gegen die Verfassung verstößt. Dagegen können die Länder sich nicht darauf berufen, der Bund übe seine Weisungsbefugnis **inhaltlich** rechtswidrig aus, da insoweit nicht in eine eigene Sachkompetenz der Länder eingegriffen wird.

Das Land hat also, wie der Bürger, keinen allgemeinen Gesetzesvollziehungsanspruch, sondern kann sich auf die Rechtswidrigkeit der Weisung nur berufen, wenn dadurch eigene verfassungsrechtliche Kompetenzrechte des Landes verletzt werden. So haben die Länder insbesondere kein Recht gegen den Bund, dass dieser einen Verstoß z.B. gegen einfaches Recht oder gegen Grundrechte unterlässt. Die Länder sind nicht Sachwalter des Einzelnen.

1147 BVerfGE 81, 310, 334; DVBl. 2002, 549, 551.

1148 NVwZ 1990, 995.

1149 BVerfG DVBl. 2000, 1282: „Gesetzgebungskompetenz des Bundes begrenzt ... die Weisungsbefugnis im Rahmen der Bundesauftragsverwaltung"; vgl. dazu Ehlers, JK 2000, GG Art. 85 Abs. 3 S. 2.

1150 Kisker JuS 1995, 717, 719 m.w.N.: Rechtmäßigkeitsvoraussetzung für die Weisung ist, dass die aufsichtsrechtliche Weisung zu einem rechtmäßigen Gesetzesvollzug anhält. Die Frage der Betroffenheit des Landes ist allein für die Frage erheblich, ob das Land durch eine möglicherweise rechtswidrige Weisung in eigenen Rechten verletzt ist.

1151 BVerfG DVBl. 1990, 763, 767; DVBl. 1991, 534; Bethge/Rozek Jura 1995, 213, 215 u. 217 m.w.N.; kritisch Hartung JA 1991, 137, 138 unter Hinweis auf Art. 30 GG.

| Ausführung von Bundesgesetzen durch die Länder im Auftrage des Bundes | **3. Abschnitt** |

Damit sind die vom Land vorgetragenen sonstigen Gründe für das Verhältnis zum Bund irrelevant. Die Voraussetzungen für eine Weisung lagen somit vor.

III. **Rechtsfolge:** Die Weisung nach Art. 85 Abs. 3 u. 4 GG steht im Ermessen der obersten Bundesbehörde sowohl bzgl. des „Ob" als auch bzgl. des Inhalts („Wie"). Bei der Ermessensausübung ist die **Pflicht zum bundesfreundlichen Verhalten** zu beachten. So muss der Bund zunächst versuchen, auf das Land einzuwirken und deutlich machen, dass er als ultima ratio den Erlass einer Weisung erwäge. Hier sind keine Ermessensfehler ersichtlich, insbesondere hat sich der Bund durch längere Verhandlungen um eine Streitbeilegung bemüht. Die Weisung ist damit rechtmäßig.

374

B. Rechtsweg und Klagebefugnis bei „inhaltlich rechtswidriger Weisung"

Umstritten ist, vor welchem Gericht und mit welchem Erfolg die Länder Weisungen, die (angeblich) gegen Verwaltungsrechtsnormen (z.B. AtomR) verstoßen, angreifen können (**„inhaltlich rechtswidrige Weisung"**).

375

I. Streitig ist zunächst, ob auch für solche Streitgegenstände das BVerfG (ausschließlich) zuständig ist oder ob insofern auch eine Zuständigkeit des BVerwG gemäß § 50 Abs. 1 Nr. 1 VwGO in Betracht kommt („Doppelzuständigkeit von BVerfG und BVerwG").

1. Nach wohl h.M. ist allein die **Handlungsform** (Weisung des Bundes gemäß Art. 85 Abs. 3 GG) maßgeblich, für alle Weisungsklagen der Länder sei deshalb ausschließlich das BVerfG zuständig gemäß Art. 93 Abs. 1 Nr. 3 GG.[1152]

2. Nach **a.A.** ist, entsprechend allgemeinen prozessualen Grundsätzen, auf den **inhaltlichen Schwerpunkt der Streitigkeit** abzustellen. Da dieser bei Klagen gegen „inhaltlich rechtswidrige Weisungen" eindeutig verwaltungsrechtlich sei, komme insoweit nur eine Zuständigkeit des BVerwG in Betracht.[1153]

3. Stellungnahme: Gegen die h.M. spricht, dass danach das BVerfG bei Klagen der Länder gegen „inhaltlich rechtswidrige Weisungen" entgegen seiner sonst restriktiven Haltung ausschließlich einfaches Recht (z.B. AtomR) und nicht Verfassungsrecht anwenden und auslegen müsste.[1154]

II. Nach ganz h.M. kann allein durch eine inhaltlich rechtswidrige Weisung kein eigenes Recht der Länder (Sachkompetenz aus Art. 30, 83 GG) verletzt sein, sodass insofern die Antragsbefugnis (Art. 93 Abs. 1 Nr. 3 GG) bzw. Klagebefugnis (§ 50 Abs. 1 Nr. 1 VwGO) fehlt.[1155]

1152 Vgl. BVerwG DVBl. 1997, 560; Kisker JuS 1995, 717 f.; Maurer § 18 Rdnr. 18; Schlaich/Korioth Rdnr. 93; Kopp/Schenke VwGO § 50 Rdnr. 3; wohl auch BVerfG NVwZ 1990, 955.

1153 Vgl. Bethge/Rozek Jura 1995, 213, 218; Sachs JuS 1999, 293; Schoch/Ehlers VwGO § 40 Rdnr. 200; Winter DVBl. 1985, 993, 997 („fremdbestimmte Rechtswidrigkeit der Weisung").

1154 Vgl. Winkler JA 1998, 16, 17 m.w.N. zu beiden Meinungen; Sachs a.a.O.

1155 Vgl. BVerfG DVBl. 2000, 1282; NVwZ 1990, 955; Maurer und Schlaich a.a.O.; a.A.: Dieners DÖV 1991, 923.

C. Rechtsfolgen einer (rechtmäßigen) Weisung

376 Sofern dem Bund im konkreten Falle generell ein Weisungsrecht zustand und die Anforderungen von Art. 85 Abs. 3 und Art. 20 Abs. 1 GG (Grundsatz des länderfreundlichen Verhaltens) erfüllt sind, treten folgende Rechtsfolgen ein:

- Auf den Bund gehen über die **Sachentscheidungsbefugnis** bzw. bei Weisungen mit Dauerwirkung die Geschäftsleitungsbefugnis; des Weiteren die parlamentarische[1156] sowie die haftungsrechtliche **Verantwortlichkeit**.[1157]

- Die **Wahrnehmungskompetenz** bleibt (unentziehbar) bei dem jeweiligen Land; es besteht kein Selbsteintrittsrecht des Bundes, weil dadurch eine verfassungsrechtlich unzulässige Doppelzuständigkeit von Bundes- und Länderbehörden entstehen könnte und damit gleichsam eine Schattenverwaltung des Bundes neben der der Länder aufgebaut würde.[1158]

D. Einrichtung der Behörden – Regelung des Verwaltungsverfahrens – Erlass von Verwaltungsvorschriften; Art. 85 Abs. 1, Abs. 2 GG

377 **I.** Zu **Art. 85 Abs. 1 S. 1 GG** gilt grds. das Gleiche wie bei Art. 84 Abs. 1 S. 1, S. 2 GG (vgl. oben Rdnr. 314 ff.). Im Unterschied zu Art. 84 Abs. 1 S. 2 GG, wonach der Bund aufgrund der Föderalismusreform auch ohne Zustimmung des Bundesrates Regelungen über die Einrichtungen der Behörden und das Verwaltungsverfahren erlassen kann, sind entsprechende Regelungen durch den Bundesgesetzgeber im Rahmen der Bundesauftragsverwaltung nur mit Zustimmung des Bundesrates möglich (str. bei Regelungen des Verwaltungsverfahrens!).

*Beachte: Art. 85 Abs. 1 S. 2 GG, wonach durch Bundesgesetz Gemeinden und Gemeindeverbänden Aufgaben nicht übertragen werden dürfen; sog. **kommunales Durchgriffsverbot**.*

II. Gemäß **Art. 85 Abs. 2 S. 1 GG** kann die Bundesregierung mit Zustimmung des Bundesrats allgemeine **Verwaltungsvorschriften** erlassen.

Aus dieser Vorschrift wird überwiegend die Unzulässigkeit von generellen Weisungen abgeleitet, denn diese sind kaum von allgemeinen Verwaltungsvorschriften zu unterscheiden und würden bei Zulässigkeit eine Umgehung der besonderen Verfahrensbeteiligung des Bundesrats beim Erlass von Verwaltungsvorschriften bedeuten. Auch der Gegenschluss aus Art. 84 Abs. 5 S. 1 GG, wo ausdrücklich von Einzelweisung die Rede ist, wird überwiegend nicht für durchgreifend gehalten, weil die Nichtverwendung des Wortes Einzelweisungen in Art. 85 Abs. 3 GG durchaus auch rein sprachliche Gründe haben kann.[1159]

Gemäß Art. 85 Abs. 2 S. 2 GG kann die Bundesregierung die einheitliche Ausbildung der Beamten und Angestellten regeln; gemäß Art. 85 Abs. 2 S. 3 GG sind die Leiter der Mittelbehörden (z.B. Präsident der OFD) im Einvernehmen mit der Bundesregierung zu bestellen.[1160]

1156 Vgl. zum Übergang der parlamentarischen Verantwortlichkeit Sommermann DVBl. 2001, 1549, 1552.

1157 Zum Übergang der haftungsrechtlichen Verantwortung Maurer § 18 Rdnr. 18 a.E.; Janz Jura 2004, 227, 231 ff.

1158 BVerfG a.a.O. S. 550.

1159 Sommermann a.a.O. S. 1554 FN 36 f.; Hebeler Jura 2002, 164, 169 FN 31.

1160 Vgl. i.E. M/M Rdnr. 457.

Ausführung der Bundesgesetze durch die Länder als eigene Angelegenheit, Art. 83, 84 GG	Ausführung der Bundesgesetze durch die Länder im Auftrage des Bundes, Art. 85 GG
■ Normalfall (Art. 83, 84 GG), subsidiär ggü. Spezialregelungen in Art. 85 ff. GG	■ enumerative Aufzählung, z.B. Art.87 c, 87 d Abs. 2, 90 Abs. 2, 104 a Abs. 3 S. 2 GG
■ Verwaltung obliegt den Ländern (insbesondere Erlass von VAen)	■ Bundesauftragsverwaltung = Verwaltung durch Landesbehörden
■ Vorschriften über Behörden/Verwaltungsverfahren: ■ erlassen die Länder (Art. 84 Abs. 1 S. 1 GG) ■ Bundesgesetze können etwas anderes bestimmen, jedoch können die Länder davon abweichen (Art. 84 Abs. 1 S. 2, S. 5 GG) ■ Verwaltungsvorschriften des Bundes mit Zustimmung Bundesrat (Art. 84 Abs. 2 GG)	■ Vorschriften über Behörden/Verwaltungsverfahren: ■ erlassen grds. die Länder (Art. 85 Abs. 1 GG) ■ Bund mit Zustimmung Bundesrat ■ Verwaltungsvorschriften des Bundes mit Zustimmung Bundesrat (Art. 85 Abs. 2 GG)
■ Rechtsaufsicht des Bundes, Art. 84 Abs. 3 GG staatsrechtliche Mangelrüge durch BRat (Art. 84 Abs. 4 S. 1 GG).	■ Rechts- und Fachaufsicht des Bundes ■ umfassendes Weisungsrecht (Art. 85 Abs. 3, 4 GG), aber Gebot länderfreundlichen Verhaltens (Art. 20 Abs. 1 GG)

378

4. Abschnitt: Ausführung von Bundesgesetzen durch den Bund (bundeseigene Verwaltung)

A. Nur ausnahmsweise bundeseigene Verwaltung

I. Der Bund kann oder muss sich hierbei **bundeseigener Behörden** bedienen, d.h. Behörden, die Organe der Körperschaft „Bund" sind (**unmittelbare Bundesverwaltung**, da das Handeln der Behörden unmittelbar dem Bund zugerechnet wird).[1161]

379

II. Außerdem gibt es Verwaltung durch bundesunmittelbare **Körperschaften, Anstalten und Stiftungen des öffentlichen Rechts**. Hier sind die Behörden Organe der dem Bund unterstellten juristischen Personen, d.h., ihr Handeln wird unmittelbar der jeweiligen Körperschaft oder Anstalt zugerechnet und erst mittelbar dem Bund (**mittelbare Bundesverwaltung**).[1162]

Hinweis: *Der Begriff* **„bundesunmittelbar"** *soll lediglich klarstellen, dass das Handeln dieser Körperschaften, etc. dem* **Bund** *(und nicht einem Land) zugerechnet wird und dass deren Beamten* **Bundes***beamten sind.*

1161 Vgl. Maurer Allg. VerwR § 22.
1162 Zu Grundbegriffen des Verwaltungsorganisationsrechts vgl. von Lewinski JA 2006, 517.

1. Körperschaften sind durch staatlichen Hoheitsakt geschaffene, rechtsfähige, mitgliedschaftlich verfasste Organisationen des öffentlichen Rechts, die öffentliche Aufgaben mit i.d.R. hoheitlichen Mitteln unter staatlicher Aufsicht wahrnehmen.[1163]

Beispiele für bundesunmittelbare Körperschaften sind die Deutsche Rentenversicherung Bund, die Berufsgenossenschaften, die Agentur für Arbeit, Deutschlandradio.

2. Die öffentliche **Anstalt** ist ein Bestand von Mitteln, sachlichen wie persönlichen, welche „in der Hand eines Trägers öffentlicher Verwaltung einen besonderen öffentlichen Zweck dauernd zu dienen bestimmt sind".[1164]

Hinsichtlich der Verselbstständigung der Anstalt sind zu unterscheiden:

a) Die **nicht rechtsfähige** Anstalt oder unselbstständige Anstalt ist nur organisatorisch selbstständig, aber rechtlich Teil eines anderen Verwaltungsträgers.

Beispiele: Physikalisch-technische Bundesanstalt (PTB), Bundesanstalt für Flugsicherung, Bundesanstalt für Straßenwesen[1165]

b) Die **rechtsfähige Anstalt** oder auch selbstständige Anstalt ist dagegen auch rechtlich selbstständig; sie ist nicht Teil eines anderen Verwaltungsträgers, sonder selbst Verwaltungsträger.[1166]

c) Die **teilrechtsfähige** Anstalt besitzt nur in bestimmter Beziehung Rechtsfähigkeit und ist daher nur insoweit selbstständiger Verwaltungsträger, im Übrigen aber Teil eines anderen Verwaltungsträgers.[1167]

Beispiel: Deutscher Wetterdienst

3. Die **Stiftung** ist eine rechtsfähige Organisation zur Verwaltung eines von einem Stifter zweckgebundenen übergebenen Bestands an Vermögenswerten (Kapital- oder Sachgüter). Die rechtsfähige Stiftung des öffentlichen Rechts ist rechtlich verselbstständigt und damit Verwaltungsträger. Sie wird durch einen staatlichen Hoheitsakt errichtet, dient öffentlichen Aufgaben, hat hoheitliche Befugnisse und unterliegt der staatlichen Aufsicht.[1168]

Beispiele: Stiftung Preußischer Kulturbesitz, Conterganstiftung[1169]

III. Von der mittelbaren Bundesverwaltung zu unterscheiden sind staatsnahe oder staatlich finanzierte Organisationen wie z.B. die „Goethe-Institute" im Ausland (sog. **parastaatliche Verwaltungsträger**).[1170]

1163 Maurer, Allgemeines Verwaltungsrecht, § 23 Rdnr. 37.

1164 Maurer, Allgemeines Verwaltungsrecht, § 23 Rdnr. 46 unter Verwendung der Definition von Otto Mayer.

1165 Weitere Einzelheiten z.B. bei Wikipedia.

1166 Maurer, Allgemeines Verwaltungsrecht, § 23 Rdnr. 48.

1167 Maurer a.a.O.

1168 Maurer, Allgemeines Verwaltungsrecht, § 23 Rdnr. 55.

1169 Zu Einzelheiten vgl. z.B. bei Wikipedia.

1170 Zu Bereich und Grenzen staatlicher Kontrolle in diesem Bereich durch Staatsorganisationsrecht, Grundrechte, Haushalts- und Beamtenrecht vgl. A. Schulz NJW 2001, 2453.

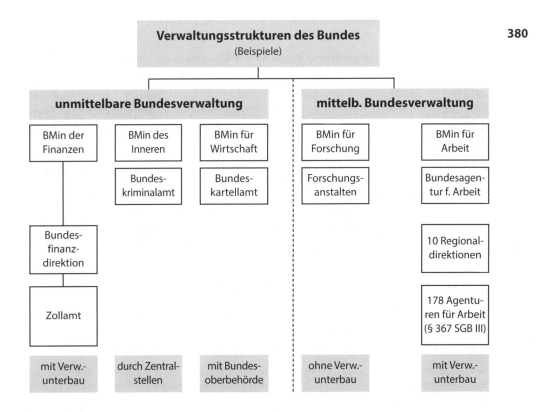

B. Obligatorische bundeseigene Verwaltung

I. In bundeseigener Verwaltung **mit eigenem Verwaltungsunterbau** (mehrinstanzlicher Behördenzug) werden geführt (genauer: **müssen** geführt werden): der Auswärtige Dienst, die Bundesfinanzverwaltung und nach Maßgabe des Art. 89 GG die Verwaltung der Bundeswasserstraßen und der Schifffahrt (Art. 87 Abs. 1 S. 1 GG) sowie die Bundeswehrverwaltung (Art. 87 b GG).[1171]

Nicht zur „Verwaltung der Bundeswasserstraßen und der Schifffahrt" i.S.v. Art. 87 Abs. 1 S. 1, 89 GG gehört die Bilgenölentsorgung auf den Bundeswasserstraßen. Diese obliegt als Abfallentsorgung gemäß § 64 KrW-/AbfG[1172] der Verwaltungskompetenz der Länder gemäß Art. 83 GG.[1173]

II. Aus der Gegenüberstellung in Art. 87 Abs. 1 u. 2 GG ergibt sich, dass es sich in den Fällen des Abs. 1 um unmittelbare Bundesverwaltung handelt; d.h., der Bund **muss** diese Bereiche **durch eigene Behörden** verwalten.

Unzulässig ist vor allem die Wahrnehmung der in Art. 87 Abs. 1 S. 1 GG genannten Verwaltungsbereiche durch selbstständige öffentliche Rechtsträger (Körperschaften, Anstalten), aber auch durch **private** Gesellschaften (GmbH, AG). Der Bund muss vielmehr unmittelbar die Verantwortung für die Verwaltung haben und sich dadurch eine hinreichende Einflussnahme sichern, was nur bei Einschaltung eigener Behörden möglich ist. Für die Luftverkehrsverwaltung lässt Art. 87 d Abs. 1 S. 2 GG dagegen nach der Verfassungsänderung seit 1992 ausdrücklich auch eine privatrechtliche Organisationsform zu (sog. Organisationsprivatisierung), nicht aber eine vollständige Aufgabenprivatisierung. Unklar und umstrit-

---

1171 Vgl. dazu Pieroth NVwZ 2011, 705; auch zur Abgrenzung zu Art. 87 a GG.
1172 Sa. 298.
1173 BVerwG NVwZ 2000, 433; Schoch, JK 2000, GG Art. 83 Abs. 1.

| 11. Teil | Die Ausführung der Bundesgesetze und die Bundesverwaltung |

ten ist, ob auch eine funktionale Privatisierung im Bereich der Flugsicherung mit Art. 87 d Abs. 1 GG vereinbar ist.[1174]

III. Etwas anderes gilt auch für die Bereiche der **Eisenbahnen** und der **Post** und Telekommunikation. Um die Privatisierung in diesen Bereichen zu ermöglichen, hat der Bund hierfür Sonderregelungen in Art. 87 e und Art. 87 f GG getroffen. Die Eisenbahnen des Bundes werden nunmehr als Wirtschaftsunternehmen in **privatrechtlicher Form** (Bahn AG) geführt (Art. 87 e Abs. 3 GG). Die Eisenbahnverkehrsverwaltung verbleibt dagegen der staatlichen Verwaltung (Art. 87 e Abs. 1 GG).[1175]

Auch bzgl. der **Post** unterscheidet Art. 87 f GG zwischen **hoheitlichen Aufgaben** einerseits und **postalischen Dienstleistungen** andererseits. Dienstleistungen werden als privatwirtschaftliche Tätigkeiten durch die aus der Deutschen Bundespost hervorgegangenen Unternehmen (Deutsche Post AG, Deutsche Telekom AG, Deutsche Postbank AG) und durch andere Anbieter erbracht. Hoheitsaufgaben im Bereich des Postwesens und der Telekommunikation werden in bundeseigener Verwaltung ausgeführt (Art. 87 f Abs. 2 GG). Hierzu zählt insbesondere die Gewährleistung flächendeckender, angemessener und ausreichender Dienstleistungen (Art. 87 f Abs. 1 GG).[1176]

C. Fakultative bundeseigene Verwaltung

382 Nach Art. 87 Abs. 1 S. 2 GG **können** durch Bundesgesetz Bundesgrenzschutzbehörden **(Bundespolizei)** und in bestimmten anderen Bereichen Zentralstellen eingerichtet werden (z.B. das Bundeskriminalamt und das Bundesamt für Verfassungsschutz).

Während es bei der Bundespolizei (früher BGS) eine mehrstufige Verwaltung gibt (vgl. § 57 BPolG), sind für die übrigen Bereiche Mittel- oder Unterbehörden begriffsnotwendig ausgeschlossen (arg. e **„Zentralstellen").**[1177]

Seit 1992 nimmt der BGS (heute Bundespolizei) u.a. auch die Aufgaben der Bahnpolizei (§ 3 BPolG) und Luftsicherheit (§ 4 BPolG) wahr, was nach h.M. mit Art. 87 Abs. 1 S. 2 GG vereinbar ist.[1178]

*Beachte: Keine Zentralstellen i.S.v. Art. 87 Abs. 1 S. 2 GG sind die **gemeinsamen Abwehrzentren** von Bundes- und Landessicherheitsbehörden wie z.B. das gemeinsame Terrorabwehrzentrum (GTAZ) oder das gemeinsame Abwehrzentrum gegen Rechtsextremismus (GAR). Diese werden rechtlich als institutionalisierte Kooperation der beteiligten Bundes- und Landesbehörden in Form eines Informationsnetzwerks qualifiziert.*[1179]

1174 Vgl. art. 87 d Abs. 1 S. 2 GG (seit 01.08.2009) sowie Tams NVwZ 2006, 1226, 1228 f.; Fallbearbeitung bei Barthel/Janik JA 2007, 519, 523 f; Baumann DÖV 2006, 332; Dröge DÖV 2006, 861; allg. zur Privatisierung Ipsen Rdnr. 679 ff.; M/M Rdnr. 467 ff.

1175 OVG NRW NWVBl. 2006, 20, 23.

1176 Zur Regulierungsbehörde (Bundesbehörde beim BMWT) vgl. §§ 66 ff. TKG, 44 PostG und BVerfG NVwZ 2003, 1497; Schmidt NVwZ 2006, 907.

1177 Gusy DVBl. 1993, 1117; zu den Aufgaben von BKA, BND und BfV vgl. Kretschmer Jura 2006, 336.

Zum sog. Trennungsgrundsatz in Bezug auf Polizei- und Verfassungsschutz vgl. die Nachweise bei Sachs JuS 2004, 910, 915 FN 25; Kretschmer a.a.O. S. 337 FN 11.

1178 BVerfG NVwZ 1998, 495, 498: Verwaltungskompetenz ergibt sich aus Art. 87 e Abs. 1 GG bzw. Art. 87 d GG; dazu Sachs JuS 1999, 186; a.A. Papier DVBl. 1992, 1 ff.; krit. Hecker NVwZ 1998, 707 m.w.N.; Stephan DVBl. 1998, 81.

1179 Rathgeber DVBl. 2013, 1009, 1011 f. m.w.N.

Ausführung von Bundesgesetzen durch den Bund (bundeseigene Verwaltung) **4. Abschnitt**

D. Erweiterungsmöglichkeiten der Bundesverwaltung (Art. 87 Abs. 3 GG)

Fall 15: Errichtung eines Energiespar-Bundesamtes

Die Bundesregierung will stärker auf eine Begrenzung des Energieverbrauches hinwirken und zu diesem Zweck ein Energiespar-Bundesamt mit Sitz in Aachen errichten. Das Amt soll eigene Untersuchungen anstellen, Forschungsvorhaben unterstützen und koordinieren, um der Industrie Leitlinien für die Entwicklung von energiesparenden Produkten an die Hand zu geben. Den zuständigen Bundes- und Landesbehörden soll das Amt Empfehlungen unterbreiten, wie energiesparende Verfahrensweisen und Produkte vom Staat stärker gefördert werden können (z.B. durch Subventionierung neuer Entwicklungen, Vergabe eines amtlichen Prüfzeichens „Energiesparendes Erzeugnis", steuerliche Bevorzugung etc.). Ein weitergehender Vorschlag sieht vor, dass das Energiespar-Bundesamt Außenstellen in größeren Städten errichtet, um dort die Verbraucher über die verschiedenen Möglichkeiten zu rationeller Energieverwendung zu beraten. Könnten diese Vorschläge verwirklicht werden, wenn ja in welcher Form?

Das Energiespar-Bundesamt kann als Bundesbehörde nur dann errichtet werden, wenn der Bund für diesen Bereich über die **Verwaltungskompetenz** verfügt.

383

I. Die dem Amt zuzuweisende Aufgabe fällt in kein Sachgebiet, das im GG ausdrücklich als Bundesverwaltung aufgeführt ist (vgl. Art. 87 Abs. 1 u. 2, Art. 87 b ff. GG).

II. Art. 87 Abs. 3 GG räumt dem Bund die Möglichkeit zur **Erweiterung der Bundesverwaltung** ohne Verfassungsänderung durch einfaches Gesetz ein. Soweit es zunächst nur um die Errichtung des Energiespar-Bundesamtes ohne Außenstellen geht, kommt Art. 87 Abs. 3 S. 1 GG in Betracht.[1180]

Es handelt sich um eine praktisch wichtige Vorschrift, von der vielfach Gebrauch gemacht worden ist,[1181] z.B. Kraftfahrt-Bundesamt, Bundesgesundheitsamt, Bundeskartellamt, Bundesamt für Strahlenschutz, Bundesverwaltungsamt, Umweltbundesamt;[1182] **Bundesamt für Justiz**.[1183] Die Vorschrift gilt nach h.M. auch für die Zuweisung neuer Aufgaben an bestehende Bundesbehörden, Körperschaften, Anstalten.[1184]

Bundesoberbehörden sind den Bundesministern unmittelbar nachgeordnete Behörden, die sachlich für bestimmte Verwaltungsaufgaben und örtlich für das gesamte Bundesgebiet zuständig sind.[1185]

1. Voraussetzung ist zunächst, dass es sich um eine Angelegenheit handelt, für die dem **Bund** die **Gesetzgebung** zusteht. Unerheblich ist, ob er von ihr schon Gebrauch gemacht hat. Im vorliegenden Fall handelt es sich um Recht der Wirtschaft (Art. 74 Abs. 1 Nr. 11 GG), da das Bundesamt jedenfalls in erster Linie die Wirtschaft bei der Entwicklung von Produkten beeinflussen soll.

1180   Vgl. auch Ipsen Rdnr. 658 ff., 663 ff.
1181   Vgl. die Zusammenstellung bei Maunz/Dürig-Lerche Art. 87 Rdnr. 89.
1182   BVerfG, Beschl. v. 03.05.2007 – 1 BvR 1847/05; NVwZ 2007, 942, 944 – § 20 TEHG –.
1183   Als Bundesoberbehörde (i.V.m. Art. 74 Abs. 1 Nr. 1 GG – gerichtliches Verfahren); vgl. BT-Drs. 16/1827 v. 15.06.2006 (S. 11).
1184   Jutzi DÖV 1992, 650, 655; Britz DVBl. 1998, 1167, 1168.
1185   Maurer, Allgemeines Verwaltungsrecht, § 22 Rdnr. 38; abschließende Aufzählung z.B. bei Wikipedia m.w.N.

| 11. Teil | Die Ausführung der Bundesgesetze und die Bundesverwaltung |

Die Voraussetzungen des Art. 72 Abs. 2 GG müssen nach h.M. im Rahmen des Art. 87 Abs. 3 GG nicht vorliegen.[1186]

2. Die zu errichtenden Verwaltungsstellen müssen „selbstständige Bundesoberbehörden" oder „bundesunmittelbare Körperschaften und Anstalten des öffentlichen Rechtes" (z.B. BaFin) sein. Hier kommt eine selbstständige Bundesoberbehörde in Betracht. Aus dem Begriff der selbstständigen **Bundesoberbehörde** ergibt sich, dass sie nur für **zentrale Aufgaben** errichtet werden kann, die der Sache nach für das **ganze Bundesgebiet** von einer Oberbehörde ohne Mittel- und Unterbau und ohne Inanspruchnahme von Verwaltungsbehörden der Länder wahrgenommen werden können.[1187]

Dass die hier wahrzunehmenden Aufgaben für das ganze Bundesgebiet bedeutsam sind, ergibt sich daraus, dass es sich um Einwirkungen auf die Wirtschaft handelt, die bundesweit produziert und vertreibt. Auch sind die Eigenforschung und die Unterstützung anderer Forschungsvorhaben sowie die Unterbreitung von Empfehlungen an Bundes- und Landesbehörden ohne Verwaltungsunterbau möglich. Ob ein Bedürfnis gerade für eine Bundesbehörde besteht, ist im Rahmen des Art. 87 Abs. 3 S. 1 GG nicht zu prüfen.[1188]

Somit ist das Energiespar-Bundesamt eine selbstständige Bundesoberbehörde (ähnlich dem Umweltbundesamt). Seine Errichtung ist durch **einfaches Bundesgesetz** möglich, wobei nicht einmal eine Zustimmung des Bundesrates erforderlich ist.[1189]

III. Soweit **Außenstellen** errichtet werden sollen, geht dies über die Errichtung einer bloßen Bundesoberbehörde hinaus, wenn die Stellen, wie hier, gegenüber dem Bürger Verwaltungsaufgaben wahrnehmen sollen.[1190] Die Schaffung einer Verwaltungsorganisation mit Instanzenzug ist nach **Art. 87 Abs. 3 S. 2 GG** nur unter ganz engen Voraussetzungen möglich.[1191]

Art. 87 Abs. 3 S. 2 GG erfasst nur selbstständige Behörden und greift daher nicht ein, wenn lediglich unselbstständige Abteilungen einer Bundes(ober)behörde errichtet werden sollen, die nicht nach außen handeln sollen.[1192]

1. Auch hier ist zunächst erforderlich, dass dem **Bund** die **Gesetzgebung** zusteht. Die Außenstellen sollen Verbraucherberatung betreiben.

a) Eine spezielle Gesetzgebungskompetenz für die Verbraucherberatung, insbesondere auf dem Energiesektor, steht dem Bund nicht zu.

1186 Jarass/Pieroth Art. 87 Rdnr. 12.

1187 BVerfGE 14, 197, 211; NJW 2004, 2213, Anm. Sachs JuS 2004, 910 (dort auch zum Wahlrecht zwischen Art. 87 Abs. 3 S. 1 GG und Art. 87 Abs. 1 S. 2 GG); zum Begriff der Bundesoberbehörde ausführlich Britz DVBl. 1998, 1167 ff. m.w.N. und bei „Wikipedia".

1188 Britz DVBl. 1998, 1167, 1173 m.w.N., die sich allerdings zur Beschränkung der Bundeskompetenz für eine Bedarfsprüfung ausspricht, in erster Linie allerdings die Zuständigkeit des Bundes auf „typischerweise zentrale Aufgaben" reduzieren will.

1189 Britz DVBl. 1998, 1167, 1170 m.w.N. insbesondere zur Entstehungsgeschichte.

1190 Krit. Ipsen Rdnr. 677 f.

1191 BVerfG NJW 2004, 2213.

1192 Vgl. Krebs JuS 1989, 745, 748 m.w.N.

b) In Betracht kommt lediglich, diese dem Recht der Wirtschaft (Art. 74 Abs. 1 Nr. 11 GG) kraft Sachzusammenhangs zuzuordnen. Dabei muss es jedoch um die Regelung des wirtschaftlichen Lebens und der wirtschaftlichen Betätigung „als solche" gehen.[1193]

Dazu gehört die Beratung der Verbraucher nicht. Zwar wirkt sich die Verbraucherberatung auf die Wirtschaft aus. Solche Auswirkungen können aber zur Begründung einer Gesetzgebungskompetenz nach Art. 74 Abs. 1 Nr. 11 GG nicht ausreichen, da andernfalls fast jede gesetzliche Regelung zum Recht der Wirtschaft zu zählen wäre.

c) Auch auf die in Art. 74 Abs. 1 Nr. 11 GG ausdrücklich erwähnte „Energiewirtschaft" hat die Verbraucherberatung lediglich mittelbare Auswirkungen. Somit verfügt der Bund nicht über die Gesetzgebungszuständigkeit.

2. Außerdem fehlt es an den weiteren Voraussetzungen des Art. 87 Abs. 3 S. 2 GG:

a) Zwar lässt sich noch die Auffassung vertreten, die Energiesparberatung sei eine **neue Aufgabe**.

b) Jedoch besteht keinesfalls ein **dringender Bedarf** dafür, dass diese Aufgabe gerade durch neue Bundesbehörden wahrgenommen wird. Vielmehr erscheint es weitaus vernünftiger, diese Aufgaben bereits vorhandenen Bundesbehörden zuzuteilen.[1194]

c) Deshalb kann auch nicht davon ausgegangen werden, dass für das (mit der Mehrheit der Mitglieder des Bundestags zu beschließende) **Bundesgesetz** die erforderliche **Zustimmung des Bundesrats** erteilt würde.

Ergebnis: Die Errichtung eines Energiespar-Bundesamtes als selbstständige Bundesoberbehörde ist zulässig, nicht jedoch die Schaffung von Außenstellen.

E. Ungeschriebene Verwaltungszuständigkeiten des Bundes[1195]

Fall 16: Die Einbürgerung von Auslands-Ausländern

In das Staatsangehörigkeitsgesetz soll ein § 30 eingefügt werden, wonach für die Einbürgerung von Ausländern, die ihren ständigen Wohnsitz im Ausland haben, das Bundesverwaltungsamt zuständig ist. Die Inanspruchnahme der Verwaltungskompetenz durch den Bund wird wie folgt begründet:

1. Da Staatsangehörigkeitsfragen Bedeutung im Verhältnis zu anderen Staaten haben, bestehe ein Sachzusammenhang mit der Bundeszuständigkeit für die auswärtigen Beziehungen (Art. 32 Abs. 1 GG) und dem auswärtigen Dienst (Art. 87 Abs. 1 S. 1 GG).

1193 BVerfG NJW 1981, 329, 332 m.w.N.
1194 Auch in diesem Fall muss das Bundesgesetz den formellen Anforderungen von Art. 87 Abs. 3 S. 2 GG genügen; vgl. Ipsen Rdnr. 656 f. FN 38 f.
1195 Vgl. auch Gröpl Rdnr. 1527 f.; Degenhart Rdnr. 514 f.

11. Teil Die Ausführung der Bundesgesetze und die Bundesverwaltung

2. Die Verleihung der deutschen Staatsangehörigkeit gelte notwendigerweise für die ganze Bundesrepublik und könne daher auch nur bundeseinheitlich, also von einer Bundesbehörde, ausgesprochen werden. Die derzeitige Praxis der Einbürgerung durch Landesbehörden funktioniere nur deshalb, weil vorher die Zustimmung des Bundesinnenministeriums eingeholt wird.

3. Schließlich ließe sich in dem Fall, dass ein im Ausland wohnender Ausländer seine Einbürgerung betreibt, bei Annahme einer Landeskompetenz nicht feststellen, welches Land überhaupt zuständig ist.

384 Der Bund müsste die **Kompetenz** haben, die vorgeschlagene Regelung zu treffen.

I. Bezüglich der materiellen Regelung der Einbürgerung im StAG verfügt der Bund gemäß Art. 73 Abs. 1 Nr. 2 GG über die ausschließliche Gesetzgebungszuständigkeit.

II. Trifft der Bund in einem Gesetz aber nicht nur materielle Regelungen, sondern bestimmt er auch **Organisations- und Verwaltungsfragen** (hier Festlegung der zuständigen Behörde), so reicht die Zuständigkeit nach den Art. 70 ff. GG hierzu nicht aus. Bezüglich der verfahrensrechtlichen Fragen bedarf es vielmehr einer (zusätzlichen) Verwaltungskompetenz gemäß den Art. 83 ff. GG (s.o. Rdnr. 360 ff.).

1. Da es sich um die Einbürgerung von im Ausland lebenden Personen handelt, könnte an Art. 87 Abs. 1 S. 1 GG (Auswärtiger Dienst) angeknüpft werden. Jedoch geht es nicht um **auswärtige Angelegenheiten**, da Staatsangehörigkeitsfragen vor allem innerstaatliche Bedeutung haben. Auch der beabsichtigte § 30 will diese Aufgabe nicht etwa dem Auswärtigen Amt oder einer diesem unterstellten Dienststelle übertragen, sondern dem Bundesverwaltungsamt, einer zur inneren Verwaltung gehörenden Behörde. Somit greift der Gesichtspunkt des Sachzusammenhangs mit dem Auswärtigen Dienst nicht durch. Argument 1. ist damit unzutreffend.

2. Es könnte eine **ungeschriebene Verwaltungszuständigkeit** des Bundes eingreifen. Ebenso wie bei der Gesetzgebung (vgl. oben Rdnr. 319 ff.) stellt sich dieses Problem auch bei der Ausführung von Gesetzen.

Wie bei der Gesetzgebung ist eine solche Kompetenz auch bei der Verwaltung, wenngleich nur in engen Grenzen, anzuerkennen.[1196]

a) Im Vordergrund steht auch hier die Zuständigkeit **kraft Sachzusammenhangs.**

BVerwG:[1197] „Die Verwaltungskompetenz des Bundes ... umfasst in Anlehnung an die zu den ungeschriebenen Gesetzgebungskompetenzen entwickelten Grundsätze kraft Sachzusammenhangs auch diejenigen Gegenstände, die für eine wirksame Aufgabenerfüllung unerlässlich sind. ... Ein solcher Sachzusammenhang kann im Hinblick auf die grundsätzliche Länderzuständigkeit (Art. 30, 70, 83 GG) nur dort anerkannt werden, wo die Sachgesetzlichkeiten einer Materie die Aufgabenerfüllung durch den Bund gebieten ...; es muss ein notwendiger Zusammenhang zwischen der Bundeskompetenz und dem Sachbereich, auf den sie sich erstrecken soll, bestehen."

1196 BVerfGE 22, 180, 217; BVerwG DVBl. 1997, 954; Ehlers Jura 2000, 323, 326 f.
1197 BVerwG DVBl. 1997, 954, 954 f.

| | Ausführung von Bundesgesetzen durch den Bund (bundeseigene Verwaltung) | **4. Abschnitt** |

Beispiel: Aus der Verwaltungszuständigkeit des Bundes für die Bundeswehr (Art. 87 b GG) ergibt sich die Verantwortlichkeit des Bundes auch für die Sicherheit der Anlagen der Bundeswehr, aber nur soweit dies zur Erfüllung des Verteidigungsauftrags der Bundeswehr konkret geboten ist, d.h., dass der Bund die Kompetenz in Bezug auf „militärspezifische Gefahren hat, während die Vorkehrungen für das allgemeine, jedermann treffende Risiko von Brand- und Unglücksfällen den Ländern obliegen".[1198]

Gegenbeispiel: Kosten für die Unterbringung von Asylbewerbern auf dem Flughafengelände: Keine Verwaltungskompetenz des Bundes kraft Annex bzw. Sachzusammenhangs zu Art. 87 Abs. 1 S. 2, 1. Halbs. GG (Bundesgrenzschutz) oder zu Art. 87 Abs. 3 S. 1, 1. Fall GG, §§ 5, 18 a AsylVfG (Bundesamt für die Anerkennung ausländischer Flüchtlinge).[1199]

Mangels notwendigen Sachzusammenhangs mit einer anderen Verwaltungskompetenz des Bundes greift dieser Gesichtspunkt hier nicht durch.

b) In Betracht kommt aber eine Zuständigkeit kraft **Natur der Sache**. Eine solche Zuständigkeit ist – wie bei der Gesetzgebung – nur anzunehmen, wenn eine Frage **begriffsnotwendig und zwingend** nur vom Bund sachgerecht geregelt werden kann.

385

aa) Entsprechend der Begründung zu 2. könnte man eine Bundeszuständigkeit kraft Natur der Sache mit Rücksicht darauf annehmen, dass die Einbürgerung **notwendigerweise** im ganzen Bundesgebiet wirkt, also **überregionale Bedeutung** hat. Würde die von einer Landesbehörde durch Verwaltungsakt vorgenommene Einbürgerung Rechtswirkungen nur innerhalb des Landes auslösen, so stünde zwingend fest, dass eine im ganzen Bundesgebiet wirkende Einbürgerung nur von einer Bundesbehörde ausgesprochen werden könnte.

(1) Grundsätzlich beschränken sich die Rechtswirkungen eines Aktes der Staatsgewalt auf das Staatsgebiet, für das die Staatsgewalt zuständig ist (Territorialprinzip).

386

Das gilt für Gesetze, Verwaltungsakte und gerichtliche Urteile. Beispielsweise hat das auf Landesrecht gestützte – dies zur Abgrenzung zu unten Rdnr. 387 – Abiturzeugnis Wirkungen zunächst nur in dem Bundesland, dessen Schule das Zeugnis ausgegeben hat. Zum Studium an der Hochschule in einem anderen Bundesland berechtigt es erst aufgrund der Vereinbarungen zwischen den Bundesländern über die gegenseitige Anerkennung von Reifezeugnissen.[1200]

(2) Anders ist es, wenn im Bundesstaat die Länder Bundesrecht ausführen (Art. 83 GG). **Im Bundesstaat deckt sich der räumliche Geltungsbereich eines Verwaltungsakts mit dem Geltungsbereich der Rechtsnorm**, auf die die Maßnahme gestützt ist.

387

BVerfG:[1201] Ein Land ist in seiner Verwaltungshoheit grds. auf sein eigenes Gebiet beschränkt. Es liegt aber im Wesen des landeseigenen Vollzugs von Bundesgesetzen, dass der zum Vollzug ergangene VA grundsätzlich im ganzen Bundesgebiet Geltung hat. So gilt z.B. eine von einer (Landes-)Straßenverkehrsbehörde auf der Grundlage des StVG erteilte Fahrerlaubnis auch in den anderen (Bundes-)Ländern.

1198 BVerwG DVBl. 1997, 954, 955.
1199 BGH NVwZ 1999, 801.
1200 BVerwG DÖV 1979, 751; BayVGH NJW 1981, 1973; Bleckmann NVwZ 1986, 1 ff.
1201 BVerfGE 11, 6, 19.

11. Teil — Die Ausführung der Bundesgesetze und die Bundesverwaltung

Vgl. auch das BVerwG:[1202] Verwaltungsakte der DDR gelten nach Art. 19 S. 1 EV grds. im gesamten (erweiterten) Bundesgebiet fort, ebenso wie dies auch für VAe zutrifft, die von der Behörde eines alten Bundeslandes erlassen worden sind.[1203]

Da die Einbürgerung auf das bundesrechtliche StAG gestützt ist, gilt sie auch dann bundeseinheitlich, wenn sie von einer Landesbehörde (i.d.R. Bezirksregierung) ausgesprochen wird. Das Argument zu 2. ist also ebenfalls unrichtig; aus diesem Gesichtspunkt lässt sich eine Bundeszuständigkeit kraft Natur der Sache nicht herleiten.

Vgl. auch das BVerfG[1204] zur Verneinung einer Zuständigkeit des Bundes für die Gründung einer **„Deutschland-Fernsehen-GmbH"** unter mehrheitlicher Beteiligung des Bundes: „Funkwellen halten sich nicht an Ländergrenzen. Insofern zeitigt die Veranstaltung und Ausstrahlung von Rundfunkprogrammen Wirkungen, die man als ‚überregional' bezeichnen mag. Diese physikalische ‚Überregionalität' ist aber nicht geeignet, eine natürliche Bundeszuständigkeit zu begründen."

bb) Eine Zuständigkeit kraft Natur der Sache wird aber bei solchen Maßnahmen angenommen, bei denen eine Anknüpfungsmöglichkeit für die Länderzuständigkeit nicht vorhanden ist und die daher ihrer Art nach nur dem Bund zugeordnet werden können.

Beispiele: Einbürgerung eines Ausländers, der im Ausland lebt (vgl. § 17 Abs. 3 StAngRegG); die geheime Nachrichtenbeschaffung aus dem Ausland (Bundesnachrichtendienst); Verbot einer überregionalen Vereinigung (§ 3 Abs. 2 Nr. 2 VereinsG)[1205]

Die Grenzen einer Verwaltungskompetenz kraft Natur der Sache sind jedoch besonders eng zu ziehen. Keinesfalls ist ausreichend das bloße Interesse an einer gleichmäßigen Verwaltung oder dass im Einzelfall eine Ausführung des Gesetzes durch den Bund zweckmäßiger wäre.

Im vorliegenden Fall ist daher ausnahmsweise von einer Bundeszuständigkeit kraft Natur der Sache auszugehen, da bei einem im Ausland lebenden Ausländer kein Anknüpfungspunkt für eine Länderzuständigkeit besteht. Der Bund könnte also die in § 30 vorgeschlagene Regelung treffen.

---

5. Abschnitt: „Ministerialfreie Räume"

388 Sog. Ministerialfreie Räume sind Verwaltungsträger, die ihre Tätigkeit in sachlicher Unabhängigkeit, also frei von konkreten Weisungen des zuständigen Ministeriums ausüben. Sie bedürfen stets der sachlichen Rechtfertigung und einer gesetzlichen Anordnung.[1206]

Beispiele:

- Bundesbank; Art. 88 S. 1 GG, § 12 S. 1 BundesbankG

- Bundeskartellamt; §§ 51, 52 GWB

1202 BVerwG DVBl. 1998, 472.
1203 Dazu Weber NJW 1998, 197, 199.
1204 BVerfGE 12, 205, 251.
1205 Vgl. BVerfGE 22, 180, 217; BVerwGE 80, 299, 302; OVG Hamburg DÖV 1982, 86.
1206 M/M Rdnr. 475.

- Bundesbeauftragter für Datenschutz; § 22 Abs. 4 S. 2 BDSG

- Bundesprüfstelle für jugendgefährdende Medien; § 19 Abs. 5 JuSchG.

6. Abschnitt: Mischverwaltung – Gemeinschaftsaufgaben – Verwaltungszusammenarbeit[1207]

A. Trotz des mannigfachen Zusammenwirkens von Bund und Ländern im Bereich der Gesetzgebung und Verwaltung folgt das GG dem Grundprinzip, wonach Bund und Länder sowohl bezüglich ihrer Organisation als auch ihrer Aufgabenerfüllung getrennt bleiben **(Trennungsprinzip)**. Auch die im GG abschließend geregelten Verwaltungstypen entsprechen diesem Grundsatz. Daraus folgt das grundsätzliche **Verbot einer Mischverwaltung.**[1208]

389

Unzulässig ist insbesondere die Schaffung eines Instanzenzuges zwischen Bundes- und Landesbehörden. Keine unzulässige Mischverwaltung liegt dagegen vor, wenn Bund und Länder die Ausübung ihrer staatlichen Befugnisse lediglich aufeinander abstimmen (kooperativer Föderalismus, vgl. oben Rdnr. 146).

Einen **Ausnahmefall** zulässiger Mischverwaltung enthält Art. 85 Abs. 3, 4 GG.

Das Verbot der Mischverwaltung schließt es nicht aus, nach Aufteilung einer Aufgabe in verschiedene Teilbereiche einen Teil dem Bund und einen anderen Teil dem Vollzug des Landes zu unterstellen.[1209]

B. Eine gewisse Ausnahme vom Verbot der Mischverwaltung bilden die sog. **Gemeinschaftsaufgaben** und die Verwaltungszusammenarbeit nach Art. 91 a–e GG.[1210]

Das sog. **Kooperationsverbot** gemäß Art. 91 b Abs. 1 Nr. 2 GG (Umkehrschluss) wird Parteiübergreifend zunehmend kritisiert und deshalb möglicherweise nach der Bundestagswahl 2013 geändert.[1211]

C. Rechtlich noch weitgehend ungeklärt sind die sog. **gemeinsamen Abwehrzentren**, in denen entsandte Beamte von Sicherheitsbehörden des Bundes und der Länder im Rahmen eines informationellen Netzwerks zusammenarbeiten.

Beispiele: Gemeinsames Terrorismusabwehrzentrum (GTAZ), gemeinsames Abwehrzentrum gegen Rechtsextremismus und Rechtsterrorismus (GAR, seit 15.11.2011 zusammengefasst im gemeinsamen Extremismus- und Terrorismusabwehrzentrum [GETZ])

Relevant in diesem Zusammenhang sind im Wesentlichen drei Problemfelder:

- Demokratische Legitimation, insbesondere transparente und nachvollziehbare Zuständigkeitsverteilung.

- Parlamentarische Kontrolle der jeweils beteiligten Sicherheitsbehörden, insbesondere der Geheimdienste.

1207 Vgl. auch M/M Rdnr. 477 ff.

1208 Gröpl Rdnr. 1484; Ipsen Rdnr. 669 ff.; Degenhart Rdnr. 516 ff.; M/M Rdnr. 486 FN 78; BVerfG NVwZ 2007, 942, 944; RÜ 2008, 112; NVwZ 2008, 183. – Hartz IV-Arbeitsgemeinschaften Anm. Schnapp Jura 2008, 241; Wolff JA 2008, 317; Sachs JuS 2008, 367.

1209 BVerfG NVwZ 1998, 495, 499.

1210 G/W/C Art. 91 a–e Rdnr. 1 ff.; zu Art. 91 d GG vgl. a. Hammer DVBl. 2012, 525.

1211 G/W/C Art. 91 a–e GG Rdnr. 2.

11. Teil	Die Ausführung der Bundesgesetze und die Bundesverwaltung

■ Vereinbarkeit mit dem sog. **Trennungsgebot** zwischen Polizei und Nachrichten-diensten

Das Trennungsgebot wird in diesem Zusammenhang überwiegend abgeleitet aus dem Bundesstaatsprinzip (grundsätzlich klare Trennung von Landes- und Bundesbe-hörden), dem Rechtsstaatsprinzip („kein Staat im Staate" wie in der NS-Diktatur oder der DDR-Diktatur) und den jeweils betroffenen Grundrechten, insbesondere dem Grundrecht auf informationelle Selbstbestimmung als Unterfall des allgemeinen Per-sönlichkeitsrechts aus Art. 2 Abs. 1, 1 Abs. 1 GG.[1212]

BVerfG:[1213] „Als Folge des informationellen Trennungsprinzips dürfen personenbezogene Daten zwischen Polizeibehörden und Nachrichtendiensten grundsätzlich nicht ausgetauscht werden."

1212 Vgl. im Einzelnen Rathgeber DVBl. 2013, 1009 m.w.N.
1213 Urt. v. 24.04.2013 – 1 BvR 1215/07 (AntiterrordateiG) Ziff. 123.

230

Zusammenfassende Übersicht — 6. Abschnitt

390

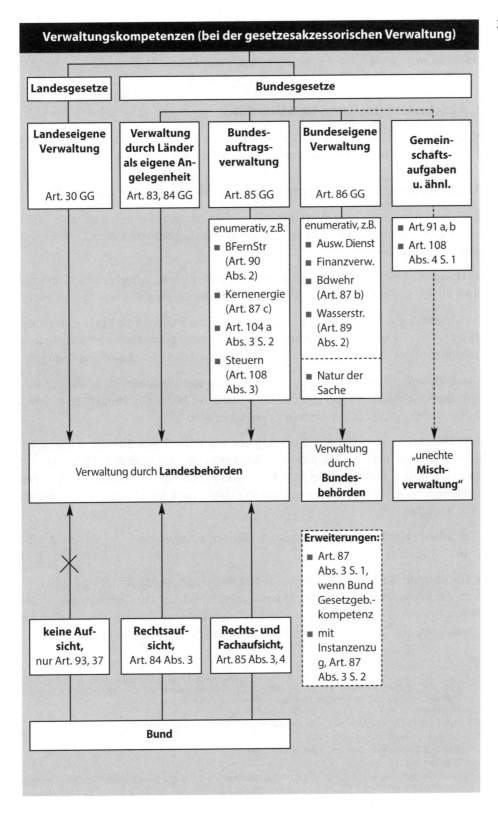

12. Teil: Einsatz der Bundeswehr[1214]

Fallbearbeitung bei Schmidt-Radefeld Jura 2003, 201; Kadelbach/Hilmes Jura 2005, 628; Schmidt-Rodefeld Jura 2003, 201; M/M Fall 6; BVerfG RÜ 2008, 385; Stumpf/Goos JuS 2009, 40; Droege JuS 2008, 136; Geis Fall 10; BVerfG RÜ 2010, 524 (G 8/Heiligendamm); Paulus Fall 4.

1. Abschnitt: Einleitung und Überblick

391 Sofern es um die verfassungsrechtliche Zulässigkeit von Einsätzen der Bundeswehr geht, sind folgende **Fragestellungen** auseinanderzuhalten.

A. Zu welchem Zweck soll die Bundeswehr eingesetzt werden?

Ein Einsatz zum Zwecke der **Verteidigung** wird verfassungsrechtlich legitimiert durch Art. 87 a Abs. 2, 1. Halbs. GG („zur Verteidigung); dazu gehören die Landesverteidigung und die Bündnisverteidigung.

Im Übrigen ist ein Einsatz der Bundeswehr nur zulässig kraft ausdrücklicher Ermächtigung im Grundgesetz gemäß Art. 87 a Abs. 2, 2. Halbs. GG (sog. Verfassungsvorbehalt).

Ein **Einsatz** i.S.v. Art. 87 a Abs. 2 GG liegt vor, wenn die Streitkräfte unter Nutzung ihrer spezifischen militärischen Organisationsstruktur und der ihnen insoweit zur Verfügung stehenden Mittel hoheitlich tätig werden, unabhängig von der Frage der Bewaffnung.[1215]

Allerdings liegt ein Einsatz nicht erst bei einem konkreten Vorgehen mit Zwang vor, sondern bereits dann, wenn persönliche oder sachliche Mittel der Streitkräfte in ihrem Droh- oder Einschüchterungspotenzial genutzt werden.[1216]

Kein Einsatz i.S.v. Art. 87 a Abs. 2 GG liegt vor, wenn die Streitkräfte sich auf lediglich technisch unterstützende Tätigkeiten beschränken, wie z.B. gemäß § 15 LuftSiG.[1217] Diese Tätigkeiten sind Amtshilfe im Rahmen von Art. 35 Abs. 1 GG und daher von den Beschränkungen, die für einen Einsatz der Streitkräfte nach Art. 35 Abs. 2 u. 3 GG gelten, nicht betroffen.[1218]

I. Für **Inlandseinsätze** finden sich ausdrücklich Ermächtigungen in Art. 35 Abs. 2, 3; 87 a Abs. 3, Abs. 4 GG.

II. Für **Auslandseinsätze** der Bundeswehr ist allein maßgeblich Art. 24 Abs. 2 GG.[1219] Unter den Voraussetzungen von Art. 24 Abs. 2 GG sind auch nicht der Verteidigung dienende Einsätze wie etwa die Mitwirkung an friedenssichernden oder friedensschaffenden Operationen der UNO oder entsprechender Organisationen verfassungsgemäß.[1220]

1214 Vgl. auch Sauer § 5; Schoch Jura 2013, 255; P/K Rdnr. 138 f.; Kloepfer Rdnr. 196 ff.; Schmidt Nr. 589 f., 748 ff; Degenhart Rdnr. 32 ff., 38, 524 ff.; M/M Rdnr. 83, 237; Ipsen Rdnr. 243 ff., 1147 ff.; Gramm DVBl. 2009, 1476; Hölscheid/Limpert JA 2009, 86 f.; Maurer § 13 Rdnr. 124; Kurzübersicht unter *www.deutsches-wehrrecht.de.* Zur Abgrenzung Art. 87 a/87 b GG vgl. Pieroth NVwZ 2011, 705.

1215 Sodan-Schmahl Art. 87 a GG Rdnr. 6; vgl. a. die ausführliche Definition in § 2 ParlamentsbeteiligungsG (PBG).

1216 BVerfG, Beschl. v. 20.03.2013 – 2 BvF 1/05.

1217 BVerfG a.a.O.; weitere Beispiele bei Schoch Jura 2013, 255.

1218 BVerfG a.a.O.

1219 Eher theoretischer Natur ist der Streit, ob Art. 24 Abs. 2 GG Unterfall von Art. 87 a Abs. 2, 2. Halbs. GG ist oder eigenständige Einsatzermächtigung.

1220 Sodan-Schmahl Art. 87 a GG Rdnr. 8.

Einsatz der Bundeswehr zur Verteidigung; Art. 87 a Abs. 2, 1. Halbs. GG **2. Abschnitt**

B. Wer entscheidet über den Einsatz und wer hat die Kommandogewalt?

I. Die **Zuständigkeit** zur Entscheidung, ob die Bundeswehr eingesetzt wird oder nicht, liegt grds. bei der Bundesregierung, insbesondere beim Bundesministerium der Verteidigung. 392

Etwas anderes gilt nur in zwei Fällen:

1. Feststellung des Verteidigungsfalles gemäß Art. 115 a Abs. 1 GG durch den Bundestag mit Zustimmung des Bundesrats; in diesem Fall schließt die Feststellung des Verteidigungsfalles durch den Bundestag die Zustimmung zu einem Einsatz bewaffneter Streitkräfte ein.[1221]

2. Einsatz bewaffneter Streitkräfte in den übrigen Fällen aufgrund eines ungeschriebenen wehrverfassungsrechtlichen Parlamentsvorbehalts, konkretisiert durch § 2 ParlBG.

II. Wenn feststeht, dass die Bundeswehr eingesetzt werden soll, ist noch zu klären, wer im Einzelnen die Modalitäten und den Umfang des Bundeswehreinsatzes bestimmt (sog. **Kommandogewalt**). Die Kommandogewalt liegt grds. bei der Bundesregierung, insbesondere beim Bundesministerium für Verteidigung. Zwei Ausnahmen sind zu beachten:

1. Mit der Verkündung des Verteidigungsfalles gemäß Art. 115 a GG geht die Befehls- und Kommandogewalt über die Streitkräfte auf den Bundeskanzler bzw. die Bundeskanzlerin über; Art. 115 b GG.

2. Sofern die Bundeswehr im Rahmen von Art. 24 Abs. 2 GG tätig wird, liegt die Kommandogewalt bei entsprechenden Organen der UNO bzw. der NATO.

2. Abschnitt: Einsatz der Bundeswehr zur Verteidigung; Art. 87 a Abs. 2, 1. Halbs. GG

Zur Verteidigung i.S.v. Art. 87 a Abs. 2, 1. Halbs. GG gehören die Landesverteidigung sowie die Bündnisverteidigung (sog. weiter Verteidigungsbegriff).[1222] 393

A. Landesverteidigung

Landesverteidigung bedeutet: Einsatz der Bundeswehr nach Feststellung des Verteidigungsfalles gemäß Art. 115 a GG, d.h. der Feststellung, dass das Bundesgebiet (von außerhalb der Landesgrenzen) mit Waffengewalt angegriffen wird oder ein solcher Angriff unmittelbar droht. 394

Unklar und umstritten ist, ob und inwieweit auch drohende Angriffe von Terroristengruppen unter die Landesverteidigung fallen.[1223] Gleiches gilt auch für den Schutz deutscher Staatsbürger im Ausland (sog. **Personalverteidigung**).[1224]

1221 BVerfGE 90, 286 (Ziff. 341).
1222 Sodan-Schmahl Art. 87 a GG Rdnr. 7.
1223 Vgl. Sodan a.a.O. m.w.N.
1224 Pudlas/Brinkmann Jura 2012, 426.

233

B. Bündnisverteidigung

395 Bündnisverteidigung bedeutet, dass ein Mitgliedstaat eines Bündnisses, dem die Bundesrepublik Deutschland im Rahmen völkerrechtlicher Verträge beigetreten ist, von einem anderen Staat mit Waffen angegriffen wird oder dass ein solcher Angriff droht. Außerdem ist regelmäßig die Feststellung des Bündnisfalles durch ein Organ des jeweiligen Bündnisses erforderlich.

Als Bündnisse in diesem Zusammenhang werden angesehen:

I. Vereinte Nationen (UNO)

396 Art. 51 UN-Charta (Sa. II Nr. 1): Diese Charta beeinträchtigt im Falle eines bewaffneten Angriffs gegen ein Mitglied der Vereinten Nationen keineswegs das naturgegebene Recht zur individuellen oder kollektiven Selbstverteidigung, bis der Sicherheitsrat die zur Wahrung des Weltfriedens und der internationalen Sicherheit erforderlichen Maßnahmen getroffen hat.

Auch in diesem Zusammenhang ist umstritten, inwieweit internationale Terrornetzwerke (sog. Non-state Actors) einen bewaffneten Angriff i.S.v. Art. 51 UN-Charta verüben können.[1225]

II. NATO

397 Art. 5 NATO-Vertrag (Sa. II Nr. 65): „Die Parteien vereinbaren, dass ein bewaffneter Angriff gegen eine oder mehrere von ihnen in Europa oder Nordamerika als ein Angriff gegen sie alle angesehen werden wird; ... (Verweis auf Art. 51 UN-Charta)."

Beispiel: ISAF/Afghanistan[1226]

III. Westeuropäische Union (WEU)

398 Art. V Brüsseler Vertrag (Sa. II Nr. 100): „Sollte einer der hohen vertragsschließenden Teile das Ziel eines bewaffneten Angriffs in Europa werden, so werden ihm die anderen hohen vertragsschließenden Teile im Einklang mit den Bestimmungen des Art. 51 der Satzung der Vereinten Nationen alle in ihrer Macht stehende militärische und sonstige Hilfe und Unterstützung leisten."

IV. Europäische Union (EU)

399 Art. 42 Abs. 7 UAbs. 1 EUV (Lissabon): „Im Falle eines bewaffneten Angriffs auf das Hoheitsgebiet eines Mitgliedstaates schulden die anderen Mitgliedstaaten ihm alle in ihrer Macht stehende Hilfe und Unterstützung im Einklang mit Art. 51 der Charta und der Vereinten Nationen."[1227]

1225 Vgl. dazu und zur sog. Aggressionsdefinition der UNO (Sart. II Nr. 5) Ipsen Rdnr. 1149; Hofmeister JA 2008, 119, 124 f.

1226 BVerfG RÜ 2007, 434; NVwZ 2007, 1039; Anm. Sachs JuS 2008, 165.

1227 Sa. I Nr. 1000.
  Zu Einzelheiten der kollektiven Beistandspflicht der Mitgliedstaaten vgl. BVerfGE 123, 267 (Lissabonvertrag Ziff. 384 f.); Wiefelspütz DÖV 2010, 73.

3. Abschnitt: Einsatz der Bundeswehr im Ausland gemäß Art. 24 Abs. 2 GG

Nach Auffassung des BVerfG ist „der Auslandseinsatz der Streitkräfte außer im Verteidigungsfall nur im **System gegenseitiger kollektiver Sicherheit** erlaubt (Art. 24 Abs. 2 GG)".[1228]

400

„Ein System gegenseitiger kollektiver Sicherheit i.S.d. Art. 24 Abs. 2 GG ist dadurch gekennzeichnet, dass es durch ein friedenssicherndes Regelwerk und den Aufbau einer eigenen Organisation für jedes Mitglied einen Status völkerrechtlicher Gebundenheit begründet, der wechselseitig zur Wahrung des Friedens verpflichtet und Sicherheit gewährt. Ob das System dabei ausschließlich oder vornehmlich unter den Mitgliedstaaten Frieden garantieren oder bei Angriffen von außen zum kollektiven Beistand verpflichten soll, ist unerheblich."[1229]

Auch **Bündnisse kollektiver Selbstverteidigung** können Systeme gegenseitiger kollektiver Sicherheit i.S.v. Art. 24 Abs. 2 GG sein, wenn und soweit sie strikt auf die Friedenswahrung verpflichtet sind".[1230]

Unstreitig unter Art. 24 Abs. 2 GG fällt danach die UNO, nach Auffassung des BVerfG auch die NATO; wegen entsprechender Zielsetzungen wohl auch die WEU bzw. die europäische Union im Rahmen ihrer gemeinsamen Sicherheits- und Verteidigungspolitik (vgl. Art. 42 ff. EUV).

„Die Ermächtigung des Art. 24 Abs. 2 GG berechtigt den Bund nicht nur zum Eintritt in ein System gegenseitiger kollektiver Sicherheit und zur Einwilligung in damit verbundene Beschränkungen seiner Hoheitsrechte. Sie bietet vielmehr auch die verfassungsrechtliche Grundlage für die Übernahme der mit der Zugehörigkeit zu einem solchen System typischerweise verbundenen Aufgaben und damit auch für eine Verwendung der Bundeswehr zu Einsätzen, die im Rahmen und nach den Regeln dieses Systems stattfinden".[1231]

Im Vordergrund stehen in diesem Zusammenhang zunächst friedensstiftende oder friedenssichernde Maßnahmen zur **Durchsetzung von UN-Resolutionen**. Möglich sind folgende Konstellationen:

401

- Als **UN-Friedenstruppe** („Blauhelme")

  Beispiel: UNOSOM II/Somalia[1232]

- Unter Führung der NATO

  Beispiel: KFOR/Kosovo[1233]

- Unter Führung von NATO und WEU

  Beispiel: AWACS I/Jugoslawien[1234]

1228 So ausdrücklich BVerfGE 123, 267 (Lissabonvertrag Ziff. 254); zu den möglichen Auswirkungen dieser Formulierung vgl. ausführlich Gramm DVBl. 2009, 1476.
Allgemein zu Art. 24 Abs. 2 GG vgl. Schweitzer Rdnr. 280 f., 699 f.

1229 BVerfGE 90, 286, Leitsatz 5 a.

1230 BVerfG a.a.O., Leitsatz 5 b.

1231 BVerfG a.a.O., Leitsatz 1.

1232 BVerfG RÜ 1994, 373; NJW 1994, 2207 Anm. Sachs JuS 1995, 163.

1233 BVerfG NVwZ-RR 2010, 41; Anm. Sachs JuS 2010, 89.

1234 BVerfG RÜ 1994, 373; NJW 1994, 2207 (Verfahren 2 BvE 3/92).

12. Teil Einsatz der Bundeswehr

Zulässig sind aber auch Einsätze der Bundeswehr **im Rahmen der NATO** ohne entsprechende UN-Resolution, sofern diese ausschließlich der Friedenswahrung oder Friedenssicherung dienen.[1235]

- Einsatz **zur Verhinderung einer humanitären Katastrophe**

  Beispiel: Jugoslawien[1236]

- Einsatz **aufgrund von Art. 4 NATO-Vertrag** (aufgrund einer Konsultation eines Mitgliedstaats)

  Beispiel: AWACS II/Türkei[1237]

4. Abschnitt: Einsatz der Bundeswehr im Ausland nach Regeln der EU gemäß Art. 23 Abs. 1 GG

402   Unklar und umstritten ist, auch im Rahmen von UN-Resolutionen, inwieweit der Einsatz der Bundeswehr im Ausland nach Vorschriften des EUV bzw. des AEUV zulässig ist.[1238] Insbesondere ist unklar, ob die erforderliche Ermächtigung sich aus Art. 23 GG ergibt oder ob diese Norm durch den insofern spezielleren Art. 24 Abs. 2 GG auch in diesen Fällen verdrängt wird.[1239]

Neben einem Einsatz der Bundeswehr im Rahmen von Art. 42 Abs. 7 UAbs. 1 EUV sind noch folgende Einsatzkonstellationen möglich.

403   **A. Gemeinsame Aktionen des Rates** gemäß Art. 28, 38 Abs. 3, 41 Abs. 3 EUV

Beispiel: Gemeinsame Aktion 2008/851/GASP des Rates vom 10.11.2008 über die Militäroperation der europäischen Union als Beitrag zur Abschreckung, Verhütung und Bekämpfung von seeräuberischen Handlungen und bewaffneten Raubüberfällen vor der Küste Somalias[1240]

404   **B. Abwehr von Terroranschlägen** auf dem Hoheitsgebiet der EU-Mitgliedstaaten gemäß Art. 222 AEUV (Solidaritätsklausel)[1241]

Art. 222 Abs. 1 S. 2 Buchst. a AEUV: „Die Union mobilisiert alle ihr zur Verfügung stehenden Mittel, einschließlich der ihr von den Mitgliedstaaten bereitgestellten militärischen Mittel um

- terroristische Bedrohungen im Hoheitsgebiet von Mitgliedstaaten abzuwenden;

- die demokratischen Institutionen und die Zivilbevölkerung vor etwaigen Terroranschlägen zu schützen;

- im Falle eines Terroranschlags ein Mitgliedstaat auf Ersuchen seiner politischen Organe innerhalb seines Hoheitsgebiets zu unterstützen."

1235 Sodan-Schmahl Art. 87 a GG Rdnr. 8.

1236 BVerfG NJW 1999, 2030 Anm. Sachs JuS 2000, 86.

1237 BVerfG RÜ 2008, 385; NJW 2008, 2018; Anm. Sachs JuS 2008, 829.

1238 Vgl. dazu BVerfGE 123, 267 (Lissabon) Ziff. 254 f., 381 f.; Anm. Wiefelspütz DÖV 2010, 73; Gramm DVBl. 2009, 1476.

1239 Zur letzteren Auffassung neigt BVerfGE 123, 26 Ziff. 388.

1240 ABl. L 301 v. 12.11.2008, S. 33–37.
   Kritisch zu diesem Einsatz Aust DVBl. 2012, 484; Walter, Die Polizei 2012, 1; Gramm a.a.O.; Fischer-Lescano/Tohidipur NJW 2009, 1243; Braun/Plate DÖV 2010, 203; Wolff ZG 2010, 209; Völkerrechtskonformität und Verfassungsmäßigkeit bejahend VG Köln, Urt. v. 11.11.2011 – 25 K 4280/09.

1241 Vgl. dazu Hölscheid/Limpert JA 2009, 86, 87.

236

5. Abschnitt: Einsatz der Bundeswehr im Inland; Art. 87 a Abs. 2, 2. Halbs. GG i.V.m. Art. 35 Abs. 2, 3; 87 a Abs. 3, 4 GG[1242]

Fallbearbeitung bei BVerfG RÜ 2012, 649; Haug Jura 2013, 959.

A. Sofern der Einsatz der Bundeswehr nicht oder nicht eindeutig zur Verteidigung erfolgt, ist er grds. verboten und nur ausnahmsweise erlaubt, sofern das GG ausdrücklich den Streitkräften bestimmte Befugnisse zuordnet; Art. 87 a Abs. 2, 2. Halbs. GG (sog. **Verfassungsvorbehalt**).

405

„Diese Regelung ... soll verhindern, dass für die Verwendung der Streitkräfte als Mittel der vollziehenden Gewalt ungeschriebene Zuständigkeiten aus der Natur der Sache abgeleitet werden ... Maßgeblich für die Auslegung und Anwendung des Art. 87 a Abs. 2 GG ist daher das Ziel, die Möglichkeiten für einen Einsatz der Bundeswehr im Innern durch das **Gebot strikter Texttreue** zu begrenzen."[1243]

Neben Art. 87 a Abs. 3 und 4 GG (dazu sogleich) kommen insofern nur in Betracht Art. 35 Abs. 2 S. 2 und Art. 35 Abs. 3 S. 1 GG.

B. Art. 35 Abs. 2 S. 2 GG („regionaler Katastrophennotstand")

I. Tatbestandsvoraussetzung dieser Grundgesetzvorschrift ist in diesem Zusammenhang eine Naturkatastrophe oder ein besonders schwerer Unglücksfall in einem Land. Fraglich ist in diesem Zusammenhang allein, wie der Begriff **„besonders schwerer Unglücksfall"** auszulegen ist und ob er auch drohende terroristische Angriffe erfasst.

406

Nach Auffassung des BVerfG und der wohl h.Lit. ist der Begriff weit auszulegen. Danach ist unter einem besonders schweren Unglücksfall ein Schadensereignis von großem Ausmaß zu verstehen, das – wie ein schweres Flugzeug- oder Eisenbahnunglück, ein Stromausfall mit Auswirkungen auf lebenswichtige Bereiche der Daseinsvorsorge oder der Unfall in einem Kernkraftwerk – wegen seiner Bedeutung in besonderer Weise die Öffentlichkeit berührt und auf menschliches Fehlverhalten oder technische Unzulänglichkeiten zurückgeht.[1244] Dabei wird unter Unglücksfall auch ein Ereignis verstanden, dessen Eintritt auf den Vorsatz von Menschen zurückgeht.[1245] Schließlich werden auch Vorgänge erfasst, die den Eintritt einer Katastrophe mit an Sicherheit grenzender Wahrscheinlichkeit erwarten lassen.[1246]

II. Rechtsfolge von Art. 35 Abs. 2 S. 2 GG ist, dass das Land Kräfte und Einrichtungen der Streitkräfte **zur Hilfe** anfordern kann. Im Rahmen dieser Hilfe können die Streitkräfte grundsätzlich auch spezifisch militärische Waffen verwenden.[1247]

1242 Schoch Jura 2013, 255; M/M Rdnr. 483 f.; Jochum JuS 2006, 511; Höhlscheidt/Limpert JA 2009, 86, 88 f.

1243 BVerfG RÜ 2012, 649 (LuftSiG); NJW 1994, 2207 (AWACS).

1244 BVerfG NJW 2006, 751, 754.

1245 BVerfG a.a.O. S. 755.

1246 BVerfG a.a.O.; Jochum a.a.O. S. 514 m.w.N. auch auf die Gegenmeinung in FN 35 f.; Hillgruber/Hoffmann a.a.O. S. 177 f. FN 7 f.; w.N. bei Sachs a.a.O. S. 449 FN 7.

1247 BVerfG RÜ 2012, 649, 651 f. (Gemeinsamer Senat); a.A. BVerfG RÜ 2006, 207 (Erster Senat).

C. Art. 87 a Abs. 2, 2. Halbs. GG i.V.m. Art. 35 Abs. 3 S. 1 GG ("überregionaler Notstand")

407 **I. Tatbestandsvoraussetzung** von Art. 35 Abs. 3 S. 1 GG ist, dass eine Naturkatastrophe oder ein (besonders schwerer) Unglücksfall das Gebiet mehr als eines Landes gefährdet.

Zur Definition und Auslegung des **"Unglücksfalles"** gilt das Gleiche wie oben bei Art. 35 Abs. 2 S. 2 GG.

II. Rechtsfolge von Art. 35 Abs. 3 S. 1 GG ist im vorliegenden Zusammenhang, dass die Bundesregierung, soweit es zur wirksamen Bekämpfung erforderlich ist, den Landesregierungen die Weisung erteilen kann, Einheiten der Streitkräfte zur Unterstützung der Polizeikräfte einzusetzen. Wegen des **Gebotes strikter Texttreue** besteht auch im Eilfall keine Weisungskompetenz des Bundesministeriums für Verteidigung.[1248]

D. Art. 87 a Abs. 3 GG ("äußerer Notstand")

408 **I. Tatbestandsvoraussetzung** von Art. 87 a Abs. 3 GG ist entweder ein Verteidigungsfall oder ein Spannungsfall.

1. Der **Verteidigungsfall** ist in Art. 115 a Abs. 1 S. 1 GG legal definiert und bedarf verfahrensmäßig grds. der förmlichen Feststellung durch den Bundestag mit Zustimmung des Bundesrates; im Eilfall kann auch der gemeinsame Ausschuss unter den Voraussetzungen von Art. 115 a Abs. 2 GG den Verteidigungsfall feststellen.

2. Ein **Spannungsfall** ist ein Zustand erhöhter internationaler Spannungen, der einem möglichen Verteidigungsfall unmittelbar vorausgeht.[1249] Auch der Spannungsfall muss förmlich festgestellt werden durch den Bundestag gemäß Art. 80 a Abs. 1 S. 1 GG.

Kennzeichnend für beide Begriffe ist das Bestehen einer außenpolitischen Konfliktlage (sog. äußerer Notstand).[1250]

II. Als **Rechtsfolge** ergibt Art. 87 Abs. 3 S. 1 GG die Befugnis, zivile Objekte zu schützen und Aufgaben der Verkehrsregelung wahrzunehmen, soweit dies zur Erfüllung des Verteidigungsauftrages erforderlich ist; gemäß Art. 87 a Abs. 3 S. 2 GG kann den Streitkräften der Schutz ziviler Objekte auch zur Unterstützung polizeilicher Maßnahmen übertragen werden.[1251]

E. Art. 87 a Abs. 4 GG ("innerer Notstand")

409 **I. Tatbestandsvoraussetzung** von Art. 87 a Abs. 4 S. 1 GG ist eine drohende Gefahr für den Bestand oder die freiheitlich demokratische Grundordnung des Bundes oder eines Landes.

1. Der **Bestand des Bundes oder eines Landes** ist berührt, wenn die einzelnen Elemente des Staatsgebietes, der Staatsgewalt und des Staatsvolkes beeinträchtigt sind. Dazu

---

1248 BVerfG RÜ 2012, 649, 653 (Gemeinsamer Senat des BVerfG); a.A. Zweiter Senat.
1249 Hillgruber/Hoffmann a.a.O. S. 177.
1250 Jochum a.a.O. S. 515 FN 49.
1251 Vgl. ergänzend Jochum a.a.O. S. 515 FN 48; Pieroth/Hartmann a.a.O. S. 732 FN 52; Sachs a.a.O. S. 449 FN 5.

gehören namentlich die auswärtige Gewalt des Bundes, die Gesetzgebung und Verwaltung sowie die Rspr.[1252]

2. Die **freiheitlich demokratische Grundordnung** setzt insbesondere eine rechtsstaatliche Herrschaftsordnung sowie die Selbstbestimmung des Volkes und die Prinzipien von Freiheit und Gleichheit voraus.[1253] Eine drohende Gefahr für diese Schutzgüter liegt nach allgemeiner Meinung nur in der Situation eines Bürgerkrieges oder eines Militärputsches vor.[1254]

II. Als **Rechtsfolge** sieht Art. 87 a Abs. 4 S. 1 GG vor, dass die Bundesregierung, wenn die Voraussetzungen des Art. 91 Abs. 2 GG vorliegen und die Polizeikräfte sowie die Bundespolizei nicht ausreichen, Streitkräfte zur Unterstützung der Polizei und der Bundespolizei beim Schutz von zivilen Objekten und bei der Bekämpfung organisierter und militärisch bewaffneter Aufständischer einsetzen kann. Zwingend erforderlich ist immer ein formeller Beschluss der Bundesregierung **als Kollegialorgan**.[1255]

6. Abschnitt: Entsendebefugnis und Kommandogewalt

410 Wie oben (Rdnr. 391 ff.) bereits angedeutet, ist nach der verfassungsrechtlichen Zulässigkeit weiter zu klären, wer in welchem Verfahren über den Einsatz der Bundeswehr entscheidet (sog. Entsendebefugnis) bzw. wer im Einzelnen über die Modalitäten des Einsatzes entscheidet (sog. Kommandogewalt).

A. Entsendebefugnis

411 Grundsätzlich entscheidet über den Einsatz der Bundeswehr die Bundesregierung,[1256] über Auslandseinsätze im Rahmen der Gestaltung und Ausübung der auswärtigen Gewalt bzw. im Rahmen des sog. bündnis-politischen Ermessens.

Eine Ausnahme besteht beim Einsatz **bewaffneter** Streitkräfte im Ausland. In diesem Fall besteht – abgesehen von Art. 115 a Abs. 1 GG – ein ungeschriebener **wehrverfassungsrechtlicher Parlamentsvorbehalt**.[1257]

Zur Begründung wird zunächst darauf hingewiesen, dass der Einsatz von Streitkräften für individuelle Rechtsgüter der Soldatinnen und Soldaten sowie anderer von militärischen Maßnahmen Betroffener wesentlich ist und die Gefahr tiefgreifender Verwicklungen in sich birgt.[1258] Des Weiteren wird eine Zusammenschau von verschiedenen Rege-

---

1252 Jochum a.a.O. S. 515 FN 52; BVerfG RÜ 2010, 524.

1253 Jochum a.a.O. S. 515 FN 53.

1254 Jochum a.a.O. S. 515 FN 54; Sachs a.a.O. S. 449 FN 6; Hillgruber/Hoffmann a.a.O. S. 177 FN 5 f.; Sattler NVwZ 2004, 1286, 1291 FN 68 f.

1255 Pieroth/Hartmann a.a.O. S. 732.

1256 Vgl. z.B. Art. 35 Abs. 3 GG.

1257 Umstritten ist die Geltung des wehrverfassungsrechtlichen Parlamentsvorbehalts beim Einsatz bewaffneter Streitkräfte im Inland vgl. dazu BVerfG RÜ 2010, 524; Ladiges NVwZ 2010, 1075; Sachs JuS 2010, 1036 m.w.N. zum Streitstand in FN 3; Hillgruber JA 2011, 76 f.: Entscheidend dürfte allerdings nicht der Einsatzort der Budneswehr (In- oder Ausland), sondern die Art der Verwendung (militärisch oder nicht militärisch) sein. Der wehrverfassungsrechtliche Parlamentsvorbehalt erfasst nur den Einsatz der Streitkräfte in ihrer Hauptfunktion als militärisches Machtmittel (sog. *Primäreinsatz*) nicht ihre Verwendung als Unterstützung der Polizei bei der Aufrechterhaltung der öffentlichen Sicherheit (sog. *Sekundäreinsatz*).

1258 BVerfGE 123, 267 (Lissabonvertrag Ziff. 254).

lungen des Grundgesetzes herangezogen, die sich unmittelbar oder mittelbar auf die Bundeswehr beziehen (Art. 45 a, 45 b, 87 a Abs. 1 S. 2, 115 a Abs. 1 GG).[1259] Außerdem ergebe sich aus diesen Vorschriften sowie aus der historischen Entwicklung der Streitkräfte die Feststellung, dass die Bundeswehr ein **Parlamentsheer** sei.[1260]

Der Parlamentsvorbehalt gilt auch bei bewaffneten Einsätzen der Bundeswehr im Rahmen der europäischen Union, ist also **integrationsfest**.[1261]

Die Bundesregierung muss eine erneute Zustimmung des Deutschen Bundestages zu einem Streitkräfteeinsatz herbeiführen, wenn tatsächliche oder rechtliche Umstände wegfallen, die der Zustimmungsbeschluss als notwendige Bedingungen für einen Einsatz nennt.[1262]

„Für den wehrverfassungsrechtlichen Parlamentsvorbehalt kommt es nicht darauf an, ob bewaffnete Auseinandersetzungen sich schon i.S.e. Kampfgeschehens verwirklicht haben, sondern darauf, ob nach dem jeweiligen Einsatzzusammenhang und den einzelnen rechtlichen und tatsächlichen Umständen die Einbeziehung deutscher Soldaten in bewaffnete Auseinandersetzungen konkret zu erwarten ist ... Hierfür bedarf es zum einen hinreichender greifbarer tatsächlicher Anhaltspunkte, dass ein Einsatz nach seinem Zweck, den konkreten politischen und militärischen Umständen sowie den Einsatzbefugnissen in die Anwendung von Waffengewalt münden kann. Zum anderen bedarf es einer besonderen Nähe der Anwendung von Waffengewalt. Danach muss die Einbeziehung unmittelbar zu erwarten sein. Anhaltspunkt für die drohende Einbeziehung deutscher Soldaten in bewaffnete Auseinandersetzungen besteht, wenn sie im Ausland Waffen mit sich führen und ermächtigt sind, von ihnen Gebrauch zu machen."[1263] Eine Einbeziehung in bewaffnete Unternehmungen wird auch dann angenommen, wenn die Streitkräfte selbst keine Waffen tragen müssen, aber für den Waffeneinsatz bedeutsame Informationen liefern.[1264]

„Die Frage, ob eine Einbeziehung deutscher Soldaten in bewaffnete Unternehmungen besteht, ist **gerichtlich voll überprüfbar**. Ein vom BVerfG nicht oder nur eingeschränkt nachprüfbarer Einschätzungs- oder Prognosespielraum ist der Bundesregierung hier nicht eröffnet ... **Im Zweifel** ist der Parlamentsvorbehalt **parlamentsfreundlich** auszulegen."[1265]

II. Der ungeschriebene wehrverfassungsrechtliche Parlamentsvorbehalt ist seit 2005 einfach-gesetzlich konkretisiert durch das **Parlamentsbeteiligungsgesetz** (ParlBG).

Gemäß § 1 Abs. 2 ParlBG bedarf der Einsatz bewaffneter deutscher Streitkräfte außerhalb des Geltungsbereichs des Grundgesetzes der Zustimmung des Bundestags, sofern keine Gefahr im Verzug besteht (§ 5 ParlBG).

1259 Vgl. i.E. BVerfGE 90, 286, 357 f.; M/M Rdnr. 237 FN 126 f.

1260 BVerfGE 90, 286, 382; 123, 267 – Ziff. 254.

1261 BVerfGE 123, 267 – Ziff. 255.

1262 BVerfG NVwZ-RR 2010, 41; Anm. Sachs JuS 2010, 89; Wiefelspütz DVBl. 2010, 856.

1263 BVerfGE 121, 35 (AWACS II/Türkei); Anm. Sachs JuS 2008, 829.

1264 BVerfG und Sachs a.a.O.

1265 BVerfG a.a.O.

§ 2 ParlBG regelt im Einzelnen wann ein Einsatz bewaffneter Streitkräfte vorliegt und wann nicht; § 8 ParlBG regelt ein Rückholrecht des Bundestags.[1266]

III. Klausurhinweis: Die Nichtbeachtung des Parlamentsvorbehalts verletzt u.a. Rechte der Abgeordneten aus Art. 38 Abs. 1 S. 2 GG und kann im Organstreitverfahren gemäß Art. 93 Abs. 1 Nr. 2 GG geltend gemacht werden.[1267]

B. Kommandogewalt

Über die Modalitäten des Einsatzes im Einzelnen (Zeitpunkt, Truppenstärke etc.) entscheidet grds. die Bundesregierung; vgl. im Einzelnen Art. 65 a, 115 b GG. Etwas anderes gilt nur in Fällen der Bündnisverteidigung oder bei Einsätzen im Rahmen von Art. 24 Abs. 2 GG, wo die Kommandogewalt auch bei einem Kommandostab des Bündnispartners (NATO, UN, WEU bzw. EU) liegen kann.   **412**

1266 Zur Verfassungsmäßigkeit vgl. BVerfG NVwZ-RR 2010, 41; Wiefelspütz DVBl. 2010, 856, 859 f. FN 22.
1267 Vgl. z.B. die Fallbearbeitung bei BVerfG RÜ 2010, 524; Schoch, JK 7/10, GG Art. 24 Abs. 2/2; Barczak/Görisch DVBl. 2011, 332.

| 13. Teil | Die Rechtsprechung |

13. Teil: Die Rechtsprechung

1. Abschnitt: Die Dritte Gewalt[1268]

413 Gemäß Art. 92 GG ist die rechtsprechende Gewalt (nur) den Richtern anvertraut. Die Richter besitzen danach das **Rechtsprechungsmonopol**.

„Um **Rspr. im materiellen Sinn** (i.S.v. Art. 92 GG; Anm. des Verf.) handelt es sich, wenn bestimmte hoheitsrechtliche Befugnisse bereits durch die Verfassung Richtern zugewiesen sind (wie z.B. Art. 19 Abs. 4, 34 S. 3, 13 Abs. 2, 93 GG) oder es sich von der Sache her um einen traditionellen Kernbereich der Rspr. handelt (insbesondere zivil- und strafrechtliche Verfahren)",[1269] also immer dann, wenn es um die Entscheidung von Streitigkeiten am Maßstab des Rechts durch Anrufung eines unabhängigen Dritten geht sowie um die Mitwirkung als unabhängige Instanz im Falle schwerwiegender Freiheitsbeeinträchtigungen.[1270]

*Beachte: Das Richtermonopol des Art. 92 GG bedeutet kein Verbot **privater Gerichtsbarkeit**, wie etwa der Berufs-, Betriebs- oder Vereinsgerichtsbarkeit.[1271] Allerdings unterliegen auch diese Verfahren rechtsstaatlichen Anforderungen und damit letztlich gerichtlicher Kontrolle.[1272]*

Das Rechtsprechungsmonopol aus Art. 92 GG als Konkretisierung des Rechtsstaatsprinzips wird ergänzt durch die sachliche und persönliche Unabhängigkeit der Richter gemäß Art. 97, 98 GG.[1273]

Der Abschnitt über die Rechtsprechung enthält in Art. 101–104 GG auch einige grundlegende Rechtsgarantien des Bürgers im Verhältnis zur rechtsprechenden Gewalt und im Falle von Freiheitsentziehungen (sog. **Justiz-Grundrechte**). Diese Vorschriften sowie die **Rechtsweggarantie** des Art. 19 Abs. 4 GG werden ausführlich im AS-Skript Grundrechte (2012) behandelt.[1274]

2. Abschnitt: Der Gerichtsaufbau in der Bundesrepublik[1275]

414 Auch bei den Gerichten gilt der Grundsatz, dass die Gerichtsbarkeit **grundsätzlich** den **Ländern** obliegt (vgl. Art. 92 GG). Dies gilt vor allem für die Amts-, Land-, Oberlandesgerichte, die Verwaltungs- und Oberverwaltungsgerichte sowie die Arbeits-, Sozial- und Finanzgerichte. Etwas anderes gilt nur, soweit das GG Bundesgerichte vorsieht:

- Das **Bundesverfassungsgericht** (Art. 93, 94 GG)

- die **obersten Gerichtshöfe** des Bundes (Art. 95 Abs. 1 GG): Bundesgerichtshof, Bundesverwaltungsgericht, Bundesfinanzhof, Bundesarbeitsgericht, Bundessozialgericht

- **Beachte:** Aus Art. 95 Abs. 1 GG lassen sich die fünf verschiedenen **„Rechtswege"** ableiten![1276]

1268 Vgl. auch M/M Rdnr. 518 ff.; Schmidt NR. 713 ff.; Kloepfer S. 104 ff.; P/K Rdnr. 437 ff.; Mo/Mi Rdnr. 946 ff.; Gröpl Rdnr. 1581 ff.
1269 BVerfGE 103, 111, 137; M/M Rdnr. 519.
1270 M/M Rdnr. 519; BVerfGE 103, 111, 137 f.; E 22, 49, 77.
1271 M/M Rdnr. 522; BGHZ 65, 59, 61.
1272 M/M Rdnr. 522; BAGE 20, 79 f.
1273 Vgl. dazu i.E. BVerfG NJW 1996, 2149; M/M Rdnr. 532; Gröpl Rdnr. 1588 f.
1274 Vgl. auch Ipsen § 16.
1275 Vertiefend zu Gerichtsorganisation und Gerichtsverfahren vgl. Maurer § 19; M/M Rdnr. 523 ff.; Ipsen § 12; Gröpl Rdnr. 1606 ff.
1276 Gröpl Rdnr. 1608, 1610; Ipsen Rdnr. 693.

Das Bundesverfassungsgericht   **3. Abschnitt**

- Der **Gemeinsame Senat** der obersten Gerichtshöfe des Bundes (Art. 95 Abs. 3 GG) entscheidet, wenn ein oberster Gerichtshof in einer Rechtsfrage von der Entscheidung eines anderen obersten Gerichtshofs oder des Gemeinsamen Senates abweichen will (vgl. RsprEinhG; Schönfelder/EB Nr. 95 b).

- **Bundespatentgericht; Wehrstrafgerichte,**[1277] **Wehrdienstgerichte,** (vgl. Art. 96 GG)[1278]

3. Abschnitt: Das Bundesverfassungsgericht[1279]

A. Stellung, Gerichtsverfassung und allgemeine Verfahrensgrundsätze[1280]

Das Bundesverfassungsgericht ist nicht nur das höchste Rechtsprechungsorgan, sondern auch **Verfassungsorgan** und steht in dieser Stellung unabhängig und selbstständig neben den übrigen Verfassungsorganen des Bundes (§ 1 Abs. 1 BVerfGG). Der Sitz des BVerfG ist in Karlsruhe. Das Bundesverfassungsgericht ist **„Hüter der Verfassung"**. Seine Entscheidungen binden alle übrigen Staatsorgane (§ 31 Abs. 1 BVerfGG), in den Fällen des § 31 Abs. 2 BVerfGG (insbesondere bei Normenkontrollen und Verfassungsbeschwerden) hat die Entscheidung **Gesetzeskraft.**

415

Das BVerfG besteht aus **zwei Senaten** mit je acht Richtern, die je zur Hälfte vom Bundestag und vom Bundesrat gewählt werden (Art. 94 Abs. 1 GG, §§ 6, 7 BVerfGG).[1281]

Bei **Stimmengleichheit** kann ein Verstoß gegen das Grundgesetz oder gegen sonstiges Bundesrecht nicht festgestellt werden (§ 15 Abs. 3 S. 3 BVerfGG), Verfassungsbeschwerden und Normenkontrollanträge sind dann zurückzuweisen.

Zur Geschäftsverteilung vgl. § 14 BVerfGG. Für bestimmte Entscheidungen (§§ 81 a, 93 b BVerfGG) berufen die Senate mehrere jeweils aus drei Richtern bestehende **Kammern** (§ 15 a BVerfGG).

B. Die Zuständigkeiten des BVerfG[1282]

Für die Zuständigkeit des BVerfG gilt das **Enumerationsprinzip**, d.h., das BVerfG ist nicht etwa für alle verfassungsrechtlichen Streitigkeiten zuständig, sondern nur aufgrund ausdrücklicher Bestimmung. Die wesentlichen Zuständigkeiten finden sich in Art. 93 GG, andere sind über das GG verstreut. Einen Gesamtüberblick bietet § 13 BVerfGG.[1283]

416

1277 Zu Problemen bei Gerichtsorganisation und Auslandseinsätzen in der Bundeswehr vgl. Arndt/Fischer, Wissenschaftliche Dienste Deutscher Bundestag, aktueller Begriff Nr. 102/09 v. 20.11.2009.

1278 Vgl. i.E. Ipsen Rdnr. 697 ff.

1279 Zu aktuellen Problemen vgl. Vosskuhle NJW 2013, 1329.

1280 Vgl. auch Gröpl Rdnr. 1611 ff.; Ipsen § 17; M/M Rdnr. 550 ff.; Degenhart Rdnr. 743 ff.; Maurer § 20 Rdnr. 1 ff.; Schlaich/Korioth Rdnr. 4 ff.; Gröpl Rdnr. 1619 ff.; Mo/Mi Rdnr. 995 ff.; Kloepfer Rdnr. 273 ff.; P/K Rdnr. 442 ff.

1281 BVerfG NVwZ 2012, 967; Schmidt JA 1999, 479; Ipsen Rdnr. 852 ff.; M/M Rdnr. 559; BVerfG NVwZ 1999, 638, Anm. Sachs JuS 2000, 290; Fallbearbeitung bei Pietzcker/Pallasch JuS 1995, 511.

1282 Vertiefend und ergänzend zur Gerichtsverfassung und allgemeinen Verfahrensgrundsätzen vgl. M/M Rdnr. 560 f.; Ipsen Rdnr. 873 ff.; Schlaich/Korioth Rdnr. 1–78; 502 ff.; Maurer § 20 Rdnr. 20 ff.; Ipsen § 17 Rdnr. 859 ff.; Berg Rdnr. 380 ff.; H/G Rdnr. 1–71; Sachs/V Rdnr. 24 ff.; ff.; Mo/Mi Rdnr. 995 ff.; Kloepfer Rdnr. 273 ff.; P/K Rdnr. 442 ff.

Zum Verhältnis zu den Landesverfassungsgerichten vgl. i.E. Schlaich/Korioth Rdnr. 347 ff.; H/G § 11; Maurer § 20 Rdnr. 145 ff.; M/M Rdnr. 590 f.; Degenhart Rdnr. 855 ff.; Enders JuS 2001, 462.

Zum (Kooperations-)Verhältnis BVerfG/EuGH vgl. i.E. M/M Rdnr. 592 ff.; BVerfGE 123, 267 (Lissabonvertrag) Ziff. 238 ff.; Möller NVwZ 2010, 225; H/G Rdnr. 908 ff.; Schlaich/Korioth Rdnr. 358 ff.; BVerfG DVBl. 2007, 821; zum Verhältnis zum EGMR vgl. Schlaich/Korioth Rdnr. 367 ff.; H/G Rdnr. 934 ff.; Degenhart Rdnr. 253 f.; M/M Rdnr. 599 ff.; Gusy JA 2009, 406; Klein NVwZ 2010, 221; VerfG DVBl. 2004, 1480; zum Verhältnis zu beiden europäischen Gerichten vgl. Dörr DVBl. 2006, 1088; Michels JA 2012, 515.

1283 Vgl. auch Bethge Jura 1998, 529 ff.

13. Teil Die Rechtsprechung

Neu ist die sog. **Nichtanerkennungsbeschwerde** gemäß Art. 93 Abs. 1 Nr. 4 c GG; § 13 Nr. 3 a BVerfGG, § 18 Abs. 4 a BWG.[1284]

Im Folgenden wird ein Überblick über die wichtigsten **Verfassungsstreitigkeiten** gegeben. Zu den Verfassungsbeschwerden nach Art. 93 Abs. 1 Nr. 4 a u. 4 b GG vgl. die AS-Skripten Grundrechte und Kommunalrecht.

4. Abschnitt: Organstreitverfahren[1285]

Fallbearbeitung bei Paulus Fall 5; H/G Fall 3; Schoch Fall 8; B/S/W Fall G, K; Robbers Fall 3; Heckmann Fall 3; S/N/S-Tappe Fall 9; Degenhart/K I Fälle 1, 3; Degenhart/K II Fälle 2, 6, 7, 8; Stumpf JuS 2010, 35; Jura EKK-Reinhardt, Fall 2; Hebeler/Erzinger JA 2011, 921; Keber JA 2012, 917; Häusle u.a. Jura 2012, 468; Helm/Platzer JA 2013, 284; Ketterer/Sauer JuS 2012, 524; Augsberg u.a. Fall 4.

Grundfälle bei Geis/Meier JuS 2011, 699; Ehlers Jura 2003, 315.

A. Zulässigkeit[1286]

- **Zuständigkeit des BVerfG** (Art. 93 Abs. 1 Nr. 1 GG, § 13 Nr. 5 BVerfGG); str.

- **Beteiligtenfähigkeit** (§ 63 BVerfGG bzw. Art. 93 Abs. 1 Nr. 1 GG): Antragsteller und Antragsgegner

- **Richtiger Antragsgegenstand** (§ 64 Abs. 1 BVerfGG)

- **Antragsbefugnis** (§ 64 Abs. 1 BVerfGG)

- **Antragsfrist** (§ 64 Abs. 3 BVerfGG)

- Nur bei Anlass zu prüfen:

    - Form (§§ 23, 64 Abs. 2 BVerfGG)
    - Rechtsschutzbedürfnis
    - Zulässiger Beitritt (§ 65 Abs. 1 BVerfGG)
    - Rücknahme des Antrags

I. Zuständigkeit des BVerfG

417 Nach Art. 93 Abs. 1 Nr. 1 GG, § 13 Nr. 5 BVerfGG entscheidet das BVerfG über verfassungsrechtliche („Auslegung dieses **Grundgesetzes**") Streitigkeiten betreffend Umfang der Rechte und Pflichten eines obersten Bundesorgans oder anderer am Verfassungsleben Beteiligter.

Beispiele: Eine Fraktion wendet sich gegen die Ausschussbesetzung durch den BTag; Streitigkeiten um Rechte eines Untersuchungsausschusses (beachte jetzt §§ 2 Abs. 3 S. 2, 17 Abs. 4 PUAG); der BTag wendet sich gegen die Weigerung der Gesetzesausfertigung durch den BPräs (s.o. Rdnr. 280 ff.); ein Abgeordneter wehrt sich gegen die vorzeitige Auflösung des BTages durch den BPräs oder (str.) gegen Ausschluss aus einer Fraktion; eine Partei wendet sich gegen die vom BTag beschlossene Parteienfinanzierung oder gegen unzulässige Wahlwerbung der BReg.

1284 BVerfG, Beschl. v. 23.07.2013 – 2 BvC 1/13 u.a.; Klein DÖV 2013, 584; Rossner LTO v. 16.07.2013.

1285 M/M Rdnr. 562 ff.; Degenhart Rdnr. 750 ff., 804 ff.; Ipsen Rdnr. 879 ff.; Degenhart/K I Rdnr. 22 ff.; H/G § 4; Sachs/V Rdnr. 250 ff.; Schoch/Ehlers § 17; Fürst/Steffahn Jura 2012, 90; Mo/Mi Rdnr. 1022 ff.; P/K Rdnr. 451; Gröpl Rdnr. 1663 ff.

1286 Vgl. auch Engels Jura 2010, 421.

Organstreitverfahren **4. Abschnitt**

Einen **Sonderfall** des Organstreitverfahrens bilden die **Anklage des Bundespräsiden-ten** nach Art. 61 GG, §§ 49 ff. BVerfGG[1287] sowie die in § 66 a BVerfGG genannten Ver-fahren nach dem PUAG (s. dazu oben Rdnr. 287).

*Klausurhinweis: Der Prüfungspunkt **„Zuständigkeit des BVerfG"**[1288] entspricht im We-sentlichen den verwaltungsprozessualen Prüfungspunkten „Eröffnung des Verwaltungs-rechtsweges" und „Statthafte Klageart".*

II. Beteiligtenfähigkeit von Antragsteller und Antragsgegner

1. Beteiligtenfähig sind in erster Linie die in **§ 63, 1. Halbs. BVerfGG** genannten obers-   **418**
ten Bundesorgane: Bundespräsident, Bundestag, Bundesrat und Bundesregierung.

2. Antragsteller/Antragsgegner können außerdem auch **Teile dieser Organe** sein, die
im GG oder in den GOen von BTag und BRat mit eigenen Rechten ausgestattet sind
(§ 63, 2. Halbs. BVerfGG).[1289]

Zu den parteifähigen Organteilen zählen z.B.

- **Bundeskanzler** und Bundesminister als Teile der Bundesregierung (Art. 65 GG),

- die **Präsidenten** von Bundestag und Bundesrat (vgl. z.B. § 7 GO BT),

- **Ausschüsse** des Bundestages, auch der Vermittlungsausschuss,

- die **Fraktionen**[1290] (vgl. §§ 10 ff. GO BT), auch die „Fraktion" im Untersuchungsaus-schuss,[1291] ebenso die **Gruppe** (§ 10 Abs. 4 GO BT), soweit es um ihre Gruppenrechte
  geht,[1292]

- einzelne **Abgeordnete**, sofern sie um ihren verfassungsrechtlichen Status (Art. 38
  Abs. 1 S. 2 GG) streiten.[1293] Ob der einzelne Abgeordnete Organteil des Bundestags
  ist, was § 63 BVerfGG voraussetzt, ist umstritten.[1294] Jedenfalls fasst Art. 93 Abs. 1
  Nr. 1 GG den Kreis der Antragsteller weiter als § 63 BVerfGG, sodass der Abgeordnete
  zumindest als „anderer Beteiligter" angesehen werden kann.[1295]

  Der Abgeordnete bleibt auch dann beteiligtenfähig im Organstreitverfahren, wenn
  er zwar zum Zeitpunkt der Entscheidung aus dem Parlament ausgeschieden ist, aber
  im Zeitpunkt der Anhängigmachung des Verfassungsstreits noch Abgeordneter war.[1296]

1287 Vgl. dazu Schlaich/Korioth Rdnr. 343 ff.

1288 So etwa Windthorst/Sattler JuS 2012, 826; Hebeler/Erzinger JA 2011, 921; Hermann/Hofmann JuS 2012, 543; Augsberg
u.a. S. 36 ff.; P/K Rdnr. 451, 453 f.; Gröpl Rdnr. 1641 f.; Wernsmann/Bruns Jura 2011, 384; Geis Rdnr. 241; Schoch S. 352;
Ehlers, JK 1/08, GG Art. 38 Abs. 1 S. 2/16; S/N/S-Tappe S. 134; H/G Rdnr. 565, 641, 681: nur bei Normenkontrollverfahren;
a.A. Degenhart/K I Rdnr. 22 ff.; Ipsen Rdnr. 881 ff.; Heckmann a.a.O. S. 64 ff.; Ehlers Jura 2003, 315 f.; ausdrücklich und mit
Begründung Sachs/V Rdnr. 93 ff.; unklar Robbers S. 57 „Verfahrensart".

1289 Vgl. ausführlich dazu Sachs/V Rdnr. 257 ff.

1290 Zur Beteiligtenfähigkeit nach Ende der Wahlperiode wegen § 54 Abs. 7 AbgG vgl. VerfG MV LKV 2003, 516, Anm. Sachs
JuS 2004, 74, 75 FN 2 f.

1291 BVerfGE 70, 324, 351; NJW 2005, 2537.

1292 BVerfG DVBl. 1998, 90; DVBl. 1991, 992, 994; BremStGH NVwZ 1997, 786, 787.

1293 BVerfG NJW 1998, 3042; NJW 1996, 2720 m.w.N.

1294 Bejahend u.a. Maurer § 20 Rdnr. 40.

1295 Wallrabenstein JA 1998, 863, 865; Robbers S. 50.

1296 VerfG MV LKV 2003, 516, Anm. Sachs JuS 2004, 74 FN 1.

- Eine bloße **Gruppierung von Abgeordneten** ist dagegen grds. nicht parteifähig. Eine Ausnahme gilt, wenn ihr nach dem GG besondere Rechte zustehen (von BVerfGE 67, 100, 126 bejaht für die Antragsminderheit nach Art. 44 Abs. 1 GG bzw. § 1 Abs. 1 PUAG).[1297]

419 **3.** Sofern Antragsteller bzw. Antragsgegner nicht (eindeutig) unter § 63 BVerfGG fallen, ist ergänzend Art. 93 Abs. 1 Nr. 1 GG (als höherrangiges und damit letztverbindliches Recht) heranzuziehen.

a) Gemäß **Art. 93 Abs. 1 Nr. 1, 1. Halbs. GG** sind **oberste Bundesorgane** beteiligtenfähig (sofern nicht von § 63 BVerfGG erfasst).

Beispiele: Bundesversammlung, Vermittlungsausschuss, Bundesrechnungshof,[1298] Bundesbank, Präsident des BRats als Vertreter des BPräs (Art. 57, 61 Abs. 2 S. 2 GG)

b) Gemäß **Art. 93 Abs. 1 Nr. 1, 2. Halbs. GG** sind schließlich beteiligtenfähig **andere Beteiligte, sofern in GG oder GO eines obersten Bundesorgans mit eigenen Rechten ausgestattet**.[1299]

Beispiel: Politische Parteien, wenn es um ihre verfassungsrechtliche Funktion nach Art. 21 GG geht[1300]

Machen Abgeordnete oder Parteien dagegen **Grundrechtsverletzungen** geltend, so können diese nicht im Organstreitverfahren, sondern nur auf dem normalen Rechtsweg, letztlich mit der Verfassungsbeschwerde abgewehrt werden.[1301]

Eine Partei ist etwa beteiligtenfähig, soweit sie sich gegen unzulässige Wahlwerbung der Regierung wehrt, da dies die Chancengleichheit bei Wahlen und damit den verfassungsrechtlichen Status aus Art. 21 GG berührt (s.o. Rdnr. 254 ff.). – Die PDS konnte dagegen im Organstreitverfahren nicht geltend machen, durch die Regelungen bzgl. des ehemaligen SED-Vermögens in ihrem Eigentumsrecht aus Art. 14 GG verletzt zu sein.[1302]

Weiteres Beispiel: Volksinitiativen auf Landesebene[1303]

III. Richtiger Antragsgegenstand

420 **Antrags-/Verfahrens-/Streitgegenstand** kann jede Maßnahme oder Unterlassung des Antragsgegners sein.

Beispiele: Besetzung der Ausschüsse durch den BTag, Nichtzuerkennung des Fraktionsstatus, Erlass oder Unterlassen eines Gesetzes,[1304] Erlass und Anwendung der GO, Verstoß gegen wehrverfassungsrechtlichen Parlamentsvorbehalt (s.o. Rdnr. 411)

Erforderlich ist stets, dass die beanstandete Maßnahme **rechtserheblich** ist.[1305] Ebenso scheiden Handlungen aus, die nur vorbereitenden Charakter haben.[1306]

1297 Lüdemann JA 1996, 959, 963.
1298 Hauser DVBl. 2006, 539, 534: „bei Aufgabenerfüllung gemäß Art. 114 Abs. 2 GG unabhängiges Organ der Finanzkontrolle".
1299 Zur Beteiligtenfähigkeit von Volksinitiativen im landesrechtlichen Organstreitverfahren vgl. VerfG HH DVBl. 2005, 439.
1300 BVerfGE 79, 379, 383; a.A. Ipsen Rdnr. 776.
1301 BVerfG JuS 2011, 1141 Anm. Sachs; NJW 1998, 3042; LKV 1996, 333; DVBl. 1991, 991, 992 m.w.N.
1302 BVerfGE 84, 290, 299.
1303 HVerfG DVBl. 2007, 848.
1304 VerfGH Rh-Pf. DVBl. 1972, 783, 784 f.; VerfGH NJW DVBl. 1999, 1271; LVerfG MV Nord ÖR 2001, 64 f.; offen lassend BVerfG DVBl. 2003, 929 f.
1305 BVerfG NJW 1998, 3040, 3041; abgelehnt von BVerfGE 60, 374, 381 für eine parlamentarische Rüge des BT-Präsidenten gegenüber einem Abgeordneten, da diese nur mahnenden, aber keinen rechtserheblichen Charakter aufweist.
1306 BVerfGE 68, 1, 74; BVerfG NJW 1998, 3040, 3041; NJW 1998, 3042, 3043 m.w.N.

IV. Antragsbefugnis

1. Der Antragsteller muss gemäß § 64 Abs. 1 BVerfGG geltend machen, dass er oder das **421** Organ, dem er angehört, durch die (rechtserhebliche)[1307] Maßnahme oder Unterlassung[1308] des Antragsgegners in seinen ihm durch das GG übertragenen **Rechten**[1309] und Pflichten verletzt oder unmittelbar gefährdet ist. Die Rechte und Pflichten müssen sich **aus dem GG** selbst ergeben, Rechte aus der GO reichen nicht aus.[1310]

Beachte: Für die Beteiligtenfähigkeit reicht die Begründung von Rechten in der GO aus, für die Antragsbefugnis ist dagegen erforderlich, dass sich die Rechte oder Pflichten unmittelbar aus dem GG selbst ergeben.

2. Allerdings ist eine **Prozessstandschaft** zulässig (vgl. § 64 BVerfGG: „oder das Organ, dem er angehört"); so kann z.B. eine Fraktion als Teil des BTages dessen Rechte geltend machen, und zwar aus Gründen des Minderheitenschutzes auch dann, wenn der BTag die beanstandete Maßnahme (mehrheitlich) gebilligt hat.[1311]

*Beachte: Hieraus folgt jedoch keine Befugnis, als Prozessstandschafter Rechte, die dem Bundestag zustehen, **gegen** diesen geltend zu machen.[1312]*

Eine Prozessstandschaft ist jedoch nur möglich, wenn es sich beim Antragsteller um ein **Organteil** i.S.d. § 64 BVerfGG handelt. Dieser Status steht beim Bundestag jedoch **nur** den **Fraktionen** zu, nicht dem einzelnen Abgeordneten, der zwar Mitglied, aber nicht Organteil des Bundestages ist. Daher können sich einzelne Abgeordnete, die nicht Organteil des Bundestages sind, im Organstreitverfahren nicht auf Rechte des Bundestages, sondern nur auf eigene Rechte berufen.[1313]

Teilweise wird deshalb auch bereits die Beteiligtenfähigkeit verneint, wenn der Abgeordnete sich ausschließlich auf Rechte des Bundestages beruft.[1314]

V. Antragsfrist

Des Weiteren ist eine **Antragsfrist** von sechs Monaten, nachdem die beanstandete **422** Maßnahme oder Unterlassung dem Antragsteller bekannt geworden ist, zu beachten (§ 64 Abs. 3 BVerfGG).

Beachte: Bei Geschäftsordnungen der Bundesverfassungsorgane (z.B. GOBT einschließlich Anlagen) beginnt die Frist nicht, wie grds. bei Gesetzen, mit dem Zeitpunkt der Verkündung,

---

1307 Nicht rechtserheblich sind z.B. bloße Rügen von Abgeordneten oder Beschlüsse des Ältestenrats des Deutschen Bundestages, mit denen der Termin für die Lesung eines Gesetzentwurfes im Bundestag festgesetzt wird; vgl. zu Letzterem BVerfG NJW 2005, 2059, Anm. Schoch, JK 11/05, GG Art. 93 Abs. 1 Nr. 1/8.

1308 Der Antragsteller muss in diesem Fall darlegen, dass zur Vornahme der unterlassenen Handlung eine verfassungsrechtliche Pflicht bestand; vgl. Thür VerfGH DVBl. 2011, 352.

1309 Zu anderen Bezeichnungen vgl. Barczak/Görisch DVBl. 2011, 332, 333 FN 18.

1310 BVerfG RÜ 2010, 524 unter Hinweis auf BVerfGE 68, 1, 69 ff.; BVerfGE 70, 324, 350 ff.; BVerfG DVBl. 2001, 636: Keine Pflicht der BReg zur Einleitung eines Bund-Länder-Streits gegen das Land NRW.

1311 BVerfGE 67, 100, 125; NJW 2005, 2537; Sachs/Sturm Art. 93 Rdnr. 39; Odendahl JuS 1998, 145, 147 m.w.N.

1312 VerfGH NRW DVBl. 1997, 824, 825: Der Landtag als Inhaber des Rechts kann nicht gleichzeitig Antragsgegner eines Verfahrens sein, in dem um die Verletzung seiner Rechte durch ihn selbst gestritten wird.

1313 BVerfGE 90, 286, 338; 92, 130; LKV 1995, 293; Sachs/V Rdnr. 285; Butzer JuS 1997, 1014, 1016; Odendahl JuS 1998, 145, 147; Wallrabenstein JA 1998, 863, 866 m.w.N.; krit. Ehlers a.a.O. S. 319 FN 40 ff.

1314 Sachs/Sturm Art. 93 Rdnr. 37.

13. Teil Die Rechtsprechung

*sondern erst im **Zeitpunkt der aktuellen Betroffenheit**, d.h. erst mit dem Beginn der Stellung als Abgeordneter, also mit der ersten Sitzung des Bundestages.[1315]*

Die gleiche Besonderheit gilt ausnahmsweise auch für Gesetze, wenn der Normgeber die Zusammengehörigkeit von Gesetz und Geschäftsordnung durch das gleichzeitige Inkrafttreten verdeutlicht hat.[1316]

Bei einem **Unterlassen** beginnt die Frist spätestens dann, wenn der Antragsgegner sich erkennbar eindeutig weigert, in der Weise tätig zu werden, die der Antragsteller zur Wahrung seiner Rechte aus dem Grundgesetz für erforderlich hält.[1317]

VI. Nur bei Anlass zu prüfen sind:

423 **1.** Ordnungsgemäßer Antrag gemäß §§ 23, 64 Abs. 2 BVerfGG[1318]

2. Rechtsschutzbedürfnis [1319]

Es kann u.a. fehlen, wenn

- den Parteien ein spezielles Verfahren zur Streitbeilegung zur Verfügung steht;

  Beispiel: Verfahren gemäß Art. 65 S. 3 GG bei Streitigkeiten betreffend Art. 65 S. 2 GG[1320]

- während des Verfahrens der die Parteifähigkeit begründende Status einer der Parteien wegfällt und kein objektives Klarstellungsinteresse wegen vergleichbarer künftiger Konflikte vorliegt;[1321]

- der Antragsteller die dargelegte Rechtsverletzung durch eigenes Handeln hätte vermeiden können.[1322]

3. Ein **Verfahrensbeitritt** ist zulässig unter den Voraussetzungen von § 65 Abs. 1 BVerfGG.[1323]

B. Begründetheit

424 Begründet ist der Antrag im Organstreitverfahren, wenn die beanstandete Maßnahme oder Unterlassung des Antragsgegners gegen eine Bestimmung des GG verstößt[1324] und (str.) der Antragsteller dadurch in seinen Rechten verletzt ist.[1325]

1315 BVerfGE 80, 188, 209.

1316 BVerfG NVwZ 2007, 916, Anm. Ehlers, JK I/08, GG, Art. 38 Abs. 1 S. 2/16.

1317 BVerfG NVwZ 2005, 1224.

1318 Dazu Jarass/Pieroth Art. 93 Rdnr. 14; Engels Jura 2010, 421, 426 FN 109 ff.

1319 Vgl. auch Engels a.a.O. S. 425 FN 97 ff.

1320 Vgl. Degenhart Rdnr. 753.

1321 Vgl. Degenhart a.a.O.; Wernsmann Jura 2000, 344.

1322 BVerfGE 68, 1, 77 f.; 90, 286; Degenhart Rdnr. 753; Maurer § 20 Rdnr. 50; Jarass/Pieroth Art. 93 Rdnr. 13; Ehlers a.a.O. S. 319 FN 55.

1323 Vgl. dazu BVerfG NJW 2005, 2685, Anm. Sachs JuS 2006, 74; Jarass/Pieroth Art. 93 Rdnr. 15; Ehlers a.a.O. S. 320 FN 61 ff.

1324 Für einen weiten Prüfungsumfang i.S.e. objektiven Rechtsschutzverfahrens S/K Rdnr. 96; Lepsius Jura 2010, 527, 529; Ehlers Jura 2003, 315, 320.

1325 Für einen engeren Prüfungsumfang i.S.d. subjektiven Rechtsschutzverfahrens vgl. Engels Jura 2010, 421 f.; Degenhart Rdnr. 755; Ipsen Rdnr. 890; Sodan-Haratsch Art. 93 GG Rdnr. 13; BVerfG RÜ 2010, 524; Gersdorf Rdnr. 112 f.; H/G Rdnr. 393; Sachs/V Rdnr. 296; Heckmann S. 75 f.; M/M Rdnr. 567; P/K Rdnr. 451, S. 228 f.; S/K Rdnr. 97 b; Augsberg u.a. S. 50 ff., 164; Kloepfer Rdnr. 364; Gröpl Rdnr. 1684.

Bund-Länder-Streitigkeit **5. Abschnitt**

C. Tenor (nur bei Anlass prüfen)

In seiner Entscheidung trifft das BVerfG lediglich die Feststellung, dass die beanstandete **425** Maßnahme oder Unterlassung verfassungswidrig ist. Das BVerfG hebt die Maßnahme nicht auf oder erklärt ein Gesetz nicht für nichtig.[1326] Nach § 67 Abs. 1 S. 3 BVerfG kann das BVerfG jedoch zugleich eine entscheidungserhebliche Rechtsfrage verbindlich klären mit der Folge, dass die Normauslegung an der Bindungswirkung nach § 31 BVerfGG teilnimmt.[1327]

Gemäß § 35 BVerfGG ist auch eine Vollstreckungsregelung möglich.[1328]

Beispiel: Androhung der Ersatzvornahme durch BRats-Präsidenten (Art. 57 GG), wenn BPräs trotz anderslautender Feststellung durch das BVerfG an seiner Weigerung, ein rechtmäßiges Gesetz auszufertigen, festhält.

5. Abschnitt: Bund-Länder-Streitigkeit[1329]

Fallbearbeitungen bei M/M Fall 8; H/<u>G</u> Fall 4; Degenhart/K I Fall 9; K II Fälle 7, 8; Heckmann Fall 2; Robbers Fall 6; Kahl/Essig Jura 2007, 631; Hermann/Hofmann JuS 2012, 543; Augsberg u.a. Fall 3; **Hinweise** auf Fallbearbeitungen Sachs/V Rdnr. 313.

A. Zulässigkeit gemäß Art. 93 Abs. 1 Nr. 3 GG, §§ 13 Nr. 7, 68 ff. BVerfGG

- ■ **Zuständigkeit des BVerfG**, Art. 93 Abs. 1 Nr. 3 GG, § 13 Nr. 7 BVerfGG

- ■ **Partei-/Beteiligtenfähigkeit von Antragsteller und Antragsgegner**, § 68 BVerfGG

- ■ **Antragsbefugnis**, §§ 69, 64 Abs. 1 BVerfGG

- ■ **Antragsfrist**, grds. §§ 69, 64 Abs. 3 BVerfGG

- ■ Nur bei Anlass zu prüfen:

  - ■ Vorverfahren, Art. 84 Abs. 4 S. 1 GG

  - ■ ordnungsgemäßer Antrag; §§ 23; 69, 64 Abs. 2 BVerfGG

  - ■ Rechtsschutzbedürfnis

I. Zuständigkeit

Nach Art. 93 Abs. 1 Nr. 3 GG, § 13 Nr. 7 BVerfGG entscheidet das BVerfG bei Meinungs- **426** verschiedenheiten über verfassungsrechtliche Rechte und Pflichten des Bundes und der Länder, insbesondere bei der Ausführung von Bundesrecht durch die Länder und bei der Ausübung der Bundesaufsicht.

1326 Degenhart Rdnr. 755.
1327 Ehlers a.a.O.; Z. S. 144 FN 997 f.; kritisch Sachs/V Rdnr. 297.
1328 H/G Rdnr. 26 ff.; Schlaich/Korioth Rdnr. 473 f.
1329 Vgl. auch Degenhart/K I Rdnr. 35 ff.; M/M Rdnr. 581 ff.; Ipsen Rdnr. 896 ff.; Degenhart Rdnr. 757 ff., 817 ff.; Schoch/Ehlers § 18; Gröpl Rdnr. 1766 ff.; Ipsen Rdnr. 882 ff.; H/G § 5; Müller/Mayer/Wagner VerwArch 2003, 295; Sachs/V Rdnr. 299 ff.

249

Beispiele: Antrag der Bundesregierung, dass ein Land durch ein bestimmtes Handeln oder Unterlassen gegen den Grundsatz des bundesfreundlichen Verhaltens verstoßen hat; Streitigkeiten im Rahmen der Bundesaufsicht (Art. 84 Abs. 4 S. 2 GG); Anfechtung einer Weisung nach Art. 85 Abs. 3 GG[1330]

Art. 93 Abs. 1 Nr. 3 GG erfasst nur die **verfassungsrechtlichen** Bund-Länder-Streitigkeiten. Art. 93 Abs. 1 Nr. 4, 1. Alt. GG eröffnet demgegenüber den Bund-Länder-Streit auch für andere öffentlich-rechtliche Streitigkeiten, soweit hierfür nicht ein anderer Rechtsweg gegeben ist.[1331] Die Zuweisung hat heute kaum noch praktische Bedeutung, nachdem für derartige Streitigkeiten grds. das BVerwG zuständig ist (§ 50 Abs. 1 Nr. 1 VwGO).[1332] Hält das BVerwG eine Streitigkeit für verfassungsrechtlich, so legt es die Sache dem BVerfG zur Entscheidung vor (§ 50 Abs. 3 VwGO).[1333]

In der 2. Alt. regelt Art. 93 Abs. 1 Nr. 4 GG außerdem den sog. **Zwischenländerstreit** und in der 3. Alt. die **Streitigkeiten innerhalb eines Landes.**[1334]

II. Beteiligtenfähigkeit als Antragsteller und Antragsgegner

427 **Beteiligtenfähig** sind nach § 68 BVerfGG für den Bund die Bundesregierung, für ein Land die Landesregierung.[1335]

III. Antragsbefugnis

428 Für die **Antragsbefugnis** gilt nach § 69 BVerfGG dasselbe wie im Organstreitverfahren (§ 64 Abs. 1 BVerfGG). Der Antragsteller muss geltend machen, durch eine Maßnahme oder Unterlassung des Antragsgegners in seinen ihm durch das GG übertragenen Rechten und Pflichten verletzt oder unmittelbar gefährdet zu sein.

Es muss sich dabei stets um eigene Rechte oder Pflichten des Antragstellers handeln, eine Prozessstandschaft (z.B. ein Land für ein anderes Land) gibt es im Bund-Länder-Streit nicht.[1336]

Beispiele: Überschreitung des Weisungsrechts im Rahmen des Art. 85 Abs. 3 GG (nicht: inhaltlich rechtswidrige Weisung); rechtswidrige Bestätigung oder Verwerfung der staatsrechtlichen Mängelrüge durch den BRat gemäß Art. 84 Abs. 4 S. 1 GG; Verletzung des Gebots bundesfreundlichen Verhaltens; Verstoß gegen die grundgesetzliche Kompetenzordnung (nicht einfach-gesetzliche Kompetenzen)[1337]

Klausurhinweis: *Teilweise wird die vom Antragsteller gerügte Maßnahme auch in einem eigenen Prüfungspunkt* ***„Verfahrens- bzw. Streitgegenstand"*** *geprüft.*[1338]

1330 Vgl. Kunig Jura 1995, 262 ff. und oben Fall 14, Rdnr. 366 ff.

1331 Sachs/V Rdnr. 314 ff.; Robbers § 11.

1332 Vgl. aber BVerfG DVBl. 1996, 1365 für (verfassungsrechtliche) Streitigkeiten zwischen dem Bund und den Ländern aus dem Einigungsvertrag.

1333 Vgl. BVerwG DVBl. 1997, 560; und Folgeentscheidung BVerfG DVBl. 2000, 1282; Schlaich/Korioth Rdnr. 110; Kopp/Schenke, VwGO § 50 Rdnr. 10.

1334 Vgl. dazu BVerfG NVwZ 2004, 850; Maurer § 20 Rdnr. 61 ff.; Robbers §§ 12, 13; Schlaich/Korioth Rdnr. 105 ff.; Sachs/V Rdnr. 324 ff., 335 ff.; Fallbearbeitung bei Bethge/von Coelln JuS 2002, 364 (2. Alt.); Robbers Fall 7 (3. Alt.); zusammenfassend zu allen föderalen Streitigkeiten Kunig Jura 1995, 262 ff.; zum verwaltungsrechtlichen Bund-Länder-Streit vgl. Schultzky VerArch 2009, 552.

1335 BVerfG NVwZ 2011, 1512.

1336 Robbers JuS 1994, 670, 671.

1337 BVerfG NJW 1998, 219, 220.

1338 Vgl. z.B. H/G Rdnr. 431 ff.

IV. Antragsfrist

Für den Antrag im Bund-Länder-Streit gilt grds. eine **Frist** von sechs Monaten, nachdem die beanstandete Maßnahme oder Unterlassung dem Antragsteller bekannt geworden ist (§§ 69, 64 Abs. 3 BVerfGG).[1339]

429

Eine **Ausnahme** gilt für Beschlüsse des Bundesrates gemäß Art. 84 Abs. 4 S. 1, 2. Halbs. GG. In diesem Fall muss der Antragsteller die Monatsfrist aus § 70 BVerfGG beachten.

V. Nur bei Anlass sind folgende Punkte zu prüfen:

■ Gegen eine staatsrechtliche Mängelrüge des Bundes gem. Art. 84 Abs. 4 S. 1, 1. Halbs. GG kann das betroffene Land nicht unmittelbar das BVerfG anrufen. Es muss zunächst **erfolglos** ein **„Vorverfahren"** beim BRat gemäß Art. 84 Abs. 4 S. 1, 2. Halbs. GG durchgeführt haben; vgl. auch Art. 84 Abs. 4 S. 2 GG.

430

■ Sofern der Antragsinhalt des Antragstellers mitgeteilt wird, sind die **Formanforderungen** gemäß §§ 23, 69, 64 Abs. 2 BVerfGG zu prüfen.

■ Rechtsschutzbedürfnis[1340]

B. Begründetheit

Der Antrag ist begründet, wenn die Maßnahme oder Unterlassung des Antraggegners gegen das GG verstößt (vgl. §§ 69, 67 S. 1 BVerfGG).[1341]

431

1339 Zur Fristberechnung bei vorgängigen Verfahren gemäß § 50 Abs. 1 Nr. 1, Abs. 3 VwGO vgl. BVerfG, Beschl. v. 07.10.2003 – 2 BvG 1/02, Anm. Ehlers, JK 5/04, BVerfGG § 64 Abs. 3/4.

1340 Vgl. dazu i.E. H/G Rdnr. 469 ff.

1341 Zum Entscheidungsinhalt und zum Prüfungsprogramm vgl. i.E. H/G Rdnr. 476 ff.

13. Teil Die Rechtsprechung

6. Abschnitt: Abstrakte Normenkontrolle

Fallbearbeitung bei B/S/W Fall N; Robbers Fall 4; Schoch Fall 5; H/G Fall 5; Heckmann Fall 2; Degenhart/ K I Fall 4; Degenhart/K II Fälle 6, 9; M/M Fall 7; Wernsmann/Bruns Jura 2011, 384; Huber JuS 2012, 140.

Hinweise auf Fallbearbeitungen bei Sachs/V Rdnr. 167.

A. Normprüfungs- bzw. Normverwerfungsverfahren[1342]

I. Zulässigkeit gemäß Art. 93 Abs. 1 Nr. 2 GG; §§ 13 Nr. 6, 76 Abs. 1 Nr. 1, 77 ff. BVerfGG

- ■ **Zuständigkeit des BVerfG** (Art. 93 Abs. 1 Nr. 2 GG, § 13 Nr. 6 BVerfGG)

- ■ **Beteiligtenfähigkeit als Antragsteller** (§ 76 Abs. 1 BVerfGG)

- ■ **Richtiger Antragsgegenstand** (§ 76 Abs. 1 BVerfGG)

- ■ **Antragsbefugnis** (§ 76 Abs. 1 S. 1 BVerfGG)

- ■ Nur **bei Anlass** zu prüfen

  - ▪ formgültiger Antrag (§ 23 BVerfGG)

  - ▪ Klarstellungsinteresse bzw. Rechtsschutzbedürfnis

---

1. Zuständigkeit[1343]

432 Nach Art. 93 Abs. 1 Nr. 2 GG, § 13 Nr. 6 BVerfGG entscheidet das BVerfG bei Meinungs-verschiedenheiten oder Zweifeln über die Vereinbarkeit von Bundesrecht oder Landes-recht mit höherrangigem Bundesrecht.

Beispiele: Die Bundesregierung erstrebt die Feststellung, dass ein Landesgesetz gegen das Grundge-setz oder sonstiges Bundesrecht verstößt. Eine Landesregierung hält ein Bundesgesetz aus formellen (Gesetzgebungskompetenz, Gesetzgebungsverfahren) oder materiellen Gründen (Grundrechte, Art. 20 GG etc.) für verfassungswidrig. Die Landesregierung X hält ein Gesetz des Landes Y für grundgesetzwid-rig.[1344]

2. Beteiligtenfähigkeit als Antragsteller

433 **Antragsberechtigt** sind nach § 76 Abs. 1 BVerfGG als Antragsteller die Bundesregie-rung, eine Landesregierung oder ein Viertel der Mitglieder des Bundestags.

Die abstrakte Normenkontrolle kennt **keinen Antragsgegner**; vgl. aber § 77 BVerfGG.

3. Richtiger Antragsgegenstand

434 Zulässiger **Antrags-/Verfahrens-/Prüfungsgegenstand** ist gemäß § 76 Abs. 1 BVerfGG Bundes- oder Landesrecht.

1342 Degenhart Rdnr. 764 ff., 823 ff.; Ipsen Rdnr. 904 ff.; M/M Rdnr. 568 ff.; Muckl Jura 2005, 463; Degenhart/K I Rdnr. 49 ff.; H/G Rdnr. 491 ff.; Sachs/V Rdnr. 110 ff.; Schoch/Ehlers § 15; P/K Rdnr. 453; Mo/Mi Rdnr. 1032 ff.; Gröpl Rdnr. 1692 ff.; Kloepfer Rdnr. 369 ff.

1343 Zum Streit um diese Zulässigkeitsvoraussetzung vgl. oben beim Organstreit Rdnr. 417.

1344 Vgl. BVerfGE 83, 37, 49.

Abstrakte Normenkontrolle — 6. Abschnitt

„**Recht**" ist weit auszulegen: das GG selbst, sofern **nach** dem 23.05.1949 erlassen,[1345] formelle (Bundes- oder Landes-)Gesetze, Rechtsverordnungen, Satzungen, auch vorkonstitutionelles Recht. Die Norm muss mit Geltungsanspruch auftreten, d.h., i.d.R. muss die Verkündung bereits erfolgt sein.[1346] Etwas anderes gilt bei Vertragsgesetzen zu völkerrechtlichen Verträgen (z.B. EMRK) oder zu primärem Unionsrecht (z.B. Lissabonvertrag). Damit die Ratifikation verhindert werden kann, ist das Verfahren bereits mit Abschluss des Gesetzgebungsverfahrens zulässig.

Sekundäres Unionsrecht (z.B. EU-VO, EU-RiLi) ist nach h.L. kein zulässiger Prüfungsgegenstand;[1347] nach BVerfG gilt möglicherweise etwas anderes bei evidenten Kompetenzüberschreitungen („ausbrechenden Rechtsakten") der EU-Organe[1348] oder bei verfassungsändernden Integrationsakten i.S.v. Art. 23 Abs. 1 S. 3 GG, welche die Grenzen von Art. 79 Abs. 3 GG überschreiben.[1349]

4. Antragsbefugnis

Für die **Antragsbefugnis** bzw. den **Antragsgrund** verlangt Art. 93 Abs. 1 Nr. 2 GG „Meinungsverschiedenheiten" oder „Zweifel" über die Vereinbarkeit der betroffenen Rechtsnorm mit dem höherrangigen Recht. § 76 Abs. 1 BVerfGG engt dies dahin weiter ein, dass der Antragsteller das Recht für nichtig hält.

435

Weil § 76 BVerfGG den Wortlaut von Art. 93 Abs. 1 Nr. 2 GG erheblich einschränkt, wird die Vorschrift entweder für teilnichtig gehalten[1350] oder jedenfalls verfassungskonform erweitert.[1351] Das BVerfG teilt diese Bedenken nicht. § 76 BVerfGG konkretisiere Art. 93 Abs. 1 Nr. 2 GG in verfassungsgemäßer Weise.[1352] Damit erkennt das BVerfG dem Gesetzgeber aufgrund von Art. 94 Abs. 2 S. 1 GG die Befugnis zu, die Zulässigkeitsvoraussetzungen auch abweichend vom unmittelbaren Normgehalt des GG einengend festzulegen.[1353]

5. Nur bei Anlass zu prüfen sind

a) formgültiger **Antrag** gemäß § 23 BVerfGG;

436

b) Klarstellungsinteresse bzw. **Rechtsschutzbedürfnis**. Es fehlt z.B., wenn

- eine abstrakte Normenkontrolle nach § 47 Abs. 1 VwGO möglich ist;[1354]

- eine abstrakte Normenkontrolle nach Landesverfassungsrecht möglich ist;[1355]

1345 Gröpl Rdnr. 1700.

1346 BVerfGE 1, 396, 400: keine vorbeugende Normenkontrolle; Sachs Rdnr. 127 ff.

1347 Degenhart Rdnr. 766.

1348 Sog. Ultra-Vires-Vorbehalt; vgl. i.E. Ehlers Jura 2011, 187, 188 f.; BVerfGE 89, 155, 171 f. – Maastricht; NJW 2000, 2015 f. – Alcan; ähnlich Robbers S. 51; Degenhart Rdnr. 769; ablehnend Nicolaysen/Nowak NJW 2001, 1233, 1236 ff.

1349 Sog. Verfassungsidentitäts-Vorbehalt; vgl. i.E. Ehlers a.a.O.

1350 Jarass/Pieroth Art. 93 Rdnr. 21.

1351 Schoch S. 251; Robbers S. 51 f.; Hendler Rdnr. 404; krit. Degenhart Rdnr. 767.

1352 BVerfG NJW 1998, 589.

1353 Ipsen Rdnr. 918; Sachs JuS 1998, 755, 756; Maurer § 20 Rdnr. 81; a.A. Winkler NVwZ 1999, 1291 f.: Umkehrschluss aus Art. 94 Abs. 2 S. 2 GG, der anders als Art. 94 Abs. 2 S. 1 GG einen Einschränkungsvorbehalt regele.

1354 Maurer § 20 Rdnr. 82.

1355 BVerfGE 96, 133; Maurer a.a.O.; a.A. Degenhart Rdnr. 768.

- die Norm zwischenzeitlich außer Kraft getreten ist und keine Rechtswirkungen mehr entfaltet (z.B. dadurch, dass der materielle Normgehalt Eingang in ein neues Gesetz fand);[1356]

- bereits eine Parallelentscheidung des BVerfG vorliegt.[1357] Etwas anderes gilt nur dann, wenn sich die Lebensverhältnisse oder die allgemeine Rechtsauffassung grundsätzlich geändert haben.[1358]

II. Begründetheit, Prüfungsmaßstab

437 Der Antrag ist **begründet**, wenn die Norm **mit höherrangigem Bundesrecht unvereinbar** ist; vgl. § 78 S. 1 BVerfGG.

1. Prüfungsmaßstab für **Landesrecht** ist das gesamte Bundesrecht, nicht das Landesverfassungsrecht.[1359]

2. Prüfungsmaßstab für **Bundesrecht** ist unzweifelhaft das GG (vgl. Art. 93 Abs. 1 Nr. 2 GG: „Vereinbarkeit von Bundesrecht ... mit diesem Grundgesetze").

Wegen des insoweit abweichenden Wortlauts von § 76 Abs. 1 Nr. 1 BVerfGG („Bundesrecht ... Unvereinbarkeit mit dem ... **sonstigen Bundesrecht**") ist fraglich und umstritten, ob bundesrechtliche Satzungen und RVOen auch auf ihre Vereinbarkeit mit höherrangigem einfachen Bundesrecht überprüft werden können.[1360]

„Das BVerfG prüft im Verfahren der abstrakten Normenkontrolle Rechtsverordnungen des Bundes auch darauf hin, ob sie sich im Rahmen der nach Art. 80 Abs. 1 GG erforderlichen gesetzlichen Ermächtigungsgrundlage halten ... Zur gesetzlichen Ermächtigungsgrundlage i.S.d. Regel gehören nicht nur die materiell-rechtlichen, sondern auch die verfahrensrechtlichen Vorgaben an die das ermächtigende Gesetz den ermächtigten Verordnungsgeber bindet, soweit ihre Beachtung für die Gültigkeit der angegriffenen Verordnungsbestimmungen von Bedeutung sein kann *(im vorliegenden Fall § 16 b Abs. 1 S. 2 TierschutzG)*. .... Auf einfach-rechtliche Normen *(im vorliegenden Fall § 16 b Abs. 1 S. 2 TierschutzG)* erstreckt sich die Prüfung auch dann, wenn bestimmte Staatsstrukturprinzipien oder Staatsziele *(im vorliegenden Fall Art. 20 a GG, Tierschutz)* der Beachtung dieser einfach-rechtlichen Norm verfassungsrechtliche Bedeutung verleihen."[1361]

3. Bundesgesetze, die EU-Richtlinien oder Kommissionsbeschlüsse umsetzen, dürfen nur dann am GG gemessen werden, wenn die betreffende Richtlinie dem Gesetzgeber einen Spielraum für die Umsetzung belässt.

Sofern das nicht der Fall ist, kann ein Verstoß gegen das GG nicht vorliegen, der Antrag ist unbegründet.[1362]

1356 BVerfGE 97, 198, 213 f.

1357 Degenhart Rdnr. 770.

1358 Degenhart Rdnr. 770; BVerfG RÜ 2011, 383, 384 (Sicherungsverwahrung).

1359 Gröpl Rdnr. 1713.

1360 Bejahend P/K Rdnr. 453, S. 232 f.; S/K Rdnr. 131; Gröpl Rdnr. 1712; Degenhart Rdnr. 769; ablehnend Maurer § 20 Rdnr. 80; Hendler Rdnr. 408; vermittelnd BVerfG NVwZ 2011, 289 Anm. Druner DVBl. 2011, 97; Hillgruber JA 2011, 318; Sachs JuS 2011, 572.; Jarass/Pieroth Art. 93 Rdnr. 23; krit zur. sog. „Vorfragen – Konstruktion"– Müller/Terpitz DVBl. 2000, 235.

1361 BVerfG NVwZ 2011, 289, 290.

1362 Degenhart Rdnr. 769.

III. Tenor (nur bei Anlass prüfen!)[1363]

1. Grundsätzlich erklärt das BVerfG die Norm bei begründetem Antrag für nichtig gemäß § 78 S. 1 BVerfGG.[1364]

438

2. Es kann sich aber auch darauf beschränken, lediglich die **Unvereinbarkeit** der Norm mit dem GG festzustellen (arg. e §§ 31 Abs. 2 S. 3, 79 Abs. 1 BVerfGG) mit der Folge, dass die Norm grds. nicht mehr angewendet werden darf und die **Neuregelung** durch den Gesetzgeber abgewartet werden muss.[1365]

Letzteres gilt insbesondere, wenn dem Gesetzgeber (z.B. bei einem Verstoß gegen **Art. 3 Abs. 1 GG**) mehrere Möglichkeiten zur Verfügung stehen, den Verfassungsverstoß zu beseitigen **(Grundsatz der Gewaltenteilung)**.[1366]

Auch kann es sein, dass die Norm für eine **Übergangszeit** als gültig behandelt werden muss, weil die Nichtigkeit dem Verfassungserfordernis noch ferner läge als eine – zeitweise – Gültigkeit; sog. **„Chaos-fälle"** bzw. **drohendes Rechtsvakuum**.[1367]

IV. Wirkung der Entscheidung; §§ 79, 31 BVerfGG

1. Die Nichtig- oder Unvereinbarkeitserklärung wirkt ex tunc, aufgrund des Gesetzes ergangene Hoheitsakte bleiben grds. unberührt **(§ 79 Abs. 2 S. 1 BVerfGG)**, jedoch ist eine Vollstreckung unzulässig **(§ 79 Abs. 2 S. 2 BVerfGG)**.[1368] Bei Strafurteilen begründet die Nichtigerklärung einen Wiederaufnahmegrund **(§ 79 Abs. 1 BVerfGG)**.[1369]

439

2. § 31 Abs. 1 BVerfGG begründet die **Bindungswirkung** für alle Verfassungsorgane des Bundes und der Länder, sowie für alle Gerichte und Behörden.[1370]

3. Gemäß **§ 31 Abs. 2** BVerfGG haben alle Entscheidungen im Rahmen von begründeten Normenkontrollverfahren **Gesetzeskraft** und binden insofern alle Bürger und sonstige nichtstaatliche Organe (Relevanz: Art. 20 Abs. 3 GG).[1371]

4. Nur **eingeschränkte Bindungswirkung** besteht für die Bundes- und Landeslegislative. Wegen Art. 20 Abs. 3, 1. Halbs. GG gilt kein absolutes Normenwiederholungsverbot (so früher h.M.), sondern nur die Pflicht zur Beachtung des **Gebotes der Verfassungsorgantreue**, bzw. des **verfassungsrechtlichen Interorganrespektes** (Organtreue). Dieses ist beachtet, wenn sich die für die verfassungsrechtliche Beurteilung maßgeblichen tatsächlichen oder rechtlichen Verhältnisse oder die ihr zugrunde liegenden Anschauungen wesentlich geändert haben. Nur unter diesen Ausnahmevoraussetzungen darf der Bundes-/Landesgesetzgeber auch Vorschriften erlassen, die in früherer Zeit vom Bundesverfassungsgericht für verfassungswidrig angesehen worden sind.[1372]

1363 Vgl. auch Bethge Jura 2009, 18; Degenhart Rdnr. 794 ff.

1364 Zu den Folgen der Nichtigkeit und zur (quantitativen und qualitativen) Teilnichtigkeit vgl. i.E. Maurer § 20 Rdnr. 84 f.; Schlaich/Korioth Rdnr. 378 ff.; H/G Rdnr. 528 ff.

1365 Vgl. BVerfG DVBl. 1993, 33, 34; DVBl. 1990, 474; Schlaich/Korioth Rdnr. 394 ff.; H/G Rdnr. 538 ff.

1366 Vgl. z.B. BVerfG DVBl. 2010, 1098; Fallbearbeitung bei B/S/W Fall M.

1367 Vgl. z.B. BVerfG NVwZ 2011, 289, 294 m.w.N.; RÜ 2011, 383, 388 f.; Degenhart Rdnr. 796 ff.; Maurer § 20 Rdnr. 90 ff.

1368 Zum Anwendungsbereich von § 79 Abs. 2 S. 3 BVerfGG (analog), insbesondere bei sittenwidrigen Bürgschaftsverträgen vgl. BVerfG DStR 2006, 108, Anm. Sachs JuS 2006, 454; Brehm JZ 2006, 975.

1369 Vgl. Maurer § 20 Rdnr. 86 ff.; Robbers § 30.

1370 Vgl. i.E: Schlaich/Korioth Rdnr. 470 ff.; 482 ff.; H/G Rdnr. 552; Sachs/V Rdnr 561 ff.; zur Bindungswirkung gemäß § 95 Abs. 2 BVerfGG vgl. BVerfG NJW 2006, 3199; Anm. Sachs JuS 2007, 273.

1371 Vgl. i.E: Schlaich/Korioth Rdnr. 495 ff.; Robbers § 29.

1372 Vgl. BVerfG NJW 1988, 1195; VerfG HH DVBl. 2005, 439; Ziekow Jura 1995, 522; Jarass/Pieroth Art. 93 GG Rdnr. 50.

| 13. Teil | Die Rechtsprechung |

Beispiel: 1965 verbietet eine Norm generell die gewerbliche Arbeitnehmerüberlassung. Im Jahre 1967 erklärt das BVerfG diese Norm für unvereinbar mit Art. 12 Abs. 1 GG. 1986 wird aufgrund der erheblichen veränderten Umstände im Baugewerbe § 12 a AFG erlassen, der ausnahmslos die gewerbliche Arbeitnehmerüberlassung im Baugewerbe verbietet.

Aus den oben dargestellten Gründen verstößt die gesetzliche Regelung (heute § 1 b AÜG) nicht gegen § 31 Abs. 1 BVerfGG.[1373]

V. Vollstreckung, § 35 BVerfGG[1374]

440 Gemäß § 35 BVerfGG kann das BVerfG in seiner Entscheidung die Art und Weise ihrer Vollstreckung selbst regeln. Auf dieser Grundlage ist das BVerfG insbesondere in Normenkontrollverfahren oder bei Verfassungsbeschwerden befugt, Übergangsregelungen zu erlassen und hierdurch den Gesetzgeber weitestgehend zu präjudizieren.[1375]

Vgl. auch BVerfG: „Für die Korrektur der Vorschrift ist dem Gesetzgeber ein Zeitraum von fünf Jahren ab Verkündung zuzubilligen ... Sollte es innerhalb dieser Frist nicht zu einer Neuregelung kommen, können die Gerichte Streitigkeiten ... nach Maßgabe der dargelegten Gesichtspunkte entscheiden."[1376]

B. Normbestätigungsverfahren[1377]

I. Zulässigkeit gemäß Art. 93 Abs. 1 Nr. 2 GG; §§ 13 Nr. 6, 76 Abs. 1 Nr. 2, 77 ff. BVerfGG

1. Zuständigkeit des BVerfG

441 Das BVerfG ist zuständig gemäß Art. 93 Abs. 1 Nr. 2 GG, § 13 Nr. 6 BVerfGG, wenn es um die Vereinbarkeit von Bundes- oder Landesrecht mit höherrangigem Bundesrecht geht.

2. Beteiligtenfähigkeit als Antragsteller

442 **Antragsberechtigt** als Antragsteller sind Bundesregierung, Landesregierung oder ein Viertel der Mitglieder des Bundestages; § 76 Abs. 1 BVerfGG.

3. Richtiger Antragsgegenstand

443 **Antrags-/Verfahrens-/Prüfungsgegenstand:** Gemäß § 76 Abs. 1 BVerfGG ist grds. Prüfungsgegenstand das gesamte Bundes- und Landesrecht, allerdings beschränkt auf Rechtsverordnungen, Satzungen sowie vorkonstitutionelle Parlamentsgesetze.

Diese Einschränkung ergibt sich aus § 76 Abs. 1 Nr. 2 BVerfGG, wonach ein Normbestätigungsverfahren unter anderem voraussetzt, dass ein Gericht, eine Verwaltungsbehörde oder ein Organ des Bundes oder eines Landes das Recht als unvereinbar mit höherrangigem Bundesrecht **nicht angewandt** hat. Eine solche **Verwerfungskompetenz** besteht aber insbesondere für Gerichte nicht in Bezug auf nach-

---

1373 Vgl. BVerfG NJW 1988, 1195.

1374 Vgl. auch Bethge Jura 2009, 18, 21 ff.; Gaier JuS 2011, 961.

1375 Vgl. exemplarisch BVerfG NJW 1993, 1751 zur Neuregelung des § 218 StGB; kritisch zur Vollstreckungskompetenz des BVerfG Schlaich/Korioth Rdnr. 473 f.; Schneider NJW 1994, 2590; Lamprecht NJW 1994, 3272 im Hinblick auf das Gewaltenteilungsprinzip (BVerfG als „Ersatzgesetzgeber"); BVerwG DÖV 2005, 28, Anm. Ehlers, JK 8/05, BVerfGG § 35/1.

1376 BVerfG DVBl. 1998, 398, 399; zur sog. Appellentscheidung oder Verpflichtungserklärung des BVerfG vgl. auch Maurer § 20 Rdnr. 93 f.; H/G Rdnr. 544 ff.; Sachs/V Rdnr. 557 ff.; Robbers § 31; Bethge Jura 2009, 18, 23 f.

1377 Vgl. auch H/G Rdnr. 517 ff.; Roth NVwZ 1998, 563; Schlaich/Korioth Rdnr. 133.

Abstrakte Normenkontrolle **6. Abschnitt**

konstitutionelle Parlamentsgesetze, wegen des insoweit bestehenden Verwerfungsmonopols des BVerfG aus Art. 100 Abs. 1 GG.[1378]

4. Antragsbefugnis

Gemäß § 76 Abs. 1 Nr. 2 BVerfGG muss der Antragsteller das vorgelegte Bundes- oder Landesrecht für gültig halten, nachdem ein Gericht, eine Verwaltungsbehörde oder ein Organ des Bundes oder eines Landes das Recht als unvereinbar mit höherrangigem Bundesrecht nicht angewandt hat.   **444**

Auch hier ist, wie bei § 76 Abs. 1 Nr. 1 BVerfGG, umstritten, ob „Zweifel oder Meinungsverschiedenheiten" ausreichen (Art. 93 Abs. 1 Nr. 2 GG) oder ob der Antragsteller überzeugt sein muss (§ 76 Abs. 1 Nr. 2 BVerfGG: „für gültig hält").

In einer neueren Entscheidung wird außerdem gefordert, dass durch Nichtanwendung die Geltung der streitigen Norm „in einer Weise infrage gestellt wird, die ihre praktische Wirksamkeit beeinträchtigt".[1379]

5. Nur bei Anlass zu prüfen sind **Klarstellungsinteresse** bzw. Rechtsschutzbedürfnis und **formgerechter Antrag** gemäß § 23 BVerfGG; vgl. insofern oben beim Normprüfungsverfahren Rdnr. 436.

II. Begründetheit

Der Antrag ist begründet, wenn das vorgelegte Bundes- oder Landesrecht mit höherrangigem Bundesrecht vereinbar ist. Zur streitigen Frage des **Prüfungsmaßstabes** gilt das Gleiche wie beim Normprüfungsverfahren (s.o. Rdnr. 437).   **445**

III. Bindungswirkung, Gesetzeskraft

Die Entscheidung des BVerfG hat Bindungswirkung gemäß § 31 Abs. 1 BVerfGG und Gesetzeskraft gemäß § 31 Abs. 2 S. 1, 3 BVerfGG.   **446**

C. Kompetenzkontrollverfahren wegen Art. 72 Abs. 2 GG[1380]

I. Zulässigkeit gemäß Art. 93 Abs. 1 Nr. 2 a GG; §§ 13 Nr. 6 a, 76 Abs. 2, 1. Halbs.; 77 ff. BVerfGG

1. Zuständigkeit des BVerfG

Das BVerfG ist zuständig gemäß Art. 93 Abs. 1 Nr. 2 a GG, § 13 Nr. 6 a BVerfGG bei Meinungsverschiedenheiten darüber, ob ein (Bundes-)Gesetz den Voraussetzungen des Art. 72 Abs. 2 GG entspricht.   **447**

1378 Ipsen Rdnr. 919.

1379 BVerfG NVwZ 2003, 724; krit. Anm. Sachs JuS 2003, 1032; Schlaich/Korioth Rdnr. 133.

1380 Vgl. ergänzend Gröpl Rdnr. 1720 ff.; Robbers § 8; Sachs/V Rdnr. 119 ff., 126, 136, 141; H/G Rdnr. 553 ff.

257

2. Beteiligtenfähigkeit als Antragsteller

448 Gemäß § 76 Abs. 2 BVerfGG können Antragsteller nur der Bundesrat, die Bundesregierung oder die Volksvertretung eines Landes sein.

3. Richtiger Antragsgegenstand

449 Gemäß § 76 Abs. 2, 1. Halbs. BVerfGG ist nur ein Bundesgesetz vorlagefähig, das auf einen der in Art. 72 Abs. 2 GG aufgeführten Kompetenztitel der konkurrierenden Gesetzgebung gestützt worden ist (nur in diesem Fall kann Art. 72 Abs. 2 GG Prüfungsmaßstab sein!).

4. Antragsbefugnis bzw. Antragsgrund

450 Gemäß § 76 Abs. 2, 1. Halbs. BVerfGG muss der Antragsteller geltend machen, dass er das vorgelegte Bundesgesetz wegen Nichterfüllung der Voraussetzung des Art. 72 Abs. 2 GG (in der Fassung vom 15.11.1994) für nichtig hält.

Auch in diesem Fall ist umstritten, ob der Antragsteller überzeugt sein muss (§ 76 Abs. 2 BVerfGG) oder ob Meinungsverschiedenheiten oder Zweifel ausreichen (Art. 93 Abs. 1 Nr. 2 a GG); vgl. dazu oben Rdnr. 435.

5. Nur bei Anlass zu prüfen sind **Klarstellungsinteresse** bzw. Rechtsschutzbedürfnis und **formgerechter Antrag** gemäß § 23 BVerfGG; vgl. dazu oben Rdnr. 436.

II. Begründetheit

451 Der Antrag ist begründet, wenn das vorgelegte Bundesgesetz mit Art. 72 Abs. 2 GG unvereinbar ist; vgl. § 78 S. 1 BVerfGG.

III. Tenor, Vollstreckbarkeit, Bindungswirkung, Gesetzeskraft

452 Es gilt das Gleiche wie beim Normprüfungsverfahren (s.o. Rdnr. 438).

IV. Verhältnis zum Normprüfungsverfahren

453 Nach h.M. können die Antragsberechtigten gemäß § 76 Abs. 1 BVerfGG auch im Normprüfungsverfahren die Unvereinbarkeit mit Art. 72 Abs. 2 GG rügen, während nach **a.A.** nur das Verfahren gemäß Art. 93 Abs. 1 Nr. 2 a GG, § 76 Abs. 2, 1. Halbs. BVerfGG mit den dort Antragsberechtigten zur Verfügung steht.[1381]

1381 Zur h.M. vgl. Hendler Rdnr. 393; Degenhart Rdnr. 772; Sachs/Sturm Art. 93 Rdnr. 51; a.A. Winkler NVwZ 1999, 1291, 1293 m.w.N.

D. Kompetenzkontrollverfahren wegen Art. 72 Abs. 4 oder 125 a Abs. 2 S. 1 GG; Art. 93 Abs. 2 GG[1382]

I. Zulässigkeit gemäß Art. 93 Abs. 2 GG, §§ 13 Nr. 6 b, 97 BVerfGG

1. Zuständigkeit des BVerfG

Das BVerfG ist zuständig gemäß Art. 93 Abs. 2 GG, § 13 Nr. 6 b BVerfGG für Entscheidungen darüber, ob im Fall des Art. 72 Abs. 4 GG die Erforderlichkeit für eine bundesgesetzliche Regelung nach Art. 72 Abs. 2 GG nicht mehr besteht, oder Bundesrecht in den Fällen des Art. 125 a Abs. 2 S. 1 GG nicht mehr erlassen werden könnte.

454

2. Beteiligtenfähigkeit als Antragsteller

Gemäß Art. 93 Abs. 2 GG können beteiligtenfähig als Antragsteller nur sein: Der Bundesrat, eine Landesregierung oder die Volksvertretung eines Landes.

455

3. Antrags-/Verfahrens-/Prüfungsgegenstand

Gemäß Art. 93 Abs. 2 GG ist nur ein Bundesgesetz vorlagefähig, das auf einen Kompetenztitel der konkurrierenden Gesetzgebung gestützt werden kann (weil nur in diesem Fall Art. 72 Abs. 4 GG bzw. 125 a Abs. 2 S. 1 GG Prüfungsmaßstab sein kann!).

456

Bei **Art. 72 Abs. 4 GG** muss das vorgelegte Gesetz nach dem 15.11.1994, also bereits unter Geltung der Erforderlichkeitsklausel, erlassen worden sein; bei **Art. 125 a Abs. 2 S. 1 GG** muss das vorgelegte Gesetz vor dem 15.11.1994 erlassen worden sein, also noch unter Geltung der alten Bedürfnisklausel.

4. Antragsbefugnis bzw. Antragsgrund

Gemäß Art. 93 Abs. 2 GG müssen die Antragsteller geltend machen, dass im Fall des Art. 72 Abs. 4 GG die Erforderlichkeit für eine bundesgesetzliche Regelung nach Art. 72 Abs. 2 GG nicht mehr besteht oder Bundesrecht in den Fällen des Art. 125 a Abs. 2 S. 1 GG nicht mehr erlassen werden könnte.[1383]

457

5. Objektives Klarstellungsinteresse bzw. Rechtsschutzbedürfnis

Gemäß § 97 Abs. 1 BVerfGG (neu) muss sich aus der Begründung des Antrages das Vorliegen der in Art. 93 Abs. 2 S. 3 GG bezeichneten Voraussetzungen ergeben. Nach dieser Grundgesetzvorschrift ist der Antrag nach Art. 93 Abs. 2 S. 1 GG nur zulässig, wenn eine Gesetzesvorlage nach Art. 72 Abs. 4 GG oder nach Art. 125 a Abs. 2 S. 2 GG (**„Freigabegesetz"**) im Bundestag abgelehnt oder über sie nicht innerhalb eines Jahres beraten und Beschluss gefasst oder wenn eine entsprechende Gesetzesvorlage im Bundesrat abgelehnt worden ist.[1384]

458

1382 Vertiefend und ergänzend zur Kompetenzenkontrolle vgl. die Nachweise oben FN 1268 und H/G Rdnr. 553 ff.; Robbers § 8; Hendler Rdnr. 397, 399, 402, 405); Degenhart Rdnr. 772 a; Gröpl Rdnr. 1725 ff.: „Kompetenzfreigabeverfahren".
1383 Vgl. zur Herleitung der Antragsbefugnis aus Art. 93 Abs. 2 GG BR-Drucks. 179/06, S. 29.
1384 In BR-Drucks. a.a.O. als den Antragstellern obliegende Darlegungslast bezeichnet.

13. Teil	Die Rechtsprechung

II. Begründetheit

459 Der Antrag ist gemäß Art. 93 Abs. 2 S. 1 GG begründet, wenn im Fall des Art. 72 Abs. 4 GG die Erforderlichkeit für eine bundesgesetzliche Regelung nach Art. 72 Abs. 2 GG nicht mehr besteht oder Bundesrecht in den Fällen des Art. 125 a Abs. 2 S. 1 GG nicht mehr erlassen werden könnte.

III. Tenor, Vollstreckbarkeit

460 Gemäß Art. 93 Abs. 2 S. 2 GG, 1. Halbs. erfolgt vom BVerfG[1385] die **Feststellung**, dass die Erforderlichkeit entfallen ist oder Bundesrecht nicht mehr erlassen werden könnte.

Gemäß Art. 93 Abs. 2 S. 2, 2. Halbs. GG **ersetzt** diese Feststellung des Gerichtes ein **Bundesgesetz** nach Art. 72 Abs. 4 GG oder nach Art. 125 a Abs. 2 S. 2 GG.[1386]

7. Abschnitt: Konkrete Normenkontrolle oder Richtervorlage[1387]

Fallbearbeitungen bei Degenhart/K I Fall 13; H/G Fall 6; Schoch Fall 7; Robbers Fall 5; Heckmann Fall 1; Barczak JuS 2012, 156; Windthorst/Sattler JuS 2012, 826; BVerfG RÜ 2011, 799.

Hinweise auf **Fallbearbeitungen** Sachs/V Rdnr. 218; **Beispielsfälle** bei Wernsmann Jura 2005, 328; H/G Rdnr. 566, 642.

A. Zulässigkeit gemäß Art. 100 Abs. 1 GG; §§ 13 Nr. 11, 80 ff. BVerfGG

- ■ **Zuständigkeit des BVerfG** (Art. 100 Abs. 1 GG, § 13 Nr. 11 BVerfGG)

- ■ **Prüfungs-/Vorlagegegenstand** (Art. 100 Abs. 1 GG)

- ■ **Vorlageberechtigung** (§ 80 Abs. 1 BVerfGG)

- ■ **Vorlagevoraussetzungen/Vorlagegrund** (Art. 100 Abs. 1 GG)
  - ▪ Gericht ist überzeugt von der Verfassungswidrigkeit der vorgelegten Norm
  - ▪ Entscheidungserheblichkeit der Vorlagefrage

- ■ Nur bei Anlass zu prüfen:
  - ▪ Form (§ 23 BVerfGG)
  - ▪ ausreichende Begründung (§ 80 Abs. 2 BVerfGG)
  - ▪ kein Verfahrenshindernis

I. Zuständigkeit[1388]

461 Nach Art. 100 Abs. 1 GG, § 13 Nr. 11 BVerfGG entscheidet das BVerfG über die Verletzung von höherrangigem Bundesrecht durch Landes- und Bundesgesetze, wenn ein Gericht diese Frage dem BVerfG zur Entscheidung vorlegt.

1385 Zur Zuständigkeit der Senate vgl. § 14 BVerfGG und BR-Drucks. a.a.O.

1386 Problematisch ist die Vereinbarkeit mit dem Gewaltenteilungsgrundsatz; Nierhaus/Rademacher LKV 2006, 385, 392; krit. auch Papier NJW 2007, 2145, 2147; Klein/Schneider DVBl. 2006, 1549, 1556.

1387 Kloepfer Rdnr. 374 ff.; Gröpl Rdnr. 1733 ff.; P/K Rdnr. 454; H/G § 7; Sachs/V Rdnr. 168 ff.; Degenhart/K I Rdnr. 65 ff.; Ipsen Rdnr. 929 ff.; Degenhart Rdnr. 773 ff., 827 f.; M/M Rdnr. 576 ff.; Schoch/Ehlers § 16.

1388 Zum Streit über diese Zulässigkeitsvoraussetzungen vgl. oben beim Organstreit Rdnr. 417.

II. Richtiger Vorlagegegenstand

Prüfungs- oder Vorlagegegenstand sind gemäß Art. 100 Abs. 1 GG nur formelle nach-konstitutionelle Gesetze (nicht RechtsVOen, Satzungen oder vorkonstitutionelle Gesetze, wie z.B. Teile des BGB).

462

Begründung: Art. 100 GG soll insbesondere die Autorität des nachkonstitutionellen Bundes- oder Landesgesetzgebers vor einer Verwerfung seiner Gesetze durch die Gerichte schützen und deshalb ein **„Verwerfungsmonopol des BVerfG"** begründen.

Nachkonstitutionell sind alle Gesetze, die unter Geltung des GG erlassen wurden. Fortgeltendes Reichsrecht und DDR-Recht unterliegen dagegen grds. nicht der konkreten Normenkontrolle, es sei denn, der nachkonstitutionelle Gesetzgeber hat das Gesetz „in seinen Willen aufgenommen" (z.B. durch Neuverkündung, maßgebliche Änderungen, Verweisungen).[1389]

Bei Satzungen, RechtsVOen sowie vorkonstitutionellem (Reichs- oder DDR-)Recht hat daher das Fachgericht eine eigene Verwerfungskompetenz.[1390]

Sekundäres Gemeinschaftsrecht (wie z.B. EG-RiLi; EG-VO) ist grds. kein tauglicher Vorlagegegenstand. Etwas anderes soll nach Auffassung des BVerfG allenfalls dann gelten, wenn „die europäische Rechtsentwicklung einschließlich der Rechtsprechung des EuGH nach Ergehen der Solange III-Entscheidung[1391] unter den erforderlichen Grundrechtsstandard abgesunken sei".[1392]

III. Vorlageberechtigung

Vorlageberechtigt sind gemäß § 80 Abs. 1 BVerfGG alle Gerichte, unabhängig von der Instanz, also das Amtsgericht ebenso wie die Landesverfassungsgerichte.

463

„Gerichte" kann in einem Kollegialgericht (z.B. Kammer, Senat) auch der Einzelrichter sein, sofern er nach der jeweiligen Prozessordnung dazu berufen ist, die anstehende Entscheidung allein zu treffen.[1393]

IV. Vorlagevoraussetzungen bzw. Vorlagegrund; Art. 100 Abs. 1 GG

1. Das mit dem Verfahren befasste (Fach-)Gericht muss von der **Verfassungswidrigkeit** überzeugt sein.

464

Nicht ausreichend sind bloße Zweifel an der Verfassungsmäßigkeit.[1394] – Die Überzeugung von der Verfassungswidrigkeit setzt voraus, dass auch eine Lösung über **verfassungskonforme Auslegung** der Vorschrift **nicht möglich** ist.[1395]

1389 Vgl. BVerfG NJW 1998, 1699 u. 3557; zur rechtlichen Einordnung des BGB vgl. Leipold NJW 2003, 2657.
1390 BVerfG NVwZ 2006, 322; NJW 1998, 1699 – DDR-Gesetze.
1391 BVerfG NJW 1987, 577.
1392 BVerfG NJW 2000, 3124 – Bananenmarkt – unter Hinweis auf Art. 23 Abs. 1 S. 1 GG. „„... Europäische Union, die ... einen dem GG im Wesentlichen vergleichbaren Grundrechtsschutz gewährleistet"; Schlaich/Korioth Rdnr. 142 ff., 359 ff.; H/G Rdnr. 597 ff.; Wernsmann Jura 2005, 328, 332 f.
1393 BVerfG NJW 1981, 912; NJW 1999, 274.
1394 BVerfG NJW 1988, 1902.
1395 BVerfG NJW 1997, 2230; Schoch S. 309 f.; Schlaich/Korioth Rdnr. 145, 440 ff. FN 131; H/G Rdnr. 613; Voßkuhle AöR 2000, 177; Robbers S. 61.

13. Teil Die Rechtsprechung

Klausurhinweis: Eine verfassungskonforme Auslegung sollte nur bei Vorliegen einer entsprechenden Entscheidung des BVerfG vorgenommen werden.

Beispiel: § 15 Abs. 2 i.V.m. § 15 Abs. 1 VersG ist nicht anwendbar bei Spontanversammlung oder nur eingeschränkt anwendbar (nur Auflagen) bei ausschließlicher Gefährdung der öffentlichen Ordnung[1396]

2. Das Gesetz muss für den konkreten Fall **entscheidungserheblich** sein.

a) Bei Anwendung des Gesetzes muss sich daher ein **anderes Ergebnis** als bei Nichtanwendung ergeben.[1397] Bei einer verwaltungsgerichtlichen Klage reicht z.B. die objektive Verfassungswidrigkeit nicht aus, hinzu kommen muss die Verletzung des Klägers in subjektiven Rechten.[1398] Ein „anderes Ergebnis" liegt auch dann vor, wenn die Klage im Ausgangsverfahren entweder sachlich zu bescheiden oder aber das Ausgangsverfahren nach Feststellung der Verfassungswidrigkeit der Norm (z.B. wegen eines gleichheitswidrigen Begünstigungsausschlusses) durch das BVerfG erneut auszusetzen wäre, um eine Neuregelung durch den Gesetzgeber abzuwarten.[1399]

b) Darf nationales Recht wegen Verstoßes gegen vorrangiges EU-Recht nicht angewendet werden, ist es für das Verfahren ohnehin nicht entscheidungserheblich und kann daher keine Vorlage nach Art. 100 Abs. 1 GG rechtfertigen.[1400]

c) Auch eine innerstaatliche Rechtsvorschrift, die eine EU-Richtlinie oder einen Beschluss der EU-Kommission in deutsches Recht umsetzt, wird nicht an den Grundrechten des Grundgesetzes gemessen, wenn das **Unionsrecht** dem deutschen Gesetzgeber **keinen Umsetzungsspielraum** belässt, sondern zwingende Vorgaben macht. In diesem Fall ist die Vorlage eines unionsrechtumsetzenden Gesetzes an das BVerfG unzulässig, weil die Frage seiner Vereinbarkeit mit dem Grundgesetz nicht entscheidungserheblich ist.

Wenn unklar ist, ob und inwieweit das Unionsrecht den Mitgliedstaaten einen **Umsetzungsspielraum** belässt, sind auch Instanzgerichte vor einer Vorlage an das BVerfG zur Einleitung eines Vorabentscheidungsverfahrens zum EuGH gemäß Art. 267 Abs. 2 AEUV verpflichtet.[1401]

d) Im **vorläufigen Rechtsschutzverfahren** wird es i.d.R. an der Entscheidungserheblichkeit fehlen, da das Gericht – unabhängig von der Wirksamkeit der Norm – eine vorläufige Regelung treffen darf, wenn sonst die Durchsetzung des Anspruchs im Hauptsacheverfahren vereitelt würde.[1402] Außerdem ist die Verfassungswidrigkeit der streitentscheidenden Norm in vorläufigen Rechtsschutzverfahren nur eines von mehreren Kriterien für die Abwägung der beteiligten Interessen.[1403]

1396 BVerfGE 69, 315 – Brokdorf.

1397 BVerfG NJW 1998, 57; NVwZ 1995, 158.

1398 BVerfG NVwZ 1998, 606, 607 zu § 113 Abs. 1 S. 1 VwGO.

1399 BVerfGE 93, 386, 395; Schlaich/Korioth Rdnr. 141; Sachs/V Rdnr. 199 ff.

1400 Vgl. BVerfG NJW 1992, 964; OVG NRW NVwZ 1996, 495.

1401 BVerfG RÜ 2011, 799; Thiemann Jura 2012, 902.

1402 OVG Berlin DVBl. 1992, 919; OVG NRW NVwZ 1992, 1226, 1227; Bamberger NWVBl. 2000, 397; a.A.: H/G Rdnr. 606 f. FN 8.

1403 Zur Ausnahme von dem Erfordernis der „Entscheidungserheblichkeit" gemäß § 90 Abs. 2 S. 2 BVerfGG analog, insbesondere bei aufwendiger Beweisaufnahme; vgl. BVerfGE 47, 146, 151 ff., 157 ff.; Schlaich/Korioth Rdnr. 158.

V. Nur bei Anlass zu prüfen sind:

1. Formgerechter Antrag, § 23 BVerfGG

2. Ordnungsgemäße Begründung gemäß § 80 Abs. 2 BVerfGG

Die Begründung des vorlegenden Gerichts muss die **Entscheidungserheblichkeit** und die Überzeugung der **Verfassungswidrigkeit** im Einzelnen darlegen. Die Begründung muss aus sich heraus ohne Beiziehung der Akten des Ausgangsverfahrens verständlich sein.

> „Nach Art. 100 Abs. 1 GG i.V.m. § 80 Abs. 2 S. 1 BVerfGG muss das vorlegende Gericht ausführen, mit welcher übergeordneten Norm die zur Nachprüfung gestellte Bestimmung unvereinbar ist und inwieweit seine Entscheidung von der Gültigkeit dieser Bestimmung abhängt. Sodann muss es sich eingehend mit der einfach-rechtlichen Rechtslage auseinandersetzen und dabei, soweit Anlass dazu besteht, die in Rechtsprechung und Schrifttum vertretenen Auffassungen verarbeiten. ... Ferner muss das Gericht deutlich machen, mit welchen verfassungsrechtlichen Grundsätzen die zur Prüfung gestellte Regelung seiner Ansicht nach nicht vereinbar ist und aus welchen Gründen es zu dieser Auffassung gelangt ist; auch insoweit bedarf es eingehender, gegebenenfalls Rechtsprechung und Schrifttum beziehender Darlegungen. ... Schließlich muss sich aus dem Vorlagebeschluss die Überzeugung des Gerichts von der Verfassungswidrigkeit der zur Prüfung gestellten Norm ergeben, bloße Zweifel reichen insoweit nicht."[1404]

3. Ein **Verfahrenshindernis** ist möglich wegen **Zweitvorlage, Doppelvorlage oder Mehrfachvorlage**.[1405]

*Beachte: Unzulässige Richtervorlagen können unter den Voraussetzungen von § 81 a S. 1 BVerfGG auch durch die **Kammern** (§ 15 a BVerfGG) abgewiesen werden.*

B. Begründetheit

I. Der Antrag ist begründet, wenn die vorgelegte Norm mit höherrangigem Bundesrecht unvereinbar ist (vgl. §§ 82 Abs. 1, 78 S. 1 BVerfGG).

Auch hier kann das BVerfG die Norm entweder für nichtig erklären oder sich auf die Feststellung der Unvereinbarkeit mit dem GG beschränken (arg. e §§ 82 Abs. 1, 79 Abs. 1 und 31 Abs. 2 S. 3 BVerfGG). Die Entscheidung hat nach § 31 Abs. 1 BVerfGG Bindungswirkung, nach § 31 Abs. 2 S. 1 BVerfGG Gesetzeskraft (vgl. dazu ausführlich oben Rdnr. 439).

II. Prüfungsmaßstab ist für Bundesgesetze nur das Grundgesetz (Art. 100 Abs. 1 S. 1, 2. Halbs. GG), für Landesgesetze außerdem alle formellen Bundesgesetze und BundesR-VOen.[1406]

Das BVerfG prüft die vorgelegte Norm umfassend am gesamten höherrangigen Bundesrecht, ohne hierbei an die vom Gericht geltend gemachten Nichtigkeitsgründe gebunden zu sein.[1407] Aus diesem Grund (der auch für die abstrakte Normenkontrolle und die Verfassungsbeschwerde gilt) bezieht sich der Ausspruch in einer Entscheidung des

---

1404 BVerfG NJW 2002, 1707; NVwZ 2002, 1101; NVwZ 2010, 183 Anm. Muckel JA 2010, 475; NJW 2011, 441 Anm. Selmer JuS 2011, 381.
1405 Vgl. i.E. Schoch S. 311 ff.; Schlaich/Korioth Rdnr. 159; BVerfG NJW 2000, 3269.
1406 BVerfGE 65, 359, 373; Degenhart Rdnr. 780; Schlaich/Korioth Rdnr. 161 ff.; H/G Rdnr. 614 ff.
1407 Degenhart Rdnr. 780.

BVerfG, dass eine gesetzliche **Vorschrift mit dem GG vereinbar** sei, auf **alle** Bestimmungen der Verfassung, auch wenn sich die Gründe der Entscheidung nur zu einzelnen dieser Bestimmungen verhalten.[1408]

III. Sofern ein Gericht willkürlich seine Vorlagepflicht verletzt, verstößt es gegen Art. 101 Abs. 1 S. 2 GG.[1409]

C. Sonstige Richtervorlagen

467 ■ **Normenverifikationsverfahren** gemäß Art. 100 Abs. 2 GG; §§ 13 Nr. 12, 83 ff. BVerfGG;[1410]

■ **Divergenzvorlage** gemäß Art. 100 Abs. 3 GG; §§ 13 Nr. 13, 85 BVerfGG;[1411]

■ **Normenqualifikationsverfahren** gemäß Art. 126 GG, §§ 13 Nr. 14, 86 f. BVerfGG;[1412]

■ **Prüfung der Verfassungswidrigkeit eines Einsetzungsbeschlusses gemäß § 1 PUAG** auf Antrag des BGH; Art. 93 Abs. 3 GG; §§ 36 Abs. 2 PUAG; 13 Nr. 11 a, 82 a BVerfGG.[1413]

8. Abschnitt: Einstweilige Anordnungen, Art. 93 Abs. 3 GG, § 32 BVerfGG[1414]

A. Zulässigkeit und Begr ündetheit des Antrags

I. Zulässigkeit gemäß Art. 93 Abs. 3 GG i.V.m. § 32 BVerfGG

1. Zuständigkeit des BVerfG gemäß § 32 BVerfGG

468 Diese Voraussetzung ist erfüllt, wenn das BVerfG auch für das (geplante oder bereits anhängige) Hauptverfahren zuständig ist. In Betracht kommen grds. alle Verfahren gemäß Art. 93 GG i.V.m. § 13 BVerfGG.

2. Antragsberechtigung

469 Antragsberechtigt ist jeder, der auch im Hauptsacheverfahren beteiligtenfähig sein kann.

1408 BVerfG NJW 2000, 3296.

1409 Schlaich/Korioth Rdnr. 145 FN 130 m.w.N.

1410 Vgl. dazu i.E. Robbers § 19; Sachs/V Rdnr. 219 ff.; H/G § 8 (mit Fallbearbeitung); Schlaich/Korioth Rdnr. 165 ff.; H/G § 8; BVerfG NVwZ 2008, 878; Fallbearbeitung bei Paulus Fall 3.

1411 Vgl. dazu i.E. Schlaich/Korioth Rdnr. 180 ff.; BVerfGE 96, 345, 364 ff.; Sachs JuS 2002, 1122; Robbers § 20; Sachs/V Rdnr. 425 ff.; BVerfG NJW 2004, 141.

1412 Teilweise auch Sonderfall der abstrakten Normenkontrolle; vgl. i.E. Sachs/V Rdnr. 233 f.; Schlaich/Korioth Rdnr. 190; Robbers § 21.

1413 Vgl. dazu Schulte Jura 2003, 505; Wiefelspütz S. 279 FN 1298.

1414 BVerfG 2001, 2457, Anm. Schoch Jura 2001, 833; Schlaich/Korioth Rdnr. 462 ff.; H/G § 10; Sachs/V Rdnr. 542 ff.; Niesler Jura 2007, 362; M/M Rdnr. 587 FN 133 ff.; Degenhart Rdnr. 800 ff.; Schoch/Ehlers § 19; Bäcker JuS 2013, 119; H/G Rdnr. 799 ff.; Gröpl Rdnr. 1781 ff.

3. Antragsbefugnis

Eine Antragsbefugnis ist nur erforderlich, soweit das Hauptsacheverfahren eine solche voraussetzt.

4. Keine Vorwegnahme der Hauptsache[1415]

Der Antrag ist grds. unzulässig, wenn Antragsinhalt und Hauptsachebegehren (im Wesentlichen) deckungsgleich sind oder der Antrag sogar darüber hinausgeht. Etwas anderes gilt nur dann, wenn unter den gegebenen Umständen eine Entscheidung in der Hauptsache zu spät kommen würde und der Antragsteller in anderer Weise ausreichenden Rechtsschutz nicht mehr erlangen kann.

470

Beispiel: Verfassungsbeschwerde gegen Versammlungsverbot[1416]

5. Rechtsschutzbedürfnis[1417]

Das Rechtsschutzbedürfnis kann in folgenden Fällen fehlen:

471

a) Keine Dringlichkeit i.S.v. § 32 Abs. 1 BVerfGG;

b) Antragsteller kann noch rechtzeitig und zumutbar fachgerichtlichen Rechtsschutz beantragen (§ 90 Abs. 2 BVerfGG analog).[1418]

II. Begründetheit[1419]

Gemäß § 32 Abs. 1 BVerfGG ist der Antrag begründet, wenn die einstweilige Anordnung zur Abwehr schwerer Nachteile, zur Verhütung drohender Gewalt oder aus einem anderen wichtigen Grund zum gemeinen Wohl dringend geboten ist.

472

1. Grds. ist in diesem Zusammenhang eine Folgenabwägung vorzunehmen. Abzuwägen sind die Folgen, die eintreten würden, wenn eine einstweilige Anordnung nicht erginge, das Hauptsacheverfahren aber Erfolg hätte, gegenüber den Nachteilen, die entstünden, wenn die einstweilige Anordnung erlassen würde, sich das Hauptsacheverfahren aber als unbegründet erweisen würde (sog. **Doppelhypothese**).[1420]

2. Ohne Folgenabwägung können nur die folgenden Fallkonstellationen entschieden werden:

a) Das Hauptsacheverfahren ist unzulässig oder offensichtlich unbegründet; in diesem Fall ist der Antrag auf einstweilige Anordnung (ohne Weiteres) unbegründet.[1421]

b) Das Hauptsacheverfahren ist zulässig und offensichtlich begründet; in diesem Fall ist der Antrag auf einstweilige Anordnung (ohne Weiteres) begründet.

1415 Vgl. i.E. Niesler Jura 2007, 362, 363 f. m.w.N. in FN 32 ff.

1416 BVerfG, Beschl. v. 14.08.2006 – 1 BvQ 25/06; Niesler a.a.O. S. 365 m.w.N. in FN 68 ff.

1417 Vgl. i.E. Niesler a.a.O. S. 364 m.w.N. in FN 46 ff.

1418 BVerfG a.a.O.

1419 Zum Entscheidungsinhalt und zur Bindungswirkung vgl. Niesler a.a.O. S. 366 FN 75 ff.

1420 BVerfG NVwZ 2007, 324.

1421 BVerfG NVwZ 2007, 324.

13. Teil | Die Rechtsprechung

Besonders strenge Maßstäbe legt das BVerfG an, wenn es um das Inkrafttreten eines Gesetzes[1422] oder um Maßnahmen mit völkerrechtlichen oder außenpolitischen Auswirkungen geht.[1423]

B. Widerspruch, Außerkrafttreten

473 Unter den Voraussetzungen von § 32 Abs. 3 BVerfGG kann **Widerspruch** gegen die einstweilige Anordnung erhoben werden, der allerdings keine aufschiebende Wirkung hat (§ 32 Abs. 4 BVerfGG).

Die einstweilige Anordnung **tritt nach sechs Monaten außer Kraft**, sofern sie nicht mit einer Mehrheit von zwei Dritteln der Stimmen wiederholt wird (§ 32 Abs. 6 BVerfGG).

1422 BVerfG NVwZ 2008, 543, Anm. Sachs JuS 2008, 737.
1423 BVerfG NJW 2003, 2379 f. zum Auslandseinsatz der Bundeswehr.

Finanzverfassung (ausgewählte Teilbereiche)	**14. Teil**

14. Teil: Finanzverfassung (ausgewählte Teilbereiche)[1424]

1. Abschnitt: Gesetzgebungskompetenzen[1425]

A. Zölle, Finanzmonopole

Für Zölle und Finanzmonopole hat der Bund gemäß Art. 105 Abs. 1 GG die ausschließliche Gesetzgebungskompetenz.

I. Unter einem **Finanzmonopol** versteht man das ausschließliche Recht des Staates, eine bestimmte Ware oder Leistung auf dem Markt anzubieten, um Einnahmen für den öffentlichen Haushalt zu erzielen.[1426] Nach Wegfall des Zündwarenmonopols im Jahre 1983 besteht zurzeit nur noch das Branntweinmonopol.[1427]   **474**

II. Zölle sind Abgaben, die nach Maßgabe des Zolltarifs von der Warenbewegung über die Zollgrenze erhoben werden. Diese Kompetenz hat allerdings praktisch keine Bedeutung mehr, da die EU eine Zollunion bildet und die Zölle an der EU-Außengrenze durch die EU festgelegt werden.[1428]   **475**

B. Steuern – Gebühren – Beiträge – Sonderabgaben

Fallbearbeitung bei Bruch Jura 2011, 698 (Ex.-Klausur zur Bankenabgabe); BVerwG RÜ 2011, 593 (Filmförderabgabe); (ohne Autor) BayVBl. 2013, 483, 511.

Fall 17: Zwangsanleihe

Der Bundestag beschließt ein Haushaltsbegleitgesetz, nach dessen § 1 zur Anregung der Baukonjunktur und zur Förderung des Wohnungsbaus einkommensteuerpflichtige Personen von einem bestimmten Einkommen an eine Zusatzabgabe von 10% der Einkommensteuer leisten sollen. Die Geltung dieses Investitionshilfegesetzes wird auf zwei Jahre begrenzt. Die Abgabe soll in den Jahren 2012–2017 unverzinst zurückgezahlt werden. Ist dieses Gesetz verfassungsgemäß?

Ein Bundesgesetz ist verfassungsgemäß, wenn es den formellen und materiellen Anforderungen des Grundgesetzes entspricht. Hier ist die **Gesetzgebungszuständigkeit** des Bundes fraglich.   **476**

A. Für das **Steuerrecht** enthält Art. 105 GG eine gegenüber den Art. 70–75 GG **spezielle Kompetenzverteilung**.[1429] Damit Art. 105, insbesondere Abs. 2 GG, anwendbar ist, müsste es sich bei der hier vorliegenden „Zwangsanleihe" um eine Steuer handeln.

1424 Soweit ersichtlich, ist die Finanzverfassung in allen Bundesländern nicht examensrelevant mit Ausnahme der im Folgenden dargestellten Teilbereiche.
Kurzüberblick zur Finanzverfassung bei Degenhart Rdnr. 529 ff.; Gröpl § 11; Schwarz/Reimer JuS 2007, 119; M/M Rdnr. 603 ff., 635 ff.; Mo/Mi Rdnr. 535 ff.; P/K § 12; Kloepfer Rdnr. 187 ff.; Schmidt Nr. 733 ff.
1425 Vgl. auch Degenhart Rdnr. 542 ff.; M/M Rdnr. 610 ff.; Gröpl Rdnr. 745 ff.; P/K Rdnr. 464 ff.
1426 Vgl. Badura Rdnr. I 50.
1427 M/M Rdnr. 619.
1428 Vgl. Maurer § 21 Rdnr. 23.
1429 Vgl. i.E. Schwarz/Reimer JuS 2007, 119, 123 f.

267

14. Teil — Finanzverfassung (ausgewählte Teilbereiche)

I. Das Grundgesetz selbst bestimmt den Begriff der **Steuer** nicht, sondern knüpft an die Definition in § 3 Abs. 1 AO an: „Steuern sind Geldleistungen, die nicht eine Gegenleistung für eine besondere Leistung darstellen und von einem öffentlich-rechtlichen Gemeinwesen zur Erzielung von Einnahmen allen auferlegt werden, bei denen der Tatbestand zutrifft, an den das Gesetz die Leistungspflicht anknüpft; die Erzielung von Einnahmen kann Nebenzweck sein."[1430]

II. **Zum Fall:** Zwar handelt es sich bei einer rückzahlbaren Abgabe um eine **Geldleistung** und nicht nur um die befristete Einräumung der Nutzungsmöglichkeit an bestimmten Geldbeträgen. Sie dient aber nicht der Erzielung von Einkünften. Die vom Staat ersparten Zinsaufwendungen stellen keine Einkünfte, sondern nicht getätigte Ausgaben dar. Da die Art. 105 ff. GG auf der Annahme basieren, dass die erzielten Einnahmen dem Staat **endgültig** verbleiben, liegt keine Steuer vor. Aus Art. 105 Abs. 2 GG ergibt sich daher keine Zuständigkeit des Bundes.[1431]

(Nicht rückzahlbare) **Ergänzungsabgaben** auf Einkommen- und Körperschaftsteuern sieht Art. 106 Abs. 1 Nr. 6 GG dagegen ausdrücklich vor (z.B. der **„Solidaritätszuschlag"**[1432]). Sie sind nur zulässig zur Deckung eines anderweitig nicht auszugleichenden Fehlbedarfs des Bundeshaushalts, wenn damit konjunkturpolitische Zwecke verfolgt werden.[1433]

B. Sind die speziellen Vorschriften der Finanzverfassung nicht einschlägig, könnte auf die **allgemeinen Vorschriften** der Art. 70 ff. GG zurückgegriffen werden. Fraglich ist jedoch, ob diese überhaupt anwendbar sind. Art. 105 GG ist für Steuern lex specialis, schließt aber nicht aus, dass andere Abgaben unter Inanspruchnahme der allgemeinen Gesetzgebungskompetenzen geregelt werden.[1434]

477

I. Für **Gebühren und Beiträge** als Abgaben für eine Gegenleistung (sog. **Vorzugslasten**) enthält das GG für den **Bund** keine eigenständige Regelung, sondern sie sind Bestandteil der jeweiligen Sachmaterie.[1435]

Wichtige Ausnahmen: Straßenbenutzungsgebühren gemäß Art. 74 Abs. 1 Nr. 22 GG

1. **Gebühr** ist eine ör Geldleistung, die aus Anlass einer **individuell zurechenbaren** öffentlichen Leistung den Gebührenschuldnern gesetzlich auferlegt wird; vgl. auch die Legaldefinitionen in den Kommunalabgabengesetzen der Länder, z.B. § 4 Abs. 2 KAG NRW.

2. **Beiträge** sind ör Geldleistungen, die dem Ersatz des Aufwands für öffentliche Einrichtungen und Anlagen dienen. Sie werden auf gesetzlicher Grundlage von den Beitragspflichtigen als Gegenleistung dafür erhoben, dass ihnen durch die **Möglichkeit der Inanspruchnahme** der Einrichtungen und Anla-

---

1430 Vgl. BVerfGE 36, 66, 70; 55, 274, 298; BVerwG NVwZ 1994, 1102, 1103; Maurer § 21 Rdnr. 15 ff.; Bartone Jura 1997, 322, 325 m.w.N.

1431 Vgl. BVerfGE 67, 256, 287.

1432 BVerfG NJW 2000, 797; NJW 2011, 441 Anm. Selmer JuS 2011, 381; BFH DStR 2006, 1362; Anm. Rohde/Geschwandtner NJW 2006, 3332.

1433 Vgl. BVerfGE 32, 333, 338 (nur „verhältnismäßig geringer Prozentsatz").

1434 BVerfG NVwZ 2003, 715 f. – Rückmeldegebühren BW.

1435 BVerwG NJW 2004, 3198; NVwZ 1994, 1102, 1103: Annexkompetenz.

| | Gesetzgebungskompetenzen | **1. Abschnitt** |

gen wirtschaftliche Vorteile geboten werden; vgl. auch die Legaldefinitionen in den Kommunalabgabengesetzen der Länder, z.B. § 8 Abs. 2 KAG NRW.[1436]

3. Der Bund ist daher zur Schaffung von entsprechenden Abgabentatbeständen zuständig, wenn nach Art. 70 ff. GG eine sachliche Gesetzgebungskompetenz besteht.

BVerfG:[1437] Die **Flugsicherheitsgebühr** ist keine Sonderabgabe, sondern eine verfassungsrechtlich zulässige Gebühr als Gegenleistung für die Sicherheitskontrolle der Fluggäste.

BVerfG:[1438] Zur Zulässigkeit des sog. **Wasserpfennigs** als „Ressourcennutzungsgebühr": „Für die kompetenzrechtliche Zulässigkeit einer nichtsteuerlichen Abgabe kommt es nicht darauf an, ob sie sich den gebräuchlichen Begriffen etwa der Gebühr oder des Beitrages einfügt, sondern allein darauf, ob sie den Anforderungen standhält, die sich aus der **Begrenzungs**- und **Schutzfunktion** der bundesstaatlichen **Finanzverfassung** ergeben."[1439]

4. **Zum Fall:** Die Investitionshilfeabgabe stellt jedoch keine Gebühr und keinen Beitrag dar, da sie **ohne Gegenleistung** erfolgt. Es handelt sich vielmehr um eine sog. **parafiskalische Sonderabgabe.**

Eine einheitliche Definition der Sonderabgabe existiert nicht. Das BVerfG trennt nicht zwischen Begriff und Zulässigkeit, sondern verbindet beides und prüft, wann Sonderabgaben zulässig sind.[1440]

Die **Länder** sind grds. ohne Weiteres zuständig jedenfalls für die Erhebung von **Gebühren** und **Beiträgen**.[1441]

II. Eine **Sonderabgabe** kann nach h.M. nicht ohne Weiteres allein wegen des Zusammenhangs mit einem Sachgebiet erhoben werden. Denn sonst besteht die Gefahr, dass der Bund unter formaler Ausnutzung der allgemeinen Gesetzgebungskompetenzen der Art. 70 ff. GG sich letztlich sachgebietsunabhängig Einnahmen verschafft. Der Bundesgesetzgeber könnte durch die Einführung von Sonderabgaben die in Art. 105 ff. GG geregelte Finanzverfassung aushöhlen, indem er das auf Bund, Länder und Gemeinden verteilte Steueraufkommen verringert oder verändert, ohne dass das Zustimmungserfordernis des Bundesrates nach Art. 105 Abs. 3 GG ausgelöst wird.[1442]

478

1436 Zur streitigen Einordnung des Rundfunkbeitrags gem. §§ 2, 3 RBStV als Steuer oder Vorzugslast vgl. i.E. StGH BW, Beschl. v. 22.08.2013 – 1 VB 65/13; Degenhart, Gutachten für HDE; Geuer/heise.de; beachte auch die Entscheidung in den Verfahren BVerfG 1 BvR 1700/12 u.a.; BayVerfGH Vf 24-III-12 u.a.; VerfGH RhPf VGH B 35/12 u.a.

1437 BVerfG DVBl. 1998, 1220, 1221.

1438 BVerfG DVBl. 1996, 357.

1439 Zustimmend Murswiek NVwZ 1996, 417 ff.; Britz JuS 1997, 404 ff.; kritisch Raber NVwZ 1997, 219 ff.

1440 BVerfG NVwZ 2003, 467 – Grundwasserentnahmeabgabe S-H; Meißner NVwZ 1998, 927, 928; zum Sonderfall der Konzessions- oder Verleihungsabgabe bei der Erteilung der UMTS-Lizenz gemäß § 11 Abs. 4 TKG vgl. BVerfG NJW 2002, 2020, Anm. Selmer JuS 2002, 1021; Ehlers, JK 11/02, GG Art. 106/1; Becker JA 2002, 752 und Kämmerer NVwZ 2002, 161; Kötter DVBl. 2001, 1556, 1559 ff.

1441 Zur Rechtmäßigkeit von allg. Studienbeiträgen vgl. BVerwG RÜ 2009, 653; NVwZ 2009, 1562; zur Verfassungswidrigkeit der Rückmeldegebühr in BW und Berlin BVerfG NVwZ 2003, 715, Anm. Selmer JuS 2003, 1033; Meister JA 2003, 846.
Zur Rechtmäßigkeit von Verwaltungsgebühren für das Abschleppen verkehrswidrig geparkter Fahrzeuge vgl. OVG NRW NJW 2001, 2035.
Zur Zweitwohnungsteuer vgl. die Fallbearbeitung bei Meyer JA 2006, 800; Wollenschläger/Lippstreu JuS 2008, 529.
Zur Rechtmäßigkeit von Ausgleichsbeiträgen für Stellplätze vgl. BVerfG NVwZ 2009, 1041 krit. Anm. Selmer JuS 2009, 1041.

1442 Vgl. i.E. Schwarz/Reimer JuS 2007, 119, 120 FN 9.

14. Teil Finanzverfassung (ausgewählte Teilbereiche)

Daher hat die Rspr. die Zulässigkeit von Sonderabgaben an bestimmte Voraussetzungen geknüpft:[1443]

- Es muss ein **bestimmter Sachzweck** verfolgt werden, der über die allgemeine Mittelbeschaffung hinausgeht.

- Die Sonderabgabe muss eine **homogene gesellschaftliche Gruppe** betreffen.

- Es muss eine besondere **Gruppenverantwortung** für den Finanzierungszweck bestehen (**spezifische Sachnähe** zu der zu finanzierenden Aufgabe), um die Abweichung vom **Grundsatz der Belastungsgleichheit** aus Art. 3 Abs. 1 GG zu rechtfertigen.[1444]

- Das Aufkommen aus der Abgabe muss **gruppennützlich** verwendet werden.

- Die Erforderlichkeit der Abgabe ist in **angemessenen** Zeitabschnitten zu überprüfen.[1445]

479 1. Bei Sonderabgaben zu **Finanzierungszwecken** folgt die Gesetzgebungskompetenz daher nur dann aus dem betroffenen Sachgebiet gemäß Art. 70 ff. GG, wenn die vorgenannten Voraussetzungen erfüllt sind. Andernfalls wird die Anwendbarkeit der allgemeinen Regeln durch Art. 105 ff. GG gesperrt.

Beispiel: Erhebung von „Beiträgen" nach dem Einlagensicherungs- und Anlegerentschädigungsgesetz (EAEG) von Finanzdienstleistungsinstituten

Bund ist zuständig wegen des Sachzusammenhangs zu Art. 74 Abs. 1 Nr. 11 GG (Recht der Wirtschaft i.V.m. Art. 72 Abs. 2 GG; da auch die Anforderungen an Sonderabgaben mit Finanzierungsfunktion erfüllt waren, war der Eingriff in Art. 12 GG rechtmäßig.[1446]

480 2. Sonderabgaben **mit Lenkungsfunktion** unterliegen dagegen nicht diesen engen Voraussetzungen. Denn dort droht anders als bei Sonderabgaben, die aufgrund ihres Finanzierungszwecks in Konkurrenz zur Steuer stehen, typischerweise kein Konflikt mit den Regelungen der Finanzverfassung. Die Kompetenz für Sonderabgaben mit Lenkungsfunktion, wie etwa staatliche Ausgleichsabgaben, folgt daher als Annex aus den Art. 70 ff. GG.

So dient z.B. die **Fehlbelegungsabgabe** nur der Rückabwicklung staatlich gewährter Subventionsvorteile und ist daher keine Sonderabgabe i.e.S., sondern eine **Abschöpfungsabgabe**, für die der Bund nach Art. 74 Abs. 1 Nr. 18 GG („Wohnungsbauprämienrecht") zuständig ist.[1447]

1443 BVerfG RÜ 2014, 182 (Filmförderabgabe), RÜ 2009, 183; NVwZ 2009, 641 (Absatzfonds), Anm. Selmer JuS 2009, 658; NVwZ 2010, 35 (BaFin-Umlage); Tegebauer DÖV 2007, 600 (zur Studienfonds-Abgabe).

1444 Vgl. BVerfG DVBl. 2005, 1040 (Solidarfonds Abfallrückführung); NZA 2000, 139, 140; Schoch S. 127 f. m.w.N.; insofern auch problematisch § 17 Abs. 2 ElektroG.

1445 BVerfG NZA 2000, 139 (Unzulässige Zahlungspflicht für Ausgleichsfond nach § 7 Abs. 2 HessGesetz über Sonderurlaub für Mitarbeiter in der Jugendarbeit); NJW 1995, 381, 382 (Verfassungswidrigkeit des Kohlepfennigs); BVerfGE 92, 91 (unzulässige Feuerwehrabgabe); DVBl. 2003, 1388 (Rechtmäßigkeit der Altenpflegeumlage), Anm. Wahlhäuser NVwZ 2005, 1389; BayVGH ZUM 1997, 571 (Unzulässigkeit des sog. Kabelgroschens); BVerwG NJW 2004, 3198, 3200 f. („Beiträge" zur Entschädigungseinrichtung der Wertpapierhandelsunternehmen); BVerfG NVwZ 2004, 1477, Anm. Sellmer JuS 2004, 931 (Klärschlamm-Entschädigungsfonds).

Maurer § 21 Rdnr. 19 f.; Elsner/Kaltenborn JA 2005, 823; Ossenbühl DVBl. 2005, 667.

1446 BVerfG, Beschl. v. 01.12.2009 – 2 BvR 1387/04; W/M 2010, 17.

Zu weiteren Beispielen vgl. Schoch Jura 2010, 197, 200 FN 61.

1447 BVerfG NJW 1988, 2529; offen gelassen von BVerfG NJW 1998, 2346 für abfallrechtliche Sonderabgaben; vgl. auch BVerfG NVwZ 2003, 467 zur Grundwasserentnahmeabgabe S-H; zu weiteren Beispielen vgl. Schoch a.a.O.

Aber auch solche nichtsteuerlichen Abgaben sind nicht generell zulässig, sondern bedürfen eines besonderen Legitimationsgrundes und müssen insbes. verhältnismäßig sein.[1448]

III. Vorliegend sind die Voraussetzungen **nicht** erfüllt: Einkommensteuerpflichtige Personen von einem bestimmten Einkommen an bilden keine besondere gesellschaftlich homogene Gruppe. Auch besteht zwischen dem Zweck der Anleihe und dem Kreis der Abgabepflichtigen kein Zusammenhang. Eine Förderung der Bauwirtschaft liegt weder im Interesse der Abgabepflichtigen noch nutzt sie ihnen.

Vgl. BVerfG[1449] zur Unzulässigkeit des sog. Kohlepfennigs: „Allein die Nachfrage nach dem gleichen Wirtschaftsgut (Strom) forme die Verbraucher nicht zu einer Gruppe, die eine besondere Finanzierungsverantwortlichkeit für eine bestimmte Aufgabe träfe. Der Kreis der Stromverbraucher gehe vielmehr in der Allgemeinheit der Steuerzahler auf. Die mit der Sonderabgabe eingeforderte Finanzverantwortung finde daher keine homogene Gruppe vor, deren gemeinsame Interessenlage eine besondere Sachnähe zur Kohleverstromung begründe. Denn die Art der Stromproduktion sei für die Stromverbraucher unerheblich."[1450]

Stark umstritten ist zurzeit die Frage, ob die **Vergütungsregelung für Strom aus erneuerbaren Energien** eine (unzulässige) Sonderabgabe darstellt.[1451]

Damit kann sich hier aus Art. 70 ff. GG keine Zuständigkeit des Bundes ergeben. Da eine solche auch nicht durch die Art. 105 ff. GG begründet ist, ist das Investitionshilfegesetz mangels Gesetzgebungskompetenz des Bundes **verfassungswidrig**.[1452]

1448 Vgl. BVerfG NJW 1988, 2529, 2530; NZA 1990, 161; DVBl. 2004, 1478 (Schwerbehindertenabgabe); allgemein Osterloh NVwZ 1991, 823 zu sog. Öko-Steuern; Hendler NuR 2000, 661. Allgemein zu Lenkungsabgaben Hendler/Heimlich ZRP 2000, 325.

1449 BVerfG NJW 1995, 381.

1450 Dazu Felix NJW 1995, 368; Lecheler NJW 1995, 933.

1451 Dafür AG Plön NJW 1997, 591, 594; a.A. BGH NJW 1997, 574; LG Karlsruhe NJW 1997, 590: reine Preisfestsetzung ohne abgabenrechtlichen Charakter; offen gelassen von BVerfG DVBl. 1996, 559; vgl. auch Pohlmann NJW 1997, 54 ff.; Theobald NJW 1997, 550 ff.

1452 BVerfGE 67, 256 ff.; dazu Henseler NVwZ 1985, 398 ff.; Hofmann DVBl. 1986, 537 ff.
Bejaht wurde die Anwendbarkeit der Art. 70 ff. GG von BVerfGE 55, 274 dagegen für die sog. Ausbildungsplatzförderungsabgabe; vgl. auch BVerwG NJW 1986, 600 f.: Stellplatzablösung als zulässige Sonderabgabe; a.A. Schröer NVwZ 1997, 140, 141; Meißner NVwZ 1998, 927, 930 m.w.N.

2. Abschnitt: Begrenzungs- und Schutzfunktion der Finanzverfassung

481 Nach Auffassung des BVerfG sind bei der **inhaltlichen Ausgestaltung aller nichtsteuerlichen Abgaben,** also auch bei Gebühren und Beiträgen, drei grundlegende Prinzipien der Finanzverfassung zu beachten (sog. **Begrenzungs- und Schutzfunktion der Finanzverfassung):**[1453]

- Zur Wahrung der **Geltungskraft der Finanzverfassung** bedürfen nichtsteuerliche Abgaben – über die Einnahmeerzielung hinaus oder an deren Stelle – einer besonderen sachlichen Rechtfertigung. Sie müssen sich zudem ihrer Art nach von der Steuer, die voraussetzungslos auferlegt und geschuldet wird, deutlich unterscheiden.

- Die Erhebung einer nichtsteuerlichen Abgabe muss der **Belastungsgleichheit der Abgabepflichtigen** Rechnung tragen. Der Schuldner einer nichtsteuerlichen Abgabe ist regelmäßig zugleich Steuerpflichtiger und wird als solcher schon zur Finanzierung der Lasten herangezogen, die die Gemeinschaft treffen. Neben dieser steuerlichen Inanspruchnahme bedürfen nichtsteuerliche Abgaben, die den Einzelnen zu einer weiteren Finanzleistung heranziehen, einer besonderen Rechtfertigung aus Sachgründen.

- Der Verfassungsgrundsatz der **Vollständigkeit des Haushaltsplans** ist berührt, wenn der Gesetzgeber Einnahmen- und Ausgabenkreisläufe außerhalb des Budgets organisiert. Der Grundsatz der Vollständigkeit des Haushalts zielt darauf ab, das gesamte staatliche Finanzvolumen der Budgetplanung und -entscheidung von Parlament und Regierung zu unterstellen. Dadurch soll gewährleistet werden, dass das Parlament in regelmäßigen Abständen den vollen Überblick über das dem Staat verfügbare Finanzvolumen und damit auch über die dem Bürger auferlegte Abgabenlast erhält. Nur so können Einnahmen und Ausgaben vollständig den dafür vorgesehenen Planungs-, Kontroll- und Rechenschaftsverfahren unterworfen werden.

1453 BVerfG NVwZ 2003, 715, 716 – Rückmeldegebühr BW; DVBl. 2003, 1388 – Altenpflegeumlage; NVwZ 2004, 1477 – Klärschlamm-Entschädigungsfonds; Schoch Jura 2010, 197, 198.

Völkerrechtssubjekte und Rechtsquellen des Völkerrechts | **1. Abschnitt**

15. Teil: Völkerrechtliche Verträge[1454]

1. Abschnitt: Völkerrechtssubjekte und Rechtsquellen des Völkerrechts

Das **Völkerrecht** regelt die hoheitlichen, d.h. die nicht privatrechtlichen Rechtsbeziehungen zwischen Völkerrechtssubjekten.[1455]

482

A. Völkerrechtssubjekte[1456]

Völkerrechtssubjekte sind Personen, die im Rahmen von Rechtsbeziehungen zwischen Völkergemeinschaften Träger von Rechten und Pflichten sein können, d.h. deren Rechtsverhältnisse vom Völkerrecht unmittelbar geregelt werden.

483

Das sind primär die Staaten als „Normalperson im Völkerrecht". Daneben haben zunehmend an Bedeutung gewonnen die Internationalen Organisationen, die von anderen Völkerrechtssubjekten geschaffen sind und über eigenständige Organe verfügen.

Darunter fallen die Vereinten Nationen (UN), die Europäische Union (EU); ferner das Internationale Komitee vom Roten Kreuz und der Heilige Stuhl.[1457] In Ansätzen zeigt sich eine Entwicklung, auch das einzelne Individuum zum unmittelbaren Adressaten – insbesondere durch Konventionen begründeter – völkerrechtlicher Rechte und Pflichten zu machen („Völkerrecht des Individualschutzes", z.B. Schutz der Menschenrechte, Verbot der Rassendiskriminierung).[1458]

B. Rechtsquellen des Völkerrechts

Die **Rechtsquellen** des Völkerrechts sind (Art. 38 Abs. 1 Statut des Internationalen Gerichtshofes – IGH-Statut –)[1459]

484

- primär die völkerrechtlichen Verträge (Völkervertragsrecht); daneben

- das Völkergewohnheitsrecht,

- die allgemeinen Rechtsgrundsätze i.S.v. Art. 25 GG.

Als Hilfsmittel zur Feststellung völkerrechtlicher Normen nennt Art. 38 Abs. 1 lit. d IGH-Statut: Gerichtsentscheidungen und die Lehren der fähigsten Völkerrechtler.[1460]

I. Die im modernen Völkerrecht vorherrschende Rechtsquelle ist der **völkerrechtliche Vertrag**. Das ist jede Vereinbarung, die zwischen zwei („bilateral") oder mehr Staaten („multilateral") oder anderen Völkerrechtssubjekten getroffen wurde und dem Völkerrecht unterliegt.

Beispiele: Beitritt zur EWG 1957 durch die „Römischen Verträge"; Beitritt zur EMRK; Beitritt zur UNO

1454 Vgl. auch Schweitzer Rdnr. 103 ff.; Ipsen § 21; M/M Rdnr. 701 ff.; Degenhart Rdnr. 556 ff.; Kloepfer Rdnr. 776 ff.; Sauer §§ 4, 6.

1455 Schweitzer Rdnr. 7.

1456 Vgl. auch Schweitzer § 5.

1457 Vgl. Ipsen, VölkerR, § 8.

1458 Vgl. Ipsen, VölkerR, § 7; BVerfG NJW 1996, 2717, 2719.

1459 Sa. II Nr. 2.

1460 Ausführlich zu den Rechtsquellen Schweitzer Rdnr. 97 ff.; 236 ff.; Kunig Jura 1989, 667; Jarass/Pieroth Art. 25 Rdnr. 2 ff.

| 15. Teil | Völkerrechtliche Verträge |

II. Völkergewohnheitsrecht entsteht durch eine allgemeine Übung in der Überzeugung rechtlicher Gebotenheit.[1461]

Beispiele: Anerkennung der Souveränität der Staaten, die Grundsätze des völkerrechtlichen Notwehrrechts und der Schadenshaftung (völkerrechtliches Delikt), völkerrechtliches Nachbarrecht, Staatenimmunität[1462]

III. Die **allgemeinen Rechtsgrundsätze** sind im Grunde völkerrechtsfremde Normen, die sich aber in den Rechtsordnungen der meisten Staaten finden.[1463]

Beispiele: Prinzip von Treu und Glauben; Verbot des Rechtsmissbrauchs; der Grundsatz, dass (völkerrechtliche) Verträge gehalten werden müssen (pacta sunt servanda)

Die **allgemeinen Regeln des Völkerrechts** i.S.v. Art. 25 GG erfassen zum einen das universell geltende Völkergewohnheitsrecht sowie die allgemeinen Rechtssätze des Völkerrechts.[1464]

C. Allgemeines/partikulares Völkerrecht

485   Je nach Umfang ihrer Geltung lassen sich **unterscheiden:**

- **allgemeines (universales) Völkerrecht** (z.B. UN-Charta) und

- **partikulares (regionales) Völkerrecht** (z.B. Europäische Menschenrechtskonvention).

2. Abschnitt: Das Verhältnis des Völkerrechts zum nationalen Recht;[1465] Abschluss völkerrechtlicher Verträge[1466]

486   Nach der herrschenden Lehre bilden Völkerrecht und nationales Recht zwei grundsätzlich selbstständige und zu unterscheidende Rechtsordnungen **(Dualismus)**.[1467]

Im Gegensatz dazu sind nach der **monistischen Lehre** Völkerrecht und nationales Recht Bestandteile einer einheitlichen Rechtsordnung.[1468]

Nach der dualistischen Lehre erlangt Völkerrecht innerstaatliche Geltung erst durch seine Umsetzung in national verbindliches Recht **(Transformation)** bzw. durch **Vollzug** oder **Übernahme**.[1469]

Die Umsetzung von Völkergewohnheitsrecht und allgemein anerkannten Rechtsgrundsätzen **(„allgemeine Regeln des Völkerrechts")** erfolgt dabei kraft Verfassung gemäß Art. 25 GG.[1470] Die Umsetzung von **Völkervertragsrecht** erfolgt durch Bundestag oder Landtag, abhängig von der Gesetzgebungskompetenz für den Inhalt des abgeschlossenen Vertrags.

1461 Vgl. auch M/M Rdnr. 85 FN 25 f. mit weiteren Beispielen.

1462 BVerfG NJW 2012, 293.

1463 Vgl. auch M/M Rdnr. 85 FN 27 f. mit weiteren Beispielen.

1464 BVerfGE 95, 96, 129; M/M Rdnr. 85 FN 23 f.; Gröpl Rdnr. 840 ff.

1465 Vgl. auch Schweitzer Rdnr. 24 ff.

1466 Zum Rechtsschutz gegen völkerrechtliche Verträge, genauer: gegen das Vertragsgesetz vgl. Ipsen Rdnr. 1121 ff.; Degenhart Rdnr. 820.

1467 Vgl. Ipsen, Völkerrecht, § 72 Rdnr. 8 ff. m.w.N.; Schweitzer Rdnr. 23 ff.; BVerfGE 111, 307, 318 – Görgülü.

1468 Vgl. Verdross/Simma, Universelles Völkerrecht, 3. Aufl. Berlin 1984/2010, §§ 72 ff.

1469 Vgl. Schweitzer Rdnr. 418 ff.; Jarass/Pieroth Art. 25 Rdnr. 1 f.; Maurer § 13 Rdnr. 122; Degenhart Rdnr. 560.

1470 Sauer § 6 Rdnr. 20.

Verhältnis des Völkerrechts zum nationalen Recht; Abschluss völkerrechtl. Verträge — 2. Abschnitt

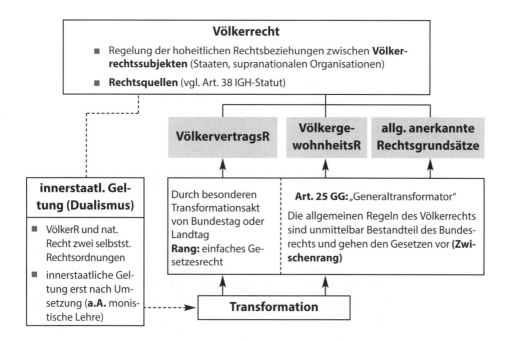

Fall 18: Kostenlose Kultur

Der Bundesaußenminister hat bei einem Besuch im afrikanischen Staat S ein Abkommen über ein kulturelles Austauschprogramm geschlossen. Nach Art. 7 des Abkommens ist die Bundesrepublik verpflichtet, Angehörigen des Staates S, die in der Bundesrepublik leben, – abweichend von den Weiterbildungsgesetzen der Länder – die kostenlose Teilnahme an Fortbildungslehrgängen zu ermöglichen.
Bundestag und Bundesrat haben dem Abkommen durch Bundesgesetz zugestimmt. Nachdem das Vertragsgesetz ordnungsgemäß ausgefertigt und im Bundesgesetzblatt verkündet worden ist, wird das Abkommen vom Bundespräsidenten ratifiziert. N, ein Angehöriger des Staates S, der schon seit einigen Jahren in der Bundesrepublik studiert, meint, nunmehr brauche er für einen von der Volkshochschule der Gemeinde G angebotenen Fortbildungslehrgang kein Entgelt mehr zu zahlen. Zu Recht?

N hat einen Anspruch auf kostenlose Teilnahme an dem Lehrgang, wenn

- zwischen der Bundesrepublik und dem Staat S ein entsprechendes **Abkommen wirksam** zustande gekommen ist und

- das Abkommen als **innerstaatliches Recht** gilt.

A. Da es sich bei dem Abkommen um einen Vertrag zwischen Staaten, also um einen **völkerrechtlichen Vertrag** handelt, gelten für dessen Zustandekommen im Außenverhältnis zunächst die völkerrechtlichen Regeln über Verträge, die sich aus der Wiener Vertragsrechtskonvention von 1969 ergeben.[1471] Die Frage, welche Organe hierbei für die vertragschließenden Staaten handeln, richtet sich nach dem nationalen **Verfassungsrecht**.

487

1471 Sartorius II Nr. 320.

15. Teil	Völkerrechtliche Verträge

I. Da der Außenminister das Abkommen unterzeichnet hat, müsste dem **Bund** für den Abschluss des Abkommens überhaupt die **Verbandskompetenz** zustehen.

1. Diese **Abschlusskompetenz** des Bundes für völkerrechtliche Verträge ergibt sich grds. aus **Art. 32 Abs. 1 GG**, da es sich um die Pflege der Beziehungen zu auswärtigen Staaten handelt. Das ist unproblematisch, wenn sich der Vertrag auf eine Materie bezieht, für die der Bund auch innerstaatlich gesetzgebungsbefugt ist.[1472]

488

2. Problematisch ist das Verhältnis der Kompetenz des Bundes nach Art. 32 Abs. 1 GG zur **Kompetenz der Länder** nach **Art. 32 Abs. 3 GG**, wenn sich der völkerrechtliche Vertrag auf Gegenstände der ausschließlichen Landesgesetzgebung – hier Kultusangelegenheiten – bezieht.

a) Teilweise wird in Art. 32 Abs. 3 GG eine Ausnahmevorschrift zu Abs. 1 gesehen, die für den Bereich der Landesgesetzgebung die Zuständigkeit des Bundes zum Abschluss völkerrechtlicher Verträge verdrängt und damit in diesem Bereich eine **ausschließliche Zuständigkeit der Länder** begründet **(föderalistische Theorie)**. Danach würde dem Bund für Kultusangelegenheiten bereits die Abschlusskompetenz fehlen.[1473]

b) Nach der herrschenden **zentralistischen Theorie** ist Art. 32 Abs. 3 GG lediglich ein untergeordneter Zusatz zu Art. 32 Abs. 1 GG, der die Abschlusskompetenz der Länder lediglich neben die des Bundes stellt und eine konkurrierende Zuständigkeit des Bundes und der Länder begründet.[1474]

c) Für die zentralistische Theorie spricht zunächst, dass Art. 32 Abs. 1 GG dem Bund die auswärtige Gewalt umfassend zuweist und dass Art. 32 Abs. 3 GG schon seinem **Wortlaut** nach keine Ausnahme zu Art. 32 Abs. 1 GG sein soll. Die Formulierung „die Länder ... können" und nicht etwa „nur die Länder können" legt es nahe, von einer **konkurrierenden Abschlusskompetenz** des Bundes und der Länder auszugehen. Dadurch wird auch die innerstaatliche Gesetzgebungszuständigkeit der Länder nicht unterlaufen: Art. 32 GG regelt nur die sog. Abschlusskompetenz; hiervon zu trennen ist die Frage, wer zur Umsetzung des völkerrechtlichen Vertrages in innerstaatliches Recht zuständig ist (sog. **Transformationskompetenz**; dazu Rdnr. 498).

Des Weiteren spricht für die zentralistische Theorie die **historische Auslegung** von Art. 32 GG. Der Vorentwurf des GG („Herrenchiemsee-Entwurf") als Arbeitsgrundlage des Parlamentarischen Rates von 1948 enthielt nämlich zunächst für die Abschlusskompetenz eine Regelung, die sich exakt an den Gesetzgebungskompetenzen orientierte (insoweit wie die föderalistische Theorie). Diese Regelung wurde aber durch den Parlamentarischen Rat zugunsten einer umfassenderen Abschlusskompetenz des Bundes geändert.[1475]

1472 Vgl. dazu Fallbearbeitung bei Kempfler Jura 2004, 351.

1473 So etwa M/D Art. 32 Rdnr. 40; Bleckmann NVwZ 1989, 311, 314; Erichsen Jura 1986, 337.

1474 Vgl. Jarass/Pieroth Art. 32 Rdnr. 3; Sachs/Streinz Art. 32 Rdnr. 34, 36 ff.; unklar Sauer § 4 Rdnr. 12; Schweitzer Rdnr. 126 ff.

1475 Vgl. Friehe JA 1983, 117, 121.

Schließlich spricht für die zentralistische Theorie auch eine **teleologische Auslegung** von Art. 32 GG als einer Norm, die in einem Bundesstaat effektiv die Pflege auswärtiger Beziehungen zu anderen Staaten regelt und auch den Interessen der anderen Staaten beim Abschluss länderübergreifender Abkommen Rechnung tragen will.[1476]	

3. Zur Bereinigung der Meinungsverschiedenheiten bezüglich der Abschlusskompetenz des Bundes für Verträge über ausschließliche Landesgesetzgebungsmaterien haben Bund und Länder[1477] sich im **„Lindauer Abkommen"**[1478] von 1957 unter Beibehaltung ihrer „bekannten Rechtsauffassungen" (Ziff. 1) über die praktische Verfahrensweise in solchen Fällen geeinigt.[1479] Nach Ziff. 3 des Abkommens wird die Abschlusskompetenz für völkerrechtliche Verträge auf Gebieten der ausschließlichen Zuständigkeit der Länder, insbesondere bei Kulturabkommen, vom Bund wahrgenommen. Der Bund ist intern verpflichtet, das Einverständnis der Länder herbeizuführen. Dieses Einverständnis soll vorliegen, bevor die Verpflichtung völkerrechtlich verbindlich wird.[1480] **489**

Die rechtliche Bedeutung dieses Abkommens ist umstritten. Nach h.M. hat es nur die Wirkung, eine nach dem Grundgesetz ohnehin bestehende Rechtslage zu bestätigen; nach **a.A.** begründet es konstitutiv die Bundesabschlusskompetenz im Bereich des Art. 32 Abs. 3 GG.[1481] Nimmt man eine konstitutive Wirkung an, so wird das Abkommen teilweise wegen unzulässiger Durchbrechung der verfassungsmäßigen Zuständigkeitsverteilung für verfassungswidrig gehalten.[1482] Die überwiegende Meinung teilt diese Bedenken nicht, weil es keinen Grundsatz gibt, der eine Kompetenzübertragung im auswärtigen Bereich verbietet, solange sie widerruflich und inhaltlich beschränkt ist. **490**

Im Bereich der **Europäischen Union** gelten nunmehr die Sonderregeln in Art. 23 GG, sodass in diesem Bereich das Lindauer Abkommen gegenstandslos geworden ist.[1483] Wenn im Schwerpunkt ausschließliche Kompetenzen der Länder betroffen sind, soll die Wahrnehmung der Rechte, die der Bundesrepublik als Mitgliedstaat der Europäischen Union zustehen, vom Bund auf einen vom Bundesrat benannten Vertreter der Länder übertragen werden (Art. 23 Abs. 6 GG).

4. **Zum Fall:** Die Verbandskompetenz für den Abschluss des Kulturabkommens liegt damit gemäß Art. 32 Abs. 1 GG grds. beim Bund. **491**

*Beachte: Art. 32 GG gilt nur für Staatsverträge, nicht für völkerrechtliche Verwaltungsabkommen. **Verwaltungsabkommen** enthalten Regelungen, die allein mit den Mitteln des Verwaltungsrechts (Verwaltungsvorschriften, Verwaltungsakte) ohne gesetzliche Regelung umgesetzt werden können. Sie bedürfen deshalb nicht der Mitwirkung der gesetzgebenden Organe. Für Verwaltungsabkommen verweist Art. 59 Abs. 2 S. 2 GG vielmehr auf die Vorschriften über die Bundesverwal-*

1476 Jarass/Pieroth Art. 32 Rdnr. 3; Winkelmann DVBl. 1993, 1128, 1128 f.; Trüe JuS 1997, 1092, 1094; vgl. auch BVerfG NVwZ 1996, 1093, 1095: Bund handelt als Sachwalter der Länder (mit Anm. Zuleeg JZ 1995, 673 ff.); ausführlich Fastenrath, Kompetenzverteilung im Bereich der auswärtigen Gewalt (1986), insbes. S. 115 ff.

1477 Einzelheiten zur „ständigen Vertragskommission der Länder" bei Bücker/Köster JuS 2005, 976.

1478 Vgl. dazu und zur Bedeutung von Art. 37 GG Papier DÖV 2003, 265.

1479 Abgedruckt z.B. bei Schweitzer Rdnr. 128.

1480 So auch die vermittelnde Auffassung von Ipsen Rdnr. 1089; M/M Rdnr. 704; Degenhart Rdnr. 562.

1481 Vgl. i.E. Schweitzer Rdnr. 129 f.; Sauer § 4 Rdnr. 15; Stumpf/Goos JuS 2009, 40, 44; Winkelmann DVBl. 1993, 1128, 1129.

1482 Vgl. Erichsen Jura 1986, 337, 342.

1483 Winkelmann DVBl. 1993, 1129 ff.

15. Teil Völkerrechtliche Verträge

tung. Der Bund hat die Abschlusskompetenz für Gegenstände der Verwaltung daher nur, wenn er auch für Verwaltung zuständig ist (Art. 84 Abs. 2, 85 Abs. 2, 86 GG), d.h. wenn er die Gesetzgebungs- und Verwaltungskompetenz besitzt. Im Übrigen liegt die Abschlusskompetenz allein bei den Ländern und nicht beim Bund.[1484]

Beispiel: *Schengen I;*[1485] *Verwaltungskompetenz des Bundes aus Art. 87 Abs. 1 S. 2, 1. Fall GG („Bundesgrenzschutzbehörden"), Gesetzgebungskompetenz aus Art. 73 Abs. 1 Nr. 5 GG („Zoll- und Grenzschutz")*[1486]

492   II. Ist damit der Bund zuständig, so bedarf es der Aufteilung der Zuständigkeit auf die Bundesorgane **(Organkompetenz)**.

1. Nach Art. 59 Abs. 1 S. 1 GG vertritt der **Bundespräsident** den Bund völkerrechtlich, nach S. 2 schließt er die Verträge mit auswärtigen Staaten. Art. 59 GG fordert jedoch nicht, dass der Bundespräsident in allen Verfahrensabschnitten persönlich handelt. Für die Vertragsverhandlungen überträgt der Bundespräsident seine Befugnisse vielmehr stillschweigend oder ausdrücklich durch Delegation auf die Bundesregierung, die ihrerseits wieder Untervollmachten erteilen kann. Nur die **Ratifikation** muss nach Art. 59 Abs. 1 GG dem Bundespräsidenten vorbehalten bleiben. Danach ist die Bundesrepublik hier durch den Bundesaußenminister bei der Unterzeichnung wirksam vertreten worden.[1487]

493   Zum **Verfahren**: Nach Abschluss der Verhandlungen erfolgt die vorläufige Festlegung des Vertragstextes **(Paraphierung)**. Endgültig wird der Wortlaut erst durch die **Unterzeichnung** festgelegt, wodurch die Verhandlungen abgeschlossen werden und jede Partei sich verpflichtet, die innerstaatlich zum Wirksamwerden des Vertrages erforderlichen Schritte einzuleiten. Die völkerrechtliche Verbindlichkeit wird durch die sog. **Ratifikation** herbeigeführt. Sie besteht in der formellen Erklärung gegenüber dem Vertragspartner, rechtlich durch den Vertrag gebunden zu sein. Sie erfolgt durch Übergabe oder Hinterlegung einer vom Bundespräsidenten unterzeichneten Ratifikationsurkunde.

2. Handelt es sich um einen völkerrechtlichen Vertrag i.S.d. Art. 59 Abs. 2 S. 1 GG, so bedarf es vor der Ratifikation einer **parlamentarischen Mitwirkung**. In diesem Fall muss das völkerrechtliche Abkommen zunächst durch die Gesetzgebungsorgane in Form eines Bundesgesetzes (sog. **Vertragsgesetz**) gebilligt werden; aufgrund der darin liegenden Ermächtigung darf der Bundespräsident dann das Abkommen ratifizieren und die völkerrechtliche Verbindlichkeit herbeiführen.

494   a) Nach Art. 59 Abs. 2 S. 1, 1. Alt. GG bedürfen Verträge der Zustimmung, die „die **politischen Beziehungen** des Bundes regeln". Hierunter fallen alle politisch wesentlichen Verträge, die die Existenz des Staates, seine territoriale Integrität, seine Unabhängigkeit, seine Stellung oder sein maßgebliches Gewicht in der Staatengemeinschaft unmittelbar betreffen. Dazu gehören

---

1484 Jarass/Pieroth Art. 59 Rdnr. 11 ff.; Sauer § 4 Rdnr. 35, § 6 Rdnr. 13; Schweitzer Rdnr. 189 ff., 461 ff.; Fallbearbeitung bei Paulus Fall 2.

1485 Sa. II Nr. 280 ff.

1486 Vgl. i.E. Bieber NJW 1994, 294.

1487 Vgl. BVerfG DVBl. 1985, 226, 227; Kunig Jura 1993, 554, 556; Franzke JA 1994, 54, 57 ff.

Verhältnis des Völkerrechts zum nationalen Recht; Abschluss völkerrechtl. Verträge — 2. Abschnitt

vor allem Bündnisse, Abkommen über politische Zusammenarbeit, Friedens-, Nichtangriffs-, Neutralitäts- und Abrüstungsverträge.[1488]

Keines (erneuten) Vertragsgesetzes bedarf dagegen die **„dynamische Fortentwicklung" des ursprünglichen Vertrags** (ohne ausdrückliche Vertragsänderung), z.B. Zustimmung zur Einführung neuer Waffensysteme im Rahmen eines Verteidigungsbündnisses[1489] oder Auslegung von Bündnisverträgen im Rahmen neuer Aufgaben.[1490]

Bei der Übertragung von Hoheitsrechten ergibt sich der Vorbehalt des Gesetzes aus den Sonderregelungen der Art. 23 Abs. 1 S. 2 GG u. Art. 24 Abs. 1 GG.[1491]

b) Ferner ist ein Vertragsgesetz gemäß Art. 59 Abs. 2 S. 1, 2. Alt. GG erforderlich **495** für Verträge, die sich auf **Gegenstände der Bundesgesetzgebung** beziehen. Entgegen dem insoweit missverständlichen Wortlaut kommt es in Art. 59 Abs. 2 S. 1, 2. Alt. GG nicht auf den Gegensatz Bundesgesetzgebung – Landesgesetzgebung an, sondern auf die Abgrenzung **Gesetzgebung – Verwaltung**. Ein Vertragsgesetz ist also immer erforderlich, wenn zur Vollziehung des Vertrages ein Gesetzgebungsakt entweder des Bundes oder des Landes erforderlich ist.[1492]

Beispiele: Verträge, die Pflichten des Bürgers begründen oder sonst wesentliche Fragen, insbesondere im grundrechtsrelevanten Bereich betreffen (zum Vorbehalt des Gesetzes vgl. oben Rdnr. 109 ff.)

3. **Zum Fall:** Hier war ein Vertragsgesetz erforderlich, da sich die in Art. 7 des Abkommens vorgesehene Kostenfreiheit auf die gesetzlich (in den Weiterbildungsgesetzen der Länder) geregelte Finanzierung von Weiterbildungseinrichtungen auswirkt. Da der Bundestag und der Bundesrat dem Abkommen in der Form eines Bundesgesetzes zugestimmt haben, kann dahinstehen, ob die **Zustimmung des Bundesrats** überhaupt erforderlich war oder ob es sich lediglich um ein Einspruchsgesetz gehandelt hat.

Teilweise wird die Zustimmungsbedürftigkeit trotz fehlender Regelung im GG bejaht, da durch das Gesetz wegen des inhaltlichen Bezuges des Abkommens auf Gegenstände der ausschließlichen Landeszuständigkeit die Interessen der Länder in besonderem Maße berührt werden: Wenn das GG sogar bei Gegenständen der Bundesgesetzgebung zum Teil die Zustimmung des Bundesrates vorsieht, muss dies erst recht gelten, wenn es sich um Gegenstände der ausschließlichen Landeskompetenz handelt.[1493] – Nach ganz h.M. besteht keine Zustimmungspflicht, da diese als Ausnahmetatbestand („Kein Zwei-Kammer-System") immer ausdrücklich im GG angeordnet sein muss.[1494]

III. Nach der Gegenzeichnung und der Ausfertigung des Vertragsgesetzes durch den **496** Bundespräsidenten und der Verkündung im Bundesgesetzblatt ist der Bundespräsident mit Inkrafttreten des Vertragsgesetzes wirksam ermächtigt, den Vertrag zu ratifizieren und die Ratifikationsurkunden auszutauschen oder zu hinterlegen

---

1488 Sauer § 4 Rdnr. 32; Warg Jura 2002, 806, 809.

1489 BVerfG NJW 1988, 1651, 1657; DVBl. 1985, 226, 227: NATO-Nachrüstung.

1490 Dazu BVerfG DVBl. 2007, 962 – Tornado, Afghanistan –; NJW 1994, 2207; NJW 2002, 1559, Anm. Rux JA 2002, 461; Sachs JuS 2002, 807; Lubig JA 2005, 143; a.A.: abweichendes Votum von 4 Richtern!; allgemein Wengler JZ 1995, 21, 22.

1491 Zu Art. 24 Abs. 1 a GG vgl. Grotefels DVBl. 1994, 785.

1492 Sauer § 4 Rdnr. 32; BVerfGE 1, 351, 388; Trüe JuS 1997, 1092.

1493 So Friehe JA 1983, 117, 122.

1494 Schweitzer Rdnr. 182; Jarass/Pieroth Art. 59 Rdnr. 10; Sachs/Streinz Art. 59 Rdnr. 47 ff.

15. Teil Völkerrechtliche Verträge

(sog. **Ermächtigungswirkung**). Damit ist das Abkommen mit dem Staat S völkerrechtlich wirksam zustande gekommen.

497 B. Als innerstaatliches Recht gilt das Abkommen aber nur, wenn es wirksam transformiert worden ist. Nach der herrschenden **dualistischen Theorie** bedarf es nämlich für die innerstaatliche Geltung von Völkerrecht noch einer besonderen Umsetzung. Jeder Satz des Völkerrechts wird erst durch Transformationsakt in einen Satz des nationalen Rechts umgewandelt.

I. Hinsichtlich **allgemeiner Regeln** des Völkerrechts erfolgt die Transformation durch Art. 25 GG. Solche allgemeinen Regeln sind das **Völkergewohnheitsrecht** und die allgemein anerkannten **Rechtsgrundsätze**. Sie sind unmittelbar Bestandteil des Bundesrechts und gehen den Gesetzen vor (Art. 25 S. 1 und 2 GG). Die h.M. entnimmt dieser Formulierung, dass die allgemeinen Regeln des Völkerrechts im Range unter der Verfassung, aber über dem (Bundes-)Gesetzesrecht stehen **(Zwischenrang)**.[1495]

II. **Völkervertragsrecht** wird dagegen nur durch spezielle **Transformation** gemäß Art. 59 Abs. 2 GG wirksamer Bestandteil des Bundesrechts. Es hat grds. nur den Rang einfachen Gesetzesrechts, darf also insbesondere nicht gegen das GG verstoßen.

Von dieser sog. Innenwirksamkeit des Vertragsgesetzes ist die Außenwirksamkeit (Gültigkeit) des völkerrechtlichen Vertrags im Verhältnis zum anderen Vertragspartner zu unterscheiden: Sie wird durch einen innerstaatlichen Verfassungsverstoß nach h.M. nur dann berührt, wenn dieser schwer und offenkundig ist.

498 Bei völkerrechtlichen Verträgen hat das Vertragsgesetz i.S.d. Art. 59 Abs. 2 S. 1 GG die Transformationswirkung, wenn der Bundesgesetzgeber in diesen Fällen auch über die **Transformationskompetenz** verfügt.

1. Die entsprechende Verbandskompetenz ergibt sich nicht allein aus Art. 59 Abs. 2 S. 1 GG. Diese Vorschrift enthält nur die Gesetzgebungskompetenz des Bundes für ein Vertrags- oder Zustimmungsgesetz.

2. Ebenso wenig lässt sich die Verbandskompetenz zur Transformation aus Art. 73 Abs. 1 Nr. 1 GG (auswärtige Angelegenheiten) ableiten. Dessen Anwendung setzt nämlich voraus, dass es sich inhaltlich um auswärtige Angelegenheiten handelt. Hierfür reicht nicht aus, dass eine Materie in einem völkerrechtlichen Vertrag behandelt wird. Andernfalls könnte der Bund auf diese Weise die Landesgesetzgebungskompetenz dadurch aushöhlen, dass er Gegenstände der ausschließlichen Gesetzgebungszuständigkeit der Länder einfach zum Inhalt eines völkerrechtlichen Vertrages macht.

3. Auch Art. 32 Abs. 1 GG besagt über die Transformationskompetenz nichts, denn diese Vorschrift bezieht sich nach h.M. nur auf die Abschlusskompetenz.

1495 M/M Rdnr. 85.
Im Streitfall entscheidet das BVerfG im Verfahren nach Art. 100 Abs. 2 GG, ob eine Regel des Völkerrechts Bestandteil des Bundesrechts ist.

| Verhältnis des Völkerrechts zum nationalen Recht; Abschluss völkerrechtl. Verträge | **2. Abschnitt** |

4. Die **Transformationskompetenz** muss vielmehr nach den allgemeinen Grundsätzen über die Verteilung der Gesetzgebungszuständigkeiten (Art. 70 ff. GG) begründet werden. Das bedeutet, dass die Transformationskompetenz für den Bereich der ausschließlichen und der **konkurrierenden** Gesetzgebungszuständigkeit beim **Bund** liegt; für den Bereich der **ausschließlichen Landesgesetzgebung** bei den **Ländern**.[1496]

Daraus folgt, dass die Abschlusskompetenz des Bundes und die Transformationskompetenz auseinanderfallen können. Im Einzelnen gilt:

- Hat der Bund außer der Abschlusskompetenz auch die Transformationskompetenz, so ist **nur ein Gesetz** erforderlich, nämlich das Vertragsgesetz nach Art. 59 Abs. 2 S. 1 GG. Dieses hat dann Ermächtigungs- und Transformationswirkung zugleich.

  Beachte: Auch in diesem Fall enthält das Gesetz des Bundestags zwei verschiedene Regelungen: (1) Zustimmung, (2) Transformation (in einfaches BundesR).

- Das Gleiche gilt, soweit beide Kompetenzen bei den Ländern liegen. Es bedarf dann nur eines (Landes-)Vertragsgesetzes.

- Hat dagegen der Bund lediglich die Abschlusskompetenz und liegt die Transformationskompetenz bei den Ländern, so sind zur Umsetzung in innerstaatliches Recht **zwei Gesetze** erforderlich, nämlich

  - das (Bundes-)Vertragsgesetz, das nur Ermächtigungswirkung hat, und

  - das (Landes-)Transformationsgesetz, welches dann die unmittelbare Umsetzung in innerstaatliches Recht bewirkt.

499 Die Umsetzung von **Verwaltungsabkommen** erfolgt nicht durch ein besonderes Transformationsgesetz, sondern bestimmt sich nach dem Wesen des jeweiligen Vertrages z.B. durch VA oder Verwaltungsvorschriften. Die Zuständigkeit richtet sich nach Art. 83 ff. GG (vgl. Art. 59 Abs. 2 S. 2 GG).[1497]

5. **Zum Fall:** Da für die vorliegende Regelung von Kultusangelegenheiten der Bund nicht gesetzgebungsbefugt ist, liegt die Zuständigkeit für die gesetzliche Umsetzung des Abkommens mit dem Staat S bei den Ländern. Mangels Transformationskompetenz des Bundes hat das Bundes-Vertragsgesetz nach Art. 59 Abs. 2 S. 1 GG noch keine Transformationswirkung. Gesetzeskraft erlangen die vertraglichen Abmachungen also erst durch ein Landestransformationsgesetz. Da dieses noch nicht erlassen ist, besteht jedenfalls zurzeit noch kein Anspruch des N auf kostenlose Teilnahme an dem Fortbildungslehrgang.

500 Nach h.M. ergibt sich allerdings eine **Transformationspflicht der Länder** aus dem Prinzip der Bundestreue.[1498] Umgekehrt fordert aber das Gebot des länderfreundlichen Verhaltens, dass der Bund in diesen Fällen Verträge nicht ohne vorherige Abstimmung mit den Ländern abschließt.[1499]

1496 Trüe JuS 1997, 1092, 1095 m.w.N.
1497 Vgl. Trüe JuS 1997, 1092, 1095 m.w.N.
1498 Trüe JuS 1997, 1092, 1095.
1499 BVerfG NVwZ 1996, 1093.

15. Teil — Zusammenfassende Übersicht

501

Abschluss völkerrechtlicher Staatsverträge

- **Völkerrecht:** („wie")
  - Verhandlungen
  - Paraphierung (= Abzeichnung mit Initialen der Unterhändler)
  - Vorläufige Unterzeichnung vorbehaltlich der Zustimmung der zuständigen nationalen Organe
  - Ratifizierung (= Erklärung der völkerrechtl. Bindung an den Vertrag)
- **Verfassungsrecht** („wer")

I. wirksamer Vertragsabschluss
1. **Abschlusskompetenz**
   a) **Verbandskompetenz**, Art. 32 GG

   innerstaatlich

   Gesetzgebungsmaterie des Bundes
   - **Bund**, Art. 32 Abs. 1 GG

   Gesetzgebungsmaterie des Landes
   - **Bund**
     - Art. 23 GG
     - im Übrigen umstritten:
       - zentral. Theorie (+)
       - föderal. Theorie (–)
       - Lindauer Abkommen
   - **Land**
     mit Zustimmung des Bundes, Art. 32 Abs. 3 GG

   b) **Organkompetenz**
      aa) an sich Bundespräsident, Art. 59 Abs. 1 S. 2 GG
      bb) abgesehen von Ratifikation aber grds. konkl. Ermächtigung des Bundeskanzlers/-ministers

2. **weitere Voraussetzungen**
   a) **Vertragsgesetz** nach Art. 59 Abs. 2 S. 1 GG durch Bundestag

   1. Alt.: politische Beziehungen
   → Stellung und Gewicht in der Staatengemeinschaft betroffen

   2. Alt.: Gegenstände der (Bundes-)Gesetzgebung, wenn innerstaatl. Umsetzung nur durch Gesetz möglich

   b) Mitwirkung Bundesrat
      aa) Grundsatz: Zustimmung nur, wenn im GG ausdrücklich vorgesehen
      bb) Gilt auch, wenn ausschließlich Landesmaterie betroffen (h.M.)

II. Transformation in innerstaatliches Recht
1. Art. 25 GG (–) gilt nicht für Völkervertragsrecht
2. Vertragsgesetz i.S.d. Art. 59 Abs. 2 S. 1 GG hat Transformationswirkung, wenn Bund die Transformationskompetenz hat

Rechtsfolgen des VertragsG durch BT

- **Ermächtigungswirkung**
  → Bundespräsident darf ratifizieren

- **Transformationswirkung**
  - (–) wenn ausschließliche Gesetzgebungskompetenz des Landes
    → erforderlich zusätzlich Landes-TransformationsG (ggf. Verpflichtung aus Bundestreue)
  - (+) wenn Materie der Bundesgesetzgebung

Stichworte

STICHWORTVERZEICHNIS

Die Zahlen verweisen auf die Randnummern.

Abänderungskompetenz der Länder 329
    gemäß Art. 72 Abs. 3 S. 1 GG 312
Abberufung eines Bundesministers 275
Abgeordnete
    angemessene Entschädigung 245
    Antragsrecht 244
    fraktionsloser 246
    prozessualer Rechtsschutz 234
    Rederecht 244
Abgeordnetenrechte
    Einschränkungsmöglichkeiten 235
    Grenzen 235
Abkommen 486
Abschluss völkerrechtlicher Verträge 486, 501
Abschlussverfahren 324, 336
Abschöpfungsabgabe 480
Absoluter Bestimmtheitsgrundsatz 87
Absolutes Rückwirkungsverbot 95
Abstammungsprinzip 27
Abstimmungen ....43 ff.
    auf Bundesebene ....47 ff.
    auf Länderebene 51
Abstrakte Normenkontrolle .... 357, 432 ff.
Abwehr von Terroranschlägen 404
Abweichungskompetenz 307, 317
Administration 105
Aktive Wahlrechtsgleichheit ....168 ff., 178, 191
Allgemeines Staatsrecht 2
Allgemeinheit der Wahl ....162 ff.
Amtsdauer der Bundesregierung 46
Anklage des Bundespräsidenten 417
Annexkompetenz 314, 321, 323
Anstalten des öffentlichen Rechts 379
Anwendungsvorrang 307
Arbeitsfähigkeit des Parlaments 243
Auflösung des Bundestages 277
Aufsichtsrechte des Bundes 367
Auftragsverwaltung 367
Ausfertigung 336, 356
Ausführung des Gesetzes 361
Ausführung von Bundesgesetzen
    durch den Bund ....379 ff.
    durch Länder als
        eigene Angelegenheit ....363 f., 378
    durch Länder im Auftrage
        des Bundes .... 365 ff., 378
Auskunftsverweigerungsrecht 229
Ausländerwahlrecht ....195 ff.
Ausschluss aus der Fraktion 240
Ausschüsse 217, 418
    fakultative 218
Ausübung der Staatsgewalt .... 39, 43 ff.
Auswärtige Angelegenheiten 384
Außenpolitisches Monopol 202

Bedarfskompetenz 299
Befassungskompetenz 244
Begnadigungsrecht 283
Beharrungsbeschluss 279
Behinderungsverbot 245
Beiträge .... 476 f.
Beratende Hilfsorgane 218
Beratungsgremien 218
Beschlagnahmeverbot 245
Beschluss des Bundestags 70
Besonderes Staatsrecht 2
Bestand des Bundes 156, 409
Bestand des Landes 409
Bestimmtheit 87
Bestimmtheitsgrundsatz 78, 116
Bestimmtheitstrias 353
Beweiserhebungsmaßnahme 222
Beweiserhebungsrecht 225
Bindung an die Grundrechte 77
Bindung an Recht und Gesetz 77
Bindungswirkung 270
Budgetrecht 200
Bund 131
    Aufgabenverteilung 139
    Aufsichtsbefugnis 131
    ausschließliche Zuständigkeit .... 296 f.
Bundesarbeitsgericht 414
Bundesaufsichtsverwaltung .... 363 f.
    Befugnisse des Bundes 364
Bundesauftrags-
    verwaltung ....316, 365 ff., 378, 390
Bundesbehörde 221, 390
Bundeseigene Verwaltung .... 379 ff., 390
Bundesfernstraßen 367
Bundesfreundliches Verhalten ..... 142 ff., 368, 374
Bundesgebiet 31
Bundesgesetz 316, 362, 460
Bundeskanzler ....199, 266 ff., 276, 418
    Missbilligungsvotum 276
    Richtlinien der Politik 273
    Wahl 267
Bundeskompetenz
    mit Abänderungsrecht der Länder .... 306 f.
    mit Zugriffsrecht der Länder .... 306 f.
    ohne Abänderungsrecht der Länder ....306 ff.
    ohne Zugriffsrecht der Länder ....306 ff.
Bundesminister 276, 281, 283, 296
Bundesoberbehörde 383
Bundesorgan 201, 352
Bundespolizei 382
Bundespräsident ....199, 268, 280 ff., 336
    Ablehnungsrecht 288
    Amtsdauer 282
    Aufgaben .... 280 f.

formelles Prüfungsrecht 285
Funktion ....280 f.
Integrationsfunktion 280
materielles Prüfungsrecht 286
Prüfungsbefugnis bei der Ernennung und
   Entlassung von Bundesministern 288
Prüfungspflicht 286
Prüfungsrecht..285 ff.
Repräsentationsfunktion 280
Reservefunktion 280
Wahl 282
Zuständigkeiten 283
Bundesrat ....199, 262 ff., 325, 333 f., 364
Beschlussfassung 264
Hemmungsbefugnis 263
permanentes Organ 263
Präsident 287
Zusammensetzung 263
Zuständigkeit 265
Bundesrecht 140, 309
Bundesregierung ....199, 266 ff., 325, 333
Bundesstaat 32, 124
Begriff ....127 ff.
Bundesstaatlicher Notstand 143
Bundesstaatsprinzip ....124 ff., 201, 224
Absicherung 126
Funktion 125
Herleitung 124
Bundestag 193, 200, 325, 333
Aufgaben ....200 ff.
Mitgliederzahl 189
Repräsentationsfunktion 200
Staatsorgan ....208 ff.
Zuständigkeit 200, 202
Bundestagsbeschluss 200, 202
Rechtmäßigkeit 203
Bundestagswahl 159, 161, 195
Bundestreue 142
Bundesverfassungsgericht ....199, 414 ff.
allgemeine Verfahrensgrundsätze 415
Enumerationsprinzip 416
Gerichtsverfassung 415
sonstige Richtervorlagen 467
Stellung 415
Verfassungsorgan 415
Zuständigkeit 416
Bundesversammlung 282
Bundesverwaltung ....360 ff.
mittelbare 379
Bundeswehr ....391 ff.
Zweck 391
Bundeszwang 364
Bund ....127 ff.
Bund-Länder-Streit ....364, 426 ff.
Bund-Länderstreitverfahren 366
Bündnisverteidigung 391, 395
Bürgerpartei 64

Chancengleichheit 177, 215, 229

der Abgeordneten 161
der Fraktionen 215
der Parteien ....60, 256 ff.
Chaosgedanke 112
Checks and balances 81

Demokratie ....32, 36 ff.
parlamentarische 46
Demokratieprinzip 37, 39, 44, 190, 344
Demokratische Grundrechte 74
Demokratische Grundsätze 156
Demokratische Legitimation ....52 ff.
Deutsche Reichsverfassung 8
Deutsche Staatsangehörigkeit 28, 31
Deutscher 29, 163
Deutschland-Fernsehen-GmbH 387
Dezentralisierung der Staatsgewalt 125
Direkte Demokratie 47
Direktmandat ....160, 172, 191 f.
Diskontinuität des Bundestages 208
personelle 208
sachliche 208
Divergenzvorlage 467
Doppelvorlage 465
Drei-Elementen-Lehre 22, 31
Dreigliedriger Bundesstaat 132
Dreistufiger Aufbau 108, 350, 359
Dritte Ebene der Staatlichkeit 132
Dritte Gewalt 413
Dualismus 486
Dualistische Theorie 497
Dynamische Verweisungen 88

Echte Rückwirkung 91, 93
Effektiver Minderheitenschutz 44
Effektiver Rechtsschutz 78
Ehrenamtliche Leistungen von
   Parteimitgliedern 252
Eigene Angelegenheiten 210
Eigenstaatlichkeit der Länder 345
Einbürgerung 384
Einfaches Bundesgesetz 383
Einfachrechtliche Normen 106
Eingeschränkte Bindungswirkung 439
Einheitslehre 331
Einheitsstaat 128
Einheitsthese 331
Einigungsvertrag 4, 16
Einigungsvorschlag 334
Einleitungsverfahren ....324 f.
Einrichtung der Behörden 315, 377
Einsatz bewaffneter Streitkräfte 392, 411
Einsatz der Bundeswehr .... 391 ff.
Einsetzung und Verfahren des
   Untersuchungsausschusses
   nach dem PUAG ....222 ff.
Einsetzungsbeschluss gemäß § 1 PUAG 467
Einspruch 193, 328
Einspruchsgesetz ....327 ff., 334

284

Stichworte

Einstweilige Anordnung ....468 ff.
Einzelfall 239
Einzelfallgesetz 104
   unzulässiges 104
   verdecktes 104
Einzelweisungen 364
Eisenbahn 381
Elektronische Wahlgeräte 186
Enquete-Kommission 218
Enqueterecht 219
Entflechtung der Finanzverantwortung 19
Entscheidung des Ermittlungsrichters 231
Entscheidungsmonopol 257
Entsendebefugnis 411
Entstehung und Entwicklung des GG 7
Erfolgschancengleichheit 176
Erfolgswert 168, 190
Erfolgswertgleichheit 176
Erforderlichkeit 457
Erforderlichkeit einer bundesgesetzlichen
   Regelung 304
Erforderlichkeitsprüfung 306
Ergänzungsabgaben 476
Erlass von Verwaltungsvorschriften 377
Ermächtigungsadressat 351
Ermächtigungswirkung 496
Ermittlungsbeauftragte 229
Ernennung der Bundesminister 268
Ersetzung einer nichtigen Vorschrift 98
Erstdelegatar 351
Erststimme 160
Europäische Integration 17
Europäische Union (EU) 20, 130, 341, 399, 483
   Mitwirkung der Staatsorgane 279
Europäische Verfassung 17
Ewigkeitsgarantie 44, 340
Exekutive 81, 83, 152, 226, 348
Exponentenlehre 247

Fakultative bundeseigene Verwaltung 382
Familienwahlrecht 166, 180
Fehlbelegungsabgabe 480
Feststellung 460
   des Verteidigungsfalles 392
Finanzhoheit 329
Finanzmonopol 474
Finanzverfassung ....474 ff.
   Begrenzungsfunktion 481
   Schutzfunktion 481
   spezielle Kompetenzverteilung 476
Flugsicherheitsgebühr 477
Föderalismusreform I 19, 313
Förderalismusreform II 21
Föderalistische Theorie 488
Folgen bei fehlender Zuständigkeit 292
Folgen eines Verstoßes gegen Verfahrens-
   vorschriften ....337 f.
Formelles Verfassungsrecht 3
Fragerecht 200

Fraktion ....211 ff., 236, 418, 421
   Rechtsnatur 213
Fraktionsausschluss ....236 ff.
Fraktionsdisziplin 237, 239
Fraktionsgesetz 212
Fraktionsprinzip 235
Fraktionszwang 238
Frankfurter Dokumente 11
Freies Mandat 232
Freiheit der Wahl 62, 182
Freiheitlich demokratische
   Grundordnung .... 67 f., 155 f., 409
Funktionelle Legitimation 53
Funktionentrennung 80
Funktionsfähigkeit
   des Bundestages 190
   des Parlaments .... 243 f.
Funktionsvorbehalt 114, 287

G 10 Kommission 218
Gebietshoheit 25, 31
Gebot der rechtmäßigen Wahl 193
Gebot der Rechtstreue 156
Gebot der Verfassungsorgantreue 439
Gebot der Weisungsklarheit 368
Gebot des bundesfreundlichen
   Verhaltens 142, 144
Gebot des länderfreundlichen Verhaltens 143
Gebot strikter Texttreue 405
Gebrauchmachen
   gemäß Art. 72 Abs. 2 GG .... 309 f.
Gebühr .... 476 f.
Gegenseitige Rücksichtnahme 142, 368
Gegenzeichnung 284
Geheimheit der Wahl 183
Geheimschutz 228
Geheimschutzinteresse 228
Geldleistung 476
Geltungsbereich der Rechtsnorm 387
Geltungsbereich des Demokratieprinzips 37
Geltungsbereich und Einschränkungen der
   demokratischen Legitimation 54
Geltungsvorrang 307
Gemeinsame Aktionen des EU-Rates 403
Gemeinsame Einrichtungen der Länder ...... 132 f.
Gemeinsame Verfassungskommission 17
Gemeinsames Abwehrzentrum 382, 389
Gemeinschaftsaufgaben 362, 389
Gemeinschaftsbehörde 134
Gemeinschaftseinrichtung 127
Gemeinwohl 156
Gerechtigkeit 78
Gerichte 81, 122
Gerichtaufbau in der Bundesrepublik .... 414 ff.
Gerichtsfreier Raum 231
Gesamtdeutsche Interessen 322
Geschäftsleitungsbefugnis 370
Gesetz 309
   nachkonstitutionelles 462

285

Stichworte

verfassungsänderndes .... 339 ff.
Gesetzesakzessorische Verwaltung 360
Gesetzesänderung 99
Gesetzesauslegung 99
Gesetzesbeschluss 326
Gesetzesinitiative 325
Gesetzeskraft 415, 439
Gesetzesvorlage 208
Gesetzgeber 150
Gesetzgebung
 ausschließliche 291, 323
 konkurrierende 291, 323
 Legislative 85
Gesetzgebungskompetenz 361
 der Länder 18, 51
Gesetzgebungsnotstand 277, 347
Gesetzgebungsrecht 200
Gesetzgebungsverfahren .... 18, 324 ff., 339
 Einleitung 325
Gesetzgebungszuständigkeit 323, 476
Gesetzmäßigkeit 369
Gewaltenteilung .... 77, 82 f., 226
 organisatorische 263
 vertikale 125
Gewaltenteilungsgrundsatz 104, 460
Gewaltenteilungsprinzip 201
Gewaltherrschaft 155
Gewaltmonopol des Staates 23
Gewerbebetrieb 228
Gewohnheitsrecht 106, 112
Gleichheit der Wahl 167, 177
Gleichheit des Erfolgswertes 168
Gliedstaaten 127
Grundgesetz 3, 106
Grundlagenvertrag 13
Grundmandatsklausel 168, 170, 172, 191
Grundrechte als Teilhaberrechte 123
Grundrechtsverletzungen 419
Grundsatz der Belastungsgleichheit 478
Grundsatz der Formstrenge 331
Grundsatz der Gesetzmäßigkeit der
 Verwaltung 107
Grundsatz der Gewaltenteilung 24, 84
Grundsätze des Naturschutzes 312
Gruppe 212, 214, 418
Gruppenverantwortung 478
Gubernative 105, 266

Handlungsfähigkeit 278
Handlungsform 375
Hartz IV-Arbeitsgemeinschaften 138
Hauptverfahren 324, 326
Hausrecht 112
Herausgabe beweiserheblicher Akten
 durch Verwaltungsbehörden 221
Herausgabeverweigerungsrecht 229
Herrenchiemseer Verfassungskonvent 11
Herrschaft auf Zeit 44
Herrschaft der Mehrheit 44

Herstellung gleicher Lebensverhältnisse 301
Hilfsorgane des Bundestages 218
Höchstpersönlichkeit der Wahl 180
Hoheitliche Verwaltungstätigkeit 134
Höherrangiges Recht 355
Homogenitätsprinzip 51, 131
Horizontale Gewaltenteilung ....80 ff.

Identitätskontrolle 346
Immunität 243
Indemnität 242
Informales Verwaltungshandeln 112
Information 244
Informationsrecht 233, 244
Inhaltlich rechtswidrige Weisung 375
Inhaltsgleiches Landesrecht 141
Inkompatibilität 82, 263
Institutionelle Legitimation 53
Institutioneller Gesetzesvorbehalt 109, 111
Integration 174
Integrationsverantwortung 200, 279
Integrationsverantwortungsgesetz 200, 279
Interföderales Rücksichtnahmegebot 145
Interpellationsrecht 200
Inzidentkontrolle 357
IPA-Regeln 220

Judikative 81, 83, 115
Juristische Person des öffentlichen
 Rechts 229

Kabinettsbildungsrecht 268
Kabinettsprinzip 273
Kanzleramtsminister 271
Kanzlerprinzip 273
Kernenergie 367
Klagebefugnis bei „inhaltlich
 rechtswidriger Weisung" 375
Klarstellungsinteresse 436
Koalitionsvereinbarung 269
Kodifikationsprinzip 310
Kollegialorgan 409
Kollegialprinzip 273
Kollisionsnorm 140
Kollisionsregeln 318
Kommandogewalt 392, 410, 412
Kommunalrechtliches Vertretungsverbot 112
Kommunalwahlrecht 166, 197
Kompetenz des Bundes 201
Kompetenzausübungsschranken 142
Kompetenz-Kompetenz 131
Kompetenzkontrollverfahren 305
 wegen Art. 72 Abs. 2 GG .... 447 ff.
 wegen Art. 72 Abs. 4 oder 125 a
  Abs. 2 S. 1 GG .... 454 ff.
Kompetenzrahmen 244
Kompetenztitel 296, 298, 314
Konkrete Normenkontrolle ....357, 461 ff.
Konkretisierungen des Rechtsstaatsprinzips 79

286

Stichworte

Konkurrierende Gesetzgebung ....298 ff.
Konstruktives Misstrauensvotum ....274 ff.
Konsultative Volksbefragungen 50
Kooperationsverbot 389
Kooperativer Föderalismus 146
Körperschaften 379
Kreationsfunktion 200
Kulturabkommen 491
Kulturhoheit der Länder 295

Länder .... 127 ff., 309
   Aufgabenverteilung 139
   ausschließliche Zuständigkeit 293
Ländergrundsatz 290
Landesbehörde 221, 390
Landeseigene Verwaltung................................ 390
Landesminister 279
Landesorgan 352
Landesverteidigung 391, 394
Landesverwaltung 365
   fakultative 365
   obligatorische 365
   Weisungsrecht 366
Landtagswahl 196
Legislative 81, 83
Legitimationsniveau 53
Leistungsverwaltung 112
Lesung 334
Lindauer Abkommen 489
Listenmandate 160

Mandat
   imperatives 232
Mandatsprüfungsbeschwerde 247
Mandatstheorie 247
Mandatsverlust 247
Maßnahmegesetz 104
Materielle Fraktionsrechte 212
Materielles Verfassungsrecht 3
Mehrfachvorlage 465
Mehrheit ....204 ff., 326
   absolute 205
   einfache 204, 326
   qualifizierte ....206 f., 339
Mehrheitsprinzip ....39, 43 ff.
   Absicherung 72
   Ausgestaltung 70
   Grenzen 71
Mehrheitswahl 157
Mehrparteiensystem 67, 250
Minderheitenschutz 71
Minderheitsenquete 223
Ministerialfreie Räume 388
Mischgesetzgebung 352
Mischverwaltung ....389 f.
Missbilligungsbeschlüsse 276
Mitgliederbefragung 251
Mitgliederentscheid 251
Mittelbare Bundesverwaltung ....379 f.

Mittelbare Demokratie 47
Mitwirkung 352
   der Länder bei der Gesetzgebung 340
   der Staatsorgane im Bereich der EU 279
Mitwirkungsbefugnisse des Bundesrates 327
Monarchie 40, 76
Monistische Lehre 486

Nachwahlen 178
Nationaler Ethikrat 113, 218
Nationaler Verteidigungsrat 95
NATO 397
Naturkatastrophe 407
Natürliche Lebensgrundlagen 149, 153
Negativdefinition der Exekutive 105
Negatives Stimmgewicht ....175 f., 181
Neue Gewaltentrennung 82
Nichtanerkennungsbeschwerde 194, 416
Nichtgesetzesakzessorische Verwaltung 360
Nichtigkeitserklärung 439
Nichttrennungs-Gedanke 286
Normenkontrolle, konkrete
   sekundäres Gemeinschaftsrecht 462
   sonstige Richtervorlagen 467
Normbestätigungsverfahren ....441 ff.
Normenklarheit 87
Normenkontrolle, abstrakte
   Unvereinbarkeit mit dem GG 438
Normenqualifikationsverfahren 467
Normenverifikationsverfahren 467
Normprüfungsverfahren ....432 ff.
Normsetzungsbefugnis 348
Normverwerfungsverfahren ....432 ff.
Notstand
   äußerer 408
   innerer 409
   überregionaler 407
Notstandsverfassung 15
numerus clausus 362
Nutzung öffentlicher Einrichtungen ....256 ff.

Oberste Bundesorgane 419
Oberste Gerichtshöfe 414
Oberste Landesbehörden 364
Objektive Staatszielbestimmung 148
Obligatorische bundeseigene
   Verwaltung 381
Öffentlichkeit der Wahl .... 161, 184 ff.
   Anwendungsbeispiele 186
   Anwendungsbereich 185
   Inhalt 185
Öffentlichkeitsarbeit 57
Öffentlichkeitsaufklärung 59
Öffentlichkeitsgrundsatz 75
Opposition 68, 219
Oppositionszuschlag 246
Ordnungsgeld 229
Ordnungsgemäße Mitwirkung des
   Bundesrates ....327 ff.

287

Stichworte

Ordnungsvorschriften 338
Organisationsfragen 384
Organisationsgesetze 104
Organisationsgewalt 113, 268
  des Behördenleiters 112
  des Bundeskanzlers 268
Organisationshoheit 329
Organisatorische Gewaltenteilung 80
Organisatorisch-personelle Legitimation 53
Organkompetenz 203
Organ-Kontinuität 208
Organstreitverfahren .... 216, 286 f., 416 ff.
Organteil 421
Outsourcing bei Gesetzgebung 325

Parafiskalische Sonderabgabe 477
Paraphierung 493
Parastaatliche Verwaltungsträger 379
Parlament 81
Parlamentarischer Rat 11
Parlamentarisches Kontrollgremium 218
Parlamentsfreundliche Auslegung 411
Parlamentsheer 411
Parlamentspräsident 411
Parlamentsvorbehalt 73, 88, 112, 411
  wehrverfassungsrechtlicher 411
Partei .... 37, 177, 249 ff.
  Chancengleichheit 58, 257
  demokratische Binnenstruktur 251
  Gründung 250
  Organisation 250
Parteiausschluss .... 236 ff., 251
  Ungleichbehandlung 60
  Werbung 249
Parteiendemokratie 64
Parteienfinanzierung .... 63 ff., 252
  EU-Verordnung 252
  offene 252
  verdeckte 252
  vollständige 252
Parteienprivileg .... 253 ff.
Parteienverbot .... 253 ff.
Parteinahe Stiftung 255
Parteiprinzip 235
Passive Wahlrechtsgleichheit .... 61, 177 f.
Personalentscheidungen .... 268 f.
Personalhoheit 27, 31
Personalisierte Verhältniswahl .... 159 f.
Personelle Gewaltenteilung 82
Persönliche Gewaltenteilung 80
Pflicht zur parteipolitischen Neutralität 56
Pflichtausschüsse 218
Plangesetz 104
Plebiszit 48
Plebiszitäre Demokratie 47
Plenum 211
Plutokratie 40
Politische Beziehungen 494
Politische Einsichtsfähigkeit 165

Politische Parteien .... 249 ff.
  Gleichbehandlung 249
  Staatsfreiheit 63, 229, 252
Politische Willensbildung .... 55 ff., 249
Post 381
Präambel 32
Praktische Konkordanz 259
Präsidialdemokratie 46
Preisgabe der Länderstaatlichkeit 146
Prinzip der abgestuften Chancen-
  gleichheit 177, 258
Prinzip der Gewaltenteilung 80
Prinzip der materiellen Gerechtigkeit 116
Prinzip der repräsentativen
  Demokratie 198, 326
Prinzip der Spiegelbildlichkeit von
  Plenum und Ausschuss 235, 246
Prinzip vom Vorbehalt des Gesetzes
  Rechtsfolgen 112
Prinzipien der Willensbildung 39
Private Gesellschaften 381
Privatisierung 114
  öffentlicher Aufgaben 381
Privatrecht 310
Prozessstandschaft 421, 428
Prüfungsbefugnis bei der Ausfertigung der
  Bundesgesetze 285
Prüfungsrecht
  formelles 285, 288
  materielles 286, 288
Prüfungsumfang
  gerichtlicher 300
PUAG 220

Raumordnung im Gesamtstaat 322
Recht
  vorkonstitutionelles 309
  zur Bildung von Fraktionen 233
Rechte der Fraktion .... 214 ff.
Rechte des Abgeordneten .... 233, 242 ff., 248
Rechtliche Chancengleichheit 119
Rechtsaufsicht 364
Rechtseinheit 299
Rechtsfähige Vereinigungen 213
Rechtsfolgen einer (rechtmäßigen)
  Weisung 376
Rechtsfolgenorm .... 297 ff., 317 f.
  Art. 72 Abs. 4 GG i.V.m. Bundesgesetz 313
  zugunsten der Länder .... 309 ff.
  zugunsten des Bundes .... 299 ff.
Rechtshilfe 221
Rechtsnatur und Prüfungsaufbau der
  Wahlrechtsgrundsätze .... 188 ff.
Rechtspflicht 236
Rechtsprechung .... 115, 152, 201, 413 ff.
Rechtsprechungsmonopol 413
Rechtsschutz gegen VOen .... 357 f.
Rechtsschutzerschwerung durch
  Formmissbrauch 104

288

Rechtsschutzfragen bei Untersuchungs-
ausschüssen ....230 f.
Rechtsschutzgarantie 115
Rechtssicherheit 89
Rechtsstaat 32, 77
Rechtsstaatsprinzip ....77 ff., 90, 286, 343
    Anforderungen an alle drei Gewalten 116
    Anforderungen an die Gesetzgebung ....85 ff.
    Anforderungen an die Rechtsprechung 115
    Elemente 78
Rechtsstellung der Bundestags-
abgeordneten ....232 ff.
Rechtsstellung von Bund und Ländern 131
Rechtsverordnung 309
    Begriff ....349 ff.
    Rechtsfolgen ....350 ff.
    Voraussetzungen ....350 ff.
Rechtsweg bei inhaltlich rechtswidriger
Weisung 375
Rechtsweggarantie 413
Rederecht 233
Referendum 48
Regelung des Verwaltungsverfahrens 377
Regierung 81, 226
Regierungsbildung 283
Regierungskrise 283
Regionaler Katastrophennotstand 406
Regionalverband 127
Reichsverfassung 8
Reichweite der Ewigkeitsgarantie 341
Repräsentative Demokratie 47
Republik 32, 76
Ressortkompetenz 273
Ressortprinzip 273
Richterrecht 88, 106
Richtervorbehalt 115
Richtervorlage ....461 ff.
Richtlinienkompetenz 273
Rückbewirkung von Rechtsfolgen 92, 103
Rückwirkende Strafgesetze 95
Rückwirkung ....90 ff.
    echte ....91 f., 103
    unechte 103
Rückwirkung von Gesetzen 103
Rückwirkungsbegriff
    dispositionsbezogener 93
Rückwirkungsverbot 79, 99
Rumpfgesetzgebung 331
Rundfunkbeitrag 477

Sachentscheidungsbefugnis 376
Sachkompetenz 369
Sachliches Beweismittel 229
Sachlich-inhaltliche Legitimation 53
Sachlichkeitsgebot 59
Sachzusammenhang
    notwendiger 320
    untrennbarer 320
Satzung 108, 210, 349

Satzungsermächtigung 108
Schranken-Schranke 123
Schutz der natürlichen Lebensgrundlagen 149
Schutzpflicht des Staates 78
Sekundäres Gemeinschaftsrecht 434
Selbstauflösungsrecht 45
Selbstverwaltungsgarantie 65
Selbstverwaltungsträger 37
Senkung des Wahlalters 165
Separation 131
Sezession 131
Sitzverteilung .... 191 f.
Sitzzuteilung 191
Solidaritätszuschlag 476
Sonderabgabe ....476 ff.
Souveränitätsvertrag 16
Soziale Gerechtigkeit 120
Soziale Sicherheit 121
Sozialstaat 32, 118
Sozialstaatsprinzip .... 118 ff., 346
    Anwendungsbereich 123
    Konkretisierungen 123
Spannungsfall 408
Spenden 64
Sperrklausel .... 168, 170 f., 190
Sperrwirkung 51, 309
Spezifische Sachnähe 478
Spiegelbildlichkeit
    Grundsatz der 215, 235, 246
Staat.. 31
Staatenbund .... 129 f.
Staatenverbund 130
Staatliche Grundordnung 1, 5
Staatliche Informationstätigkeit 112
Staatliche Teilfinanzierung 252
Staatsangehörigkeit 28
Staatsformmerkmale .... 32 ff.
Staatsfreiheit der Parteien 63, 229
Staatsfundamentalnorm 33
Staatsfunktionen 81
Staatsgebiet .... 22, 25 ff.
Staatsgebiet der Bundesrepublik
Deutschland 26
Staatsgewalt ....23 ff., 40, 42, 80, 197
Staatshaftungsrecht 78
Staatsminister 271
Staatsoberhaupt 283
Staatsorgan 56, 200
Staatsorganisationsrecht 1
Staatsorganisationsformen 39
Staatsqualität der Länder 128
Staatsrecht 2
Staatsrechtliche Mängelrüge 364
Staatssekretäre 271
Staatsstrukturprinzipien 35
Staatsvertrag .... 136 f.
Staatsvolk 22, 27, 31, 163, 195
Staatsvorbehalt 114
Staatswohl 227

289

Stichworte

Staatszielbestimmungen 32, 34, 148
Stärkung der Europatauglichkeit des
   Grundgesetzes 19
Statusdeutsche 29, 31
Statuspflichten 298
Statusrechte 298
Steuer 476
Stiftungen des öffentlichen Rechts 379
Stimmensplitting 160
Stimmrecht 233, 246
Streitigkeiten innerhalb eines Landes 426
Studiengebühren 298
Subdelegatar 351
Substanziierte Begründung 227, 229
Supranationale Organisation 130
Systemverschiebung 332

Tatbestandliche Rückanknüpfung 92, 100, 103
Tatsachenfeststellung 224
Tatsächliche Chancengleichheit .... 119 f.
Teilnahmerecht 233
Teil-Staatenlehre 132
Telekommunikation 381
Territorialprinzip 27, 386
Tierschutz 154, 298
Transformation 486, 497
Transformationspflicht der Länder 500
Transformationswirkung 501
Transparenzgebot 75, 252
Trennungsgebot
   Polizei/Verfassungsschutz 389
Trennungsprinzip 139, 389

Übergangszeit 112
Überhangmandat 169
   ohne Ausgleichspflicht 169
Überleitungsrecht 292
Übermaßverbot 78
Übernahme der Geschäftsleitungsbefugnis ...370
Überregionale Bedeutung 385
Übertragung von Hoheitsrechten 134
Umfassende Zuständigkeit 201
Umfassendes Weisungsrecht 369
Umlaufverfahren 273
Umwelt 149
Umweltmaßstäbe 152
Umweltschutz .... 18, 148 ff.
   Staatsziel 148
Umweltverfahrensrecht 317
Unbestimmte Rechtsbegriffe 87
Unechte Rückwirkung 93, 100
Ungeschriebene Gesetzgebungs-
   kompetenzen des Bundes .... 319 ff.
Ungeschriebene Verwaltungskompetenzen 362
Ungeschriebene Verwaltungszuständigkeit 384
Ungleichbehandlung 190
   von Wählerstimmen 192
Unglücksfall 407
Unionsrecht 106

Unmittelbare Bundesverwaltung ....379 f.
Unmittelbare Demokratie 47
Unmittelbarkeit der Wahl 179
Untergliederungen des Parlaments .... 211 ff.
Untermaßverbot 78
Unterschied zum Reichspräsidenten 281
Unterstützung 407
Untersuchungsauftrag 227
Untersuchungsausschuss
   Befugnisse 220
   Geheimschutz 228
Ununterbrochene Legitimationskette 198
Unvereinbarkeitserklärung 439
Unzulässige Rückwirkung ....89 ff.
Urlaub zur Wahlvorbereitung 245

Verantwortlichkeit 376
Verbandskompetenz ....202 f.
Verbot der unzulässigen Rückwirkung 116
Verbot einer Mischverwaltung 389
Verbot privater Gerichtsbarkeit 413
Verdeckte Parteienfinanzierung 64
Vereinte Nationen (UNO) 396
Verfahren vor dem Vermittlungs-
   ausschuss ....333 f.
Verfahrensbeendende Beschlüsse 231
Verfahrensbeitritt 423
Verfahrensfehler 338
Verfahrensvorschriften 203
   des Grundgesetzes ....338 f.
Verfassungsänderung 33, 166, 195
Verfassungsauslegung 33
Verfassungsgeschichtliche Entwicklung
   des GG .... 7 ff.
Verfassungsidentität 44, 340
Verfassungskonforme Auslegung 464
Verfassungsmäßige Ordnung 156
Verfassungsnorm
   verfassungswidrige 346
Verfassungsorgan .... 199 f., 210
Verfassungsprozessuale Bedeutung von
   Art. 38 Abs. 1 S. 1 GG 187
Verfassungsrecht ....1, 3 ff.
Verfassungsrechtliche Rechtfertigung 190
Verfassungsrechtliche Verträge 270
Verfassungsrechtlicher Interorganrespekt 439
Verfassungsreform 17
Verfassungstreue 156
Verfassungsurkunde 3
Verfassungsverletzung
   evidente 286
Verfassungsvorbehalt 405
Verhalten, bundesfreundliches 374
Verhältnismäßigkeit 78, 228, 373
Verhältnismäßigkeitsgrundsatz 116
Verhältniswahlrecht 158
Verkündung 336, 356
Verletzung der Wahlrechtsgrundsätze 194
Vermittlungsausschuss 328, 333

Stichworte

Vernehmung von Amtsträgern 229
Verordnung 108
   der Landesregierung 358
   von Bundesminister 357
   von Bundesregierung 357
Verordnungsermächtigung 108
Verordnungs-Ermessen 355
Verschiebung der Bundestagswahl .... 43 ff.
Verteidigung 223
Verteidigungsfall 408
Verteidigungswesen 367
Verteilung der Gesetzgebungs-
   kompetenzen ....290 ff.
Verteilung der Sitze 160
Vertikale Gewaltenteilung 80
Vertrag von Lissabon 20
Vertragsgesetz 493
Vertrauen der Parlamentsmehrheit 46
Vertrauensfrage 277, 347
   echte 277
   unechte 277
Vertrauensschutz 78, 116
Vertrauenstatbestand 89
Verwaltung 122
   durch Länder als eigene
     Angelegenheit 390
Verwaltungsabkommen 491, 499
Verwaltungsbehörde 221
Verwaltungshoheit 329
Verwaltungskompetenz 361, 383, 390
Verwaltungsstrukturen des Bundes 380
Verwaltungsträger, parastaatliche 379
Verwaltungstypen 362
   Ausführung durch die Länder als eigene
     Angelegenheit ....362 f.
   Ausführung durch Länder im Auftrage
     des Bundes 362
   Bundeseigene Verwaltung 362
Verwaltungsverfahren 315, 317, 321
Verwaltungsvorbehalt 113
Verwaltungsvorschriften 364, 377
Verwaltungszusammenarbeit 389
Verwerfungsmonopol des BVerfG 462
Volk .... 40 ff.
Völkergewohnheitsrecht 484, 497
Völkerrecht 106, 482
   allgemeine Regeln 486, 497
   allgemeines, universales 485
   monistische Lehre 486
   partikulares, regionales 485
   Transformation 486
   Verhältnis zum nationalen Recht 486
Völkerrechtliche Verträge ....482 ff.
   Abschlusskompetenz 488
   Bundespräsident 492
   Kompetenz der Länder 488
   konkurrierende Abschlusskompetenz 488
   Organkompetenz 492
   Paraphierung 493

   parlamentarische Mitwirkung 493
   Ratifikation 493
   Transformationskompetenz 488, 498
   Unterzeichnung 493
   Verbandskompetenz 487, 498
Völkerrechtliche Vertretung 283
Völkerrechtssubjekt 16, 483
Volksabstimmung 49, 51
Volksbefragung 48
Volksbegehren 48, 70
Volksentscheid 48, 59
Volksinitiative 48
Volkssouveränität 24, 40, 197
Volksvertretung 75
Vollziehende Gewalt 105
Vorbehalt des Gesetzes 79, 109
   Anwendbarkeit 109
Vorrang des Gesetzes 79, 108
Vorzugslasten 477

Wahl auf Lebenszeit 76
Wahl des Bundestages ....157 ff.
Wahlalter 165
Wahlberechtigte 193
Wahlbeteiligungsfreiheit 182
Wahlcomputer 186
Wahlen .... 43 ff.
Wählervereinigung 249
Wahlfälschung 95
Wahlfunktion 200
Wahlgleichheit 177
Wahlgrundsätze 66
Wahlkampf
   Gebot äußerster Zurückhaltung 58
Wahlkreis 191
Wahlmännergremium 179
Wahlperiode 43, 45
Wahlpflicht 182
Wahlprüfungsverfahren 193
Wahlrecht 66
   aktives 162
   Ausländer 41
   passives 162
Wahlrecht ab Geburt 166
Wahlrechtsgleichheit
   aktive 167
   passive 167
Wahlrechtsgrundsatz ....161 ff., 188 ff.
Wahlrechtsreform .... 157 ff., 175 f.
Wahlsystem 157
Wahlsystem der Bundesrepublik 160
Wahlumfrage 182
Wahlwerbung .... 56 ff.
Wahrnehmungskompetenz 376
Wahrnehmungszuständigkeit 369
Wahrung der Rechtseinheit 302
Wahrung der Wirtschaftseinheit im
   gesamtstaatlichen Interesse 303
Warnerklärung 57, 109, 112, 273

291

Stichworte

Wasserpfennig 477
Wegfall der VO-Ermächtigung 348
Wehrverfassung 14
Wehrverfassungsrechtlicher Parlaments-
  vorbehalt 411
Weimarer Reichsverfassung 10
Weisung 143, 367
  Abwägung mit den Landesinteressen 372
Weisungsrecht 369
Wesentliche Verfahrensvorschriften 338
Wesentlichkeitstheorie 73, 111
Westeuropäische Union (WEU) 398
Wettbewerb 211
Widerspruch 141
  gegen die einstweilige Anordnung 473
Widerstandsrecht 117
Willensbildung (von unten nach oben) 202
Willkürherrschaft 155
Wirtschaftseinheit im gesamtstaatlichen
  Interesse 299

Zählwert 168
ZDF 133, 137
Zentrale Aufgaben 383
Zentralistische Theorie 488
Zentralstaat 127
Zeugnisverweigerungsrecht 245
Zitiergebot 354
Zitierrecht 200
Ziviler Ungehorsam 117
Zivilgericht 270
Zivilschutz 367
Zölle 475

Zulässigkeit des Untersuchungs-
  gegenstandes 224
Zuordnung der Gemeinschafts-
  einrichtung 135
Zuständigkeit
  ausschließliche der Länder .... 293 ff.
  ausschließliche des Bundes .... 291, 296 f.
  historische 311
  kraft Natur der Sache ....291, 322 f., 385
  kraft Sachzusammenhangs 291, 320, 323
  sonstige ....294 f.
  ungeschriebene 291, 323
  vorrangige 311
  wesensmäßige 311
Zuständigkeit des Bundestages .... 200 ff.
Zuständigkeiten der Bundesregierung 272
Zuständigkeitsvermutung
  für die Länder 361
Zustimmung des Bundesrates 317, 339, 383
Zustimmungsbedürftigkeit bei Änderung
  eines zustimmungspflichtigen Gesetzes 332
Zustimmungsgesetz 329
Zustimmungsquorum 70
ZVS 133
Zwangsbefugnisse nach dem PUAG 229
Zweckmäßigkeit 369
Zweigliederiger Bundesstaat 132
Zwei-Kammer-System 9
Zwei-plus-Vier-Vertrag 16
Zweitstimme ....160 f., 190, 192
Zweitvorlage 465
Zwischenländerstreit 426
Zwischenrang 497

Unser Skriptenangebot *04/2014*

B – Basiswissen €

BGB AT	2013	9,80
Schuldrecht AT	ca. Mai	in Überarbeitung
Kaufrecht/Werkvertragsrecht	2012	9,80
Gesetzliche Schuldverhältnisse	2013	9,80
Sachenrecht	2012	9,80
Strafrecht AT	*2014*	*9,80*
Strafrecht BT	2013	9,80
Grundrechte ca. Ende April	*2014*	*9,80*
Staatsorganisationsrecht	2012	9,80
Verwaltungsrecht	*2014*	*9,80*

F – Fälle €

BGB AT	2012	9,80
Schuldrecht AT	2013	9,80
Schuldrecht BT 1 Kaufrecht	2013	9,80
Schuldrecht BT 3 GoA, BereicherungsR	2011	9,80
Schuldrecht BT 4 Unerl. Hdl./Allg. SchadensR	2010	9,80
Sachenrecht 1	2013	9,80
Sachenrecht 2	2013	9,80
Familienrecht	2013	9,80
Erbrecht	2012	9,80
Strafrecht AT	2013	9,80
Strafrecht BT 1 Vermögensdelikte	2012	9,80
Strafrecht BT 2 Nichtvermögensdelikte	2012	9,80
Grundrechte/Staatsorganisationsrecht	2012	9,80
Europarecht	2012	9,80
Verwaltungsrecht AT/ VwGO	2013	9,80
Handelsrecht	2013	9,80
Gesellschaftsrecht	2012	9,80
Arbeitsrecht	2013	9,80

S – Skripten €

Zivilrecht

BGB AT 1	*2014*	*16,90*
BGB AT 2	2013	16,90
Schuldrecht AT 1	2013	19,90
Schuldrecht AT 2	2012	19,90
Schuldrecht BT 1 KaufR/WerkR	2013	19,90
Schuldrecht BT 2 Bes. Vertragsarten (MietR)	2013	19,90
Schuldrecht BT 3 Auftrag, GoA, Bereicherungsrecht	2012	16,90
Schuldrecht BT 4 Unerl. Hdlg./Allg. SchadenR	2012	19,90
Sachenrecht 1 Allg. Lehren/Bewegl. Sachen ca. Mai	*2014*	*19,90*
Sachenrecht 2 GrundstücksR	*2014*	*16,90*
Familienrecht	2013	19,90
Erbrecht	2013	19,90

Strafrecht

Strafrecht AT 1	*2014*	*19,90*
Strafrecht AT 2 ca. Ende Mai	*2014*	*19,90*
Strafrecht BT 1		
Straftaten gg. Eigentum u. Verm.	*2014*	*19,90*
Strafrecht BT 2 Nichtvermögensdelikte	2012	19,90

Öffentliches Recht

Staatsorganisationsrecht	*2014*	*19,90*
Grundrechte	2012	19,90
Europarecht	2013	19,90
Verwaltungsrecht AT 1	2013	19,90
Verwaltungsrecht AT 2 (mit StaatshaftungsR)	2013	19,90

VwGO	2013	19,90
Besonderes Ordnungsrecht (VerwR BT 1)	2012	19,90
Öffentliches Baurecht (VerwR BT 2) ca. Mai		in Überarbeitung
Umweltrecht ca. Juni		in Überarbeitung
Polizei- und Ordnungsrecht NRW	2013	19,90
Kommunalrecht NRW	2011	19,90
Bayerisches Kommunalrecht	2011	19,90

Besondere Rechtsgebiete

Handelsrecht	2013	16,90
Gesellschaftsrecht	*2014*	*19,90*
Arbeitsrecht	*2014*	*22,90*
Kollektives Arbeitsrecht	2012	22,90
Internationales Privatrecht	2013	22,90
ZPO	2013	22,90
StPO	2012	19,90
Insolvenzrecht	2013	19,90
Mediation und Recht	2013	19,90
Rechtsgeschichte	2013	22,90
Rechtsphilosophie und Rechtstheorie	*2014*	*19,90*

Fremdsprachenkompetenz

Introduction to		
English Civil Law 1	2012	21,90
English Civil Law 2	2011	19,90
Introduction au droit français t. 1	2013	16,90
Introduction au droit français t. 2	2011	12,90

Steuerrecht

Allgemeines Steuerrecht	*2014*	*24,90*
Umsatzsteuerrecht	*2014*	*24,90*
Einkommensteuerrecht	*2014*	*24,90*
Bilanzsteuerrecht	*2014*	*24,90*

S2 – Skripten 2. Staatsexamen €

Materielles Zivilrecht in der Assessorklausur	2013	19,90
Materielles Strafrecht in der Assessorklausur	2013	19,90
Materielles Verwaltungsrecht in der Assessorklausur	*2014*	*19,90*
Die zivilrechtliche Assessorklausur		in Vorbereitung
Vollstreckungsrecht in der Assessorklausur		in Überarbeitung
Die staatsanwaltliche Assessorklausur	2013	19,90
Strafurteil und Revisionsurteil in der Assessorklausur	2013	19,90
Die verwaltungsgerichtliche Assklausur	2013	19,90
Die behördliche Assessorklausur	*2014*	*19,90*

D – Definitionen €

Zivilrecht	*2014*	*10,90*
Strafrecht	*2014*	*9,90*
Öffentliches Recht	*2014*	*9,90*

A – Aufbauschemata €

Zivilrecht	2013	16,90
Strafrecht ca. Mai	*2014*	*14,90*
Öffentliches Recht	*2014*	*14,90*

Alpmann Schmidt

DL Digitale Lernkarten

passend zum Skript finden Sie hier:

oder www.as-lernkarten.de/staatsorganisationsrecht

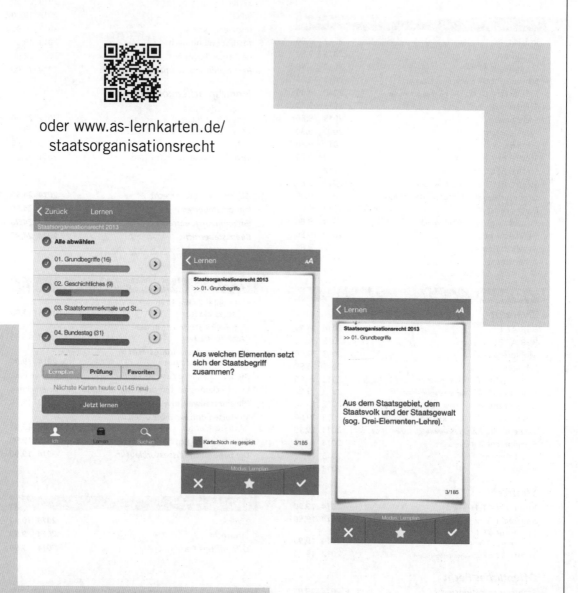

Alpmann Schmidt Juristische Lehrgänge Verlagsgesellschaft mbH & Co. KG
Alter Fischmarkt 8 • 48143 Münster • Tel.: 0251-98109-0 • www.alpmann-schmidt.de